"十四五"职业教育国家规划教材

关务水平测试教材

# 关务基础知识

GUANWU JICHU ZHISHI

中国报关协会◎编

2025年版

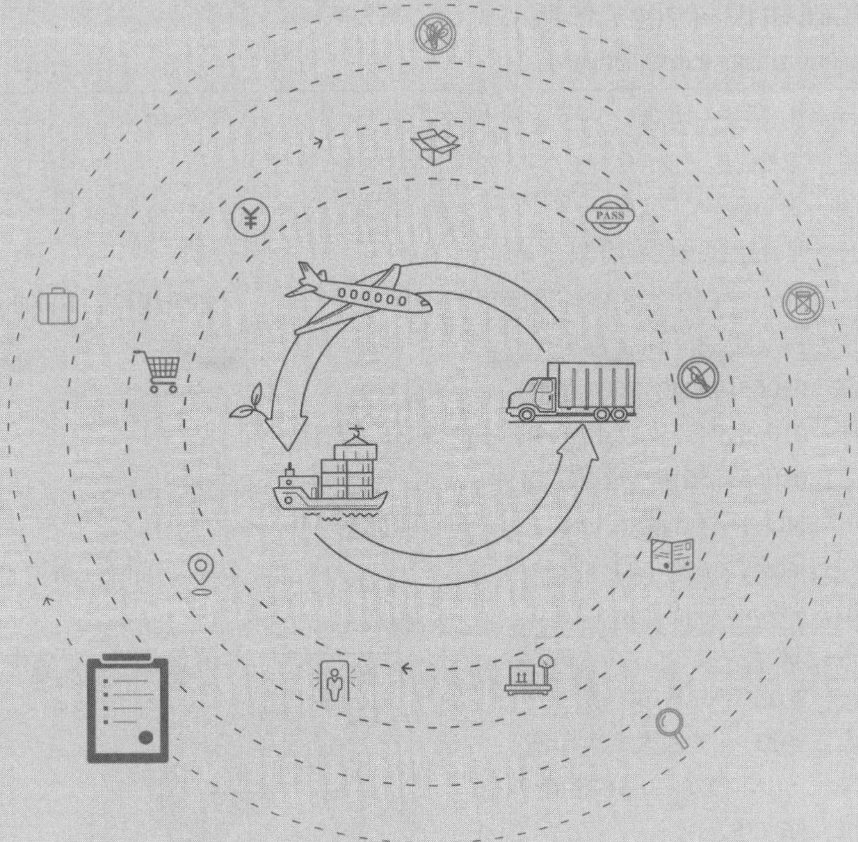

中国海关出版社有限公司

中国·北京

图书在版编目（CIP）数据

关务基础知识：2025 年版 / 中国报关协会编.
北京：中国海关出版社有限公司, 2025. -- ISBN 978-7-5175-0894-6

Ⅰ. F752. 5

中国国家版本馆 CIP 数据核字第 2025BT1866 号

# 关务基础知识（2025 年版）

GUANWU JICHU ZHISHI（2025 NIAN BAN）

编　　者：中国报关协会
责任编辑：景小卫
责任印制：王怡莎
出版发行：中国海关出版社有限公司
社　　址：北京市朝阳区东四环南路甲 1 号　　邮政编码：100023
网　　址：www. hgcbs. com. cn
编 辑 部：01065194242-7527（电话）
发 行 部：01065194221/4238/4246/4254/5127（电话）
社办书店：01065195616（电话）
https：//weidian. com/？userid=319526934
印　　刷：固安县铭成印刷有限公司　　经　　销：新华书店
开　　本：889mm×1194mm　1/16
印　　张：32. 5　　字　　数：870 千字
版　　次：2025 年 7 月第 1 版
印　　次：2025 年 7 月第 1 次印刷
书　　号：ISBN　978-7-5175-0894-6
定　　价：56. 00 元

# 序

党的二十大报告明确指出，“坚持高水平对外开放，加快构建以国内大循环为主体、国内国际双循环相互促进的新发展格局”。这一战略部署不仅为我国经济高质量发展指明了方向，也对新时代关务人才的能力与素养提出了更高要求。随着智慧海关建设与“智关强国”行动的深入推进，为实现畅通高效的国际贸易与国内统一大市场，急需一支既精通专业技能又具备合规视野的“新关务”人才队伍。

中国报关协会始终以服务国家战略、推动行业进步为己任。为适应新时代发展需求，协会立足行业前沿，统筹多方资源，率先构建了科学化、标准化的关务水平评价体系。其中，“关务水平测试”作为体系的核心环节，通过多维量化评定方式，系统考察关务人员的职业技能、政策运用与岗位操作能力，已成为行业人才评价的权威标杆。通过严格的法律法规对标、动态化的行业标准适配，以及科学化的评价要素设计，协会为参评人员提供了清晰的能力进阶路径，并为达标者颁发“关务水平（初级）证书”，助力人才职业化、专业化发展。

为全面提升关务从业者的综合素养，深入推进“关务水平测试”的开展，中国报关协会凝聚行业智慧，组织权威专家与资深学者历时数年精心编撰了本套“关务水平测试教材”。本套教材紧密贴合海关业务改革与国际贸易规则的最新动态与前沿视野，深度融合政策解析、实务操作与典型案例，全面覆盖关务人员所需的基础知识、核心技能。值得一提的是，本套教材凭借其系统性、创新性与实践性，于2023年成功入选首批“十四五”职业教育国家规划教材，成为全国关务领域成体系、有特色且与实践高度结合的权威教学资源。其内容不仅为参评人员提供了科学的学习指南，更被广泛应用于高职院校教学、企业岗前培训及在职人员能力提升，成为行业人才培养的范本。

本套教材的出版，凝结了众多专家学者的心血，也离不开各界的鼎力支持。在此，我谨代表中国报关协会，向所有参与编写的专家、学者及支持单位致以诚挚谢意！我们深知，教材的完善永无止境，恳请广大读者与行业同仁不吝指正。未来，中国报关协会将继续以关务水平评价体系为依托，深化产教融合，推动人才链与产业链的协同发展，为服务国家高水平对外开放与高质量发展贡献更大力量！

中国报关协会会长

2025 年 5 月

# 关务水平测试系列教材编审委员会

（排名不分先后）

# 《关务基础知识》（2025 年版）编写组

（排名不分先后）

**主　编：**

徐　晨

**编写成员：**

田书军　王静松　吴　琳　徐　炜　季　琼

李　莹　程光远　潘英麟　翟　明　彭旭桂

门　毅　朱昱铭　宋可群

# 前言

党的二十大报告强调，推进高水平对外开放，推动共建“一带一路”高质量发展。近年来，海关总署持续推进智慧海关建设，深化“单一窗口”应用，优化跨境贸易便利化措施，这些改革成果不仅提升了通关效率，也对关务从业者的专业能力提出了更高要求。在此背景下，夯实关务基础知识、构建系统化技能体系，成为培养新时代新关务人才的核心任务。作为中国报关协会“关务水平测试教材”系列的分册之一，《关务基础知识》的编写始终立足国家战略需求与行业前沿动态。

本教材由中国报关协会统筹规划，组织海关业务骨干、行业资深专家及高校学者联合编撰。编写成员兼具深厚的理论积淀与丰富的实践经验，其中多位专家深度参与海关政策制定及国际规则研究，确保了教材内容的专业性与前瞻性。教材紧密贴合《报关员国家职业标准》与《关务基本技能》的衔接要求，既注重基础理论的系统性，又强调与实务操作的深度融合，为学习者构建了“从认知到应用”的完整知识框架。

本教材以“宽基础、活模块”为特色，全面覆盖海关制度、关务合规实务、国际贸易实务等核心领域，并融入关检融合、贸易安全与便利等最新改革内容。在编排上，教材突破传统学科界限，以关务职业场景为导向，通过“工作对象认知—工作流程掌握—合规能力建设”的递进式设计，帮助学习者逐步理解关务工作在对外贸易全流程中的定位与价值。同时，教材特别注重引导读者在掌握专业知识的同时，深化对中国式现代化的认知学习，增强服务国家战略的使命感。

值得一提的是，本教材与《关务基本技能》分册形成“理论+实践”的“双轮驱动”模式。基础知识为技能操作提供原理支撑，基本技能则通过真实案例与模拟场景深化理论应用，二者相辅相成，助力学习者实现从“应知”到“应会”的能力跃升。这种编排体例不仅契合“十四五”职业教育国家规划教材的要求，更被全国多所高职院校及企业采纳为标准化培养方案，彰显了教材的权威性与普适性。

本教材内容覆盖全面，为读者提供了应知应会的入门基础知识和学习路径。教材难度以够用为度，以简练准确为目标，注重条理，主要供关务相关专业学生及参加关务水平测试者学习参考。

本教材的出版离不开行业智慧与社会各界的支持。在此，谨向中国报关协会，所有参与编写的专家、学者，以及提供实践支持的一线关务工作者致以诚挚谢意！我们深知，关务领域的革新永不停歇，教材内容需与时俱进，恳请广大师生、业界专家提出宝贵意见，共同推动关务教育体系的完善，为培育更多高素质关务人才、服务国家高水平对外开放贡献力量！

编者

2025 年 5 月

# 目录

## 第一篇　海关制度基础知识

# 第二篇　关务合规实务基础知识



# 第三篇　国际贸易实务基础知识

# 第一篇
# 海关制度基础知识

# 导读

2021 年 2 月，习近平总书记提出“智慧海关、智能边境、智享联通”（以下简称“三智”）合作理念，得到国际社会的广泛认同。“三智”是促进贸易安全和通关便利化的重要手段。“三智”合作作为国际海关界落实联合国 2030 年可持续发展议程的重要行动，对于构建安全稳定畅通的国际供应链，促进数字时代全球经贸发展与互联互通，推动实现协调包容、合作共赢、共同繁荣的发展愿景具有重要意义。近年来，中国报关协会致力于推广以智能、合规为理念的“新关务”行业知识体系，取得了显著成果，标志着关务行业转型从理论到实务趋于成熟。

关务工作的基本内涵是指与海关职能相关的企业进出境事务的筹划、处理和实施。关务中的“关”，指的是海关，特别是要从关检融合之后的海关新职能来理解。因此，准确地理解我国海关的基本知识、主要特点、主要业务制度和最新的改革发展，是提高关务职业能力的前提和基础。

学习本篇要从上述背景出发，扎实掌握基本概念和基本理论，特别关注和充分理解我国全面开放新格局下海关和其他政府机构与改革发展相关的内容。

本篇结构安排合理，课时适量，可独立用于海关导论或海关概论课程的教学。本篇课时安排见下表。

<table>
<tr><td rowspan="17">第一篇　总课时<br>（36 课时，不含练习）</td><td rowspan="4">第一章（7 课时）</td><td>第一节</td><td>1 课时</td></tr>
<tr><td>第二节</td><td>2 课时</td></tr>
<tr><td>第三节</td><td>2 课时</td></tr>
<tr><td>第四节</td><td>2 课时</td></tr>
<tr><td rowspan="6">第二章（18 课时）</td><td>第一节</td><td>4 课时</td></tr>
<tr><td>第二节</td><td>4 课时</td></tr>
<tr><td>第三节</td><td>2 课时</td></tr>
<tr><td>第四节</td><td>2 课时</td></tr>
<tr><td>第五节</td><td>2 课时</td></tr>
<tr><td>第六节</td><td>4 课时</td></tr>
<tr><td rowspan="7">第三章（11 课时）</td><td>第一节</td><td>2 课时</td></tr>
<tr><td>第二节</td><td>1 课时</td></tr>
<tr><td>第三节</td><td>2 课时</td></tr>
<tr><td>第四节</td><td>2 课时</td></tr>
<tr><td>第五节</td><td>2 课时</td></tr>
<tr><td>第六节</td><td>1 课时</td></tr>
<tr><td>第七节</td><td>1 课时</td></tr>
</table>

# 第一章 海关基础知识

## 学习目标

### 知识目标

- 掌握海关作为进出境监督管理机构的职能和特点
- 了解海关执法的基本概念和基本要求
- 掌握我国海关的管理体制及其特点

### 技能目标

- 能掌握海关的基本组织结构
- 能根据所学知识，掌握海关实施贸易便利化的具体措施
- 能根据国际经济与贸易的实际形势，正确分析国际贸易政策的适应性

### 素养目标

- 了解我国海关为推进中国式现代化做出的新贡献
- 了解我国海关推出的一系列促进贸易便利化措施及成效
- 具有国际视野，能够树立总体国家安全观

# 第一节　海关概述

**【学习目标】**

本节内容旨在让学习者掌握海关的基本概念和职能，了解我国海关的常识性知识。

完成本节学习，学习者应达成以下目标：

1. 掌握海关作为进出境管理机构的职能和特点；
2. 了解中国海关和世界海关组织的常识性知识。

**【基本概念】**

海关、关境、中国海关、世界海关组织、海关职能

**【建议学习时间】**

1 课时

## 一、海关概述

### （一）海关的含义

为了在国际经济交往中履行国家主权，保护本国企业和公民的利益，同时维护良好、公平的进出境秩序，国家必然要对进出境贸易活动实施带有监督特征的管理行为。在世界贸易组织（World Trade Organization，WTO）框架下，除“一般例外规定[①]”之外，关税是保护国内经济的唯一合法手段，且各国（地区）均由海关行使这一职能。因此，国际上对海关的核心职能，即征收关税和对进出境贸易及相关活动实施管理具有一致的认识，这决定了海关的概念内涵。该共识还体现在大多数国家（地区）普遍接受的《京都公约》[②] 中。

根据《京都公约》总附约第二章 E6 款，海关指负责海关法的实施、税费的征收，并负责执行与货物的进口、出口、移动或存储有关的其他法律、法规和规章的政府机构。也就是说，海关是依据本国（地区）的海关法律、法规和本国（地区）所承担的国际义务，代表国家（地区）统一行使关税征收和进出关境监督管理职权的行政机关。为履行海关的基本职责，国家需要建立

① 根据《1994 年关税与贸易总协定》（GATT 1994）第二十条，“一般例外规定”是指对诸如保护国家安全，维护公共道德，保障人类、动植物的生命或健康，保护本国文物，以及保护可能用竭的天然资源等目的，可以作为例外而采取禁止或者限制进出口的措施。

② 《京都公约》（Kyoto Convention），中文全称是《关于简化和协调海关制度的国际公约》，于 1973 年 5 月 18 日由世界海关组织的前身海关合作理事会在京都制定，1974 年 9 月 25 日正式生效，又于 1996 年 6 月针对经济贸易环境的变化、信息科技快速发展的需要而进行修正，被世界海关组织称为“21 世纪关务程序现代化及效率的蓝图”。目前正在进行新一轮修订。

一系列特定的海关制度将进出境活动置于海关的有效控制之下。海关制度具有鲜明的特点，例如，要求一切进出境的人员、运输工具、货物和个人行李及邮递物品除另有规定外，都必须从设立海关的地点进出境，向海关进行申报并接受监管。

除征收进出境关税一致外，世界各国（地区）海关的职能与隶属关系各不相同。例如，美国在“9·11”事件后改组了涉及国土安全和反恐的各个联邦政府部门，成立国土安全部，原美国海关重组后并入国土安全部，从名称上看与海关职能相关的包括两个部门，即海关与边境保护局（U. S. Customs and Border Protection，CBP）、移民与海关执法局（U. S. Immigration and Customs Enforcement，ICE）[①]；而日本等一些国家的海关设立在财政部行政体系之内。应注意的是，就实施进出境监督管理职权而言，有些国家的海关并不是唯一的国家进出境监督管理部门。例如，我国的进出境监督管理除海关行使职权之外，还包括国家海事局、国家移民管理局，以及由公安部与海关总署双重领导的缉私局。这些机构的职能都不相同。

### （二）关境的含义

关境是海关的权力管辖范围。世界海关组织对“关境”的定义是“完全实施同一海关法的地区”。因此，关境是指实施同一海关法规和关税制度的境域，即国家（地区）行使海关主权的执法范围。一般情况下，关境等于国境，特殊情况下，关境与国境并不一致。如果几个国家（地区）结成关税同盟[②]，实施统一的海关法规和关税制度，则组成一个共同关境。由于其成员方的货物在彼此之间的国境进出不征收关税，此时关境大于其成员方的各自国境。例如，根据《欧盟海关法典》中对统一欧盟海关关境的规定，欧盟海关关境大于各成员方的国境。关境小于国境的情况多数具有历史或者地理的原因。例如，美国关岛、法国圣皮埃尔和密克隆等海外领土，在美、法两国海关法中都被列入各自关境以外地区。

针对特殊情况，世界贸易组织规定，经其主权国声明和证实，一个地区可以单独成为其成员，由此产生了所谓的“单独关境”，又称“单独关税地区”。例如，1997 年香港回归祖国之后，我国政府发表声明承诺在对香港恢复行使主权后仍保留其单独关境的地位。目前，我国香港特别行政区、澳门特别行政区和台湾地区都是单独关税地区。

### （三）中国海关

我国海关具有悠久的历史。“关”初设于内陆，指具有军事和商贸意义的关塞要道。我国古代陆地边关自周代出现，在漫长的历史过程中一直存在于陆地边境，其后随着海外贸易的发展，逐渐从陆地转向沿海。唐宋等海外贸易发达的朝代均设有职能与现代海关类似的政府机构。清初实行海禁政策，严令禁止官民擅自出海贸易。1684 年，清政府废除“禁海令”，指定广东澳门、福建漳州、浙江宁波和江南云台山四处为对外通商口岸并设关。1684—1685 年，清政府正式设立粤海关、闽海关、浙海关和江海关，准许外商来华贸易。这是中国历史上第一次以“海关”

---

① 从职能上简单来说，海关与边境保护局负责口岸现场执法执勤与贸易管理等，移民与海关执法局负责案件执行、取证调查、逮捕遣返等。

② 关税同盟（Customs Union）是经济一体化的一种类型，指成员方之间彻底取消了在商品贸易中的关税和数量限制，使商品在各成员方之间可以自由流动。另外，成员方之间还规定对来自非成员方的进口商品采取统一的限制政策，关税同盟外的商品不论进入同盟内的哪个成员方，都将被征收相同的关税。

两字命名的政府机构。第一次鸦片战争后，清政府被迫与英国签订《南京条约》，开放上海、福州、厦门、宁波、广州五地为对外通商口岸，订立片面协定税则并剥夺了我国的关税自主权。自1859年英国人李泰国出任中国海关总税务司起，中国海关被帝国主义国家控制将近一百年。这一时期的海关也被称为“洋关”。

中华人民共和国成立之后，1949年10月25日，中华人民共和国海关总署（以下简称“海关总署”）正式成立，标志着中国对外经济大门的金钥匙回到了人民手中。1951年3月23日，政务院第77次政务会议通过《中华人民共和国暂行海关法》并于5月1日起正式施行。这是中华人民共和国成立后最早颁布的正式海关法律。随着国内外政治经济形势的发展变化，中国海关经历了曲折的发展过程，尤其是职能调整和机构变化。改革开放后，中国海关的发展步入正轨并开启了新的篇章。

1987年7月1日开始实施的《中华人民共和国海关法》①（以下简称《海关法》）首次对我国海关的性质、执法依据和职能任务进行了明确表述。这部《海关法》的第二条规定：“中华人民共和国海关是国家的进出关境（以下简称进出境）监督管理机关。海关依照本法和其他有关法律、行政法规，监管进出境的运输工具、货物、行李物品、邮递物品和其他物品（以下简称进出境运输工具、货物、物品），征收关税和其他税、费，查缉走私，并编制海关统计和办理其他海关业务。”

1998年7月，“联合缉私、统一处理、综合治理”的缉私新体制建立。1999年1月，我国海关缉私警察队伍成立。2001年起，全国海关按照当时“依法行政、为国把关、服务经济、促进发展”的海关工作方针，以建立现代海关制度为目标，逐步建立和完善了监管制度、税收制度、保税监管制度、统计制度、稽查制度、缉私制度和风险管理制度。2006年5月，经国务院同意，海关总署口岸规划办公室更名为国家口岸管理办公室，明确海关总署是国家口岸管理职能部门，赋予了口岸开放规划管理、口岸工作组织协调、指导和协调地方政府口岸工作的新职能。

党的十八届三中全会通过的《中共中央关于全面深化改革若干重大问题的决定》为海关全面深化改革指明了方向，特别是在转变政府职能、构建开放型经济新体制等方面，对改革海关监管管理体制，加快海关特殊监管区域整合优化，推动内陆同沿海沿边通关协作，实现口岸管理相关部门信息互换、监管互认、执法互助等方面部署了具体任务。2018年4月，国家出入境检验检疫管理职责和队伍划入海关，开启了建设中国特色社会主义海关的新征程。

### （四）世界海关组织

世界海关组织（World Customs Organization，WCO）是其成员方在国际海关事务方面进行沟通和协作的政府间国际组织。该组织成立于1952年，总部位于比利时布鲁塞尔，建立之初名称为“海关合作理事会”（Customs Cooperation Council，CCC）。1994年10月后，正式工作名称改为“世界海关组织”，而CCC仍作为官方名称保留。中国于1983年7月18日加入《关于成立海关合作理事会公约》。世界海关组织不负责处理关税及贸易争端，这些事务都由世界贸易组织管辖，但世界海关组织对国际贸易和各成员方海关的发展贡献极其重要。例如，世界海关组织建立了一套国际标准的商品分类原则，称为《商品名称及编码协调制度》（以下简称《协调制度》），

---

① 以下除特殊说明外，各个时期修订的《中华人民共和国海关法》本书均简称《海关法》。

各成员方进出口税则都以该制度为基础，保证了国际范围内货物贸易统计的一致和规范。世界海关组织还将每年的1月26日定为国际海关日，推广海关合作，促进国际贸易，以及建立各成员方海关间的紧密联系。

世界海关组织的战略目标是：

1. 促进安全和国际贸易的便利化，包括简化和统一海关手续；

2. 促进公平有效率和有效益的税收收入；

3. 保护社会公众的健康和安全；

4. 加强各成员方海关能力建设；

5. 促进包括成员方海关管理机构、其他政府机构、国际组织、私营部门和其他利益相关者之间的信息交流；

6. 提高海关的表现和形象；

7. 进行研究和分析。

## 二、我国海关的性质

根据现行《海关法》，“中华人民共和国海关是国家的进出关境（以下简称进出境）监督管理机关”。我国海关的性质可从以下三个方面理解：

第一，我国海关是中央国家行政机关的组成部分。

根据《海关法》第三条的规定，国务院设立海关总署，统一管理全国海关。海关在国务院机构序列中属于国务院直属机构。《海关法》中的“海关是国家的进出关境（以下简称进出境）监督管理机关”，明确了海关的主管事项是“进出关境”的“监督管理”，同时对监督管理的对象进行了规定，明确了海关“进出关境监督管理”的职能、职权和职责。

第二，我国海关是具备行政执法职能的国家行政机关。

作为国家行政机关的一个部门，海关具有行政管理职能，同时由于海关也具备非常明显的行政执法职能，也可称为行政执法机关。值得注意的是，《海关法》中关于海关的性质和职能使用了“监督管理”的文字描述，“监督管理”一词就更加凸显了海关的行政执法机关的性质。此外，《海关法》中关于执法监督和法律责任的规定，以及海关法律法规体系中关于行政处罚、行政许可、行政强制、行政复议、行政诉讼等的相关法律法规，也共同建立了我国海关行政执法的体制和程序，严格规范了我国海关的行政执法行为。

《海关法》第二条规定的“海关依照本法和其他有关法律、行政法规”，涉及海关行政执法的法律渊源和范围。这里的“其他有关法律、行政法规”是指由全国人民代表大会或其常务委员会制定的与海关进出境监督管理相关的法律，以及由国务院制定的行政法规。因此，海关事务属于中央立法事权，地方人民代表大会和地方人民政府不得制定海关法律规范，其制定的地方法规、地方规章也不是海关执法的依据。

第三，我国海关是国家进出境监督管理机关。

海关履行职能也是国家宏观管理的一个重要组成部分。海关代表国家专职负责对进出境运输工具、货物、物品及其相关海关事务实施监督管理，因此具有对其他政府部门进出口行政管理的部分验证职能。这是海关与其他行政机关的不同之处。

## 三、我国海关的职责任务

海关有四项基本任务，即监管进出境的运输工具、货物、物品，征收关税和其他税、费，查缉走私，编制海关统计。随着社会发展和国家形势变化，尤其是我国加入世界贸易组织以后，海关履职的任务更加艰巨，维护贸易安全与便利、保护知识产权、履行原产地管理职责、协助解决国际贸易争端、实施贸易救济和贸易保障、参与反恐和防止核扩散等非传统职能任务不断加重。出入境检验检疫管理职责和队伍划入海关后，进出境检验检疫也成为海关新的职责任务。

新形势下，我国海关的职责任务可从三个方面理解：

第一，科学监管，保证货物进出口安全有序。

海关以改革和科技双轮驱动，大力推进智慧海关建设。实现通关和管理数字化、自动化、智能化，不断提升监管效能；强化“境外、口岸、境内”三道防线，构建“响应、呼应、反应”的海关运行机制，打造全方位、全链条的监管体系。依法科学监管，运用大数据、智能审图等高科技手段，提升口岸查验和征税效能，保证货物进出口安全有序。打击走私是海关重要职能。海关会同公安、海警等部门对重点商品、重点渠道、重点区域的走私进行严厉打击。

第二，多措并举，推动外贸保稳提质。

目前，海关工作的重心是多措并举服务外贸保稳提质，持续优化口岸营商环境，促进跨境贸易更加便利。一是畅通进出口物流。推进智慧海关建设，支持建设智慧口岸、智能边境，通过科技手段提速增效，促进跨境物流更加便利化。二是优化口岸营商环境。深入推进国际贸易“单一窗口”建设，为企业提供通关“一站式”服务。三是降低企业成本。帮助企业用好用足《区域全面经济伙伴关系协定》（RCEP）等自贸协定关税优惠，降低进出口环节成本。四是支持新业态发展。创新跨境电商海关监管模式，做到精准监管、快速通关。支持市场采购贸易、保税维修等新业态发展。

第三，先行先试，服务高水平对外开放。

先行先试服务高水平对外开放，推进海南自由贸易港、自由贸易试验区、横琴粤澳深度合作区、综合保税区海关监管等制度创新。同时，全面落实党的二十大报告提出的“加快建设海南自由贸易港，实施自由贸易试验区提升战略，扩大面向全球的高标准自由贸易区网络”高水平对外开放目标，也是海关职责任务的一个方面。

## 【复习思考题】

1. 海关含义的国际国内法律文件、公约及协定有哪些？
2. 什么是关境？为什么我国的关境小于国境？
3. 如何理解中国特色社会主义新海关的含义？
4. 世界海关组织的战略目标和我国海关的职责之间是什么关系？

# 第二节　海关管理体制

**【学习目标】**

本节内容旨在让学习者掌握我国海关的管理体制及其特点。

完成本节学习，学习者应达成以下目标：

1. 了解海关行政管理体制的特点；
2. 掌握海关组织机构的基本结构。

**【基本概念】**

垂直管理体制、三级事权管理、海关总署、直属海关、隶属海关

**【建议学习时间】**

2 课时

## 一、海关管理体制

我国海关始终坚持强化监管，优化服务，锻造“政治坚定、业务精通、令行禁止、担当奉献”的海关队伍，奋力建设新时代中国特色社会主义现代化海关。

### （一）垂直管理体制

我国海关实行集中统一的垂直管理体制。

《海关法》第三条规定：“国务院设立海关总署，统一管理全国海关。国家在对外开放的口岸和海关监管业务集中的地点设立海关。海关的隶属关系，不受行政区划的限制。海关依法独立行使职权，向海关总署负责。”

《海关法》第七条规定：“各地方、各部门应当支持海关依法行使职权，不得非法干预海关的执法活动。”

这在法律上对海关垂直管理体制进行了明确。垂直管理体制是单一制国家政体中行政管理体制的一种类型，具有事权集中、权责明确、指挥统一、便于控制等优点。当两个单位处于绝对领导和被领导关系时，这两个单位就呈垂直领导关系。上级对下级具有绝对领导权，即人事权、财务权、业务权等的绝对管辖；下级对上级呈绝对服从关系。

海关实行垂直管理体制是改革开放和维护国家整体利益的需要。中华人民共和国成立初期，国家领导人就曾指出海关执行国家统一的政策、法律和法规，必然需要垂直管理体制来保障各项政令的统一。海关是国家对涉外经济实行宏观监控的部门，其工作具有鲜明的涉外性，必须排除各种干扰，独立行使职权，才能发挥海关维护国家主权和利益的整体效能。

### （二）三级事权管理

按照集中统一的要求，我国海关实行海关总署、直属海关、隶属海关三级垂直管理的行政管

理体制。

中华人民共和国海关总署是国务院直属机构，为正部级。在全国各地设立 42 个直属海关，直接由海关总署领导，向海关总署负责，负责管理一定区域范围内的海关业务。直属海关在海关三级事权管理中发挥着承上启下的作用。隶属海关在三级事权管理中处于最基层，由直属海关领导，向直属海关负责，负责办理具体海关业务。

另外，全国各海关还设有多个办事机构，办事机构不是一级海关行政组织，而是海关总署、直属海关或隶属海关的派出机构，其职权和业务范围由派出单位确定并管辖。广东分署、天津特派办、上海特派办是海关总署的派出办事机构。

## 二、海关组织结构

### （一）海关总署

海关总署负责全国海关工作、组织推动口岸“大通关”建设、海关监管工作、进出口关税及其他税费征收管理、出入境卫生检疫和出入境动植物及其产品检验检疫、进出口商品法定检验、海关风险管理、国家进出口货物贸易等海关统计、全国打击走私综合治理工作、制定并组织实施海关科技发展规划以及实验室建设和技术保障规划、海关领域国际合作与交流、垂直管理全国海关、完成党中央国务院交办的其他任务。中央纪委国家监委在海关总署派驻纪检监察组。

### （二）直属海关

目前，除三个单独关税区外，我国在全国的 31 个省（自治区、直辖市）设立了 42 个直属海关，如表 1-1 所示。

**表 1-1　全国 42 个直属海关明细表**

| 省（自治区、直辖市） | 数量 | 直属海关 |
| --- | --- | --- |
| 北京市 | 1 | 北京海关 |
| 山西省 | 1 | 太原海关 |
| 天津市 | 1 | 天津海关 |
| 河北省 | 1 | 石家庄海关 |
| 内蒙古自治区 | 2 | 呼和浩特海关、满洲里海关 |
| 辽宁省 | 2 | 大连海关、沈阳海关 |
| 吉林省 | 1 | 长春海关 |
| 黑龙江省 | 1 | 哈尔滨海关 |
| 上海市 | 1 | 上海海关 |
| 江苏省 | 1 | 南京海关 |
| 浙江省 | 2 | 杭州海关、宁波海关 |
| 安徽省 | 1 | 合肥海关 |
| 福建省 | 2 | 福州海关、厦门海关 |

表1-1 续

| 省（自治区、直辖市） | 数量 | 直属海关 |
|---|---|---|
| 江西省 | 1 | 南昌海关 |
| 山东省 | 2 | 济南海关、青岛海关 |
| 湖北省 | 1 | 武汉海关 |
| 河南省 | 1 | 郑州海关 |
| 湖南省 | 1 | 长沙海关 |
| 广东省 | 7 | 广州海关、深圳海关、拱北海关、汕头海关、黄埔海关、江门海关、湛江海关 |
| 海南省 | 1 | 海口海关 |
| 广西壮族自治区 | 1 | 南宁海关 |
| 重庆市 | 1 | 重庆海关 |
| 四川省 | 1 | 成都海关 |
| 贵州省 | 1 | 贵阳海关 |
| 云南省 | 1 | 昆明海关 |
| 西藏自治区 | 1 | 拉萨海关 |
| 陕西省 | 1 | 西安海关 |
| 甘肃省 | 1 | 兰州海关 |
| 青海省 | 1 | 西宁海关 |
| 宁夏回族自治区 | 1 | 银川海关 |
| 新疆维吾尔自治区 | 1 | 乌鲁木齐海关 |

### （三）隶属海关

隶属海关是进出境监督管理职能的基本执行单位。目前我国有数百个隶属海关机构。

### （四）派出机构

海关总署在广州设立广东分署，其主要任务除了监督、检查、指导广东省内七个直属海关的工作外，还负责对广东省内海关及部分海关实施监督、审计、巡视和培训。

天津特派员办事处主要负责监督、检查华北地区的直属海关和中国海关管理干部学院的工作。

上海特派员办事处主要负责监督、检查华东地区的直属海关和上海海关学院的工作。

上述三个海关总署派出机构均不办理具体海关业务。

## 三、海关关衔制度

《中华人民共和国海关关衔条例》（以下简称《海关关衔条例》）于2003年2月审议通过并实施。这标志着海关成为继中国人民解放军实行军衔制度、人民警察实行警衔制度后又一支实行衔级制度的队伍。

实行海关关衔制度的主要目的有以下四点：

一是海关行政执法活动具有反走私斗争的尖锐性、对抗性，要求指挥统一、行动快捷、反应迅速、纪律严明，以确保政令畅通，维护海关执法的严肃性。海关工作人员在打击走私第一线佩戴关衔，明确现场海关工作人员的级别，有利于现场指挥，避免临阵慌乱、贻误时机。

二是我国加入世界贸易组织后，海关需要在有效监管的前提下提高通关效率。实行关衔制度，有利于完善通关作业现场的监督制约、层级管理机制，适应海关业务现场管理及时处置的特点，便于及时处理监管现场发生的紧急复杂事项。

三是实行关衔制度，有利于海关工作人员增强责任感、荣誉感，激发进取心，更加忠实地依法履行自己的职责。同时，也便于人民群众对海关工作人员进行监督，有利于提高执法队伍的素质，促进海关廉政建设。

四是实行关衔制度，符合国际通行的做法。

### （一）海关关衔等级

海关关衔按照职务等级编制，体现了以职务等级为主，以关衔为辅的原则。根据《海关关衔条例》的规定，关衔设五等十三级，如表 1-2 所示。

**表 1-2　关衔等级明细表**

| 关衔等级 | 关衔 |
|---|---|
| 一等 | 海关总监、海关副总监 |
| 二等 | 关务监督一级、二级、三级 |
| 三等 | 关务督察一级、二级、三级 |
| 四等 | 关务督办一级、二级、三级 |
| 五等 | 关务员一级、二级 |

根据《海关关衔条例》的规定，海关工作人员职务与关衔等级之间的对应关系，即从局级副职以下职务开始，下一职务的最高关衔是上一级职务关衔的第二档，这符合海关队伍和海关的局、处、科三级机构层次的特点。职务等级与关衔衔级对应关系，如表 1-3 所示。

**表 1-3　职务等级与关衔衔级对应关系明细表**

| 职务等级 | 关衔衔级 |
|---|---|
| 署级正职 | 海关总监 |
| 署级副职 | 海关副总监 |
| 局级正职 | 一级关务监督至二级关务监督 |
| 局级副职 | 二级关务监督至三级关务监督 |
| 处级正职 | 三级关务监督至二级关务督察 |
| 处级副职 | 一级关务督察至三级关务督察 |
| 科级正职 | 二级关务督察至二级关务督办 |
| 科级副职 | 三级关务督察至三级关务督办 |

表1-3 续

| 职务等级 | 关衔衔级 |
|---|---|
| 科员职 | 一级关务督办至一级关务员 |
| 办事员职 | 二级关务督办至二级关务员 |

### （二）关衔授予及晋升

经考试录用的海关工作人员、接收安置的军队转业干部或者从其他单位调入海关工作的人员，在确定职务后授予相应关衔。关衔的晋升、选升、降级按照规定进行。海关工作人员由关务员晋升关务督办、关务督办晋升关务督察、关务督察晋升关务监督，须培训合格后晋升。海关工作人员退休后，其关衔予以保留，关衔标志和授衔命令证书由本人保管，非经关衔主管部门批准，不得再佩戴关衔；调离海关系统，辞职或被辞退的，其关衔不予保留，关衔标志予以收回；受到开除处分的，取消其关衔，关衔标志和授衔命令证书均应收缴。

### 【复习思考题】

1. 我国海关管理体制的基本特点是什么？
2. 我国直属海关设立的原则是什么？
3. 设立关衔制度有什么作用？

## 第三节　海关执法

### 【学习目标】

本节内容旨在让学习者了解我国海关执法的基础知识。

完成本节学习，学习者应达成以下目标：

1. 了解海关执法的基本概念和基本要求；
2. 熟悉海关执法权力的种类和内容。

### 【基本概念】

海关执法要素、海关执法范围、海关监管区、海关附近沿海沿边规定地区、监管起讫时间、海关执法权力、海关行政许可、海关行政强制

### 【建议学习时间】

2 课时

海关执法是指海关依据法律、行政法规和行政规章，处理进出境活动中具体事项的行政行为，是海关依法行政的具体体现，是海关对进出境活动实施管理的主要手段。

## 一、海关执法的要素

海关执法在海关工作中居于核心地位。第一，海关执法属于行政执法，执法的主体是海关。行政执法的主体必须是国家行政机关，遵循的是迅速、简便、以效率为优先特征的行政程序性要求。第二，海关执法属于具体行政行为。海关执法的具体对象包括进出境的“物”、进出境活动当事人所作出的“行为”，以及进出境活动当事人自身即“人”，这三个因素构成统一而具体的整体。具体行政行为的对象是特定的，其行为效力仅限于特定人、特定事。第三，海关执法同其他行政执法行为一样，具有主动性和单方意志性，以及具有一定的自由裁量权。这些都是非常重要的特征，对关务活动的开展具有直接和重大的影响。

综上所述，海关执法行为具有五大要素：

一是主体要素，即执法主体为海关；二是客体要素，即海关执法对象的具体化；三是内容要素，即法律赋予海关的权力与当事人履行义务的统一；四是形式要素，即通过执法的形式要件来表现海关执法的内容；五是依据要素，即海关执法的依据是海关法律、法规，进出境检验检疫方面的法律、法规及其他与进出境管理相关的法律、法规。这些是海关判断、衡量、处理海关执法问题的基本标准。

## 二、海关执法的范围

海关执法的范围是指海关行使执法权的时间范围和区域范围。海关执法工作的特性决定了海关执法有其特定的范围限制，正确理解和掌握海关执法的范围，有助于海关正确、有效地行使海关执法职权，避免滥权、越权，保证海关执法的严肃性。

### （一）时间范围

海关执法中的时间期限通常体现在具体法律条文的规定中，可分为法定期间和指定期间。

**1. 法定期间**

法定期间可以分成按日计算、按月计算、按年计算三种，目前在海关法律体系中有四种规定的情形。

（1）期间的开始

目前，海关监管法规定的有两种情况：“……之日起”和“……后起”。

（2）期间的届满

按日计算的，以最后一天为届满日。按月或按年计算的，以最后一个月相当于开始月份的那一天为届满日。

（3）节假日处理

如期间届满的最后一天是节假日，以节假日后的第一个工作日为期间届满日。由于期间进行的不可间断性，所以节假日在期间中间的，不予扣除。

（4）期间的顺延

当事人因不可抗力的事由或其他客观原因而耽误办理有关海关手续或履行其他义务的，经海关批准，一般可在原定期间的范围内顺延一次。

**2. 指定期间**

指定期间即海关依照监管职权，对进出境活动的当事人履行其义务所指定的时间。这种期间是相对于法定期间而言的，是法定期间的一种补充。指定期间在海关监管法上没有明确的规定，但在海关监管实践中时常运用。

海关的监管起讫时间是指定期间的重要体现。从业务流程上看，对从事进出境运输业务的各类运输工具的监管早于对货物的监管，海关的监管应当从运输工具进境起至结关离境止。

监管的起始，无论是否申报，只要进境就必须接受海关监管；而监管的结束，则强调了必须办理结关手续并实际离境。境内运输企业的运输工具在境内如承运海关监管货物或物品的，虽然其并未实际进出境，但因运输对象受海关监管，运输工具自启运地装载海关监管货物或物品起至货物或物品运抵指运地止须接受海关监管。

对进口货物监管的起始，与进出境运输工具相同，即不论申报与否，只要进境就应接受海关监管。而对于进口货物监管的结束，因其进出境的物流状态及适用的海关税收征管、贸易管制及检验检疫措施等制度的不同，导致办结海关手续的程序不同，实际延续的时间也有较大的区别。由于进出境货物的情况较为复杂，海关税收、贸易管制及检验检疫措施的管理方式不尽相同，所以，监管的起讫时间要视货物进出境的物流状态及适用的海关制度而定。

进出境物品的监管起讫时间与进出境货物的监管起讫时间相类似。

## （二）区域范围

海关执法的区域一般限于“海关监管区”（主要办理一般的海关执法业务）和“海关附近沿海沿边规定地区”（办理部分延伸性海关业务）。

《海关法》第一百条规定：“海关监管区，是指设立海关的港口、车站、机场、国界孔道、国际邮件互换局（交换站）和其他有海关监管业务的场所，以及虽未设立海关，但是经国务院批准的进出境地点。”

这一规定使海关监管区的确立方式得以规范，并使各海关在界定这一区域时有了统一的原则。在海关监管区的概念中“有海关监管业务”则十分简明地规定了海关监管区内涵的核心。所谓“有海关监管业务”，是以对进出境运输工具、货物、物品的活动实施有效执法为基本特征，以履行《海关法》所规定的各项海关手续为具体表现形式。

海关监管区是指海关对进出境运输工具、货物、物品的活动依法办理海关手续的规定区域。

海关附近沿海沿边规定地区是指海关总署和国务院公安部门会同有关省级人民政府确定的边境或沿海设关地周围的一定区域。

应当注意的是，《海关法》确定的海关执法特定区域与《海关法》的效力范围，是两个既有联系但又不同的概念，不能混为一谈。

还应当注意的是，为强化海关作为国家缉私和进出境检验检疫职能部门的地位，《海关法》及出入境检验检疫方面的法律、法规明确规定，“在海关监管区和海关附近沿海沿边规定地区以外，海关在调查走私案件时，对有走私嫌疑的运输工具和除公民住处以外的有藏匿走私货物、物品嫌疑的场所，经直属海关关长或者其授权的隶属海关关长批准，可以进行检查”。在特定情况下可以径行检查，可以扣留有走私嫌疑的运输工具、货物、物品；海关在履行检验检疫后续监管职责时，可以对进入国内市场的商品进行抽查，对进出口商品安全问题进行追溯调查，对企业遵守进出境检验检疫法律、法规状况进行检查。

## 三、海关执法的权力

海关执法权是指在海关监督管理职权的范围内由《海关法》及其他法律法规规章授予海关的一种支配和指挥的力量，是海关监督管理职权的具体化和表现形式，也是国家意志得以实现的重要保障。

出入境检验检疫管理职责和队伍划入海关后，海关正在依法推进改革，根据改革进程，进行法律规范的立改废释工作，以健全海关法律法规体系。在目前尚未系统出台新的法律、行政法规的情况下，本教材对海关执法权的表述暂不作变更。

### （一）进出境监管

海关依据有关法律法规，对货物、物品、运输工具进出境活动实施监管。其具体包括：

**1. 检查**

海关有权对进出境的运输工具，以及在海关监管区和海关附近沿海沿边规定地区对有走私嫌疑的运输工具，有藏匿走私货物、物品嫌疑的场所和走私嫌疑人的身体进行检查。在海关监管区和海关附近沿海沿边规定地区以外的地区，海关在调查走私案件时，经直属海关关长或者其授权的隶属海关关长批准，有权对有走私嫌疑的运输工具和除公民住所以外的藏匿走私货物、物品嫌疑的场所进行检查。

**2. 查验**

海关有权对进出境的货物和物品进行核验。海关认为必要时可以径行提取货样。

**3. 查阅**

海关有权对进出境人员的身份证件，与进出境运输工具、货物、物品有关的凭证和文件资料等进行查阅。

**4. 询问**

海关有权对违反《海关法》或其他有关法律、法规的嫌疑人进行询问。

**5. 稽查**

海关在法律规定的年限内，有权对企业进出境活动及与进出口货物有关的财务记账凭证、单证、资料等进行核查和审计。

**6. 查询**

海关在调查走私案件时，经直属海关关长批准，有权查询涉案单位和人员在金融机构、邮政企业的存款、汇款账户。

**7. 复制**

海关有权对与进出境运输工具、货物、物品有关的凭证和文件资料等进行复制。

### （二）进出境税费征收

税费征收是指海关有权依据有关法律法规的规定对进出境货物、物品和运输工具征收税费。进出境税费征收还包括依法对特定的进出口货物、物品减征或免征关税；对海关放行后的有关进出口货物、物品，发现少征或者漏征税款的依法补征、追征；对进出口货物的价格进行审查；对申报进出口货物、物品的属性有疑问，经现场查验不能确认的，提取货样进行化验鉴定；征收滞纳金与滞报金。

### （三）海关行政许可

海关行政许可是指海关依据有关法律法规的规定，经国务院批准，对公民、法人或者其他组织的申请，经依法审查准予其从事与海关进出境监督管理相关的特定活动的权力。

海关系统行政许可事项清单如表 1-4 所示。

**表 1-4　海关系统行政许可事项清单（截至 2025 年 3 月）**

| 序号 | 事项名称 | 子项 | 实施机关 | 设定和实施依据 |
|---|---|---|---|---|
| 1 | 保税仓库设立审批 | | 直属海关（由所在地主管海关受理） | 《中华人民共和国海关法》<br>《中华人民共和国海关对保税仓库及所存货物的管理规定》（海关总署令第 105 号公布，海关总署令第 263 号修正） |
| 2 | 出口监管仓库设立审批 | | 直属海关（由所在地主管海关受理） | 《中华人民共和国海关法》<br>《中华人民共和国海关对出口监管仓库及所存货物的管理办法》（海关总署令第 133 号公布，海关总署令第 263 号修正） |
| 3 | 免税商店经营许可 | | 海关总署 | 《中华人民共和国海关法》<br>《中华人民共和国海关对免税商店及免税品监管办法》（海关总署令第 132 号公布，海关总署令第 262 号修正） |
| 4 | 保税物流中心设立审批 | 设立保税物流中心（A 型） | 直属海关（由所在地主管海关受理） | 《中华人民共和国海关法》<br>《中华人民共和国海关对保税物流中心（A 型）的暂行管理办法》（海关总署令第 129 号公布，海关总署令第 273 号修正） |
| | | 设立保税物流中心（B 型） | 海关总署会同财政部、国家税务总局、国家外汇管理局（由直属海关受理） | 《中华人民共和国海关法》<br>《中华人民共和国海关对保税物流中心（B 型）的暂行管理办法》（海关总署令第 130 号公布，海关总署令第 273 号修正） |
| 5 | 海关监管货物仓储企业注册 | 海关监管货物仓储企业注册（直属海关审批） | 直属海关 | 《中华人民共和国海关法》<br>《中华人民共和国海关监管区管理暂行办法》（海关总署令第 232 号公布，海关总署令第 240 号修正） |
| | | 海关监管货物仓储企业注册（隶属海关审批） | 隶属海关 | |

表1-4 续

| 序号 | 事项名称 | 子项 | 实施机关 | 设定和实施依据 |
| --- | --- | --- | --- | --- |
| 6 | 过境动物、进境特定动植物及其产品检疫审批 | 过境动物检疫审批 | 海关总署 | 《中华人民共和国进出境动植物检疫法》《中华人民共和国进出境动植物检疫法实施条例》 |
| | | 进境特定动植物及其产品检疫审批（海关总署审批） | 海关总署 | |
| | | 进境特定动植物及其产品检疫审批（直属海关审批） | 直属海关 | |
| 7 | 出境特定动植物及其产品和其他检疫物的生产、加工、存放单位注册登记 | | 直属海关 | 《中华人民共和国进出境动植物检疫法实施条例》 |
| 8 | 进出境动植物检疫除害处理单位核准 | | 直属海关 | 《中华人民共和国进出境动植物检疫法实施条例》 |
| 9 | 特殊物品出入境卫生检疫审批 | | 直属海关 | 《中华人民共和国国境卫生检疫法实施细则》 |
| 10 | 国境口岸卫生许可 | 口岸食品生产经营、饮用水供应单位卫生许可（直属海关审批） | 直属海关 | 《中华人民共和国国境卫生检疫法》《中华人民共和国食品安全法》《中华人民共和国国境卫生检疫法实施细则》 |
| | | 口岸食品生产经营、饮用水供应单位卫生许可（隶属海关审批） | 隶属海关 | |
| | | 口岸公共场所经营单位卫生许可（直属海关审批） | 直属海关 | 《中华人民共和国国境卫生检疫法》《中华人民共和国国境卫生检疫法实施细则》《公共场所卫生管理条例》 |
| | | 口岸公共场所经营单位卫生许可（隶属海关审批） | 隶属海关 | |

### （四）海关行政强制

海关行政强制权力的内容包括海关行政强制措施和海关行政强制执行两个方面。

#### 1. 海关行政强制措施

海关行政强制措施是指海关在行政管理过程中为制止违法行为、防止证据损毁、避免危害发生、控制危险扩大等情形，依法对公民的人身自由实施暂时性限制，或者对公民、法人及其他组织的财物实施暂时性控制的行为。

海关行政强制措施主要包括：

（1）扣留

海关有权对违反海关法律、法规的进出境运输工具、货物和物品，以及与之有关的凭证、文件资料等进行扣留；对涉嫌侵犯知识产权的货物，海关可以依职权或依知识产权权利人申请扣留；对走私犯罪嫌疑人，经直属海关关长批准，可以限时扣留审查。

（2）封存

海关发现被稽查人的进出口货物有违反有关法律、法规嫌疑的，经直属海关关长批准，可以封存有关进出口货物；发现被稽查人有可能篡改、转移、隐匿、毁弃账簿和单证等数据的，经直属海关关长批准，在不妨碍被稽查人正常的生产经营活动的前提下，可以暂时封存其账簿、单证等有关资料。

（3）税收保全

进出口货物纳税人在海关依法责令其提供纳税担保，而纳税人不能提供纳税担保的，经直属海关关长批准，海关可以采取相关税收保全措施，书面通知纳税人开户银行或者其他金融机构暂停支付纳税人相当于应纳税款的存款，扣留纳税人价值相当于应纳税款的货物或者其他财产。

**2. 海关行政强制执行**

海关行政强制执行是指海关在有关当事人不依法履行义务的前提下，为实现监督管理职能，依法强制当事人履行法定义务的行为。

海关行政强制执行主要包括：

（1）提取货物变卖与先行变卖

进口货物超过三个月未向海关申报，海关可以依法提取变卖处理；进口货物收货人或其所有人声明放弃的货物，海关有权依法提取变卖处理；海关依法保留的货物、物品，不宜长期保留的，经直属海关关长批准，可以先行依法变卖；在规定期限内未向海关申报及误卸或溢卸的不宜长期保留的货物，海关可以按照实际情况提前变卖处理。

（2）强制扣缴和变价抵缴关税

对超过规定期限未缴纳税款的，经直属海关关长批准，海关可以通知其开户银行从其账户存款内扣缴税款，或将应税货物依法变卖，以变卖所得抵缴税款；查扣并依法变卖其价值相当于应纳税款的货物或者财产以变卖所得抵缴税款。

### （五）海关行政处罚

海关有权对不予追究刑事责任的走私行为和违反海关监管规定的行为，以及违反法律、行政法规规定由海关实施行政处罚的行为进行处罚。

### （六）走私犯罪侦查

海关缉私部门有权侦查有走私犯罪嫌疑的人员、货物、物品和行为。

### （七）配备和使用武器

海关为履行职责，可以配备并使用武器。

### （八）追缉

海关对违反海关法逃逸的进出境运输工具或者个人进行追缉。

### （九）其他

海关还有行政裁定、行政复议、对知识产权实施边境海关保护等权力。

**【复习思考题】**

1. 海关执法有哪些要素？
2. 海关执法中的时间期限有哪些？
3. 海关执法中的区域范围有哪些？
4. 海关执法的权力有哪些？

## 第四节　海关贸易便利化

**【学习目标】**

本节内容旨在让学习者了解我国海关贸易便利化的最新发展和成就。

完成本节学习，学习者应达成以下目标：

1. 了解海关贸易便利化的背景与重点任务；
2. 熟悉海关实施贸易便利化的具体措施。

**【基本概念】**

联网核查、先验放后检测、第三方采信制度

**【建议学习时间】**

2 课时

近年来，我国外贸运行总体平稳向好。整体看，我国外贸经营主体活力充足，有进出口记录的外贸经营主体已经突破 60 万家。产品竞争优势稳固，电动载人汽车、锂离子蓄电池和太阳能电池“新三样”产品出口快速增长；高水平开放稳步推进，自由贸易试验区数量已扩大至 22 个，海南自由贸易港建设深入推进，并在 2025 年封关运营。中国海关担负着守国门、促发展的职责使命，正全力优化口岸营商环境、促进跨境贸易便利化，加快智慧海关建设、实施“智关强国”行动，全面推进中国特色社会主义现代化海关建设。我国外贸领域主要采取的贸易便利化措施如下。

### 一、减少进出口环节审批监管事项

简政放权，减少进出口环节审批监管事项包括以下两个方面内容。

#### （一）精简进出口环节的监管证件

进出口企业可以通过国际贸易“单一窗口”向各监管部门网上申领办理所需的各类进出口

环节监管证件。截至2025年3月底，在进出口环节验核的监管证件减至41种。除特殊情况外，进出口环节涉及的监管证件可全部通过国际贸易“单一窗口”实现“一口受理”“联网核查”。

精简进出口环节监管证件的最新进展包括：

1. 汽车零部件自动进口许可证下放至地方办理，并实现自动进口许可证和进口许可证（除消耗臭氧层物质外）全流程无纸化；

2. 两用物项和技术进出口许可证申领和通关实现全流程无纸化；

3. 原产地证书可通过“单一窗口”等平台在线申请；

4. 特种设备行政许可已实现全流程网上办理。

### （二）修订相关法律法规规章

2024年，海关总署公布部门规章6部、公告210个，并联合财政部、商务部等部门发布了数十个公告。这些监管新规涵盖了出口管制、通关监管、检验检疫、特殊区域、企业管理、主动披露等诸多领域。此外，《中华人民共和国海关法》修订草案已向社会征求意见，《中华人民共和国关税法》（以下简称《关税法》）、新修订的《中华人民共和国国境卫生检疫法》经全国人大常委会通过，分别于2024年12月1日、2025年1月1日起施行。

2024年海关总署新发布、修改与废止规章的情况如下：

1.《中华人民共和国海关办理申诉案件暂行规定》《扶贫、慈善性捐赠物资免征进口税收暂行办法的实施办法》《海关稽查暂行规定》等规章被废止；

2. 依据《中华人民共和国行政复议法》对《〈中华人民共和国海关稽查条例〉实施办法》与《中华人民共和国海关注册登记和备案企业信用管理办法》中所涉及法律文书格式文本进行了修改。

3. 对《〈内地与香港关于建立更紧密经贸关系的安排〉货物贸易协议》《关于调整进出境个人邮递物品管理措施有关事宜的公告》等进行修改，主要修订内容包括对子目1806.20、1860.32和7019.90基于《内地与香港关于建立更紧密经贸关系的安排》的原产地认定标准；另将与个人物品进出境相关政策“个人寄自或寄往港、澳、台地区的物品，每次限值为800元人民币；寄自或寄往其他国家和地区的物品，每次限值为1000元人民币”修改为“个人寄自境外的进境物品，每次限值为2000元人民币。个人寄往港、澳、台地区的物品，每次限值为800元人民币；寄往其他国家和地区的物品，每次限值为1000元人民币”，进一步提升个人消费便利感。

4. 2024年海关总署与财政部、商务部等部门联合发布的公告涉及诸多海关进出境监管的新要求，要点包括出口管制物项范围与海关编码调整，重点有《关于对锑等物项实施出口管制的公告》《不可靠实体清单工作机制公告》系列等。

## 二、优化口岸通关流程和作业方式

### （一）推广应用“提前申报”模式

提高进口货物“提前申报”比例，鼓励企业采用“提前申报”，提前办理单证审核和货物运输作业，非布控查验货物抵达口岸后即可放行提离。

实际进境货物不限企业信用等级、运输方式、通关类型，均适用“提前申报”模式；对于采用无纸化申报、电子支付税款且不涉及布控查验的货物，企业可利用货物运输阶段完成申报前准备和申报手续，实现货物到港即提离，大幅提升通关效率。与此同时，普遍实行“提前申报”容错机制，对非由企业主观故意引起且企业主动向海关书面报明并能够及时纠正的违规行为，可从轻、减轻或免于处罚。

**（二）优化检验检疫作业**

将“先验放，后检测”监管模式推广到更广领域（矿产品、原油）。在涉及安全领域的监管上，对危险化学品和涉及生物安全的特殊物品进一步强化监管要求。《海关总署关于进一步加强进口危险化学品检验监管的公告》明确，进口危险化学品实施批批“审单验证+口岸检验或者目的地检验”模式，并要求如实准确填报货物属性、检验检疫名称、危险类别、包装类别、联合国危险货物编号（UN 编号）、危险货物包装标记（包装 UN 标记）等信息及提交相应材料。

针对涉及生物安全的特殊物品，新《特殊物品海关检验检疫名称和商品编号对应名录》公布实施，进出口微生物、人体组织、生物制品、血液及其制品等特殊物品，需要办理出入境特殊物品审批以及向口岸海关报检等手续。《高风险特殊物品卫生检疫准入管理办法》发布，落实了《中华人民共和国生物安全法》要求，并“建立首次进境或者暂停后恢复进境的动植物、动植物产品、高风险生物因子国家准入制度”，从 2025 年 1 月 1 日起，高风险特殊物品在办理进境卫生检疫审批前应当获得准入资格，对其实施动态化、名录化管理。对于未获得准入资格的高风险特殊物品，海关将不予办理进境手续。

**（三）进一步提高通关时间透明度**

在试点地区进一步明确了空运快运货物和普通货物通关的时间标准，规定在符合我国海关监管要求且完成必要检疫程序的前提下，空运快运货物正常情况下在抵达后 6 小时内放行；对已抵达并提交通关所需全部信息的普通货物，尽可能在 48 小时内放行。通关时间标准更加透明，有助于提升经营主体进口环节的可预期性，为促进贸易发展营造更优的环境。

**（四）进一步降低通关成本**

明确海关允许原产地证书存在微小的差错，在确认货物原产资格情况下，对印刷错误、打字错误、非关键性信息遗漏等微小差错或文件之间的细微差异不影响企业享受优惠关税待遇，企业不必反复修改、递交申请的材料。明确在预裁定所根据的法律、事实和情况未发生改变的情况下，允许进口企业在预裁定失效前申请展期，海关在裁定有效期届满前从速决定，保证了预裁定决定的连续性。

**（五）推广第三方采信制度**

引入市场竞争机制，发挥社会检验检测机构的作用，在进出口环节推广第三方检验检测结果采信制度。出台一系列公告，对于具有符合公告要求的第三方检测机构出具的检测报告或企业自有检测报告的，现场海关审核资料风险评价为合格的，海关不再对进出口货物抽样检测。

**（六）放宽主动披露容错空间**

海关总署于 2023 年 10 月 8 日发布了《关于处理主动披露违规行为有关事项的公告》，进一步激励企业主动披露违规行为，将主动披露不予处罚的范围从原先的影响海关税款征收，扩大至影响国家退税管理、影响加工贸易监管、影响海关统计准确性或监管秩序，以及部分涉检违规情形，同时主动披露的时限也进一步放宽。

## 三、提高口岸物流服务效能

### （一）提高查验准备工作效率

通过“单一窗口”、港口电子数据交换（EDI）中心等信息平台向进出口企业、口岸作业场站推送查验通知，增强通关时效的可预期性。进境运输工具到港前，口岸查验单位对申报的电子数据实施在线审核并及时向车站、码头及船舶代理反馈。

推广无陪同查验，鼓励企业选择“不陪同查验”或“委托监管场所经营人陪同查验”方式，降低通关成本，提高通关效率。

### （二）加快发展多式联运

研究制定多式联运服务规则；加快建设多式联运公共信息平台，加强交通运输、海关、市场监管等部门间信息共享，为企业提供资质资格、认证认可、检验检疫、通关查验、信用评价等一站式综合信息服务；推动外贸集装箱货物在途、舱单、运单、装卸等铁水联运物流信息交换共享，提供全程追踪、实时查询等服务。

## 四、促进口岸营商环境更加公开透明

### （一）加强口岸通关和运输国际合作

加快修订国际双边、多边协定，推动与相关国家在技术标准、单证规则、数据交换等方面开展合作。扩大海关“经认证的经营者”（Authorized Economic Operator，AEO）国际互认范围，支持指导企业取得认证。

与中国海关实现 AEO 互认的国家和地区达到 57 个，高级认证企业的含金量进一步提高。新公布的《关于失信企业认定标准相关事项的公告》明确，非报关企业因非主观故意造成的 1 年内违反海关监管规定被海关行政处罚的行为，不列入海关认定失信企业信用状况的记录。该公告有效期为 2023 年 12 月 1 日至 2025 年 12 月 31 日。

### （二）降低进出口环节合规成本

严格执行行政事业性收费清单管理制度，未经国务院批准，一律不得新设涉及进出口环节的收费项目。清理规范口岸经营服务性收费，对实行政府定价的，严格执行规定标准；对实行市场调节价的，督促收费企业执行有关规定，不得违规加收其他费用。鼓励竞争，破除垄断，推动降低报关、货代、船代、物流、仓储、港口服务等环节经营服务性收费。加强检查，依法查处各类违法违规收费行为。

### （三）实行口岸收费目录清单制度

建立市场监管、商务、交通、口岸管理、查验等单位共同参加的口岸收费监督管理协作机制。

### （四）公开通关流程及物流作业时限

制定并公开通关流程及口岸经营服务企业场内转运、吊箱移位、掏箱和货方提箱等作业时限标准，便利企业合理安排生产、制订运输计划。公布口岸查验单位通关服务热线，畅通意见投诉反馈渠道。

## 五、特殊监管区持续创新

### （一）海南自由贸易港

海关总署、财政部、国家税务总局于 2023 年 3 月 18 日发布《关于增加海南离岛免税购物“担保即提”和“即购即提”提货方式的公告》，可对单价超过 5 万元（含）的免税品选择“担保即提”提货方式，可对单价不超过 2 万元（不含）且在公告附件清单内的免税品选择“即购即提”提货方式，进一步便利离岛旅客。

财政部、海关总署等五部门联合发布《关于在有条件的自由贸易试验区和自由贸易港试点有关进口税收政策措施的公告》，在海南自由贸易港实行暂时进境修理、暂时出境修理的特殊税收优惠政策。对在海南自由贸易港注册登记具有独立法人资格的企业运营的相关航空器、船舶（含相关零部件），暂时出境修理后复运进入海南自由贸易港，无论其是否增值，免征关税。在海南自由贸易港实行“一线”放开、“二线”管住管理制度的特殊区域内，对自境外暂时准许进入试点区域进行修理的货物，复运出境的，免征关税、进口环节增值税和消费税。

### （二）横琴粤澳深度合作区

海关总署于 2023 年 12 月 28 日发布了《中华人民共和国海关对横琴粤澳深度合作区监管办法》，实施“一线基本放开、二线严格管住、区内实现自由”的监管政策。

“一线”放开：允许更多企业享受免税、保税政策，将部分非免税、保税货物纳入免税、保税范围。对于不涉证不涉检的免税、保税货物，实行“极简”申报。

“二线”严格管住：要求合作区进入内地的免税、保税货物向海关如实申报，并接受海关监管。对于合作区内企业生产的含进口料件在合作区内加工增值达到或超过 30% 的货物，免征进口关税，但按规定征收进口环节增值税和消费税。

区内实现自由：支持合作区开展多种保税业务，如保税加工、保税仓储、保税研发、保税维修等。此外，除另有规定外，区内保税存储货物不设存储期限，旅客经合作区的对外开放口岸携带进入合作区的免税物品可在区内正常消费使用。

## 【复习思考题】

1. 我国海关贸易便利化取得了哪些显著成就？
2. 我国海关贸易便利化采取了哪些措施？
3. 我国海关下一步会采取哪些措施进一步提升我国海关贸易便利化？

## 本章练习题

### 一、选择题

1. （　　）负责办理具体的海关业务，是海关进出境监督管理职能的基本执行单位。

A. 海关总署　　B. 直属海关　　C. 直属关区　　D. 隶属海关

2. 海关的四项基本任务除了监管、缉私、统计外，还包括（　　）。

A. 查验　　B. 审单　　C. 征税　　D. 认证

3. 以下属于海关行政强制措施的选项有（　　）。

A. 扣留财物　　B. 抵缴、变价抵缴

C. 冻结存款、汇款　　D. 封存货物或者账簿、单证

4. 某隶属海关查获一批国家禁止进口的固体废物。这是海关在履行（　　）职责。

A. 监管　　B. 征税　　C. 缉私　　D. 统计

5. 海关总署向（　　）负责。

A. 全国人大　　B. 国务院　　C. 财政部　　D. 商务部

6. 贸易商通过一个公共平台向不同监管机构一次性申报，上述机构使用各自系统分头处理，并通过该平台将处理结果传输给贸易商，这种“公共平台”运行模式被称为（　　）。

A. 单一窗口　　B. 单一系统　　C. 单一机构　　D. 互联互通

7. 海关依据有关法律法规，对货物、物品、运输工具进出境活动实施监管，具体包括(　　)。

A. 对进出境运输工具进行检查　　B. 对进出境货物进行核验

C. 对进出境人员的身份证件进行查阅　　D. 对违反有关法律法规的嫌疑人进行询问

8. 以下国家与我国已实现 AEO 互认的有（　　）。

A. 韩国　　B. 日本　　C. 新加坡　　D. 瑞士

9. 以下属于加强科技应用，提升口岸管理信息化、智能化水平的有（　　）。

A. 加强“单一窗口”的建设

B. 制定电子数据交换报文标准

C. 加大集装箱空箱检测仪、高清车底探测系统使用频率

D. 加大安全智能锁等设备的应用力度

10. 以下关衔等级属于三等的是（　　）。

A. 海关总监　　B. 关务监督一级　　C. 关务督办一级　　D. 关务督察一级

### 二、判断题

1. 我国历史上首次使用“海关”一词是在清朝。(　　)

2. 关境的定义是“完全实施同一海关法的地区”，有可能与国境不一致。(　　)

3. 我国海关实行集中统一管理的垂直领导体制。(　　)

4. 直属海关仅设在各直辖市及省会城市。(　　)

5. 海关监督管理的对象是所有进出关境的运输工具、货物、物品和旅客。(　　)

6. “单一窗口”能够使企业在多个口岸管理部门间通过一个平台实现一次申报，建成“单一窗口”不仅能推动口岸执法简政放权，减轻企业负担，也有利于平均放行时间的统计和公布。

(    )

7. 上海特派员办事处可以办理具体海关业务。(    )

8. 汇总征税、关税保证保险制度都属于创新海关税收征管模式。(    )

9. 目前，我国海关已出台对服装、食品、化妆品等多类产品实施在进出口环节推广第三方检验检测结果采信制度。(    )

10. 采用“提前申报”模式进口的企业，对非由企业主观故意引起且企业主动向海关书面报明并能够及时纠正的违规行为，可从轻、减轻或免于处罚。(    )

# 第二章 海关主要业务管理制度

## 学习目标

知识目标

- 了解我国海关主要业务管理制度的基本概念
- 熟悉我国海关主要业务管理制度的基本架构与原则
- 掌握我国海关进出口货物监管基本流程

技能目标

- 能掌握和运用我国海关主要业务管理制度的基本知识和管理要求
- 能掌握和运用我国海关主要业务管理制度的基本程序和措施要求

素养目标

- 具有洞察国际经济形势与政策的能力
- 具有国际视野，能够树立总体国家安全观
- 具有自觉维护国家和企业利益的职业道德，遵守国际国内贸易法律法规

# 第一节 海关监管

**【学习目标】**

本节内容旨在让学习者掌握我国海关进出口货物监管制度的基础知识。

完成本节学习，学习者应获得以下成果：

1. 理解海关监管制度的含义；
2. 了解海关监管制度的法律形式；
3. 了解海关监管制度的体系；
4. 理解海关监管货物的含义及特征；
5. 理解海关监管相对人的含义；
6. 掌握海关监管制度的内容及管理措施。

**【基本概念】**

海关监管制度、海关监管货物、海关监管相对人、一般进出口、保税、特定减免税、暂时进出境

**【建议学习时间】**

4 课时

## 一、概述

海关监管制度是海关对进出境运输工具、货物、物品进行监管中形成的一系列作业规范和行为规范。海关监管制度是海关实施进出境监管活动的基本制度保障，同时也是监督海关依法行政的主要依据。

海关监管制度的法律形式主要有：《海关法》，关于海关对进出境货物、物品、运输工具监管的规定；其他国家法律，如《中华人民共和国文物保护法》（以下简称《文物保护法》）、《中华人民共和国对外贸易法》（以下简称《对外贸易法》）、《中华人民共和国道路交通安全法》、《中华人民共和国民用航空法》等涉及海关对进出境货物、物品、运输工具监管的规定；国务院各有关行政法规涉及海关对进出境货物、物品、运输工具监管的规定；海关总署制定、颁布或海关总署与其他各部门联合制定、颁布的有关部门规章；我国参加或缔结的国际公约、条约及海关行政互助协议。

在海关法律体系中，涉及海关监管的法规、规章数量最多，可分为进出境货物监管制度、进出境运输工具监管制度、进出境旅客行李物品监管制度、进出境邮递物品监管制度、海关监管场所监管制度等分支。由于进出境货物的贸易形态与营销方式复杂、进出境物品的携运途径多样、运输工具的种类繁多等特点，海关须具有与其管理目标相适应且各具针对性的监管方式。如进出

境货物的一般进出口、保税进出口、暂时进出口，进出境物品的旅客携带、邮局寄递，运输工具的船舶、航空器进出境等。因篇幅所限及教材所需，本节侧重于讲述进出境货物监管制度。

海关监管货物是指以各种贸易或非贸易形态进出境，在尚未办结海关手续的情形下，其处置及物流应受海关监督控制的货物。全国通关一体化改革完成后，海关监管是由前期管理、现场监管、后续管理构成的紧密联系、协调配合的大监管体系，并针对监管对象的不同形态、海关监管程序的不同时段，采用不同的监管措施。海关监管制度形成了一个层次分明且又各有分支的、相对完整的体系，如图2-1所示。其中，海关通关监管、保税监管等进出境货物的程序性监管制度具有海关监管“证实进出境实际状态”及“全过程监控”的基本要素，且能为海关开展其他业务提供主要依据，应属进出境货物海关监管制度中的基础性制度，并与本书的其他业务内容关联度最大。

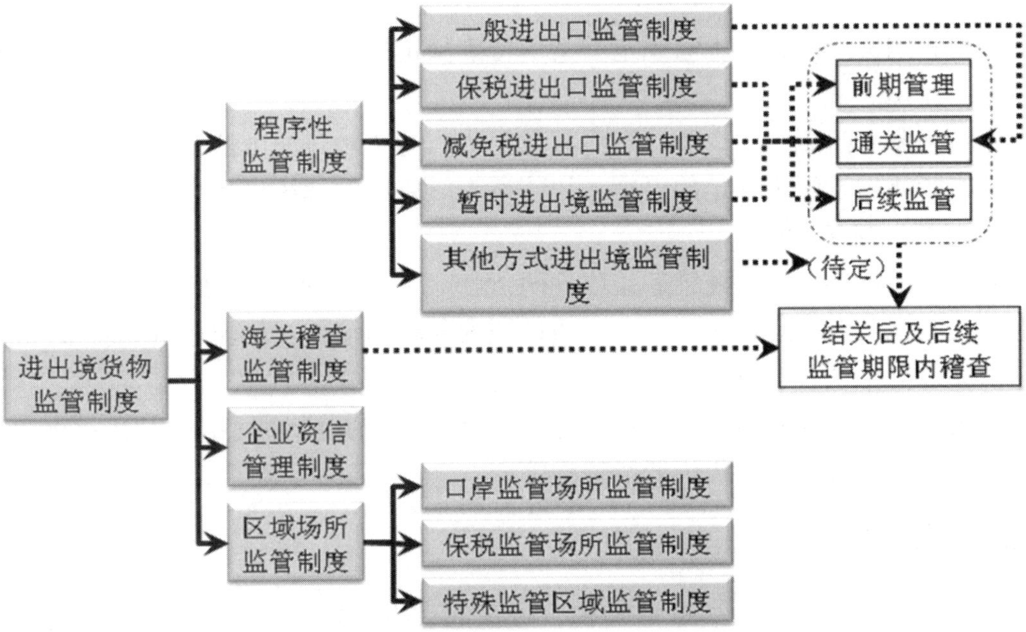


**图2-1　海关综合监管模式下的海关进出境货物监管制度体系示意图**

## 二、海关监管货物

### （一）海关监管货物分类

海关监管货物包括一般进出口货物，过境、转运、通运货物，特定减免税货物，以及暂时进出境货物、保税货物和其他尚未办结海关手续的进出境货物。按国家贸易管制规定，可分为禁止进出口货物、限制进出口货物和自由进出口货物。按监管货物的流向，可分为出口货物、进口货物、过境货物及暂时进出境货物。海关监管货物实际上包含了所有进出境货物，许多进出境货物在放行后由于处于海关监管年限内，仍是海关监管货物。

海关监管的货物主要如下：

**1. 一般进出口货物**

一般进出口货物是在进出境环节缴纳进出口税费并在办结各项海关手续后可以直接在境内自由流通或出境的货物。我国《海关法》对一般进出口货物的规定与世界海关组织《京都公约》

中的“结关内销”和“直接出口”两项附约基本吻合。

**2. 保税货物**

经海关批准暂缓办理纳税手续进境，在境内储存、加工、装配后复运出境或转为进口的货物。保税货物又可分为保税加工货物和保税物流货物。

**3. 暂时进出境货物**

为特定的目的进境或出境，按规定的期限原状复运出境或进境的货物。主要包括在展览会、交易会展示和使用的货物、货样；文化、体育交流活动使用的表演、比赛用品；进行新闻报道时使用的仪器、设备及用品等。

**4. 特定减免税货物**

《海关法》第五十七条规定适用的减免税范围的货物。主要指特定地区、特定企业或特定用途的进出口货物。

特定地区指我国关境内，由国家规定的某一特别限定区域。享受减免税的货物只能在这一专门规定的区域内使用。

特定企业指国家专门规定的企业。享受减免税优惠的货物只能由这些规定的企业使用。

特定用途指货物用于国家规定的用途，如残疾人康复用的训练设备等。

**5. 过境、转运、通运货物**

由境外启运、通过我国境内继续运往境外的货物。其中，通过境内陆路运输的称过境货物；在境内设立海关的地点换装运输工具，而不通过境内陆路运输的，称转运货物；由船舶、航空器载运进境并由原运输工具载运出境的，称通运货物。

除上述货物以外，尚未办结海关手续的进出境货物还包括溢卸货物、误卸货物、退运货物、租赁货物、进出境修理货物、无代价抵偿货物等。

### （二）海关监管期限

《海关法》第二十三条规定：“进口货物自进境起到办结海关手续止，出口货物自向海关申报起到出境止，过境、转运和通运货物自进境起到出境止，应当接受海关监管。”

“进口货物自进境起”是指载运进口货物的运输工具进入我国关境之时起。“办结海关手续”简称“结关”，是指报关人已经在海关办理完进出口货物通关所必需的所有手续，完全履行了法律规定的与进出口有关的义务，包括纳税、提交许可证件及其他单证等，进口货物可以进入国内市场自由流通，出口货物可以运出境外。这是海关对进出境货物实施监管法律意义上的时间和范围，是海关对进出境货物实施监管的基础。

置于海关监管下的货物，办结海关手续的时限分别如下：

1. 直接进入境内市场自由流通的进口货物，办结海关手续的时限是自货物进境之时起到办理海关申报、查验、征税、放行手续止；

2. 暂时进口、保税进口货物，办结海关手续的时限是自货物进境起，到原货或加工成品复运出境并由海关予以注销或核销，或向海关补办正式进口的补证、纳税手续止；

3. 特定减免税货物，办结海关手续的时限是自货物进境起，到海关监管年限期满止，或向海关办理补证、补税手续止；

4. 超期未报进口货物，办结海关手续的时限是自货物进境起到由海关提取变卖止；

5. 过境、转运、通运货物，办结海关手续的时限是自进境起至出境止；
6. 出口货物，办结海关手续的时限是自向海关申报起至出境止。

## 三、海关监管相对人

海关监管相对人是指与海关监管主体相对应的另一方当事人，即进出境活动中处于被管理地位的自然人、法人和其他组织。通常与海关监管活动比较密切的，且与海关打交道比较频繁的，主要有报关人和报关活动相关人等。

### （一）报关人

报关人，顾名思义，就是向海关办理进出境手续的人，包括自然人、法人和其他组织。进出境货物的报关人（也称报关单位）包括进出口货物收发货人和报关企业；进出境运输工具的报关人为进出境运输工具负责人或其代理人；进出境物品的报关人为物品所有人或其代理人。

### （二）报关活动相关人

报关活动相关人是指从事与海关监管货物相关的运输、储存、加工等业务的人，包括自然人、法人和其他组织。主要有承接保税加工、物流、仓储业务的企业，转关运输承运人等。报关活动相关人须按规定向海关报告其与海关监管货物相关的运输、储存、加工等情况，保证海关监管货物始终置于海关监管之下。未经海关许可不得擅自开拆、提取、交付、发运、调换、改装、抵押、挪作他用或转让。

## 四、一般进出口监管制度

一般进出口监管制度，是指货物应在进出境环节（这里所指进出境环节是指海关办理货物进境或出境手续的现场通关环节）完纳进出口税费，经海关放行，进口货物可以在境内自行处置，出口货物运离关境，可以自由流通的监管规程或准则。适用一般进出口监管制度办理进出境手续的货物可称为“一般进出口货物”。“一般”一词是海关监管业务中的一种习惯用语，意指正常适用进出口税收与贸易管制制度。一般进出口监管制度作为一种程序性监管制度的标志，主要是易于与适用进出口保税或免税管理以及实施有限贸易管制的其他程序性监管制度相区别。

一般进出口监管制度由一系列具体的法律规范组成，其中既有货物进出口的基本通关规则，也有办理通关手续的程序性要求。其主要内容如下：

### （一）进出境时完纳进出口税费

适用一般进出口监管制度的进出境货物，纳税人在货物进出境时须依法缴纳进出口关税、进口环节海关代征税。

### （二）进出境时提交国家实施贸易管制许可证件和其他相关证件

适用一般进出口监管制度的进出境货物，若涉及国家贸易管制的，进出口货物收发货人或其代理人在向海关申报时，应向海关提交相关的进出口许可证件和其他相关证件。

### （三）进出境放行（或离境）后结关

结关是指进出境货物达到完全履行海关监管义务、办清海关手续的状态。适用一般进出口监管制度的进出境货物，经海关审核申报单证、查验货物、征收税费、签章放行后，进口货物可以由报关人提离海关监管场所，出口货物可以由报关人安排装运。进口货物提离海关监管场所、出口货物运离关境后，不再接受海关监管，海关手续全部办结。一般出口货物的结关比较特殊，必须等到货物实际运离关境后，方可视为结关。

通常情况下，一般进出口监管制度适用于不享有特定减免进口税优惠的实际进出口货物。已按保税或暂准进口办理进境手续的货物，在未结关状态下经批准转为内销且不享有特定减免进口税优惠的，须转按一般进出口监管制度重新办理进口通关手续。

## 五、保税进出口监管制度

保税进出口监管制度，是指经海关批准，经营保税业务的企业按照海关有关规定，对保税进口货物，在境内加工、储存后复运出境，对不能复运出口的办理进口纳税手续的监管制度。保税监管制度详见本章第三节。

## 六、减免税监管制度

关税减免是减征关税和免征关税的简称，是全部或部分免除应税货物纳税人的关税缴纳义务的一种行政执法行为。减免税监管制度是关税制度中的一项重要内容。我国减免税分为三类，即法定减免税、特定减免税和临时减免税。

### （一）法定减免税

法定减免税是指按照《海关法》《关税法》《中华人民共和国海关进出口货物征税管理办法》和其他法律、行政法规、规章的规定，列明减免范围的进出境货物和物品。无须事先向海关申请即可享受关税的减免（外国政府、国际组织无偿赠送及我国履行国际条约规定的进口物资除外）。海关对法定减免税货物和物品一般不进行后续管理。

### （二）特定减免税

特定减免税是指海关根据国家规定，对特定地区、特定用途或特定企业给予的减免关税和进口环节海关代征税的优惠，也称政策性减免税。一般而言，特定减免须在货物进口前向海关提出申请，提交享受相关税收优惠资质证明文件及相关资料；货物进口后，在海关规定的监管年限内，未经批准不得出售、转让或移作他用。

### （三）临时减免税

临时减免税是指法定减免税和特定减免税以外的其他减免税，国务院根据某个单位、某类商品、某个时期或某批货物的特殊情况和需要，给予特别的临时性减免税优惠。临时减免税的决定由国务院作出，其他任何机关、单位或者个人均无权批准《海关法》规定以外的关税减免。

### 七、过境、转运、通运进出口监管制度

适用过境、转运、通运进出口监管制度下的货物都是由境外启运通过我国境内继续运往境外的货物。这类货物的特点是仅在我国境内运输及短暂停留，不做销售、加工、使用及贸易性储存。

过境货物，是指从境外启运，在我国境内不论是否换装运输工具，通过陆路运输继续运往境外的货物。

转运货物，是指从境外启运，通过我国境内设立海关的地点换装运输工具，不通过境内陆路运输继续运往境外的货物。

通运货物，是指由境外启运，不通过我国境内陆路运输，进境后由原运输工具载运出境的货物。

根据定义，三种货物的区别如表 2-1 所示。

**表 2-1　过境、转运、通运货物比较表**

| 货物类型 | 是否经过陆路运输 | 是否转换运输工具 |
| --- | --- | --- |
| 过境货物 | 是 | 均可 |
| 转运货物 | 否 | 是 |
| 通运货物 | 否 | 否 |

**【复习思考题】**

1. 什么是海关监管货物？以怎样的方式分类？
2. 依据《海关法》第一百条所作规定，海关监管货物包括哪些？
3. 应如何理解海关监管相对人？
4. 各类海关程序性监管制度的含义、内容、适用范围是什么？
5. 一般进出口监管制度的概念及主要特点是什么？
6. 保税进出口监管制度的概念是什么？
7. 减免税监管制度的概念及范围是什么？
8. 过境、转运、通运货物进出口监管制度的概念是什么？

## 第二节　海关税收征管

**【学习目标】**

本节内容旨在让学习者掌握我国进出口关税和进口环节海关代征税的基本知识，了解海关的相关制度。

完成本节学习，学习者应达成以下目标：

1. 理解海关税收征管制度的含义；

2. 了解进出口关税种类及税率设置；
3. 掌握税收征管作业有关规定；
4. 掌握追征和补征及税收保全措施和强制措施的有关规定。

**【基本概念】**

海关税收，关税的分类及税率设置，进口环节海关代征税分类及征纳规定，自报自缴，电子支付，汇总征税，纳税期限，滞纳金，税率及汇率的适用，关税追征、补征，税款担保，税收保全措施和强制措施，纳税争议

**【建议学习时间】**

4 课时

## 一、概述

我国海关依照《海关法》《关税法》和其他有关法律法规征收关税和其他税、费。其中关税是由海关代表国家，按照国家制定的关税政策、公布实施的税法及进出口税则，对准许进出口的货物、进境物品征收的一种流转税。关税的征税对象是获得准入的进出口货物和物品，通常指有形的商品，无形商品（如软件、密钥、特许许可等）的价值如体现在有形商品中，同时应征收关税。此外，我国征收的反倾销税、反补贴税等也属于关税范畴。

关税纳税人是指依法负有直接向国家缴纳关税义务的法人或自然人。进口货物的收货人、出口货物的发货人、进境物品的携带人或者收件人，都是关税的纳税人。

本节所涉及的海关税收征管制度主要是指对货物征收关税的征管制度。由于我国海关不仅征收关税，还征收进口环节增值税和消费税，以及对国际航行船舶征收船舶吨税，这些税种税制的具体内容虽然与关税税制内容有明显差异，但征收中所适用的程序性制度与海关关税征收的程序性制度基本一致。《关税法》第七十条规定："进口环节海关代征税的征收管理，适用关税征收管理的规定。"

## 二、进出口关税

### （一）关税的分类

按照不同标准或不同角度，关税可分为以下类别：

**1. 按照应税进出境货物的流向，可分为进口关税、出口关税**

进口关税是指一国（地区）对进入其关境内的货物和物品征收的关税，是关税中最主要的一种。我国征收的关税主要是进口关税。此外，为了保护本国贸易、抵制反倾销和反补贴而征收的反倾销税、反补贴税、报复性关税和保障措施关税等进口附加税，也属于进口关税范畴。进口附加税不体现在海关税则中，其税率高低往往根据具体目的设定。

出口关税是指一国（地区）对输出关境的货物和物品征收的关税。为鼓励出口，世界各国（地区）一般不征收出口关税或仅对少数商品征收出口关税。征收出口关税的主要目的是保护本

国（地区）经济，限制和调控某些商品的过度、无序出口，特别是防止本国（地区）一些重要自然资源和原材料的无序出口。

**2. 按照计征标准或计税方法，可分为从价税、从量税、复合税、滑准税**

从价税是以应税货物和物品的价格作为计税标准，以应征税额占货物和物品价格的百分比计征的关税。我国对进出口货物征收关税主要采用从价税计税标准。

从量税是以货物和物品的实物数量（如重量、数量、容量等）作为计税标准，按每一计量单位的应征税额计征的关税。

复合税是在《中华人民共和国进出口税则》（以下简称《税则》）中，一个税目中的商品同时使用从价、从量两种标准计税，计税时按两者之和作为应征税额而计征的关税。目前，我国仅对进口货物采用该种计税方式。

滑准税是在《税则》中预先按产品的价格高低分档并依此制定若干不同的税率，根据应税商品价格高低而适用不同档次税率计征的关税。我国目前仅对关税配额外进口的一定数量棉花适用滑准税形式暂定税率。

**3. 按照是否施惠，可分为普通关税、优惠关税**

普通关税又称一般关税，是指对与本国（地区）没有签署贸易或经济互惠等友好协定的国家（地区）原产货物征收的非优惠关税。目前我国对非原产于适用最惠国税率、协定优惠税率、特惠税率的国家（地区）的进口货物，以及无法判明原产地的进口货物，适用普通税率。

优惠关税是指对来自特定国家（地区）的进口货物在关税方面给予优惠待遇，按照比普通关税税率低的税率征收的关税。优惠关税一般有最惠国关税、协定优惠关税、特定优惠关税。最惠国关税、协定优惠关税、特定优惠关税的适用范围与现状参见本节关税税率设置部分。

**4. 按照是否依据《税则》征收，可分为正税、附加税**

正税是指依照《税则》中公布的法定税率征收的关税。正税具有规范性、相对稳定性的特点，不同的正税之间不能交叉重复征收。从价税、从量税、复合税、滑准税等都属于正税。

附加税指国家由于特定需要，对货物除征收关税正税之外另行征收的关税，一般具有临时性的特点。附加税不是一种独立的税种，从属于正税。关税附加税可细分为反倾销税、反补贴税、保障措施关税、报复性关税等。世界贸易组织不准其成员方在一般情况下随意征收附加税，只有符合世界贸易组织反倾销、反补贴等有关规定的，才可以征收。

（1）反倾销税

反倾销税是为抵制境外商品倾销进口、保护境内相关产业而征收的一种进口附加税，即在倾销商品进口时除征收进口关税外，另外加征反倾销税。根据《中华人民共和国反倾销条例》（以下简称《反倾销条例》）的规定，凡进口产品以低于其正常价值出口到我国且对我国相关企业造成实质性损害的即为倾销。反倾销税由商务部提出建议，国务院关税税则委员会作出决定，海关负责征收，其税额不超出倾销幅度。目前，我国征收的进口附加税主要是反倾销税。

（2）反补贴税

反补贴税是指为抵消进口商品在制造、生产和输出时直接或间接接受的任何奖金或补贴而征收的附加税，即在补贴商品进口时除征收进口关税外，另外加征反补贴税。根据《中华人民共和国反补贴条例》（以下简称《反补贴条例》）的规定，出口国（地区）政府或者任何公共机构提供的为接受者带来利益等的财政资助及任何形式的收入或者价格支持的为补贴。进口产品存在补贴，并对已经建立的境内产业造成实质损害或者产生实质损害威胁，或者对建立境内产业造成实质阻碍的，采取反补贴税措施。反补贴税由商务部提出建议，国务院关税税则委员会作出决定，海关负责征收，其税额不超出补贴幅度。

（3）保障措施关税

保障措施关税是指因进口产品数量增加，并对生产同类产品或直接竞争产品的境内产业造成严重损害或严重威胁而征收的关税。分临时保障措施关税和最终保障措施关税两类。其不分国别（地区），对来自所有国家（地区）的同一产品，一般只适用一个税率。根据《中华人民共和国保障措施条例》（以下简称《保障措施条例》）的规定，保障措施关税由商务部提出建议，国务院关税税则委员会作出决定，海关负责征收。

（4）报复性关税

任何国家或者地区违反与我国缔结或者共同参加的国际条约、协定，对我国在贸易方面采取禁止、限制、加征关税或者其他影响正常贸易的措施的，对原产于该国家或者地区的进口货物可以采取征收报复性关税等措施。

征收报复性关税的货物范围、适用国别或者地区、税率、期限和征收办法，由国务院关税税则委员会提出建议，报国务院批准后执行。

### （二）关税税率设置

我国对进口关税设置最惠国税率、协定税率、特惠税率、普通税率。对出口关税设置出口税率。对实行关税配额管理的进出口货物，设置关税配额税率。对进出口货物在一定期限内可以实行暂定税率。国务院关税税则委员会可以提出调整关税税目及其适用规则的建议，报国务院批准后发布执行。

**1. 最惠国税率**

原产于共同适用最惠国待遇条款的世界贸易组织成员的进口货物，原产于与我国缔结或者共同参加含有相互给予最惠国待遇条款的国际条约、协定的国家或者地区的进口货物，以及原产于我国境内的进口货物，适用最惠国税率。在最惠国税率中，还包含非全税目信息技术产品最惠国税率，适用范围以货品名称栏中描述为准。

**2. 协定税率**

原产于与我国签订含有关税优惠条款的区域性贸易协定的国家（地区）的进口货物，适用协定税率。根据我国与有关国家或者地区已签署并生效的自由贸易协定和优惠贸易安排，2025年对24个自由贸易协定和优惠贸易安排项下、原产于34个国家或者地区的部分进口商品实施协定税率。当最惠国税率低于或等于协定税率时，协定有规定的，按相关协定的规定执行；协定无规定的，二者从低适用。

**3. 特惠税率**

特定优惠税率又称特惠税率。原产于与我国签订含有特殊关税优惠条款的贸易协定的国家（地区）的进口货物，适用特惠税率。2025年，我国继续给予43个与我国建交并完成换文手续的最不发达国家零关税待遇，实施特惠税率，适用商品范围和税率维持不变。

**4. 普通税率**

原产于适用最惠国税率、协定税率、特惠税率以外的国家（地区）的进口货物，或原产地不明的进口货物，适用普通税率。

**5. 关税配额税率**

实行关税配额管理的进出口货物，关税配额内的货物适用关税配额税率，有暂定税率的适用暂定税率；关税配额外的货物根据其原产国（地区）选择适用的最惠国税率、协定税率、特惠税率、普通税率或暂定税率等。

**6. 暂定税率**

暂定税率是指在最惠国税率、协定税率、特惠税率和关税配额税率基础上，国家在一定时期内对国民经济发展有重大影响的进出口货物实施的临时性税率。这种税率一般按照年度制订，并根据需要随时调整或取消。一般情况下，进口暂定税率通常是在最惠国税率基础上下调一定幅度。

**7. 出口关税税率**

出口关税税率是为保护本国需求量比较大的工业原料、不可再生的自然资源，限制其出口或调节出口数量而对出口商品征收的关税税率。

## 三、进口环节海关代征税

进口货物、物品在办理海关手续放行后，进入国内流通领域，与国内货物同等对待，需缴纳应征的国内税。进口货物、物品的国内税依法由海关在进口环节征收。目前，进口环节海关代征税主要有增值税、消费税两种。

### （一）进口环节增值税

增值税是以商品的生产、流通和劳务服务各个环节所创造的新增价值为课税对象的一种流转税。我国国内生产的所有商品都须在征收增值税后方可进入流通领域。所以对进口货物征收增值税，主要是为了对国内生产的商品与进口商品实行相同税收待遇。进口环节增值税是在货物、物品进口时，由海关依法向进口货物的法人或自然人征收的一种增值税。

**1. 征纳规定**

进口环节增值税由海关依法向进口货物的法人或自然人征收，其他环节的增值税由税务机关征收。进口货物由纳税人（进口人或者其代理人）向办理进口手续的海关申报纳税。

进口环节增值税税率的调整及增值税的免税、减税由国务院规定并公布执行。进口环节增值税的起征点为人民币 50 元，低于人民币 50 元的免征。进口环节增值税的征收管理，适用关税征收管理的规定。

**2. 征收范围和税率**

我国自 2019 年 4 月 1 日起降低增值税税率，其中进口环节海关代征增值税由原来的 16%和 10%分别降为 13%和 9%。在我国境内销售货物（销售不动产或免征的除外）或提供加工、修理修配劳务，以及进口货物的单位和个人，都要依法缴纳增值税。在我国境内销售货物，是指所销售的货物启运地和所在地都在我国境内。我国对进口货物增值税的征收原则是中性、简便、规范，采取基本税率再加一档低税率的征收模式。适用基本税率（13%）的范围包括纳税人销售或者进口除适用低税率的货物以外的货物，以及提供加工、修理修配劳务。

适用低税率（9%）的范围是指纳税人销售或者进口下列货物：农产品（含粮食）、自来水、暖气、石油液化气、天然气、食用植物油、冷气、热水、煤气、居民用煤炭制品、食用盐、农机、饲料、农药、农膜、化肥、沼气、二甲醚、图书、报纸、杂志、音像制品、电子出版物。

### （二）进口环节消费税

消费税是以消费品或消费行为的流转额作为课税对象而征收的一种流转税。我国开征消费税的目的是调节我国的消费结构，引导消费方向，确保国家财政收入，它是在对货物普遍征收增值税的基础上，选择少数消费品再予征收的税。进口环节消费税是在货物、物品进口时，由海关依法向进口货物的法人或自然人征收的一种消费税。

#### 1. 征纳规定

在中华人民共和国境内生产、委托加工和进口《中华人民共和国消费税暂行条例》（以下简称《消费税暂行条例》）规定的消费品（以下简称“应税消费品”）的单位和个人，以及国务院确定的销售《消费税暂行条例》规定的消费品的其他单位和个人，为消费税的纳税人。我国的消费税由税务机关征收，进口的应税消费品的消费税由海关代征，由纳税人（进口人或者其代理人）在报关进口时向报关地海关申报纳税。

进口环节消费税的税目、税率，依照《消费税暂行条例》所附的“消费税税目税率表”执行；消费税税目、税率的调整，由国务院决定。进口环节消费税的起征点为人民币 50 元，低于人民币 50 元的免征。进口环节消费税的征收管理，适用关税征收管理的规定。进口至我国的应税消费品消费税，根据商品的不同有从价定率、从量定额、从价定率和从量定额的复合计税三种计征方式，计算时需要根据具体的应税商品选择正确的计税方法。不属于应征消费税征收范围的，无须进行消费税计算。目前，我国对香烟、烈性酒（如白酒、威士忌、白兰地等）等进口商品实行复合计税方式，应缴税款是从价定率与从量定额方式应缴税款的总和。

#### 2. 征收范围

消费税的征税范围，主要是根据我国经济社会发展现状和现行消费政策、人民群众的消费结构，以及财政需要，并借鉴国外的通行做法确定的。消费税的征收范围，仅限于少数消费品。应税消费品大体可分为以下四种类型：

（1）一些过度消费会对人的身体健康、社会秩序、生态环境等造成危害的特殊消费品，如烟、酒、鞭炮、焰火、电池、涂料等；

（2）奢侈品、非生活必需品，如贵重首饰及珠宝玉石、高档化妆品等；

（3）高能耗消费品，如小轿车、气缸容量 250 毫升以上摩托车等；

（4）不可再生和替代的资源类消费品，如汽油、柴油等。

## 四、进出口税收征管

### （一）税费征收方式

税费征收方式是指海关确定关税纳税义务具体内容的方式。2017 年 7 月 1 日后，海关税费征收方式已全面由海关审核方式向自报自缴方式转变，仅存个别类型单据实施海关审核纳税方式。

#### 1. 自报自缴方式

“自主申报、自行缴纳”的内容是以企业诚信管理为前提，企业自主申报报关单的涉税要素，自行完成税费金额的核算，自行完成税费缴纳后，货物即可放行（放行前如需查验则查验后放行）。海关在放行后根据风险分析结果对纳税人申报的价格、归类、原产地等税收要素进行抽查审核。

自2018年11月19日起，海关全面推广海关专用缴款书自行打印。进出口企业通过自报自缴模式申报后，还可以通过“互联网+海关”一体化网上办事平台或“单一窗口”标准版自行下载并打印海关专用缴款书，涉税要素自报、税款自缴、税单自主打印的新型征纳体系已全面实现。同时，不便于自主打印税单的进出口企业，仍可向海关现场申请打印纸质海关专用缴款书。

**2. 审核纳税方式**

审核纳税方式，是指海关在货物放行前对纳税人申报的价格、归类、原产地等税收要素进行审核，并进行相应的查验（如需），确定货物的计税价格后核定应缴税款，纳税人缴纳税款后货物方予放行。

### （二）税费缴纳方式

税费缴纳方式是指纳税人在何时何地用何种方式向海关缴纳税费。按照不同角度，缴纳海关税费可有不同区分方式。

**1. 以支付方式区分**

（1）电子支付

电子支付是指纳税人向签有协议的银行办理电子支付税款的支付方式。

为进一步提升税费支付便捷性、提高税款入库有效性，2018年7月1日，海关总署推广新一代海关税费电子支付系统，系统通过财关库银横向联网，实现海关税费信息在海关、国库、商业银行等部门之间的电子流转、税款的电子入库。使用电子支付方式缴纳税款，需通过“单一窗口”或“互联网+海关”与海关、经批准的商业银行签订电子支付三方合作协议，并在报关前事先进行资格备案。

对同一份报关单所发生的税费，可全部选择电子支付，也可部分选择电子支付。目前，电子支付除用于缴纳进出口关税和进口环节海关代征税外，还可以用于缴纳反倾销税、反补贴税、废弃电器电子产品处理基金、缓税利息、滞纳金、船舶吨税、税款类保证金、滞报金等。

（2）柜台支付

柜台支付是指纳税人持税款缴款书向指定银行办理税款交付手续的支付方式，是海关传统的税费缴纳方式。海关作出征税决定后，填发海关专用缴款书。纳税人或其代理报关人员签收后，在规定的时限内前往指定银行缴纳税款，并将盖有证明银行已收讫税款业务印章的海关专用缴款书第一联原件送交填发海关验核。海关据此办理税费核注及货物放行等后续手续。

海关专用缴款书一式六联。第一联为收据联，由银行收款签章后交缴款单位或者纳税人；第二联为付款凭证联，由缴款单位开户银行作为付出凭证；第三联为收款凭证联，由收款国库作为收入凭证；第四联为回执联，由国库盖章后退回海关财务部门；第五联为报查联，由国库收款后退回海关，海关将其送至当地税务机关；第六联为存根联，由填发单位存查。

**2. 以缴纳方式区分**

（1）逐票缴税

逐票缴税是传统的、以报关单为单位逐票计征并缴纳税款的方式。支付方式上可以选择柜台支付，也可以选择电子支付。

（2）汇总征税

汇总征税是指对符合条件的进出口纳税人在一定时期内多次进出口货物应纳税费的汇总计征。企业应于每月第 5 个工作日结束前完成上月应缴纳税费的汇总支付。除“失信企业”外，所有在海关备案的进出口收发货人均可申请适用汇总征税模式，以满足进出口企业对通关时效的需要。汇总征税是海关对进出口税收征缴的一种新型作业模式，本质上也属于电子支付。有汇总征税需求的企业需要在进出口货物通关前向属地直属海关提交海关认可形式的税款总担保，通过后即可在申请的多个直属海关范围内适用汇总征税。实际通关中，申报的汇总征税模式报关单，在无布控查验等海关监管指令要求下，系统自动扣减汇总征税担保额度成功后即可放行。

**（三）纳税期限**

进出口货物的纳税人、扣缴义务人应当自完成申报之日起十五日内缴纳税款；符合海关规定条件并提供担保的，可以于次月第五个工作日结束前汇总缴纳税款。因不可抗力或者国家税收政策调整，不能按期缴纳的，经向海关申请并提供担保，可以延期缴纳，但最长不得超过六个月。

纳税人、扣缴义务人未在前款规定的纳税期限内缴纳税款的，自规定的期限届满之日起，按日加收滞纳税款万分之五的滞纳金。

税款尚未缴纳，纳税人、扣缴义务人依照有关法律、行政法规的规定申请提供担保要求放行货物的，海关应当依法办理担保手续。

**（四）滞纳金**

经海关确认应纳税额后需要补缴税款但未在规定的期限内补缴的，自规定的期限届满之日起，按日加收滞纳税款万分之五的滞纳金。

因纳税人、扣缴义务人违反规定造成少征或者漏征税款的，海关可以自缴纳税款或者货物放行之日起三年内追征税款，并自缴纳税款或者货物放行之日起，按日加收少征或者漏征税款万分之五的滞纳金。滞纳金按每票货物的关税、进口环节增值税和消费税单独计算，起征点为人民币 50 元，不足人民币 50 元的免予征收。

对走私行为，海关追征税款、滞纳金的，不受规定期限的限制，并有权核定应纳税额。

**（五）税率及汇率的日期适用**

**1. 税率日期适用**

进出口货物、进境物品应当适用纳税人、扣缴义务人完成申报之日实施的税率。

特殊情形的税率日期适用如下：

（1）提前申报的货物

进口货物到达前，经海关核准先行申报的，应当适用装载该货物的运输工具申报进境之日实施的税率。

（2）其他货物

有下列情形之一的，应当适用纳税人、扣缴义务人办理纳税手续之日实施的税率：保税货物不复运出境，转为内销；减免税货物经批准转让、移作他用或者进行其他处置；暂时进境货物不复运出境或者暂时出境货物不复运进境；租赁进口货物留购或者分期缴纳税款。

补征或者退还关税税款，应当按照以上规定确定适用的税率。因纳税人、扣缴义务人违反规定需要追征税款的，应当适用违反规定行为发生之日实施的税率；行为发生之日不能确定的，适用海关发现该行为之日实施的税率。

**2. 汇率日期适用**

税款、滞纳金、利息等应当以人民币计算。进出口货物、进境物品的价格以及有关费用以人民币以外的货币计算的，按照纳税人完成申报之日的计征汇率折合为人民币计算。前款所称计征汇率，是指按照海关总署规定确定的日期当日的人民币汇率中间价。

### （六）税款的追补和退还

**1. 税款的追征、补征**

所谓“少征”关税，是指海关已经作出征税决定，但征税决定中确定征收的税额比应当征收的税额少；所谓“漏征”关税，是指海关误将货物免税放行或者因其他原因对应予以征税货物未征收税款。少征和漏征关税一般统称为短征关税。

根据造成短征关税的原因，将海关征收短征关税的行为分为追征和补征两种。追征是由于纳税人违反规定造成短征关税的，海关对短征的税款予以征税的行为；补征是指非因纳税人违反海关规定原因造成短征关税的，海关对短征税款予以征税的行为。

因纳税人、扣缴义务人违反规定造成少征或者漏征税款的，海关可以自缴纳税款或者货物放行之日起三年内追征税款，并自缴纳税款或者货物放行之日起，按日加收少征或者漏征税款万分之五的滞纳金。

对走私行为，海关追征税款、滞纳金的，不受前条规定期限的限制，并有权核定应纳税额。

海关发现海关监管货物因纳税人、扣缴义务人违反规定造成少征或者漏征税款的，应当自纳税人、扣缴义务人应缴纳税款之日起三年内追征税款，并自应缴纳税款之日起按日加收少征或者漏征税款万分之五的滞纳金。

**2. 税款的退还**

税款的退还指纳税人缴纳税款后，对发现多征的税款，海关主动或依纳税人申请将已经缴纳税款部分或全部退库并退付给纳税人。进口环节海关代征税的退还，适用关税退还的规定。税款退还的范围，包括已征进出口关税的退运货物、进出口短装短卸货物、海关放行前损坏或损失货物、误征或多纳税款货物，等等。

海关发现多征税款的，应当及时通知纳税人办理退还手续。纳税人发现多缴税款的，可以自缴纳税款之日起三年内，向海关书面申请退还多缴的税款。海关应当自受理申请之日起三十日内查实并通知纳税人办理退还手续，纳税人应当自收到通知之日起三个月内办理退还手续。申请退还税款中应包括多缴的税款和银行同期活期存款利息。

按规定，税款退还申请应向原征收税款的海关提出；除国家另有规定外，进口环节增值税已抵缴的不予退还；已征收的滞纳金不予退还。

### （七）税款担保

税款担保是指纳税人以法定形式向海关承诺在一定期限内履行其纳税义务的行为。

**1. 税款担保的范围**

纳税人针对以下情形要求海关先放行货物的，应当按照海关初步确定的应缴税款向海关提供足额税款担保：

（1）海关尚未确定商品归类、计税价格、原产地等征税要件的；

（2）正在海关办理减免税审核确认手续的；

（3）正在海关办理延期缴纳税款手续的；

（4）暂时进出境的；

（5）进境修理和出境加工的，按保税货物实施管理的除外；

（6）因残损、品质不良或者规格不符，纳税人申报进口或者出口无代价抵偿货物时，原进口货物尚未退运出境或者尚未放弃交由海关处理的，或者原出口货物尚未退运进境的；

（7）其他按照有关规定需要提供税款担保的。

国家对进出境货物、物品有限制性规定，应提供进出境许可证件而不能提供的，法律及行政法规规定不得接受担保的，不得申请担保。

**2. 担保期限及方式**

除另有规定外，税款担保期限一般不超过六个月，特殊情况需要延期的，须经主管海关核准。税款保函明确规定保证期间的，保证期间应当不短于海关批准的担保期限。

《海关法》规定可以作为海关事务担保的财产和权利包括：人民币、可自由兑换货币；汇票、本票、支票、债券、存单；银行或者非银行金融机构的保函；海关依法认可的其他财产、权利。目前对关税担保的种类限定为保证金、银行或者非银行金融机构的保函两种。

目前，银行类金融机构均可办理汇总征税担保。经批准的保险公司类机构也可办理汇总征税担保。企业可凭关税保证保险单办理汇总征税业务，并可根据企业税款缴纳情况在保险期间内循环使用。海关多元化税收担保改革创新主要包括企业增信担保、企业集团财务公司担保、关税保证保险。

（1）企业增信担保

企业通过第三方机构为其向银行提供担保等增信方式，取得银行的税收保函。

（2）企业集团财务公司担保

企业集团内进出口公司由集团财务公司提供税收保函。

（3）关税保证保险

关税保证保险是国内第一个以政府机构（海关）作为被保险人的保证保险产品。投保人是进口纳税企业，被保险人是海关，保险公司承保的是进口企业申报进口货物应纳的税款。

### （八）关税强制措施

关税强制措施包括税收保全措施和税收征缴强制措施。

**1. 保全措施**

进出口货物的纳税人在规定的纳税期限内有转移、藏匿其应税货物以及其他财产的明显迹象，或者存在其他可能导致无法缴纳税款风险的，海关可以责令其提供担保；纳税人不提供担保的，经直属海关关长或者其授权的隶属海关关长批准，海关可以实施下列强制措施：书面通知银行业金融机构冻结纳税人金额相当于应纳税款的存款、汇款；查封、扣押纳税人价值相当于应纳税款的货物或者其他财产。

纳税人在规定的纳税期限内缴纳税款的，海关应当立即解除强制措施。

**2. 强制措施**

纳税人、扣缴义务人未按照规定的期限缴纳或者解缴税款的，由海关责令其限期缴纳；逾期仍未缴纳且无正当理由的，经直属海关关长或者其授权的隶属海关关长批准，海关可以实施下列强制执行措施：书面通知银行业金融机构划拨纳税人、扣缴义务人金额相当于应纳税款的存款、汇款；查封、扣押纳税人、扣缴义务人价值相当于应纳税款的货物或者其他财产，依法拍卖或者变卖所查封、扣押的货物或者其他财产，以拍卖或者变卖所得抵缴税款，剩余部分退还纳税人、扣缴义务人。

实施强制措施的，海关书面通知金融机构从纳税人、担保人的存款中扣缴相应税款，同时书面告知纳税人、担保人。海关采取强制措施时，对纳税人未缴纳的税款滞纳金同时采取强制执行。海关决定以应税货物、被扣留的价值相当于应纳税款的货物或者其他财产变卖并抵缴税款的，书面告知纳税人、担保人。变卖所得不足以抵缴税款的，海关继续采取强制措施抵缴税款的差额部分；变卖所得抵缴税款及扣除相关费用后仍有余款的，发还纳税人、担保人。

### （九）纳税争议的解决

纳税争议是指纳税人、担保人认为海关征收关税的行为违法或不当，侵害了其合法权益，产生异议而引发的行政争议。纳税争议的范围主要包括海关在关税征收管理过程中作出的确定纳税人、确定计税价格、商品归类、确定原产地、适用税率和汇率、减征或者免征税款、补税、退税、征收滞纳金、确定计征方式及确定纳税地点等行为。

由于纳税争议涉及商品归类、海关估价和确定商品原产地等方面，业务性、专门性和技术性较强，我国法律规定，纳税争议应遵循行政复议前置的原则，即发生纳税争议时，纳税人应先按照海关的决定缴纳或者解缴税款及滞纳金或者提供相应的担保，依法申请行政复议；对复议结果不服的，再依法向人民法院提起行政诉讼。

## 【复习思考题】

1. 关税的含义、特点是什么？关税纳税人是指哪些？
2. 关税的种类及关税税率的设置是如何规定的？
3. 进口环节增值税和消费税由哪个部门负责征收？各自的征纳范围是什么？
4. 税款缴纳形式有哪些？
5. 关税纳税期限是如何规定的？
6. 滞纳金如何征收？
7. 如何根据不同情况确定税率的适用时间？汇率适用时间是如何规定的？
8. 什么是关税追征、补征？各适用怎样的范围和时限？
9. 哪些情形下纳税人可向海关提供足额税款担保后要求海关先放行货物？
10. 什么情形下将采用税收征缴的强制措施和保全措施？各有哪些手段？
11. 什么是纳税争议？其解决途径有哪些？

# 第三节 海关保税监管

**【学习目标】**

本节内容旨在让学习者掌握我国海关保税监管制度的相关知识。

完成本节学习，学习者应达成以下目标：

1. 了解国际上的保税监管制度；
2. 了解我国的保税监管制度；
3. 了解我国的保税业态分类；
4. 理解保税加工、保税物流、保税服务的含义；
5. 了解金关二期加工贸易系统的组成。

**【基本概念】**

保税监管制度、保税货物、保税加工、保税物流、保税服务、加工贸易、加工贸易系统

**【建议学习时间】**

2 课时

## 一、国际上的保税监管制度

保税监管制度是一种国际通行的海关制度，是指经过海关批准的境内企业所进口的货物，在海关监管下在境内指定的场所储存、加工、装配，并暂缓缴纳各种进口税费的一种海关监管业务制度。保税监管制度发源于英国，国际上关于保税制度的规定较多，保税监管制度在欧洲被称为“经济监管制度”，足见其对促进贸易发展的重要性及积极意义。

《京都公约》中专项附约指南的关于“海关仓库”“自由区”“进境加工”的规定，是保税制度的基本国际标准。

美国的《对外贸易区法》《美国联邦法规》《美国法典》，欧盟的《欧盟海关法典》，日本的《关税法》《关税临时措施法》，韩国的《韩国海关法》《韩国关税法》，新加坡的《自由贸易区法案》等，都是上述各自国家或地区保税制度的基本法律规定。

## 二、我国的保税监管制度

我国海关、商务、税务、外汇等管理部门针对保税业务制定了相应的管理办法，并最终形成了涵盖业务准入、设立备案、单耗管理、内销征税、核销结案等一系列既相互联系又相互制约的具有中国特色的保税监管制度体系。在这一体系中，海关是最主要的监管部门。

海关保税监管制度是海关依据法律、行政法规和规章，在特定监管要求下，对保税货物进出境、研发、加工、装配、制造、检测、维修和采购、运输、存储、包装、刷唛、改装、组拼、集拼、分销、分拨、中转、转运、配送、调拨、流转等全过程实施监督和管理的行政执法行为和监

管作业制度。

我国《海关法》《关税法》等法律，《保税区海关监管办法》、《中华人民共和国海关行政处罚实施条例》（以下简称《海关行政处罚实施条例》）、《中华人民共和国海关稽查条例》（以下简称《海关稽查条例》）等行政法规，以及数十部海关规章（海关总署令）、上百个规范性文件（海关总署公告或联合公告）等，共同构成了我国的保税监管制度体系。

保税监管具有手（账）册管理、暂缓纳税、免于管制、过程监管等特点。

## 三、我国的保税业态分类

按照保税载体形式、功能作用及贸易方式、业务特点，可以将我国目前保税业态划分为保税加工（适用于我国国民经济行业分类第二产业的制造业）、保税物流（适用于第三产业的流通业）、保税服务（适用于第三产业的服务业）三大类。

### （一）保税加工

狭义的保税加工通常指在海关特殊监管区域等物理围网之外的保税加工业务，是经营企业进口全部或者部分原辅材料、零部件、元器件、包装物料，经过加工或者装配后，将制成品复出口的经营活动，包括来料加工和进料加工两种基本形式；广义的保税加工还包括特殊区域内的保税加工业务。要说明的是，本书后续出现保税加工未作特别说明的，均指海关特殊监管区域外的保税加工业务。

### （二）保税物流

保税物流是指经营者经海关批准，将未办理纳税手续进境的货物从供应地到需求地实施空间位移的服务性经营行为。广义的保税物流可以理解为保税货物的进、出、转、存，而狭义的保税物流仅指保税货物在口岸与海关特殊监管区域、保税监管场所之间或在海关特殊监管区域与保税监管场所的内部，以及在这些区域、场所之间的流转。在供应链上体现为采购、运输、存储、分销、分拨、中转、转运、包装、刷唛、改装、组拼、集拼、配送、调拨等流通性简单加工业务及其增值服务。

### （三）保税服务

保税服务是一种新兴的保税形式，主要目的是为了促进服务贸易的发展。由于我国的服务贸易在进出口贸易中占比极小，保税监管又需要落实到具体货物上，主要体现为对从事国际服务外包业务的企业所进口的货物实施保税监管。可以预见的是，随着服务贸易份额的加大，保税服务将成为中国保税制度新的发展点。

保税业态的具体分类参见图 2-2：

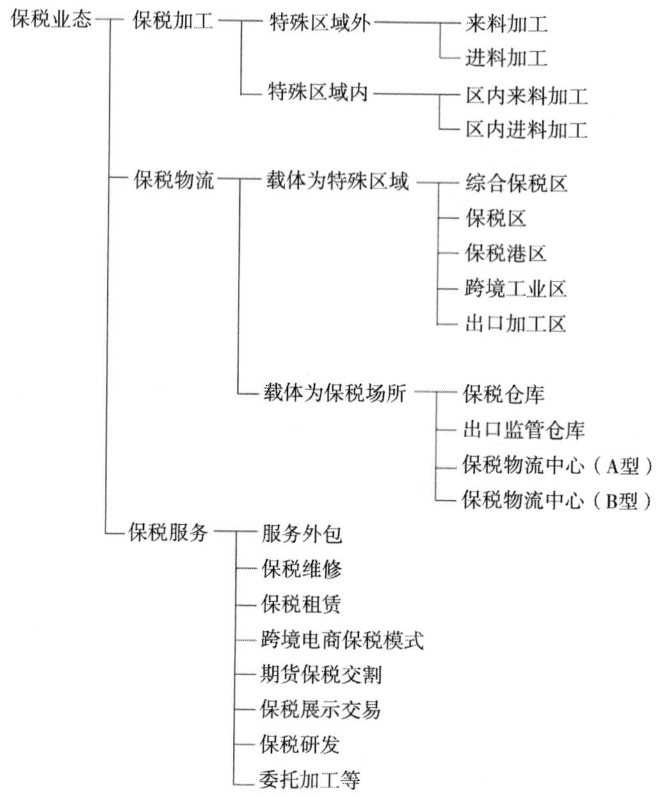


**图 2–2　保税业态的具体分类**

关于上述保税加工、保税物流、保税服务的具体内容，请参见《关务基本技能》第三篇“保税实务”，此处不再赘述。

要说明的是，上述只是按照保税业态进行的分类。如果按照保税业务发生的地点来看，比如综合保税区，它既有保税加工功能，也有保税物流和保税服务功能。

## 四、保税货物的分类

根据《海关法》，保税货物是指经海关批准未办理纳税手续进境，在境内储存、加工、装配后复运出境的货物。

参照保税业态分类，保税货物分为三大类：保税加工货物、保税物流货物、保税服务货物。

## 五、加工贸易和保税加工的联系与区别

在政策和实践中，我们经常听到的是“加工贸易”而不是“保税加工”，那么这两个概念有什么联系和区别呢？

《中华人民共和国海关加工贸易货物监管办法》（海关总署令第 219 号）对加工贸易进行了明确的定义：“加工贸易，是指经营企业进口全部或者部分原辅材料、零部件、元器件、包装物料（以下统称料件），经过加工或者装配后，将制成品复出口的经营活动，包括来料加工和进料加工。”

该办法还规定：

“加工贸易项下进口料件实行保税监管的，加工成品出口后，海关根据核定的实际加工复出

口的数量予以核销。

“加工贸易项下进口料件按照规定在进口时先行征收税款的，加工成品出口后，海关根据核定的实际加工复出口的数量退还已征收的税款。”

从上述描述可以看出，加工贸易业务模式下的料件进口存在以下两种方式：

一是保税进口，成品复出口后根据出口成品实际耗用的进口料件数量，免征关税和进口环节税；

二是征税进口，成品复出口后根据出口成品实际耗用的进口料件数量，退还已征收的关税和进口环节税，即采取“先征后退”方式开展加工贸易。

保税加工符合加工贸易第一种方式的特征，特指经营者经海关批准，对未办理纳税手续进境的进口料件和加工后出口的成品实施一系列特定关务操作的加工贸易管理方式。

由于现阶段中国海关在操作层面并未实施“先征后退”方式对加工贸易业务进行管理，所以除另有说明外，商务、海关等主管部门所称的加工贸易均指保税加工，本书中的加工贸易描述专指保税加工，不作特别区分。

### 六、系统支持

加工贸易业务管理子系统作为H883系统中第一个统一版本，在全国海关推广应用，也拉开了全国海关保税监管信息化建设的序幕。之后，保税监管系统经历多次升级，已基本覆盖保税加工和保税物流的各项业务。

自2020年1月1日起，全国海关全面启用“金关工程二期”（简称“金关二期”）加工贸易管理系统。金关二期加工贸易管理系统是金关二期的重要组成部分，该系统的上线运行和推广应用为海关深化加工贸易监管改革、支持加工贸易创新发展提供了有力的技术支持和保障。

金关二期加工贸易管理系统由委托授权系统、加工贸易手册系统、加工贸易账册系统、海关特殊监管区域系统、保税物流管理系统、保税货物流转系统、保税担保管理系统等多个子系统组成。

### 【复习思考题】

1. 保税监管有哪些特点？
2. 我国目前的保税业态划分为几种？
3. 金关二期加工贸易管理系统有哪些子系统？

## 第四节 海关统计

### 【学习目标】

本节内容旨在让学习者掌握我国海关统计制度的基本知识。

完成本节学习，学习者应达成以下目标：

1. 理解海关统计制度的概念；

2. 了解海关统计的范围；
3. 掌握海关统计项目的规范要求。

**【基本概念】**

海关统计、海关统计资料、海关统计范围、海关统计项目、海关统计品目及编码、海关统计数（重）量、海关统计价格、海关统计国别（地区）、海关统计收发货人、海关统计监管方式

**【建议学习时间】**

2课时

## 一、概述

《中华人民共和国海关统计条例》（以下简称《海关统计条例》）第二条对海关统计做出明确定义，即海关统计是海关依法对进出口货物贸易的统计，是国民经济统计的组成部分。

海关统计资料是指反映我国对外贸易进出口货物情况的数据。它是国家制定对外贸易政策和检查、监督政策执行情况，以及进行宏观经济调控的重要依据，也是研究对外贸易发展和国际经济贸易关系的重要资料。

我国的海关统计除具有社会经济统计的一般特点外，还具有准确及时、科学完整、国际可比性等特点。

海关统计的原始资料是经海关实际监管的进出口货物报关单及有关单证，海关统计是海关监管过程和结果的记录并定期发布，因此，其及时、准确是由海关在对外贸易活动中所处的客观地位所决定的。

《海关法》明确规定，进口货物的收货人、出口货物的发货人，应当向海关如实申报，接受海关监督管理，从而为海关及时收集全面的进出境货物统计资料提供法律依据和根本保证。

海关统计全面采用国际标准，统计方法与统计口径同各国（地区）通行的贸易统计方法是一致的，因此，海关统计资料具有国际可比性。

国务院以国务院令的形式发布实施的《海关统计条例》，以及海关总署以海关总署令的形式发布实施的《中华人民共和国海关统计工作管理规定》是海关统计的法律规范，它们明确了进出口货物统计的性质、任务、组织机构、职责、统计范围、统计项目、海关及当事人的权利和义务等，是指导海关统计工作的行政法规和海关规章。

## 二、业务基本流程

### （一）原始数据收集

《海关统计条例》第十五条规定，海关统计的原始资料是经海关确认的进出口货物报关单及其他有关单证。进出口货物报关单和其他申报单证是由进出口货物收发货人或其代理人填制，并向海关提交的申报货物状况的法律文书，是编制海关统计的重要凭证。

《海关法》规定，进口货物的收货人、出口货物的发货人应当向海关如实申报，接受海关的监督管理。这为海关及时收集全面、准确的进出境货物统计资料提供了法律依据和根本保证。海关统计数据是从通关管理系统报关单数据库中提取的。

**（二）统计数据审核**

海关统计数据的审核是指通过利用计算机的各种检控条件对已转入统计数据库的数据进行检查，并打印出各种统计数据审核表供统计人员进行复核。

海关统计数据的审核主要是由各直属海关与海关总署统计分析司共同完成的。各直属海关通过电子审核、人工专业化审核、现场接单审核、通关数据综合复核以及统计数据最终审核的方式实现统计数据的审核，海关总署统计分析司负责对各直属海关上报数据进行最终复核和检查，重点对错误信息进行检控。

**（三）统计数据报送**

各直属海关的统计部门负责对本关区统计库中的统计数据进行审核，每月初将上月审核后的统计数据通过网络传到海关总署。

**（四）统计资料编制**

海关统计资料的编制是指对所收集的统计数据进行科学的汇总与加工整理，使之系统化、条理化，成为能够反映进出口货物贸易和物品特征的综合统计资料。其范围为列入海关统计的货物、物品及海关统计项目。

**（五）综合统计资料的发布和提供**

海关综合统计资料的发布是指海关总署及各直属海关统计部门对经汇总加工编制的海关统计资料，通过出版发行统计书刊、电子数据交换、新闻媒介等形式，定期地向地方政府通报和向社会各界公开发布。其中，海关总署应当定期、无偿地向国务院有关部门提供有关综合统计资料，直属海关应当定期、无偿地向所在地省、自治区、直辖市人民政府有关部门提供有关综合统计资料。开展统计服务是海关统计的工作任务之一，其目的是充分开发和利用海关统计信息资源，及时向各级政府和社会各界提供海关统计资料，为国家外贸政策的制定提供决策依据，帮助企业了解市场、占领市场和参与国际竞争。公众可以通过查阅海关统计快报、月报、年报等资料获取有关统计信息。

**（六）统计服务**

海关统计服务是指海关根据其他行政机关和社会公众提出的超出海关主动公开统计信息范围的个性化数据需求，对进出口货物贸易统计数据进行检索、复制并对外提供的行为。海关在定期公布海关统计快报、月报和年报等统计信息的基础上，进一步扩大主动公开的统计项目。

自 2018 年 11 月 1 日起，社会公众可以在海关总署门户网站在线查询按进出口商品、进口原产国（地区）、出口目的国（地区）、海关统计贸易方式及进出口收发货人注册地（省、自治区、直辖市）等统计项目分类汇总的进出口货物贸易统计数据。

## 三、海关统计范围

《海关统计条例》第四条规定，实际进出境并引起境内物质存量增加或减少的货物列入海关统计；进出境物品超过自用、合理数量的列入海关统计。这表明列入我国海关统计范围的货物必须同时具备两个条件：一是跨越我国经济领土边界的物质商品流动，二是改变我国的物质资源存量。

根据联合国关于国际货物贸易统计的原则，我国将进出口货物分为列入海关统计的进出口货物，不列入海关统计的货物、物品，以及不列入海关统计但实施单项统计的货物三类。

### （一）列入海关统计的进出口货物

实际进出境并引起境内物质存量增加或者减少的货物，列入海关统计。进出境物品超过自用、合理数量的，列入海关统计。

### （二）不列入海关统计的货物、物品

根据国际惯例和我国确定的海关统计范围，对于没有实际进出境或虽然实际进出境，但没有引起境内物质资源存量增加或减少的货物、物品不列入海关统计（不列入我国进出口统计）。

**1. 不列入海关统计的货物**

（1）过境、转运和通运货物；

（2）暂时进出口货物；

（3）货币及货币用黄金；

（4）租赁期1年以下的租赁进出口货物；

（5）因残损、短少、品质不良或者规格不符而免费补偿或者更换的进出口货物；

（6）海关总署规定的不列入海关统计的其他货物。

**2. 不列入海关统计的物品**

（1）检测、修理物品；

（2）打捞物品；

（3）进出境旅客的自用物品（汽车除外）；

（4）我国驻外国和外国驻我国使领馆进出境的公务物品以及使领馆人员的自用物品；

（5）其他不列入海关统计的物品。

### （三）不列入海关统计但实施单项统计的货物

为了更好地发挥海关统计在国民经济核算和海关管理中的作用，对于部分不列入海关统计的货物，海关可以根据管理需要对其实施单项统计，尽管其统计数值不列入国家进出口货物贸易统计的总值。主要有各类保税货物，跨境运输的内贸货物，向海关申报的定制型软件、检测报告、蓝图及类似品，过境货物，其他需要实施海关单项统计的货物。

## 四、海关统计项目

海关对进出口货物的统计项目包括品名及编码，数（重）量，价格，收发货人，贸易方式，

运输方式，进口货物的原产国（地区）、启运国（地区）、境内目的地，出口货物的最终目的国（地区）、运抵国（地区）、境内货源地，进出口日期，关别，海关总署规定的其他统计项目。

对上述海关统计项目，规范要求具体如下。

### （一）海关统计品名及编码

凡列入海关统计范围的进出口货物均应依照《中华人民共和国海关统计商品目录》（以下简称《海关统计商品目录》）归类统计。《海关统计商品目录》是以《协调制度》为基础编制的，采用八位数编码的结构。《海关统计商品目录》分为九十八章，其中第一章至第九十七章的前六位数编码及商品名称与《协调制度》完全一致（第七十七章为空章），第九十八章是根据我国海关统计的需要设置的。

### （二）海关统计数（重）量

海关统计的数（重）量是指商品的实物量，用以反映实际进出口商品的规模和发展变化情况。

我国海关在《海关统计商品目录》中为每一个八位数编码商品设置了国际标准计量单位，当进出口货物收发货人或其代理人报关时，必须在进出口货物报关单上填报八位数的商品编码和《海关统计商品目录》中规定的数（重）量。凡《海关统计商品目录》中列有第二计量单位的货物，应当同时按照第二计量单位统计其第二数（重）量。为便于计算机的汇总，海关统计的计量单位采用代码形式统计，代码采用两位数。

进出口货物的统计数（重）量应以海关查验放行的实际数（重）量为依据，对免于查验的可根据合同、发票等有关单证确定；根据合同、发票等单证不能确定重量的货物可估重统计。

成套设备、减免税货物如需分批进口，货物实际进口时应按照实际报验状态确定数量。如经批准分批进出口货物按完整品归类的，且法定计量单位是非重量的，其各批次统计数量之和应等于完整品数量。

具有完整品或制成品基本特征的不完整品、未制成品，根据《协调制度》归类规则应按完整品归类的，按照构成完整品的实际数量申报和统计。

法定计量单位为“立方米”的气体货物，应折算成标准状况（0℃及1个标准大气压）下的体积进行申报和统计。

法定计量单位为“千克”的商品，其重量统计要求如下：

1. 装入可重复使用的包装容器的货物，应按货物扣除包装容器后的重量统计，如罐装同位素、罐装氧气及类似品等。

2. 使用不可分割包装材料和包装容器的货物，按货物的净重统计（包括内层直接包装的净重重量），如采用供零售包装的罐头、化妆品、药品及类似品等。

3. 有些商品按照商业惯例是以公量重而不是净重统计的，公量重的计算方法是用科学方法抽去商品中的水分，再加上标准含水量所求得的重量。这种计算方法适用于经济价值较高而含水量又极不稳定的商品，如未脱脂羊毛、羊毛条等。对这类商品应按公量重统计而不按净重统计。

4. 国际贸易中，有些商品因包装本身不便分别计量，或因包装同商品价格相差不大，如粮食、饲料等价格较低的农副产品，采用以毛重作为净重计价的货物，可按毛重统计。

5. 采用零售包装的酒类、饮料，按照液体部分的重量统计。

值得注意的是，报关单上的成交计量单位或成交数量栏目不是统计指标，可以不按照法定计量单位填报。例如，加工贸易等已备案的货物，成交计量单位必须与加工贸易手册中同项号下货物的计量单位一致；优惠贸易协定项下进出口商品的成交计量单位必须与原产地证书上对应商品的计量单位一致。

### （三）海关统计价格

对外贸易进出口商品品种繁多，商品数量反映的只是商品的实物量，难以用于不同商品的比较，商品的价格可以综合反映进出口商品的贸易流量。因此，统计价格是所有海关统计项目的核心内容，其他海关统计项目一般需同价格相结合来反映对外贸易的情况。进出口货物的统计价格分别按照人民币和美元统计。

**1. 统计价格的货币折算**

进出口货物的价格以其他外币计价的，应当分别按照海关征税适用的各种外币对人民币的计征汇率和国家外汇管理部门按月公布的各种外币对美元的折算率，折算成人民币值和美元值进行统计。

**2. 价格统计的规定**

进出口货物的价格以海关确定的计税价格为基础进行统计。根据《海关统计条例》第八条的规定，“进口货物的价格，按照货价、货物运抵中华人民共和国境内输入地点起卸前的运输及其相关费用、保险费之和统计。出口货物的价格，按照货价、货物运抵中华人民共和国境内输出地点装卸前的运输及其相关费用、保险费之和统计，其中包含的出口关税税额，应当予以扣除”。

### （四）海关统计国别（地区）

海关统计国别（地区）是指国际货物贸易统计资料的报告国（地区），接收其进口货物的对象国（地区），或报告国（地区）出口货物发往的对象国（地区）。在国际货物贸易中，通过国别（地区）统计可以反映各国（地区）间的经济贸易关系，反映一国（地区）与世界其他国家（地区）的贸易情况，以及一国（地区）在世界经济交往中所处的地位。

我国进出口货物的国别（地区）统计，按照原产/最终目的国（地区）、启运/运抵国（地区）、贸易国（地区）、境内目的地/境内货源地等分别进行编制。

**1. 原产/最终目的国（地区）**

进口货物统计原产国（地区），出口货物统计最终目的国（地区），反映的是世界经济关系的实质性结构，即商品生产和消费在世界范围的分布。同时，这一统计标准符合国际贸易中备受关注的贸易国别（地区）政策的要求，如最惠国待遇、普惠制、配额、反倾销等关税和非关税措施都是针对商品的原产国（地区）实施的，而贸易禁运、某些产品的限制出口等则涉及有关出口货物的目的国（地区）。

（1）原产国（地区）

原产国（地区）指进口货物的生产、开采或加工制造的国家（地区）。对经过几个国家（地区）加工制造的进口货物，以最后一个对货物进行经济上可以视为实质性加工的国家（地区）作为该货物的原产国（地区）。

进口货物的原产国（地区）按照《中华人民共和国进出口货物原产地条例》（以下简称《原产地条例》）及海关总署有关规定进行统计。进口货物原产国（地区）无法确定的，按照“国别不详”进行统计。

（2）最终目的国（地区）

最终目的国（地区）是指出口货物已知的消费、使用或进一步加工制造的国家（地区）。

不经过第三国（地区）转运的出口直接运输货物，以直接运抵的国家（地区）为最终目的国（地区）。经过第三国（地区）转运的出口货物，以最后运往国（地区）为最终目的国（地区）。

出口货物的最终目的国（地区）按照出口货物已知的消费、使用或者进一步加工制造的国家（地区）进行统计。出口货物不能确定最终目的国（地区）的，按照出口时尽可能预知的最后运往国（地区）进行统计。

**2. 启运/运抵国（地区）**

进口货物统计启运国（地区），出口货物统计运抵国（地区），可以反映进出口货物的整个流程，比按照原产/最终目的国（地区）标准统计更容易达到国际贸易统计中伙伴国（地区）记录一一对应的要求，为获得准确的统计和合理的可比性提供了最大的可能。

（1）启运国（地区）

进口货物的启运国（地区）按照货物起始发出直接运抵我国或者在运输中转国（地区）未发生任何商业交易的情况下运抵我国的国家（地区）进行统计。

不经过第三国（地区）转运的直接运输货物，以进口货物的装货港所在国（地区）为启运国（地区）。

经过第三国（地区）转运的进口货物，未在中转国（地区）发生商业交易的，以进口货物的始发国（地区）为启运国（地区）；在中转国（地区）发生商业交易的，以中转国（地区）作为启运国（地区）。

（2）运抵国（地区）

出口货物的运抵国（地区）按照出口货物从我国直接运抵或者在运输中转国（地区）未发生任何商业交易的情况下，最后运抵的国家（地区）进行统计。

不经过第三国（地区）转运的直接运输货物，以出口货物的指运港所在国（地区）为运抵国（地区）。

经过第三国（地区）转运的出口货物，未在中转国（地区）发生商业交易的，以出口货物的最终目的国（地区）为运抵国（地区）；在中转国（地区）发生商业交易的，以中转国（地区）作为运抵国（地区）。

**3. 贸易国（地区）**

进出口货物的贸易国（地区）按照对外贸易中与境内企业签订贸易合同的外方所属的国家（地区）统计。

进口统计购自国（地区），出口统计售予国（地区）。未发生商业性交易的，按照货物所有权拥有者所属的国家（地区）统计。

**4. 境内目的地/境内货源地**

（1）境内目的地

进口货物的境内目的地按照进口货物在我国境内的消费、使用地或者最终运抵地统计，其中最终运抵地为最终使用单位所在的地区。

最终使用单位难以确定的，按照货物进口时预知的最终收货单位所在地统计。

（2）境内货源地

出口货物的境内货源地按照出口货物在我国境内的产地或者原始发货地统计。

出口货物在境内多次转换运输工具、难以确定其生产地的，按照最早发运该出口货物的单位所在地统计。

### （五）海关统计收发货人

进出口货物的收发货人按照已经在海关备案、从事进出口经营活动的境内法人、其他组织或者个人进行统计。

收发货人统计可以反映各地区、各种经济类型的企业进出口情况及其在我国对外贸易中所占比重的变化情况，为国家制定有关政策和经济发展规划提供重要依据。同时，海关为每个进出口企业设置全国适用的代码，有助于进出口货物快捷通关，提高海关通关管理的工作效率。

### （六）海关统计贸易方式

列入海关统计的贸易方式，按照进出口货物买卖双方交易形式及海关监管要求进行分类统计。

为了使海关统计资料进一步与国家对进出口的宏观调控和海关实施有效监督管理相结合，与有关的海关法规和海关业务管理办法相衔接，进出口货物的监管方式以海关的监管方式为基础进行分组。按监管方式分组的海关统计资料，可以反映各种监管方式进出口货物情况及其在我国对外贸易中所占比重，为研究和分析对外贸易发展变化提供资料，为有关部门制定外贸政策及检查执行情况提供参考依据。海关根据国民经济发展的变化和海关监管需要对监管方式进行调整，由海关总署发布公告。

### （七）海关统计运输方式

在国际贸易中，货物的买卖合同签订后，卖方就要按照合同规定的时间、地点和方式将货物运交指定的承运工具，买卖货物的交接是通过运输来实现的。

进出口货物的运输方式，按照货物进出境时的运输方式统计，包括水路运输、铁路运输、公路运输、航空运输、邮件运输及其他运输方式。

进境货物的运输方式，应当按照货物运抵我国关境第一个口岸时的运输方式进行统计；出境货物的运输方式，应当按照货物运离我国关境最后一个口岸时的运输方式进行统计。

进出境旅客随身携带的货物，按照旅客所乘运输工具进行统计。非邮政方式进出口的快递货物，按照实际运输方式统计。

以人扛、畜驼、管道、电缆、输送带等方式运输的货物，按照其他运输方式进行统计。

### （八）海关统计关别

海关统计关别是为了反映一个时期内各口岸进出口货物的情况及货物进出关境的路线分布，便于对各口岸监管验放货物的执法水平进行比较分析。同时，也可以结合其他统计指标分析进出口货物的流向。

海关统计关别分为报关关别及进出境关别统计。进出口货物的报关关别按照接受申报的海关统计。进出口货物的进出境关别按照货物进出境口岸的海关统计。

### （九）海关统计时间

海关统计时间是指海关对进出口货物实施统计的时间。为了便于联合国各成员方统计资料的汇总对比，联合国统计局建议将货物进入或离开一国经济领土的时间作为统计的时间。

我国进口货物按海关的放行日期进行统计，出口货物按海关结关的日期进行统计。进口转关运输货物按照指运地海关放行的日期进行统计，出口转关运输货物按照启运地海关的结关日期进行统计。

### （十）海关统计毛重与净重

1. 毛重

进出口货物的毛重填报进出口货物及其包装材料的重量之和，计量单位为千克，不足一千克的精确到小数点后 2 位。

2. 净重

进出口货物的净重填报进出口货物的毛重减去外包装材料后的重量，即货物本身的实际重量，计量单位为千克，不足一千克的精确到小数点后 2 位。

### （十一）海关统计品牌类型

进出口货物的品牌类型按进出口货物的品牌属性分类统计。

以上统计项目同样适用于海关单项统计。

## 五、海关统计部门相关权利、义务及法律责任

海关统计部门对统计原始资料中的申报内容有疑问的，可以直接向当事人提出查询，核实有关内容，当事人应当及时据实作出答复。

海关统计人员对在统计过程中知悉的国家秘密、商业秘密和海关工作秘密负有保密义务。

海关统计人员有权拒绝、揭发、制止影响海关统计客观性和真实性的人为干扰。

海关统计人员应当遵守《海关法》和《中华人民共和国统计法》的规定，不得自行、参与或者授意篡改海关统计资料，编造虚假数据。

海关统计人员玩忽职守、滥用职权、徇私舞弊的，依法给予处分；构成犯罪的，依法追究刑事责任。

未经海关授权，任何单位或者个人不得擅自销售海关统计资料和海关统计电子数据。

依法应当申报的项目未申报或者申报不实影响海关统计准确性的，除责令当事人予以更正外，对违反《海关行政处罚实施条例》的，可按相关规定予以处罚。

## 【复习思考题】

1. 海关综合统计资料是如何对外发布和提供的？

2. 列入我国海关统计范围的货物必须同时具备哪两个条件？

3. 列入海关统计、不列入海关统计和不列入海关统计但实施单项统计的货物各有哪些？

4. 海关对进出口货物的统计项目有哪些？

5. 海关统计数（重）量、价格、国别（地区）、收发货人、贸易方式等指标的统计要求各是什么？

## 第五节　海关稽查和核查

**【学习目标】**

本节内容旨在让学习者掌握我国海关稽查制度的基本知识，重点是海关稽查的对象、范围、内容，以及稽查的方式和程序；并在“多查合一”大背景下，了解海关核查制度。

完成本节学习，学习者应达成以下目标：

1. 了解海关稽查制度的概念；
2. 掌握海关稽查制度的内容；
3. 了解海关稽查制度的实施；
4. 了解海关核查制度的概念；
5. 了解海关核查制度的内容和实施。

**【基本概念】**

海关稽查、常规稽查、专项稽查、贸易调查、主动披露、稽查准备、稽查实施、稽查审核、稽查处理、稽查通知、稽查征求意见、稽查结论、海关核查

**【建议学习时间】**

2 课时

### 一、海关稽查制度概述

海关稽查，是指海关自进出口货物放行之日起三年内或者在保税货物、减免税进口货物的海关监管期限内及其后的三年内，对与进出口货物直接有关的企业、单位的会计账簿、会计凭证、报关单证以及其他有关资料（以下统称“账簿、单证等有关资料”）和有关进出口货物进行核查，监督其进出口活动的真实性和合法性。

海关稽查是当今世界各国（地区）海关通行的一种现代化海关监管制度。20 世纪 90 年代初期，随着中国对外开放的深入，进出口贸易量迅速增加，海关面临着严密监管与高效运作、业务量日益增大与管理资源相对不足的双重矛盾。在考察和研究西方发达国家海关稽查制度的基础上，借鉴中国审计工作经验，中国海关形成了以企业为监管单元、以外部审计为基本工作手段的稽查制度，承担了监督企业进出口活动、查处企业各类违法违规行为、完善海关内部管理的职责

任务。海关稽查改变了传统的口岸监管模式，将海关管理延伸到企业内部和货物通关放行之后，是海关正面监管的重要手段。

海关实施稽查是为了评估被稽查人进出口信用状况和风险状况，检查其进出口活动的真实性、合法性和规范性。从本质上看，海关稽查是海关监督管理职能的实现方式，也是海关监管制度的主要组成部分。然而，海关稽查与传统的海关监管相比又有着显著的区别，其特征主要表现在两个方面。首先，海关稽查实现了海关监管的“前推后移”，将原有海关监管的时间、空间进行了大范围的延伸和拓展。通过海关稽查，海关监管不局限于进出口的实时监控和进出境口岸，而是通过评估验证企业守法状况或贸易安全情况，有针对性地规范企业内部经营管理，引导企业守法自律，保障其更好地享受海关监管便利。其次，海关稽查实现了海关监管的“由物及企”，将海关监管的主要目标从控制进出口货物转变为控制货物的经营主体——进出口企业，不再人为地将企业与货物割裂开来。海关围绕企业的进出口活动，实施动态和全方位的监管，通过监管企业的进出口行为来达到监管进出口货物的目的。

海关稽查制度的法律形式主要有三个层面。

#### （一）法律

《海关法》第四十五条规定：“自进出口货物放行之日起三年内或者在保税货物、减免税进口货物的海关监管期限内及其后的三年内，海关可以对与进出口货物直接有关的企业、单位的会计账簿、会计凭证、报关单证以及其他有关资料和有关进出口货物实施稽查。”可见，《海关法》赋予了海关对与进出口货物直接有关的企业和单位开展稽查的权力，是海关稽查最基本的执法依据。

#### （二）行政法规

《海关稽查条例》属于行政法规层级。1997 年首次颁布实施；2011 年 1 月 8 日，国务院公布《国务院关于废止和修改部分行政法规的决定》对其进行第一次修订；2016 年 6 月 19 日，国务院公布《国务院关于修改〈中华人民共和国海关稽查条例〉的决定》对其进行第二次修订；2022 年 3 月 29 日，国务院公布《国务院关于修改和废止部分行政法规的决定》对其进行第三次修订，自 2022 年 5 月 1 日起施行。

#### （三）部门规章

2016 年 9 月 26 日，海关总署公布了《〈中华人民共和国海关稽查条例〉实施办法》（以下简称《〈海关稽查条例〉实施办法》），于 2016 年 11 月 1 日起施行。《〈海关稽查条例〉实施办法》属于部门规章的层级，对海关稽查的程序及相关事项做了详细的规定，使立法原则和基本规定落实到具体操作层面。

### 二、稽查对象、范围、内容

#### （一）稽查对象

根据《海关稽查条例》第三条的规定，海关对下列与进出口货物直接有关的企业、单位实施稽查：

1. 从事对外贸易的企业、单位；
2. 从事对外加工贸易的企业；
3. 经营保税业务的企业；
4. 使用或者经营减免税进口货物的企业、单位；
5. 从事报关业务的企业；
6. 海关总署规定的与进出口货物直接有关的其他企业、单位。

上述企业、单位是海关稽查的对象，在海关实施稽查的过程中亦称为被稽查人。

需要特别注意的是，由于《海关稽查条例》仅规定了对与进出口货物直接有关的企业、单位实施稽查，没有涉及进出境物品，因此与进出境物品直接有关的行政管理相对人并不是海关稽查的对象。

### （二）稽查范围

根据《〈海关稽查条例〉实施办法》第三条的规定，海关对与进出口货物直接有关的企业、单位的下列进出口活动实施稽查：

1. 进出口申报；
2. 进出口关税和其他税、费的缴纳；
3. 进出口许可证件和有关单证的交验；
4. 与进出口货物有关的资料记载、保管；
5. 保税货物的进口、使用、储存、维修、加工、销售、运输、展示和复出口；
6. 减免税进口货物的使用、管理；
7. 其他进出口活动。

同时，需要注意的是有关稽查期限的规定，即稽查的时间范围。

1. 海关对一般贸易和其他进出口货物的稽查期限为自进出口货物放行之日起三年内。

2. 海关对保税货物的稽查期限为保税货物的海关监管期限内及其后的三年内，包括三个方面：

（1）在保税货物的海关监管期限内；

（2）自保税货物复运出境之日起三年内；

（3）保税货物经批准转为一般贸易进口放行之日起三年内。

3. 海关对减免税货物的稽查期限为减免税货物的海关监管期限内及其后的三年内，由于海关对船舶、飞机的监管期限为八年，对应的稽查期限为十一年；对机动车辆的监管期限为六年，对应的稽查期限为九年；对其他减免税货物的监管期限为三年，对应的稽查期限为六年。

### （三）稽查内容

海关稽查的内容，是指海关实施稽查的具体指向和目标，简言之，即海关稽查主要查什么。具体来说，就是指记录和反映被稽查人进出口经营活动的会计账簿、会计凭证、会计报表等会计资料、报关单证和其他与进出口活动有关的资料及进出口货物、物品。

**1. 会计资料**

会计资料是记录、反映一个单位资产、负债、所有者权益的增减变动情况和资金流动的过程及结果等全部经济业务的书面材料，包括会计凭证、会计账簿和会计报表。实行会计电算化的单位，能够通过计算机正确、完整地记账、核算的，其计算机储存和输出的会计记录视同会计资料。

由于会计资料动态地记录和反映了一个单位全部的经济业务，详细地记载了该单位一定时期内经济活动的发生和结果情况，因此，会计资料是海关稽查最重要、最直接的对象。

**2. 报关单证**

报关单证是进口货物的收货人、出口货物的发货人或其代理人在向海关申报进出口货物时向海关递交的有关单证，主要包括：进出口货物报关单、合同（订货单、售货确认书等）、发票、提货单、装箱单、许可证件（包括有关批准证件）、加工贸易登记手册、原产地证明、知识产权证书等。

**3. 其他与进出口活动有关的资料**

其他与进出口活动有关的资料是指与当事人进出口活动直接有关，动态地记录和反映了当事人的进出口行为的资料，主要包括进出口商品的说明、与外方往来的有关传真等书面记录、电子邮件、生产工艺、单耗情况等资料。

**4. 进出口货物**

进出口货物是被稽查人进出口活动的载体，是进出口当事人行为指向的客体，是海关稽查的基本内容。由于海关一般是事后稽查，时间较为滞后，因此，海关对进出口货物的稽查，往往也主要通过对记录这些商品的会计资料和报关单证、其他单证来进行，同时结合对货物的实际核查。

## 三、稽查方式和机制

海关稽查的方式，从狭义理解，目前仅有常规稽查和专项稽查两种；但从广义理解，即目前海关稽查部门所采用的工作方式，还包括贸易调查和主动披露。同时，根据《海关稽查条例》的规定，海关稽查还可以引入社会中介机构提供服务。以上方式共同构成了海关稽查工作的机制。

### （一）常规稽查

常规稽查是指海关以监督和规范被稽查人进出口行为为主要目标，以例行检查和全面“体检”为基本特征，有计划地对被稽查人一定期限或业务范围内的进出口活动实施检查的一种稽查工作方式。

目前，常规稽查实施“双随机”工作机制，即通过计算机系统在全国海关随机选取常规稽查对象、在有条件的海关随机选取常规稽查人员，以最大限度提高稽查工作离散度和覆盖率，提升稽查专业化、集约化和科学化水平。

### （二）专项稽查

专项稽查是指以查发企业各类问题，保障海关监管、税收和贸易安全，防范走私违法活动为目的，以风险程度较高或政策敏感性较强的行业、企业、商品为重点而实施的一种稽查工作方式。

海关稽查部门开展自主分析，或接受其他部门提供的线索进一步开展分析，来确定专项稽查的作业对象、内容。

### （三）贸易调查

贸易调查是指海关稽查部门为了解进出口贸易情况，印证商品、行业进出口贸易风险状况，对商品、行业进出口贸易及有关信息进行收集、整理、分析而开展的综合型调研。

贸易调查的对象主要是有关行业协会、政府部门和相关企业等，可以通过实地查看、走访咨询、书面函询、网络调查和委托调查等方式展开。

### （四）主动披露

进出口企业、单位主动向海关书面报告海关尚未掌握的、其违反海关监管规定的行为并接受海关处理的，海关可以认定有关企业、单位主动披露。但有下列情形之一的除外：报告前海关已经掌握违法线索的；报告前海关已经通知被稽查人实施稽查的；报告内容严重失实或者隐瞒其他违法行为的。

进出口企业、单位主动披露应当向海关提交账簿、单证等有关资料，并对所提交资料的真实性、准确性、完整性负责。海关应当核实主动披露的进出口企业、单位的报告，可以要求其补充有关材料。

对主动披露的进出口企业、单位，违反海关监管规定的，海关结合具体情形予以从轻、减轻或者不予行政处罚。对主动披露并补缴税款的，依申请海关可以减免滞纳金。

### （五）海关稽查引入社会中介机构提供服务

海关稽查引入社会中介机构提供服务，是指海关在开展稽查工作中，根据工作需要，由海关或被稽查人委托会计师事务所、税务师事务所或者其他具备会计、税务等相关资质和能力的专业机构，对被稽查人进行审计、评估、鉴定等，并为海关提供处理依据的工作。

需要特别注意的是，被稽查人委托会计、税务等方面的专业机构作出的专业结论，仅可以作为海关稽查的参考依据。

## 四、稽查程序

按照《海关稽查条例》和《〈海关稽查条例〉实施办法》的有关规定，海关稽查操作流程包括稽查准备、稽查实施、稽查审核和稽查处理四个阶段。这四个阶段之间既相互联系，同时每个阶段又有相对独立的程序要求。需要明确的是，这四个阶段仅适用于狭义的稽查方式，即常规稽查和专项稽查，不适用于贸易调查和主动披露。

由于稽查准备和稽查审核阶段主要是海关内部操作，而稽查实施和稽查处理阶段属于海关外部作业，涉及被稽查人的权利和义务，程序要求严格，因此此处重点介绍稽查实施和稽查处理。

### （一）稽查实施

稽查实施，是指海关依照稽查的程序，采用各种有效的稽查方法，对被稽查人进出口活动的合法性、真实性和规范性进行核查的行政执法活动。

稽查实施是整个海关稽查工作中最主要、最关键的阶段，也是海关稽查程序中内容较多、较复杂的部分。这一阶段的程序主要包括：

**1. 送达通知书**

一般情况下，海关进行稽查时，应当在实施稽查的三日前，书面通知被稽查人，即实施通知稽查。特殊情况下，如在被稽查人有重大违法嫌疑，其账簿、单证等有关资料及进出口货物可能被转移、隐匿、毁弃等紧急情况下，经直属海关关长或者其授权的隶属海关关长批准，海关可以不经事先通知进行稽查，即实施径行稽查。

无论是通知稽查，还是径行稽查，海关都要向被稽查人送达中华人民共和国海关稽查通知书（以下简称“稽查通知书”），只是制发的时点不同。通知稽查的，海关应当在实施稽查三日前，向被稽查人制发稽查通知书；径行稽查的，海关应当在开始实施稽查时，向被稽查人制发稽查通知书。稽查通知书的送达，标志着海关实施稽查程序的开始。

**2. 表明身份**

开始稽查时，海关稽查人员应当着海关制服，并主动向被稽查人出示执法证件，表明海关稽查人员的执法身份，同时应当说明双方的权利和义务等有关事项。

**3. 实施稽查**

海关稽查人员依法查阅、审核被稽查人账簿、单证等有关资料，核实被稽查人与进出口有关的活动是否真实、合法。在这一程序中，海关稽查人员可以依法行使相关权力，具体详见下文“五、稽查实施中的海关权力”。

### （二）稽查处理

稽查处理，是指海关在稽查中发现被稽查人存在少征、漏征税款或者其他违法活动的，按照《海关稽查条例》的规定分别作出相应的处理。这一阶段的程序主要包括：

**1. 征求被稽查人意见**

海关实施稽查后，若被稽查人存在少征、漏征税款或者其他违法活动的，应当填制海关稽查征求意见书（以下简称“稽查征求意见书”），就稽查认定事实向被稽查人征求意见。自被稽查人收到稽查征求意见书之日起届满七日，海关未收到被稽查人书面反馈意见的，继续实施稽查作业；被稽查人在七日内书面反馈无异议的，海关也应当在七日届满后继续实施稽查作业。

稽查未发现问题及终结稽查的，稽查组无须制发稽查征求意见书。

**2. 提交海关稽查报告**

海关向被稽查人征求意见后，应当根据稽查及审核情况，填制海关稽查报告。该程序为海关内部操作。

**3. 制发稽查结论**

海关应当自海关稽查报告提交审批之日起 30 日内，制作中华人民共和国海关稽查结论（以下简称“稽查结论”），送达被稽查人，告知被稽查人已结束稽查。海关应当在稽查结论中说明作出结论的理由，并告知被稽查人。

## 五、稽查实施中的海关权力

根据《海关稽查条例》的规定，海关在实施稽查过程中，可以行使以下权力。

**（一）查阅、复制被稽查人的账簿、单证等有关资料**

海关稽查人员查阅、复制被稽查人的账簿、单证等有关资料时，被稽查人的法定代表人或者主要负责人或者其指定的代表（以下统称“被稽查人代表”）应当到场，按照海关要求如实提供并协助海关工作。对被稽查人的账簿、单证等有关资料进行复制的，被稽查人代表应当在确认复制资料与原件无误后，在复制资料上注明出处、页数、复制时间及“本件与原件一致，核对无误”，并签章。被稽查人以外文记录账簿、单证等有关资料的，应当提供符合海关要求的中文译本。

被稽查人利用计算机、网络通信等现代信息技术手段进行经营管理的，应当向海关提供账簿、单证等有关资料的电子数据，并根据海关要求开放相关系统、提供使用说明及其他有关资料。对被稽查人的电子数据进行复制的，应当注明制作方法、制作时间、制作人、数据内容及原始载体存放处等，并由制作人和被稽查人代表签章。

**（二）异地查阅、复制被稽查人的账簿、单证等有关资料**

被稽查人所在场所不具备查阅、复制工作条件的，经被稽查人同意，海关可以在其他场所查阅、复制，并应当填写海关稽查调审单。账簿、单证等有关资料经双方清点、核对后，由海关稽查人员签名和被稽查人代表在海关稽查调审单上签章。

**（三）检查与进出口活动有关的生产经营情况和货物**

海关稽查人员进入被稽查人的生产经营场所、货物存放场所，检查与进出口活动有关的生产经营情况和货物时，被稽查人代表应当到场，按照海关的要求开启场所、搬移货物，开启、重封货物的包装等。检查结果应当由海关稽查人员填写检查记录，并由海关稽查人员签名和被稽查人代表签章。

**（四）询问被稽查人的法定代表人、主要负责人员和其他有关人员与进出口活动有关的情况和问题**

海关稽查人员询问被稽查人的法定代表人、主要负责人和其他有关人员时，应当制作询问笔录，并由询问人、记录人和被询问人签名确认。

**（五）查询被稽查人在商业银行或者其他金融机构的存款账户**

经直属海关关长或者其授权的隶属海关关长批准，海关可以凭协助查询通知书向商业银行或者其他金融机构查询被稽查人的存款账户。

**（六）查封、扣押被稽查人账簿、单证等有关资料及相关电子数据存储介质**

海关实施稽查时，发现被稽查人有可能转移、隐匿、篡改、毁弃账簿、单证等有关资料的，经直属海关关长或者其授权的隶属海关关长批准，可以查封、扣押其账簿、单证等有关资料及相关电子数据存储介质。

**（七）查封、扣押有关进出口货物**

海关实施稽查时，发现被稽查人的进出口货物有违反《海关法》或者其他有关法律、行政法规嫌疑的，经直属海关关长或者其授权的隶属海关关长批准，可以查封、扣押有关进出口货物。

## 六、稽查处理的情形

### （一）未发现被稽查人存在问题的

经稽查，未发现被稽查人在本次稽查范围内存在不规范行为或违法事实的，海关在稽查结论中出具“海关未发现你单位存在违反海关监管规定情事”的结论，稽查程序结束。

### （二）发现被稽查人存在涉嫌走私或违规情事的

经稽查，发现被稽查人有走私行为构成犯罪的，依法追究刑事责任；尚不构成犯罪的，由海关依照《海关法》和《海关行政处罚实施条例》的规定处理。

经稽查，认定被稽查人有违反海关监管规定的行为的，由海关依照《海关法》和《海关行政处罚实施条例》的规定处理。

### （三）发现被稽查人存在追补税情事的

经稽查，发现被稽查人存在少征、漏征关税或者其他进口环节代征税收情事的，由海关依照《海关法》和有关税收法律、行政法规的规定向被稽查人补征或追征。被稽查人在海关规定的期限内仍未缴纳税款的，海关可以依法采取强制执行措施。

### （四）发现被稽查人存在不规范行为，责令限期改正的

经稽查，发现被稽查人存在《海关稽查条例》第三十条、三十一条所列情形，逾期不改正的，经批准后海关应当制发限期改正通知书送达被稽查人。

### （五）发现被稽查人未按照规定设置或者编制账簿，或者转移、隐匿、篡改、毁弃账簿的

经稽查，发现被稽查人未按照规定设置或者编制账簿，或者转移、隐匿、篡改、毁弃账簿的，海关应当将有关情况通报被稽查人所在地的县级以上人民政府财政部门。

### （六）终结稽查

被稽查人下落不明，或者被稽查人终止，无权利义务承受人的，经直属海关关长或者其授权的隶属海关关长批准，海关可以终结稽查。

## 七、稽查文书

稽查文书是海关在依法行使稽查职权过程中，按照法定程序和依据制作的书面文件，是海关稽查执法活动具体过程和结果的书面表现形式。稽查文书包括对外的稽查法律文书和内部文书。

对外的稽查法律文书一共有 13 种，其中最重要的是稽查通知书、稽查征求意见书、稽查结论。

### （一）稽查通知书

稽查通知书是海关在实施稽查前通知被稽查人有关事项的正式法律文书，稽查通知书送达的具体方式有以下两种。

**1. 直接送达**

即由稽查组成员将稽查通知书交给被稽查人代表，并由其在稽查通知书上签章，完成签收。

**2. 留置送达**

被稽查人拒绝签收稽查通知书的，稽查组可以邀请见证人到场，说明情况，注明事由和日期，由见证人和至少两名海关稽查人员签名，把稽查通知书留在被稽查人的生产经营场所。海关也可以把稽查通知书留在被稽查人的生产经营场所，并采用拍照、录像等方式记录全过程，即视为被稽查人已经签收。

稽查通知书分为正本、副本两联，均加盖海关行政印章或者稽查专用章，正本送交被稽查人，副本由被稽查人代表签章后交海关留存。

### （二）稽查征求意见书

海关实施稽查后，若发现被稽查人存在少征、漏征税款或者其他违法活动的，应当制发稽查征求意见书，就稽查认定事实向被稽查人征求意见。稽查未发现问题及终结稽查的，稽查组无须制发稽查征求意见书。

稽查征求意见书分为正本、副本两联，正本由稽查组成员签名后送交被稽查人，副本由被稽查人代表签章后交海关留存。被稽查人应当自收到稽查征求意见书起七日内，将其书面意见送交海关。

### （三）稽查结论

海关应当在完成内部审批流程、收到海关稽查报告之日起30天内制发稽查结论，并送达被稽查人。

稽查结论分为正本、副本两联，均加盖海关行政印章或者稽查专用章，正本送交被稽查人，副本由被稽查人代表签章后交海关留存。

## 八、法律责任

### （一）被稽查人的法律责任

被稽查人有下列行为之一的，由海关责令限期改正，逾期不改正的，处人民币2万元以上10万元以下的罚款；情节严重的，禁止其从事报关活动；对负有直接责任的主管人员和其他直接责任人员处人民币5000元以上5万元以下的罚款；构成犯罪的，依法追究刑事责任：向海关提供虚假情况或者隐瞒重要事实；拒绝、拖延向海关提供账簿、单证等有关资料及相关电子数据存储介质；转移、隐匿、篡改、毁弃报关单证、进出口单证、合同、与进出口业务直接有关的其他资料及相关电子数据存储介质。

被稽查人未按照规定编制或者保管报关单证、进出口单证、合同及与进出口业务直接有关的其他资料的，由海关责令限期改正，逾期不改正的，处人民币1万元以上5万元以下的罚款；情节严重的，禁止其从事报关活动；对负有直接责任的主管人员和其他直接责任人员处人民币1000元以上5000元以下的罚款。

被稽查人未按照规定设置、编制账簿，或者转移、隐匿、篡改、毁弃账簿的，依照《中华人民共和国会计法》的有关规定追究法律责任。

#### （二）海关工作人员的法律责任

海关工作人员在稽查过程中玩忽职守、徇私舞弊、滥用职权，或者利用职务上的便利，收受、索取被稽查人的财物，构成犯罪的，依法追究刑事责任；尚不构成犯罪的，依法给予处分。

### 九、海关核查制度概述

海关核查制度萌芽于20世纪80年代的保税工厂制度，后来作为加工贸易核销制度的一种保障手段，逐渐完善。2008年，《中华人民共和国海关保税核查办法》公布施行，标志着保税核查制度正式确立。2010年，为了解决海关管理中长期存在的部门职责交叉、多头下厂等问题，海关总署将企业稽查、减免税核查和保税中后期核查统一归口稽查司负责，实施“三查合一”。2014年以来，根据海关全面深化改革总体部署，后续监管由稽查统一实施，开始步入“多查合一”时代。

2018年，根据《全国通关一体化关检业务全面融合框架方案》，拓展“多查合一”，整合后续监管职责，融合企业稽查、核查、对进入国内市场商品的抽查、进出口商品安全问题追溯调查、对企业遵守检验检疫法规状况的检查等后续执法。至此，海关核查制度初见雏形。

海关核查，是指海关依照法律、法规和规章的规定，在进出口通关、保税、减免税、动植物检疫、商品检验和食品安全等海关监管领域的后续监管环节，对被核查人实施实地方式的验核查证，以检查监督其生产经营活动真实性、合法性和规范性的执法行为。

海关核查目前涉及以下七大类业务范围：保税业务、企业管理业务、关税业务、统计业务、动植物检疫业务、商品检验业务、进出口食品安全业务。

### 【复习思考题】

1. 什么是海关稽查？
2. 海关稽查制度的法律形式主要有哪些？
3. 海关稽查的对象、范围、内容是什么？
4. 狭义理解的海关稽查的两种方式是什么？
5. 什么是主动披露？哪些情形除外？
6. 稽查的四个阶段具体是指哪四个阶段？稽查实施和稽查处理分别包括哪些程序？
7. 实施稽查中海关可以行使哪些权力？
8. 稽查处理可以分为哪些具体情形？
9. 对外稽查文书中最重要的是哪三种？
10. 被稽查人可能要承担的法律责任有哪些？
11. 什么是海关核查？

# 第六节　海关检验检疫

**【学习目标】**

本节内容旨在让学习者掌握我国海关检验检疫的基本知识。

完成本节学习，学习者应达成以下目标：

1. 了解海关检验检疫业务管理制度体系；
2. 了解进出口商品检验制度的主要内容；
3. 了解进出境动植物检疫制度的主要内容；
4. 了解国境卫生检疫监督制度的主要内容；
5. 了解进出口食品安全监管制度的主要内容；
6. 简单了解海关特殊监管区域的检验检疫管理措施；
7. 了解出入境检验检疫业务的基本流程。

**【基本概念】**

海关检验检疫、进出口商品检验、进境动植物检疫、国境卫生检疫监督、进出口食品安全监管

**【建议学习时间】**

4 课时

## 一、概述

海关检验检疫制度是指由国家出入境检验检疫机构根据我国有关法律和行政法规及我国政府所缔结或者参加的国际条约、协定，对进出境的货物、物品及其包装物，交通运输工具、运输设备和进出境人员实施检验检疫监督管理的法律依据和行政手段的总和，其国家主管部门是海关总署。

海关检验检疫的目的是保护国家经济的顺利发展、保护人民的生命和生活环境的安全与健康。海关检验检疫的职责由宪法及有关法律和最高国家行政机关的行政法规等赋予。

实施出入境检验检疫为世界各国（地区）的通行做法。各国（地区）法律及国际规约（包括条约、公约、合约、协定、规则、声明）都赋予出入境检验检疫以公认的法律职责。2018 年 4 月，根据《深化党和国家机构改革方案》和《国务院机构改革方案》的有关精神，出入境检验检疫职责与队伍划入海关，建设中国特色社会主义新海关是我国检验检疫工作今后的重要职责和使命。

全国人民代表大会常务委员会先后制定了《中华人民共和国进出口商品检验法》（以下简称《进出口商品检验法》）、《中华人民共和国进出境动植物检疫法》（以下简称《进出境动植物检

疫法》)、《中华人民共和国国境卫生检疫法》(以下简称《国境卫生检疫法》)、《中华人民共和国食品安全法》(以下简称《食品安全法》)等法律，明确规定了出入境检验检疫的宗旨、管理对象，机构设置及其职权、职责，出入境检验检疫范围、程序、内容，执法监督和法律责任等重要内容，从根本上确定了出入境检验检疫工作的法律职责。

《进出口商品检验法》第四条规定："进出口商品检验应当根据保护人类健康和安全、保护动物或者植物的生命和健康、保护环境、防止欺诈行为、维护国家安全的原则，由国家商检部门制定、调整必须实施检验的进出口商品目录（以下简称目录）并公布实施。"第五条规定："列入目录的进出口商品，由商检机构实施检验。前款规定的进口商品未经检验的，不准销售、使用；前款规定的出口商品未经检验合格的，不准出口。"

《进出境动植物检疫法》第二条规定："进出境的动植物、动植物产品和其他检疫物，装载动植物、动植物产品和其他检疫物的装载容器、包装物，以及来自动植物疫区的运输工具，依照本法规定实施检疫。"

《国境卫生检疫法》第二条规定："在中华人民共和国对外开放的口岸（以下简称口岸），海关依照本法规定履行检疫查验、传染病监测、卫生监督和应急处置等国境卫生检疫职责。"

《食品安全法》第九十一条规定："国家出入境检验检疫部门[①]对进出口食品安全实施监督管理。"第九十二条第二款规定："进口的食品、食品添加剂应当经出入境检验检疫机构依照进出口商品检验相关法律、行政法规的规定检验合格。"第九十六条第一款规定："向我国境内出口食品的境外出口商或者代理商、进口食品的进口商应当向国家出入境检验检疫部门备案。向我国境内出口食品的境外食品生产企业应当经国家出入境检验检疫部门注册。已经注册的境外食品生产企业提供虚假材料，或者因其自身的原因致使进口食品发生重大食品安全事故的，国家出入境检验检疫部门应当撤销注册并公告。"

## 二、管理制度体系

我国进出境检验检疫制度内容包括进出口商品检验制度、进出境动植物检疫制度、国境卫生监督制度、进出口食品安全监管制度四大管理体系。根据各自的法律法规规章，在涉及人类健康、动植物健康安全、商品质量控制、环境保护等方面分别建立了相应的管理制度，由这些制度共同组成了检验检疫管理体系。为了方便读者理解，根据海关总署最新公布的总署令，整理下列相关的管理制度。

### （一）进出口商品检验制度

进出口商品检验制度是根据《进出口商品检验法》及其实施条例的规定，海关总署及其口岸进出境检验检疫机构对进出口商品所进行品质、质量检验和监督管理的制度。

商品检验机构实施进出口商品检验的内容包括商品的质量、规格、数量、重量、包装及是否符合安全、卫生的要求。我国商品检验的种类分为四种，即法定检验、合同检验、公证鉴定和委托检验。

对法律、行政法规、部门规章规定有强制性标准或者其他必须执行的检验标准的进出口商

① 海关总署主管全国进出口食品安全监督管理工作。各级海关负责所辖区域进出口食品安全监督管理工作。

品，依照法律、行政法规、部门规章规定的检验标准检验；法律、行政法规、部门规章未规定有强制性标准或者其他必须执行的检验标准的，依照对外贸易合同约定的检验标准检验。

《进出口商品检验法》第六条规定："必须实施的进出口商品检验，是指确定列入目录的进出口商品是否符合国家技术规范的强制性要求的合格评定活动。合格评定程序包括：抽样、检验和检查；评估、验证和合格保证；注册、认可和批准以及各项的组合……"

《进出口商品检验法》第七条规定："列入目录的进出口商品，按照国家技术规范的强制性要求进行检验；尚未制定国家技术规范的强制性要求的，应当依法及时制定，未制定之前，可以参照国家商检部门指定的国外有关标准进行检验。"

其中提到的必须实施的进出口商品检验目录列入海关进出口税则中的检验检疫类别，用来界定需要实施商品检验的范围。

按照商品属性，相关管理办法包括《进口汽车检验管理办法》《进出口玩具检验监督管理办法》《进出口煤炭检验管理办法》《进口棉花检验监督管理办法》《进口旧机电产品检验监督管理办法》《出口烟花爆竹检验管理办法》《进出口工业品风险管理办法》等。

按照检验内容和工作方式，相关管理办法有《进出口商品数量重量检验鉴定管理办法》《中华人民共和国实施金伯利进程国际证书制度管理规定》《进出口商品免验办法》《进出口商品复验办法》《进出口商品抽查检验管理办法》等。

### （二）进出境动植物检疫制度

进出境动植物检疫制度是根据《进出境动植物检疫法》及其实施条例的规定，海关总署及其口岸进出境检验检疫机构对进出境动植物、动植物产品生产、加工、存放过程实行动植物检疫的进出境的监督管理制度。

我国实行进出境检验检疫制度的目的是防止动物传染病、寄生虫病和植物危险性病、虫、杂草及其他有害生物传入、传出国境，保护农、林、牧、渔业生产和人体健康，促进对外经济贸易的发展。

口岸进出境检验检疫机构实施动植物检疫监督管理的方式有实行注册登记、疫情调查、检测和防疫指导等。其管理主要包括进境检疫、出境检疫、过境检疫、进出境携带和邮寄检疫及进出境运输工具检疫等。

进境动植物检疫管理制度的基本内容包含检疫审批、进出口动植物及其产品的企业及加工储存场所注册登记制度。按照货物属性，相关管理办法包括《进境动植物检疫审批管理办法》《进境水果检验检疫监督管理办法》《进境动物隔离检疫场使用监督管理办法》《进境动物遗传物质检疫管理办法》《进出境非食用动物产品检验检疫监督管理办法》《进出口饲料和饲料添加剂检验检疫监督管理办法》《进境植物繁殖材料检疫管理办法》《进境植物繁殖材料隔离检疫圃管理办法》《进境栽培介质检疫管理办法》《进境货物木质包装检疫监督管理办法》《进出境粮食检验检疫监督管理办法》《进出境中药材检疫监督管理办法》《进境水生动物检验检疫监督管理办法》《进出境转基因产品检验检疫管理办法》《出境竹木草制品检疫管理办法》《出境水果检验检疫监督管理办法》《出境水生动物检验检疫监督管理办法》《出境货物木质包装检疫处理管理办法》《供港澳食用陆生动物检验检疫管理办法》及《出口水产品原料养殖场备案管理办法》等。

按照入境口岸检疫、出口属地检疫管理原则，分别由口岸海关及属地海关实施相应检验检疫，对个人携带物（见《出入境人员携带物检疫管理办法》）、快件（见《出入境快件检验检疫管理办法》）、交通工具、包装铺垫材料进境方面的检疫处理要求贯穿于整个动植物检疫管理制度。

**（三）国境卫生检疫监督制度**

卫生检疫监督制度是指进出境检验检疫机构根据《国境卫生检疫法》及其实施细则，以及国家其他的卫生法律、法规和卫生标准，在进出口口岸对进出境的交通工具、货物、运输容器，以及口岸辖区的公共场所、环境、生活设施、生产设备所进行的卫生检查、鉴定、评价和采样检验的制度。

我国实行卫生检疫监督制度是为了防止传染病由国外传入或者由国内传出，实施国境卫生检疫，保护人体健康。其监督职能主要包括进出境检疫查验、国境传染病监测、进出境卫生监督和应急处置等。

《国境卫生检疫法》第二条规定："国境卫生检疫及相关活动，适用本法。在中华人民共和国对外开放的口岸（以下简称口岸），海关依照本法规定履行检疫查验、传染病监测、卫生监督和应急处置等国境卫生检疫职责。"根据该规定形成的管理办法有《国际航行船舶出入境检验检疫管理办法》《出入境邮轮检验检疫管理办法》《国境口岸食品卫生监督管理规定》《国境口岸卫生许可管理办法》《出入境特殊物品卫生检疫管理规定》《出入境尸体骸骨卫生检疫管理办法》《国境口岸突发公共卫生事件出入境检验检疫应急处理规定》《口岸艾滋病预防控制管理办法》《海南出入境游艇检疫管理办法》《进出境集装箱检验检疫管理办法》等。

**（四）进出口食品安全监管制度**

《食品安全法》对进出口食品的监督管理设置了专门的章节即"第六章　食品进出口"。其中第九十二条规定："进口的食品、食品添加剂、食品相关产品应当符合我国食品安全国家标准。进口的食品、食品添加剂应当经出入境检验检疫机构依照进出口商品检验相关法律、行政法规的规定检验合格。进口的食品、食品添加剂应当按照国家出入境检验检疫部门的要求随附合格证明材料。"2009 年 7 月根据《食品安全法》制定的《中华人民共和国食品安全法实施条例》（2009 年 7 月 20 日中华人民共和国国务院令第 557 号公布，根据 2016 年 2 月 6 日《国务院关于修改部分行政法规的决定》修订，2019 年 3 月 26 日国务院第 42 次常务会议修订通过）明确了进口食品的检验检疫职责和要求，其中第四十四条规定："进口商进口食品、食品添加剂，应当按照规定向出入境检验检疫机构报检，如实申报产品相关信息，并随附法律、行政法规规定的合格证明材料。"

进口食品检验工作由海关实施并签发相应证明。

我国对下列商品实施入境准入：肉类（鹿产品、马产品、牛产品、禽产品、羊产品、猪产品，内脏和副产品除外）、乳制品、水产品、燕窝、肠衣、植物源性食品、蜂产品七大类产品。海关总署根据风险评估和审查结果，对上述七大类产品准入目录进行动态调整。

为严格落实《食品安全法》等有关规定，进一步规范对境外输华国家（地区）食品安全体系评估和审查，便于境内外监管部门、经营主体和广大消费者了解相关信息，更好地服务进出口贸易健康发展，海关总署进出口食品安全局开发了"符合评估审查要求及有传统贸易的国家或地区输华食品目录信息系统”，在海关总署官网予以对外实时更新和信息发布。

针对上述产品，海关总署已经颁布了相应的管理办法。按照货物属性，相关管理办法包括《中华人民共和国进出口食品安全管理办法》《进出境粮食检验检疫监督管理办法》《进出口化妆品检验检疫监督管理办法》《供港澳蔬菜检验检疫监督管理办法》；按照管理对象，相关管理办法包括《中华人民共和国进口食品境外生产企业注册管理规定》等。详情可以参考海关总署门户网站政务公开栏目。

#### （五）特殊监管区域检验检疫管理规定

我国海关对保税区、边境特别管理区等特殊区域制定了检验检疫的管理办法，如《沙头角边境特别管理区进出物品检验检疫管理规定》《出口加工区检验检疫监督管理办法》《保税区检验检疫监督管理办法》等，适用于对进出保税区，法律法规规定应当实施检验检疫的货物及其包装物、铺垫材料、运输工具、集装箱的检验检疫及监督管理工作。

### 三、管理制度主要内容

#### （一）进出口商品检验制度的主要内容

商品检验方面的管理办法主要按照货物类别实施分类管理，我国分别针对进口汽车、进口棉花、进出口玩具、进出口煤炭、进口旧机电、出口烟花爆竹等制定了相应的管理办法，相关内容可参阅海关总署令，以下择要说明。

**1. 进口汽车检验监督管理**

海关总署主管全国进口汽车的检验监督管理工作，进口汽车入境口岸海关负责进口汽车入境检验工作，用户所在地海关负责进口汽车质保期内的检验管理工作。进口汽车入境口岸海关对进口汽车的检验包括一般项目检验、安全性能检验和品质检验。

经检验合格的进口汽车，由口岸海关签发入境货物检验检疫证明，并一车一单签发进口机动车辆随车检验单。对进口汽车实施品质检验的，入境货物检验检疫证明须加附品质检验报告。

**2. 进口棉花检验监督管理**

海关总署主管全国进口棉花的检验监督管理工作。主管海关负责所辖地区进口棉花的检验监督管理工作。

依据《进出口商品检验法》及其实施条例的有关规定，海关依法对进口棉花的境外供货企业实施质量信用管理，对境外供货企业可以实施登记管理，对进口棉花实施到货检验。

**3. 进出口玩具检验监督管理**

海关总署主管全国进出口玩具检验监督管理工作。主管海关负责辖区内进出口玩具的检验监督管理工作。

海关对列入必须实施检验的进出口商品目录以及法律、行政法规规定必须实施检验的进出口玩具实施检验和监督管理。海关对《必须实施检验的进出口商品目录》外的进出口玩具按照海关总署的规定实施抽查检验。进口玩具按照我国国家技术规范的强制性要求实施检验。

根据《关于调整〈出入境检验检疫机构实施检验检疫的进出境商品目录（2016年）〉的公告》（国家质检总局、海关总署联合公告2016年第81号），自2016年9月1日起，取消玩具、童车、儿童用安全座椅监管条件“B”，不再对其实施出境检验检疫。目前，出口玩具按照海关总署的规定实施抽查检验。具体工作按照抽查检验相关规定实施。

**4. 进出口煤炭检验管理**

海关总署主管全国进出口煤炭的检验监管工作。主管海关按照职能分工对进出口煤炭实施检验和监督管理。

海关对进口煤炭实施口岸检验监管的方式。海关对进口煤炭涉及安全、卫生、环保的项目及相关品质、数量、重量按照我国国家技术规范的强制性要求实施检验，并在10个工作日内根据检验结果出具证书。未经检验或者检验不合格的进口煤炭不准销售、使用。

根据《关于调整〈出入境检验检疫机构实施检验检疫的进出境商品目录〉的公告》（国家质检总局、海关总署联合公告2013年第109号），自2013年8月15日起，对出口煤炭不再实行出口商品检验。

**5. 进口旧机电产品检验监督管理**

海关总署主管全国进口旧机电产品检验监督管理工作。主管海关负责所辖地区进口旧机电产品检验监督管理工作。

旧机电产品是指具有下列情形之一的机电产品：

（1）已经使用（不含使用前测试、调试的设备），仍具备基本功能和一定使用价值的；

（2）未经使用，但是超过质量保证期（非保修期）的；

（3）未经使用，但是存放时间过长，部件产生明显有形损耗的；

（4）新旧部件混装的；

（5）经过翻新的。

进口旧机电产品应当实施口岸查验、目的地检验以及监督管理。价值较高、涉及人身财产安全、健康、环境保护项目的高风险进口旧机电产品，还需实施装运前检验。进口旧机电产品的装运前检验结果与口岸查验、目的地检验结果不一致的，以口岸查验、目的地检验结果为准。对“出境维修复进口”“暂时出口复进口”“出口退货复进口”“国内转移复进口”4种特殊情况的进口旧机电产品仅实施监督管理。

**6. 出口烟花爆竹检验管理**

海关总署统一管理全国出口烟花爆竹检验和监督管理工作。主管海关负责所辖地区出口烟花爆竹的检验和监督管理工作。

出口烟花爆竹的检验和监督管理工作采取产地检验与口岸查验相结合的原则。主管海关对出口烟花爆竹的生产企业实施登记管理制度。出口烟花爆竹的检验应当严格执行国家法律法规规定的标准，对进口国（地区）以及贸易合同高于我国法律法规规定标准的，按其标准进行检验。

### （二）进出境动植物检疫制度的主要内容

进出境动植物检疫制度方面，根据《进出境动植物检疫法》及其实施条例的有关规定，针对动植物、动植物产品及其他检疫物，按检疫风险类别和商品属性，分别针对水生动物、植物繁殖材料、水果、饲料及饲料添加剂、供港活动物及蔬菜等，制定了相应的管理办法。以下择要说明。

**1. 进境动植物检疫审批管理**

指根据《进境动植物检疫审批管理办法》，对《进出境动植物检疫法》及其实施条例及国家有关规定需要审批的进境动物（含过境动物）、动植物产品和需要特许审批的禁止进境物的检疫审批。

海关总署根据法律法规的有关规定及国务院有关部门发布的禁止进境物名录，制定、调整并发布需要检疫审批的动植物及其产品名录。

审批的流程包括申请、审批核准、许可单证的管理和使用等，需要注意的是审批的范围为动态调整，同时，一旦相关国家发生重大疫情，相应的审批也会作废。进境动植物检疫许可证的有效期分别为 12 个月或者一次有效。

**2. 进境植物繁殖材料检疫管理**

指根据《进境植物繁殖材料检疫管理办法》，通过各种方式对进境的贸易性和非贸易性植物繁殖材料（包括贸易、生产、来料加工、代繁、科研、交换、展览、援助、赠送及享有外交、领事特权与豁免权的外国机构和人员公用或自用的进境植物繁殖材料）的检疫管理。

海关总署统一管理全国进境植物繁殖材料的检疫工作，主管海关负责所辖地区的进境繁殖材料的检疫和监督管理工作。

植物繁殖材料是植物种子、种苗及其他繁殖材料的统称，指栽培、野生的可供繁殖的植物全株或者部分，如植株、苗木（含试管苗）、果实、种子、砧木、接穗、插条、叶片、芽体、块根、块茎、鳞茎、球茎、花粉、细胞培养材料（含转基因植物）等。

引种单位、个人或者其代理人在进境动植物检疫许可证或者引进种子、苗木检疫审批单核查备案后，应当在植物繁殖材料进境前 7 日凭输出国家（地区）官方植物检疫部门出具的植物检疫证书、产地证书、贸易合同、发票及其他必要的单证向指定的海关报检。

**3. 进境水果检验检疫监督管理**

海关总署统一管理全国进境水果检验检疫监督管理工作。主管海关负责所辖地区进境水果检验检疫监督管理工作。

对进境水果实施检验检疫主要依据以下规定：

（1）中国有关检验检疫的法律法规、标准及相关规定；

（2）中国政府与输出国或地区政府签订的双边协定；

（3）海关总署与输出国或地区检验检疫部门签订的议定书；

（4）“进境动植物检疫许可证”列明的有关要求。

进境水果应当符合以下检验检疫要求：

（1）不得混装或夹带植物检疫证书上未列明的其他水果；

（2）包装箱上须用中文或英文注明水果名称、产地、包装厂名称或代码；

（3）不带有中国禁止进境的检疫性有害生物、土壤及枝、叶等植物残体；

（4）有毒有害物质检出量不得超过中国相关安全卫生标准的规定；

（5）输出国或地区与中国签订有协定或议定书的，还须符合协定或议定书的有关要求。

未完成检验检疫的进境水果，应当存放在海关指定的场所，不得擅自移动、销售、使用。

**4. 出境水果检验检疫监督管理**

海关总署统一管理全国出境水果检验检疫与监督管理工作。主管海关负责所辖地区出境水果检验检疫与监督管理工作。

我国与输入国家或者地区签订的双边协议、议定书等明确规定，或者输入国家或者地区法律法规要求对输入该国家或地区的水果果园和包装厂实施注册登记的，海关应当按照规定对输往该国家或者地区的出境水果果园和包装厂实行注册登记。

我国与输入国家或地区签订的双边协议、议定书未有明确规定，且输入国家或者地区法律法规未明确要求的，出境水果果园、包装厂可以向海关申请注册登记。

海关根据下列要求对出境水果实施检验检疫：

（1）我国与输入国家或者地区签订的双边检疫协议（含协定、议定书、备忘录等）；

（2）输入国家或者地区进境水果检验检疫规定或者要求；

（3）国际植物检疫措施标准；

（4）我国出境水果检验检疫规定；

（5）贸易合同和信用证等订明的检验检疫要求。

**5. 进出境非食用动物产品检验检疫监督管理**

海关总署主管全国进出境非食用动物产品的检验检疫和监督管理工作。主管海关负责所辖地区进出境非食用动物产品的检验检疫和监督管理工作。

非食用动物产品是指非直接供人类或者动物食用的动物副产品及其衍生物、加工品，如非直接供人类或者动物食用的动物皮张、毛类、纤维、骨、蹄、角、油脂、明胶、标本、工艺品、内脏、动物源性肥料、蚕产品、蜂产品、水产品、奶产品等。

海关总署对进出境非食用动物产品实施风险管理，在风险分析的基础上，实施产品风险分级、企业分类、检疫准入、风险警示及其他风险管理措施。

海关总署对进境非食用动物产品实施检疫准入制度，包括产品风险分析、监管体系评估与审查、确定检验检疫要求、境外生产企业注册登记等。

海关总署对首次向中国输出非食用动物产品的国家或者地区进行产品风险分析、监管体系评估，对曾经或者正在向中国输出非食用动物产品的国家或者地区的监管体系进行回顾性审查。根据风险分析、评估审查结果，海关总署与输出国家或者地区主管部门协商确定向中国输出非食用动物产品的检验检疫要求，并商签有关双边协定或者确定检验检疫证书。海关总署负责制定、调整并在海关总署门户网站公布允许进境非食用动物产品的国家或者地区名单以及产品种类。

海关总署对向中国输出非食用动物产品的境外生产、加工、存放企业（以下简称“境外生产加工企业”）实施注册登记制度。

需要实施境外生产加工企业注册登记的非食用动物产品名录由海关总署制定、调整并公布。

（1）进境非食用动物产品应当符合下列要求：

①双边协议、议定书、备忘录以及其他双边协定确定的相关要求；

②双方确认的检验检疫证书规定的相关要求；

③中国法律法规规定和强制性标准要求；

④进境动植物检疫许可证列明的要求；

⑤海关总署规定的其他检验检疫要求。

（2）出境非食用动物产品应当符合下列要求：

①双边协议、议定书、备忘录和其他双边协定；

②输入国家或者地区检验检疫要求；

③中国法律法规、强制性标准和海关总署规定的检验检疫要求；

④贸易合同或者信用证注明的检疫要求。

**6. 进境水生动物检验检疫监督管理办法**

海关总署主管全国进境水生动物检验检疫和监督管理工作。主管海关负责所辖地区进境水生动物的检验检疫和监督管理工作。

水生动物是指人工养殖或者天然水域捕捞的活的鱼类、软体类、甲壳类、水母类、棘皮类、头索类、两栖类动物，包括其繁殖用的精液、受精卵。

海关对进境水生动物在风险分析基础上实施检验检疫风险管理，对进境有关企业实施分类管理和信用管理。

海关总署对进境水生动物实施检疫准入制度，包括产品风险分析、安全卫生控制体系评估与审查、检验检疫要求确定、境外养殖和包装企业注册登记。

海关总署对向中国输出水生动物的养殖和包装企业实施注册登记管理。

向中国输出水生动物的境外养殖和包装企业（以下简称“注册登记企业”）应当符合输出国家或者地区有关法律法规，输出国家或者地区官方主管部门批准后向海关总署推荐。

进境水生动物应当符合下列要求：

（1）中国法律法规规定和强制性标准要求；

（2）海关总署分类制定的检验检疫要求；

（3）双边检验检疫协定确定的相关要求；

（4）双方确认的检验检疫证书规定的相关要求；

（5）进境动植物检疫许可证列明的要求；

（6）海关总署规定的其他检验检疫要求。

食用水生动物应当从海关总署公布的指定口岸进境。海关总署定期考核指定口岸，公布指定口岸名单。

**7. 进出境粮食检验检疫监督管理**

海关总署统一管理全国进出境粮食检验检疫监督管理工作。主管海关负责所辖区域内进出境粮食的检验检疫监督管理工作。

海关总署及主管海关对进出境粮食质量安全实施风险管理，包括在风险分析的基础上，组织开展进出境粮食检验检疫准入，包括产品携带有害生物风险分析、监管体系评估与审查、确定检验检疫要求、境外生产企业注册登记等。

海关总署对进境粮食境外生产、加工、存放企业实施注册登记制度。境外生产加工企业应当符合输出国家或者地区法律法规和标准的相关要求，并达到中国有关法律法规和强制性标准的要求。实施注册登记管理的进境粮食境外生产加工企业，经输出国家或者地区主管部门审查合格后向海关总署推荐。海关总署收到推荐材料后进行审查确认，符合要求的国家或者地区的境外生产加工企业，予以注册登记。

进境粮食应当从海关总署指定的口岸入境。

海关总署对进境粮食实施检疫准入制度，依照国家法律法规及国家技术规范的强制性要求等，制定进境粮食的具体检验检疫要求，并公布允许进境的粮食种类及来源国家或者地区名单。

海关总署对进境粮食实施检疫许可制度。未取得检疫许可证的粮食，不得进境。

海关按照下列要求对出境粮食实施检验检疫：

（1）双边协议、议定书、备忘录和其他双边协定；

（2）输入国家或者地区检验检疫要求；

（3）中国法律法规、强制性标准和海关总署规定的检验检疫要求；

（4）贸易合同或者信用证注明的检疫要求。

输入国家或者地区要求中国对向其输出粮食生产、加工、存放企业注册登记的，直属海关负责组织注册登记，并向海关总署备案。

### （三）卫生检疫监督制度的主要内容

卫生检疫监督制度主要针对出入境人员、交通工具、国境口岸卫生、特殊物品卫生检疫、尸体棺柩卫生检疫等制定了相应的管理办法，以下择要说明。

**1. 国际航行船舶出入境检验检疫管理**

国际航行船舶（以下简称“船舶”）是指进出中华人民共和国国境口岸（以下简称“口岸”）的外国籍船舶和航行国际航线的中华人民共和国国籍船舶。

海关总署主管船舶进出口岸的检验检疫工作。主管海关负责所辖地区的船舶进出口岸的检验检疫和监督管理工作。

入境的船舶必须在最先抵达口岸的指定地点接受检疫，办理入境检验检疫手续。

船方或者其代理人应当在船舶预计抵达口岸 24 小时前（航程不足 24 小时的，在驶离上一口岸时）向海关申报，填报入境检疫申报书。如船舶动态或者申报内容有变化，船方或者其代理人应当及时向海关更正。

入境检疫的船舶，在航行中发现检疫传染病、疑似检疫传染病，或者有人非因意外伤害而死亡并死因不明的，船方必须立即向入境口岸海关报告。

**2. 出入境特殊物品卫生检疫管理**

出入境特殊物品卫生检疫管理适用于入境、出境的微生物、人体组织、生物制品、血液及其制品等特殊物品的卫生检疫监督管理。

出入境特殊物品卫生检疫管理遵循风险管理原则，在风险评估的基础上根据风险等级实施检疫审批、检疫查验和监督管理。直属海关负责辖区内出入境特殊物品的卫生检疫审批（以下简称“特殊物品审批”）工作。

申请特殊物品审批应当具备下列条件：

（1）法律法规规定须获得相关部门批准文件的，应当获得相应批准文件；

（2）具备与出入境特殊物品相适应的生物安全控制能力。

入境特殊物品的货主或者其代理人应当在特殊物品交运前向目的地直属海关申请特殊物品审批。出境特殊物品的货主或者其代理人应当在特殊物品交运前向其所在地直属海关申请特殊物品审批。

入境特殊物品到达口岸后，货主或者其代理人应当凭特殊物品审批单及相关材料向入境口岸海关申报。出境特殊物品的货主或者其代理人应当在出境前凭特殊物品审批单及相关材料向其所在地海关申请。申报材料不齐全或者不符合法定形式的，海关不予入境或者出境。

受理申报/申请的海关应当按照下列要求对出入境特殊物品实施现场查验，并填写入/出境特殊物品卫生检疫现场查验记录：

（1）检查出入境特殊物品名称、成分、批号、规格、数量、有效期、运输储存条件、输出/输入国（地区）和生产厂家等项目是否与特殊物品审批单的内容相符；

（2）检查出入境特殊物品包装是否安全无破损，不渗、不漏，存在生物安全风险的是否具有符合相关要求的生物危险品标识。

入境口岸查验现场不具备查验特殊物品所需安全防护条件的，应当将特殊物品运送到符合生物安全等级条件的指定场所实施查验。

3. 高风险特殊物品卫生检疫准入管理

为做好高风险特殊物品进境生物安全管理工作，海关总署在2023年年底制定了《高风险特殊物品卫生检疫准入管理办法》（海关总署公告2023年第195号），并在一年的过渡期后于2025年1月1日起实施，办法适用于海关对首次进境或者暂停后恢复进境的高风险特殊物品卫生检疫准入管理，国家另有规定的除外。

对列入《实施准入管理的高风险特殊物品名录》的人血（商品化含《人间传染的病原微生物名录》内三类病原微生物的人全血）、人血（商品化含《人间传染的病原微生物名录》内四类病原微生物的人全血）、人血（商品化经过血液传播病原体筛查为阴性的人全血）三种首批纳入的高风险特殊物品，在办理进境卫生检疫审批前应当获得准入资格。

列入《实施准入管理的高风险特殊物品名录》的产品不包括进口用于临床医疗的人体血液、血浆、组织、器官、细胞、骨髓等。

申请人应当指定中国境内的代理人办理高风险特殊物品准入相关事项。代理人应当持有申请人的委托证明，履行申请人义务。申请人与代理人均不得为自然人。

申请人首次向我国输出列入《实施准入管理的高风险特殊物品名录》的高风险特殊物品，应当向海关总署提出准入申请，并提交以下申请材料：

（1）高风险特殊物品准入申请表；

（2）申请人合法生产经营凭证，如所在国家（地区）主管部门颁发的营业执照等；

（3）申请准入的高风险特殊物品产品说明书、安全技术说明书或其他包含生物安全信息的证明材料。对于在境外已上市的高风险特殊物品，应当提供上市或销售等相关证明材料。

## （四）食品安全监管制度的主要内容

食品安全监管制度是指针对进出口预包装食品、食品添加剂、动植物源性食品等不同属性及类别的食品、食品原料、保健功能食品及境外食品生产企业等制定的相关管理办法，如《中华人民共和国进出口食品安全管理办法》《中华人民共和国进口食品境外生产企业注册管理规定》等，以下择要说明。

1. 进出口食品安全管理

海关总署于2021年4月12日公布了《中华人民共和国进出口食品安全管理办法》（海关总署令第249号，以下简称《办法》），自2022年1月1日起施行。以下文件同时废止：

（1）2011年9月13日原国家质量监督检验检疫总局令第144号公布，并根据2016年10月18日原国家质量监督检验检疫总局令第184号以及2018年11月23日海关总署令第243号修改的《进出口食品安全管理办法》；

（2）2000 年 2 月 22 日原国家出入境检验检疫总局令第 20 号公布，并根据 2018 年 4 月 28 日海关总署令第 238 号修改的《出口蜂蜜检验检疫管理办法》；

（3）2011 年 1 月 4 日原国家质量监督检验检疫总局令第 135 号公布，并根据 2018 年 11 月 23 日海关总署令第 243 号修改的《进出口水产品检验检疫监督管理办法》；

（4）2011 年 1 月 4 日原国家质量监督检验检疫总局令第 136 号公布，并根据 2018 年 11 月 23 日海关总署令第 243 号修改的《进出口肉类产品检验检疫监督管理办法》；

（5）2013 年 1 月 24 日原国家质量监督检验检疫总局令第 152 号公布，并根据 2018 年 11 月 23 日海关总署令第 243 号修改的《进出口乳品检验检疫监督管理办法》；

（6）2017 年 11 月 14 日原国家质量监督检验检疫总局令第 192 号公布，并根据 2018 年 11 月 23 日海关总署令第 243 号修改的《出口食品生产企业备案管理规定》。

《办法》整合吸纳了进出口肉类产品、水产品、乳品以及出口蜂蜜检验检疫监督管理办法等 5 部单项食品规章中的共性内容，其他需进一步明确的事项将以规范性文件形式发布。同时，考虑到“出口食品生产企业备案”已由许可审批项目调整为备案管理，并已发布相关规范性文件，对《出口食品生产企业备案管理规定》一并予以废止。

《办法》包括“总则”“食品进口”“食品出口”“监督管理”“法律责任”“附则”六个章节七十九条。《办法》以习近平总书记“四个最严”要求为遵循，明确将“安全第一、预防为主、风险管理、全程控制、国际共治”作为海关食品安全监管基本原则（第三条）；同时通过增设一系列制度，建立更为科学、严格的进出口食品安全监管制度。主要包括：建立境外国家食品安全管理体系和食品安全状况评估审查制度，明确细化评估审查程序及内容（第十一条至第十七条）；在境外评估审查、指定口岸进口、指定监管场地、合格评定、控制措施等制度中充分贯彻《食品安全法》风险管理理念；压实企业主体责任，细化食品进口商自主审核义务（第二十二条、第二十三条）；在授权范围内补充违反备案变更规定、拒不配合核查、擅自提离海关指定或认可的场所等违法行为的法律责任，增强相应规定的可操作性（第五章）。新增《国境卫生检疫法》及其实施细则作为立法依据（第一条）；明确中国缔结或参加的国际条约协定作为进出口食品监管依据（第四条、第九条、第三十八条）；细化《中华人民共和国食品安全法实施条例》第五十二条有条件限制进口、暂停或者禁止进口等控制措施的具体方式及适用情形（第三十四条、第三十五条、第三十六条），其中特别明确规定进口食品被检疫传染病病原体污染或者有证据表明能够成为检疫传染病传播媒介的，海关可以采取暂停或者禁止进口的控制措施。重点对进出口食品安全监管流程与主要制度予以固化，明确进出口食品监督管理、进口食品现场查验的具体内容（第十条、第二十八条）；固化《海关全面深化改革 2020 框架方案》实施成果，新增出口申报前监管规定，进一步提升通关时效（第四十八条、第四十九条）；明确海关运用信息化手段提升进出口食品安全监管水平（第六条）。

海关总署对进口食品境外生产企业实施注册管理，对向中国境内出口食品的出口商或者代理商实施备案管理，对进口食品实施检验，对出口食品生产企业实施备案管理，对出口食品原料种植、养殖场实施备案管理，对出口食品实施监督、抽检，对进出口食品实施分类管理、对进出口食品生产经营者实施诚信管理。

“进口食品”部分共二十九条，规定了进口食品监管依据、合格评定活动、进口商自主审核、包装标签标识要求、指定或认可场所、后续监管、风险控制措施、召回等内容。其中，进口食品合格评定活动包括：向中国境内出口食品的境外国家（地区）食品安全管理体系评估和审查、境外生产企业注册、进出口商备案和合格保证、进境动植物检疫审批、随附合格证明检查、单证审核、现场查验、监督抽检、进口和销售记录检查以及各项的组合。海关依据进出口商品检验相关法律、行政法规的规定，在充分评估食品安全风险的基础上，针对不同进口食品采取上述9种合格评定活动的不同组合，对进口食品实施合格评定。《办法》中还要求食品进口商应当建立境外出口商、境外生产企业审核制度，重点审核下列内容：（1）制定和执行食品安全风险控制措施情况；（2）保证食品符合中国法律法规和食品安全国家标准的情况。

"出口食品"部分共十九条，明确了对出口食品安全监管的各项措施；对出口食品企业推荐对外注册和境外通报核查等予以明确；根据近年来中国出口食品贸易不断增长、质量安全水平持续提升的实际，对出口食品生产企业卫生控制、出口食品生产企业监督检查、出口食品现场检查和监督抽检、出口食品风险预警控制措施等方面提出制度要求。其中，海关对出口食品监督管理措施包括出口食品原料种植养殖场备案、出口食品生产企业备案、企业核查、单证审核、现场查验、监督抽检、口岸抽查、境外通报核查以及各项的组合。海关针对出口不同国家（地区）不同产品种（类）实施风险管理，通过上述各项监管措施以及各项组合实现全过程监管。《办法》中还明确了出口食品生产企业、出口商应当按照法律、行政法规和海关总署规定，向产地或组货地海关提出出口申报前监管申请。出口食品应当依法由产地海关实施检验检疫，海关总署根据便利对外贸易和出口食品检验检疫工作需要，可以指定其他地点实施检验检疫。出口食品检验检疫属地管理的一般原则是由出口食品生产地海关实施检验检疫。考虑到促进贸易发展，对市场采购出口食品等新贸易形态可在组货地对出口食品实施检验检疫。出口食品经海关现场检查和监督抽检符合要求的，由海关出具证书，准予出口。进口国家（地区）对证书形式和内容要求有变化的，经海关总署同意可以对证书形式和内容进行变更。依照中国缔结或者参加的国际条约、协定的规定，或应进口国家（地区）要求并经进出口双方主管部门协商一致，或由于进口国家（地区）有要求经出口食品企业申请，海关可为出口食品出具官方证书。需海关出具证书的出口食品，出口前应接受海关的现场检查和监督抽检。海关按照出口食品监督抽检计划（包括国家出口食品监督抽检计划和隶属海关出口食品监督抽检计划）实施监督抽检，并非对出具证书的食品实施批批送实验室检测。经海关现场检查和监督抽检，符合出口要求的，准予出口，海关可出具证书。

**2. 进口食品境外生产企业注册管理**

《中华人民共和国进口食品境外生产企业注册管理规定》（海关总署令第248号）于2021年3月12日经海关总署署务会议审议通过并予公布，自2022年1月1日起实施。2012年3月22日原国家质量监督检验检疫总局令第145号公布，并根据2018年11月23日海关总署令第243号修改的《进口食品境外生产企业注册管理规定》同时废止。

规定条文由原来的23条变为28条，分为"总则""注册条件与程序""注册管理"和"附则"四个章节。将境外生产企业注册范围，由原《进口食品境外生产企业注册实施目录》列明类别的食品生产企业，扩展至《食品安全法》规定的全类别食品生产企业（第二条、第四条），充分发挥注册制度在进口食品安全治理中的源头预防作用。根据对食品的原料来源、生产加工工艺、食品安全历史数据、消费人群、食用方式等因素的分析，并结合国际惯例，确定对18类食品的境外生产企业采用“官方推荐注册”模式（第七条、第八条），对18类以外其他食品的境外生产企业采用程序较简化的“企业自行申请”模式（第九条）。此外，规定海关可以根据某类食品风险变化情况对相关企业注册方式和申请材料进行调整（第六条）。明确企业应建立有效的食品安全卫生管理和防护体系，保证向中国境内出口的食品符合要求（第五条）；规定已注册企业自行发现不符合注册要求时，应主动暂停向中国出口，立即采取整改措施（第二十二条）。明确所在国家（地区）主管当局在向海关总署推荐企业注册前，应当对其推荐注册的企业进行审核检查，确认符合注册要求后再推荐注册（第八条）。明确所在国家（地区）主管当局应当对已注册企业实施有效监管，明确境外主管当局督促已注册企业持续符合注册要求的责任（第二十二条、第二十二条）。明确所在国家（地区）主管当局或进口食品境外生产企业，应当对提交材料的真实性、完整性、合法性负责（第十二条）。总结前期境外生产企业注册管理经验，补充细化注册变更、延续、注销及撤销的适用情形，增强相关条款可操作性（第十九条至第二十一条、第二十四条）。根据《食品安全法》相关条款，将“储存”改为“贮存”，明确本规定不包括食品添加剂、食品相关产品的生产、加工、贮存企业（第二条）。

规定中明确了注册管理对象，即向中国境内出口食品的境外生产、加工、贮存企业均适用本规定，食品添加剂、食品相关产品生产、加工、贮存企业不适用于本规定。明确了注册管理机构，即海关总署统一负责进口食品境外生产企业的注册管理工作。明确了企业注册条件：（1）企业所处国家（地区）状况符合要求；（2）企业自身资格在所在国家（地区）应合法受控；（3）企业自身安全卫生管理状况应符合要求；（4）企业还应当符合海关总署与企业所在国家（地区）主管当局商定的相关检验检疫要求。明确了企业注册方式：（1）18类进口食品由所在国家（地区）主管当局推荐注册；（2）18类以外其他类别进口食品企业申请注册。规定还明确了申请材料、评估审查方式、注册有效期以及注册信息查询方式等。

## 四、业务基本流程

出入境检验检疫业务流程是指申报/申请（受理检验检疫、审单布控）、现场和实验室检验检疫（检验检疫、抽样/采样）、卫生除害处理（检疫处理）、综合评定、签证放行的全过程。

### （一）申报/申请

通过“单一窗口”预录入系统，在报关数据录入时一次完成检验检疫业务申报。为了适应国际贸易特点和安全便利的需要，海关总署在整合申报基础上又进一步改革现有申报制度，企业根据需要可以实施两步申报，即第一步提货申报（概要申报），第二步完整申报。新的申报模式全面优化了涉及检验检疫作业的申报管理方式。出境检验检疫申请是在出境货物报关前，企业根据相关要求向企业所在地海关申请出境报关申报前监管的过程。需要实施出口检验检疫作业的货物完成出口属地查检的相关工作方可在口岸办理报关手续。

海关根据企业申报以随机抽查掌控风险防控覆盖面，以精准布控靶向锁定风险目标，构建随机抽查与精准布控协同分工、优势互补的风险统一防控机制，实现对申报数据的科学布控管理。

### （二）现场和实验室检验检疫

海关对已申报的出入境货物，通过感官、物理、化学、微生物等方法进行检验检疫，以判定所检对象的各项指标是否符合有关强制性标准或合同及买方所在国（地区）官方机构的有关规定。目前，检验检疫的方式包括全数检验、抽样检验、型式试验、过程检验、登记备案、符合性验证、符合性评估、合格保证和免予检验等。对须实施实验室检测并出具检测结果的出入境货物，海关工作人员需到现场抽取（采取）样品并进行实验室检测。抽取（采取）的样品不能直接进行检验的，需要对样品进行一定的加工，称为“制样”。根据样品管理的规定，样品及制备的小样经检验检疫后应重新封识，超过样品保存期后方可销毁。

### （三）卫生除害处理（检疫处理）

按照《国境卫生检疫法》及其实施细则、《进出境动植物检疫法》及其实施条例的有关规定，检验检疫机构对来自传染病疫区或动植物疫区的有关出入境货物、交通工具、运输工具及废旧物品等实施卫生除害处理。

### （四）综合评定

根据上述单证审核、现场和实验室检验检疫，以及卫生除害处理等检验检疫作业的相关结果，海关对货物实施综合评定并给出评定结果。

### （五）签证与放行

出境货物，经检验检疫合格的，办理货物通关手续；经检验检疫或口岸核查货证不合格的，签发出境货物不合格通知单。

入境货物经检验检疫合格，或经检验检疫不合格，但已进行有效处理合格的，签发入境货物检验检疫证明。不合格需作退货或销毁处理的，签发检验检疫处理通知书，不合格需办理对外索赔的，签发检验检疫证书，供有关方面办理对外索赔及相关手续。

## 【复习思考题】

1. 检验检疫管理制度包括哪几个部分？
2. 进出口商品检验制度的主要内容包括哪些？
3. 进出境动植物检疫制度的主要内容包括哪些？
4. 国境卫生检疫监督制度的主要内容包括哪些？
5. 进出口食品安全监管制度的主要内容有哪些？
6. 检验检疫业务办理的基本流程是什么？

## 本章练习题

### 一、选择题

1. 对于（　　）货物，办结海关手续的时限是自货物进境起，到海关监管年限期满止，或向海关办理补证、补税手续止。

A. 一般进出口　　B. 暂时进口　　C. 保税进口　　D. 特定减免税

2. 无代价抵偿进出口货物应当在原进出口合同规定的索赔期内且不超过原货物进出口之日

起（　　）年，向海关申报办理无代价抵偿货物的进出口手续。

A. 1　　B. 2　　C. 3　　D. 5

3. 进口“无代价抵偿货物”（　　）。

A. 须向海关提交原进口报关单　　B. 免于交验进口许可证

C. 无须缴纳进口税费　　D. 海关放行后即结关

4. 目前我国对关税税额在人民币（　　）元以下的一票货物法定免税。

A. 10　　B. 25　　C. 50　　D. 100

5. 以下项目属于法定减免税情形的是（　　）。

A. 单票货物关税税额在人民币 50 元以下的

B. 某外商企业进口投资额度内的一台自用大型设备

C. 某科研机构进口的一批科研用残疾人专用商品

D. 无商业价值的广告品和货样

6. 特定减免税适用于按国务院特别规定可享受减免税的（　　）货物。

A. 进口　　B. 出口　　C. 进口和出口　　D. 法定减免税

7. 进入我国关境内的（　　），属于关税征收对象。

A. 货物　　B. 物品　　C. 载运货物的运输工具　　D. 人员

8. 关税的征收主体为（　　）。

A. 国家　　B. 海关总署　　C. 国家税务总局　　D. 财政部

9. 出口涉及需要征税的货物，应该缴纳的税金包括（　　）。

A. 关税　　B. 关税、增值税

C. 关税、增值税、消费税　　D. 关税、增值税、消费税、反倾销税

10. 下列商品中，按从量计征方法征收进口关税的是（　　）。

A. 图书　　B. 大米　　C. 摩托车　　D. 胶卷

11. 下列贸易救济措施中，（　　）针对的是“价格歧视”这种不公平的贸易行为。

A. 反倾销　　B. 反补贴　　C. 临时保障措施　　D. 最终保障措施

12. 关于进口环节海关代征税的表述，正确的有（　　）。

A. 主要有增值税、消费税两种

B. 均采用从价计征方式

C. 起征点均为人民币 50 元

D. 进口货物如果有消费税，应先计算消费税，再计算增值税

13. 下列属于消费税的征收范围的有（　　）。

A. 实木地板　　B. 汽车轮胎　　C. 贵重首饰　　D. 音像制品

14. 某企业为一般信用企业，以下选项适用自报自缴模式的是（　　）。

A. 涉及公式定价货物　　B. 实施反倾销货物

C. 保障措施货物　　D. 涉及进口许可证货物

15. 延期缴纳税款的期限，自货物放行之日起最长不超过（　　）个月。

A. 3　　B. 6　　C. 9　　D. 12

16. 进出口货物放行后，海关发现（　　）税款，应当自缴纳税款或者货物放行之日起一年内，向纳税人补征。

A. 少征　　B. 多征　　C. 稽征　　D. 漏征

17. 海关通知金融机构暂停支付纳税人相当于应纳税款的存款属于（　　）。

A. 强制措施　　B. 制裁措施　　C. 保全措施　　D. 处罚措施

18. 关税纳税人自缴纳税款期限届满之日起超过（　　）个月仍未缴纳税款的，海关可以按照《海关法》相关规定采取强制措施。

A. 2　　B. 3　　C. 4　　D. 6

19. 保税仓库的设立由（　　）审批。

A. 国务院　　B. 海关总署　　C. 直属海关　　D. 隶属海关

20. 海关特殊监管区域的整合包括（　　）。

A. 整合类型　　B. 整合功能　　C. 整合政策　　D. 整合管理

21. 海关稽查的对象包括（　　）。

A. 从事对外贸易的企业、单位

B. 从事保税加工业务的企业

C. 使用或者经营减免税进口货物的企业、单位

D. 报关企业

22. 我国出入境检验检疫的国家主管部门是（　　）。

A. 国家质检总局　　B. 海关总署　　C. 商务部　　D. 卫生部

23. 新修订的《国境卫生检疫法》自（　　）起施行。

A. 2024 年 6 月 28 日　　B. 2025 年 1 月 1 日

C. 2025 年 3 月 1 日　　D. 2025 年 6 月 28 日

24. 以下属于海关总署针对进出口商品检验制定的按照货物类别实施分类管理的办法有(　　)。

A.《进口汽车检验管理办法》

B.《进出口玩具检验监督管理办法》

C.《进出口煤炭检验管理办法》

D.《进口旧机电产品检验监督管理办法》

**二、判断题**

1. 首批进口的特定减免税货物，其特定减免税审批手续可与减免税申请人备案手续合并办理。(　　)

2. 根据我国《保障措施条例》规定，保障措施的实施期限不得超过四年。(　　)

3. 进口环节海关代征税主要有增值税、消费税以及船舶吨税。(　　)

4. 计征汇率为上一个月第三个星期三（第三个星期三为法定节假日的，顺延采用第四个星期三）中国银行公布的外币对人民币基准汇率。(　　)

5. 报关单位对与保税货物报关单证、进出口单证、合同及进出口业务直接有关的其他资料，自保税货物放行之日起三年内进行保管。(　　)

6. 根据《海关稽查条例》规定，进出口业务与之直接关系产生的资料，除加工贸易应自办结海关核销手续后保存三年，减免税设备应自办理海关解除监管手续后保存三年外，一般贸易仅需自办结海关手续后保存三年。(　　)

7. 对主动披露的进出口企业违法行为轻微并及时纠正，没有造成危害后果的，海关不予行政处罚。(　　)

8. 货物放行后，纳税人通过自查发现少缴或漏缴税款并主动补缴的，海关可以依法减免税款滞纳金。(　　)

9. 海关对出口食品实施检验，对进口食品实施监督、抽检。(　　)

10. 进境动植物检疫许可证的有效期分别为 12 个月或者一次有效。(　　)

# 第三章 海关其他业务管理制度

## 学习目标

**知识目标**

- 了解我国海关其他业务管理制度的基本概念
- 了解我国海关其他业务管理制度的基本架构与原则
- 熟悉我国海关其他业务管理制度的基本流程

**技能目标**

- 能掌握和初步运用我国海关其他业务管理制度的基本知识和管理要求
- 能了解和初步运用我国海关其他业务管理制度的基本程序和措施要求

**素养目标**

- 具有洞察国际经济形势与政策的能力
- 具有国际视野，能够树立总体国家安全观
- 具有自觉维护国家和企业利益的职业道德，遵守国际国内贸易法律法规

## 第一节　海关企业信用管理

**【学习目标】**

本节内容旨在让学习者掌握我国海关企业信用管理的基本知识。

完成本节学习，学习者应达成以下目标：

1. 了解企业信用管理的起源；
2. 了解海关对认证企业管理措施的内容；
3. 了解海关对失信企业管理措施的内容；
4. 了解企业信用状况的认证标准和信用状况动态调整；
5. 了解企业信用管理中的容错机制；
6. 了解企业信用信息采集和公示的范围；
7. 了解企业信用管理中的联合激励与惩戒。

**【基本概念】**

认证企业、高级认证企业、失信企业、容错机制、联合激励、联合惩戒

**【建议学习时间】**

2 课时

### 一、概述

AEO 的英文全称为“Authorised Economic Operator”，意为“经认证的经营者”，在世界海关组织制定的《全球贸易安全与便利标准框架》中被定义为“以任何一种方式参与货物国际流通，并被海关当局认定符合世界海关组织或相应供应链安全标准的一方，包括生产商、进口商、出口商、报关行、承运商、理货人、中间商、口岸和机场、货站经营者、综合经营者、仓储业经营者和分销商”。

为推进社会信用体系建设，在原企业分类管理的基础上建立企业进出口信用管理制度，保障贸易安全与便利，海关总署根据《海关法》及其他有关法律、行政法规的规定，于 2014 年 10 月发布《中华人民共和国海关企业信用管理暂行办法》（海关总署令第 225 号，自 2014 年 12 月 1 日起实施，目前已废止）。根据《关于〈中华人民共和国海关企业信用管理暂行办法〉实施相关事项的公告》（海关总署公告 2014 年第 81 号），适用 AA 类管理的企业过渡为高级认证企业；适用 A 类管理的企业过渡为一般认证企业；适用 B 类管理的企业过渡为一般信用企业；适用 C 类、D 类管理的企业，海关按照信用办法重新认定企业信用等级。

之后，随着海关 AEO 认证工作的不断深入，为切合进出口企业实际情况，企业信用管理办法经过两次变更，分别是《中华人民共和国海关企业信用管理办法》（海关总署令第 237 号），

以及目前正在实施的《中华人民共和国海关注册登记和备案企业信用管理办法》（海关总署令第251号，以下简称《信用管理办法》）。

2021年11月1日，《信用管理办法》正式实施。海关按照诚信守法便利、失信违法惩戒、依法依规、公正公开原则，对企业实施差别化信用管理。按照规则，海关对信用状况、守法程度和安全管理良好的企业进行认证认可，对通过认证的企业给予通关优惠便利；同时逐步建立起以加强信用监管为着力点，创新监管理念、监管制度和监管方式的新型海关监管体制。海关AEO认证得到了广大涉外企业的高度重视，AEO制度逐步成为企业加强和完善管理、增强自律的手段，逐渐形成了诚信守法经营的良好社会氛围。

## 二、企业信用等级

根据《信用管理办法》，海关取消了原一般认证企业信用等级，认证企业仅为高级认证企业，信用管理目标更突出，等级更简化，结构更优化。

海关根据企业申请，按照《信用管理办法》规定的标准和程序将企业认证为高级认证企业的，对其实施便利的管理措施。

海关根据采集的信用信息，按照《信用管理办法》规定的标准和程序将违法违规企业认定为失信企业的，对其实施严格的管理措施。

海关对高级认证企业和失信企业之外的其他企业实施常规的管理措施。

## 三、高级认证企业的认证标准和程序

1. 高级认证企业的认证标准分为通用标准和单项标准。高级认证企业的通用标准包括内部控制、财务状况、守法规范及贸易安全等内容。高级认证企业的单项标准是海关针对不同企业类型和经营范围制定的认证标准。

2. 高级认证企业应当同时符合通用标准和相应的单项标准。通用标准和单项标准，详见海关总署公告2022年第106号（关于公布《海关高级认证企业标准》的公告）。

3. 企业申请成为高级认证企业的，应当向海关提交书面申请，并按照海关要求提交相关资料。

4. 海关依据高级认证企业通用标准和相应的单项标准，对企业提交的申请和有关资料进行审查，并赴企业进行实地认证。

5. 海关应当自收到申请及相关资料之日起90日内进行认证并作出决定。特殊情形下，海关的认证时限可以延长30日。

6. 经认证，符合高级认证企业标准的企业，海关制发高级认证企业证书；不符合高级认证企业标准的企业，海关制发未通过认证决定书。高级认证企业证书、未通过认证决定书应当送达申请人，并且自送达之日起生效。

7. 海关对高级认证企业每5年复核一次。企业信用状况发生异常情况的，海关可以不定期开展复核。经复核，不再符合高级认证企业标准的，海关应当制发未通过复核决定书，并收回高级认证企业证书。

8. 海关可以委托社会中介机构就高级认证企业认证、复核相关问题出具专业结论。企业委托社会中介机构就高级认证企业认证、复核相关问题出具的专业结论，可以作为海关认证、复核的参考依据。

9. 企业有下列情形之一的，1 年内不得提出高级认证企业认证申请：

（1）未通过高级认证企业认证或者复核的；

（2）放弃高级认证企业管理的；

（3）撤回高级认证企业认证申请的；

（4）高级认证企业被海关下调信用等级的；

（5）失信企业被海关上调信用等级的。

## 四、失信企业的认定标准、程序

### （一）失信企业认定情形

企业有下列情形之一的，海关认定为失信企业：

1. 被海关侦查走私犯罪公安机构立案侦查并由司法机关依法追究刑事责任的。

2. 构成走私行为被海关行政处罚的。

3. 非报关企业 1 年内违反海关的监管规定被海关行政处罚的次数超过上年度报关单、进出境备案清单、进出境运输工具舱单等单证（以下简称“相关单证”）总票数千分之一且被海关行政处罚金额累计超过 100 万元的。

报关企业 1 年内违反海关的监管规定被海关行政处罚的次数超过上年度相关单证总票数万分之五且被海关行政处罚金额累计超过 30 万元的。

上年度相关单证票数无法计算的，1 年内因违反海关的监管规定被海关行政处罚，非报关企业处罚金额累计超过 100 万元、报关企业处罚金额累计超过 30 万元的。

4. 自缴纳期限届满之日起超过 3 个月仍未缴纳税款的。

5. 自缴纳期限届满之日起超过 6 个月仍未缴纳罚款、没收的违法所得和追缴的走私货物、物品等值价款，并且超过 1 万元的。

6. 抗拒、阻碍海关工作人员依法执行职务，被依法处罚的。

7. 向海关工作人员行贿，被处以罚款或者被依法追究刑事责任的。

8. 法律、行政法规、海关规章规定的其他情形。

### （二）严重失信主体认定

失信企业存在下列情形的，海关依照法律、行政法规等有关规定实施联合惩戒，将其列入严重失信主体名单：

1. 违反进出口食品安全管理规定、进出口化妆品监督管理规定或者走私固体废物被依法追究刑事责任的；

2. 非法进口固体废物被海关行政处罚金额超过 250 万元的。

### （三）失信企业的认定程序

1. 海关在作出认定失信企业决定前，应当书面告知企业拟作出决定的事由、依据和依法享有的陈述、申辩权利。

2. 海关拟将企业列入严重失信主体名单的，还应当告知企业列入的惩戒措施提示、移出条件、移出程序及救济措施。

3. 企业对海关拟认定失信企业决定或者列入严重失信主体名单决定提出陈述、申辩的，应当在收到书面告知之日起 5 个工作日内向海关书面提出。海关应当在 20 日内进行核实，企业提出的理由成立的，海关应当采纳。

#### （四）新旧法规中对失信企业认定的变化

1. 与原信用管理办法相比，海关取消了以下失信企业认定的情形：

（1）被海关列入信用信息异常名录企业超过 90 日而认定为失信企业；

（2）因假借海关或其他企业名义获取不当利益而认定为失信企业；

（3）因向海关隐瞒真实情况或者提供虚假信息、影响企业信用管理而认定为失信企业。

2. 与原信用管理办法相比，海关增加了以下失信企业认定的情形：

向海关工作人员行贿，被处以罚款或者被依法追究刑事责任的。

3. 与原信用管理办法中失信企业认定条款“拖欠应缴税款或者拖欠应缴罚没款项的”相比，海关做了更详细的描述。现行信用管理办法的规定为：

（1）自缴纳期限届满之日起超过 3 个月仍未缴纳税款的；

（2）自缴纳期限届满之日起超过 6 个月仍未缴纳罚款、没收的违法所得和追缴的走私货物、物品等值价款，并且超过 1 万元的。

### 五、失信企业的信用修复

#### （一）信用修复的制度背景

根据国家相关政策①，《信用管理办法》增加了信用修复的内容，鼓励失信企业通过合法渠道提升信用水平，重新恢复正常状态，不断减少失信企业占比，发挥信用管理效能。

#### （二）信用修复的条件

未被列入严重失信主体名单的失信企业纠正失信行为，消除不良影响，并且符合下列条件的，可以向海关书面申请信用修复并提交相关证明材料：

1. 因存在失信企业认定情形第 2 项、第 6 项情形被认定为失信企业满 1 年的；

2. 因存在失信企业认定情形第 3 项情形被认定为失信企业满 6 个月的；

3. 因存在失信企业认定情形第 4 项、第 5 项情形被认定为失信企业满 3 个月的。

#### （三）申请信用修复材料

1. 对存在《信用管理办法》中失信企业认定第 2 项、第 3 项、第 5 项情形的，应当收取行政处罚决定书和行政处罚履行完毕的证明材料。

---

① 如《国务院关于建立完善守信联合激励和失信联合惩戒制度加快推进社会诚信建设的指导意见》（国发〔2016〕33 号）、《国务院办公厅关于加快推进社会信用体系建设构建以信用为基础的新型监管机制的指导意见》（国办发〔2019〕35 号）、《国务院办公厅关于进一步完善失信约束制度构建诚信建设长效机制的指导意见》（国办发〔2020〕49 号）。

2. 对存在《信用管理办法》中失信企业认定第4项情形的，应当收取相关税款缴纳完毕的证明材料。

3. 对存在《信用管理办法》中失信企业认定第6项情形的，应当收取行政处罚决定书和配合海关工作人员执行职务的相关证明材料。

### （四）信用修复程序

**1. 申请修复**

经审核符合信用修复条件的，海关应当自收到企业信用修复申请之日起20日内作出准予信用修复决定。

**2. 海关主动修复**

失信企业连续2年未发生失信企业认定情形的，海关应当对失信企业作出信用修复决定。

已被列入严重失信主体名单的失信企业在连续2年未发生失信企业认定情形的，应当将其移出严重失信主体名单并通报相关部门。

**3. 不予修复的情形**

法律、行政法规和党中央、国务院政策文件明确规定不可修复的，海关不予信用修复。

## 六、信用信息的采集和公示

### （一）信用信息的采集

海关可以采集反映企业信用状况的下列信息：

1. 企业注册登记或者备案信息以及企业相关人员基本信息；
2. 企业进出口以及与进出口相关的经营信息；
3. 企业行政许可信息；
4. 企业及其相关人员行政处罚和刑事处罚信息；
5. 海关与国家有关部门实施联合激励和联合惩戒信息；
6. AEO互认信息；
7. 其他反映企业信用状况的相关信息。

### （二）信用信息的公示

1. 海关应当及时公示下列信用信息，并公布查询方式：

（1）企业在海关注册登记或者备案信息；

（2）海关对企业信用状况的认证或者认定结果；

（3）海关对企业的行政许可信息；

（4）海关对企业的行政处罚信息；

（5）海关与国家有关部门实施联合激励和联合惩戒信息；

（6）其他依法应当公示的信息。

2. 公示的信用信息涉及国家秘密、国家安全、社会公共利益、商业秘密或者个人隐私的，应当依照法律、行政法规的规定办理。

3. 自然人、法人或者非法人组织认为海关公示的信用信息不准确的，可以向海关提出异议，并且提供相关资料或者证明材料。海关应当自收到异议申请之日起 20 日内进行复核。自然人、法人或者非法人组织提出异议的理由成立的，海关应当采纳。

## 七、企业信用培育

《信用管理办法》第五条明确了海关企业信用培育管理："海关向企业提供信用培育服务，帮助企业强化诚信守法意识，提高诚信经营水平。"

海关企业信用培育包括两种类型，分别为守法规范性培育和经认证的经营者（AEO）认证培育。守法规范性培育是指海关向进出口企业宣传、解读、普及国家和海关的信用管理政策和规章制度，以及企业了解信用、重视信用，提升诚信守法意识的培育活动。

AEO 认证培育是指对有意愿申请或者已经提出申请适用海关高级认证企业管理以及需要开展复核的企业，海关主动或者根据企业申请，有针对性地为企业解读海关信用管理制度，指导企业正确理解、准确把握《海关高级认证企业标准》的条件和要求，帮助企业提升内控管理、守法规范以及贸易安全水平的培育活动。

海关组建企业信用培育队伍，按照"海关主动服务、企业自愿参与、公开参与途径、注重培育实效"的原则，为企业提供信用培育服务，不收取任何费用。

## 八、管理措施

1. 高级认证企业适用下列管理措施：

（1）进出口货物平均查验率低于实施常规管理措施企业平均查验率的 20%，法律、行政法规或者海关总署有特殊规定的除外；

（2）出口货物原产地调查平均抽查比例在企业平均抽查比例的 20% 以下，法律、行政法规或者海关总署有特殊规定的除外；

（3）优先办理进出口货物通关手续及相关业务手续；

（4）优先向其他国家（地区）推荐农产品、食品等出口企业的注册；

（5）可以向海关申请免除担保；

（6）减少对企业稽查、核查频次；

（7）可以在出口货物运抵海关监管区之前向海关申报；

（8）海关为企业设立协调员；

（9）AEO 互认国家或者地区海关通关便利措施；

（10）国家有关部门实施的守信联合激励措施；

（11）因不可抗力中断国际贸易恢复后优先通关；

（12）海关总署规定的其他管理措施。

2. 失信企业适用下列管理措施：

（1）进出口货物查验率 80% 以上；

（2）经营加工贸易业务的，全额提供担保；

（3）提高对企业稽查、核查频次；

（4）海关总署规定的其他管理措施。

3. 办理同一海关业务涉及的企业信用等级不一致，导致适用的管理措施相抵触的，海关按照较低信用等级企业适用的管理措施实施管理。

4. 高级认证企业、失信企业有分立合并情形的，海关按照以下原则对企业信用状况进行确定并适用相应管理措施：

（1）企业发生分立，存续的企业承继原企业主要权利义务的，存续的企业适用原企业信用状况的认证或者认定结果，其余新设的企业不适用原企业信用状况的认证或者认定结果；

（2）企业发生分立，原企业解散的，新设企业不适用原企业信用状况的认证或者认定结果；

（3）企业发生吸收合并的，存续企业适用原企业信用状况的认证或者认定结果；

（4）企业发生新设合并的，新设企业不再适用原企业信用状况的认证或者认定结果。

5. 高级认证企业涉嫌违反与海关管理职能相关的法律法规被刑事立案的，海关应当暂停适用高级认证企业管理措施。高级认证企业涉嫌违反海关的监管规定被立案调查的，海关可以暂停适用高级认证企业管理措施。

6. 高级认证企业存在财务风险，或者有明显的转移、藏匿其应税货物以及其他财产迹象的，或者存在其他无法足额保障税款缴纳风险的，海关可以暂停适用《信用管理办法》第三十条第五项规定的管理措施。

## 九、认证标准

2022 年 10 月 28 日，海关总署发布了与《信用管理办法》配套执行的新《海关高级认证企业标准》（海关总署公告 2022 年第 106 号）。新标准保持了模式和框架两不变，即“通用标准”+“单项标准”模式不变，通用标准内部控制、财务状况、守法规范、贸易安全四大部分的基本框架不变；虽然标准项目数量减少，但“硬性标准”均予以保留。对企业守法的处罚金额未予降低，高级认证企业必须在守法合规这一“刚性要求”方面当好诚信守法典范。

### （一）新标准的主要变化

#### 1. 标准整合优化

新标准将通用标准和单项标准中重复内容进行整合优化，将原 8 个单项标准统一为 1 个单项标准，在加工贸易及保税、卫生检疫、动植物检疫、食品业务、商品检验等方面制定了体现海关业务管理条件和要求的相关内容。

#### 2. 国门安全至上

新标准坚持“人民至上、生命至上”，紧密围绕国门安全等监管重点，新增了“危险品伪瞒报、夹藏夹带被查发”等条件和要求，引导进出口企业坚持安全发展理念，筑牢国门安全第一道防线。

#### 3. 认证程序优化

新标准整合优化了认证项目，对原标准中重复表述、缺乏对应便利化措施、与企业经营实际不匹配的项目进行了大幅度优化整合。例如，将原通用标准中的“单证控制”项和原单项标准中 12 个相对分项整合优化为 1 个项目。将原通用标准中的“信息系统”和原单项标准中的 15 个相关分项整合优化为 1 个项目；调整了原通用标准中的“注册信息”“申报规范”“传输规范”等 16 个分项、4 个单项标准中“货物、物品安全”等 10 个分项；不再对企业“信息系统”的功能模块、数据库作出具体要求，更贴合企业经营实际。

改革了认证判别方式，在企业通过认证条件中取消了“赋分制”。企业没有“不达标”项且通用标准和单项标准的“基本达标”项分别不超过 3 项的，即可通过认证，通过认证的判定标准更加简单直接。在新标准的“关企沟通联系合作”“信息系统”“经营场所安全”“人员安全”“海关业务和贸易安全培训”等项目中增加了员工保密意识的教育和培训、背景调查等相应内容；在“经营场所安全”“集装箱”“商业伙伴”“进出口货物和进出境物品”等项目中增加相应解释，避免企业产生理解偏差。将原标准的“内部审计”和“改进机制”两个项目，整合为“内部审计和改进”项目，进一步实现与世界海关组织国际规则趋同。

**4. 进一步与国际标准接轨**

新标准主动对接世界海关组织最新出台实施的《全球贸易安全与便利标准框架》附件 4 所涉及的全部 AEO 条件与要求。

**5. 为企业减负增效**

新标准将原标准中“带保留意见审计报告”从不达标调整为基本达标，让审计结论不再成为一票否决项；将“提交会计师事务所出具审计报告”的统一要求，调整为在“提交会计师事务所审计报告”和“企业 ERP 与海关联网后的资产负债表”两者之中作出选择，提交一种即可；将企业财务状况证明提交年度由连续提交 3 个会计年度统一为“上一会计年度”；对“资产负债率”的达标要求，由“无连续 3 年资产负债率超过 95%情形”调整为“无连续 5 年资产负债率超过 95%情形”。

### （二）认证标准的通过条件

企业同时符合下列 3 个条件并经海关认定的，通过认证：

1. 所有认证结果选项均没有不达标情形；
2. 通用标准基本达标不超过 3 项；
3. 单项标准基本达标不超过 3 项。

### （三）认证标准持续符合性

已成为认证企业的，应当每年对持续符合海关高级认证企业标准实施内部审计。为保证 AEO 认证企业持续符合认证标准，认证标准中明确要求认证企业每年实施一次以上内部审计。

**1. 建立对进出口活动的内部审计制度并有效落实**

对进出口活动实施内部审计的内容，应明确审计部门、每年审计次数、审计时间、审计程序、审计内容、引入外部审计、各部门配合、审计发现问题的规范改进及改进后评估等内容。

**2. 每年实施一次以上的内部审计并建立书面或者电子资料的档案**

企业对进出口活动的内部审计，应对企业全部进出口活动（包括各个类型海关监管业务）进行全面审计，对发现问题应进行规范改进。规范改进情况应与企业制度规定相符，并符合认证标准要求。企业建立书面或者电子资料的内部审计档案，包括内审方案、计划，内审团队和人员分工，内审工作底稿、内审报告，内审发现的问题、规范改进建议、各部门针对审计发现问题的规范改进情况等。

## 十、容错机制

为贯彻落实国务院《优化口岸营商环境促进跨境贸易便利化工作方案》，持续提升我国跨境贸易便利化水平，进一步提升企业获得感，海关总署对企业信用管理中的容错机制进行了规范。

### （一）不计入申报差错

对在“提前申报”阶段修改进口日期，以及由于装运、配载等原因造成货物变更运输工具的，不予记录报关差错。进出口企业、报关单位可以通过中国国际贸易“单一窗口”货物申报应用中的“修撤单查询”和“确认查询”模块查询本单位的删改单记录。

### （二）主动披露不予行政处罚

海关总署于2023年10月8日发布了《关于处理主动披露违规行为有关事项的公告》（海关总署公告2023年第127号，以下简称“第127号公告”），限定有效期为2023年10月11日至2025年10月10日。第127号公告发布后，《关于处理主动披露涉税违规行为有关事项的公告》（海关总署公告2022年第54号，以下简称“第54号公告”）同时予以废止。

海关“主动披露”制度是进出口企业、单位通过自我检查，将其违反海关监管规定的行为主动向海关书面报告，海关经核实后依法从宽处理的一种管理模式。该制度与国际海关通行做法接轨，是海关对企业“诚信便利，失信惩戒”管理理念在法制层面的落实。在第54号公告基础上，第127号公告对涉税违规行为主动披露的适用范围、处理原则等规定进行了重新调整。列举如下：

1. 有下列情形之一的，不予行政处罚：

（1）自涉税违规行为发生之日起六个月以内向海关主动披露的；自涉税违规行为发生之日起超过六个月但在两年以内向海关主动披露，漏缴、少缴税款占应缴纳税款比例30%以下的，或者漏缴、少缴税款在人民币100万元以下的。

（2）自违规行为发生之日起六个月以内向海关主动披露的；自违规行为发生之日起超过六个月但在两年以内向海关主动披露，影响国家出口退税管理且可能多退税款占应退税款的30%以下，或者可能多退税款在人民币100万元以下的。

（3）加工贸易企业因工艺改进、使用非保税料件比例申报不准确等原因导致实际单耗低于已申报单耗，且因此产生的剩余料件、半制成品、制成品尚未处置的，或者已通过加工贸易方式复出口的。

（4）适用《海关行政处罚实施条例》第十五条第（一）项规定，及时改正没有造成危害后果的：违法违规行为发生当月最后一日24时前，向海关主动披露且影响统计人民币总值1000万元以下的；违法违规行为发生当月最后一日24时后3个自然月内，向海关主动披露且影响统计人民币总值500万元以下的。适用《海关行政处罚实施条例》第十五条第（二）项规定处理的。适用《海关行政处罚实施条例》第十八条规定处理，未影响国家有关进出境的禁止性管理、出口退税管理、税款征收和许可证件管理的违反海关规定行为的。进出口企业、单位违反海关检验检疫业务规定的行为，且能够及时办理海关手续，未造成危害后果的，但涉及检疫类事项，以及检验类涉及安全、环保、卫生类事项的除外。

2. 进出口企业、单位主动向海关书面报告其涉税违规行为并及时改正，经海关认定为主动披露的，进出口企业、单位可依法向海关申请减免税款滞纳金。符合规定的，海关予以减免。

3. 高级认证企业主动披露涉税违规行为的，海关立案调查期间不暂停对该企业适用相应管理措施，但检验类涉及安全、环保、卫生类事项的除外。

4. 对同一违反海关规定行为（指性质相同且违反同一法律条文同一款项规定的行为）一年内（连续12个月）第二次及以上向海关主动披露的，不予适用。

### （三）不列入信用状况记录

进出口企业、单位主动披露且被海关处以警告或者人民币100万元以下罚款行政处罚的行为，不列入海关认定企业信用状况的记录。

## 十一、信用信息互认

海关根据社会信用体系建设和国际合作需要，与国家有关部门及其他国家（地区）海关建立合作机制，推进信息互换、监管互认、执法互助。

近年来，中国海关AEO互认合作成果丰硕。截至2025年2月，中国已经与全球31个经济体签署互认协议，覆盖57个国家（地区），实现AEO互认。目前已经正式实施的国家（地区）有：新加坡、韩国、中国香港、欧盟（27个成员国）、瑞士、新西兰、以色列、日本、白俄罗斯、英国、智利、巴西、乌拉圭、阿联酋、乌干达、中国澳门、哥斯达黎加、塞尔维亚、南非、澳大利亚、布隆迪等。

在国际上，AEO认证企业可以享受到互认国家（地区）海关通关便利措施，包括较低的单证审核率、较低的查验率、对需要检查的货物给予优先检查、指定海关联络员解决企业通关中遇到的问题、在国际贸易中断恢复后优先通关等。例如，在2019年中韩贸易中，韩国对我国AEO认证企业的查验率仅为1.09%，而对非AEO认证企业则为2.84%。企业问卷调查显示，我国AEO认证企业在境外通关中，约80%的企业通关速度加快，超过50%的企业通关在5小时以内；超过70%的企业查验率降低，约50%的企业查验率在1%以内；约60%的企业物流成本降低10%以上。

## 十二、联合激励与惩戒

### （一）联合激励

为了贯彻落实党中央、国务院关于“褒扬诚信、惩戒失信”的总体要求，建立健全守信联合激励机制，完善进出口领域诚信体系建设。2016年10月，国家发展改革委、人民银行、海关总署、商务部、公安部等40个单位联合签署《关于对海关高级认证企业实施联合激励的合作备忘录》（以下简称《合作备忘录》），对海关高级认证企业实施守信联合激励措施。

国家发展改革委基于全国信用信息共享平台，建立守信联合激励系统，海关总署通过该系统向签署《合作备忘录》的相关部门提供海关高级认证企业名单及企业相关信息，并按照有关规定动态更新。同时，在中国海关企业进出口信用信息公示平台、海关总署门户网站等渠道向社会公布。各部门从全国信用信息共享平台守信联合激励系统中获取海关高级认证企业信息执行或协助执行《合作备忘录》规定的激励措施，定期将联合激励实施情况通过该系统反馈给国家发展改革委和海关总署。

海关总署将通过中国海关企业进出口信用信息公示平台实时动态监控企业在进出口领域的诚信守法情况，一经发现企业存在违法失信行为的，立即取消企业参与守信联合激励资格，并及时通报各部门，停止企业试用守信联合激励措施。各部门在日常监管中发现企业存在违法失信行为，应及时通过全国信用信息共享平台反馈给国家发展改革委和海关总署，提供有关情况并建议停止适用的守信联合激励措施。全国信用信息共享平台将海关高级认证企业名单与其他领域失信企业名单进行交叉比对，将未纳入其他任何领域失信企业名单的海关高级认证企业确定为联合激励对象。

### （二）联合惩戒

为贯彻落实《国务院关于建立完善守信联合激励和失信联合惩戒制度加快推进社会诚信建设的指导意见》（国发〔2016〕33号）的要求，建立健全失信联合惩戒机制，海关总署已参与签署对外经济合作、统计、旅游、能源、运输等近20个领域的对失信市场主体实施联合惩戒的《合作备忘录》，对企业在《合作备忘录》中涉及的领域有失信行为的由海关实施联合惩戒。海关联合惩戒措施主要有两项：一是对联合惩戒的企业，不予通过海关认证；对已经成为认证企业的，按照规定下调企业信用等级。二是对联合惩戒企业的进出口货物加大监管力度，加强单证审核、布控查验或后续稽查。

《合作备忘录》执行以来，海关系统多次收到其他部门失信企业联合惩戒通报，对通报企业采取了下调认证企业的信用等级、限制一般信用企业成为认证企业、实施严密监管等惩戒措施。

### 【复习思考题】

1. 海关实施企业信用管理的背景是什么？
2. 企业信用管理有哪些认定标准？其程序是什么？
3. 高级认证企业能享受哪些优惠管理措施？
4. 海关对失信企业管理措施有哪些？
5. 哪些差错可以不计入报关差错？
6. 涉税差错中哪些行为可以不予处罚？
7. 企业信用信息采集和公示的范围是什么？

## 第二节　海关预裁定

### 【学习目标】

本节内容旨在让学习者掌握我国海关预裁定管理制度的基本知识和基本程序。

完成本节学习，学习者应达成以下目标：

1. 了解海关预裁定管理制度的适用范围；
2. 了解海关预裁定的程序；
3. 了解海关预裁定的失效与撤销；
4. 了解海关预裁定决定书的使用。

**【基本概念】**

海关预裁定

**【建议学习时间】**

1 课时

## 一、概述

海关预裁定是指海关在货物实际进出口前，应对外贸易经营者的申请，依据《中华人民共和国海关预裁定管理暂行办法》（海关总署令第 236 号公布，根据海关总署令第 262 号修正，以下简称《预裁定管理暂行办法》），对实际进出口活动有关的海关事务作出的具有普遍约束力的决定。

## 二、适用范围

### （一）进出口货物的商品归类

海关对拟进出口货物的商品如何归类作出预裁定。

### （二）进出口货物的原产地或者原产资格

海关根据进出口货物的原产地或者原产资格，对拟进出口货物是否具备享受优惠贸易协定税率或特惠税率的资格作出预裁定。

### （三）进口货物计税价格相关要素、估价方法

海关对拟进口货物计税价格相关要素、估价方法①以及其他与确定计税价格有关的要素作出预裁定。

## 三、预裁定程序

海关预裁定分为申请、受理、审查、作出裁定及申请展期五个环节。

### （一）申请

申请人应当是进口货物收货人或出口货物发货人，在货物拟进出口三个月前向其注册地直属

① 估价方法是指拟进口的进口货物的价格是否符合成交价格条件、价格相关要素（包括特许权使用费、佣金、运保费、特殊关系）。

海关提出预裁定申请。申请企业在海关备案时间少于三个月，或因不可抗力或政策调整原因造成申请时间距实际进出口时间少于三个月的，经直属海关批准，可在货物拟进出口三个月内提出预裁定申请。

申请人申请预裁定的，应当通过电子口岸提交中华人民共和国海关预裁定申请书（以下简称《预裁定申请书》），以及海关要求的有关材料。

一份预裁定申请书应当仅包含一类海关事务，如果申请人有多项海关事务要求裁定的，必须逐项申请。

**（二）受理和审查**

海关应当自收到预裁定申请书及相关材料之日起十日内审核决定是否受理该申请，制发中华人民共和国海关预裁定申请受理决定书或者中华人民共和国海关预裁定申请不予受理决定书。

申请材料不符合有关规定的，海关应当在决定是否受理前一次性告知申请人在规定期限内进行补正，制发中华人民共和国海关预裁定申请补正通知书。补正申请材料的期间，不计入货物拟进出口三个月之前期限内。

申请人应当在收到中华人民共和国海关预裁定申请补充材料通知书起五日内提交相关材料，申请人未在规定期限内提交材料进行补正的，视为未提出预裁定申请。

对于申请超出行政预裁定范围的，申请人不具备资格的，未在规定时间内提出申请的，申请不符合有关规定要求的，申请与实际进出口活动无关的，海关规章、海关总署公告已经对申请预裁定的海关事务有明确规定的，申请人就同一事项已经提出预裁定申请并且被受理的，以及经海关认定不予受理的其他情形，海关有权不予受理。

海关自收到预裁定申请书及相关材料之日起十日内未作出是否受理的决定，也没有一次性告知申请人进行补正的，自收到材料之日起即视为受理。

申请人就海关对其作出的预裁定决定所涉及的事项，在有效期内不得再次申请预裁定。

**（三）裁定**

海关应当自受理之日起60日内制发中华人民共和国海关预裁定决定书（以下简称《预裁定决定书》），并送达申请人，且自送达之日起生效。

有下列情形之一的，海关可以终止预裁定，并且制发中华人民共和国海关终止预裁定决定书：

1. 申请人在预裁定决定作出前以书面方式向海关申明撤回其申请，海关同意撤回的；
2. 申请人未按照海关要求提供有关材料或者样品的；
3. 由于申请人原因致使预裁定决定未能在规定的期限内作出的。

预裁定决定有效期为三年。

**（四）申请展期**

申请人可以在《预裁定决定书》有效期截止日前30日至90日内，向《预裁定决定书》制发海关提出针对该决定书有效期的展期申请。

海关自接到申请人《预裁定决定书》展期申请之日起 30 日内，根据相关法律、行政法规、海关规章以及海关总署关于商品归类、价格和原产地事务的公告等相关规定，完成审核并制发新的《预裁定决定书》，有效期为 3 年。自新制发的《预裁定决定书》生效之日起，原《预裁定决定书》自动失效。

有以下情形之一的，海关不接受展期申请，退回有关申请并注明理由：

1.《预裁定决定书》已失效或被撤销的；

2. 申请人名称、企业代码、统一社会信用代码发生变更的；

3. 未在规定期限内提出申请的；

4.《预裁定决定书》制发后，有关海关规章、海关总署公告已对《预裁定决定书》涉及的有关海关事务作出明确规定的。

## 四、失效与撤销

### （一）失效

预裁定决定所依据的法律、行政法规、海关规章，以及海关总署公告相关规定发生变化，影响其效力的，预裁定决定自动失效。

### （二）撤销

已生效的预裁定决定有下列情形之一的，由海关予以撤销，并且通知申请人：

1. 因申请人提供的材料不真实、不准确、不完整，造成预裁定决定需要撤销的；

2. 预裁定决定错误的；

3. 其他需要撤销的情形。

预裁定决定对于其生效前已经实际进出口的货物没有溯及力。

## 五、预裁定决定书的使用

申请人在预裁定决定有效期内进出口与预裁定决定书列明情形相同的货物，应当按照预裁定决定申报，并在报关单备注栏内填写“预裁定+‘预裁定决定书’编号”（例如，某份预裁定决定书编号为 R-2-0100-2018-0001，则应当在备注栏内填写“预裁定 R-2-0100-2018-0001”），海关予以认可。其中，价格预裁定的“情形相同货物”是指申请价格预裁定合同项下的进口货物。

申请享受协定税率或者特惠税率的，进口人应当在货物进口时按照规定方式提交原产地证书或者原产地声明。

原产地预裁定以申请人提交的预裁定申请书（原产地）所列商品税则号列为基础作出。货物进口时，海关认定商品归类与预裁定决定书（原产地）不符的，该预裁定决定书（原产地）不予适用。

## 六、异议审查

申请人对预裁定决定不服的，可以向海关总署申请行政复议；对复议决定不服的，可以依法向人民法院提起行政诉讼。

## 七、试点境外出口商或生产商申请商品归类、价格和原产地预裁定

已与中国（上海）自由贸易试验区（含临港新片区）内的进口货物收货人（以下简称“收货人”）签订货物销售合同的境外出口商或生产商，可委托在中国海关备案的收货人或其他代理人按照《预裁定管理暂行办法》、海关总署公告 2018 年第 14 号（关于实施《中华人民共和国海关预裁定管理暂行办法》有关事项的公告，以下简称“第 14 号公告”）的相关规定，向上海海关提出商品归类、价格和原产地预裁定申请。上海海关按照《预裁定管理暂行办法》、第 14 号公告规定审核通过后，制发《预裁定决定书》。

依境外出口商或生产商申请作出的《预裁定决定书》的有效期限、溯及力、撤销、信息公开等事项，按照《预裁定管理暂行办法》、第 14 号公告规定执行。

收货人不是依境外出口商或生产商申请作出的《预裁定决定书》的申请人，在进口相关货物时不能使用该《预裁定决定书》。收货人如有需要，应按照《预裁定管理暂行办法》、第 14 号公告规定向海关申请预裁定。

具体实施事项由上海海关另行公告。

## 八、预裁定相关文件样式

### （一）预裁定申请书

预裁定申请书（商品归类）样本如图 3-1 所示。

**中华人民共和国海关预裁定申请书**

（商品归类）

编号：

| **申请人基本信息** | | |
|---|---|---|
| 申请人 | | |
| 企业代码 | | |
| 统一社会信用代码 | | |
| 通信地址 | | |
| 联系电话 | | |
| 电子邮箱 | | |
| 与货物关系 | □收货人 | □发货人 |
| 是否已就相同商品申请商品归类预裁定 | □是 | □否 |
| 是否就相同商品持有《海关预裁定决定书》 | □是 决定书编号： | □否 |
| **货物基本信息** | | |
| 商品名称（中、英文） | | |

**图 3-1 预裁定申请书（商品归类）样本**

<table>
<tr><td>其他名称</td><td colspan="2"></td></tr>
<tr><td>拟进出口日期</td><td colspan="2"></td></tr>
<tr><td>拟进出口口岸</td><td colspan="2"></td></tr>
<tr><td>拟进出口数量</td><td colspan="2"></td></tr>
<tr><td>贸易方式</td><td colspan="2"></td></tr>
<tr><td colspan="3">商品描述（规格、型号、结构原理、性能指标、功能、用途、成分、加工方法、分析方法等）：</td></tr>
<tr><td colspan="3">随附材料清单（有关材料请附后）：</td></tr>
<tr><td colspan="3">结构式、CAS 号、图片、条形码（GTIN）、二维码、出厂商品序列号等：</td></tr>
<tr><td colspan="3"></td></tr>
<tr><td colspan="2">申请人（章）<br>年　月　日</td><td>海关（章）：<br>签收人：<br>接受日期：　年　月　日</td></tr>
</table>

告知：

1. 填写此申请表前应阅读《中华人民共和国海关预裁定管理暂行办法》。

2. 需要保密的内容，应书面向海关申请。

3. 应当提交的商品材料：

（1）企业进出口计划，包括所涉及拟实际进出口货物的相关材料，如进出口合同或意向书等；

（2）商品描述，包括商品名称、规格型号、原理、功能、用途等，不同类别的商品描述重点不同，如：材料类商品重点描述商品的外观（形状、形态），商品的规格（特殊要求的技术参数、尺寸、成分含量），商品的加工方法，商品的来源和最终用途等；产品类商品重点描述商品的型号、状态和结构（组成、组分），商品功能、工作原理（各组分部分工作情况或加工方法）及用途等；化工产品还应提供分子式、CAS 号、结构式或材料安全数据表（MSDS）；申请商品如有条形码（GTIN）的，应一同提供；

（3）海关认为需要的其他材料。

上述材料如为外文，申请人应当同时提交符合海关要求的中文译本。

**图 3-1　预裁定申请书（商品归类）样本（续）**

### （二）预裁定决定书

预裁定决定书（商品归类）样本如图 3-2 所示。

中华人民共和国海关预裁定决定书

（商品归类）

编号：____________

<table>
<tr><td colspan="2">申请人：</td></tr>
<tr><td colspan="2">企业代码：</td></tr>
<tr><td colspan="2">统一社会信用代码：</td></tr>
<tr><td colspan="2">通信地址：</td></tr>
<tr><td colspan="2">联系电话：</td></tr>
<tr><td colspan="2">商品名称（中、英文）：</td></tr>
<tr><td colspan="2">其他名称：</td></tr>
<tr><td colspan="2">申请书编号：____________<br>受理日期：　　年　　月　　日</td></tr>
<tr><td colspan="2">商品描述：</td></tr>
<tr><td>预裁定（8位税则号列）：<br>根据《中华人民共和国海关进出口货物商品归类管理规定》（海关总署令第252号）的有关规定，该商品应归入________。</td><td>（公章）<br>年　　月　　日</td></tr>
</table>

告知：

1. 本预裁定决定自送达之日起生效，有效期3年。

2. 申请人对预裁定决定不服的，可以依照《中华人民共和国行政复议法》第二十条、第二十二条、第二十三条、第二十七条，《中华人民共和国海关法》第六十四条，自收到本决定之日起六十日内向海关总署提出行政复议申请，因不可抗力或者其他正当理由耽误法定申请期限的，申请期限自障碍消除之日起继续计算。申请人通过互联网渠道提交行政复议申请书的，可发送至海关总署行政复议专用邮箱 cgacxzfy@ customs. gov. cn。对复议决定不服的，依照《中华人民共和国行政诉讼法》第四十五条之规定，可以自收到复议决定书之日起十五日内，向人民法院提起诉讼。

**图3-2　预裁定决定书（商品归类）样本**

预裁定决定书（价格）样本如图 3-3 所示。

**中华人民共和国海关预裁定决定书**

（价格）

编号：

<table>
<tr><td colspan="2">申请人：</td></tr>
<tr><td colspan="2">企业代码：</td></tr>
<tr><td colspan="2">统一社会信用代码：</td></tr>
<tr><td colspan="2">通信地址：</td></tr>
<tr><td colspan="2">联系电话：</td></tr>
<tr><td colspan="2">合同协议号：</td></tr>
<tr><td colspan="2">申请书编号：____________<br>受理日期：　　年　　月　　日</td></tr>
<tr><td colspan="2">根据《中华人民共和国海关确定进出口货物计税价格办法》、《中华人民共和国海关确定内销保税货物计税价格办法》规定：<br>________（企业申请进口货物计税价格相关要素）应当计入进口货物计税价格<br>________（企业申请进口货物计税价格相关要素）不应计入进口货物计税价格<br>经预裁定决定应当计入进口货物计税价格的相关要素，具体计入的金额应由申请人根据《中华人民共和国海关确定进出口货物计税价格办法》、《中华人民共和国海关确定内销保税货物计税价格办法》第十一条的规定按照客观量化数据资料自行予以确定。</td></tr>
<tr><td>根据《中华人民共和国海关确定进出口货物计税价格办法》第十六条的规定：<br>是否存在特殊关系　□是　□否</td><td>根据《中华人民共和国海关确定进出口货物计税价格办法》第十七条、第十八条等规定：<br>特殊关系是否影响成交价格　□是　□否</td></tr>
<tr><td colspan="2">根据《中华人民共和国海关确定进出口货物计税价格办法》第七条至第十条等规定：<br>进口货物价格是否符合成交价格条件　□是　□否</td></tr>
<tr><td colspan="2">（公章）<br>年　　月　　日</td></tr>
</table>

告知：

1. 本预裁定决定自送达之日起生效，有效期 3 年。

2. 申请人对预裁定决定不服的，可以依照《中华人民共和国行政复议法》第二十条、第二十二条、第二十三条、第二十七条，《中华人民共和国海关法》第六十四条，自收到本决定之日起六十日内向海关总署提出行政复议申请，因不可抗力或者其他正当理由耽误法定申请期限的，申请期限自障碍消除之日起继续计算。申请人通过互联网渠道提交行政复议申请书的，可发送至海关总署行政复议专用邮箱 cgacxzfy@ customs. gov. cn。对复议决定不服的，依照《中华人民共和国行政诉讼法》第四十五条之规定，可以自收到复议决定书之日起十五日内，向人民法院提起诉讼。

**图 3-3　预裁定决定书（价格）样本**

预裁定决定书（原产地）样本如图 3-4 所示。

**中华人民共和国海关预裁定决定书**

（原产地）

编号：____________________

<table>
<tr><td colspan="2">申请人：</td></tr>
<tr><td colspan="2">企业代码：</td></tr>
<tr><td colspan="2">统一社会信用代码：</td></tr>
<tr><td colspan="2">商品名称（中、英文）：</td></tr>
<tr><td colspan="2">其他名称：</td></tr>
<tr><td colspan="2">申请表编号：____________________<br>受理日期：　　年　　月　　日</td></tr>
<tr><td colspan="2">商品描述：</td></tr>
<tr><td colspan="2">原材料及加工、生产情况</td></tr>
<tr><td>预裁定：<br>根据________________________________________的有关规定，该商品________________。</td><td>（公章）<br>年　　月　　日</td></tr>
</table>

告知：

1. 本预裁定决定自送达之日起生效，有效期 3 年。

2. 申请人对预裁定决定不服的，可以依照《中华人民共和国行政复议法》第二十条、第二十二条、第二十三条、第二十七条，《中华人民共和国海关法》第六十四条，自收到本决定之日起六十日内向海关总署提出行政复议申请，因不可抗力或者其他正当理由耽误法定申请期限的，申请期限自障碍消除之日起继续计算。申请人通过互联网渠道提交行政复议申请书的，可发送至海关总署行政复议专用邮箱 cgacxzfy@ customs. gov. cn。对复议决定不服的，依照《中华人民共和国行政诉讼法》第四十五条之规定，可以自收到复议决定书之日起十五日内，向人民法院提起诉讼。

**图 3-4　预裁定决定书（原产地）样本**

## 【复习思考题】

1. 什么是海关预裁定？
2. 海关预裁定的适用范围是什么？
3. 海关预裁定的申请程序是什么？
4. 海关预裁定如何使用？

## 第三节 海关事务担保

**【学习目标】**

本节内容旨在让学习者掌握我国海关事务担保的基本知识和基本程序。

完成本节学习，学习者应达成以下目标：

1. 了解海关事务担保的适用范围；
2. 了解海关事务担保的免除；
3. 了解海关事务担保的方式；
4. 了解海关事务担保的金额；

**【基本概念】**

当事人申请提前放行货物的担保、当事人申请办理特定海关业务的担保、税收保全担保、免于扣留财产的担保、海关事务总担保、担保人和担保责任、海关事务担保的方式、税款类保证金、风险类保证金、案件类保证金

**【建议学习时间】**

2 课时

### 一、概述

海关事务担保，是指与进出境活动有关的自然人、法人或者其他组织（通常统称“当事人”）在向海关申请从事特定的经营业务或者办理特定的海关事务时，以向海关提交保证金、保函等担保，承诺在一定期限内履行其法律义务的法律行为。

海关事务担保制度从本质上讲，是海关支持和促进对外贸易发展和科技文化交流的措施，既保障国家利益不受损害又便利进出境活动，有利于对外贸易效率的提高。同时，担保制度对进出境活动的当事人也产生较强的制约作用，促进企业守法自律，按时履行其承诺的诸如补交单证、补纳税款、按规定复出（进）口等义务。

《中华人民共和国海关事务担保条例》（以下简称《海关事务担保条例》）明确规定了海关担保的适用情形、担保人法律义务、担保程序等。

### 二、适用范围

#### （一）一般适用

为使当事人获得提前放行、办理特定海关业务及免于扣留财产等便利，《海关事务担保条例》主要规定了四种情形下的海关事务担保。

**1. 当事人申请提前放行货物的担保**

当事人申请提前放行货物的担保是指在办结商品归类、估价和提供有效报关单证等海关手续前，当事人向海关提供与应纳税款相适应的担保，申请海关提前放行货物。

有下列情形之一的，当事人可以在办结海关手续前向海关申请提供担保，要求提前放行货物：

（1）进出口货物的商品归类、计税价格、原产地尚未确定的；

（2）有效报关单证尚未提供的；

（3）在纳税期限内税款尚未缴纳的；

（4）滞报金尚未缴纳的；

（5）其他海关手续尚未办结的。

国家对进出境货物、物品有限制性规定，应当提供许可证件而不能提供的，以及法律、行政法规规定不得担保的其他情形，海关不予办理担保放行。

**2. 当事人申请办理特定海关业务的担保**

当事人申请办理特定海关业务的担保是指当事人在申请办理内地往来港澳货物运输，办理货物、物品暂时进出境，将海关监管货物抵押或者暂时存放在海关监管区外等特定业务时，根据海关监管需要或者税收风险大小向海关提供的担保。

当事人申请办理下列特定海关业务的，按照海关规定提供担保：

（1）运输企业承担来往内地与港澳公路货物运输、承担海关监管货物境内公路运输的；

（2）货物、物品暂时进出境的；

（3）货物进境修理和出境加工的；

（4）租赁货物进口的；

（5）货物和运输工具过境的；

（6）将海关监管货物暂时存在海关监管区外的；

（7）将海关监管货物向金融机构抵押的；

（8）为保税货物办理有关海关业务的。按照海关总署公告2018年18号，加工贸易保证金台账“实转”管理事项转为海关事务担保项目，相关企业直接向海关提交保证金或保函办理担保事务。

当事人不提供或者提供的担保不符合规定的，海关不予办理所列的特定海关业务。

**3. 税收保全担保**

进出口货物的纳税人在规定的纳税期限内有明显的转移、藏匿其应税货物及其他财产迹象的，海关可以责令纳税人提供担保；纳税人不能提供担保的，海关依法采取税收保全措施。

**4. 免于扣留财产的担保**

有违法嫌疑的货物、物品、运输工具应当或者已经被海关依法扣留、封存的，当事人可以向海关提供担保，申请免于或者解除扣留、封存。

有违法嫌疑的货物、物品、运输工具无法或者不便扣留的，当事人或者运输工具负责人应当向海关提供等值的担保；未提供等值担保的，海关可以扣留当事人等值的其他财产。有违法嫌疑的货物、物品、运输工具属于禁止进出境，或者必须以原物作为证据，或者依法应当予以没收的，海关不予办理担保。

法人、其他组织受到海关处罚，在罚款、违法所得或者依法应当追缴的货物、物品、走私运输工具的等值价款未缴清前，其法定代表人、主要负责人出境的，应当向海关提供担保；未提供担保的，海关可以通知出境管理机关阻止其法定代表人、主要负责人出境（受海关处罚的自然人出境适用上述规定）。

### （二）其他适用

进口已采取临时反倾销措施、临时反补贴措施的货物应当提供担保的，或者进出口货物收发货人、知识产权权利人申请办理知识产权海关保护相关事务等的，依照海关事务担保一般适用的规定办理海关事务担保。法律、行政法规有特别规定的，从其规定。

## 三、担保的免除

《海关法》的有关条款规定，如其他法律、行政法规根据实际需要规定在特定情形下可以免除担保提前放行货物的，这种“免除担保”的特别规范优先于“凭担保放行”的一般规范。因此，在这种特别规范的适用范围内，因各种原因未办结海关手续的货物，可以免除担保而被收发货人先予提取或装运出境。但同时规定海关对享受免除担保待遇的进出口企业实行动态管理，当事人不再符合规定条件的，海关应当停止对其适用免除担保。

根据海关总署令第 251 号（关于公布《中华人民共和国海关注册登记和备案企业信用管理办法》的令），高级认证企业适用管理措施中包括“可以向海关申请免除担保”。

## 四、总担保

为了使进出口货物品种、数量相对稳定且业务频繁的企业免于反复办理担保，《海关事务担保条例》规定当事人在一定期限内多次办理同一类海关事务的，可以向海关申请提供总担保。

提供总担保后，当事人办理该类海关事务不再单独提供担保。同时规定，总担保的适用范围、保证金资金额、担保期限、终止情形等由海关总署规定。

可申请总担保的常见情形有以下三种情况：

一是 ATA 单证册项下暂准出口货物由中国国际商会统一向海关总署提供总担保；

二是经海关同意知识产权权利人可以向海关提供总担保，总担保保证金资金额不得低于人民币 20 万元；

三是为办理汇总征税业务由银行或非银行金融机构对纳税人在一定期间进出口货物应缴纳的海关税款和滞纳金提供单位税款总担保。

## 五、担保人资格

《海关法》第六十七条规定：“具有履行海关事务担保能力的法人、其他组织或者公民，可以成为担保人。法律规定不得为担保人的除外。”具有履行海关担保义务能力是对自然人、法人或其他组织作为担保人的基本要求。

对于担保人而言，其履行义务的能力主要表现在应当拥有足以承担担保责任的财产。担保人可以以下列财产、权利提供担保：人民币、可自由兑换货币，汇票、本票、支票、债券、存单，银行或者非银行金融机构的保函，海关依法认可的其他财产、权利。公民作为担保人还应当具有民事行为能力，无民事行为能力或者限制行为能力的公民即使拥有足以承担担保责任的财产也不能作为担保人。如其他有关法律对担保人资格已作出限制性规定的，则这种法人、其他组织或公民就不能作为担保人。

## 六、担保责任

当事人可以以海关依法认可的财产、权利提供担保，担保财产、权利的具体范围由海关总署规定。当事人以保函向海关提供担保的，保函应当以海关为受益人，并且载明下列事项：担保人、被担保人的基本情况，被担保的法律义务，担保金额，担保期限，担保责任，需要说明的其他事项。担保人应当在保函上加盖印章，并注明日期。

### （一）担保的责任

《海关事务担保条例》第十八条规定："被担保人在规定的期限内未履行有关法律义务的，海关可以依法从担保财产、权利中抵缴。当事人以保函提供担保的，海关可以直接要求承担连带责任的担保人履行担保责任。担保人履行担保责任的，不免除被担保人办理有关海关手续的义务。海关应当及时为被担保人办理有关海关手续。"

海关事务担保中的担保责任是指被担保人①或担保人在主债务不能履行时依法应履行的担保义务。担保人应承担的担保责任主要是指被担保人应当在规定的期限内全面、正确地履行其承诺的海关义务。根据担保个案的不同情况，其责任范围也有区别。

担保人在规定的担保期间内承担担保责任，在规定的担保期间之外，即使被担保人未履行海关义务，担保人也不再承担担保责任。鉴于法律规定可适用担保的范围内所涉及的事项千差万别，不可能对此统一规定，因而担保期间主要由海关行政法规及海关规章来规定。

被担保人如能在规定的期间内履行担保承诺的义务或者规定的担保期间届满，担保人的担保责任则应依法予以解除，由海关及时办理销案手续，退还有关保证金等。

### （二）被担保人未在规定期限内履行相关法律义务

被担保人在规定的期限内未履行有关法律义务的，海关可以依法从担保财产、权利中抵缴。当事人以保函提供担保的，海关可以直接要求承担连带责任的担保人履行担保责任。担保人履行担保责任的，不免除被担保人办理有关海关手续的义务。海关应当及时为被担保人办理有关海关手续。

担保财产、权利不足以抵偿被担保人有关法律义务的，海关应当书面通知被担保人另行提供担保或者履行法律义务。

## 七、担保方式

《海关法》明确规定海关事务担保方式分为以下四种：

---

① 《中华人民共和国民法典》中一般称为"债务人"，对于海关事务担保的被担保人是否可以称为"债务人"，学术理论上未有定论，因此本书使用海关法律中使用的"被担保人"概念。

**（一）以人民币、可自由兑换的货币提供担保**

人民币是我国的法定货币，支付我国境内的、一切公共的和私人的债务，任何单位或者个人均不能拒收。可自由兑换货币指国家外汇管理局公布挂牌的，作为国际支付手段的外币现钞。

**（二）以汇票、本票、支票、债券、存单提供担保**

汇票是指由出票人签发的，委托付款人在见票时或者在指定日期无条件支付确定的金额给收款人或持票人的票据，分为银行承兑汇票和商业承兑汇票两种。

本票是由出票人签发的，承诺自己在见票时无条件支付确定的金额给收款人或持票人的票据。

支票是指出票人签发的，委托办理支票存款业务的银行或者其他金融机构在见票时无条件支付确定的金额给收款人或者持票人的票据。

债券是指依照法定程序发行的，约定在一定期限还本付息的有价证券，包括国库债券、企业债券、金融债券等。

存单是指存储机构发给存款人的，证明其债权的单据。

**（三）以银行或非银行金融机构出具的保函提供担保**

保函又称保证书，是以保证人的信誉和不特定的财产为他人的债务提供担保。保证人必须是第三人。保证人应当具有清偿债务的能力。

根据《中华人民共和国担保法》的规定，担保方式为保证、抵押、质押、留置和定金。

根据《中华人民共和国中国人民银行法》的规定，中国人民银行作为中央银行不能为任何单位和个人提供担保，故不属于担保银行的范畴。

对于ATA单证册项下进出口货物，可由中国国际商会这一特殊的第三方作为担保人，为展览品等暂准进出口货物提供保函方式的担保。

**（四）以海关依法认可的其他财产、权利提供担保**

具体指除上述财产、权利外的其他财产和权利。

## 八、保证金或保函类型

海关依法收取的保证金资金或保函，根据担保业务性质的不同分为税款类、风险类和案件类三种。

**（一）税款类**

税款类适用于下列情形：

1. 海关尚未确定商品归类、计税价格、原产地、进口货物物品数量等征税要件的；
2. 正在海关办理减免税审批手续的；
3. 申请延期缴纳税款的；
4. 暂时进出境的；

5. 进境修理和出境加工的；

6. 因残损、品质不良或者规格不符纳税人申报进口或者出口无代价抵偿货物时，原进口货物尚未退运出境或者尚未放弃交由海关处理的，或者原出口货物尚未退运进境的；

7. 对缉私、稽查查获的执行风险较大的追征、补征税款情事的；

8. 其他按照有关规定应当收取税款类保证金的情形。

### （二）风险类

风险类适用于下列情形：

1. 对加工贸易企业收取的保证金；
2. 对加工贸易货物备案征收的保证金；
3. 对从事转关运输企业收取的保证金；
4. 对加工区之间往来的货物、物品不能按照转关运输办理的企业收取的保证金；
5. 对进口货物收货人在申请减免滞报金期间因故需先行提取货物收取的保证金；
6. 对租赁进出口货物、物品收取的保证金；
7. 其他按照有关规定收取的保证金。

### （三）案件类

案件类适用于下列情形：

1. 有违法嫌疑的货物、物品、运输工具无法或者不便扣留的；

2. 当事人申请免予或者解除扣留有违法嫌疑的货物、物品、运输工具的；

3. 受海关处罚的当事人或者其法定代表人、主要负责人在出境前未缴清罚款、违法所得和依法追缴的货物、物品、走私运输工具的等值价款的；

4. 对涉及知识产权保护收取的保证金；

5. 其他依法可以收取保证金的情形。

## 九、保证金资金额

当事人提供的担保应当与其需要履行的法律义务相当，其保证金资金额按照下列标准确定：

1. 为提前放行货物提供的担保，保证金资金额不得超过可能承担的最高税款总额；

2. 为办理特定海关业务提供的担保，保证金资金额不得超过可能承担的最高税款总额或者海关总署规定的金额；

3. 因有明显的转移、藏匿应税货物及其他财产迹象被责令提供的担保，保证金资金额不得超过可能承担的最高税款总额；

4. 为违规行为案件的当事人申请免予或者解除扣留有关货物、物品、运输工具的，需提供不低于海关总署规定的一般情节处罚幅度计核金额的保证金，但不得超过该货物、物品、运输工具的等值价款；

5. 为罚款、违法所得或者依法应当追缴的货物、物品、走私运输工具的等值价款未缴清前出境提供担保的，保证金资金额应当相当于罚款、违法所得数额或者依法应当追缴的货物、物品、走私运输工具的等值价款。

## 十、深化海关税款担保改革

### （一）关税保证保险

2018年，海关总署、银保监会发布第155号公告（关于开展关税保证保险通关业务试点的公告），在全国海关开展以关税保险单作为税款类担保的关税保证保险改革试点工作。根据《海关事务担保条例》第四条规定，有下列情形之一的，当事人可以在办结海关手续前向海关申请提供担保，要求提前放行货物：

1. 进出口货物的商品归类、计税价格、原产地尚未确定的；
2. 有效报关单证尚未提供的；
3. 在纳税期限内税款尚未缴纳的；
4. 滞报金尚未缴纳的；
5. 其他海关手续尚未办结的。

国家对进出境货物、物品有限制性规定，应当提供许可证件而不能提供的，以及法律、行政法规规定不得担保的其他情形，海关不予办理担保放行。

企业凭保单办理纳税期限担保，应在申报时选择“关税保证保险”模式，并选取相应保单电子数据。海关对接受申报且满足全部放行条件的，即可实施现场卡口放行。有布控查验等其他海关要求事项的，按有关规定办理。

### （二）海关总署公告2021年第100号（关于深化海关税款担保改革的公告）

海关总署实施以企业为单元的税款担保改革，实现一份担保可以同时在全国海关用于多项税款担保业务。即开立汇总征税担保、纳税期限担保或征税要素担保业务，可以使用一份海关税款担保保函办理所有税款担保业务，而且企业不再因用途不同需要向属地海关关税处或者申报地口岸海关备案保函，仅在属地海关关税处备案保函即可。

### 【复习思考题】

1. 什么是海关事务担保？海关事务担保一般适用于哪几种情形？
2. 什么情形下可以免除海关事务担保？
3. 什么情形下可以适用海关事务总担保？
4. 海关事务担保人应具备怎样的资格，并应承担怎样的担保责任？
5. 哪些担保业务可以使用同一份担保保函办理海关担保手续？

## 第四节　知识产权海关保护

### 【学习目标】

本节内容旨在让学习者掌握我国知识产权海关保护制度的基本知识。

完成本节学习，学习者应达成以下目标：

1. 理解知识产权海关保护制度的概念；
2. 了解知识产权海关保护制度的范围；
3. 了解知识产权海关保护的模式；
4. 了解知识产权海关保护的备案及担保；
5. 了解海关对侵权嫌疑货物的调查处理。

**【基本概念】**

知识产权海关保护概念及范围、知识产权海关保护备案、依申请保护和被动保护、依职权保护和主动保护

**【建议学习时间】**

2 课时

## 一、概述

知识产权，概括地说是指公民、法人或其他组织对其在科学技术和文学艺术等领域内，主要基于脑力劳动创造完全的智力成果所依法享受的专有权利，因此又称智力成果权。

知识产权海关保护则是指海关依法禁止侵犯知识产权的货物进出口的措施，在世界贸易组织《与贸易有关的知识产权协议》中被称为知识产权的边境措施。

## 二、保护范围

知识产权具有无形性、专有性、地域性、时间性和可复制性的特点。世界贸易组织关于《与贸易有关的知识产权协议》将与贸易有关的知识权的范围确定为：著作权和与著作权有关的权利、商标权、地理标志权、工业品外观设计权、专利权、集成电路布图设计权、未披露过的信息专有权。

根据《中华人民共和国知识产权海关保护条例》（以下简称《知识产权海关保护条例》）及其他法律、行政法规的规定，我国知识产权海关保护的适用范围为：与进口货物有关并受中华人民共和国法律、行政法规保护的知识产权，包括商标专用权、著作权和与著作权有关的权利、专利权、奥林匹克标志专有权、世界博览会标志专有权。

《知识产权海关保护条例》同时规定，侵犯受法律、行政法规保护的知识产权的货物禁止进出口。

## 三、保护模式

中国海关对知识产权的保护可以划分为“依申请保护”和“依职权保护”两种模式。

### （一）依申请保护

依申请保护，是指知识产权权利人发现侵权嫌疑货物即将进出口时，根据《知识产权海关保护条例》第十二条、第十三条和第十四条的规定向海关提出采取保护措施的申请，由海关对

侵权嫌疑货物实施扣留的措施。由于海关对依申请扣留的侵权嫌疑货物不进行调查，知识产权权利人需要就有关侵权纠纷向人民法院起诉，所以依申请保护模式也被称作海关知识产权“被动保护”模式。

### （二）依职权保护

依职权保护，是指海关在监管过程中发现进出口货物有侵犯在海关总署备案的知识产权的嫌疑时，根据《知识产权海关保护条例》第十六条的规定，主动中止货物的通关过程并通知有关知识产权权利人，并根据知识产权权利人的申请对侵权嫌疑货物实施扣留的措施。由于海关依职权扣留侵权嫌疑货物属于主动采取措施制止侵权货物进出口，而且海关还有权对货物的侵权状况进行调查和对有关当事人进行处罚，所以依职权保护模式也被称作海关对知识产权的“主动保护”模式。

知识产权权利人向海关申请采取依职权保护措施前，应当按照《知识产权海关保护条例》第七条的规定，将其知识产权及其他有关情况向海关总署进行备案。

## 四、保护程序

### （一）备案

知识产权海关保护备案，是指知识产权权利人按照《知识产权海关保护条例》的规定，将其知识产权的法律状况、有关货物的情况、知识产权合法使用情况和侵权货物进出口情况以书面形式通知海关总署，以便海关在对进出口货物的监管过程中能够主动对有关知识产权实施保护。

根据《知识产权海关保护条例》，知识产权权利人在向海关申请保护前不要求必须进行知识产权备案。但是对商标专用权权利人等某些知识产权权利人而言，备案与否有很大的差异，主要体现在以下几个方面：

第一，备案是海关采取主动保护措施的前提条件。根据《知识产权海关保护条例》的规定，知识产权权利人如果事先没有将其知识产权向海关备案，海关即便发现侵权货物即将进出境，也没有权力主动中止其进出口，也无权对侵权货物进行调查处理。

第二，有助于海关发现侵权货物。由于知识产权权利人在备案时，需要提供有关知识产权的法律状况、权利人的联系方式、合法使用知识产权情况、侵权嫌疑货物情况、有关图片和照片等情况，使海关有可能在日常监管过程中发现侵权嫌疑货物并主动予以扣留。所以，事先进行知识产权备案可以使权利人的合法权益得到及时的保护。

第三，知识产权权利人的经济负担较轻。根据海关总署有关《知识产权海关保护条例》的实施办法规定，在海关依职权保护模式下，知识产权权利人向海关提供的担保最高不超过人民币10万元。如果知识产权权利人事先未进行知识产权备案，则不能享受上述待遇，必须提供与其要求扣留货物等值的担保。

第四，可以对侵权人产生震慑作用。由于海关对进出口侵权货物予以没收并给予进出口企业行政处罚，尽早进行知识产权备案，可以对那些过去毫无顾忌地进出口侵权货物的企业产生警告和震慑作用，促使其自觉地尊重有关知识产权。此外，有些并非恶意出口侵权产品的企业也可以通过查询备案，了解其承揽加工和出口的货物是否可能构成侵权。

备案的程序要点包括以下内容。

**1. 申请人**

知识产权海关保护备案的申请人应为知识产权权利人，知识产权权利人可以委托代理人办理知识产权海关保护备案。

**2. 申请文件**

知识产权权利人向海关总署申请知识产权海关保护备案的，应当向海关总署提交申请书。知识产权权利人应当就其申请备案的每一项知识产权单独提交一份申请书。知识产权权利人申请国际注册商标备案的，应当就其申请的每一类商品单独提交一份申请书。

知识产权权利人向海关总署提交备案申请书，应当随附以下文件、证据：

（1）知识产权权利人个人身份证件的复印件、营业执照的复印件或者其他注册登记文件的复印件；

（2）商标注册、著作、专利权证明或证书；

（3）知识产权权利人许可他人使用注册商标、作品或者实施专利，签订许可合同的，提供许可合同的复印件；未签订许可合同的，提交有关被许可人、许可范围和许可期间等情况的书面说明；

（4）知识产权权利人合法行使知识产权的货物及其包装的照片；

（5）已知的侵权货物进出口的证据，知识产权权利人与他人之间的侵权纠纷已经通过人民法院或者知识产权主管部门处理的，还应当提交有关法律文书的复印件；

（6）海关总署认为需要提交的其他文件或者证据。

知识产权权利人向海关总署提交的上述文件和证据应当齐全、真实和有效。有关文件和证据为外文的，应当另附中文译本。海关总署认为必要时，可以要求知识产权权利人提交有关文件或者证据的公证、认证文书。

**3. 决定与时效**

海关总署应当自收到申请人全部申请文件之日起 30 个工作日内作出是否准予备案的决定，并书面通知申请人。不予备案的，海关需说明理由。

有下列情形之一的，海关总署不予受理：申请文件不齐全或者无效的；申请人不是知识产权权利人的；知识产权不再受法律、行政法规保护的。

知识产权海关保护备案自海关总署核准备案之日起生效，有效期为 10 年。自备案生效之日起知识产权的有效期不足 10 年的，备案的有效期以知识产权的有效期为准。

在知识产权海关保护备案有效期届满前 6 个月内，知识产权权利人可以向海关总署提出续展备案的书面申请并随附有关文件。海关总署应当自收到全部续展申请文件之日起 10 个工作日内作出是否准予续展的决定，并书面通知知识产权权利人；不予续展的，将说明理由。

续展备案的有效期自上一届备案有效期满次日起算，有效期为 10 年。知识产权的有效期自上一届备案有效期满次日起不足 10 年的，续展备案的有效期以知识产权的有效期为准。

知识产权海关保护备案有效期届满而不申请续展或者知识产权不再受法律、行政法规保护的，知识产权海关保护备案随即失效。

**4. 变更与注销、撤销**

向海关提交的申请书内容发生改变的，知识产权权利人应当自发生改变之日起 30 个工作日内向海关总署提出变更备案的申请并随附有关文件。

知识产权在备案有效期届满前不再受法律、行政法规保护或者备案的知识产权发生转让的，以及知识产权权利人在备案有效期内放弃备案的，应向海关总署申请注销备案。

海关发现知识产权权利人申请知识产权备案未如实提供有关情况或者文件的，海关总署可以撤销其备案。

知识产权备案情况发生改变，但知识产权权利人自发生改变之日起 30 个工作日内未向海关总署办理备案变更或者注销手续，给他人合法进出口或者海关依法履行监管职责造成严重影响的，海关总署可以根据有关利害关系人的申请撤销有关备案，也可以主动撤销有关备案。

海关总署作出撤销或者维持备案的决定，应当事先对有关情况进行调查。海关总署进行调查时，可以要求有关知识产权权利人在规定期限内提交书面的申辩意见。

海关总署作出撤销备案的决定，应当书面通知有关知识产权权利人。其中，根据利害关系人的申请作出撤销决定的，还应当书面通知有关申请人。

对利害关系人申请撤销备案，海关总署作出维持备案决定的，应当书面通知有关申请人。

备案自海关总署作出撤销决定之日起失效。备案被撤销且有关知识产权仍属于原申请备案的知识产权权利人的，该知识产权权利人自备案被撤销之日起一年内再次向海关总署备案该知识产权的，海关总署可不予受理。

**5. 海关知识产权备案费**

根据《海关总署关于暂停收取海关知识产权备案费的公告》（海关总署公告 2015 年第 51 号），自 2015 年 11 月 1 日（含本日）起向海关总署申请知识产权保护备案的，海关总署暂停收取备案费。

### （二）申请扣留侵权嫌疑货物及提供担保

知识产权权利人发现侵权嫌疑货物即将进出口，或者接到海关就实际监管中发现进出口货物涉嫌侵犯在海关总署备案的知识产权而发出书面通知的，可以向货物进出境地海关提出扣留侵权嫌疑货物的申请，并按规定提供相应的担保。

**1. 知识产权权利人申请扣留（海关依申请保护）**

知识产权权利人发现侵权嫌疑货物即将进出口并要求海关予以扣留的，应当向货物进出境地海关提交申请书及相关证明文件。有关知识产权未在海关总署备案的，知识产权权利人还应当随附有关知识产权的证明文件及证据。

知识产权权利人提交的证据，应当能够证明以下事实：

（1）请求海关扣留的货物即将进出口；

（2）在货物上未经许可使用了侵犯其商品专用权的商标标志、作品或者实施了其专利。

知识产权权利人发现侵权嫌疑货物即将进出口，请求海关扣留侵权嫌疑货物，应当在海关规定的期限内，向海关提供相当于货物价值的担保。知识产权权利人提出的申请不符合规定或者未按规定提供担保的，海关应驳回其申请并书面通知知识产权权利人。

**2. 知识产权权利人接到海关通知的扣留申请（海关依职权保护）**

海关对进口货物实施监管时发现进出口货物涉及在海关总署备案的知识产权且进出口商或者制造商使用有关知识产权的情况未在海关总署备案的，可以要求收发货人在规定期限内申报货物的知识产权状况和提交相关证明文件。

收发货人未按照有关规定申报货物知识产权状况和提交相关证明文件，或者海关有理由认为货物涉嫌侵犯在海关总署备案的知识产权的，海关应当中止放行货物并书面通知知识产权权利人。

知识产权权利人在接收到海关书面通知之日起三个工作日内应予以回复。

认为有关货物侵犯其在海关总署备案的知识产权并要求海关予以扣留的，向海关提出扣留侵权嫌疑货物的书面申请。其扣留申请办法与知识产权权利人发现侵权嫌疑的扣留申请相同。

认为有关货物未侵犯其在海关总署备案的知识产权或者不要求海关扣留的，向海关书面说明理由。经海关同意知识产权权利人可以查看有关货物。

知识产权权利人在接到海关发现侵权嫌疑货物通知后，认为有关货物侵犯其在海关总署备案的知识产权并提出申请要求海关扣留侵权嫌疑货物的，应当按照以下规定向海关提供担保：货物价值不足人民币 2 万元的，提供相当于货物价值的担保；货物价值为人民币 2 万元至 20 万元的，提供相当于货物价值 50%的担保，但担保金额不得少于人民币 2 万元；货物价值超过人民币 20 万元的，提供人民币 10 万元的担保。

**3. 总担保**

知识产权权利人根据规定请求海关扣留涉嫌侵犯商标专用权货物的，可以向海关总署提供总担保。

在海关总署备案的商标专用权的知识产权权利人，经海关总署核准可以向海关总署提交银行或者非银行金融机构出具的保函，为其向海关申请商标专用权海关保护措施提供总担保。

自海关总署核准其使用总担保之日至当年 12 月 31 日，知识产权权利人在接到海关发现侵权嫌疑货物通知后，请求海关扣留涉嫌侵犯其已在海关总署备案的商标专用权的进出口货物的，无须另行提供担保，但知识产权权利人未按规定支付有关费用或者未按规定承担赔偿责任，海关总署向担保人发出履行担保责任通知的除外。

知识产权权利人申请使用总担保，应向海关总署提交知识产权海关保护总担保申请书，并随附已获准在中国境内开展金融业务的银行出具的为知识产权权利人申请总担保承担连带责任的总担保保函和知识产权权利人上一年度向海关申请扣留侵权嫌疑货物后发生的仓储处置费的清单。

总担保的金额应相当于知识产权权利人上一年度向海关申请扣留侵权嫌疑货物后发生的仓储、保管和处置等费用之和；知识产权权利人上一年度未向海关申请扣留侵权嫌疑货物或者仓储处置费不足人民币 20 万元的，总担保的保证金资金额为人民币 20 万元。

总担保保函的有效期是指作为担保人的银行承担履行担保责任的期间，即总担保保函签发之日起至第二年 6 月 30 日。

担保事项发生期间是指知识产权权利人在向海关提出采取保护措施申请时无须另行提供担保的期间，即自海关总署核准之日起至当年 12 月 31 日。

知识产权权利人未提出申请或者未提供担保的，海关将放行货物。

## （三）对侵权嫌疑货物的调查处理

**1. 扣留**

知识产权权利人申请扣留侵权嫌疑货物并提供担保的，海关应当扣留侵权嫌疑货物并将扣留侵权嫌疑货物的扣留凭单送达收发货人。经海关同意收发货人可以查看海关扣留的货物。

**2. 调查**

海关依职权扣留侵权嫌疑货物属于主动采取制止侵权货物进出口的措施，海关扣留侵权嫌疑货物后，应当依法对侵权嫌疑货物及其他有关情况进行调查。收发货人和知识产权权利人应当对海关调查予以配合，如实提供有关情况和证据。海关对依申请扣留的侵权嫌疑货物不进行调查，知识产权权利人需要就有关侵权纠纷向人民法院起诉。海关对侵权嫌疑货物进行调查，可以请求有关知识产权主管部门提供咨询意见。

知识产权权利人与收发货人就海关扣留的侵权嫌疑货物达成协议，向海关提出书面申请并随附相关协议，要求海关解除扣留侵权嫌疑货物的，海关除认为涉嫌构成犯罪外，可以终止调查。

**3. 放行被扣留货物**

海关对扣留的侵权嫌疑货物进行调查，不能认定货物是否侵犯有关知识产权的，应当自扣留侵权嫌疑货物之日起 30 个工作日内书面通知知识产权权利人和收发货人。海关不能认定货物是否侵犯有关专利权的，收发货人向海关提供相当于货物价值的担保后，可以请求海关放行货物。海关同意放行货物的，应当书面通知知识产权权利人。

知识产权权利人就有关专利侵权纠纷向人民法院起诉的，应当在海关放行货物的书面通知送达之日起 30 个工作日内，向海关提交人民法院受理案件通知书的复印件。

对海关不能认定有关货物是否侵犯其知识产权的，知识产权权利人可以依法在起诉前向人民法院申请采取责令停止侵权行为或者财产保全的措施。

海关自扣留侵权嫌疑货物之日起 50 个工作日内收到人民法院协助扣押有关货物书面通知的，应当予以协助；未收到人民法院协助扣押通知或者知识产权权利人要求海关放行有关货物的，海关应当放行货物。

**4. 没收被扣留货物**

被扣留的侵权嫌疑货物，海关经调查后认定侵犯知识产权的，予以没收，并应当将侵犯知识产权货物的情况书面通知知识产权权利人。

进出口货物或者进出境物品经海关调查认定侵犯知识产权，根据规定应当由海关予以没收但当事人无法查清的，自海关制发有关公告之日起满 3 个月后可由海关予以收缴。

对没收的侵权货物海关应当按照下列规定处置：有关货物可以直接用于社会公益事业或者知识产权权利人有收购意愿的，将货物转交给有关公益机构用于社会公益事业或者有偿转让给知识产权权利人。有关货物不能转交给有关公益机构用于社会公益事业或者有偿转让给知识产权权利人，且侵权特征能够消除的，在消除侵权特征后依法拍卖；但对进口假冒商标货物，除特殊情况外，不能仅清除货物上的商标标识即允许其进入商业渠道。拍卖货物所得款项上交国库。有关货物不能按照上述项规定处置的，应当予以销毁。

海关拍卖侵权货物，应当事先征求有关知识产权权利人的意见。海关销毁侵权货物，知识产权权利人应当提供必要的协助。有关公益机构将海关没收的侵权货物用于社会公益事业，以及知识产权权利人接受海关委托销毁侵权货物的，海关应当进行必要的监督。

## 五、知识产权权利人的法律责任

海关协助人民法院扣押侵权嫌疑货物或者放行被扣留货物的，知识产权权利人应当支付货物在海关扣留期间的仓储、保管和处置等费用。

海关没收侵权货物的，知识产权权利人应当按照货物在海关扣留后的实际存储时间支付仓储、保管和处置等费用。但海关自没收侵权货物的决定送达收发货人之日起3个月内不能完成货物处置，且非因收发货人申请行政复议、提起行政诉讼或者货物处置方面的其他特殊原因导致的，知识产权权利人不需支付3个月后的有关费用。

知识产权权利人未支付有关费用的，海关可以从其向海关提供的担保金中予以扣除或者要其担保人履行有关担保责任。侵权嫌疑货物被认定为侵犯知识产权的，知识产权权利人可以将其支付的有关仓储、保管和处置等费用计入其为制止侵权行为所支付的合理开支。

海关接受知识产权保护备案和采取知识产权保护措施的申请后，因知识产权权利人未提供确切情况而未能发现侵权货物，未能及时采取保护措施或者采取保护措施不力的，由知识产权权利人自行承担责任。

知识产权权利人请求海关扣留侵权嫌疑货物后，海关不能认定被扣留的侵权嫌疑货物侵犯知识产权权利人的知识产权或者人民法院判定不侵犯知识产权权利人的知识产权的，知识产权权利人应当依法承担赔偿责任。

### 六、对担保的处理

海关没收侵权货物的，应当在货物处置完毕并结清有关费用后，向知识产权权利人退还担保金或者解除担保人的担保责任。

海关协助人民法院扣押侵权嫌疑货物或者根据规定放行被扣留货物的，收发货人可以就知识产权权利人提供的担保向人民法院申请财产保全。海关自协助人民法院扣押侵权嫌疑货物或者放行货物之日起20个工作日内，未收到人民法院就知识产权权利人提供的担保采取财产保全措施的协助执行通知的，海关应当向知识产权权利人退还担保金或者解除担保人的担保责任；收到人民法院协助执行通知的，海关应当协助执行。

海关放行被扣留的涉嫌侵犯专利权的货物后，知识产权权利人向海关提交人民法院受理案件通知书复印件的，海关应当根据人民法院的判决结果处理收发货人提交的担保金；知识产权权利人未提交人民法院受理案件通知书复印件的，海关应当退还收发货人提交的担保金。

### 七、海关知识产权备案信息查询

海关通过“知识产权海关保护备案子系统”公示已在海关备案的知识产权。申请人可以通过系统向海关总署传输备案申请、备案续展申请的电子数据并将电子数据打印成纸面申请书后，随同需要提交的证明文件邮寄至海关总署。申请人申请办理变更备案申请人、变更备案代理人、注销知识产权海关保护备案的，应当直接向海关总署提交规定格式的纸面申请，不需通过该系统传输电子数据。

在“知识产权海关保护备案子系统”可以查询权利标识备案信息，系统界面如图3-5所示。

图 3-5 知识产权海关保护备案子系统界面

**【复习思考题】**

1. 什么是知识产权海关保护？我国知识产权海关保护的适用范围是什么？
2. “依申请保护”和“依职权保护”，为什么分别被称为“被动保护”和“主动保护”？
3. 为什么说对商标专用权权利人等某些知识产权权利人而言，备案与否有很大的差异？
4. 知识产权权利人应如何办理知识产权备案申请手续？
5. 在哪两种情形下，知识产权权利人可以向海关申请扣留侵权嫌疑货物？
6. 知识产权权利人申请扣留侵权嫌疑货物，应怎样向海关提交文件、证据及提供担保？
7. 什么情形下海关放行或没收被扣留的侵权嫌疑货物？
8. 海关对没收的、被扣留的侵权嫌疑货物将如何处置？
9. 知识产权权利人应承担的责任有哪些？

# 第五节 海关行政处罚

**【学习目标】**

本节内容旨在让学习者了解我国海关行政处罚基础知识。

完成本节学习，学习者应达成以下目标：

熟悉海关行政处罚的概念和种类。

**【基本概念】**

海关行政处罚、走私、违规行为

**【建议学习时间】**

2 课时

## 一、概述

海关行政处罚的范围则包括不予追究刑事责任的走私行为（通常简称“走私行为”）和违反海关监管规定的行为（通常简称“违规行为”），以及法律、法规规定由海关实施行政处罚的行为。根据《海关法》的规定，以走私物的品种、数量和逃税额为标准，走私情节严重的构成走私罪。认定和惩罚走私罪即追究刑事责任属于司法机关的职能，不在海关行政处罚范围内。

### （一）走私行为

从《海关行政处罚实施条例》的规定来看，广义的“走私行为”应当包括其第七条规定的“走私行为”，以及第八条规定的“按走私行为论处”和第十条规定的“以走私的共同当事人论处”三种情况。

**1. 走私行为认定**

《海关行政处罚实施条例》第七条规定，违反海关法及其他有关法律、行政法规，逃避海关监管，偷逃应纳税款、逃避国家有关进出境的禁止性或者限制性管理，有下列情形之一的，是走私行为：

（1）未经国务院或者国务院授权的机关批准，从未设立海关的地点运输、携带国家禁止或者限制进出境的货物、物品或者依法应当缴纳税款的货物、物品进出境的；

（2）经过设立海关的地点，以藏匿、伪装、瞒报、伪报或者其他方式逃避海关监管，运输、携带、邮寄国家禁止或者限制进出境的货物、物品或者依法应当缴纳税款的货物、物品进出境的；

（3）使用伪造、变造的手册、单证、印章、账册、电子数据或者以其他方式逃避海关监管，擅自将海关监管货品、物品、进境的境外运输工具，在境内销售的；

（4）使用伪造、变造的手册、单证、印章、账册、电子数据或者以伪报加工贸易制成品单位耗料量等方式，致使海关监管货物、物品脱离监管的；

（5）以藏匿、伪装、瞒报、伪报或者其他方式逃避海关监管，擅自将保税区、出口加工区等海关特殊监管区域内的海关监管货物、物品运出区外的；

（6）有逃避海关监管，构成走私的其他行为的。

**2. 按走私行为论处**

《海关行政处罚实施条例》第八条还规定，有下列行为之一的，按走私行为论处：

（1）明知是走私进口的货物、物品，直接向走私人非法收购的；

（2）在内海、领海、界河、界湖，船舶及所载人员运输、收购、贩卖国家禁止或者限制进出境的货物、物品，或者运输、收购、贩卖依法应当缴纳税款的货物，没有合法证明的。

“明知是走私进口的货物、物品，直接向走私人非法收购的”，应当同时符合三个条件才能判定为“按走私行为论处”：

一是行为人必须明知收购的货物、物品是走私进口的货物、物品；二是行为人必须明知对方是走私人，而直接向走私人非法收购走私进口的货物、物品，即所谓的“第一手交易”，如果不是直接向走私分子收购走私进境的货物、物品，而是经过第二手、第三手，甚至更多的收购环节，则不能按走私行为论处；三是收购的行为是非法进行的。

"在内海、领海、界河、界湖，船舶及所载人员运输、收购、贩卖国家禁止或者限制进出境的货物、物品，或者运输、收购、贩卖依法应当缴纳税款的货物，没有合法证明的"要按走私行为论处，必须符合四个条件：

一是区域，行为人必须是在特定的区域，即在内海、领海、界河、界湖运输、收购、贩卖国家禁止或者限制进出境的货物、物品，或者运输、收购、贩卖依法应当缴纳税款的货物，如果是在内地运输、收购、贩卖，则不是本项规定的按走私论处的行为；二是行为方式，即运输、收购、贩卖；三是运输、收购、贩卖的对象是国家禁止、限制进出境的货物、物品，或者是依法应当缴纳税款的货物；四是在上述特定区域运输、收购、贩卖上述货物、物品，没有合法证明。"合法证明"是指船舶及其所载人员依照国家有关规定或者依照国际运输惯例所必须持有的证明其运输、携带、收购、贩卖所载货物、物品真实、合法、有效的商业单证、运输单证及其他有关证明、文件。

上述两项按走私行为论处的行为不具有典型的走私特征，但这些行为与走私行为联系密切，为走私货物、物品提供了销售、流通渠道，成为完成走私的一个重要环节，其违法性质、危害后果与直接走私行为相近。因此，为严厉打击走私违法行为，应当按走私行为论处。

*3. 以走私的共同当事人论处*

此外，《海关行政处罚实施条例》第十条还规定了"与走私人通谋为走私人提供贷款、资金、账号、发票、证明、海关单证的，与走私人通谋为走私人提供走私货物、物品的提取、发运、运输、保管、邮寄或者其他方便的，以走私的共同当事人论处"，即以上行为也应包含在"走私行为"的范围内。

### （二）违规行为

违反海关监管规定的行为是指海关管理相对人在从事运输工具、货物、物品的进出境活动或从事海关监管货物的运输、储存、加工、装配、寄售、展示等业务活动中，违反《海关法》及其他有关法律、行政法规的规定，且未构成走私的行为。主要是违反海关关于进出境监管的具体要求、监管程序和监管手续，没有按照海关规定履行应尽的义务，执法实践中简称为"违规行为"。

根据《海关行政处罚实施条例》，违反海关监管规定的行为主要有：

1. 违反国家进出口管理规定，进出口国家禁止进出口货物的；

2. 违反国家进出口管理规定，进出口国家限制进出口的货物或属于自动进出口许可管理的货物，进出口货物的收发货人向海关申报时不能提交许可证件的；

3. 进出口货物的品名、税则号列、数量、规格、价格、贸易方式、原产地、启运地、运抵地、最终目的地或者其他应当申报的项目未申报或者申报不实的；

4. 擅自处置监管货物，违规存放监管货物，监管货物短少灭失且不能提供正当理由的，未按规定办理保税手续，单耗申报不实，过境、转运、通运货物违规，暂时进出口货物违规的；

5. 报关单位违规（非法代理、行贿、未经许可从事报关业务、骗取许可）；

6. 其他违法（中断监管程序，伪造、变造、买卖单证，进出口侵犯知识产权货物等）。

### （三）走私行为与违规行为的区别

《海关法》和《海关行政处罚实施条例》将违反《海关法》及其他有关法律、行政法规的行为分为走私行为和违规行为。这是两类性质完全不同的行为，有着本质的不同。

第一，主观故意不同。走私具有很强的主观目的性，其行为的目的就是在于偷逃国家应缴税款或逃避国家对进出境运输工具、货物、物品的禁止或限制性管制，并往往有针对性地采取各种伪装欺骗手法企图逃避海关监管。而违规行为在主观认识上通常表现为“过失”状态，没有很明确的追求逃税、逃证的主观目的性，通常也不会采取有针对性的欺骗手法来逃避海关监管。

第二，客观行为不同。走私是为了达到逃税、逃证的目的，通常会采取欺骗手法逃避海关监管而且这种逃避海关监管的手法是行为人在明知或应知条件下有针对性采取的。而违规行为一般都不会采取欺骗手法来掩饰自己的过失行为，其行为往往没有明确的逃税、逃证的针对性和目的性，多是在程序和手续方面不履行海关规定。

第三，行为危害结果不同。走私行为侵害的主体是国家关于运输工具、货物、物品进出境税收和管制的实体性规定，通常会产生逃税、逃证的实质性危害。《海关行政处罚实施条例》规定的走私行为和按走私行为论处的行为都会直接产生逃税、逃证的结果。而违规行为侵害的是海关监管的程序、手续，以及具体要求等进出境管理秩序。

走私与违规还有很多的不同之处，但是上述三个方面的区别是最基本、最直观并易于把握的。

## 二、海关行政处罚的管辖

海关行政处罚的管辖是指海关实施行政处罚权限的划分和分工。根据《海关行政处罚实施条例》，海关行政处罚的管辖原则是：

第一，由发现违法行为的海关管辖，也可以由违法行为发生地海关管辖；

第二，两个以上海关都有管辖权的案件，由最先发现违法行为的海关管辖；

第三，管辖不明确的案件，由有关海关协商确定管辖，协商不成的，报请共同的上级海关指定管辖；

第四，重大、复杂的案件，可以由海关总署指定管辖。

上述第一点、第二点针对的是明确规定的管辖；第三点针对的是不明确的情况，规定协商或指定管辖；第四点针对的是特殊情况，规定由海关总署指定管辖。一个海关只有同时具有地域管辖、级别管辖、职权管辖三个权能，才具有行政处罚权。

## 三、海关行政处罚的方式

### （一）对走私行为的行政处罚

《海关行政处罚实施条例》对走私行为规定了下列处罚方式。

1. 没收走私货物、物品及违法所得；
2. 罚款；
3. 没收专门用于走私的运输工具或者用于掩护走私的货物、物品；
4. 没收两年内三次以上用于走私的运输工具或者用于掩护走私的货物、物品；

5. 藏匿走私货物、物品的特制设备、夹层、暗格，应当予以没收或者责令拆毁①；

6. 海关准予从事海关监管货物的运输、储存、加工、装配、寄售、展示等业务的企业，构成走私犯罪或者 1 年内有 2 次以上走私行为的，海关可以撤销其注册登记；报关企业、报关人员有上述情形的，禁止其从事报关活动。

### （二）对违规行为的行政处罚

《海关行政处罚实施条例》对违规行为规定了下列处罚方式：

1. 警告。警告应严格按照法定程序实施，单独给予警告处罚的，可以适用行政处罚简易程序。

2. 罚款。《海关行政处罚实施条例》在处罚幅度上规定了上下限，减少了处罚的随意性。

3. 没收违法所得。

4. 暂停有关企业从事有关业务，情节严重的，禁止其从事报关活动。

5. 未经海关备案从事报关活动的，责令改正，没收违法所得，可以并处 10 万元以下罚款。

## 四、处罚程序

### （一）案件调查

除依法可以当场作出的行政处罚外，海关发现公民、法人或者其他组织有依法应当由海关给予行政处罚的行为的，必须全面、客观、公正地调查，收集有关证据；必要时，依照法律、行政法规的规定，可以进行检查。符合立案标准的，海关应当及时立案。

执法人员在调查或者进行检查时，应当主动向当事人或者有关人员出示执法证件。当事人或者有关人员有权要求执法人员出示执法证件。执法人员不出示执法证件的，当事人或者有关人员有权拒绝接受调查或者检查。当事人或者有关人员对海关调查或者检查应当予以协助和配合，不得拒绝或者阻挠。

海关发现的依法应当由其他行政机关或者刑事侦查部门处理的违法行为，应当制作案件移送函，及时将案件移送有关行政机关或者刑事侦查部门。

办案人员有下列情形之一的，应当回避当事人或其代理人有权申请其回避：

1. 当事人的近亲属；

2. 本人或者其近亲属与本案有利害关系的；

3. 与本案当事人有其他关系，可能影响案件公正处理的。

### （二）调查取证

海关立案后应当全面、客观、公正、及时地进行调查、搜集证据。海关调查、搜集证据，应当按照法律、行政法规及其他有关规定的要求办理。调查、搜集证据涉及国家秘密、商业秘密或者个人隐私的，海关应当保守秘密。

调查取证的手段包括查问违法嫌疑人，询问证人，依法检查运输工具和场所；查验货物、物

---

① 使用特制设备、夹层、暗格实施走私的，应当从重处罚。

品，对有关货物、物品进行取样检测、检验、检疫、技术鉴定；查询案件涉嫌单位和嫌疑人员在金融机构、邮政企业的存款及汇款，依法扣留货物、物品、运输工具、其他财产及账册、单据等资料。执法人员查询时，应当主动向当事人或者有关人员出示执法证件和海关协助查询通知书。

海关办理行政处罚案件的调查，所获取的证据主要有书证、物证、视听资料、电子数据、证人证言、当事人的陈述、鉴定意见、勘验笔录、现场笔录。证据应当经查证属实，才能作为认定事实的根据。以暴力、威胁、引诱、欺骗以及其他非法手段取得的证据，不得作为认定案件事实的根据。

**（三）调查终结**

经调查后行政处罚案件有下列情形之一的，可以终结调查：违法事实清楚，法律手续完备，据以定性处罚的证据充分；违法事实不能成立的；作为当事人的自然人死亡的；作为当事人的法人或者其他组织终止，无法人或者其他组织承受其权利义务，又无其他关系人可以追查的；案件已经移送其他行政机关或者司法机关的；其他依法应当终结调查的情形。

**（四）行政处罚适用**

不满 14 周岁的人有违法行为，不予行政处罚，但是应当责令其监护人加以管教。已满 14 周岁不满 18 周岁的人有违法行为的，从轻或者减轻行政处罚。精神病人在不能辨认或者不能控制自己行为时有违法行为的，不予行政处罚，但应当责令其监管人严加看管和治疗。间歇性精神病人在精神正常时有违法行为的，应当给予行政处罚。

违法行为轻微并及时改正，没有造成危害后果的，不予行政处罚。初次违法且危害后果轻微并及时改正的，可以不予行政处罚。对当事人的违法行为依法不予行政处罚的，海关应当对当事人进行教育。当事人有证据足以证明没有主观过错的，不予行政处罚。法律、行政法规另有规定的，从其规定。

当事人有主动消除或者减轻违法行为危害后果，受他人胁迫或者诱骗实施违法行为，主动供述海关尚未掌握的违法行为，配合海关查处违法行为有立功表现，以及法律、行政法规、海关规章规定其他应当从轻或者减轻行政处罚的情形，应当从轻或者减轻行政处罚。

发生重大传染病疫情等突发事件，为了控制、减轻和消除突发事件引起的社会危害，海关对违反突发事件应对措施的行为，依法快速、从重处罚。

违法行为在 2 年内未被发现的，不再给予行政处罚；涉及公民生命健康安全、金融安全且有危害后果的，上述期限延长至 5 年。法律另有规定的除外。前款规定的期限，从违法行为发生之日起计算；违法行为有连续或者继续状态的，从行为终了之日起计算。

实施行政处罚，适用违法行为发生时的法律、行政法规、海关规章的规定。但是，作出行政处罚决定时，法律、行政法规、海关规章已被修改或者废止，且新的规定处罚较轻或者不认为是违法的，适用新的规定。

海关可以依法制定行政处罚裁量基准，规范行使行政处罚裁量权。行政处罚裁量基准应当向社会公布。

海关总署于 2023 年年底公布了《中华人民共和国海关行政处罚裁量基准》系列（以下简称《裁量基准》），分为 3 个公告。

《裁量基准（一）》对依照《海关法》《中华人民共和国固体废物防治法》《海关行政处罚实施条例》以及有关法律、行政法规、海关规章规定处理的海关行政处罚案件制定了裁量基准。

《裁量基准（二）》对根据《国境卫生检疫法》《进出境动植物检疫法》《食品安全法》《进出口商品检验法》以及有关法律、行政法规、海关规章规定办理的海关检验检疫行政处罚案件制定了裁量基准。2025 年 2 月，海关总署对此基准进行了修订。

《裁量基准（三）》对依照《海关法》《海关行政处罚实施条例》《知识产权海关保护条例》以及有关法律、行政法规、海关规章规定办理的知识产权海关保护行政处罚案件制定了裁量基准。

**（五）法制审核**

海关对已经调查终结的行政处罚普通程序案件，应当由从事行政处罚决定法制审核的人员进行法制审核；未经法制审核或者审核未通过的，不得作出处理决定，但是快速办理的案件除外。海关初次从事行政处罚决定法制审核的人员，应当通过国家统一法律职业资格考试取得法律职业资格。

海关对行政处罚案件进行法制审核时，应当重点审核：执法主体是否合法；执法人员是否具备执法资格；执法程序是否合法；案件事实是否清楚，证据是否合法充分；适用法律、行政法规、海关规章等依据是否准确；自由裁量权行使是否适当；是否超越法定权限；法律文书是否完备、规范；违法行为是否依法应当移送其他行政机关或者司法机关处理。

**（六）告知、复核和听证**

海关在作出行政处罚决定或者不予行政处罚决定前，应当告知当事人拟作出的行政处罚或者不予行政处罚内容及事实、理由和依据，并且告知当事人依法享有的陈述、申辩、要求听证等权利。海关未依照前款规定履行告知义务，或者拒绝听取当事人的陈述、申辩，不得作出行政处罚决定或者不予行政处罚决定。在履行告知义务时，海关应当制发行政处罚告知单或者不予行政处罚告知单，送达当事人。

除因不可抗力或者海关认可的其他正当理由外，当事人应当在收到行政处罚告知单的 5 个工作日内提出书面陈述、申辩和听证申请。逾期视为放弃陈述、申辩和要求听证的权利。

当事人放弃陈述、申辩和听证权利的，海关可以直接作出行政处罚决定。当事人放弃陈述、申辩和听证权利应当有书面记载，并且由当事人或者其代理人签字或者盖章确认。

经复核后，变更原处罚告知事实、理由、依据、处罚幅度的，应当重新制发海关行政处罚告知单或不予处罚告知单。

**（七）处理决定**

海关应当根据对行政处罚案件审查的不同结果，依法作出以下决定：

1. 确有违法行为，应当给予行政处罚的，根据其情节和危害后果的轻重，作出行政处罚决定；

2. 依法不予行政处罚的，作出不予行政处罚的决定；

3. 违法事实不能成立的，不予行政处罚，撤销案件；

4. 符合“作为当事人的自然人死亡的或作为当事人的法人或者其他组织终止，无法人或者其他组织承受其权利义务，又无其他关系人可以追查的”，撤销案件；

5. 符合《海关行政处罚实施条例》规定的收缴条件的，予以收缴；

6. 应当由其他行政机关或者司法机关处理的，移送有关行政机关或者司法机关依法办理。

海关依法作出行政处罚决定或者不予行政处罚决定的，应当制发行政处罚决定书或者不予行政处罚决定书。

海关应当自行政处罚案件立案之日起6个月内作出行政处罚决定；确有必要的，经海关负责人批准可以延长期限，延长期限不得超过6个月。案情特别复杂或者有其他特殊情况，经延长期限仍不能作出处理决定的，应当由直属海关负责人集体讨论决定是否继续延长期限，决定继续延长期限的，应当同时确定延长的合理期限。上述期间不包括公告、检测、检验、检疫、技术鉴定、复议、诉讼的期间。在案件办理期间，发现当事人另有违法行为的，自发现之日起重新计算办案期限。

行政处罚决定书应当在宣告后，当场交付当事人；当事人不在场的，海关应当在7日内将行政处罚决定书送达当事人。

具有一定社会影响的行政处罚决定，海关应当依法公开。公开的行政处罚决定被依法变更、撤销、确认违法或者确认无效的，海关应当在3个工作日内撤回行政处罚决定信息并公开说明理由。

根据《海关行政处罚实施条例》的规定，收缴有关货物、物品、违法所得、运输工具、特制设备的，应当制作收缴清单送达被收缴人。

### （八）听证程序

#### 1. 海关组织听证的情形

海关拟作出下列行政处罚决定，应当告知当事人有要求听证的权利，当事人要求听证的，海关应当组织听证：

（1）对公民处1万元以上罚款、对法人或者其他组织处10万元以上罚款；

（2）对公民处没收1万元以上违法所得、对法人或者其他组织处没收10万元以上违法所得；没收有关货物、物品、走私运输工具；

（3）降低资质等级、吊销许可证件；责令停产停业、责令关闭、限制从业；其他较重的行政处罚；

（4）法律、行政法规、海关规章规定的其他情形。

#### 2. 听证时效

海关决定组织听证的，应当自收到听证申请之日起20个工作日以内举行听证，并在举行听证的7个工作日前将举行听证的时间、地点通知听证参加人和其他人员。

#### 3. 听证程序

（1）听证主持人核对当事人及其代理人、第三人及其代理人、案件调查人员的身份；

（2）听证主持人宣布听证参加人、翻译人员、检测、检验、检疫、技术鉴定人名单，询问当事人及其代理人、第三人及其代理人、案件调查人员是否申请回避；

（3）宣布听证纪律；

（4）听证主持人宣布听证开始并介绍案由；

（5）案件调查人员陈述当事人违法事实，出示相关证据，提出拟作出的行政处罚决定和依据；

（6）当事人及其代理人陈述、申辩，提出意见和主张；

（7）第三人及其代理人陈述，提出意见和主张；

（8）听证主持人就案件事实、证据、处罚依据进行提问；

（9）当事人及其代理人、第三人及其代理人、案件调查人员相互质证、辩论；

（10）当事人及其代理人、第三人及其代理人、案件调查人员作最后陈述；

（11）宣布听证结束。

**4. 听证笔录**

听证应当制作笔录，听证笔录应当载明：案由；听证参加人及其他人员的姓名或者名称；听证主持人、听证员、记录员的姓名；举行听证的时间、地点和方式；案件调查人员提出的本案的事实、证据和拟作出的行政处罚决定及其依据；陈述、申辩和质证的内容；证人证言；按规定应当载明的其他事项。

听证结束后，海关应当根据听证笔录，进行复核并作出决定。

### （九）简易程序和快速办理

**1. 简易程序**

违法事实确凿并有法定依据，对公民处以200元以下、对法人或者其他组织处以3000元以下罚款或者警告的行政处罚的，海关可以适用简易程序当场作出行政处罚决定。

执法人员当场作出行政处罚决定的，应当向当事人出示执法证件，填写预定格式、编有号码的行政处罚决定书，并当场交付当事人。当事人拒绝签收的，应当在行政处罚决定书上注明。

上述行政处罚决定书应当载明当事人的违法行为，行政处罚的种类和依据、罚款数额、时间、地点，申请行政复议、提起行政诉讼的途径和期限以及海关名称，并由执法人员签名或者盖章。

**2. 快速办理**

对不适用简易程序，但是事实清楚，当事人书面申请、自愿认错认罚且有其他证据佐证的行政处罚案件，海关可以通过简化取证、审核、审批等环节，快速办理案件。适用快速办理的情形有：

（1）适用《海关行政处罚实施条例》第十五条第一项、第二项规定进行处理的；

（2）报关企业、报关人员对委托人所提供情况的真实性未进行合理审查，或者因为工作疏忽致使发生《海关行政处罚实施条例》第十五条第一项、第二项规定情形的；

（3）适用《海关行政处罚实施条例》第二十条至第二十三条规定进行处理的；

（4）违反海关监管规定携带货币进出境的；

（5）旅检渠道查获走私货物、物品价值在5万元以下的；

（6）其他违反海关监管规定案件货物价值在50万元以下或者物品价值在10万元以下，但是影响国家出口退税管理案件货物申报价格在50万元以上的除外；

（7）法律、行政法规、海关规章规定处警告、最高罚款3万元以下的；

（8）海关总署规定的其他情形。

快速办理行政处罚案件，当事人在自行书写材料或者查问笔录中承认违法事实、认错认罚，并有查验、检查记录、鉴定意见等关键证据能够相互印证的，海关可以不再开展其他调查取证工作。海关应当在立案之日起7个工作日内制发行政处罚决定书或者不予行政处罚决定书。

#### （十）执行

海关作出行政处罚决定后，当事人应当在行政处罚决定书规定的期限内予以履行。海关作出罚款决定的，当事人应当自收到行政处罚决定书之日起15日内，到指定的银行或者通过电子支付系统缴纳罚款。海关对当事人依法作出暂停从事有关业务、情节严重的禁止其从事报关活动等行政处罚决定的，执行程序由海关总署另行制定。

当事人确有经济困难向海关提出延期或者分期缴纳罚款的，应当以书面方式提出申请。海关在收到当事人延期申请、分期执行申请后，应当在10个工作日内作出是否准予延期、分期缴纳罚款的决定，并且制发通知书送达申请人。

当事人逾期不履行行政处罚决定的，海关可以采取下列主要措施：到期当事人不缴纳罚款的，每日按照罚款数额的3%加处罚款，加处罚款的数额不得超出罚款的数额；当事人逾期不履行海关的处罚决定又不申请复议或者向人民法院提起诉讼的，海关可以将扣留的货物、物品、运输工具变价抵缴，或者以当事人提供的担保抵缴，也可以申请人民法院强制执行；根据法律规定，采取其他行政强制执行方式。

**【复习思考题】**

1. 什么是海关行政处罚？有哪些处罚方式？
2. 在哪些情形下，海关可以组织听证？
3. 在哪些情形下，海关可以使用简易程序执行行政处罚程序？

## 第六节　海关行政复议

**【学习目标】**

本节内容旨在让学习者了解我国海关行政复议的基础知识。

完成本节学习，学习者应达成以下目标：

熟悉海关行政复议的概念和种类。

**【基本概念】**

海关行政复议

**【建议学习时间】**

1课时

## 一、概述

海关行政复议是指公民、法人或者其他组织认为海关的行政行为所依据的规范性文件不合法，认为该行政行为侵犯其合法权益，依法向海关复议机关提出复议申请，请求重新审查并纠正原具体行政行为，海关复议机关按照法定程序对上述具体行政行为的合法性和适当性进行审查并作出决定的海关法律制度。

海关行政复议具有以下特征：海关行政复议的申请人是公民、法人或者其他组织；海关行政复议的被申请人是作出具体行政行为的海关；海关行政复议是因公民、法人或其他组织认为海关具体行政行为侵犯其合法权益而引起的；海关行政复议机关是作出具体行政行为海关的上一级海关。对海关总署直接作出的具体行政行为不服而申请复议的，海关总署是复议机关。

根据有关法律、行政法规的规定，公民、法人或者其他组织对海关具体行政行为不服的，可以申请行政复议。

海关具体行政行为中，确定纳税人、计税价格、商品归类、原产地、适用税率和汇率、减征或者免征税款、补税、退税、征收滞纳金、计征方式、纳税地点，以及其他涉及税款征收的具体行政行为，即因纳税争议而产生的事项，公民、法人或者其他组织应当依据《海关法》的规定先向海关行政复议机关申请行政复议，对海关行政复议决定不服的，再向人民法院提起行政诉讼，即实行复议前置的原则。

## 二、海关行政复议的管辖

海关行政复议的管辖，是指有关海关复议机关在受理海关行政复议案件上的分工和权限。

海关行政复议实行上级复议的原则，即对海关具体行政行为不服申请复议的，作出该具体行政行为海关的上一级海关为复议机关。对海关总署作出的具体行政行为不服申请复议的，海关总署为复议机关。两个以上海关以共同的名义作出具体行政行为的，其共同的上一级海关为复议机关。海关与其他行政机关以共同的名义作出具体行政行为的，海关和其他行政机关的共同上一级行政机关为复议机关。

对海关总署与国务院其他部门共同作出的具体行政行为不服的，由海关总署、国务院其他部门共同作出处理决定。

海关设立的派出机构、内设机构或者其他组织，未经法律、行政法规授权，对外以自己名义作出具体行政行为的，该海关的上一级海关为复议机关。

## 三、海关行政复议当事人

海关行政复议申请人，是指认为自己的合法权益受到海关具体行政行为的侵犯，依法向海关复议机关申请行政复议的公民、法人或者其他组织。

公民、法人或者其他组织对海关作出的具体行政行为不服申请行政复议的，作出该具体行政行为的海关是被申请人。两个以上海关以共同的名义作出具体行政行为的，以作出具体行政行为的海关为共同被申请人。海关与其他行政机关以共同的名义作出具体行政行为的，海关和其他行政机关为共同被申请人。下级海关经上级海关批准后以自己的名义作出具体行政行为的，以作出批准的上级海关为被申请人。

海关设立的派出机构、内设机构或者其他组织，未经法律、行政法规授权，对外以自己名义作出具体行政行为的，以该海关为被申请人。

在行政复议期间，申请人以外的公民、法人或者其他组织认为与被审查的海关具体行政行为有利害关系的，可以向海关行政复议机构申请作为第三人参加行政复议；海关行政复议机构认为申请人以外的公民、法人或者其他组织与被审查的具体行政行为有利害关系的，应当通知其作为第三人参加行政复议。

## 四、海关行政复议的程序

### （一）申请

公民、法人或者其他组织认为海关具体行政行为侵犯其合法权益的，可以自知道该具体行政行为之日起60日内提出行政复议申请；但是法律规定的申请期限超过60日的除外。因不可抗力或者其他正当理由耽误法定申请期限的，期限自障碍消除之日起继续计算。

申请人可以以书面形式，也可以以口头形式申请行政复议。口头申请的，复议机构应当当场制作行政复议申请笔录，交申请人核对或者向申请人宣读，并且由其签字确认。

### （二）申请受理

海关行政复议机关收到行政复议申请后，对复议申请进行审核。不予受理的，应制作行政复议申请不予受理决定书，并送达申请人。凡是符合法定的范围、条件和要求的，自收到复议申请书之日起5个工作日内作出受理决定，并制作行政复议申请受理通知书和行政复议答复通知书分别送达申请人和被申请人，行政复议申请自海关行政复议机构收到之日起即为受理。

申请人就同一事项向两个或者两个以上有权受理的海关申请行政复议的，由最先收到行政复议申请的海关受理；同时收到行政复议申请的，由双方在10日内协商确定；协商不成的，由共同上一级海关在10日内指定受理海关。

两个以上的复议申请人对同一海关具体行政行为分别向海关复议机关申请复议，或同一申请人对同一海关的数个相同类型或者具有关联性的具体行政行为分别向海关行政复议机关申请行政复议的，海关复议机关可以并案审理，并以后一个申请复议的日期为正式受理的日期。

### （三）审理

海关行政复议的审理工作是指海关行政复议机关受理复议案件后，对复议案件的事实是否清楚、适用依据是否准确、程序是否合法等方面进行的全面审查。

每一个海关行政复议案件由不得少于三人的、单数的行政复议人员实行合议制审理，由其中一名行政复议人员担任主审。对事实清楚、案情简单、争议不大的案件，也可以不适用合议制，但是应当由两名以上行政复议人员参加审理。

案件审理中，复议机构应当向有关组织和人员调查情况，听取申请人、被申请人和第三人的意见；海关行政复议机构认为必要时可以实地调查核实证据；对于事实清楚、案情简单、争议不大的案件，可以采取书面审查的方式进行审理。同时，申请人、第三人也可以申请查阅被申请人提出的书面答复、提交的作出具体行政行为的证据、依据和其他有关材料。

审理后，复议机关对复议案件提出处理意见。行政复议期间海关具体行政行为不停止执行，但具有法定情形的，可以停止执行。

**（四）听证**

案件受理后，对于申请人提出听证要求的，申请人与被申请人对事实争议较大的，申请人对具体行政行为适用依据有异议的，案件重大复杂或者争议的标的价值较大的，以及海关行政复议机构认为有必要听证的其他情形，海关行政复议机构可以采取听证的方式审理。除涉及国家秘密、商业秘密、海关工作秘密或者个人隐私的案件外，听证应当公开举行。

**（五）决定**

海关复议机构在对案件依法审理后，提出处理意见，经海关行政复议机关负责人审查批准后，作出复议决定。

行政复议机关应当自受理复议申请之日起60日内作出行政复议决定。在规定情形下，经海关行政复议机关负责人批准，可以延长30日。

海关行政复议机关延长复议期限的，应当制作延长行政复议审查期限通知书，并送达申请人、第三人、被申请人。

复议决定的种类包括：

1. 决定维持；
2. 决定被申请人限期履行法律职责；
3. 责令被申请人在一定期限内重新作出具体行政行为；
4. 变更决定；
5. 撤销决定；
6. 复议决定的特殊形式。除上述五种情形外，还规定了其他的情形，主要有决定驳回行政复议申请、申请人自愿撤回行政复议申请、“复议变更不利禁止”等。

## 五、和解与调解

对于符合条件的案件，可以遵循自愿、合法、公正、合理、及时、便民原则，进行复议和解、调解。但是，行政复议和解、调解不是办理行政复议案件的必经程序。

## 【复习思考题】

1. 海关行政复议的范围有哪些？
2. 如果申请人对上海浦东海关的行政行为申请复议，其复议机关应为哪个海关？

# 第七节 海关行政申诉

**【学习目标】**

本节内容旨在让学习者了解我国海关行政申诉的基础知识。

完成本节学习，学习者应达成以下目标：

熟悉海关行政申诉的概念和范围。

**【基本概念】**

海关行政申诉

**【建议学习时间】**

1 课时

## 一、概述

海关行政申诉是指公民、法人或者其他组织不服海关作出的具体行政行为但在法定期限内未申请行政复议或提起行政诉讼的，或者不服海关行政复议决定但在法定期限内未提起行政诉讼的，向海关提出申诉请求，海关对原具体行政行为的合法性和适当性进行审查并作出处理决定的法律救济措施。

海关申诉制度作为一种为公民、法人和其他组织提供法律救济手段的制度，是围绕着有错必纠，便民利民，切实保护公民、法人和其他组织合法权益的原则和目标模式设计和运作的。这是对已经丧失行政复议和诉讼救济权利的当事人，本着保护当事人合法权益、实事求是、有错必纠的原则，再给当事人一次陈述理由、申辩意见的机会。

海关办理申诉的案件包括：

1. 公民、法人或者其他组织不服海关作出的具体行政行为但在法定期限内未申请行政复议或提起行政诉讼的，向海关提出申诉请求的案件；

2. 公民、法人或者其他组织不服海关行政复议决定但在法定期限内未提起行政诉讼的，向海关提出申诉请求的案件；

3. 海关有关部门接到公民、法人或者其他组织的信访、投诉，如涉及海关具体行政行为或者行政复议决定的合法性问题，由申诉人按规定提出申诉要求而转送海关申诉审查部门的申诉案件。

## 二、海关行政申诉的管辖

申诉人可以向作出原具体行政行为或者复议决定的海关提出申诉，也可以向其上一级海关提出申诉。

对海关总署作出的具体行政行为或者复议决定不服的，应当向海关总署提出申诉。海关总署认为必要时，可以将不服广东省内直属海关作出的具体行政行为或者行政复议决定向海关总署提出申诉的案件，交由广东分署办理。

对海关调查、缉私部门经办的具体行政行为不服的申诉案件由调查、缉私部门具体负责办理；对其他海关具体行政行为和复议决定不服的申诉案件由负责法制工作的机构具体负责办理。

## 三、海关行政申诉程序

### （一）申请和受理

申诉人提出申诉应当递交书面申诉材料，申诉材料中应写明申诉人的基本情况、明确要求撤销或者变更海关原具体行政行为的申诉请求、具体事实和理由。

海关申诉审查部门收到申诉人的书面申诉材料后，应当在 5 个工作日内进行审查，作出受理或不予受理的决定。决定受理申诉的，海关申诉审查部门收到书面申诉材料之日为受理之日。对不予受理的，书面告知申诉人不予受理的理由。

具体行政行为尚在行政复议、诉讼期限内，或者行政复议决定尚在行政诉讼期限内的，应当及时告知申诉人有权依法申请行政复议或者向人民法院提起行政诉讼。

符合海关办理申诉案件规定，但需要转送其他海关处理的，应当将申诉材料转送相应海关，同时书面通知申诉人，由接受转送的海关办理。

### （二）审查

申诉案件的审查，原则上采取书面审查的办法。申诉人提出要求或者申诉审查部门认为有必要时，可以向有关组织和人员调查情况，听取申诉人、与申诉案件有利害关系的第三人的意见，听取作出原具体行政行为或者复议决定的海关或者原经办部门的意见。

调查情况、听取意见必要时可以采用听证的方式。

原具体行政行为、复议决定的经办人员不得担任申诉案件的审理人员。

### （三）处理

海关应当在受理申诉之日起 60 日内作出处理决定。情况复杂的案件，经申诉审查部门负责人批准，可以适当延长，但延长期限最多不超过 30 日。延长审查期限应当书面通知申诉人。

海关经对申诉案件进行审查，应当区分不同情况作出处理决定。上级海关办理的对下级海关的具体行政行为或者复议决定不服的申诉案件，处理决定应当同时送达下级海关。

## 四、救济途径

经申诉后，申诉人对海关改变原行政行为或者作出新的行政行为仍不服的，可以依据《中华人民共和国行政复议法》和《中华人民共和国行政诉讼法》（以下简称《行政诉讼法》）的规定向复议机关申请行政复议，或者是向人民法院提起行政诉讼。对于驳回当事人申诉请求的，根据《最高人民法院关于执行〈中华人民共和国行政诉讼法〉若干问题的解释》，驳回当事人对行政行为提起申诉的重复处理行为，不属于人民法院行政诉讼的受案范围，同理，也不属于行政复议的受案范围。

## 【复习思考题】

海关行政申诉的范围有哪些？

## 本章练习题

### 一、选择题

1. AEO 的含义是（　　）。

A. 高级认证企业　　B. 经认证的经营者　　C. 国际海关认证企业　　D. 守法企业

2. 根据高级认证企业标准对数据管理的要求，系统数据自进出口货物办结海关手续之日起保存（　　）年以上。

A. 1　　B. 2　　C. 3　　D. 4

3. 下列属于“高级认证企业认证标准”的有（　　）。

A. 连续两年无走私罪、走私行为

B. 每年至少内审一次

C. 连续两个季度单季规范申报率超过 85%

D. 连续两年未发现有向海关人员行贿的行为

4. AEO 高级认证进出口货物收发货人企业标准中有关集装箱安全的“七点检查法”包括（　　）。

A. 前壁、左侧、右侧　　B. 内/外门

C. 外部/起落架　　D. 地板、顶部

5. 联合惩戒的措施主要有（　　）。

A. 在一定期限内，对有走私罪的海关失信企业，列入黑名单

B. 在一定期限内，依法限制参与政府采购活动

C. 实施进出口货物单证重点审核、适用较高的进出口货物查验率

D. 对有走私行为、走私罪的海关失信企业，直接列为外汇部门 C 类企业，实行限制性管理措施

6. （　　）属于列入海关统计的进出口货物。

A. 易货贸易货物　　B. 暂时进出货物　　C. 退运货物　　D. 过境货物

7. 下列有关暂时进出境监管制度的正确描述有（　　）。

A. 货物进（出）境前向海关办理登记备案手续

B. 货物进（出）境时向海关提供担保

C. 货物进（出）境后用于特定目的，海关给予特定减免税优惠

D. 在规定的期限内复运出（进）境，办理销案手续后结关

8. 在进出境报关过程中，对（　　）的担保不属于办理特定海关业务担保范围。

A. 暂时进出境货物　　B. 有归类争议的货物

C. 进境修理物品　　D. 进口租赁货物

9. 国内 A 公司进口亚太贸易协定下货物（协定税率 3%，最惠国税率 7%，暂定税率 5%，普通税率 30%）一批，经海关批准办理担保后先予提取货物，担保期限至 2016 年 8 月 30 日。A

公司于9月3日提交有效原产地证书向海关申请担保销案。这种情况该批货物应适用的关税税率为（　　）。

A. 3%　　B. 5%　　C. 7%　　D. 30%

10.（　　）可以向海关申请提前放行货物担保。

A. 进出口货物的商品归类存在争议尚未确定的

B. 在纳税期限内税款尚未缴款的

C. 进口许可证尚未提供的

D. 有效报关单证尚未提供的

11. 以下情形中，海关不予担保放行的是（　　）。

A. 货物滞报，滞报金尚未缴纳的

B. 进出口货物的商品归类、计税价格、原产地尚未确定的

C. 货物属于进口许可证管理，而企业不能提供进口许可证的

D. 在纳税期限内，税款尚未缴纳的

12. 风险类保证金包括（　　）。

A. 对涉及知识产权保护收取的保证金

B. 对加工贸易企业收取的保证金

C. 对同一经营单位申请将剩余料件结转到另一加工厂收取的保证金

D. 对租赁进出口货物、物品收取的保证金

13.（　　）属按走私行为论处的行为。

A. 明知是走私进口的货物、物品，直接向走私人非法收购的

B. 违反国家进出口管理规定，进出口国家禁止进出口货物的

C. 擅自处置、违规存放海关监管货物的

D. 进出口货物品名、税则号列、数量、价格等应当申报的项目未申报或申报不实的

14. 对于违反海关监管规定的行为，海关行政处罚的基本形式不包括（　　）。

A. 警告　　B. 罚款　　C. 没收违法所得　　D. 报关差错计分

15. 海关对公民、法人或其他组织的行政处罚，应当同其违反海关法行为的事实、性质、情节及危害程度相当，这一原则是海关行政处罚基本原则中的（　　）。

A. 公正原则　　B. 公开原则

C. 救济原则　　D. 处罚与教育相结合原则

16. 海关在货物实际进出口前，应对外贸易经营者申请，对实际进出口活动有关海关事务做出具有普遍约束力的决定的行为是（　　）。

A. 海关稽查　　B. 海关行政预裁定

C. 海关事务担保　　D. 海关行政处罚

17. 知识产权权利人要求海关扣留不足人民币2万元的货物的，应提供（　　）的担保。

A. 1万元　　B. 相当于货物价值

C. 相当于货物价值50%　　D. 2万元

18. 知识产权海关保护备案自海关总署核准备案之日起生效，有效期为（　　）年。

A. 5　　B. 10　　C. 20　　D. 30

二、判断题

1. 我国海关对高级认证企业每两年重新认证一次。(　　)

2. 过境货物、通运货物、转运货物、退运货物、租赁货物，均不列入海关统计。(　　)

3. 未经海关许可，擅自开拆、提取、交付、发运、调换、改装、抵押、转让海关监管货物或者海关未放行的进出境物品的，属于走私行为。(　　)

4. 海关行政处罚范围不包括认定和惩罚走私罪。(　　)

5. 我国境内企业的自有货物出口至美国，其原产地不属于海关预裁定的适用范围。(　　)

6. 没有向海关备案或者已备案的知识产权权利人，如果发现即将进出口的货物涉嫌侵犯其知识产权的，都可以向货物进出境地海关依法提出扣留侵权嫌疑货物的申请。(　　)

7. 在海关依职权保护模式下，知识产权权利人向海关提供的担保不低于人民币 20 万元。(　　)

三、综合案例题

2024 年 6 月蛇口海关稽查科对深圳市 AB 有限公司进行稽查，经稽查发现，该公司在 2022 年 9 月至 2023 年 7 月以一般贸易方式进口商品，其关联公司 AB（香港）公司在该期间为深圳 AB 公司支付了与该公司进口货物相关的运保费等合计 280600 元人民币，由于该司报关员工作疏忽，误将报关单中的 FOB 成交方式填报为 CIF，导致部分费用未向海关申报，涉税 5.2 万元人民币。

请就本案例回答下列相关问题：

1. 该企业的行为属于（　　）

A. 走私行为　　B. 涉嫌走私罪

C. 违反海关监管规定行为　　D. 按走私行为论处的行为

2. 蛇口海关对该企业可采用的处罚方式有（　　）。

A. 警告　　B. 罚款

C. 没收非法所得　　D. 暂停或取消从事报关业务

3. 蛇口海关于 2024 年 8 月将“行政处罚告知单”送达当事人单位，对当事人处罚款人民币 2.2 万元。该企业可以（　　）。

A. 要求举证听证　　B. 向蛇口海关申请行政复议

C. 向上一级海关申请行政复议　　D. 向人民法院起诉

4. 如该企业未采取上述第三题的相关措施且逾期未交罚款的，海关可以（　　）。

A. 可以按日征收罚款数额的 3%加处罚款

B. 可以按日征收罚款数额的 0.3%加处罚款

C. 追究企业法人的刑事责任

D. 申请人民法院强制执行

5. 该企业在收到海关稽查通知后，进行自查，发现了该问题，并主动向海关报告，那么（　　）。

A. 该企业的行为属于主动披露，可以从轻或减轻行政处罚

B. 该企业的行为属于主动披露，但向海关报告时已接收到海关的稽查通知，所以，不可以对该企业从轻或减轻行政处罚

C. 因该企业向海关报告时已接收到海关的稽查通知，所以该企业的行为不属于主动披露

D. 由于该企业的行为不属于主动披露，所以不能根据是否主动披露对该企业从轻或减轻行政处罚

# 第二篇

# 关务合规实务基础知识

# 导 读

合规（Compliance）是指一个公司或主体的经营行为必须遵守法律法规、监管政策、行业准则与标准、公司内部自我准则中所规定的要求并履行相应义务。关务是一个涉及通关、物流、外汇、成本、税收，以及内部作业单证、作业程序、核算方式等一系列专业问题和政策法规的综合性业务。它不仅关系到企业物流、资金流、信息流和内部控制系统，更关系到企业的运营成本、竞争能力，乃至企业的生存和发展。

近年来，海关通关改革持续推进。企业在享受通关便利的同时，也深刻感受到海关对其关务合规性更加严格的监管，企业只有建立全面的关务管理体系和内控流程，才能具备满足海关业务合规性的基础。因此，企业要以体系管理的思维视角，高度重视关务业务的实际运营和管理，建立健全高效运作的关务管理体系和内控流程。

贸易政策与管制、海关估价方法、原产地规则以及进出口商品归类，是进行关务合规工作必须掌握的核心知识和技术能力，本篇将介绍这四部分的基础知识。只有掌握了这四部分关务合规基础知识，才能够基本完整地从事关务工作。

本篇课时安排见下表。

<table>
<tr><td rowspan="16">第二篇　总课时<br>（30 课时，不含练习）</td><td rowspan="3">第四章（10 课时）</td><td>第一节</td><td>2 课时</td></tr>
<tr><td>第二节</td><td>2 课时</td></tr>
<tr><td>第三节</td><td>6 课时</td></tr>
<tr><td rowspan="4">第五章（7 课时）</td><td>第一节</td><td>1 课时</td></tr>
<tr><td>第二节</td><td>2 课时</td></tr>
<tr><td>第三节</td><td>2 课时</td></tr>
<tr><td>第四节</td><td>2 课时</td></tr>
<tr><td rowspan="6">第六章（8 课时）</td><td>第一节</td><td>1 课时</td></tr>
<tr><td>第二节</td><td>1 课时</td></tr>
<tr><td>第三节</td><td>2 课时</td></tr>
<tr><td>第四节</td><td>2 课时</td></tr>
<tr><td>第五节</td><td>1 课时</td></tr>
<tr><td>第六节</td><td>1 课时</td></tr>
<tr><td rowspan="3">第七章（5 课时）</td><td>第一节</td><td>1 课时</td></tr>
<tr><td>第二节</td><td>2 课时</td></tr>
<tr><td>第三节</td><td>2 课时</td></tr>
</table>

# 第四章 贸易政策与贸易管制

## 学习目标

**知识目标**

- 了解我国国际贸易政策的分类与作用
- 熟悉我国进出口贸易管制的主要内容、对象与方式
- 掌握我国进出口贸易管制政策下主要货物的报关规范

**技能目标**

- 能根据国际经济与贸易形势，正确分析国际贸易政策的适应性
- 能根据贸易管制措施及其报关规范办理许可证件
- 能根据我国贸易管制措施的相关规定，规范办理进出口货物和技术的通关手续

**素养目标**

- 具有洞察国际经济形势与政策的能力
- 具有国际视野，能够树立总体国家安全观
- 具有自觉维护国家和企业利益的职业道德，遵守国际国内贸易法律法规

## 第一节 贸易政策与贸易管制概述

**【学习目标】**

本节主要介绍贸易政策、贸易管制措施的基本类型与基本概念，旨在让学习者了解国际贸易政策与贸易管制是一国政府对进出口贸易活动进行指导、控制和调节的行为，为学习海关如何实施贸易政策与贸易管制措施奠定基础。

完成本节学习，学习者应达成以下目标：

1. 了解贸易政策的目标以及自由贸易和贸易保护两类政策的基本特征；
2. 掌握关税措施、非关税措施、鼓励出口措施和特殊经济区域措施等贸易政策的基本概念和含义；
3. 了解贸易管制的目标及其与海关监管的关系。

**【基本概念】**

贸易政策、自由贸易政策、贸易保护政策、关税壁垒、非关税壁垒、特殊经济区域、贸易管制

**【建议学习时间】**

2 课时

贸易管理是指一国政府以国家法律、法规、方针政策为依据，从国家宏观经济利益和对内、对外政策的需求出发，对进出口贸易活动进行指导、控制和调节的行为。

### 一、贸易政策

贸易政策是对一国在一个时期内对外贸易管理中所制定和实施的各项管理制度和措施的总称，是一国政府在其社会经济发展战略的总目标下，运用经济，法律和行政手段，对进出口贸易活动进行的有组织的管理和调节的行为，随着国内外的经济基础和政治关系的变化而调整。

#### （一）贸易政策的种类

在社会经济发展的不同时期，不同国家会选择不同的贸易政策，贸易政策主要可以分为两类：自由贸易政策和贸易保护政策。

自由贸易政策提倡国家取消对进出口贸易的限制和障碍，取消对本国商品与服务的各类特权与优惠，政府不干预国际贸易活动，以使各国能够充分实现建立在比较优势基础上的国际分工，从而使世界范围内生产与交换的效率提高，各国也能从中获得最大化的福利。

贸易保护政策则提倡国家广泛利用限制进口的各种措施和设置各种障碍，以保护本国市场免

受外国货物、服务与技术的竞争，并采取各种措施促进本国商品和服务的出口。

贸易政策是一国为保护本国经济利益，推行本国对外政策，保障本国政治目的和安全而制定的。为了实现上述目的，各国都要根据其不同时期的不同经济利益或安全和政治需要，适时调整贸易政策。世界范围内占主导地位的贸易政策也是交替出现的，一般情况下经济繁荣时期会选择自由贸易政策，而经济陷入萧条时又掀起贸易保护浪潮。

### （二）贸易政策实现的方式

贸易政策确定以后，一般是通过以下方式实现的。

**1. 通过海关对进出口贸易进行管理**

国家在对外开放的口岸和海关监管业务集中的地点设立海关。海关的主要职能是对进出关境的货物、物品和运输工具实施监督管理，征收关税和代征法定的其他税费，查缉走私并编制海关统计和办理其他海关业务。一切进出关境的货物、物品和运输工具，除国家法律另有规定外，都要在进出关境时向海关申报，接受海关检查（查验）。海关这种特殊的管理职能决定了海关监管是实施国际贸易政策的有效行政管理手段。

**2. 由国家设立机构依据职能分工管理**

贸易政策属于一国经济政策的范畴，其制度、措施的落实，须有政府各行政管理部门的参与。各行政管理部门依据职责的分工，围绕贸易政策的实施，制定、颁布各类法令、管理制度与措施，下发各类许可证件或相关文件，制定促进进出口贸易发展的举措。

**3. 由政府出面参与国际协调管理**

由政府出面加入各种国际贸易、关税等机构与组织，出面进行国际贸易、关税方面的协调与谈判，参与制定有利于公平贸易的国际规则，缔结有关促进国际贸易发展的国际协定或公约。

### （三）贸易政策采用的措施

贸易政策措施是一国政府围绕本国贸易政策原则，根据经济发展需要，在不同时期，对进出口贸易采取的具体针对性管理策略。纵观国际贸易的发展，各国采用的主要措施如下。

**1. 关税措施**

关税措施是指以关税的经济手段来保护本国经济，调节进出口贸易。根据国家关系，设置不同关税标准，达到贸易促进、发展、维护或抑制的作用。在进口方面，通过设置较高税率，增加进口商品的成本以限制进口，保护本国同类产业的发展；通过设置较低税率或免税，鼓励本国不能生产或者生产不足的原料、半成品、生活必需品等的进口，以满足国内生产和生活需要；当贸易逆差过大时，提高关税或征收进口附加税以限制商品进口缩小贸易逆差；当贸易顺差过大时，通过减免关税、扩大进口，缩小贸易顺差。在出口方面，通过低税、免税等手段影响商品的价格，来提高本国商品的竞争力，鼓励商品的出口，促进本国优势产业的发展。

**2. 非关税措施**

非关税措施也称非关税贸易壁垒，是与关税措施相对而言的，指除关税以外影响一国国际贸易的主要政策措施，主要体现在用行政手段限制进口。随着关税的大幅度下降，世界贸易组织各成员方越来越多地借助非关税贸易壁垒作为贸易保护措施。因此，在世界贸易组织货物贸易多边协定中，有一些协议专门处理可能对贸易造成障碍的非关税措施问题，例如，《技术性贸易壁垒协议》

《进口许可程序协议》《原产地规则协定》《装运前检验协议》《与贸易有关的投资措施协议》等。

（1）非关税措施的特点

①制定迅速，容易实施

关税税率的制定往往需要立法程序，一旦以法律的形式确定下来，便具有相对的稳定性，且受到最惠国待遇条款的约束，进口国（地区）往往难以做到有针对性的调整。

非关税措施的制定和实施，则通常采用行政手段，进口国（地区）可根据不同的国家（地区）作出调整，因而具有较强的灵活性和针对性。

②允许正当的限制进口

关税措施是通过征收高额关税，提高进口商品的成本来削弱其竞争力。若出口国（地区）政府对出口商品予以出口补贴或采取倾销的措施销售，则关税措施难以达到预期效果。基于保护生态环境、国民健康和经济全球化的考量，世界贸易组织和其前身《关税与贸易总协定》都允许正当的非关税措施，但在应用时要公正、透明、规范，因此各国（地区）更倾向于利用非关税措施来限制进口。

③比较隐蔽，不易发现

一国（地区）的关税一旦确定下来，往往以法律法规的形式公布于世，进口国（地区）只能依法行事。而非关税措施往往与环保、技术等结合，规定了烦琐复杂的标准或程序，且经常变化，使出口商难以适应。而且，有些非关税措施就是针对某些国家（地区）的某些产品设置的。

（2）非关税措施的主要形式

非关税措施名目繁多，主要形式有以下几种。

①进口配额制

进口配额制（Import Quotas）又称进口限额制，指一国（地区）政府在一个时期内（如一年），对某些进口商品的数量或金额进行直接限制。在规定的时期内凡属限额或限量内的货物可以进口，超过限额或限量的部分一律不许进口，或者征收高额关税、罚款后才能进口。进口配额有绝对配额和关税配额两种。

②进口许可证件

一些国家（地区）为了管制国际贸易，规定进口商品必须领取许可证件，否则一律不许进口。

例如，消耗臭氧层物质需提供国家消耗臭氧层物质进出口管理办公室签发的受控消耗臭氧层物质进口审批单，重点旧机电产品需提供商务部产业司机电产品进口证件领取凭证及其他相关资质证件，方可申领进口许可证。

③海关归类和估价

各国（地区）海关按国际上惯常的做法，依照一定的原则，通过立法的形式，确定进出口商品归类及估价方法的制度。有些国家的海关根据某些特殊规定，提高进口商品的海关估价，从而增加进口商品的关税负担，达到限制进口的目的。

④国内税

通常国内税不受贸易条约或协定的限制，其制定与执行由中央政府或地方政府管理，通过设立各种国内税，可达到限制商品进口的目的。

⑤歧视性政府采购

政府采购是指政府为政府机关自用或为公共目的而选择购买货物或服务的活动，其所购买的货物或服务不用于商业转售或供商业销售的生产。歧视性政府采购是指国家制定法令，规定政府机构在进行采购时要优先考虑购买本国产品，只有在特殊情况下才能向国外购买，从而对国外产品形成歧视和限制。例如，美国的《购买美国货法案》规定，凡是美国联邦政府所要采购的货物，应该是美国制造的，或是由美国原料制造的。

⑥技术性贸易壁垒

为了限制进口，规定复杂、苛刻的工业产品技术标准、卫生检疫规定以及商品包装和标签规定，这些标准和规定往往以维护消费者安全和人民健康的理由来制定。有些规定十分复杂，经常变化，使外国产品难以适应，从而起到限制进口的目的。

⑦烦琐的海关手续

用难以做到的复杂、烦琐的海关通关手续，起到限制进口的作用。例如，进口商办理通关手续时，被海关要求提供非常复杂或难以获得的资料，甚至商业秘密资料，从而增加进口产品的成本，影响其顺利进入进口国（地区）市场；通关程序耗时冗长，使得应季的进口产品（如应季服装、农产品等）失去贸易机会等。

**3. 鼓励出口措施**

鼓励出口措施是指国家为了支持和鼓励本国相关产业的发展或具有竞争力的商品出口，对出口企业实施的具体帮助措施，主要有以下几种。

（1）出口信贷

出口信贷是指一个国家为了支持和鼓励本国成套技术设备、大型工程项目出口，增强国际竞争力，通过银行对本国出口厂商或国外进口厂商提供较低利率的贷款，以解决本国出口商资金周转的困难，或满足国外进口商对本国出口商支付货款需要的一种促进出口的方式。

出口信贷国家担保是国家为了扩大出口，向本国出口厂商或商业银行提供的信贷，由国家设立专门机构出面担保，当外国债务人拒绝付款时，由其按照承保的数额给予补偿。

（2）出口补贴

出口补贴，又称出口津贴，是一国政府为了降低出口商品的价格，增强其在国外市场上的竞争力，给予出口厂商出口某种商品时的现金补贴或财政上的优惠。出口退税可以降低出口商品的成本和价格，是国际贸易中常用的鼓励出口的措施，它不属于不公平贸易行为。

（3）商品倾销

商品倾销就是指出口商以低于国内市场价格，甚至低于商品生产成本的价格，集中或持续地大量向国外市场抛售商品的行为。

（4）外汇倾销

外汇倾销就是利用本国货币对外贬值的机会扩大出口。本国货币贬值，则用外币表示的本国出口商品的价格就会降低，本国出口商品竞争力提高，有利于扩大出口。同时，用本币表示的进口商品的价格增加，进口商品竞争力下降，有利于限制进口。但外汇倾销是有条件的：货币贬值的程度大于国内物价上涨的程度；他国不同时实行同等程度的货币贬值或采取其他报复措施。

（5）促进出口的组织措施

由国家采取设立专门组织，研究与制定出口战略，加强商业情报服务，组织贸易中心和商品展览会，以及组织贸易代表团出访和接待来访等措施来扩大出口。

**4. 特殊经济区域措施**

特殊经济区域是一个国家在其境内划出一定范围，在内建造码头、仓库、厂房等基础设施和对进区货物实行免除关税等优惠待遇，吸引境内外企业入驻从事贸易与出口加工工业等经营活动的区域。建立特殊经济区域的目的是促进国际贸易发展，繁荣本地区和邻近地区的经济。《中华人民共和国外商投资法实施条例》中指出，特殊经济区域是经国家批准设立、实行更大力度的对外开放政策措施的特定区域。

特殊经济区域形式多样，一般主要有以下四类。

（1）自由贸易区（自由港）

自由贸易区有两个本质上存在差异很大的概念：一个是 FTA，另一个是 FTZ。二者中文名称一样，会造成理解和概念上的混乱。

自由贸易区（Free Trade Area，简称“FTA”），是指两个及以上的主权国家或单独关税区，通过签署协定，在世界贸易组织最惠国待遇基础上，相互进一步开放市场，分阶段取消绝大部分货物的关税和非关税壁垒，改善服务和投资的市场准入条件，从而形成的实现贸易和投资自由化、涵盖各成员全部关税领土的特定区域。取消限制，开放投资，从而促进商品、服务和资本、技术、人员等生产要素的自由流动，实现优势互补，促进共同发展。其特点是由两个或多个经济体组成集团，集团成员相互之间实质上取消关税和其他贸易限制，但又各自独立保留自己的对外贸易政策。目前，世界上已有北美自由贸易区（简称“NAFTA”，成员包括美国、加拿大、墨西哥）、美洲自由贸易区（简称“FTAA”，成员包括美洲 34 国）、中欧自由贸易区（简称“CEFTA”，成员包括波兰、匈牙利、捷克、斯洛伐克、斯洛文尼亚、罗马尼亚和保加利亚）、东盟自由贸易区（简称“AFTA”，成员包括东盟十国）、欧盟与墨西哥自由贸易区、中国与东盟自由贸易区（CAFTA）等。2021 年 1 月 1 日起，世界上成员方最多的自贸区——非洲大陆自由贸易区（AfCFTA）正式启动。2022 年 1 月 1 日，RCEP 生效实施，全球最大自由贸易区正式启航，成员包括中国、日本、韩国、澳大利亚、新西兰以及东盟十国。

自由贸易区（Free Trade Zone，简称“FTZ”），又称对外贸易区（Foreign Trade Zone）或免税贸易区（Tax-Free Trade Zone），是指某一国家（地区）在境内设立的实行优惠税率和特殊监管政策的小块特定区域。境外货物进入该区域后，被免于征收进口税费，视为在关境之外。目前许多国家境内单独建立的自由港、自由贸易区都属于这种类型，如德国汉堡自由港、巴拿马科隆自由贸易区等。

FTA 与 FTZ 的异同如表 4-1 所示。

**表 4-1　FTA 与 FTZ 异同表**

| 对比项 | | FTA | FTZ |
|---|---|---|---|
| 差异 | 设立主体 | 多个主权国家（地区） | 单个主权国家（地区） |
| | 区域范围 | 两个或多个关税地区 | 一个关税区内的小范围区域 |
| | 核心政策 | 贸易区成员之间贸易开放，取消关税壁垒，同时又保留各自独立的对外贸易政策 | 海关保税、免税政策为主，辅以所得税税费的优惠等投资政策 |
| | 法律依据 | 双边或多边国际协定 | 国内立法 |
| | 本质特征 | 成员相互给惠 | 单方给惠 |
| 相同 | | 两者都是为降低国际贸易成本，促进对外贸易和国内产业发展，扩大对外开放而设立的，其给惠政策都必须高于其在世界贸易组织中的承诺 | |

国务院于2013年8月22日正式批准设立中国自由贸易试验区（China Pilot Free Trade Zone）。党的二十大报告中指出，要实行更加积极主动的开放战略，构建面向全球的高标准自由贸易区网络，加快推进自由贸易试验区、海南自由贸易港建设。截至2025年3月，我国已经先后成立了22个自由贸易试验区，具体包括：2013年成立上海市自由贸易试验区；2015年成立广东省、福建省、天津市自由贸易试验区；2017年成立浙江省、湖北省、重庆市、四川省、河南省、陕西省、辽宁省自由贸易试验区；2018年成立海南省自由贸易试验区；2019年成立江苏省、山东省、河北省、黑龙江省、云南省、广西壮族自治区自由贸易试验区；2020年成立湖南省、安徽省、北京市自由贸易试验区；2023年成立中国（新疆）自由贸易试验区。

（2）保税区

保税区（Bonded Area；Tariff-free Zone），也称保税仓库区，是经国家批准设立的，受海关监管的特殊地区。保税区的功能被定位为保税仓储、出口加工、转口贸易。保税区具有进出口加工、国际贸易、保税仓储商品展示等功能，享有“免证、免税、保税”政策。

（3）出口加工区

出口加工区（Export Processing Zone）是指一些发展中国家在其港口或邻近港口、国际机场的地方，划出一定的范围，新建和扩建码头、车站、道路、仓库和厂房等基础设施，以及提供免税等优惠待遇，吸引国内外企业进行投资设厂，设立以生产出口为主的制成品的加工区域。这样既促进了本国制造业的发展，又扩大了出口贸易。

（4）综合保税区

综合保税区（Comprehensive Bonded Zone）是功能最全、优惠政策最多的海关特殊监管区域，可以发展国际中转、配送、采购、转口贸易和出口加工等业务。根据现行有关政策，我国海关对综合保税区实行封闭管理，境外货物进入综合保税区，实行保税管理，境内其他地区货物进入综合保税区，视同出境。企业在综合保税区开展口岸作业业务，海关及检验检疫部门在园区内查验货物后，可在任何口岸（海港或空港）转关出口，无须再开箱查验。

## 二、贸易管制

贸易管制又称为进出口贸易管制，是指一国政府为了国家的宏观经济利益、国内外政策需要及履行所缔结或加入国际条约的义务，确立实行各种管制制度、设立相应管制机构和规范国际贸易活动的总称。

贸易管制是一国国际贸易管理形式之一，是政府的一种强制性行政管理行为，属于非关税措施。它所涉及的法律、行政法规、部门规章，是强制性的法律文件，不得随意改变。因此，国际贸易经营者或其代理人在报关活动中必须严格遵守这些法律、行政法规、部门规章，并按照相应的管理要求办理进出口手续，以维护国家利益不受侵害。

### （一）贸易管制的目的及特点

#### 1. 贸易管制的目的

贸易管制是各国政府为保护和促进生产与发展、适时限制进出口而采取的鼓励或限制措施，或为政治目的对进出口采取禁止或限制措施。贸易管制已成为各国不可或缺的一项重要政府职能，也是一个国家对外经济和外交政策的具体体现。

（1）保护本国经济利益，发展本国的经济

发展中国家实行贸易管制是为了保护本国的民族工业，建立、巩固本国的经济体系；通过国际贸易的各项措施，防止外国产品冲击本国市场而影响本国独立的经济结构的建立；同时，也是为了维护本国的国际收支平衡，使有限的外汇能有效地发挥最大作用。对于发达国家而言，贸易管制主要是为了确保本国在世界经济中的优势地位，避免国际贸易活动对本国经济产生不良影响，特别是要保持本国某些产品和技术的国际垄断地位，保证本国经济发展目标的实现。因此，各国贸易管制措施都是与其经济利益相联系的，是经济政策的重要体现。

（2）推行本国的外交政策

不论是发达国家还是发展中国家，往往出于政治或安全上的考虑，甚至不惜牺牲本国经济利益，在不同时期，对不同国家或不同商品实行不同的贸易管制措施，以达到其政治上的目的或安全上的目标。因此，贸易管制往往成为一国推行其外交政策的有效手段。

（3）行使国家职能

主权国家对其自然资源和经济行为享有排他的永久权利，国家贸易管理制度和措施的强制性是国家为保护本国环境和自然资源、保障国民人身安全、调控本国经济而行使国家管理职能的一个重要保证。

**2. 贸易管制的特点**

为了实现上述目的，贸易管制政策形成了三个基本特点。

（1）贸易管制政策是一国对外政策的体现。

（2）贸易管制政策是因时间、形势而变化的。各国都要根据其不同时期不同经济利益或安全和政治形势需要，随时调整国际贸易管制政策，因此不同国家或同一国家不同时期的贸易管制政策是各不相同的。

（3）以进口贸易管制为重点。贸易管制形式按管理目的可分为进口贸易管制和出口贸易管制，以进口贸易管制为重点，可以更有效地保护本国国内市场和本国的经济利益。其造成的负面效应是在一定程度上阻碍了世界经济交流，抑制了国际贸易的发展。因此，如何充分发挥贸易管制的有利因素，尽量减少其带来的不利因素，变被动保护为主动、积极的保护，是衡量一个国家管理国际贸易水平的标志。

### （二）我国贸易管制与海关监管

贸易管制是一种国家管制，从事国际贸易活动者都必须无条件地遵守。国家贸易管制的目标是以贸易管制法律、行政法规、部门规章及相关的国际条约为保障，依靠有效的政府行政管理手段来最终实现。

**1. 海关监管是实现贸易管制的重要手段**

海关执行国家贸易管制政策是通过对进出口货物的监管来实现的。根据《对外贸易法》，我国对外贸易分为货物贸易、技术贸易和服务贸易，而这些贸易，特别是货物进出口贸易，都是最终要通过进出境行为来实现的。海关作为进出关境的监督管理机关，依据《海关法》所赋予的权力，代表国家在口岸行使进出境监督管理职能，这种特殊的管理职能决定了海关监管是实现贸易管制目标的有效行政管理手段。

贸易管制是国家的行政管理，需要国家各行政管理部门之间在合理分工的基础上，通过各尽其责的通力合作来达到管理目标。我国的具体做法是由商务主管部门及其他政府职能主管部门依据国家贸易管制政策发放各类许可证件，最终由海关依据许可证件对实际进出口货物的合法性实施监督管理。

《海关法》第四十条规定："国家对进出境货物、物品有禁止性或者限制性规定的，海关依据法律、行政法规、国务院的规定或者国务院有关部门依据法律、行政法规的授权作出的规定实施监管。"该条款不仅赋予了海关对进出口货物依法实施监督管理的权力，还明确了国家对进出口贸易管制所涉及的法律法规是海关对进出口货物进行监督管理的执法依据。

海关在进出关境的监管环节上，对进出口货物收发货人或其代理人按法定要求向海关申报的各项商务单证和许可证件依法进行审核，并经与实际货物核查相符，确认合法才予以放行。简而言之，单据、证件、货物三者相符，是海关确认货物合法进出口的必要条件，通过海关监督管理的执法活动，保证了国际贸易管制目标的实现。

**2. 报关是海关确认进出口货物合法性的先决条件**

海关通过审核单据、证件、货物来确认货物进出口的合法性。而商务单据、许可证件是通过报关活动的申报环节向海关递交的，又通过进出口货物收发货人或其代理人配合海关查验货物，确认"单""证""货"是否相符。因此，报关不仅是进出口货物收发货人或其代理人必须履行的法律手续，也是海关确认进出口活动合法性的先决条件。国家限制进出口的货物没有进出口许可证件的，海关不予放行。

### （三）我国贸易管制的法律体系

维护国际贸易秩序，保障国家经济安全，保护合法贸易的正当权益，发展国际贸易，促进社会主义市场经济健康发展，从而实现国家对外经济战略目标，是我国贸易管制的根本出发点。

经过几十年的努力，我国基本建立并逐步健全了以《对外贸易法》为核心的贸易管理的法律体系，并依照这些法律制度和我国履行国际公约的有关规定，自主实行国际贸易的管制。

我国的贸易管制是一种国家管制，因此其涉及的法律渊源只限于宪法、法律、行政法规、部门规章及相关的国际条约，不包括地方性法规、规章及各民族自治区政府的地方条例和单行条例。

**1. 法律**

我国现行的与贸易管制有关的法律主要有《中华人民共和国对外贸易法》《中华人民共和国外商投资法》《中华人民共和国海关法》《中华人民共和国关税法》《中华人民共和国出口管制法》《中华人民共和国进出口商品检验法》《中华人民共和国进出境动植物检疫法》《中华人民共和国固体废物污染环境防治法》《中华人民共和国国境卫生检疫法》《中华人民共和国野生动物保护法》《中华人民共和国药品管理法》《中华人民共和国文物保护法》《中华人民共和国食品安全法》《中华人民共和国专利法》等。

**2. 行政法规**

我国现行的与贸易管制有关的行政法规主要有《中华人民共和国货物进出口管理条例》《中华人民共和国技术进出口管理条例》《中华人民共和国商标法实施条例》《中华人民共和国知识产权海关保护条例》《中华人民共和国外汇管理条例》《中华人民共和国反补贴条例》《中华人民

共和国反倾销条例》《中华人民共和国保障措施条例》《中华人民共和国海关事务担保条例》《中华人民共和国海关稽查条例》《中华人民共和国海关行政处罚实施条例》《中华人民共和国进出口货物原产地条例》《中华人民共和国国际海运条例》《中华人民共和国进出口商品检验法实施条例》《中华人民共和国外商投资法实施条例》《中华人民共和国对外承包工程管理条例》《中华人民共和国核出口管制条例》《中华人民共和国军品出口管理条例》《中华人民共和国两用物项出口管制条例》《中华人民共和国濒危野生动植物进出口管理条例》《医疗器械监督管理条例》《化妆品监督管理条例》《中华人民共和国进出境动植物检疫法实施条例》等。

3. 部门规章

我国现行的与贸易管制有关的部门规章很多，主要有《货物进口许可证管理办法》《货物出口许可证管理办法》《货物自动进口许可管理办法》《消耗臭氧层物质进出口管理办法》《重点旧机电产品进口管理办法》《机电产品进口管理办法》《两用物项和技术进出口许可证管理办法》《药品进口管理办法》《进口药材管理办法》《放射性药品管理办法》《兽药进口管理办法》《野生动植物进出口证书管理办法》《民用爆炸物品进出口管理办法》《黄金及黄金制品进出口管理办法》《文物进出境审核管理办法》《进口医疗器械检验监督管理办法》《出口货物退（免）税管理办法（试行）》《市场采购贸易方式出口货物免税管理办法（试行）》《进出口饲料和饲料添加剂检验检疫监督管理办法》《农业转基因生物进口安全管理办法》等。

4. 国际条约

各国在通过国内立法实施本国贸易管制的各项措施的同时，必然要与其他国家协调立场，确定相互之间在国际贸易活动中的权利与义务关系，以实现其外交政策和国际贸易政策所确立的目标，因此，国际贸易条约与协定便成为各国之间确立国际贸易关系立场的重要法律形式。

我国目前所缔结或者参加的各类国际条约、协定，虽然不属于我国国内法的范畴，但就其效力而言可视为我国法律渊源之一。我国目前所缔结或者参加的各类国际条约、协定主要有：

《关于简化和协调海关业务制度的国际公约》(International Convention on the Simplification and Harmonization of Customs Procedures)，亦称《京都公约》;

《濒危野生动植物种国际贸易公约》(Convention on International Trade in Endangered Species of Wild Fauna and Flora，CITES)，亦称《华盛顿公约》;

《1961 年麻醉品单一公约》(Single Convention on Narcotic Drugs);

《1971 年精神药物公约》(Convention on Psychotropic Substances);

《联合国禁止非法贩运麻醉药品和精神药物公约》(United Nations Convention Against Illicit Traffic in Narcotic Drugs and Psychotropic Substances);

《关于化学品国际贸易资料交换的伦敦准则》(London Standard for the Exchange of Information on Chemicals in International Trade);

《关于在国际贸易中对某些危险化学品和农药采用事先知情同意程序的鹿特丹公约》(Rotterdam Convention on the Prior Informed Consent Procedure for Certain Hazardous Chemicals and Pesticides in International Trade)，亦称《鹿特丹公约》;

《控制危险废物越境转移及处置的巴塞尔公约》(Basel Convention on the Control of Transboundary Movements of Hazardous Wastes and Their Disposal);

《建立世界知识产权组织公约》(Convention Establishing the World Intellectual Property Organization)；

《国际植物保护公约》(International Plant Protection Convention，IPPC)；

《关于货物实行国际转运或过境运输的海关公约》(Customs Convention on the International Transit of Goods，ITI Convention)，简称《ITI公约》；

《货物暂准进口公约》(Convention on Temporary Admission)，又称《伊斯坦布尔公约》(Istanbul Convention)；

《关于货物暂准进口的ATA报关单证册海关公约》(Customs Convention on the ATA Carnet for the Temporary Admission of Goods，ATA Convention)，简称《ATA公约》或《ATA单证册》。

**【复习思考题】**

1. 什么是贸易管理？什么是贸易管制？试述两者的关系。
2. 什么是关税壁垒？什么是非关税壁垒？试述两者的表现形式。

## 第二节 我国贸易管制主要制度

**【学习目标】**

本节介绍我国贸易管制制度的主要内容，旨在让学习者了解我国贸易管制法律依据、框架、制度构成及主要制度内容，掌握贸易管制制度与海关监管的关系和制度实施的基本要求。

完成本节学习，学习者应达成以下目标：

1. 了解我国各项贸易管制制度的管制目的和管制性质，了解主管部门及其职责范围、管制对象与管制方式；
2. 了解货物与技术进出口许可管理的层级，掌握各管理层级的商品类别；
3. 了解“配额管理与许可证管理”“许可证管理与许可证件管理”“出口配额许可证管理与出口配额招标管理”等管理方式，掌握其管理范围；
4. 了解货物贸易外汇管理的概念；
5. 了解国际贸易的主要救济措施。

**【基本概念】**

对外贸易经营资格管理、国营贸易管理、进出口许可管理、出入境检验检疫制度、进出口货物收付汇管理、国际贸易救济措施

**【建议学习时间】**

2课时

改革开放以来，我国逐步建立并完善了对外贸易管理体系，2001年加入世界贸易组织之后，

按照世界贸易组织的基本原则和相关框架协议的要求，基本形成了与国际规则相一致的贸易管制制度。

我国贸易管制制度是一种综合制度，主要由海关管理制度、关税制度、对外贸易经营资格管理制度、进出口许可管理制度、出入境检验检疫制度、外汇管理制度及国际贸易救济措施等构成。海关管理制度、关税制度和出入境检验检疫制度参见本书第一篇。

## 一、对外贸易经营资格管理制度

对外贸易包括货物进出口、技术进出口和国际服务贸易。

对外贸易经营者，是指依法办理工商登记或者其他执业手续，依照《对外贸易法》和其他有关法律、行政法规的规定从事对外贸易经营活动的法人、其他组织或者个人。

为了鼓励对外经济贸易的发展，发挥各方面的积极性，保障对外贸易经营者的经营自主权，国务院商务主管部门和相关部门制定了一系列法律、行政法规，对对外贸易经营活动中涉及的相应问题作出了规范，国际贸易经营者在进出口经营活动中必须遵守相应的法律、行政法规。

2022 年 12 月 30 日，第十三届全国人民代表大会常务委员会第三十八次会议通过决定，删去《对外贸易法》第九条关于对外贸易经营者备案登记的规定。决定自公布之日起施行。免去办理对外贸易经营者备案登记手续是国际通行做法，体现我国推动高水平对外开放的姿态和步伐，将有效提升广大外贸企业的经营效率与活力。取消对外贸易经营者备案登记之后，对于申请进出口环节许可证、技术进出口合同登记证书、配额、国营贸易资格等相关证件和资格的市场主体，有关部门不再要求其提供对外贸易经营者备案登记材料。这是外贸经营管理领域重大改革举措，是中国政府坚定推进贸易自由化便利化的重要制度创新，有利于释放外贸增长潜力，推进贸易高质量发展和高水平对外开放。

从事国际服务贸易，应当遵守《对外贸易法》和其他有关法律、行政法规的规定。

为对关系国计民生的重要进出口商品实行有效的宏观管理，国务院商务主管部门也可以对部分进出口商品实施国营贸易管理，或者在一定期限内对部分进出口商品实施国营贸易管理。实行国营贸易管理货物的进出口业务只能由经授权的企业经营，但是国家允许部分数量的国营贸易管理货物的进出口业务由非授权企业经营的除外。实行国营贸易管理的货物和经授权经营企业的目录，由国务院商务主管部门会同国务院其他有关部门确定、调整并公布。对未经批准擅自进出口实行国营贸易管理的货物的，海关不予放行。

属于进口国营贸易管理的货物有 9 种，包括粮食类：小麦、玉米、大米；经济作物及食品类：食糖、棉花；能源及化工产品：原油、成品油、化肥；烟草及其制品：包括未去梗的烤烟、部分或全部去梗的烟草、烟草废料、雪茄烟、卷烟等。

属于出口国营贸易管理的货物有 10 种，包括粮食类：玉米、大米；能源及矿产类：原油、成品油（包括车用汽油、航空煤油、轻柴油等）；煤炭（无烟煤、烟煤、褐煤等）；有色金属及制品：钨及钨制品（如钨砂、仲钨酸铵、三氧化钨、碳化钨等）、锑及锑制品（如锑砂、氧化锑、未锻轧锑等）、白银（银粉、未锻造银、半制成银等）；经济作物类：棉花（未梳棉花、已梳棉花）、烟草及其制品（如烤烟、卷烟、雪茄烟等）。

未列入国营贸易企业目录或者未获得非国营贸易允许量的对外贸易经营者，不得从事上述货物的进出口活动。

## 二、货物与技术进出口许可管理制度

进出口许可管理制度是国家对进出口实行的一种行政管理制度，既包括准许进出口的有关证件的审批和管理制度本身的程序，也包括以国家各类许可为条件的其他行政管理手续。进出口许可管理制度作为一项非关税措施，是各国管理进出口贸易的常见手段，在国际贸易中长期存在，并广泛运用。

货物、技术进出口许可管理制度是我国进出口管理制度的主体，是国家贸易管制中极其重要的管理制度。其管理范围包括禁止进出口的货物和技术、限制进出口的货物和技术、自由进出口的技术及自由进出口中部分实行自动许可管理的货物。

一般来说，国家对部分进出口货物、技术实行限制或者禁止管理的目的主要有以下几种：

一是为维护国家安全、社会公共利益或者公共道德；为保护人民的健康或者安全，保护动物、植物的生命或者健康，保护环境，需要限制或者禁止进口或者出口的。

二是为实施与黄金或者白银进出口有关的措施；国内供应短缺或者为有效保护可能用竭的自然资源，需要限制或者禁止进口或者出口的。

三是依照法律、行政法规的规定，以及根据我国缔结或者参加的国际条约、协定的规定，其他需要限制或者禁止进口或者出口的。

四是输往国家（地区）市场容量有限，出口经营秩序出现严重混乱，为建立或者加快建立国内特定产业，为保障国家金融地位和国家收支平衡，需要限制出口的；对任何形式的农业、牧业、渔业产品有必要限制进口的。

### （一）禁止进出口货物、技术管理

为维护国家安全和社会公共利益，保护人民的生命安全健康，履行中华人民共和国所缔结或者参加的国际条约和协定，国务院国际贸易主管部门会同国务院有关部门，依照《对外贸易法》的有关规定，制定、调整并公布禁止进出口货物、技术目录。海关依据国家相关法律、法规对禁止进出口目录商品实施监督管理。对列入国家公布禁止进出口目录及其他法律、法规明令禁止或停止进口的货物、技术，任何对外贸易经营者不得经营进口。

我国禁止进口的货物范围除已经公布的九批《禁止进口货物目录》外，还包括根据《关于全面禁止进口固体废物有关事项的公告》规定（生态环境部、商务部、国家发展改革委、海关总署公告2020年第53号），自2021年1月1日起禁止以任何方式进口的固体废物，以及部分明令禁止进口的商品。

**案例导入**

### “鸭毛”成固体废物违规进口

杭州某企业委托浙江某羽绒制品有限公司代理进口水洗灰鸭绒等货物一批，申报品名分别为水洗灰鸭毛和水洗白鸭毛，申报商品编号均为0505100090。海关经查验、取样及鉴定发现，当事人申报的水洗灰鸭毛和水洗白鸭毛实际均属于固体废物，重量分别为6451.5千克和4540.5千克。海关责令其退运该批固体废物。该企业将固体废物输入境内的行为，违反了《中华人民共和国固体废物污染环境防治法》第二十三条之规定。因当事人具有《中华人民共和国海关行政处罚裁量基准（一）》（海关总署公告2023年第182号）第八条第八项、第九条第二项所规定的相应情节，依照《中华人民共和国固体废物污染环境防治法》第一百一十五条第一款、《中华人民共和国行政处罚法》第三十二条第一项，并按照《中华人民共和国海关行政处罚裁量基准（一）》第十七条第一项之规定，海关对该企业作出如下行政处罚：科处罚款人民币70000元。

（资料来源：宁波海关官网）

明令禁止进口商品明细如表4-2所示。

**表4-2　明令禁止进口商品明细表**

| 范围 | 具体说明 |
|---|---|
| 动植物及其产品 | 禁止进口《濒危野生动植物种国际贸易公约》中禁止的以商业贸易为目的进出口的濒危野生动植物及其产品 |
| 音像制品及任何出版物 | 禁止进口有下列内容的出版物：<br>（一）反对宪法确定的基本原则的；<br>（二）危害国家统一、主权和领土完整的；<br>（三）泄露国家秘密、危害国家安全或者损害国家荣誉和利益的；<br>（四）煽动民族仇恨、民族歧视，破坏民族团结，或者侵害民族风俗、习惯的；<br>（五）宣扬邪教、迷信的；<br>（六）扰乱社会秩序，破坏社会稳定的；<br>（七）宣扬淫秽、赌博、暴力或者教唆犯罪的；<br>（八）侮辱或者诽谤他人，侵害他人合法权益的；<br>（九）危害社会公德或者民族优秀文化传统的；<br>（十）以未成年人为对象的出版物不得含有诱发未成年人模仿违反社会公德的行为和违法犯罪的行为的内容，不得含有恐怖、残酷等妨害未成年人身心健康的内容。 |
| 农药 | 禁止进口未取得农药登记证的农药 |
| 兽药 | 禁止进口下列兽药：<br>（一）经风险评估可能对养殖业、人体健康造成危害或者存在潜在风险的；<br>（二）疗效不确定、不良反应大的；<br>（三）来自疫区可能造成疫病在中国境内传播的兽用生物制品；<br>（四）生产条件不符合规定的；<br>（五）标签和说明书不符合规定的；<br>（六）被撤销、吊销《进口兽药注册证书》的；<br>（七）《进口兽药注册证书》有效期届满的；<br>（八）未取得《进口兽药通关单》的；<br>（九）农业农村部禁止生产、经营和使用的。 |
| 药品 | 禁止进口疗效不确切、不良反应大或者因其他原因危害人体健康的药品 |
| 货物、单证及外包装 | 禁止进、出口带有违反一个中国原则内容的货物及其包装 |

表4-2 续1

| 范围 | 具体说明 |
|---|---|
| 其他物品 | 禁止以任何贸易方式和捐赠方式进口右置方向盘汽车，包括使领馆和外商常驻机构公私用车辆。 |
| | 禁止以任何贸易方式进口仿真武器，具体指具有攻击、防卫等性能的下列物品：<br>（一）各种类型仿真手枪式电击、催泪器；<br>（二）各种类型的仿真枪械及弹药；<br>（三）具有攻击、防卫性能的其他仿真武器、弹药；<br>以及上述以外的其他类似械具。 |
| | 禁止进口以全氯氟烃物质（简称 CFCs）为制冷剂的工业、商业用压缩机 |
| | 禁止进口以 CFC-12 为制冷工质的汽车及 CFC-12 为制冷工质的汽车空调压缩机（含汽车空调） |
| | 禁止进口和销售 15 瓦及以上普通照明白炽灯 |
| | 禁止从索马里进口木炭（HS 4402，不论木炭是否原产于索马里） |
| | 动植物病原体（包括菌种、毒种等）、害虫及其他有害生物；<br>动植物疫情流行的国家和地区的有关动植物、动植物产品和其他检疫物；<br>动物尸体；<br>土壤。 |
| 血液制品 | ①血浆部分 |
| | 冷冻人血浆 Human Plasma Frozen |
| | 液体血浆 Human Plasma Liquid |
| | 冻干人血浆 Human Plasma Freeze-dried |
| | ②球蛋白 |
| | 正常人免疫球蛋白 Human Normal Immunoglobulin |
| | 静脉注射用免疫球蛋白 Immunoglobulin For Intravenous Administration |
| | ③Ⅷ因子制剂 |
| | 冷沉淀Ⅷ因子 Cryoprecipitated Factor VIII |
| | 浓缩Ⅷ因子 Factor VIII Concentrate |
| | ④Ⅸ因子制剂 |
| | 浓缩Ⅸ因子（又称浓缩凝血酶原复合物）Factor Ⅸ Concentrate（又称 Prothrombin Complex Concentrate） |
| | ⑤纤维蛋白原 Human Fibrinogen |
| | ⑥具有传播 AIDS 病危险的制品如浓缩血小板等 |

来自朝鲜（自朝鲜进口）

| 禁运产品名称 | 参考税号 | 参考商品名称 | 备注 |
|---|---|---|---|
| 煤 | 2701 | 煤；煤砖、煤球及用煤制成的类似固体燃料 | |
| | 2702 | 褐煤，不论是否制成型，但不包括黑玉 | |

表 4-2 续 2

| 禁运产品名称 | 参考税号 | 参考商品名称 | 备注 |
| --- | --- | --- | --- |
| 铁矿石 | 2601111000 | 未烧结铁矿砂及其精矿 | 平均粒度小于 0.8mm 的，焙烧黄铁矿除外 |
| | 2601112000 | 未烧结铁矿砂及其精矿 | 平均粒度不小于 0.8mm，但不大于 6.3mm 的，焙烧黄铁矿除外 |
| | 2601119000 | 平均粒度大于 6.3mm 的未烧结铁矿砂及其精矿 | 焙烧黄铁矿除外 |
| | 2601120000 | 已烧结铁矿砂及其精矿 | 焙烧黄铁矿除外 |
| | 2601200000 | 焙烧黄铁矿 | |
| 铁 | 7201100010 | 高纯生铁（含锰量<0.08%，含磷量<0.03%，含硫量<0.02%，含钛量<0.03%） | |
| | 7201100090 | 非合金生铁，含磷量≤0.5%（含锰量<0.08%，含磷量<0.03%，含硫量<0.02%，含钛量<0.03%的高纯生铁除外） | |
| | 7201200000 | 非合金生铁，按重量计含磷量>0.5% | |
| | 7201500010 | 合金生铁 | |
| | 7201500090 | 镜铁 | |
| 铅及铅矿 | 2607 | 铅矿砂及精矿 | |
| | 第 78 章 | 铅及制品 | |
| 水海产品 | 第 3 章 | 鱼、甲壳动物、软体动物及其他水生无脊椎动物 | |
| | 1603 | 肉、鱼、甲壳动物、软体动物或水生无脊椎动物的精及汁 | |
| | 1604 | 制作或保藏的鱼；鲟鱼子酱及鱼卵制的鲟鱼子酱代用品 | |
| | 1605 | 制作或保藏的甲壳动物、软体动物及其他水生无脊椎动物 | |
| 粮食和农产品 | 第 7 章 | 食用蔬菜、根及块茎 | |
| | 第 8 章 | 食用水果及坚果；柑橘属水果或甜瓜的果皮 | |
| | 第 12 章 | 含油子仁及果实；杂项子仁及果实；工业用或药用植物；稻草、秸秆及饲料 | |
| 包括菱镁矿和氧化镁在内的泥土和石料 | 第 25 章 | 盐；硫磺；泥土及石料；石膏料；石灰及水泥 | |
| 木材 | 第 44 章 | 木及木制品；木炭 | |
| 机械 | 第 84 章 | 核反应堆、锅炉、机器、机械器具及其零件 | |
| 电气设备 | 第 85 章 | 电机、电气设备及其零件；录音机及放声机、电视图像、声音的录制和重放设备及其零件、附件 | |
| 船只 | 第 89 章 | 船舶及浮动结构体 | |

表 4-2 续 3

| 禁运产品名称 | 参考税号 | 参考商品名称 | 备注 |
| --- | --- | --- | --- |
| 纺织纱线、织物及制品 | 5004 | 丝纱线（绢纺线除外），非供零售用 | |
| | 5005 | 绢纺纱线，非供零售用 | |
| | 5006 | 丝纱线及绢纺纱线，供零售用；蚕胶丝 | |
| | 5007 | 丝或绢丝机织物 | |
| | 5106 | 粗梳羊毛纱线，非供零售用 | |
| | 5107 | 精梳羊毛纱线，非供零售用 | |
| | 5108 | 动物细毛（粗梳或精梳）纱线，非供零售用 | |
| | 5109 | 羊毛或动物细毛的纱线，供零售用 | |
| | 5110 | 动物粗毛或马毛的纱线（包括马毛粗松螺旋花线），不论是否供零售用 | |
| | 5111 | 粗梳羊毛或粗梳动物细毛的机织物 | |
| | 5112 | 精梳羊毛或精梳动物细毛的机织物 | |
| | 5113 | 动物粗毛或马毛的机织物 | |
| | 5204 | 棉制缝纫线，不论是否供零售用 | |
| | 5205 | 棉纱线（缝纫线除外），按重量计含棉量在 85%及以上，非供零售用 | |
| | 5206 | 棉纱线（缝纫线除外），按重量计含棉量在 85%以下，非供零售用 | |
| | 5207 | 棉纱线（缝纫线除外），供零售用 | |
| | 5208 | 棉机织物，按重量计含棉量在 85%及以上，每平方米重量不超过 200 克 | |
| | 5209 | 棉机织物，按重量计含棉量在 85%及以上，每平方米重量超过 200 克 | |
| | 5210 | 棉机织物，按重量计含棉量在 85%及以下，主要或仅与化学纤维混纺，每平方米重量不超过 200 克 | |
| | 5211 | 棉机织物，按重量计含棉量在 85%及以下，主要或仅与化学纤维混纺，每平方米重量超过 200 克 | |
| | 5212 | 其他棉机织物 | |
| | 5306 | 亚麻纱线 | |
| | 5307 | 黄麻纱线或品目 53.03 的其他纺织用韧皮纤维纱线 | |
| | 5308 | 其他植物纺织纤维纱线；纸纱线 | |
| | 5309 | 亚麻机织物 | |
| | 5310 | 黄麻或品目 53.03 的其他纺织用韧皮纤维机织物 | |
| | 5311 | 其他纺织用植物纤维机织物；纸纱线机织物 | |
| | 54 | 化学纤维长丝；化学纤维纺织材料制扁条及类似品 | |
| | 5508 | 化学纤维短纤纺制的缝纫线，不论是否供零售用 | |

表 4-2 续 4

| 禁运产品名称 | 参考税号 | 参考商品名称 | 备注 |
| --- | --- | --- | --- |
| 纺织纱线、织物及制品 | 5509 | 合成纤维短纤纱线（缝纫线除外），非供零售用 | |
| | 5510 | 人造纤维短纤纺制的纱线（缝纫线除外），非供零售用 | |
| | 5511 | 化学纤维短纤纺制的纱线（缝纫线除外），供零售用 | |
| | 5512 | 合成纤维短纤纺制的机织物，按重量计合成纤维短纤含量在 85%及以上 | |
| | 5513 | 合成纤维短纤纺制的机织物，按重量计合成纤维短纤含量在 85%以下，主要或仅与棉混纺，每平方米重量不超过 170 克 | |
| | 5514 | 合成纤维短纤纺制的机织物，按重量计合成纤维短纤含量在 85%以下，主要或仅与棉混纺，每平方米重量超过 170 克 | |
| | 5515 | 合成纤维短纤纺制的其他机织物 | |
| | 5516 | 人造纤维短纤纺制的机织物 | |
| | 56 | 絮胎、毡呢及无纺织物；特种纱线；线、绳、索、缆及其制品 | |
| | 57 | 地毯及纺织材料的其他铺地制品 | |
| | 58 | 特种机织物；簇绒织物；花边；装饰毯；装饰带；刺绣品 | |
| | 59 | 浸渍、涂布、包覆或层压的纺织物；工业用纺织制品 | |
| | 60 | 针织物及钩编织物 | |
| | 63 | 其他纺织制成品；成套物品；旧衣着及旧纺织品；碎织物 | |
| | 6501 | 毡呢制的帽坯、帽身及帽兜，未楦制成形，也未加帽边；毡呢制的圆帽片及制帽用的毡呢筒（包括裁开的毡呢筒） | |
| | 6502 | 编结的帽坯或用任何材料的条带拼制而成的帽坯，未楦制成形，也未加帽边、衬里或装饰物 | |
| | 701911 | 长度不超过 50 毫米的短切玻璃纤维 | |
| | 701912 | 玻璃纤维粗纱 | |
| | 701919 | 玻璃纤维梳条及纱线 | |
| | 70194 | 粗纱机织物及其他机织物 | |
| | 70195100 | 宽度不超过 30 厘米的玻璃纤维制机织物 | |
| | 70195200 | 宽度超过 30 厘米的玻璃纤维制长丝平纹机织物，每平方米重量小于 250 克，单根纱线细度不超过 136 特 | |
| | 70195900 | 其他玻璃纤维制机织物及其他玻璃纤维制品 | |

表 4-2 续 5

| 禁运产品名称 | 参考税号 | 参考商品名称 | 备注 |
| --- | --- | --- | --- |
| 服装及衣着附件 | 39262011 | 聚氯乙烯制手套（包括分指手套、连指手套及露指手套） | |
| | 39262019 | 其他塑料制手套（包括分指手套、连指手套及露指手套） | |
| | 39262090 | 其他塑料制衣服及衣着附件 | |
| | 4015 | 硫化橡胶（硬质橡胶除外）制的衣着用品及附件（包括分指手套、连指手套及露指手套） | |
| | 4203 | 皮革或再生皮革制的衣服及衣着附件 | |
| | 430310 | 毛皮衣服及衣着附件 | |
| | 61 | 针织或钩编的服装及衣着附件 | |
| | 62 | 非针织或非钩编的服装及衣着附件 | |
| | 6504 | 编结帽或用任何材料的条带拼制而成的帽类，不论有无衬里或装饰物 | |
| | 6505 | 针织或钩编的帽类，用成匹的花边、毡呢或其他纺织物（条带除外）制成的帽类，不论有无衬里或装饰物；任何材料制的发网，不论有无衬里或装饰物 | |
| | 6506 | 其他帽类，不论有无衬里或装饰物 | |
| | 6507 | 帽圈、帽衬、帽套、帽帮、帽骨架、帽舌及帽颏带 | |

**案例导入**

## “汽车仪表盘（旧）” 归类错误影响禁止类判定

某汽车电子设备有限公司以其他进出口免费方式向海关申报进口货物一票，申报品名为汽车仪表盘（旧），申报商品编号为 9029102000（里程表），申报数量 5 个，申报总价为 EXW19658.75 元人民币。经查，上述进口货物是旧的汽车仪表盘，实际商品编号应为 8708299000［其他车身未列名零部件（包括驾驶室的零件、附件）］，属于禁止进口的旧机电产品。被海关科处罚款人民币 2100 元。

（资料来源：上海海关官网）

禁止出口的货物管理除已经公布的八批《禁止出口货物目录》外，还包括部分明令禁止出口的商品。

明令禁止出口商品明细如表 4-3 所示。

**表 4-3　明令禁止出口商品明细表**

| 范围 | 具体说明 |
|---|---|
| 动植物及其产品 | 禁止出口未定名的或者新发现并有重要价值的野生动植物及其产品以及国务院或者国务院野生动植物主管部门禁止出口的濒危野生动植物及其产品 |
| | 国务院畜牧兽医行政主管部门禁止出口的其他畜禽遗传资源 |
| | 禁止出口奶畜在规定用药期和休药期内产的乳 |
| 药品 | 国家禁止出口天然麻黄草 |
| | 国务院兽医行政管理部门公布的禁止出口的国内防疫急需的疫苗 |
| | 国务院公布的禁止出口国内短缺药品、中药材、中成药 |
| 其他产品 | 禁止劳改产品出口 |
| | 禁止出口原料血浆 |
| 货物、单证及外包装 | 禁止出口带有违反一个中国原则内容的货物及其包装；内容涉及国家秘密的手稿、印刷品、胶卷、照片、唱片、影片、录音带、录像带、激光视盘、计算机存储介质及其他物品 |
| 文物 | 1949 年以前（含 1949 年）生产、制作的具有一定历史、艺术、科学价值的文物，原则上禁止出境 |
| | 1911 年以前（含 1911 年）生产、制作的文物一律禁止出境 |
| | 1966 年以前（含 1966 年）生产、制作的有代表性的少数民族文物禁止出境 |
| | 有损国家、民族利益，或者有可能引起不良社会影响的文物，不论年限，一律禁止出境 |
| | 古猿化石、古人类化石以及与人类活动有关的第四纪古脊椎动物化石一律禁止出境 |
| | 具有重大历史、艺术价值，产生广泛社会影响的雕像一律禁止出境 |
| | 甲骨包括残破、无字或后刻文字及花纹的甲骨和卜骨一律禁止出境 |
| | 封泥一律禁止出境 |
| | 竹简、木简，包括无字的一律禁止出境 |
| | 涉及重大历史事件的或著名人物撰写的重要文件、电报、信函、题词、代表性著作的手稿等一律禁止出境 |
| | 新发现的重要的或原作已毁损的石刻等拓片一律禁止出境 |
| | 近现代著名壁画的原稿、设计方案及图稿一律禁止出境 |
| | 具有重大历史、艺术价值，产生广泛社会影响的油画、水彩画、水粉画一律禁止出境 |
| | 有领袖人物重要批注手迹的书籍一律禁止出境 |
| | 非公开发售的各种地图等一律禁止出境 |
| | 有重要历史价值的文献档案一律禁止出境 |
| | 重大事件或历次群众性运动中散发、张贴的传单、标语、漫画等一律禁止出境 |
| | 重要战役的战报及相关宣传品等一律禁止出境 |
| | 古代各种钱范和近代各种硬币的模具一律禁止出境 |
| | 各时期各种材质的钞版一律禁止出境 |
| | 钱币设计图稿，包括样钱、雕母、母钱等一律禁止出境 |
| | 名人使用过的或有纪年纪事铭文的兵器一律禁止出境 |
| | 已故著名艺人使用过的乐器一律禁止出境 |

表4-3 续

<table>
<tr><th>范围</th><th colspan="3">具体说明</th></tr>
<tr><td rowspan="5">文物</td><td colspan="3">邮票及未发行邮票的设计原图、印样一律禁止出境</td></tr>
<tr><td colspan="3">邮票的印版一律禁止出境</td></tr>
<tr><td colspan="3">历代官印，包括玺、印、戳记等一律禁止出境</td></tr>
<tr><td colspan="3">象牙、犀角制品一律禁止出境</td></tr>
<tr><td colspan="3">与重要历史事件、活动相关的名人遗物一律禁止出境</td></tr>
<tr><td rowspan="6">出口至朝鲜</td><td>禁运商品名称</td><td>参考税号</td><td>参考商品名称</td></tr>
<tr><td>铁、钢和其他金属</td><td>第 72~83 章</td><td>贱金属及其制品</td></tr>
<tr><td>工业机械</td><td>第 84~85 章</td><td>机器、机械器具、电气设备机器零件；录音机及其放声机、电视图像、声音的录制和重放设备及其零件、附件</td></tr>
<tr><td>运输车辆</td><td>第 86~89 章</td><td>车辆、航空器、船舶及有关运输设备</td></tr>
<tr><td colspan="3">禁止对朝鲜出口凝析油（海关编码：2709000000，不含原油）和液化天然气（海关编码：2711110000）</td></tr>
<tr><td colspan="3">禁止向朝鲜出口部分两用物项和技术</td></tr>
</table>

## 案例导入

### 哪一种“汞灯”禁止出口？

某照明科技股份有限公司以一般贸易方式向海关申报出口 4 票货物，报关单中有部分货物申报品名为汞灯和金卤灯，申报的商品编号分别为 8539324090 和 8539329000（出口退税率均为 13%）。经海关稽查并归类认定，上述货物中实际有 28432 只为用于普通照明用途的高压汞灯，应归入商品编号 8539324010 项下，属于商务部、海关总署、生态环境部联合发布的 2020 年第 73 号公告中列明的禁止出口货物。经查，因当事人疏忽以及未及时关注相关国家政策规定，导致商品品名、商品编号申报不实，出口国家禁止出口的货物，影响国家有关出境的禁止性管理和出口退税管理。上述 28432 只高压汞灯申报 FOB 总价共计 5.4 万美元。经海关计核，上述高压汞灯价值计人民币 33.9 万元，可能多退税款 4.41 万元。被海关科处罚款人民币 34000 元。

（资料来源：宁波海关官网）

### 什么样的“石英砂”禁止出口？

某贸易公司委托青岛某物流有限公司，以一般贸易监管方式向海关申报出口 1 票货物，申报货物共 7 项，申报品名为净水设备等。经海关查验并经检测，发现该报关单项下货物实际为净水设备、石英砂等 8 项货物，其中石英砂二氧化硅含量 97%以上，数量为 2500 千克，应归入商品编号 2505100000 项下，属于国家禁止出口货物。被海关科处罚款人民币 30000 元。

（资料来源：宁波海关官网）

技术进出口，是指从中华人民共和国境外向中华人民共和国境内，或者从中华人民共和国境内向中华人民共和国境外，通过贸易、投资或者经济技术合作的方式转移技术的行为。凡列入《中国禁止进口限制进口技术目录》（商务部公告 2021 年第 37 号）、《中国禁止出口限制出口技术目录》（商务部　科技部公告 2023 年第 57 号）中禁止进出口的技术，不得进出口。属于军民两用技术的，纳入出口管制管理。

### （二）限制进出口货物、技术管理

为维护我国安全和社会公共利益，保护人民的生命健康，履行我国所缔结或者参加的国际条约和协定，国务院商务主管部门会同国务院有关部门，依照《对外贸易法》的规定，制定、调整并公布各类限制进出口货物、技术目录。海关依据国家相关法律、法规对限制进出口目录货物、技术实施监督管理。

#### 1. 限制进口管理制度

国家实行限制进口管理的货物、技术，必须依照国家有关部门规定取得国务院商务主管部门或者国务院其他相关部门的许可，方可进口。

目前，我国限制进口货物管理按照其限制方式划分为进口配额许可证管理、进口关税配额管理和许可证件管理，如表 4-4 所示。

**表 4-4　限制进口管理方式明细表**

| 限制方式 | 许可证件管理 | 进口配额许可证管理 | 进口关税配额管理 | 其他许可证件管理 |
|---|---|---|---|---|
| 主管部门 | 商务部 | 生态环境部、商务部、海关总署 | 商务部、国家发展改革委 | 其他政府行政职能部门 |
| 管理方式 | 由商务部会同国务院其他有关部门制定并调整进口许可证管理目录，以签发许可证的方式对进口许可证管理目录的商品实行行政许可管理。 | 由生态环境部、商务部、海关总署制定并调整《中国进出口受控消耗臭氧层物质名录》；由生态环境部、商务部有关部门公布年度进出口额度；自 2014 年 3 月 1 日起，由国家消耗臭氧层物质进出口管理机构对进口单位年度进出口配额指标内，进出口消耗臭氧层申请获准的，签发消耗臭氧层物质进出口审批单；进出口单位持审批单向商务主管部门申领进出口许可证。 | 国家对部分商品的进口规定进口数量总额并制定关税配额税率。<br>对外贸易经营者经国家批准取得关税配额证后允许按照关税配额税率进口，如超出限额则按照配额外税率征税进口。配额方式有全球配额和国别配额。 | 由各自相应的管理部门进行类别品种和发证管理。 |
| 管理范围 | 1. 部分货物、技术；<br>2. 13 类重点旧机电产品；<br>3. 两用物项和技术。 | 公布于《中国进出口受控消耗臭氧层物质名录》的消耗臭氧层物质。 | 1. 部分农产品；<br>2. 部分化肥。 | 1. 濒危野生动植物种；<br>2. 密码产品和含有密码技术的设备；<br>3. 药品；<br>4. 美术品；<br>5. 民用爆炸物品；<br>6. 音像制品；<br>7. 黄金及其制品；<br>8. 农药；<br>9. 兽药；<br>10. 有毒化学品等。 |

**2. 限制出口管理制度**

目前，我国对于限制出口货物管理，根据《中华人民共和国货物进出口管理条例》的规定，国家规定有数量限制的出口货物，实行配额管理；其他限制出口货物，实行许可证件管理。实行配额管理的限制出口货物，由国务院商务主管部门和国务院有关经济管理部门按照国务院规定的职责划分进行管理，如表4-5所示。

**表4-5 限制出口管理方式明细表**

| 限制方式 | 配额管理 | 许可证件管理 |
| --- | --- | --- |
| 主管部门 | 商务部及其他有关经济管理部门 | 商务部及其他政府职能部门 |
| 管理方式 | 国家通过行政管理手段对部分商品的出口，在一定期限内（一年）以规定绝对数量的方式限制出口，主要有以下两种方式。<br>1. 出口配额许可证管理：<br>由国家主管部门按申请者的需求并结合进出口的实绩、能力等条件，按效益、公正、公开和公平的原则进行分配；对获得配额的申请者发放各类配额证明。取得配额证明的申请者凭证明到商务主管部门申领出口许可证。其中出口消耗臭氧层物质的配额管理同上述该物质的进口管理。<br>2. 出口配额招标管理：<br>由国家主管部门，采取招标分配的原则，经中标获得配额者，发放配额证明，中标者凭配额证明到商务主管部门申领出口许可证。 | 国家主管部门在一定时期内，根据国家政治、军事、技术、卫生、环保、资源保护等领域的需要，以及履行我国加入或缔结的有关国际条约的规定，对部分商品的出口签发出口许可证件来实现各类出口限制措施。 |
| 管理范围 | 1. 实行出口配额许可证管理的主要商品范围：<br>（1）部分农产品；<br>（2）部分活禽、畜；<br>（3）部分资源性产品、贵金属；<br>（4）消耗臭氧层物质（配额由生态环境部管理）。<br>2. 实行出口配额招标管理的主要商品包括部分我国生产且国际市场需求量较大的农副产品及资源性产品。 | 实行许可证件管理的主要商品范围：<br>1. 部分商品；<br>2. 濒危物种；<br>3. 两用物项和技术；<br>4. 黄金及其制品等。 |

### （三）自由进出口货物、技术管理

除上述国家禁止、限制进出口货物和技术外的其他货物和技术，均属于自由进出口范围。自由进出口货物和技术的进出口不受限制，但基于监测进出口情况的需要，国家对部分属于自由进口的货物实行自动进口许可管理，对自由进出口的技术实行技术进出口合同登记管理。

**1. 货物自动进口许可管理**

自动进口许可管理是在任何情况下对进口申请一律予以批准的进口许可制度。这种进口许可实际上是一种在进口前的自动登记性质的许可制度，通常用于国家对这类货物的统计和监测，是我国进出口许可管理制度中的重要组成部分，也是目前被各国普遍使用的一种进口管理制度。

进口属于自动进口许可管理的货物，进口经营者应当在办理海关报关手续前，向国务院主管部门或者国务院有关经济管理部门提交自动进口许可申请；然后凭相关部门发放的自动进口许可的批准文件，向海关办理报关手续。

2. 技术进出口合同登记管理

进出口属于自由进出口的技术，应当向国务院国际贸易主管部门或者其委托的机构办理合同备案登记。国务院国际贸易主管部门应当自收到规定的文件之日起三个工作日内，对技术进出口合同进行登记，颁发技术进出口合同登记证，申请人凭技术进出口合同登记证，办理外汇、银行、税务、海关等相关手续。

## 三、货物贸易外汇管理制度

外汇，是指以外币表示的可以用作国际清偿的支付手段和资产，包括外币现钞（纸币、铸币），外币支付凭证或者支付工具（票据、银行存款凭证、银行卡等），外币有价证券（债券、股票等），特别提款权，其他外汇资产。

企业贸易外汇收支包括从境外、境内保税监管区域收回的出口货款，向境外、境内保税监管区域支付的进口货款；从离岸账户、境外机构境内账户收回的出口货款，向离岸账户、境外机构境内账户支付的进口货款；深加工结转项下境内收付款；离岸转手买卖业务项下收付款；其他与贸易相关的收付款。

对外贸易经营者在国际贸易交易活动中，应当依照国家有关规定结汇、用汇。国家外汇管理局依据《中华人民共和国外汇管理条例》及其他有关规定，对包括经常项目外汇业务、资本项目外汇业务、金融机构外汇业务、人民币汇率生成机制和外汇市场等领域实施监督管理。

企业应当按照“谁出口谁收汇、谁进口谁付汇”原则办理贸易外汇收支业务，捐赠项下进出口业务等国家外汇管理局另有规定的情况除外。代理进口、出口业务应当由代理方付汇、收汇。代理进口业务项下，委托方可凭委托代理协议将外汇划转给代理方，也可由代理方购汇。代理出口业务项下，代理方收汇后可凭委托代理协议将外汇划转给委托方，也可结汇后将人民币划转给委托方。

国际贸易项下国际收支不予限制，出口收入可按规定调回境内或可将具有真实、合法交易背景的出口收入存放境外。境外账户的收入范围包括出口收入，账户资金孳息，以及经国家外汇管理局批准的其他收入；支出范围包括贸易项下支出，境外承包工程、佣金、运保费项下费用支出，与境外账户相关的境外银行费用支出，经国家外汇管理局核准或登记的资本项目支出，以及符合国家外汇管理局规定的其他支出。企业存在违规行为的，国家外汇管理局可责令其限期关闭境外账户，并调回账户资金余额。

对外贸易经营者（企业）的外汇收支应当具有真实、合法的交易背景，与货物进出口应当一致。企业应当根据贸易方式、结算方式及资金来源或流向，凭进出口报关单等相关单证在金融机构办理贸易外汇收支。金融机构应当对企业提交的交易单证的真实性及其外汇收支的一致性进行合理审查。国家外汇管理局及其各级分支机构，依法对企业及经营结汇、售汇业务的金融机构进行监督检查，形成了企业自律、金融机构专业审查、国家外汇管理局监管的运行机制。

国家外汇管理局对企业的贸易外汇管理方式为非现场总量核查。国家外汇管理局通过货物贸易外汇监测系统，根据企业进出口和贸易外汇收支数据，结合其贸易信贷报告等信息，设定总量差额、总量差额比率、资金货物比率、贸易信贷报告余额比率等总量核查指标，衡量企业一定期间内资金流与货物流的偏离和贸易信贷余额变化等情况，将总量核查指标超过一定范围的企业列入重点监测范围。对企业的贸易信贷、出口收入存放境外、来料加工、转口贸易、境外承包工程、进出口退汇等业务，以及海关特殊监管区内企业、辅导期企业等主体实施专项监测，将资金流与货物流的规模与结构等存在异常或可疑情况的企业列入重点监测范围。

对核查期内存在下列情况之一的企业，国家外汇管理局可实施现场核查：任一总量核查指标与本地区指标阈值偏离程度50%以上；任一总量核查指标连续四个核查期超过本地区指标阈值；预收货款、预付货款、延期收款或延期付款各项贸易信贷余额比率大于25%；1年期以上的预收货款、预付货款、延期收款或延期付款各项贸易信贷发生额比率大于10%；来料加工工缴费率大于30%；转口贸易收支差额占支出比率大于20%；单笔退汇金额超过等值50万美元且退汇笔数大于12次。

## 四、国际贸易救济措施

世界贸易组织允许成员方在进口产品倾销、补贴和过激增长等给其国内产业造成损害的情况下，使用反倾销、反补贴和保障措施手段保护国内产业不受损害。

反倾销、反补贴和保障措施都属于贸易救济措施。反倾销和反补贴措施针对的是价格歧视这种不公平贸易行为，保障措施针对的则是进口产品激增的情况。

为了充分利用世界贸易组织规则，维护国内市场上的国内外商品的自由贸易和公平竞争秩序，我国依据世界贸易组织《反倾销协议》《补贴与反补贴措施协议》《保障措施协议》及我国《对外贸易法》的有关规定，制定颁布了《反补贴条例》《反倾销条例》《保障措施条例》。

### （一）反倾销措施

进口产品以倾销方式进入我国市场，并对已经建立的国内产业造成实质损害或者产生实质损害威胁，或者对建立国内产业造成实质阻碍的，我国应依照《反倾销条例》进行调查，采取反倾销措施。进口产品存在倾销、对国内产业造成损害、二者之间存在因果关系，是采取反倾销措施的必要条件。

倾销是指在正常贸易过程中进口产品以低于其正常价值的出口价格进入我国市场。对倾销的调查和确定，由商务部负责。确定倾销的关键是比较正常价值和出口价格。出口价格低于其正常价值的幅度，为倾销幅度。损害是指倾销对已经建立的国内产业造成实质损害或者产生实质损害威胁，或者对建立国内产业造成实质阻碍。商务部负责对损害的调查和确定。涉及农产品的反倾销调查，由商务部会同农业农村部进行。倾销进口与国内产业损害间必须存在因果关系。倾销进口是造成国内产业损害的原因。在确定倾销对国内产业的损害时，应当依据肯定性证据，不得将非倾销因素对国内产业造成的损害归因于倾销。

发起反倾销调查有两种方式：主要是基于国内产业或者代表国内产业的自然人、法人或者有关组织向商务部提出反倾销调查的书面申请；特殊情况下，商务部可以自主决定立案调查。反倾销调查分为初步裁定和终局裁定两个阶段。

反倾销措施包括临时反倾销措施、价格承诺和反倾销税。

临时反倾销措施是指进口方主管机构经过调查，初步认定被指控产品存在倾销，并对国内同类产业造成损害，据此可以依据世界贸易组织所规定的程序进行调查。在全部调查结束之前，采取临时性的反倾销措施，以防止在调查期间国内产业继续受到损害。

临时反倾销措施有两种形式：一是征收临时反倾销税，二是要求提供保证金、保函或者其他形式的担保。

征收临时反倾销税，是由商务部提出建议，国务院关税税则委员会根据其建议作出决定，商务部予以公告；要求提供保证金、保函或者其他形式的担保由商务部作出决定并予以公告。海关自公告规定实施之日起执行。

临时反倾销措施实施的期限，自临时反倾销措施决定公告规定实施之日起，不超过四个月；在特殊情形下，可以延长至九个月。自反倾销立案调查决定公告之日起60天内，不得采取临时反倾销措施。

反倾销中的价格承诺是指倾销进口产品的出口经营者，对进口方主管机构作出改变价格的承诺，出口的商品不得低于某一价格。

对终裁决定确定倾销成立并由此对国内产业造成损害的，可以在正常关税之外，征收反倾销税。征收反倾销税应当符合公共利益。征收反倾销税，由商务部提出建议，国务院关税税则委员会根据其建议作出决定，由商务部予以公告。海关自公告规定实施之日起执行。但在特殊情况下也可以追溯征收，除违反价格承诺的情形外，还包括终裁决定确定存在实质损害或实质损害威胁，并且在此前已经采取临时反倾销措施的，反倾销税可以对已经实施临时反倾销措施的期间追溯征收。对实施临时反倾销税的期间追溯征收的，采取多退少不补的原则。

反倾销税的纳税人为倾销进口产品的进口经营者。反倾销税根据不同出口经营者的倾销幅度，分别确定。对未包括在审查范围内的出口经营者的倾销进口产品，需要征收反倾销税的，按照合理的方式确定对其适用的反倾销税。反倾销税税额不超过终裁决定确定的倾销幅度。

反倾销税的征收期限和价格承诺的履行期限不超过五年；但是经复审确定终止征收反倾销税有可能导致损害的继续或者再度发生的，可以适当延长反倾销税的征收期限。

### （二）反补贴措施

进口的产品直接或者间接地接受出口国家（地区）给予的任何形式的专向性补贴，对已建立的国内产业造成实质损害或者产生实质损害威胁的，或者对建立国内产业造成实质阻碍的，国家可以采取反补贴措施，消除或者减轻这种损害或者损害的威胁或者阻碍。

补贴是指出口国（地区）政府或者其任何公共机构提供的并为接受者带来利益的财政资助以及任何形式的收入或者价格支持。除收入或价格支持外，构成补贴须具备两个要素：政府提供的财政资助和接受者获得的利益。专项补贴是指由出口国（地区）政府明确确定的某些企业、产业获得的补贴；由出口国（地区）法律、法规明确规定的某些企业、产业获得的补贴；指定特定区域内的企业、产业获得的补贴；以出口实绩为条件获得的补贴，包括出口补贴清单列举的各项补贴；以使用本国（地区）产品替代进口为条件获得的补贴。

反补贴调查的程序与反倾销调查的程序基本相同。反补贴措施与反倾销措施类似，包括临时反补贴措施、承诺及反补贴税。实施条件基本相同。不同的是，出口国（地区）政府或出口经营者，都可以作出承诺，分别承诺取消、限制补贴或其他有关措施，承诺修改价格。反补贴税额不得超过终裁决定确定的补贴金额。反补贴税的纳税人为补贴进口产品的进口经营者。

初裁决定确定补贴成立并由此对国内产业造成损害的，可以采取临时反补贴措施。临时反补贴措施采取以保证金或保函作为担保的征收临时反补贴税的形式。

采取临时反补贴措施，由商务部提出建议，国务院关税税则委员会根据其建议作出决定，由商务部予以公告。海关自公告规定实施之日起执行。临时反补贴措施实施的期限，自临时反补贴措施决定公告规定实施之日起，不超过四个月。自反补贴立案调查决定公告之日起60天内，不得采取临时反补贴措施。

在为完成磋商的努力没有取得效果的情况下，终裁决定确定补贴成立，并由此对国内产业造成损害的，征收反补贴税。征收反补贴税，由商务部提出建议，国务院关税税则委员会根据其建议作出决定，由商务部予以公告。海关自公告规定实施之日起执行。反补贴税只能对终裁决定公告之日后进口的产品适用，但下述情形除外：违反承诺的，可采取临时反补贴措施，并可对实施临时反补贴措施前90天内进口的产品追溯征收反补贴税，违反承诺前进口的产品除外。

征收反补贴税应当符合公共利益。反补贴税根据不同出口经营者的补贴金额，分别确定。对实际上未被调查的出口经营者的补贴进口产品，需要征收反补贴税的，按照合理的方式确定对其适用的反补贴税。反补贴税税额不得超过终裁决定确定的补贴金额。

### （三）保障措施

根据《保障措施条例》进行保障措施调查，确定进口产品数量增加，并对生产同类产品或者直接竞争产品的国内产业造成严重损害或者产生严重损害威胁的，可以采取保障措施。进口产品数量增加、国内产业受到损害、二者之间存在因果关系，是采取保障措施的三个基本条件。进口数量增加指进口数量的绝对增加或者与国内生产相比的相对增加。适用保障措施要求的产业损害程度重于反倾销或反补贴要求的损害程度，即严重损害而不是实质损害。

保障措施分为临时保障措施和最终保障措施。

有明确证据表明进口产品数量增加，在不采取临时保障措施将对国内产业造成难以补救的损害的紧急情况下，进口方与成员方之间可不经磋商而作出初裁决定，并采取临时性保障措施。临时保障措施采取提高关税的形式，实施期限自临时保障措施决定公告规定实施之日起，不得超过200天，并且此期限计入保障措施总期限。如果事后调查不能证实进口激增对国内有关产业已经造成损害或损害威胁的，则征收的临时关税应予以退还。

终裁决定确定进口产品数量增加，并由此对国内产业造成损害的，可以采取保障措施。实施保障措施应当符合公共利益。保障措施可以采取提高关税、数量限制等形式。保障措施采取提高关税形式的，由商务部提出建议，国务院关税税则委员会根据商务部的建议作出决定，由商务部予以公告；采取数量限制形式的，由商务部作出决定并予以公告。海关自公告规定实施之日起执行。保障措施针对正在进口的产品实施，不区分产品来源国（地区）。

保障措施的实施期限一般不超过四年，符合条件的，保障措施的实施期限可以适当延长。保障措施全部实施期限（包括临时保障措施期限）不得超过十年。

## 【复习思考题】

1. 我国对外贸易经营者的资质实行何种管理？
2. 什么是国营贸易管理？其管理的商品范围有哪些？
3. 什么是国际贸易救济措施？可以采用的具体措施有哪些？

## 第三节 我国贸易管制的主要措施

【学习目标】

本节主要介绍政府相关行政职能部门在其职责范围内落实各项制度所制定的具体规定，重点内容包括管制商品范围、管理方式等基本情况，以及涉及许可证管理商品在办理报关事务时应遵循的基本规范，旨在让学习者结合海关监管要求，在报关实践活动中能够正确应用贸易管制措施。

完成本节学习，学习者应达成以下目标：

1. 了解关税配额和进出口许可证管理的模式，熟悉管理的商品范围，掌握其报关规则；

2. 了解自动进口许可证管理的货物类别、商品范围，掌握其报关规则；

3. 了解两用物项和技术进出口的管理措施，掌握其报关规则；

4. 了解固体废物、野生动植物种、药品及其他各类限制进出口管理范畴的商品范围和报关规则。

【基本概念】

关税配额和进出口许可证管理、两用物项和技术进出口许可证管理、自动进口许可证管理、其他各类限制进出口管理

【建议学习时间】

6 课时

### 一、进出口许可证管理

进出口许可证管理属于国家限制进出口管理范畴，分为进口许可证管理和出口许可证管理。商务部是全国进出口许可证的归口管理部门，负责制定进出口许可证管理办法及规章制度，监督、检查进出口许可证管理办法的执行情况，处罚违规行为。商务部会同海关总署制定、调整和发布年度《进口许可证管理货物目录》《出口许可证管理货物目录》。商务部负责制定、调整和发布年度《进口许可证管理货物分级发证目录》《出口许可证管理货物分级发证目录》。商务部授权配额许可证事务局（以下简称“许可证局”）统一管理、指导全国各发证机构的进出口许可证签发工作。

进出口许可证是我国进出口许可证管理制度中具有法律效力，用来证明国际贸易经营者经营列入国家进出口许可证管理目录商品合法进出口的证明文件，是海关验放该类货物的重要依据。国家根据管理的实际情况，每年调整适用范围。

### （一）2025 年实行进口许可证管理的商品

2025 年我国实行进口许可证管理的商品有重点旧机电产品和消耗臭氧层物质两类。

**1. 重点旧机电产品**

包括化工设备、金属冶炼设备、工程机械、起重运输设备、造纸设备、电力电气设备、食品加工及包装设备、农业机械、印刷机械、纺织机械、船舶、硒鼓、X 射线管 13 大类 75 个商品编码的旧机电产品。

国家对进口以上所列各类重点旧机电产品实行许可证管理，许可证局负责签发进口许可证。申请人向所在的地方、部门机电产品进出口办公室提交申请材料，地方、部门机电办核实后转报商务部。商务部接到申请后，根据情况分别作出处理。

境外进入海关特殊监管区域或海关保税监管场所的重点旧机电产品，以及（境内）区外进入海关特殊监管区域后再出区的重点旧机电产品，无须办理。境外进入海关特殊监管区域或海关保税监管场所的重点旧机电产品，再从海关特殊监管区域或海关保税监管场所进入（境内）区外的重点旧机电产品，需要办理。

重点旧机电产品进口许可证实行“一批一证”或“非一批一证”管理。有效期为 1 年，当年有效；特殊情况需要跨年度使用时，有效期最长不得超过次年 3 月 31 日，逾期自行失效。实际用汇额不超过原定用汇额 10%的，不需变更进口许可证。

**案例导入**

## 不清楚监管要求无证到货

苏州某公司委托上海某货物运输代理有限公司以一般贸易方式向海关申报进口 35kW 转盘式高周裁断机（旧）1 台，申报商品编号为 8515809090（海关监管条件：无），申报总价为 CIF161150 美元。根据《进口许可证管理货物目录（2025 年）》，上述货物进口需提交进口许可证，该企业未提交进口许可证。被海关罚款人民币 70000 元。

（资料来源：上海海关官网）

**2. 消耗臭氧层物质**

包括三氯氟甲烷（CFC-11）、二氯二氟甲烷（CFC-12）、二氯四氟乙烷（CFC-114）或它们的混合物等 45 个商品编码的商品。

为履行《关于消耗臭氧层物质的蒙特利尔议定书》及其修正案，加强对消耗臭氧层物质进出口管理，根据《消耗臭氧层物质管理条例》，原环境保护部、商务部、海关总署于 2014 年 1 月制定、发布了《消耗臭氧层物质进出口管理办法》，并于当年 3 月 1 日起实施。办法明确：对列入《中国进出口受控消耗臭氧层物质名录》的消耗臭氧层物质实行进出口配额许可证管理，《中国进出口受控消耗臭氧层物质名录》由国务院商务主管部门、海关总署制定、调整和公布；国务院环境保护主管部门根据国家方案和消耗臭氧层物质淘汰进展情况，会同国务院商务主管部门确定国家消耗臭氧层物质年度进出口配额总量，并在每年 12 月 20 日前公布下一年度进出口配额总量；国务院环境保护主管部门、国务院商务主管部门和海关总署联合设立国家消耗臭氧层物质进出口管理机构，对消耗臭氧层物质的进出口实行统一监督管理。

从事消耗臭氧层物质的进出口单位应当在每年 10 月 31 日前向国家消耗臭氧层物质进出口管理机构申请下一年度进出口配额。在年度进出口配额指标内，进出口单位需要进出口消耗臭氧层物质的，应当向国家消耗臭氧层物质进出口管理办公室申请领取《受控消耗臭氧层物质进出口审批单》。

消耗臭氧层物质进出口审批单实行一单一批制。审批单有效期为 90 日，不得超期或者跨年度使用。进出口单位持进出口审批单，向所在地省级商务主管部门所属的发证机构申请领取消耗臭氧层物质进出口许可证。每份进出口许可证只能报关使用一次，当年有效，不得跨年度使用。

以任何形式进出口列入《中国进出口受控消耗臭氧层物质名录》的消耗臭氧层物质的活动，都需要申领消耗臭氧层物质进出口许可证；海关特殊监管区域、保税监管场所与境外之间进出消耗臭氧层物质的，进出口单位应当按规定申请领取受控消耗臭氧层物质进出口审批单、进出口许可证；海关特殊监管区域、保税监管场所与境内其他区域之间进出消耗臭氧层物质的，或者在海关特殊监管区域、保税监管场所之间进出的，不需要申请领取进出口审批单、进出口许可证。通过捐赠、货样、广告物品、退运等方式将列入《中国进出口受控消耗臭氧层物质名录》的消耗臭氧层物质运入、运出中华人民共和国关境，其他法律法规另有规定的，从其规定。进出口单位无进出口许可证或者超出进出口许可证的规定进出口消耗臭氧层物质的，或者违反海关有关规定进出口消耗臭氧层物质的，或者走私消耗臭氧层物质的，由海关依法处罚；构成犯罪的，依法移送司法机关追究刑事责任。国家消耗臭氧层物质进出口管理办公室可以根据进出口单位违法行为情节轻重，禁止其再次申请消耗臭氧层物质进出口配额。

### （二）2025 年实行出口许可证管理的货物

2025 年我国实行出口许可证管理的货物有 43 种。

#### 1. 实行出口配额管理的货物

出口活牛（对港澳）、活猪（对港澳）、活鸡（对香港）、小麦、玉米、大米、小麦粉、玉米粉、大米粉、药料用人工种植麻黄草、煤炭、原油、成品油（不含润滑油、润滑脂、润滑油基础油）、锯材、棉花的，凭配额证明文件申领出口许可证。出口甘草及甘草制品、蔺草及蔺草制品的，凭配额招标中标文件申领出口许可证。

以加工贸易方式出口上述配额管理货物的，凭配额证明文件、货物出口合同申领出口许可证。出口甘草及甘草制品、蔺草及蔺草制品的，凭配额招标中标证明文件、海关加工贸易进口报关单申领出口许可证。

以边境小额贸易方式出口上述配额管理的货物，由省级地方商务主管部门根据商务部下达的边境小额贸易配额和要求签发出口许可证。出口甘草及甘草制品、蔺草及蔺草制品、消耗臭氧层物质、摩托车（含全地形车）及其发动机和车架、汽车（包括成套散件）及其底盘等货物的，需按规定申领出口许可证。

#### 2. 实行出口许可证管理的货物

出口活牛（对港澳以外市场）、活猪（对港澳以外市场）、活鸡（对香港以外市场）、牛肉、猪肉、鸡肉、天然砂（含标准砂）、矾土、磷矿石、镁砂、滑石块（粉）、萤石（氟石）、稀土、锡及锡制品、钨及钨制品、钼及钼制品、锑及锑制品、焦炭、成品油（润滑油、润滑脂、润滑油基础油）、石蜡、部分金属及制品、硫酸二钠、碳化硅、消耗臭氧层物质、柠檬酸、白银、铂金（以加工贸易方式出口）、铟及铟制品、摩托车（含全地形车）及其发动机和车架、汽车（包括成套散件）及其底盘等货物的，需按规定申请取得出口许可证。

以加工贸易方式出口上述货物的，除另有规定以外，凭有关批准文件、海关加工贸易进口报关单和货物出口合同申领出口许可证；出口润滑油、润滑脂、润滑油基础油以外的成品油的，免于申领出口许可证。

以边境小额贸易方式出口消耗臭氧层物质、摩托车（含全地形车）及其发动机和车架、汽车（包括成套散件）及其底盘等货物的，需按规定申领出口许可证。以边境小额贸易方式出口上述情形以外的《出口许可证管理货物目录》所列货物的，免于申领出口许可证。

消耗臭氧层物质的货样、广告物品、捐赠物品、退运物品、残液需凭出口许可证出口；以一般贸易、加工贸易、边境贸易和捐赠贸易方式出口汽车、摩托车产品的，需按规定的条件申领出口许可证；以工程承包方式出口汽车、摩托车产品的，凭对外承包工程项目备案回执或特定项目立项回执等材料申领出口许可证；以上述贸易方式出口非原产于我国的汽车（限新车）、摩托车产品的，凭进口海关单据和货物出口合同申领出口许可证。

出口铈及铈合金（颗粒<500 微米）、钨及钨合金（颗粒<500 微米）、锑、锆、铍、锗、镓的可免于申领出口许可证，但需按规定申领中华人民共和国两用物项和技术出口许可证。我国政府对外援助项下提供的货物免于申领出口许可证。

2025 年继续暂停对润滑油（商品编码 2710. 1991）、润滑脂（商品编码 2710. 1992）、润滑油基础油（商品编码 2710. 1993）一般贸易出口的国营贸易管理。对外贸易经营者以一般贸易方式出口上述货物的，凭有效的货物出口合同申领出口许可证。以其他贸易方式出口上述货物的，按商务部、国家发展改革委、海关总署公告 2008 年第 30 号的规定执行。

出口许可证的有效期最长不得超过 6 个月，且有效期截止时间不得超过当年 12 月 31 日；商务部可视具体情况，调整某些货物出口许可证的有效期。出口许可证应当在有效期内使用，逾期自行失效。

进出口许可证因故在有效期内未使用的，经营者应当在进出口许可证有效期内向原发证机构提出延期申请。发证机构应当将原证收回，在进出口许可证计算机管理系统中注销原证后，重新签发进出口许可证，并在备注栏中注明延期使用和原许可证号。进口许可证只能延期一次，延期最长不超过三个月。使用当年出口配额领取的出口许可证办理延期，其延期最长不得超过当年 12 月 31 日。商务部各进出口许可证签证机构与海关对进出口许可证实施联网核查，许可证电子数据与许可证纸面证书同时作为海关验放许可证商品的依据。

进出口许可证管理实行“一证一关”“一批一证”和“非一批一证”制。实行出口“非一批一证”管理的为加工贸易方式出口的货物、补偿贸易项下出口的货物、小麦、玉米、大米、小麦粉、玉米粉、大米粉、活牛、活猪、活鸡、牛肉、猪肉、鸡肉、原油、成品油、煤炭、摩托车（含全地形车）及其发动机和车架、汽车（包括成套散件）及其底盘（限新车）。出口上述货物的，可在出口许可证有效期内多次通关使用出口许可证，但通关使用次数不得超过 12 次。对消耗臭氧层物质、汽车（旧）、天然砂（含标准砂）的出口许可证管理实行“一批一证”制，出口许可证在有效期内一次报关使用。实行“一批一证”进出口许可证管理的大宗、散装货物，出口溢装数量在货物总量3%以内的原油、成品油予以免证，其他货物溢装数量在货物总量5%以内的予以免证。实行“非一批一证”制的大宗、散装货物，在每批货物出口时，按其实际出口数量进行许可证证面数量核扣，在最后一批货物出口时，应按该许可证剩余数量溢装上限，即5%（原油、成品油溢装上限3%）以内计算免证数额。

为维护国际贸易秩序，国家对列入出口许可证管理目录的部分货物实行指定出口报关口岸管理。企业出口该部分货物的，均须到指定的口岸报关出口。

（1）甘草出口的报关口岸指定为天津海关、上海海关、大连海关，甘草制品出口的报关口岸指定为天津海关、上海海关。

（2）天然砂出口（对香港、澳门及台湾地区）的报关口岸限定于企业所在省（自治区、直辖市）的海关。

（3）对镁砂、稀土、锑及锑制品等货物暂停实行指定口岸报关出口。

**案例导入**

### 货物品牌规格型号及出口许可证与申报不符

重庆某公司委托某科技有限公司分2票向海关申报出口至阿联酋一般贸易项下乘用车共21辆，其中20辆申报为乘用车DKV7182LHEVBR，申报商品编码为8703403110，申报价格为CIF276000美元；另1辆申报为乘用车DKV7156D6C，申报商品编码为8703223010，申报价格为FOB9090美元，2票均申报了相应规格型号的出口许可证。经查，实际上述货物品牌规格型号及出口许可证与申报不符。经核定，涉案货物价值为人民币1880509.63元。被海关科处罚款人民币141000元。

（资料来源：上海海关官网）

## 二、进口关税配额管理

关税配额管理属于限制进口。对实行关税配额管理的进口货物，关税配额内的，适用关税配额税率；关税配额外的，按不同情况分别适用于最惠国税率、协定税率、特惠税率或普通税率。主管部门为商务部和国家发展改革委。所有贸易方式进口关税配额范围的商品均列入关税配额管理范围。

2025年，我国实施关税配额管理的农产品有小麦、玉米、大米、棉花、食糖、羊毛及毛条；工业产品为化肥（尿素、磷酸氢二铵、复合肥）。

农产品进口关税配额为全球配额，主管部门为商务部及国家发展改革委。商务部、国家发展改革委分别于申请期前一个月在《国际商报》《中国经济导报》以及商务部网站、国家发展改革委网站上公布每种农产品下一年度的进口关税配额总量、关税配额申请条件及国务院关税税则委员会确定的关税配额农产品税则号列和适用税率。

其中，食糖、羊毛、毛条进口关税配额由商务部公布并由商务部授权机构负责办理本地区内申请，小麦、玉米、大米、棉花进口关税配额由国家发展改革委公布并由国家发展改革委授权机构负责受理本地区的申请。海关凭商务部及国家发展改革委各自授权机构向最终用户发放的加盖“商务部进口农产品关税配额证专用章”或“国家发展和改革委员会农产品进口关税配额证专用章”的农产品进口关税配额证，办理验放手续。

以加工贸易方式进口关税配额管理的农产品，海关凭企业提交的农产品进口关税配额证办理通关验放手续。由境外进入保税仓库、保税区、出口加工区的上述农产品，无须提交农产品进口关税配额证，海关按现行规定验放并实施监管。从保税仓库、保税区、出口加工区出库或出区进口的关税配额农产品，企业持进口关税配额证向海关办理进口手续。

农产品进口关税配额分为国营贸易配额和非国营贸易配额。国营贸易配额须通过国营贸易企业进口；非国营贸易配额通过有贸易权的企业进口，有贸易权的最终用户也可以自行进口。

农产品进口关税配额证实行“一证多批”制，即最终用户需分多批进口的，凭农产品进口关税配额证可多次办理通关手续。农产品进口关税配额证自每年 1 月 1 日起至当年 12 月 31 日有效。实行凭合同先来先领分配方式的农产品进口关税配额证有效期，按公布的实施细则执行。当年 12 月 31 日前从始发港出运，需在下一年到货的进口关税配额农产品，最终用户需持农产品进口关税配额证及有关证明单证到原发证机构申请延期。原发证机构审核情况属实后可予以办理延期，但延期最迟不得超过下一年 2 月底。

化肥进口关税配额为全球配额，商务部负责全国化肥关税配额管理工作，商务部委托的化肥进口关税配额管理机构负责管辖范围内化肥进口关税配额的发证、统计、咨询和其他授权工作。关税配额内化肥进口时，海关凭进口单位提交的化肥进口关税配额证明，按配额内税率征税，并验放货物。

国家对化肥进口实行国营贸易管理。按照规定的资格和条件，有关企业可以向商务部申请成为非国营贸易企业。国家可以安排一定数量的关税配额，由非国营贸易企业进口经营。

化肥进口关税配额公历年度内有效，化肥进口关税配额证明在公历年度内有效期不超过 180 天。延期或者变更的，需重新办理，旧证撤销同时换发新证，并在备注栏中注明原证号。化肥关税配额持有者，如在当年无法完成进口的，应当在 9 月 15 日前将配额证明退还原发证机构。

## 三、自动进口许可证管理

除国家禁止、限制进出口货物、技术外的其他货物、技术，均属于自由进出口范围。自由进出口货物、技术不受限制，但基于监测进出口情况的需要，国家对部分属于自由进口的货物实行自动进口许可证管理。

自动进口许可证管理是国家基于对这类货物的统计和监督需要而实行的一种在任何情况下对进口申请一律予以批准，具有自动登记性质的许可管理。商务部是我国自动进口许可制度的管理部门。商务部、海关总署根据《中华人民共和国货物进出口管理条例》及国家其他法律法规的有关规定，调整、公布《自动进口许可管理货物目录》。2025 年实施自动进口许可证管理的货物共计 45 类。

### （一）商务部实施自动进口许可管理的货物范围

牛肉、猪肉、羊肉、鲜奶、奶粉、木薯、大麦、高粱、大豆、油菜籽、食糖、玉米酒糟、豆粕、烟草、二醋酸纤维丝束、原油、成品油、化肥、烟草机械、移动通信产品、卫星广播电视设备及关键部件、汽车产品、飞机、船舶，共24类货物。

**（二）受商务部委托的省级地方商务主管部门或地方部门机电办实施自动进口许可管理的货物范围**

肉鸡、植物油、铁矿石、铜精矿、煤、成品油、四氯乙烯、化肥、聚氯乙烯、氯丁橡胶、钢材、工程机械、印刷机械、纺织机械、金属冶炼及加工设备、金属加工机床、电气设备、汽车产品、飞机、船舶、医疗设备，共21类货物。

自动进口许可证有效期为六个月，但仅限公历年度内有效。原则上实行“一批一证”管理，对部分货物也可实行“非一批一证”管理。目前对实行自动进口许可证管理的货物（原油、燃料油除外），实施自动进口许可证通关作业无纸化，免于交验纸质自动进口许可证，每份进口货物报关单仅适用一份自动进口许可证。海关通过自动进口许可证联网核查方式验核电子许可证。

对实行“一批一证”自动进口许可证管理的大宗、散装货物，溢装数量在货物总量3%以内的原油、成品油、化肥、钢材四种大宗散装货物予以免证，其他货物溢装数量在货物总量5%以内的予以免证；对“非一批一证”的大宗、散装货物，每批货物进口时，按其实际数量核扣自动进口许可证额度数量，最后一批货物进口时，应按自动进口许可证实际剩余数量的允许溢装上限，即5%（原油、成品油、化肥、钢材溢装上限3%）以内计算免证数额。

进口列入《自动进口许可管理货物目录》的商品，在办理报关手续时须向海关提交自动进口许可证，但下列情形免于提交：

1. 加工贸易项下进口并复出口的（原油、成品油除外）；
2. 外商投资企业作为投资进口或者投资额内生产自用的（旧机电产品除外）；
3. 货样广告品、实验品进口，每批次价值不超过5000元人民币的；
4. 暂时进口的海关监管货物；
5. 进入保税区、出口加工区等海关特殊监管区域及进入保税仓库、保税物流中心的属于自动进口许可管理的货物；
6. 加工贸易项下进口的不作价设备监管期满后留在原企业使用的。

## 四、两用物项和技术进出口许可证管理

两用物项是指军民两用的敏感物项和易制毒化学品。两用物项和技术是指敏感物项和技术、易制毒化学品和其他的总称。其中，敏感物项和技术包括核、核两用物项和技术、生物两用物项和技术、化学两用物项和技术、监控化学品和导弹相关物项和技术；易制毒化学品包括可用于制造毒品的化学品。涉及《中华人民共和国核出口管制条例》《中华人民共和国两用物项出口管制条例》《中华人民共和国监控化学品管理条例》《易制毒化学品管理条例》《放射性同位素与射线装置安全和防护条例》等相关行政法规、规章所附清单和名录，以及国家依据相关法律、行政法规和规章予以管制、临时管制或特别管制的物项和技术。

自2024年12月3日起，禁止两用物项对美国军事用户或军事用途出口。原则上不予许可镓、锗、锑、超硬材料相关两用物项对美国出口；对石墨两用物项对美国出口，实施更严格的最终用户和最终用途审查。任何国家和地区的组织和个人，违反上述规定，将原产于中华人民共和国的相关两用物项转移或提供给美国的组织和个人，将依法追究法律责任。

为维护国家安全和社会公共利益，履行我国在缔结或者参加的国际条约、协定中所承担的义务，国家限制两用物项和技术进出口，对两用物项和技术实行进出口许可证管理。商务部是全国两用物项和技术进出口许可证的归口管理部门，负责制定两用物项和技术进出口管理办法及规章制度，监督、检查《两用物项和技术进出口许可证管理办法》的执行情况，处罚违规行为。许可证局和受商务部委托的省级商务主管部门为两用物项和技术进出口许可证发证机构。两用物项和技术进出口前，进出口经营者应当向发证机关申领中华人民共和国两用物项和技术进口许可证（以下简称“两用物项和技术进口许可证”）或中华人民共和国两用物项和技术出口许可证（以下简称“两用物项和技术出口许可证”），凭此向海关办理进出口通关手续。

为便于对上述物项和技术的进出口管制，商务部和海关总署颁布了《两用物项和技术进出口许可证管理办法》。办法规定：商务部会同海关总署制定和发布《两用物项和技术进出口许可证管理目录》，并可以根据情况对《两用物项和技术进出口许可证管理目录》进行调整，以公告形式发布，对列入《两用物项和技术进出口许可证管理目录》的物项及技术的进出口统一实行两用物项和技术进出口许可证管理。

商务部委托许可证局统一管理、指导全国各发证机构的两用物项和技术进出口许可证发证工作，许可证局对商务部负责。许可证局和商务部委托的省级商务主管部门为两用物项和技术进出口许可证发证机构，省级商务主管部门在许可证局的统一管理下，负责委托范围内两用物项和技术进出口许可证的发证工作。两用物项和技术进出口前，进出口经营者应当向地方发证机构申领两用物项和技术进出口许可证，凭此向海关办理进出口通关手续。

密码是指采用特定变换的方法对信息等进行加密保护、安全认证的技术、产品和服务。我国对密码实行分类管理，具体分为核心密码、普通密码和商用密码。核心密码、普通密码用于保护国家秘密信息，商用密码是指对不涉及国家秘密内容的信息进行加密保护或者安全认证所使用的密码技术和密码产品。

商用密码技术属于国家秘密。国家鼓励商用密码技术的研究开发、学术交流、成果转化和推广应用，健全统一、开放、竞争、有序的商用密码市场体系，鼓励和促进商用密码产业发展。同时对商用密码产品的科研、生产、销售和使用实行专控管理。国家密码管理局主管全国的商用密码管理工作。进口密码产品及含有密码技术的设备或者出口商用密码产品，必须报经国家密码管理机构批准。任何单位或者个人不得销售境外的密码产品。

2020 年，商务部、国家密码管理局、海关总署联合发布 2020 年公告第 63 号（关于发布商用密码进口许可清单、出口管制清单和相关管理措施的公告）。自 2021 年 1 月 1 日起，进口涉及《商用密码进口许可清单》所列物项和技术时，应向商务部申请办理两用物项和技术进口许可证；出口涉及《商用密码出口管制清单》所列物项和技术时，应向商务部申请办理两用物项和技术出口许可证，具体见两用物项和技术进出口许可证相关章节。国家密码管理局、海关总署公告 2009 年第 18 号，海关总署、国家密码管理局公告 2012 年第 64 号，国家密码管理局、海关总署公告第 27 号，国家密码管理局、商务部、海关总署公告 2019 年第 38 号同时废止。

2025 年《两用物项和技术进出口许可证管理目录》分为《两用物项和技术进口许可证管理目录》和《两用物项和技术出口许可证管理目录》两个部分，如表 4-6 所示。

**表 4-6　两用物项和技术进出口管理范围明细表**

| 进口 | 出口 |
|---|---|
| 第一类：监控化学品管理条例监控名录所列物项（74种）<br>可作为化学武器的化学品、可作为生产化学武器前体的化学品、可作为生产化学武器主要原料的化学品等三类，以及上述三类监控化学品的生产技术和专用设备；<br>第二类：易制毒化学品（61种）；<br>第三类：放射性同位素（10种）；<br>第四类：商用密码进口许可（4种）。 | 第一类：两用物项出口管制清单所列物项，包括：<br>（一）专用材料和相关设备、化学制品、微生物和毒素（319种），其中部分监控化学品的生产技术和专用设备，出口需办理两用物项和技术出口许可证；<br>（二）材料加工（244种）；<br>（三）电子（52种）；<br>（四）计算机（6种）；<br>（五）电信和信息安全（14种）；<br>（六）传感器和激光器（42种）；<br>（七）导航和航空电子（28种）；<br>（八）船舶（5种）；<br>（九）航空航天与推进（48种），对于未列入出口管制清单或者未实施临时管制的所有无人驾驶航空飞行器，出口经营者明知或者应当知道出口将用于大规模杀伤性武器扩散、恐怖主义活动或者军事目的的，不得出口。<br>（十）其他物项（7种）；<br>第二类：核出口管制清单所列物项和技术（159种）；<br>第三类：易制毒化学品（61种）；<br>第四类：易制毒化学品仅向缅甸、老挝、阿富汗等特定国家（地区）出口（41种）；<br>2025年2月4日起新增对钨、碲、铋、钼、铟相关物项实施出口管制。 |

## 案例导入

### “多旋翼植保机”型号涉两用物项

山东某公司委托上海某报关公司向海关申报出口一般贸易项下共计两项货物，其中第二项货物多旋翼植保机，申报型号为JT20，数量1架，申报货值为FOB12000美元。经查，上述第二项货物实际型号为JT30，出口需办理两用物项和技术出口许可证。上述货物价值人民币93982.63元。海关对其处罚款人民币28000元。

（案例来源：上海海关官网）

《两用物项和技术进出口许可证管理目录》列明的物项和技术，不论该物项和技术是否在《两用物项和技术进出口许可证管理目录》中列明海关商品编号，均办理两用物项和技术进出口许可证。海关对进出口经营者进出口的货物是否属于两用物项和技术提出异议，进出口经营者应按规定向相关行政主管部门申请进口或者出口许可，或者向商务主管部门申请办理不属于管制范围的相关证明。对进出口经营者未能出具两用物项和技术进口或者出口许可证或者商务部相关证明的，海关不予办理有关手续。根据有关行政法规的规定，出口经营者知道或者应当知道，或者得到国务院相关行政主管部门通知，其拟出口的物项和技术存在被用于大规模杀伤性武器及其运载工具风险的，无论该物项和技术是否列入《两用物项和技术进出口许可证管理目录》，都应当申请出口许可，并按照《两用物项和技术进出口许可证管理办法》办理两用物项和技术出口许可证。出口经营者在出口过程中，如发现拟出口的物项和技术存在被用于大规模杀伤性武器及其运载工具风险的，应及时向国务院相关行政主管部门报告，并积极配合采取措施终止合同的执行。

**案例导入**

## "丙酮含量"涉两用物项

宁波某化工公司委托宁波某报关公司以一般贸易监管方式向海关申报出口1票塑料胶粘剂，申报数量为12458.88千克，申报总价为45979.2美元，申报丙酮含量为20%~25%。经海关查验并经检测，发现该票塑料胶粘剂中含有质量分数46.08%的丙酮，出口需提交两用物项和技术出口许可证。经计核，上述丙酮的价值计人民币3.23万元。被海关科处罚款人民币4800元。

（案例来源：宁波海关官网）

两用物项和技术进口许可证实行"非一批一证"制和"一证一关"制；两用物项和技术出口许可证实行"一批一证"制和"一证一关"制。"一批一证"制的大宗、散装的两用物项在报关时溢装数量不得超过两用物项和技术出口许可证所列出口数量的5%。"非一批一证"制的大宗、散装两用物项，每批进口时，按其实际进口数量进行核扣，最后一批进口物项报关时，其溢装数量按该两用物项和技术进口许可证实际剩余数量并在规定的溢装上限5%内计算。两用物项和技术进出口许可证有效期一般不超过一年，跨年度使用时，在有效期内只能使用到次年3月31日，逾期发证机构将根据原许可证有效期换发新证。

对以任何方式进口或出口两用物项和技术时，以及过境、转运、通运列入《两用物项和技术进出口许可证管理目录》的商品，进出口经营者应向海关提交有效的两用物项和技术进出口许可证，进出口经营者未向海关出具两用物项和技术进出口许可证而产生的相关法律责任由其自行承担。

两用物项和技术在境外与保税区、出口加工区等海关特殊监管区域、保税场所之间进出的，应向海关交验两用物项和技术进出口许可证；在境内与保税区、出口加工区等海关特殊监管区域、保税场所之间进出的，或者在上述海关特殊监管区域、保税场所之间进出的两用物项和技术，经营者无须办理两用物项和技术进出口许可证。

### 五、固体废物进口管理

为了保护和改善生态环境，防治固体废物污染环境，保障公众健康，维护生态安全，推进生态文明建设，促进经济社会可持续发展，我国颁布了一系列固体废物进口管理相关的法律法规。

生态环境部对全国固体废物进口管理工作实施统一监督管理，商务部、国家发展改革委和海关总署在各自的职责范围内负责固体废物进口相关管理工作。

“禁止洋垃圾入境推进固体废物进口管理制度改革”是党中央、国务院在新时期新形势下作出的一项重大决策，是推动形成绿色发展方式和生活方式、保护生态环境安全和人民群众身体健康的一项重要制度改革。自2017年7月国务院办公厅印发《禁止洋垃圾入境推进固体废物进口管理制度改革实施方案》以来，各项改革任务平稳有序推进，固体废物进口种类和数量大幅度削减。

2018年6月，《中共中央　国务院关于全面加强生态环境保护　坚决打好污染防治攻坚战的意见》提出“力争2020年年底前基本实现固体废物零进口”的目标要求。2020年4月，十三届全国人大常委会第十七次会议修订通过《中华人民共和国固体废物污染环境防治法》，明确国家逐步实现固体废物零进口。

2021年1月1日前，我国进口固体废物管理体系采取分类管理目录制度，并对目录实行动态调整。2017年，原环境保护部、商务部、国家发展改革委、海关总署和原国家质量监督检验检疫总局联合发布2017年第39号公告，调整并发布了《进口废物管理目录》（2017年），包含《禁止进口固体废物目录》《限制进口类可用作原料的固体废物目录》《非限制进口类可用作原料的固体废物目录》。被列入《限制进口类可用作原料的固体废物目录》或《非限制进口类可用作原料的固体废物目录》，且具有相应的环境保护控制标准或要求的固体废物才可以进口。

2020年11月，生态环境部、商务部、国家发展改革委、海关总署联合发布2020年第53号公告，禁止以任何方式进口固体废物；生态环境部停止受理和审批限制进口类可用作原料的固体废物进口许可证的申请；2020年已发放的限制进口类可用作原料的固体废物进口许可证，应当在证书载明的2020年有效期内使用，逾期自行失效；原《进口废物管理目录》（2017年），包括《限制进口类可用作原料的固体废物目录》和《非限制进口类可用作原料的固体废物目录》同时废止。自2021年起，我国全面禁止进口固体废物。

## 案例导入

### 对我国固体废物认定标准不清楚，违规进口

某贸易公司以一般贸易方式向张家港海关申报进口一批钢坯，申报重量共计3871000千克，总价值为1350979美元，申报商品编码为7207200090，申报名称为钢坯，随附单据的英文品名为“SECOMDARY BLOOM”（翻译中文名称为“二级钢坯”）。经南京海关工业产品检测中心鉴定，认定该批货物符合“连铸方坯接缝料”特征，为钢铁生产过程中生产的废钢铁，其质量不符合钢坯要求，不能直接作为连铸钢坯使用，应归入商品编码7204490090未列明钢铁废碎料，属于固体废物。当事人在进口前根据外商提供的货物照片知道进口的“二级钢坯”是铸造过程中产生的品质控制不合格、存在瑕疵的残次品，但表示不知道货物在国内会被认定为固体废物，在不清楚货物属性的情况下直接将货物进口到国内。被海关科处罚款人民币90万元。

（资料来源：南京海关官网）

## 六、野生动植物种进出口管理

野生动物是指珍贵、濒危的陆生、水生野生动物和有重要生态、科学、社会价值的陆生野生动物。野生动物及其制品是指野生动物的整体（含卵、蛋）、部分及其衍生物。保护的野生植物是指原生地天然生长的珍贵植物和原生地天然生长并具有重要经济、科学研究、文化价值的濒危、稀有植物。

国家林业和草原局是进出口野生动植物种的主管部门，该部门设立国家濒危物种进出口管理办公室（以下简称“国家濒管办”）负责监督管理。中华人民共和国缔结或者参加的国际公约禁止或者限制贸易的野生动物或者其制品名录，由国家濒危物种进出口管理机构制定、调整并公布。

进出口列入上述名录的野生动物或者其制品，或者出口国家重点保护野生动物或者其制品的，应当经国务院野生动物保护主管部门或者国务院批准，并取得国家濒危物种进出口管理机构核发的允许进出口证明书。海关凭允许进出口证明书办理进出境检疫，并依法办理其他海关手续。

涉及科学技术保密的野生动物物种的出口，按照国务院有关规定办理。

从境外引进野生动物物种的，应当经国务院野生动物保护主管部门批准。从境外引进列入国际公约禁止或者限制贸易的野生动物或者其制品名录的野生动物，还应当依法取得允许进出口证明书。海关凭进口批准文件或者允许进出口证明书办理进境检疫，并依法办理其他海关手续。

野生植物分为国家重点保护野生植物和地方重点保护野生植物。

国家重点保护野生植物分为国家Ⅰ级保护野生植物和国家Ⅱ级保护野生植物。国家重点保护野生植物名录，由国务院林业行政主管部门、农业行政主管部门（以下简称“国务院野生植物行政主管部门”）以及国务院环境保护、建设等有关部门制定，报国务院批准公布。

出口国家重点保护野生植物或者进出口中国参加的国际公约所限制进出口的野生植物的，应当按照管理权限经国务院林业行政主管部门批准，或者经进出口者所在地的省、自治区、直辖市人民政府农业行政主管部门审核后报国务院农业行政主管部门批准，并取得国家濒危物种进出口管理机构核发的允许进出口证明书或者标签。海关凭允许进出口证明书或者标签查验放行。

禁止出口未定名的或者新发现并有重要价值的野生植物。

为了保护野生动植物，拯救珍贵、濒危野生动植物，维护生物多样性和生态平衡，推进生态文明建设，我国颁布了《中华人民共和国森林法》《中华人民共和国野生动物保护法》《中华人民共和国野生植物保护条例》《中华人民共和国濒危野生动植物进出口管理条例》等相关法律法规，并颁布了我国物种保护目录。

《濒危野生动植物种国际贸易公约》简称 CITES，于 1975 年 7 月 1 日正式生效。经中国国务院批准，中国于 1980 年 12 月 25 日加入该公约，该公约于 1981 年 4 月 8 日对中国正式生效。公约适用于香港、澳门两个特别行政区。中国不仅在保护和管理该公约附录Ⅰ和附录Ⅱ中所包括的野生动植物种方面负有重要的责任，而且中国《国家重点保护野生动物名录》中所规定保护的野生动物，除了公约附录Ⅰ、附录Ⅱ中已经列入的以外，其他均隶属于附录Ⅲ。为此中国还规定，该公约附录Ⅰ、附录Ⅱ中所列的原产地在中国的物种，按《国家重点保护野生动物名录》所规定的保护级别执行，非原产于中国的，根据其在附录中隶属的情况，分别按照国家Ⅰ级或Ⅱ级重点保护野生动物进行管理。例如，黑熊在《濒危野生动植物种国际贸易公约》中被列在附录Ⅰ中，但在《国家重点保护野生动物名录》中被列为Ⅱ级重点保护野生动物，所以应按国家

Ⅱ级重点保护野生动物进行管理；又如非洲鸵鸟并非原产于中国，但被列入《濒危野生动植物种国际贸易公约》附录Ⅰ中，所以应按国家Ⅰ级重点保护野生动物进行管理。

野生动植物进出口证书包括《中华人民共和国濒危野生动植物种国际贸易公约允许进出口证明书》《中华人民共和国海峡两岸野生动植物允许进出口证明书》《中华人民共和国野生动植物允许进出口证明书》《中华人民共和国濒危物种进出口管理办公室非物种证明》，以上证件均由国家濒管办及其授权签证的办事处核发，由海关在进出口环节进行验核。

以上证明书关系示意图见图 4-1。

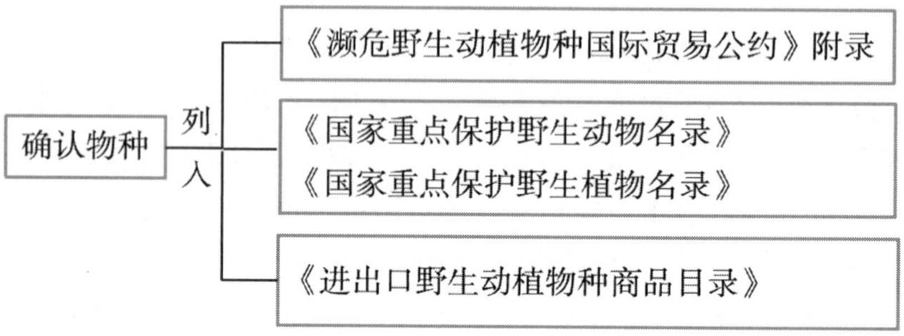


**图 4-1　证明书关系图**

**（一）《中华人民共和国濒危野生动植物种国际贸易公约允许进出口证明书》（简称《公约证》）和《中华人民共和国海峡两岸野生动植物允许进出口证明书》（简称《海峡两岸证书》）**

适用范围：《公约证》适用于开展《濒危野生动植物种国际贸易公约》附录范围内的野生动植物及其制品的活动（除与台湾地区之外），《海峡两岸证书》适用于进出口属于《濒危野生动植物种国际贸易公约》大陆与台湾进出口属该公约附录范围内野生动植物及其制品的活动。两种证书都包括常规版本和专用版本。其中，常规版本适用于开展一般情况下公约附录物种及其制品的进口、出口、再出口。专用版本适用于公约附录物种从海上引进、标本巡回展出、个人所有活体动物、乐器多次跨境转移、个人携带二胡五种情形。

**（二）《中华人民共和国野生动植物允许进出口证明书》（简称《非公约证书》）**

适用范围：《非公约证书》适用于未被列入《濒危野生动植物种国际贸易公约》附录但属列入我国《国家重点保护野生动物名录》和《国家重点保护野生植物名录》的野生动植物及其制品的出口。

**（三）《中华人民共和国濒危物种进出口管理办公室非物种证明》（简称《物种证明》）**

适用范围：《物种证明》适用于上述三种情形之外但列入《进出口野生动植物种商品目录》的野生动植物及其制品的进出口。

海关对经营者进出口的商品或者物品是否为濒危野生动植物及其产品或者是否含有濒危野生动植物种成分提出异议的，经营者应按海关的要求，向国家濒管办或其办事处申领《物种证明》。对进出境货物或物品包装或说明中标注含有《进出口野生动植物种商品目录》所列野生动植物成分的，经营者应主动如实向海关申报，海关按实际含有该野生动植物的商品进行监管。

《非公约证书》实行“一批一证”制度，有效期不得超过 180 天；最多可允许延续有效期两次；延续后的允许进出口证明书的有效期最长不得超过自核发之日起 18 个月；经营者须在允许进出口证明书载明的进出口口岸办理报关手续。

《物种证明》样本如图 4-2 所示。

**中华人民共和国濒危物种进出口管理办公室** 副本

非《进出口野生动植物种商品目录》

**物　种　证　明**

进口

1. 证号 [redacted]

2. 页码 1/1

3. 有效期至 [redacted]

4. 被许可人 [redacted]

4a. 口岸 [redacted]

5. 管理机构

中华人民共和国
濒危物种进出口管理办公室
地　址：中华人民共和国
北京市东城区和平里东街18号
邮政编码：100714

CITES 中国

6. 条件（包括本页背面）及其他详情

[HS Code] [redacted]

7. 国家/地区 [redacted]

8. 贸易目的商业

9. 安全号码 [redacted]

10. 使用次数 一次

| 11 | 11a | 11b | 11c | 11d | 11e |
|---|---|---|---|---|---|
| 序号 | 种名 | 来源 | 标本类型 | 数量及单位 | 原产地和前一再出口地，证号及日期 |
| 1 | 野大豆 *Glycine soja* | NON-A | [redacted] | [redacted] | [redacted] |

12. 签发机构

| [redacted] | [redacted] | | |
|---|---|---|---|
| 地点 | 日期 | 签名 | 公章 |

**图 4-2 《物种证明》样本**

《物种证明》分为一次使用和多次使用两种。一次使用的《物种证明》有效期不得超过 180 天。多次使用的《物种证明》有效期不得超过 360 天。对于同一物种、同一货物类型并在同一报关口岸多次进出口的野生动植物及其产品，申请人可以向国家濒管办指定的办事处申请核发多次使用《物种证明》；属于下列情形的不得申请：

1. 出口国家保护的有益的或者有重要经济、科学研究价值的陆生野生动物及其产品的；

2. 进口或者进口后再出口与国家保护的有益的或者有重要经济、科学研究价值的陆生野生动物同名的陆生野生动物及其产品的；

3. 出口与国家重点保护野生植物同名的人工培植来源的野生植物及其产品的；

4. 进口或者进口后再出口与国家重点保护野生动植物同名的野生动植物及其产品的；

5. 进口或者进口后再出口非原产于我国的活体陆生野生动物的。

在境外与保税区、出口加工区等海关特殊监管区域、保税监管场所之间进出野生动植物及其产品的，经营者应申领野生动植物进出口证书。在境内与保税区、出口加工区等海关特殊监管区域、保税监管场所之间进出野生动植物及其产品的，或者在上述海关特殊监管区域、保税监管场所之间进出野生动植物及其产品的，无须办理允许进出口证明书或者物种证明。公约附录所列野生动植物及其产品需要过境、转运、通运的，无须申请核发野生动植物允许进出口证书。

通过货运、邮递、快件和旅客携带等方式进出口《国家重点保护野生动物名录》和《国家重点保护野生植物名录》所列野生动植物及其产品的，进出境货物或物品包装或说明中标注含有上述目录所列野生动植物成分的，应申领野生动植物进出口证书，主动、如实向海关申报。

## 案例导入

### “乐器材质”忽视濒危构成走私

义乌某公司向金华海关申报出口衣服、背带等一批货物，监管方式为市场采购贸易。经查验，发现申报货物中的两把二胡疑似濒危物种制品。经浙江省检验检疫科学技术研究院司法鉴定所鉴定，二胡琴皮系蟒蛇皮制品，蟒蛇属华盛顿公约附录Ⅱ物种，同时被列入国家重点保护野生动物名录二级保护动物。经查，当事人在为客户代理货物出口业务的过程中，明知上述二胡可能属于濒危物种制品，且出口需要提供濒危物种允许出口证明书的情况下，不对二胡材质进行复核，以普通材质进行申报，上述行为已构成走私。被海关没收二胡琴皮两张。

（资料来源：杭州海关官网）

### “化妆品成分”易涉濒危

厦门某公司为进口某品牌兰花油、雪兰乳、水兰霜、晶华水、洗颜粉、眼霜、精华霜7种化妆品，通过上海某公司委托某科技发展集团有限公司以先进境、后进口的方式向海关申报。该科技发展集团有限公司以自己的名义向海关申报进境27票货物，申报数量共计119597盒。经查，上述化妆品均含有蝴蝶兰属物种的萃取液，纳入《濒危野生动植物种国际贸易》（CITES）附录Ⅱ管理。

根据《中华人民共和国濒危野生动植物进出口管理条例》的规定，进口上述货物应当经国务院野生动植物主管部门批准。取得国务院野生动植物主管部门的批准文件后，应当向濒危物种进出口管理机构申请核发允许进出口证明书。厦门某公司进口前未获得引进蝴蝶兰制品的行政许可，也未获得《中华人民共和国野生动植物允许进出口证明书》。根据《野生动植物进出口证书管理办法》的规定，上述货物进境时应向海关交验《中华人民共和国野生动植物允许进出口证明书》，但上述货物进境时未提交。

根据《中华人民共和国海关行政处罚实施条例》第十四条的规定，决定：科处某科技发展集团有限公司罚款人民币310000元；科处厦门某公司罚款人民币710000元。

（资料来源：厦门海关官网）

## 七、进出口药品管理

### （一）药品的进出口管理

药品是指用于预防、治疗、诊断人的疾病，有目的地调节人的生理机能并规定有适应症或者功能主治、用法和用量的物质，包括中药材、中药饮品、中成药、化学原料药及其制剂、抗生素、生化药品、血清疫苗、血液制品和诊断药品等。进出口药品管理指的是为加强对药品监督管理，保证药品质量，保障人体用药安全，维护人民身体健康和用药合法权益，国家市场监督管理总局下的国家药品监督管理局依照《中华人民共和国药品管理法》及有关国际公约和我国其他相关法规，对进出口药品实施监督管理的行政行为。

申请进口的药品，应当是在生产国家（地区）获得上市许可的药品；未在生产国家（地区）获得上市许可的，经国务院药品监督管理部门确认该药品品种安全、有效而且临床需要的，可以依照《中华人民共和国药品管理法》及其条例的规定批准进口。进口药品应当按照规定申请注册。国外企业生产的药品取得《进口药品注册证》，我国香港、澳门和台湾地区企业生产的药品取得《医药产品注册证》后，方可进口。

进口单位签订购货合同时，货物到岸地应当从允许药品进口的口岸中选择，并由进口药品的企业向口岸所在地药品监督管理部门备案。进口备案是指进口单位向允许药品进口的口岸所在地药品监督管理部门申请办理进口药品通关单的过程。麻醉药品、精神药品进口备案是指进口单位向口岸药品监督管理局申请办理进口药品口岸检验通知书的过程。进口药品口岸检验机构应按照《中华人民共和国药典》（2025年版）的相应要求对进口药品进行检验，不符合要求的不得进口。进口《进口药品目录》中药用辅料时，进口单位向口岸药品监管部门申领注明“本品为药用辅料，非药品，无须进行口岸检验”的进口药品通关单，办理进口海关手续。

申报资料符合要求的，药品监督管理部门发放进口药品通关单，并向口岸检验机构发出进口药品口岸检验通知书。进口药品通关单仅限在该单注明的口岸海关使用，并实行“一批一证”制度，证面内容不得更改。

进口药品备案范围除了列入《进口药品目录》的药品外，还包括国家药品监督管理局规定列入《生物制品目录》的药品，包括疫苗类、血液制品类及血源筛查用诊断试剂。进口暂未列入《进口药品目录》的原料药的单位，必须遵守《药品进口管理办法》中的各项有关规定，主动到各口岸药品检验所报验。首次在我国境内销售的药品，必须经口岸药品检验所检验符合标准规定后，方可办理进口备案手续。检验不符合标准规定的，口岸药品监督管理局不予进口备案。进口两用物项许可证管理的易制毒化学品，且属《易制毒化学品管理条例》中第一类（可用于制毒的主要原料）中的药品，必须提交药品监督管理部门出具的进口药品通关单。

## 案例导入

### 归类错误导致漏缴税款

深圳某贸易公司向海关申报从越南进口一般贸易项下千年健共155725千克，申报价格共计CIF225799.55美元，申报商品编号为1404909090，进口关税税率为15%（未提交原产地证），东盟协定税率为0（提交原产地证）。经核，实际进口货物应归入商品编号1211903999，进口关税税率应为9%，进口需提供进口药品通关单。经海关核定，违法货物价值人民币1710413.78元，提交原产地证2票货物应征税款为人民币115796.64元，漏缴税款人民币48732.96元。科处罚款人民币127000元。

（资料来源：上海海关官网）

进出口药品从管理角度可分为进出口麻醉药品、进出口精神药品、进出口兴奋剂及进口一般药品。我国公布的药品进出口管理目录有《进口药品目录》《生物制品目录》《精神药品管制品种目录》《麻醉品管制品种目录》《兴奋剂目录》。

麻醉药品是指连续使用后易使身体产生依赖性，能成瘾癖的药品。精神药品是指直接作用于中枢神经系统，使之兴奋或抑制，连续使用能产生依赖性的药品。我国对麻醉药品和精神药品按照药用类和非药用类分类列管：属于药用类的，国家药品监督管理局依据《中华人民共和国药品管理法》和国务院《麻醉药品和精神药品管理条例》及有关国际条约，制定和调整《麻醉药品管制品种目录》和《精神药品管制品种目录》（以下合并简称《麻醉药品和精神药品管制目录》），并以签发麻醉药品进（出）口准许证及精神药物进（出）口准许证的形式对该目录商品实行进出口限制管理。对非药用类的麻醉药品和精神药品实施禁止进出口管理。任何单位以任何贸易方式进出口列入《麻醉药品和精神药品管制目录》范围的药品，不论用于何种用途，均须事先申领麻醉药品或精神药物进（出）口准许证。

进口准许证和出口准许证样本分别如图4-3和图4-4所示。

中华人民共和国国家药品监督管理局

中国 · 北京
北露园1号 100037
1 Beiluyuan,
Beijing,100037, P.R.China

NATIONAL MEDICAL PRODUCTS ADMINISTRATION
PEOPLE'S REPUBLIC OF CHINA

编号:
File No.
发证日期:
Issuing date

进 口 准 许 证
IMPORT AUTHORIZATION

根据《中华人民共和国药品管理法》第66条规定，中华人民共和国国家药品监督管理局现准许以下单位进口以下药物。

In pursuance of Article 66 of the Drug Administration Law of the People's Republic of China, the National Medical Products Administration of the People's Republic of China grants the importer listed below an authorization to import the consignment specified in following columns.

进口单位:
Importer

出口单位:
Exporter

式 样

| 进口药物名称 Name of Substances or Preparations to be Imported | 商品编码 HS Code | 剂 型 Dosage Form | 包装与规格 Package & Strength | 数 量 Quantity |
|---|---|---|---|---|
| | | | | |

药物管制类别:
Drug control categories

进口准许证号:
Import Certificate No.

生产企业:
Manufacturer

| 进口口岸: Port of Entry | 出口口岸: Port of Departure |
|---|---|

于下列日期前进口:
The importation must be effected before

国家药品监督管理局
National Medical Products Administration

(司负责人签字)
(Signature)

图 4-3 进口准许证样本

中华人民共和国国家药品监督管理局

中国·北京
北露园1号 100037
1 Beiluyuan,
Beijing,100037, P.R.China

NATIONAL MEDICAL PRODUCTS ADMINISTRATION
PEOPLE'S REPUBLIC OF CHINA

编号:
File No.
发证日期:
Issuing date

出 口 准 许 证
EXPORT AUTHORIZATION

根据《中华人民共和国药品管理法》第66条规定，中华人民共和国国家药品监督管理局现准许以下单位出口以下药物。
In pursuance of Article 66 of the Drug Administration Law of the People's Republic of China, the National Medical Products Administration of the People's Republic of China grants the exporter listed below an authorization to export the consignment specified in following columns.



| | | | | |
|---|---|---|---|---|
| 出口单位：<br>Exporter | | | | |
| 进口单位：<br>Importer | | | 进口准许证号：<br>Import Certificate No.<br>发证日期：<br>Issuing Date | |
| 出口药物名称<br>Name of Substances or Preparations to be Exported | 商品编码<br>HS Code | 剂型<br>Dosage Form | 包装与规格<br>Package & Strength | 数量<br>Quantity |
| | | | | |
| 药物管制类别：<br>Drug control categories | | | | |
| 生产企业：<br>Manufacturer | | | | |
| 出口口岸：<br>Port of Departure | | 进口口岸：<br>Port of Entry | | |

于下列日期前出口：
The exportation must be effected before

国家药品监督管理局
National Medical Products Administration

(司负责人签字)
(Signature)

图 4-4 出口准许证样本

进口供临床使用麻醉药品和精神药物的，首次进口须经技术审评后，方可申请办理麻醉药品或精神药品进出口准许证。

进口教学、科研用麻醉药品和精神药物的，需要有相应科研项目的批准文件或相应主管部门的批准文件。

任何单位以任何贸易方式进（出）口麻醉药品、精神药品，包括麻醉药品、精神药品标准品及对照品，不论用于何种用途，均需取得国家药品监督管理局核发的麻醉药物进（出）口准许证或精神药物进（出）口准许证，方可向海关办理进（出）口手续。因治疗疾病需要，个人凭医疗机构出具的医疗诊断书、本人身份证明，可以携带单张处方最大用量以内的麻醉药品和第一类精神药品；携带麻醉药品和第一类精神药品出入境的，由海关根据自用、合理的原则放行。医务人员为了医疗需要携带少量麻醉药品和精神药品出入境的，应当持有省级以上人民政府药品监督管理部门发放的携带麻醉药品和精神药品证明。海关凭携带麻醉药品和精神药品证明放行。

麻醉药品和精神药物进出口准许证仅限在该证注明的口岸海关使用，并实行“一批一证”制度，证面内容不得自行更改，如需更改，应到国家药品监督管理局办理换证手续。首次在我国境内销售的精神药物、麻醉药品仅限于在北京市、上海市和广州市申报进口。

与麻醉药品和精神药品有关的生产经营企业、医疗机构、教学科研单位通过邮政营业机构邮寄麻醉药品和精神药品的，应事先向所在地省、自治区、直辖市药品监督管理部门申请办理麻醉药品、精神药品邮寄证明（以下简称“邮寄证明”）。邮寄证明一证一次有效。

**案例导入**

### 邮寄进口麻醉药品

温州海关邮件监管科查获一起寄自法国的邮件，此邮包是当事人让其朋友从法国寄给其本人的，邮包里有38瓶美沙酮，其中40mg/15mL规格和60mg/15mL规格各19瓶。38瓶美沙酮属限制类进口物品，因当事人无法提供进口证明，该物品被禁止进口。海关对当事人予以警告，并没收其邮寄进境的美沙酮38瓶。

（资料来源：杭州海关官网）

**（二）兴奋剂的进出口管理**

兴奋剂在英语中称“Dope”，原义为“供赛马使用的一种鸦片麻醉混合剂”。由于运动员为提高成绩而最早服用的药物大多属于兴奋剂药物刺激剂类，所以尽管后来被禁用的其他类型药物并不都具有兴奋性（如利尿剂），甚至有的还具有抑制性（如β-阻断剂），国际上对禁用药物仍习惯沿用兴奋剂的称谓。因此，如今通常所说的兴奋剂不再单指那些起兴奋作用的药物，而实际上是对禁用药物的统称。我国提倡健康、文明的体育运动，加强反兴奋剂的宣传、教育和监督管理，坚持严格禁止、严格检查、严肃处理的反兴奋剂工作方针，禁止使用兴奋剂。国家对《兴奋剂目录》所列禁用物质实行严格管理，任何单位和个人不得非法生产、销售、进出口。

进出口列入2025年《兴奋剂目录》的药品包括七类：蛋白同化制剂（95种）、肽类激素（75种）、麻醉药品（14种）、刺激剂（含精神药品）（84种）、药品类易制毒化学品（3种）、医疗用毒性药品（1种）、其他（128种）。进口蛋白同化制剂、肽类激素，必须取得国务院药品监督管理部门发放的进口药品注册证书，还应当取得省、自治区、直辖市人民政府药品监督管理部门颁发的进口准许证，商品范围以英文名、通用名（别名）为准，海关商品编号供通关申报参考；同一品种对应多个海关商品编号的，分别对应该品种的原料药及制剂。

境内企业接受境外企业委托生产的蛋白同化制剂、肽类激素不得在境内销售。

药品进口准许证有效期为一年。药品出口准许证有效期不超过三个月（有效期时限不跨年度）。药品进出口准许证实行“一证一关”制度，只能在有效期内一次性使用，证面内容不得修改。因故延期进出口的，可以持原进出口准许证办理一次延期换证手续。以加工贸易方式进出口蛋白同化制剂、肽类激素的，海关凭药品进出口准许证办理验放手续并实施监管。蛋白同化制剂、肽类激素从海关特殊监管区域和保税监管场所进入境内区外，或者从境内区外进入海关特殊监管区域和保税监管场所的，应当分别办理药品进出口准许证。海关特殊监管区域和保税监管场所与境外进出及海关特殊监管区域、保税监管场所之间进出的蛋白同化制剂、肽类激素，免于办理药品进出口准许证，由海关实施监管。

## 八、其他货物进出口管理

### （一）艺术品进出口管理

艺术品是指绘画作品、书法篆刻作品、雕塑雕刻作品、艺术摄影作品、装置艺术作品、工艺美术作品等及上述作品的有限复制品，不包括文物。艺术品进出口经营活动包括从境外进口或者向境外出口艺术品的经营活动；以销售、商业宣传为目的在境内公共展览场所举办的有境外艺术品创作者或者境外艺术品参加的各类展示活动。

文化和旅游部是艺术品经营活动的主管部门，海关负责对艺术品进出境环节进行监管。艺术品进出口管理是我国进出口许可管理制度的重要组成部分，为加强对艺术品进出口经营活动、商业性艺术品展览活动的管理，促进中外文化交流，丰富人民群众文化生活，我国对艺术品进出口实施审批管理。

我国禁止进出境含有下列内容的艺术品：违反宪法确定的基本原则的；危害国家统一、主权和领土完整的；泄露国家秘密、危害国家安全或者损害国家荣誉和利益的；煽动民族仇恨、民族歧视，破坏民族团结，或者侵害民族风俗习惯的；宣扬或者传播邪教迷信的；扰乱社会秩序，破坏社会稳定的；宣扬或者传播淫秽、色情、赌博、暴力、恐怖或者教唆犯罪的；侮辱或者诽谤他人、侵害他人合法权益的；蓄意篡改历史、严重歪曲历史的；危害社会公德或者有损民族优秀文化传统的；我国法律、行政法规和国家规定禁止的其他内容的。

我国禁止经营以下艺术品：走私、盗窃等来源不合法的艺术品；伪造、变造或者冒充他人名义的艺术品；除有合法手续、准许经营的以外，法律、法规禁止交易的动物、植物、矿物、金属、化石等为材质的艺术品；国家规定禁止交易的其他艺术品。

从事艺术品经营活动的经营单位，在领取营业执照之日起 15 日内，应到其住所地县级以上人民政府文化行政部门备案。艺术品进出口单位应当在从境外进口或者向境外出口艺术品前（包括以销售、商业宣传为目的在境内公共展览场所举办的有境外艺术品创作者或者境外艺术品参加的各类展示活动），向艺术品进出口口岸所在地省、自治区、直辖市人民政府文化行政部门提出申请，审批通过后获得艺术品进出口准予许可决定。河南省艺术品进出口准予许可决定样本如图 4-5 所示。

**河南省艺术品进出口准予许可决定**

文号：41000055202100003

| | | | |
|---|---|---|---|
| 申请事项 | 一般艺术品进出口经营活动 | 举办 | |
| 进出口代理公司 | [redacted] | | |
| 公司地址 | [redacted] | | |
| 联 系 人 | [redacted] | | |
| 原进/出口单位（个人） | [redacted] | | |
| 原进/出口单位（个人）联系人 | [redacted] | 联系电话 | |
| 进/出口主要国家或地区 | 中国香港 | | |
| 展览地点 | 用途为展览的填写 | 展览时间 | 用途为展览的填写 |
| 艺术品类别及数量 | 绘画作品 29 书法篆刻作品 12 雕塑雕刻作品 0<br>艺术摄影作品 0 装置艺术作品 0 工艺美术作品 0<br>上述作品的有限复制品 0 | | |
| 审批机关盖章 | 2021年 07月 13日 | | |

**图 4-5 河南省艺术品进出口准予许可决定样本**

个人携带、邮寄艺术品超过海关认定的自用、合理数量，海关要求办理进出口手续的，应当按对艺术品经营单位的规定办理审批文件。以研究、教学参考、馆藏、公益性展览等非经营性用途为目的的艺术品进出境，应当办理进出口审批手续。同一批已经批准进口或出口的艺术品复出口或复进口，进出口单位可持原批准文件正本到原进口或出口口岸海关办理相关手续，文化行政部门不再重复审批。上述复出口或复进口的艺术品如与原批准内容不符，进出口单位应当到文化行政部门重新办理审批手续。

### （二）音像制品进口管理

音像制品是指录有内容的录音带、录像带、唱片、激光唱盘、激光视盘等。我国对从外国进口音像制品和进口用于出版（包括利用信息网络出版）的音像制品，实行进口许可管理制度，必须获得进口音像制品批准单方可进口。国家新闻出版署负责全国音像制品进口的监督管理和内容审查等工作。各级海关在其职责范围内负责音像制品进口的监督管理工作。

国家禁止进口有下列内容的音像制品：反对宪法确定的基本原则的；危害国家统一、主权和领土完整的；泄露国家秘密、危害国家安全或者损害国家荣誉和利益的；煽动民族仇恨、民族歧视，破坏民族团结，或者侵害民族风俗、习惯的；宣扬邪教、迷信的；扰乱社会秩序，破坏社会稳定的；宣扬淫秽、赌博、暴力或者教唆犯罪的；侮辱或者诽谤他人、侵害他人合法权益的；危害社会公德或者民族优秀文化传统的；有法律、行政法规和国家规定禁止的其他内容的。

进口音像制品成品的，必须是经国家新闻出版署批准的音像制品成品进口经营单位；图书馆、音像资料馆、科研机构、学校等单位进口供研究、教学参考的音像制品成品，应当委托国家新闻出版署批准的音像制品成品进口经营单位办理进口审批手续，未经批准，任何单位或者个人不得经营音像制品成品进口业务。

进口音像制品批准单内容不得更改，如需修改，应重新办理。进口音像制品批准单一次报关使用，不得累计。其中，属于用于出版的音像制品的，批准单有效期为一年；属于音像制品成品的，批准单当年有效。

进口用于展览、展示的音像制品，由展览、展示活动主办单位提出申请，并将音像制品目录和样片报国家主管机关进行内容审查，海关按暂时进口货物管理。用于展览、展示的进口音像制品确需在境内销售、赠送的，在销售、赠送前，必须依照规定按成品进口重新办理批准手续。

随机器设备同时进口及进口后随机器设备复出口的记录操作系统、设备说明、专用软件等内容的音像制品，无须申领进口音像制品批准单，海关凭进口单位提供的合同、发票等有效单证验放。

### （三）民用爆炸物品进出口管理

民用爆炸物品是指用于非军事目的、列入民用爆炸物品品名表的各类火药、炸药及其制品和雷管、导火索等点火、起爆器材。工业和信息化部（以下简称“工信部”）为国家进出口民用爆炸物品的主管部门，负责民用爆炸物品进出口的审批；公安机关负责民用爆炸物品境内运输安全监督管理；海关负责民用爆炸物品进出口环节的监管。

进出口《民用爆炸物品品名表》（公安部、国防科工委公告 2006 年第 1 号，经工信部联安全〔2022〕60 号调整）中的民用爆炸物品，应当逐单申请办理审批手续。严禁进出口未经工信部核发民用爆炸物品进出口审批单的民用爆炸物品。取得民用爆炸物品生产许可证的企业可以申请进口用于本企业生产的民用爆炸物品原材料（含半成品），出口本企业生产的民用爆炸物品（含半成品）。取得民用爆炸物品销售许可证的企业可以申请进出口其民用爆炸物品销售许可证核定品种范围内的民用爆炸物品。

民用爆炸物品进出口审批单有效期为签发之日起六个月。需延期或者变更审批事项的，进出口企业应当向工信部提交申请文件，并凭原审批单换领新审批单。每单仅限延期一次，延期时间不超过六个月。未能全部进出口且剩余部分仍需执行的，进出口企业应当提交申请文件和海关签注的原审批单或者报关单，向工信部申请换领剩余数量的民用爆炸物品进出口审批单。

企业进出口民用爆炸物品时，应主动向海关提交有效的民用爆炸物品进出口审批单及其他有关单据。海关通过“单一窗口”，对民用爆炸物品的民用爆炸物品进口审批单（如表 4-7 所示）和民用爆炸物品出口审批单（如表 4-8 所示）电子数据与进出口货物报关单电子数据进行核查。民用爆炸物品进出口审批单实行“一批一单”和“一单一关”管理。

**表 4-7 民用爆炸物品进口审批单**

| | |
|---|---|
| 1. 申请单位： | 6. 审批单号：工信进口〔20 〕 号 |
| 2. 收货单位： | 7. 有效截止日期：20 年 月 日 |
| 3. 合同或协议号： | 8. 启运国（地区）： |
| 4. 进口口岸： | 9. 原产地国（地区）： |
| 5. 贸易方式： | 10. 运输方式： |
| 11. 申请进口用途及理由： | |

| 12. 商品名称 | 13. 规格型号 | 14. 海关编码 | 15. 单位 | 16. 数量 | 17. 总价（币种） | 18. 生产企业 |
|---|---|---|---|---|---|---|
| | | | | | | |
| | | | | | | |
| | | | | | | |
| | | | | | | |
| | | | | | | |
| | | | | | | |
| | | | | | | |
| | | | | | | |
| 19. 商品价格合计 | | | | | | |

| | |
|---|---|
| 20. 申请单位签章<br><br>负责人： （公章）<br>20 年 月 日 | 21. 审批机关签章<br><br>20 年 月 日 |

表 4-7 续

海关放行签注栏

| 报关日期 | 报关单号 | 商品名称 | 发运数量 | 海关签章 | 备注 |
|---|---|---|---|---|---|
| | | | | | |
| | | | | | |
| | | | | | |
| | | | | | |

申请单位联系人：　　　　　　　　　　　　　　　　联系方式：

说明：

1. 本审批单一式五份，工业和信息化部、口岸海关、收货地公安机关、省级民爆行业行政主管部门、申请单位各留一份。

2. 申请单位：填写与民爆物品生产或销售许可证一致的名称，并标注许可证号。

3. 收货单位：国内实际使用单位或销售单位。

4. 运输方式：根据实际情况填写海运、空运、铁路运输或公路运输。

5. 审批单号和有效截止日期：由审批机关填写。

6. 启运国（地区）：启运港口所属国家或地区。

7. 原产地国（地区）：商品实际生产国家或地区。

8. 商品名称：与民用爆炸物品品名表中所列商品名称一致。

9. 单位：规范为千克、米、发或吨、千米、千发。

10. 币种：按进口合同实际签约币种填写，如"总价（美元）"。

**表 4-8　民用爆炸物品出口审批单**

<table>
<tr><td colspan="2">1. 申请（发货）单位：</td></tr>
<tr><td>2. 合同或协议号：</td><td>6. 审批单号：工信出口〔20　〕　号</td></tr>
<tr><td>3. 贸易方式：</td><td>7. 有效截止日期：20　年　月　日</td></tr>
<tr><td>4. 运输方式：</td><td>8. 运抵国（地区）：</td></tr>
<tr><td>5. 出口口岸：</td><td>9. 最终目的国（地区）：</td></tr>
<tr><td colspan="2">10. 申请出口用途及理由：</td></tr>
</table>

表4-8 续

| 11. 商品名称 | 12. 规格型号 | 13. 海关编码 | 14. 单位 | 15. 数量 | 16. 总价（币种） | 17. 生产企业 |
|---|---|---|---|---|---|---|
| | | | | | | |
| | | | | | | |
| | | | | | | |
| | | | | | | |
| | | | | | | |
| | | | | | | |
| | | | | | | |
| | | | | | | |
| 18. 商品价格合计 | | | | | | |
| 19. 申请单位签章<br><br>负责人：（公章）<br>20 年 月 日 | | | 20. 审批机关签章<br><br>20 年 月 日 | | | |

**海关放行签注栏**

| 报关日期 | 报关单号 | 商品名称 | 发运数量 | 海关签章 | 备注 |
|---|---|---|---|---|---|
| | | | | | |
| | | | | | |
| | | | | | |
| | | | | | |

申请单位联系人：　　　　　　　　　　　联系方式：

说明：

1. 本审批单一式五份，工业和信息化部、口岸海关、口岸所在地公安机关、省级民爆行业行政主管部门、申请单位各留一份。

2. 申请（发货）单位：填写与民爆物品生产或销售许可证一致的名称，并标注许可证号。

3. 运输方式：根据实际情况填写海运、空运、铁路运输或公路运输。

4. 审批单号和有效截止日期：由审批机关填写。

5. 运抵国（地区）：目的港口所属国家或地区。

6. 最终目的国（地区）：最终进口国家或地区，即进口许可文件的签发国（地区）。

7. 商品名称：与民用爆炸物品品名表中所列商品名称一致。

8. 单位：规范为千克、米、发或吨、千米、千发。

9. 币种：按出口合同实际签约币种填写，如“总价（美元）”。

10. 生产企业：出口商品的实际生产单位，国内生产企业必须与《民用爆炸物品生产许可证》企业名称一致，并标注许可证号。

海关无法确定进出口物品是否属于民用爆炸物品的，由进出口企业将物品样品送交具有民用爆炸物品检测资质的机构鉴定。检测机构确认是民用爆炸物品的，需在鉴定报告中说明送检物品的成分、性质等内容，并按照《民用爆炸物品品名表》对送检物品进行判定和归类，海关依据有关鉴定结论实施进出口管理。进出口企业申请退运民用爆炸物品时，应当向工信部办理进出口审批手续。申请退运时需提交申请文件、退运保函、原民用爆炸物品进出口审批单及相应报关单。工信部审核通过后核发民用爆炸物品进出口审批单，其中在“申请进出口用途及理由”项标明“退运货物”。退运报关时，海关对所退运的货物进行审核验放。民用爆炸物品在海关特殊监管区域或者保税监管场所与境外之间进出的，应当向海关提交民用爆炸物品进出口审批单；民用爆炸物品在海关特殊监管区域或者保税监管场所与境内之间进出的，或者在海关特殊监管区域或者保税监管场所之间进出的，无须办理民用爆炸物品进出口审批单。

在取得民用爆炸物品进出口审批单后，进出口企业应当将获准进出口的民用爆炸物品的品种和数量等信息向收货地或者出境口岸所在地县级人民政府公安机关备案，并同时向所在地省级民用爆炸物品行业主管部门备案，在依法取得公安机关核发的民用爆炸物品运输许可证后方可运输民用爆炸物品。

### （四）有毒化学品进出口环境管理

化学品是指人工制造的或者是从自然界取得的化学物质，包括化学物质本身、化学混合物或者化学配制物中的一部分，以及作为工业化学品和农药使用的物质。禁止的化学品是指因损害健康和环境而被完全禁止使用的化学品。严格限制的化学品是指因损害健康和环境而被禁止使用，但经授权在一些特殊情况下仍可使用的化学品。有毒化学品是指进入环境后通过环境蓄积、生物累积、生物转化或化学反应等方式损害人体健康和环境，或者通过接触对人体具有严重危害和具有潜在危险的化学品。

生态环境部对有毒化学品进出口实施统一的环境监督管理，负责发布《中国严格限制的有毒化学品名录（2023 年）》（以下简称《名录》），对列入《名录》的有毒化学品进出口实施审批管理，签发有毒化学品进出口环境管理放行通知单，通知单实行“一批一证”制，每份通知单在有效时间内只能报关使用一次。

每次外商及其代理人向中国出口和国内从国外进口列入《名录》中的化学品之前，均需向国家生态环境部提出申请。

有毒化学品进口环境管理放行通知单有效期为六个月。

有毒化学品出口环境管理放行通知单有效期为六个月。

进出口单位向海关申报进出口有毒化学品时应主动提交有毒化学品进出口环境管理放行通知单，海关对列入《名录》的有毒化学品的进出口凭国家生态环境部签发的有毒化学品进出口环境管理放行通知单验放。

进出口数量以有毒化学品进出口环境管理放行通知单所列数量为限，不允许溢装；有毒化学品进出口环境管理放行通知单实行电子数据联网核查，一份报关单对应一份通知单。

### （五）农药进出口管理

农药是指用于预防、控制危害农业、林业的病、虫、草、鼠和其他有害生物，以及有目的地调节植物、昆虫生长的化学合成或者来源于生物、其他天然物质的一种物质或者几种物质的混合物及其制剂。农业农村部负责全国的农药监督管理工作。

我国实行农药登记制度。由国内农药生产企业、向中国出口农药的企业或新农药研制者向农业农村部提出申请，申请通过后获得农药登记证。其中向中国出口农药的企业（简称“境外企业”）是指将境外生产的农药向中国出口的企业。境外企业向农业农村部提出农药登记申请。

农药登记证有效期为五年。有效期届满，需要继续生产农药或者向中国出口农药的，农药登记证持有人应当在有效期届满90日前向国务院农业主管部门申请延续。

农药进出口实行名录管理，农业农村部会同海关总署制定、调整、公布《中华人民共和国进出口农药管理名录》（见农业农村部、海关总署公告第416号）。进出口列入该名录的农药，需在我国取得农药登记证，进出口农药的单位需取得相应的农药经营许可证，通过“单一窗口”农药进出口登记管理放行通知单系统申请《农药进/出口登记管理放行通知单》（以下简称“农药放行通知单”）。农业农村部农药检定所在网上审核确认进出口单位提供的信息，符合条件的，将农药进出口通知单电子数据发送海关，未取得农药放行通知单的农药，一律不得进出口。

向中国出口农药的企业，由其在中国设立的销售机构或委托中国代理机构办理农药放行通知单。有进出口资质的农药生产企业可以直接申请；有进出口资质的贸易企业，受生产企业委托，需要使用生产企业出具的委托书编号进行申请；没有进出口资质的农药生产企业，只能向有资质的进出口企业出具委托书，不能直接申请。以上企业需先通过“单一窗口”农药进出口登记管理放行通知单系统进行企业备案登记，备案成功后，才可以进行进/出口委托书、放行通知单的申请。

对列入《鹿特丹公约》监管的农药，包括《鹿特丹公约》附件三的农药品种和农药产品，以及我国已经禁用和严格限用的农药品种，应按照《鹿特丹公约》要求履行相关手续。[①]

农药进出口登记管理放行通知单实行“一批一单”管理，有效期三个月。进出口一批农药产品，办理一份通知单，对应一份海关进出口货物报关单。现今已实施农药进出口通知单通关作业无纸化，海关凭农药进出口通知单电子数据办理通关验放手续，不再收取纸质文本。因海关等

---

① 一、列入《鹿特丹公约》附件三的农药品种和农药产品

2,4,5-涕及其各种盐类和酯类、甲草胺、涕灭威、艾氏剂、谷硫磷、乐杀螨、敌菌丹、克百威、氯丹、杀虫脒、乙酯杀螨醇、滴滴涕、狄氏剂、二硝基-邻-甲酚（DNOC）及其各种盐类（如铵盐、钾盐和钠盐）、地乐酚及其盐类和酯类、1,2-二溴乙烷（EDB）、硫丹、二氯化乙烷、环氧乙烷、敌蚜胺、六六六（混合异构体）、七氯、六氯苯、林丹、甲胺磷、汞化合物（包括无机汞化合物、烷基汞化合物和烷氧烷基及芳基汞化合物）、久效磷、对硫磷、五氯苯酚及其盐类和酯类、甲拌磷、毒杀芬、敌百虫、含有括号内成分的可粉化混合粉剂（含量等于或高于7%的苯菌灵、含量等于或高于10%的虫螨威、含量等于或高于15%的福美双）、磷胺（有效成分含量超过1000g/L的可溶性液剂）、甲基对硫磷（有效成分含量等于或高于19.5%的乳油以及有效成分含量等于或高于1.5%的粉剂）、所有三丁锡化合物（包括三丁锡氧化物、三丁锡氟化物、三丁锡甲基丙烯酸、三丁锡苯甲酸、三丁锡氯化物、三丁锡亚油酸、三丁锡环烷酸）。（此名单依据《鹿特丹公约》附件三动态调整）

二、我国已经禁用和严格限用的农药品种

六六六、滴滴涕、毒杀芬、二溴氯丙烷、杀虫脒、二溴乙烷、除草醚、艾氏剂、狄氏剂、汞制剂、砷类、铅类、敌枯双、氟乙酰胺、甘氟、毒鼠强、氟乙酸钠、毒鼠硅、甲胺磷、对硫磷、甲基对硫磷、久效磷、磷胺、苯线磷、地虫硫磷、甲基硫环磷、磷化钙、磷化镁、磷化锌、硫线磷、蝇毒磷、治螟磷、特丁硫磷、氯磺隆、胺苯磺隆、甲磺隆、福美胂、福美甲胂、三氯杀螨醇、林丹、硫丹、溴甲烷、氟虫胺、杀扑磷、百草枯、2,4-滴丁酯。（此名单依据国家农药管理规定动态调整）

有关部门审核需要，或计算机管理系统、网络通信故障等原因，可提供纸质农药进出口通知单，海关验核纸质信息并进行纸面签注。农药放行通知单可在证面签发的直属海关关区内使用。

### 农药成分差异涉不同农药证

浙江某生化股份有限公司委托上海某报关有限责任公司以一般贸易方式向海关申报出口68%草甘膦可溶粒剂40000千克，申报总价为FOB122400美元，申报商品编号为3808931190。经查，实际货物为72%草甘膦，出口需提交正确的农药进出口登记管理放行通知单。上述货物价值为人民币871377.84元。被海关科处罚款人民币43000元。

（资料来源：上海海关官网）

**（六）水产品捕捞进口管理**

我国已加入大西洋金枪鱼保护国际委员会、印度洋金枪鱼委员会和南极海洋生物资源养护委员会。为遏制非法捕捞活动，有效养护有关渔业资源，上述政府间渔业管理组织成员已对水产品实施合法捕捞证明制度。根据合法捕捞证明制度的规定，国际组织成员进口部分水产品时有义务验核船旗国政府主管机构签署的合法捕捞证明，没有合法捕捞证明的水产品被视为非法捕捞产品，各成员方不得进口。

根据《中华人民共和国政府和俄罗斯联邦政府关于预防、阻止和消除非法、不报告和不管制捕捞海洋生物资源的合作协定》，为有效履行我国政府相关义务，树立我国负责任的渔业国际形象，遏制非法捕鱼活动，有效养护有关渔业资源，我国决定对从俄罗斯进口的部分水产品启用合法捕捞产品通关证明。对进口列入《实施合法捕捞证明的水产品清单》的水产品（包括进境样品、暂时进口、加工贸易进口及进入海关特殊监管区域和海关保税监管场所等），进口单位（仅限具有海关备案资质且进口渔获物为原产自俄罗斯的部分水产品进口企业）应向农业农村部申领合法捕捞产品通关证明。

根据《大西洋金枪鱼保护国际委员会第01-21号大目金枪鱼统计证书决议》《大西洋金枪鱼保护国际委员会第01-22号剑鱼统计证书决议》《大西洋金枪鱼保护国际委员会第11-20号蓝鳍金枪鱼统计证书决议》《印度洋金枪鱼委员会第01/06号大目金枪鱼统计证书决议》《美洲间热带金枪鱼委员会第03-01号大目金枪鱼统计证书决议》《南极海洋生物资源养护委员会10-05号捕捞证书计划决议》，我国对部分金枪鱼产品、犬牙鱼适用合法捕捞产品通关证明。进口企业（仅限具有海关备案资质且进口部分金枪鱼产品、犬牙鱼的企业）应向农业农村部申领合法捕捞产品通关证明。

为加强对合法捕捞产品的进口监管，有效防范和打击非法捕鱼活动，提高通关效率，农业农村部、海关总署对合法捕捞产品通关证明实行联网核查。农业农村部不再签发纸质版合法捕捞产品通关证明，有关单位向农业农村部申领合法捕捞产品通关证明，办结后，农业农村部授权的中国远洋渔业协会通知申请单位，并实时将合法捕捞产品通关证明电子数据传输至海关，海关凭电子数据接受企业报关。

现阶段执行的《实施合法捕捞证明的水产品清单》如表4-9、表4-10所示。

**表 4-9 进口自俄罗斯的水产品清单**

| 中文 | 拉丁文 | 海关编码（鲜、冷冻） |
| --- | --- | --- |
| 红大麻哈鱼、细鳞大麻哈鱼、大麻哈鱼（种）、大鳞大麻哈鱼、银大麻哈鱼、马苏大麻哈鱼、玫瑰大麻哈鱼（太平洋鲑属） | *Oncorhynchus nerka*, *Oncorhynchus gorbuscha*, *Oncorhynchus keta*, *Oncorhynchus tschawytscha*, *Oncorhynchus kisutch*, *Oncorhynchus masou*, *Oncorhynchus rhodurus* | 03021300.00 |
| 细鳞大麻哈鱼、大麻哈鱼（种）、大鳞大麻哈鱼、银大麻哈鱼、马苏大麻哈鱼、玫瑰大麻哈鱼（太平洋鲑属） | *Oncorhynchus gorbuscha*, *Oncorhynchus keta*, *Oncorhynchus tschawytscha*, *Oncorhynchus kisutch*, *Oncorhynchus masou*, *Oncorhynchus rhodurus* | 03031200.00 |
| 狭鳕（明太鱼） | *Theragra chalcogramma* | 03025500.00、03036700.00 |
| 平鲉属 | genus *Sebastes* | 03028990.20、03038990.20 |
| 亚洲箭齿鲽 | *Atherestes evermanni* | 03022900.10、03033900.10 |
| 大西洋庸鲽（庸鲽） | *Hippoglossus hippoglossus* | 03022100.10、03033190.10 |
| 马舌鲽 | *Reinhardtius hippoglossoids* | 03022100.20、03033190.20 |
| 太平洋鲱鱼 | *Clupea pallasii* | 03024100.10、03035100.10 |
| 鲉鲉属（叶鳍鲉属） | genus *Sebastolobus* | 03028990.30、03038990.30 |
| 毛蟹、金霸王蟹（帝王蟹）、仿石蟹（仿岩蟹）、堪察加拟石蟹、短足拟石蟹、扁足拟石蟹、雪蟹、日本雪蟹 | *Erimacrus* spp., *Lithodes aequispinus*, *Paralomis verrilli*, *Paralithodes camtschaticus*, *Paralithodes brevipes*, *Paralithodes platypus*, *Chionoecetes* spp., *Chionoecetes japonicus* | 03062499.10、03061490.10 |
| 粗饰蚶 | *Anadara broughtoni* | 03077199.20、03077990.20 |
| 蚬属 | genus *Corbicula* | 03079190.20、03079900.20 |
| 刺参（暗色刺参除外） | *Apostichopus japonicus* | 03081190.20、03081900.20 |
| 食用海胆纲 | Class Echinoidea | 03082190.10、03082900.10 |

**表 4-10 其他国家（地区）进口水产品清单**

| 中文 | 拉丁文 | 海关编码（鲜/冷冻） |
| --- | --- | --- |
| 冻大眼金枪鱼 | *Thunnus obesus* | 03034400.00 |
| 剑鱼 | *Xiphias gladius* | 03024700.00、03035700.00、03044500.00、03045400.00、03048400.00、03049100.00 |
| 蓝鳍金枪鱼 | *Thunnus thynnus* | 03023510.00、03034510.00 |
| 南极犬牙鱼 | *Dissostichus* spp. | 03028300.00、03038300.00、03044600.00、03045500.00、03048500.00、03049200.00 |

本节各类许可证件及其管理情况如表 4-11 所示。

**表 4-11 许可证件管理一览表**

| 许可证件名称 | 发证机构 | 有效期 | 联网核查 | 代码 | 管理要点 | 管理范围 |
|---|---|---|---|---|---|---|
| 进口许可证 | 商务部三级发证；进出口消耗臭氧层物质由地方商务主管部门凭消耗臭氧层物质进出口审批单发证 | 一年 | 是 | 1 | “一批一证”“一证一关”；“非一批一证”使用不超过12次；出口大宗、散装货物，溢装5%以内（原油、成品油3%以内）免证。<br>消耗臭氧层物质在海关特殊监管区、保税监管场所与境外之间进出，应领审批单、许可证；在海关特殊监管区、保税监管场所与境内其他地区或海关特殊监管区、保税监管场所之间进出，免领审批单、许可证。 | 重点旧机电产品；消耗臭氧层物质两类。 |
| 出口许可证 | | 六个月内 | 是 | 4 | | 部分农、禽、畜产品；资源性产品；贵金属；消耗臭氧层物质等。 |
| 两用物项和技术进口许可证 | 商务部许可证事务局和受商务部委托的省级商务主管部门 | 一年内 | 是 | 2 | “非一批一证”和“一证一关”。海关有权对是否属于两用物项提出异议。 | 监控化学品、易制毒化学品、放射性同位素三类。 |
| 两用物项和技术出口许可证 | | | 是 | 3 | “一批一证”和“一证一关”。 | 核、核两用品、导弹、生物、监控化学品、易制毒化学品、有关化学品、无人驾驶航空飞行器八类。 |
| 自动进口许可证（非机电产品） | 商务部三级发证机构和地方机电产品进出口办公室 | 六个月 | 是 | 7 | “一批一证”；如“非一批一证”，使用不超过六次。<br>下列情形免证：1. 加工贸易；2. 外商投资额内生产自用；3. 5000元以下货样广告品、实验品；4. 暂准进口；5. 进入海关特殊监管区、保税监管场所；6. 大宗、散装货物，溢装5%以内（原油、成品油、化肥、钢材3%以内）。 | 《自动进口许可管理货物目录》一包括由商务部发证的货物：二十四类。<br>《自动进口许可管理货物目录》二包括由商务部委托的省级地方商务主管部门或地方、部门机电办发证的货物：十八类。 |
| 自动进口许可证（机电产品） | | | | 0 | | |
| 关税配额证明 | 商务部、国家发展改革委 | 具体规定 | 否 | 1 | “一证多批”制。 | 农产品：食糖、羊毛、毛条（商务部）；小麦、玉米、大米、棉花（国家发展改革委）；工业品：化肥（商务部）。 |
| 濒危物种允许进口证明书 | 国家濒管办 | 具体规定 | 是 | F | “一证一批”制。 | 列入《进出口野生动植物物种商品目录》的物种。 |
| 濒危物种允许出口证明书 | | | | E | | |
| 精神药品进出口准许证 | 国家药监局 | 具体规定 | 是 | I | “一证一批”制。 | 列入《精神药品管制品种目录》的药品。 |
| 麻醉品进出口准许证 | | | | W | | 列入《麻醉品管制品种目录》的药品。 |

表4-11 续

| 许可证件名称 | 发证机构 | 有效期 | 联网核查 | 代码 | 管理要点 | 管理范围 |
|---|---|---|---|---|---|---|
| 药品进出口准许证 | 国家药监局 | 具体规定 | 是 | L | “一证一批”制。<br>从境外进入海关特殊监管区、保税监管场所或从前述区域、保税监管场所进入境内区外应领证。 | 蛋白同化制剂、肽类激素等。 |
| 药品进口通关单 | 国家药监局授权口岸药品检验所 | 具体规定 | 是 | Q | “一证一批”制。 | 1. 列入《进口药品目录》《生物制品目录》的药品。<br>2. 首次在我国境内销售的药品。 |
| 进口音像制品批准单 | 国家新闻出版署 | 音像制品成品当年有效；出版的影像制品一年有效 | 是 | Z | 一次报关使用。 | 进口录有内容的录音带、录像带、唱片、激光唱片、激光视盘；录制的光学媒体等。 |
| 有毒化学品环境管理放行通知单 | 生态环境部 | 具体规定 | 是 | X | 海关验放的依据。 | 列入《中国禁止或严格限制的有毒化学品名录》的有毒化学品。 |
| 黄金及其制品进出口准许证 | 中国人民银行 | 具体规定 | 是 | J | 海关特殊监管区、保税监管场所与境外及前述区域、场所之间进出免证。 | 列入《黄金及黄金制品进出口管理商品目录》的黄金及其制品。 |
| 民用爆炸物品进出口审批单 | 工信部 | 六个月 | 是 | K | “一批一单”“一单一关”管理。 | 列入《民用爆炸物品品名表》的火药、炸药、雷管、导火索等。 |
| 农药进出口登记管理放行通知单 | 农业农村部 | 具体规定 | 是 | S | “一批一证”制。 | 列入《农药名录》的农药。 |
| 进口兽药通关单 | 省级政府兽医行政管理部门 | 具体规定 | 是 | R | “一单一关”，一次使用。 | 列入《进口兽药管理目录》的兽药。 |
| 合法捕捞产品通关证明 | 农业农村部 | 具体规定 | 是 | U | 样品、暂时进口、加工贸易、进入海关特殊监管区、保税监管场所等应领证。 | 列入《实施合法捕捞证明的水产品清单》的水产品。 |

## 【复习思考题】

1. 什么是“一批一证”“非一批一证”“一证一关”？
2. 实行“非一批一证”进/出口许可证管理的大宗散装货物溢装数量免证额是如何计算的？
3. 什么是进口关税配额管理？试述我国进口关税配额管理的方式、管理范围。

4. 试述我国对两用物项和技术进出口的管理方式、管理范围。

5. 海关对进出口货物是否属于两用物项和技术提出异议时，进出口经营者应如何处置？

6. 试述哪些情形下，进口列入《自动进口许可管理货物目录》的商品可以免于交验自动进口许可证？

7. 试述我国野生动植物种管理的管理方式、允许进口证明和物种证明的适用范围及报关要求。

## 本章练习题

### 一、单选题

1. 我国暂停对（　　）实施一般贸易出口的国营贸易管理。

A. 玉米　　B. 大米　　C. 成品油　　D. 润滑油

2. 下列同时属于我国禁止进出口的是（　　）。

A. 旧空调　　B. 滴滴涕　　C. 石英砂　　D. 麻黄草

3. （　　）属于我国禁止进口且禁止出口的货物。

A. 野生红豆杉　　B. 麻醉类药品　　C. 硅砂、石英砂　　D. 虎骨、犀牛角

4. （　　）属于我国限制进口的商品。

A. 旧的超声波诊断仪器　　B. 小轿车

C. 复方甘草片　　D. 莱克多巴胺

5. （　　）是针对进口产品激增的情况而采取的对外贸易救济措施。

A. 反倾销措施　　B. 反补贴措施　　C. 保障措施　　D. 知识产权措施

6. 许可证件代码“1”对应的是（　　）。

A. 进口许可证　　B. 关税配额证明

C. 合法捕捞产品通关证明　　D. 有毒化学品环境管理放行通知单

7. 下列列入自动进口许可管理货物目录的货物，可免交自动进口许可证的是（　　）。

A. 经海关批准暂时进出口用于在研讨会上使用的从国外进口仪器、设备

B. 用于加工贸易项下进口并复出口的原油

C. 外商投资企业作为投资进口的旧机电产品

D. 每批次价值超过5000元人民币的进口货样广告品

8. 无论以何种方式进口列入《进出口野生动植物商品目录》属于我国自主规定管理的野生动植物及其产品，均须事先申领（　　）。

A. 《濒危野生动植物种国际贸易公约允许进出口证明书》

B. 《野生动植物允许进出口证明书》

C. 《非〈进出口野生动植物商品目录〉物种证明》

D. 《进口许可证》

### 二、多选题

1. 目前，我国对（　　）实行进口国营贸易管理。

A. 成品油　　B. 玉米　　C. 大米　　D. 白银

2. 出口蔺草包面的垫子（价值人民币 1 万元），以下（　　）情形无须提交出口许可证件。

A. 免费样品　　B. 对外承包工程中方人员生活使用

C. 赴境外展览会小卖品　　D. 赴境外展览会非卖展品

3. （　　）属于两用物项和技术出口许可证管理范围。

A. 生物两用品　　B. 监控化学品　　C. 易制毒化学品　　D. 放射性同位素

4. 焊接站（旧），HS：8515809090（　　）。

A. 禁止进口　　B. 需要办理《自动进口许可证》

C. 需要办理《进口许可证》　　D. 需要办理法定检验

5. （　　）属于海关对美术品进出口管理的范围。

A. 摄影作品　　B. 艺术创作者许可并签名，数量为 100 件的复制品

C. 书法作品　　D. 根雕作品

三、判断题

1. 出口许可证的有效期最长不得超过六个月，且有效期截止时间不得超过当年 12 月 31 日。（　　）

2. 目前，我国对对外贸易经营者的管理，实行备案登记制。（　　）

3. 我国对自由进出口的技术实行技术进出口合同备案管理。（　　）

4. 属于出口配额管理的货物，经营者取得配额证明后，凭配额证明办理出口报关手续。（　　）

5. 进口的商品含有密码技术，但未列入目录的，免于交验密码进口许可证。（　　）

6. 两用物项和技术进口许可证证面的进口商、收货人应分别与海关进口货物报关单的收发货人栏、消费使用单栏相一致。（　　）

7. 麻醉药品、精神药品的进（出）口准许证仅限在该证注明的口岸海关使用，并实行一批一证制度，证面内容不得自行更改。（　　）

# 第五章 商品归类

## 学习目标

### 知识目标

- 理解商品归类的定义
- 了解《协调制度》的基本结构
- 掌握归类总规则相关内容

### 技能目标

- 能够熟练运用归类总规则
- 能够查找、分析理解相关注释条文
- 能够查找相关商品信息，熟悉商品编码的确定方法

### 素养目标

- 具备丰富的专业知识，全面掌握所从事的外贸活动相关的专业知识
- 具备计算机应用和现代化管理知识，掌握归类业务相关的法律法规和制度
- 具有自觉维护国家和企业利益的职业道德，遵守国际国内贸易法律法规

# 第一节　商品归类概述

**【学习目标】**

完成本节学习，学习者应达成以下目标：

1. 了解商品归类的目的；
2. 理解商品归类的定义。

**【基本概念】**

进出口货物的商品归类、《协调制度》、归类决定

**【建议学习时间】**

1 课时

## 一、商品归类的概念

进出口货物的商品归类，应当按照《税则》规定的目录条文和归类总规则、类注、章注、子目注释、本国子目注释，以及其他归类注释确定，并归入相应的税则号列。这是《关税法》对商品归类的定义，也是海关总署令第 252 号《中华人民共和国海关进出口货物商品归类管理规定》（以下简称《商品归类管理规定》）修订后对商品归类的定义。通过图 5-1 可进一步了解该定义。

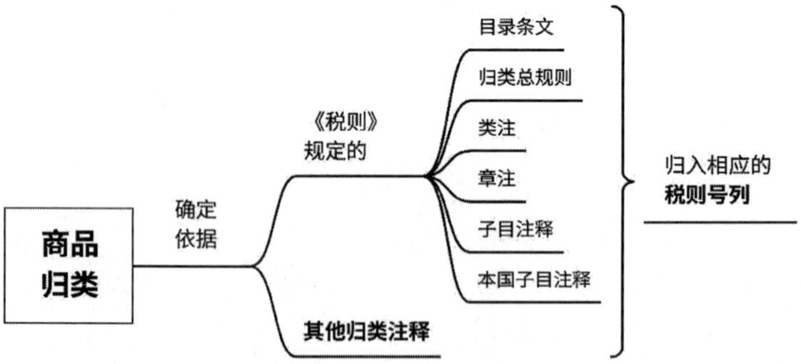


图 5-1　　商品归类的定义

《税则》是《关税法》的附件。《税则》关税税目以世界海关组织《协调制度》为基础，由税则号列和目录条文等组成。商品归类的新定义明确了商品归类是将进出口货物归入相应的税则号列，其依据是《税则》规定的条文、规则、注释，以及其他归类注释。

### （一）《协调制度》

《协调制度》是世界海关组织（WCO）编制的国际贸易商品分类目录，是当今国际贸易及相

关领域商品分类的通用语言。

《协调制度公约》是世界海关组织主持制定的国际公约，于1988年1月1日生效，旨在保证其附件——商品分类目录，即《协调制度》的顺利实施。公约第三条要求各缔约方“必须保证从本公约在本国生效之日起使其税则目录及统计目录与协调制度取得一致”。

《协调制度》是在《海关合作理事会商品分类目录》和联合国《国际贸易标准分类目录》的基础上，综合国际上多种商品分类目录而制定的一部多用途国际贸易商品分类目录。它广泛应用于海关税则、国际贸易统计、原产地规则、国际贸易谈判、贸易管制等多个领域。

目前，已有200多个国家（地区）或经济联盟采用《协调制度》目录。我国于1992年加入《协调制度公约》，并以《协调制度》为基础编制我国的税则目录（《税则》）及统计目录（《海关统计商品目录》）。

随着新产品的不断出现和国际贸易结构的变化，世界海关组织每4~6年对《协调制度》进行一次全面修订，也称为“一个审议循环”。截至目前，《协调制度》已进行过6次修订，形成8个版本，目前采用的是2022年生效的版本。

《协调制度》包括品目和子目及其相应的数字编号，类、章和子目的注释以及归类总规则。其将国际贸易涉及的各种商品按照生产类别、自然属性和不同功能用途等分为21类97章（第七十七章为空章，保留为《协调制度》将来所用）。每一章由若干四位数字的品目构成，品目项下根据需要大多细分出若干一级子目（第五位数字）和二级子目（第六位数字）。为了避免发生交叉归类，设有类注释、章注释和子目注释。为了保证《协调制度》归类的统一性，还设立了归类总规则，作为整个《协调制度》商品归类的总原则。

2022年版《协调制度》英文版页面如图5-2所示。

Chapter 1

**Live animals**

**Note.**

1. This Chapter covers all live animals except :

   (a) Fish and crustaceans, molluscs and other aquatic invertebrates, of heading 03.01, 03.06, 03.07 or 03.08;

   (b) Cultures of micro-organisms and other products of heading 30.02; and

   (c) Animals of heading 95.08.

| Heading | H.S. Code | |
|---|---|---|
| **01.01** | | **Live horses, asses, mules and hinnies.** |
| | | - Horses : |
| | 0101.21 | -- Pure-bred breeding animals |
| | 0101.29 | -- Other |

**图5-2　2022年版《协调制度》英文版页面样例**

**（二）《税则》**

我国在《协调制度》的基础上增设本国子目（三级和四级子目），形成我国海关进出口商品分类目录，根据不同用途增加相应栏目：增加税率栏，用于海关征税的为《税则》；增加计量单位栏，用于海关统计的为《统计商品目录》；增加申报要素栏，用于规范申报的为《规范申报目录》；在8位税则号列基础上增加9、10位监管附加编号，即商品编号，同时将税率、监管条件等加在一起，就成了报关实用工具书。

《税则》主要包括进口税则、出口税则、规则与说明等。国务院关税税则委员会负责《税则》的品目、税率的调整和解释，负责编纂、发布《税则》。

《税则》2025 年版页面如图 5-3 所示。

**第一类**
**活动物；动物产品**

**注释：**

一、本类所称的各属种动物，除条文另有规定的以外，均包括其幼仔在内。

二、除条文另有规定的以外，本目录所称干的产品，均包括经脱水、蒸发或冷冻干燥的产品。

**第一章**
**活动物**

**注释：**

本章包括所有活动物，但下列各项除外：

一、税目 03.01、03.06、03.07 或 03.08 的鱼、甲壳动物、软体动物及其他水生无脊椎动物；

二、税目 30.02 的培养微生物及其他产品；

三、税目 95.08 的动物。

| 序号 | 税则号列 | 货品名称 | 最惠国税率(%) | 协定税率(%) | 特惠税率(%) | 普通税率(%) |
|---|---|---|---|---|---|---|
| | **01.01** | **马、驴、骡：** | | | | |
| | | -马： | | | | |
| 1 | 0101.2100 | --改良种用 | 0 | 0 东盟AS,智CL,巴PK,新西兰NZ,秘PE,哥CR,瑞CH,冰IS,韩KR,澳AU,格GE,毛MU,东盟$^R$AS$^R$,澳$^R$AU$^R$,日$^R$JP$^R$,韩$^R$KR$^R$,新西兰$^R$NZ$^R$,柬KH,尼NI,厄EC,塞RS,马MV,港HK,澳门MO | 0 惠LD | 0 |

图 5-3 《税则》2025 年版部分页面

### （三）《进出口税则商品及品目注释》

为使各缔约方能够统一理解、准确执行《协调制度》，世界海关组织编制了《商品名称及编码协调制度注释》（以下简称《协调制度注释》）。《协调制度注释》是对《协调制度》的官方解释，是《协调制度》实施的重要组成部分，是《协调制度》商品归类时必不可少的辅助性文件。1992 年，我国加入《协调制度公约》，海关总署同步编译出版了中文版《协调制度注释》（即《进出口税则商品及品目注释》），《商品归类管理规定》确定其为我国进出口货物商品归类的依据。自 1992 年我国采用《协调制度》以来，海关总署已先后组织编译了七个版本。2021 年通过的《关于 2022 年关税调整方案的公告》（海关总署公告 2021 年第 119 号）明确说明：根据世界海关组织发布的 2022 年版《协调制度注释》及相关修订情况，海关总署对《进出口税则商品及品目注释》进行同步修订，并调整部分翻译内容，已发布于海关总署门户网站。

《进出口税则商品及品目注释》按照《协调制度》类、章、目的顺序，在照搬《协调制度》原文内容的基础上逐类（某些类无注释）、逐章、逐品目作注释，对某些章还概述了与其他相关章货品的区别。

对各类、章一般都先作总注释，总体介绍本类或本章的商品范围，明确包括和除外的主要商品；之后作品目注释，详细列出各品目的商品范围，对有关商品从外形、性能、生产方法、用途等多方面进行具体描述，需要时还介绍鉴别这些商品的具体方法。此外，品目加方括号的，表示其相应品目及注释条文已被删除（例如，品目 25. 27）；对于包括子目注释的品目注释，均在该品目条文后标注“（+）”号［例如，品目 10. 01“小麦及混合麦（+）”，品目注释后就包括子目 1001. 11 及 1001. 91 的子目注释］。

其内容结构示例如图 5-4 所示。

**第十章 谷物**

**注释：**

一、

（一）本章各品目所列产品必须带有谷粒，不论是否成穗或带杆。

（二）本章不包括已去壳或经其他加工的谷物。但去壳、碾磨、磨光、上光、半熟或破碎的稻米仍应归入品目 10.06。同样，已全部或部分去皮以分离皂苷，但没有经过任何其他加工的昆诺阿藜（藜麦）仍应归入品目 10.08。

二、品目 10.05 不包括甜玉米（第七章）。

子目注释：

所称“硬粒小麦”，是指硬粒小麦属的小麦及以该属具有相同染色体数目（28）的小麦种间杂交所得的小麦。

**总 注 释**

本章仅包括谷物，不论是否成捆或成穗。从未成熟的谷类植物打下的带壳谷粒按普通谷粒归类。新鲜谷物（第七章的甜玉米除外），不论是否适合作蔬菜用，仍归入本品目。

去壳、碾磨、上光、磨光、半熟或破碎的稻米，如果未经其他加工，仍归入品目 10.06。同样，已全部或部分去皮以分离皂苷，但没有经过任何其他加工的昆诺阿藜（藜麦）仍应归入品目 10.08。但其他谷物，如果去壳或经其他加工，例如，经品目 11.04 所列的加工，则不归入本章（参见相应的注释）。

**10.01 小麦及混合麦（+）：**

— 硬粒小麦：

11 —— 种用

19 —— 其他

— 其他：

91 —— 种用

99 —— 其他

小麦可分为两个主要品种：

一、普通小麦，软质、半硬质或硬质的，有一条胚乳粉质。

二、硬粒小麦（参见本章的子目注释）。硬粒小麦通常是琥珀黄色至棕色，并且胚乳角质呈半透明。

斯佩耳特小麦，一种棕色小颗粒的小麦，脱粒后仍能保有其外皮。该小麦归入本品目。

混合麦为小麦与黑麦的混合物，其混合比率一般为二比一。

子目注释：

子目 1001.11 及 1001.91

子目 1001.11 及 1001.91 所称“种用”，仅包括由本国主管部门认可作为播种用的小麦及混合麦。

图 5-4 《进出口税则商品及品目注释》内容结构示例图

## （四）本国子目注释

本国子目注释由国务院关税税则委员会发布。2024 年 12 月 26 日，国务院关税税则委员会发布税委会公告 2024 年第 12 号，其中《2025 年关税调整方案》附件 6 为本国子目注释表，其内容结构示例如图 5-5 所示。

**本国子目注释表**

| 序号 | 税则号列 | 本国子目注释 |
|---|---|---|
| 1 | 02089010 | 本国子目0208.9010所称“鲜、冷、冻的乳鸽肉及食用杂碎”，是指28日龄（含）以内用于食用的雏鸽的鲜、冷、冻肉及食用杂碎。 |
| 2 | 07049010 | 本国子目0704.9010所涉及的“卷心菜”，学名结球甘蓝，又名圆白菜、洋白菜，属十字花科芸苔属甘蓝的变种。外观近圆形，结球紧实个头大，层层包裹成球状体，颜色绿，芯白或淡黄色，叶球可供食用。 |
| 3 | 10061021<br>10061081<br>10062020<br>10063020<br>10064020 | 本国子目1006.1021、1006.1081、1006.2020、1006.3020、1006.4020所涉及的“长粒米”，粒长应大于6.0毫米，或者长宽比大于等于2.0。 |
| 4 | 11029021<br>11031931 | 本国子目1102.9021、1103.1931所涉及的“长粒米”，粒长应大于6.0毫米，或者长宽比大于等于2.0。 |
| 5 | 10061029<br>10061089<br>10062080<br>10063080<br>10064080 | 本国子目1006.1029、1006.1089、1006.2080、1006.3080、1006.4080所涉及的“其他米”，即中短粒米，粒长应小于等于6.0毫米，同时长宽比小于2.0。 |

图 5-5 《2025 年关税调整方案》附件 6 本国子目注释表结构示例图

2025 年发布的本国子目注释有较大调整，现行有效的本国子目注释共 198 条（涉及税则号列共 233 条），统一在《税则》章注或子目注释后面列出，如图 5-6、5-7 所示。

第二章
肉及食用杂碎

注释：

本章不包括：

一、税目 02.01 至 02.08 或 02.10 的不适合供人食用的产品；

二、可食用的死昆虫（税目 04.10）；

三、动物的肠、膀胱、胃（税目 05.04）或动物血（税目 05.11、30.02）；或

四、税目 02.09 所列产品以外的动物脂肪（第十五章）。

本国子目注释：

一、本国子目 0208.9010 所称“鲜、冷、冻的乳鸽肉及食用杂碎”，是指 28 日龄（含）以内用于食用的雏鸽的鲜、冷、冻肉及食用杂碎。

图 5-6 《税则》第二章章注及本国子目注释

第十章
谷物

注释：

一、

（一）本章各税目所列产品必须带有谷粒，不论是否成穗或带杆。

（二）本章不包括已去壳或经其他加工的谷物。但去壳、碾磨、磨光、上光、半熟或破碎的稻米仍应归入税目 10.06。同样，已全部或部分去皮以分离皂苷，但没有经过任何其他加工的昆诺阿藜仍应归入税目 10.08。

二、税目 10.05 不包括甜玉米（第七章）。

子目注释：

一、所称“硬粒小麦”，是指硬粒小麦属的小麦及以该属具有相同染色体数目（28）的小麦种间杂交所得的小麦。

本国子目注释：

一、本国子目 1006.1021、1006.1081、1006.2020、1006.3020、1006.4020 所涉及的“长粒米”，粒长应大于 6.0 毫米，或者长宽比大于等于 2.0。

二、本国子目1006.1029、1006.1089、1006.2080、1006.3080、1006.4080所涉及的“其他米”，即中短粒米，粒长应小于等于6.0毫米，同时长宽比小于2.0。

图 5-7 《税则》第十章章注、子目注释及本国子目注释

根据海关总署公告 2024 年第 207 号，为执行《关税法》第九条第二款有关规定，自 2025 年 1 月 1 日起，海关总署对《中华人民共和国进出口税则本国子目注释（2013 年版）》（海关总署公告 2013 年第 5 号公布）、《中华人民共和国进出口税则本国子目注释（2013 年新增和调整部分）》（海关总署公告 2013 年第 65 号公布）、《中华人民共和国进出口税则本国子目注释（2014 年新增和调整部分）》（海关总署公告 2014 年第 63 号公布）、《中华人民共和国进出口税则本国子目注释（2016 年新增和调整部分）》（海关总署公告 2016 年第 10 号公布）、《中华人民共和国

进出口税则本国子目注释（2016 年新增和调整部分Ⅱ）》（海关总署公告 2016 年第 65 号公布）、《中华人民共和国进出口税则本国子目注释（2017 年调整和废止部分）》（海关总署公告 2017 年第 16 号公布）、海关总署公告 2023 年第 76 号（关于调整小轿车、越野车进出口商品归类有关技术特性要求的公告）等予以废止。

### （五）海关总署发布的关于商品归类的行政裁定

商品归类行政裁定是海关若干种行政裁定中重要的一种，具备以下特征：

第一，海关依对外贸易经营者申请作出，而非海关主动作出；

第二，在货物实际进出口之前作出；

第三，由海关总署以公告的形式统一对外公布，具有海关规章的同等效力，在我国关境范围内均适用；

第四，进出口相同的货物，适用相同的行政裁定。

商品归类行政裁定的内容主要包括归类裁定编号、商品税则号列、中英文商品名称、商品描述及归类裁定等，2017 年商品归类行政裁定（Ⅲ）如表 5-1 所示。

**表 5-1　2017 年商品归类行政裁定（Ⅲ）**

| | |
|---|---|
| 相关编号： | R-1-0000-2017-0005 |
| 决定税号： | 84289090 |
| 商品名称（中文）： | 进样器 |
| 商品名称（英文）： | CV-50 Complete |
| 商品名称（其他）： | |
| 商品描述： | 型号：CV-50；结构：由机械夹具、动力传动结构及滑移平台、皮带传输带、位置检测光学传感器、控制板及网络接口板等组成；原理：以皮带连续输送、卡具短程移动、皮带步进移动、位置检测等手段自动将装有样品的试管逐个移动至测试主机取样位置；功能：完成血球检测仪的样品自动进样；用途：为希森美康血球检测设备 XN-9000 内专用的一个“自动进样”功能部件。 |
| 归类意见： | 该进样器通过皮带和卡具以步进的方式将装有样品的试管从传输系统传输至检测设备的取样位置，作为检测装置的零件，根据《中华人民共和国进出口税则》第九十章章注二关于零件的归类原则，上述商品符合品目 84.28 及其子目条文的描述，根据归类总规则一及六，应归入税则号列 8428.9090。（归类裁定编号：C0020，海关总署公告 2017 年第 63 号，2017-12-10 生效） |
| 发布单位： | 海关总署 |

### （六）海关总署发布的商品归类决定

商品归类决定，是指海关总署依据有关法律、行政法规规定，对进出口货物的商品归类作出具有普遍约束力的决定，具有海关规章的同等效力。与商品归类行政裁定一样，商品归类决定也由海关总署或其授权机构作出，并由海关总署以公告形式统一对外公布。二者的不同之处在于：商品归类行政裁定是海关依对外贸易经营者申请作出的，而商品归类决定是海关主动作出的。

商品归类决定一般来源于下列三种途径：第一，由海关总署及其授权机构作出的；第二，根据中国海关协调制度商品归类技术委员会（以下简称“归类技术委员会”）会议决议作出的；第三，由世界海关组织协调制度委员会作出，并由海关总署通过法律程序转化为海关规章的。

商品归类决定的主要内容一般包括归类决定编号、税则号列、中英文商品名称、商品描述及归类决定等；海关总署关于世界海关组织商品归类决定的内容一般包括序号、归类决定编号、发布日期、子目号、子目序号、文件号、商品名称、英文名称、其他名称、商品描述、归类依据、备注等。作出商品归类决定所依据的法律、行政法规及其他相关规定发生变化的，商品归类决定同时失效，并由海关总署对外公布。归类决定存在错误的，由海关总署予以撤销，并对外公布。被撤销的商品归类决定自撤销之日起失效。需要时亦可通过公告废止部分商品归类决定，以公告附件形式废止的部分商品归类决定主要包括序号、归类决定编号和商品名称等内容。

海关总署每年会不定期发布相关归类决定公告，包括新发布的以及废止的商品归类，我们应及时关注，并及时更新商品归类信息。例如，冻煮蚕蛹原决定归入税则号列 0410. 0090 项下，因 2022 年《协调制度》转版，品目 16. 02 增加“昆虫的制品”，现归入税则号列 1602. 9090 项下，如表 5-2 所示。

**表 5-2　冻煮蚕蛹归类决定的变化**

| 公告 | 决定编号 | 中文名称 | 税则号列 | 状态 |
|---|---|---|---|---|
| 2018 年第 183 号 | J2018-0001 | 冻煮蚕蛹 | 0410. 0090 | 失效 |
| 2022 年第 78 号 | J2022-0001 | 冻煮蚕蛹 | 1602. 9090 | 2022 年 9 月 1 日起实施 |

由此可见，理论上讲，商品归类的编码是唯一的，但实际上由于商品的日新月异，技术的不断发展，有些商品就不容易界定。例如，平板电脑曾一度被认为是游戏机，普洱茶在 2012 年前在国际贸易中属于植物产品而不归入茶类。归类属于主观性比较强的技术。由于认知不同，归类结果也会有所不同。

当出现归类争议时，有时就需要经归类技术委员会讨论投票决定，因此我们发现归类决定的编号有三种。W 开头的是由世界海关组织发布且经我国海关认可后发布的，J 开头的是经归类技术委员会讨论决定的，Z 开头的则是海关总署确定发布的，如表 5-3 所示。

**表 5-3　三种不同的归类决定编号**

| 序号 | 归类决定编号 | 商品名称 | 税号 |
|---|---|---|---|
| 1 | W2016-049 | 由货车改造的房车 | 8703. 33 |
| 2 | W2016-051 | 车顶行李箱 | 8708. 99 |
| 3 | J2017-0001 | 有机苹果香蕉梨混合果泥 | 2007. 1000 |
| 4 | J2017-0002 | 有机过氧化物混合物 | 2909. 6000 |
| 5 | Z2017-001 | 五菱 V1 观光车 | 8702/8703 |
| 6 | Z2017-002 | 热敏标签打印机 | 8443. 3214 |

### （七）其他归类依据

#### 1. 化验、检验结果

必要时，海关可以依据《税则》、《进出口税则商品及品目注释》、《本国子目注释》、国家标准、行业标准，以及海关化验方法等，对进出口货物的属性、成分、含量、结构、品质、规格等进行化验、检验，并将化验、检验结果作为商品归类的依据。

其他化验、检验机构作出的化验、检验结果与海关技术机构或者海关委托的化验、检验机构作出的化验、检验结果不一致的，以海关认定的化验、检验结果为准。

2.《进口药品注册证》

为便于海关对药品进行商品归类，除《税则》及相关注释另有规定以外，国家药品监督管理局核发的《进口药品注册证》作为海关商品归类的依据之一。在海关需要时，进出口货物的收发货人应提供该证的复印件。

### （八）进出口货物相关的国家标准、行业标准等

与进出口货物相关的国家标准、行业标准能够为确定商品归类提供重要的参考。但需要注意的是，商品归类的依据是《商品归类管理规定》第二条第一款的相关规定，若国家标准、行业标准和上述规定不一致时，应以上述规定为准。

综上所述，《商品归类管理规定》第二条所定义的商品归类法定依据是一个完整的体系。它不仅包括《税则》本身的文本内容（即目录条文、归类总规则、类注、章注、子目注释及本国子目注释），还涵盖了各类重要的官方解释性文件和具有约束力的决定（如《进出口税则商品及品目注释》、海关总署发布的商品归类决定及行政裁定等）。在特定情况下，海关认定的化验、检验结果以及特定商品的法定证明文件（如《进口药品注册证》）也会成为重要的归类依据。必须明确，相关的国家或行业标准等仅可作为理解商品的参考资料，不具备法定依据的地位，当其与法定依据冲突时以后者为准。

## 二、商品归类的目的

商品归类是确定进出口货物在《税则》中的税则号列，所确定的税则号列将用于征税、监管、统计、缉私、规范申报、出口退税等多个方面。从图 5-8 可进一步了解，商品归类需要确定的编码数级逐步递增。

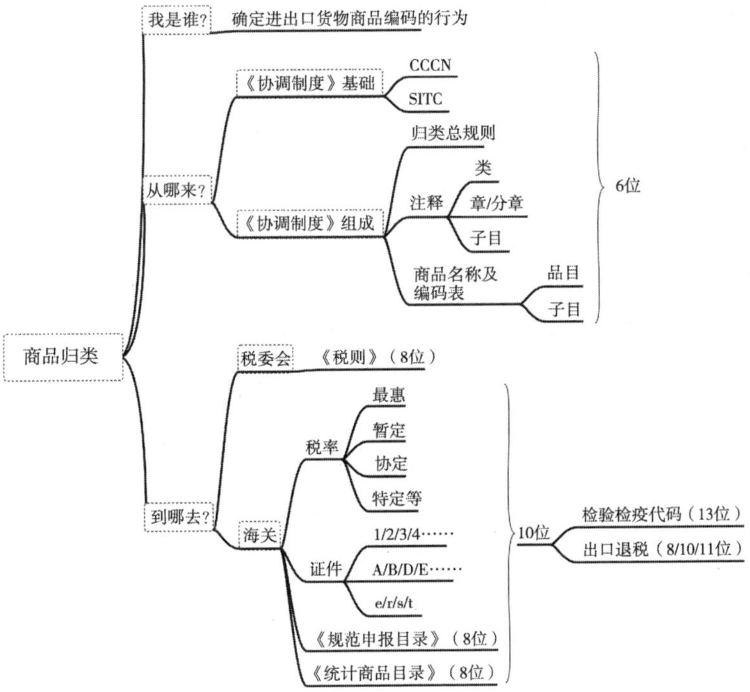


图 5-8 商品归类的编码数级

### （一）确定进出口货物税则号列

商品归类的对象是进出口货物，确定的税则号列是 8 位数字，而实际通关中使用的是带有监管附加编码的 10 位商品编号。同一税则号列项下其他商品编号的确定，按照相关规定办理。

需要注意的是，8 位税则号列和同一税则号列项下 10 位商品编号的确定适用不同规定，本教材配套的《进出口商品编码查询手册》是 8 位的商品名称及编码，仅供商品归类学习和考试使用。通常，描述商品编码时是在《协调制度》《进出口商品编码查询手册》的目录体系下，而描述税则号列时则是在《税则》的目录体系下，同一税则号列项下 10 位商品编号的确定方法将在《关务基本技能》中介绍。

### （二）数据申报必填商品编号

《协调制度》是在《海关合作理事会商品分类目录》和联合国《国际贸易标准分类目录》的基础上，综合国际上多种商品分类目录而制定的一部多用途国际贸易商品分类目录。

《协调制度》由归类总规则、注释、商品名称及编码组成。《税则》是加上本国子目和进出口税率的 8 位数字编码。国务院关税税则委员会从 2018 年起每年 12 月发布下一年的《税则》，海关根据综合税率、监管需要增加监管附加编号，即 10 位商品编号。

企业申报时，在“单一窗口”数据申报录入 10 位商品编号的基础上，还需要进一步确认 13 位的检验检疫代码，检验检疫代码的确定已经超出商品归类的范围。

### （三）商品编号关联多项需求

在报关单栏目里，商品编号与许可证号、随附单证及编号、商品名称及规格型号（规范申报要素）等栏目关联，主要体现在税率、监管证件和申报要素上。

**【复习思考题】**

1. 商品归类的依据有哪些？
2. 商品归类的定义是什么？

## 第二节　《协调制度》结构

**【学习目标】**

完成本节学习，学习者应达成以下目标：

1. 了解《协调制度》的基本结构；
2. 理解《协调制度》各结构的概念。

**【基本概念】**

商品名称及编码表、注释、归类总规则

【建议学习时间】

2 课时

## 一、基本结构

### （一）类、章及分章标题结构

《协调制度》系统地列出了国际贸易的货品，将货品分为类、章及分章，每类、章（第七十七章除外）或分章都有标题，尽可能确切地列明所包括货品种类的范围。但在许多情况下，归入某类或某章的货品种类繁多，类、章标题不可能将其一一列出全都包括。

例如，以“非针织或非钩编的服装及衣着附件”为章标题的第六十二章，就包括没有被列出的针织或钩编的胸罩等保持体型的服装，也无法将除外货品一一点明；再如，铜合金制的纽扣却不能归入以“铜及其制品”为章标题的第七十四章。

此外，某些不同的类、章标题所涵盖的货品还会产生交叉，导致同一货品看似可能有多个所属类、章。例如，麦秸编结的草帽，从所用材料看是编结材料制品，似应归入以“稻草、秸秆、针茅或其他编结材料制品；篮筐及柳条编结品”为标题的第四十六章，从用途上看是帽子，似应归入以“帽类及其零件”为标题的第六十五章。

### （二）商品名称及编码表

商品名称及编码表由《协调制度》编码（通常称“HS Code”）和商品名称组成，是《协调制度》商品分类目录的主体，从属于二十一类、九十七章（其中第七十七章是空章）。商品编码栏居左，商品名称栏居右，依次构成一横行。

## 二、分类原则

《协调制度》采用的分类原则主要有以下两条。

### （一）采用常见的商品分类标志

《协调制度》对绝大多数国际贸易的货品分类时遵循科学的分类原理和规则，采用行业门类、功能、用途、原材料、加工程度、加工或制造方法、主要成分或特殊成分等常见的商品分类标志进行分类，使商品归类有章可循。

**1. 类的划分**

《协调制度》基本上以商品所属的行业门类为类的划分依据，如第六类为化学工业及相关工业的产品，第十一类为纺织工业的产品等。

**2. 章的划分**

通常以商品的自然属性或所具有的原理、功能及用途为设章原则。

如第二十八章“无机化学品”（自然属性相同），第六十五章“帽类及其零件”（用途相同）。前者（第一章至第六十三章、第六十七章至第七十六章、第七十八章至第八十三章）决定货品基本特征的要素是货品的物质属性，通常这些章中包括的半制成品及制成品结构比较简单；

后者（第六十四章至第六十六章、第八十四章至第九十七章）决定货品基本特征的要素是货品运用的原理或具有的功能、用途，通常这些章中只包括制成品。

简言之，这样划分的原因如下：

一是这些物品由各种材料或多种材料构成，难以将这些物品作为哪一种材料制成的物品来分类。如帽子有可能是皮的，也可能是布的或塑料的，有些还可能由几种材料构成。

二是因为商品的价值主要体现在生产该物品的社会必要劳动时间上。如一台机器，其价值一般主要看生产这台机器所耗费的社会必要劳动时间，而不是看机器用了多少贱金属。

**3. 类次以及同一个类的章次的排序原则**

类次以及同一个类的章次的排序原则具有普遍性的主要有两个。

其一，存在物质属性差别时，依照先动物产品，再植物产品，再矿物产品，最后化学及相关产品的商品属性顺序排列。

如活动物及动物产品在第一类，植物产品在第二类，矿物产品在第五类，化学及相关工业产品在第六类；又如第十一类中第五十、五十一章为动物纤维产品，第五十二、五十三章为植物纤维产品，第五十四、五十五章为化学纤维产品。

其二，存在加工关联时，依照加工程度，由低向高递增序次，如牛肉在第一类第二章，牛肉罐头在第四类第十六章。

**4. 同一个章内品目的排序原则**

同一个章内商品存在加工关联的，依据其加工程度，由低到高逐次排列，原材料商品在前，半制成品居中，制成品居后。如第五十二章棉花分属品目 52.01～52.03，棉纱线分属品目 52.04～52.07，棉机织物分属品目 52.08～52.12。

此外，对同种类商品通常按具体列名、一般列名和未列名的顺序排列。如第七章品目 07.07“鲜或冷藏的黄瓜及小黄瓜”（具体列名）；品目 07.08“鲜或冷藏的豆类蔬菜，不论是否脱荚”（一般列名）；品目 07.09“鲜或冷藏的其他蔬菜”（未列名）。

因此，对未列名品目货品范围的把握只有在明确具体列名和一般列名之后才能做到。某一种或某一类商品一般整机在前，专用零件或配件在后。如品目 84.08“压燃式活塞内燃发动机”；品目 84.09“专用于或主要用于品目 84.07 或 84.08 所列发动机的零件”。

### （二）对杂项货品采取专列类、章和品目

《协调制度》分类时还注重商业习惯和实际操作的可行性，将难于按常用的分类标志进行分类的大宗进出口商品以杂项制品相称。从遵循商业习惯和便于实际操作入手，专列类、章和品目，使该类商品归类简单易行，如第二十类“杂项制品”、第九十四章“家具……活动房屋”、品目 94.06“活动房屋”。

## 三、结构性商品编码

《协调制度》采用结构性商品编码。商品编码是具有特定含义的顺序号，它用四位数字表示品目。品目前两位表示该品目所在章，后两位表示此品目在该章的序次。如品目 47.05，表示该品目在第四十七章，是第五个品目。

一些品目被细分为一级子目。一级子目用五位数字表示，第五位数字通常表示它在所属品目

中的顺序号；一些一级子目被进一步细分为二级子目，用六位数字表示。第六位数字通常表示该二级子目在所属一级子目中的顺序号。没有设一级或二级子目的品目，商品编码的第五位或第六位数字为“0”，如0501.00。

需要指出的是，作为未列名货品的第五位或第六位数字一般用数字“9”表示，不代表它在所属品目或子目中的实际序位，其间的空序号是为在保留原有编码的情况下，适应日后增添新商品等情况而预留的。数字“9”被零件占用时，数字“8”通常表示未列名整机。

另外，由于《协调制度》定期修改，以及在一定时间内不能再使用已删除的编码，所以从1996年版开始，《协调制度》目录编码的连续性已被破坏，如品目28.47后是品目28.49而不是品目28.48（在2017年版中删除）；子目0808.10后是子目0808.30，而不是子目0808.20（在2012年版中删除）。2022年版《协调制度》增列品目“85.24平板显示模组，不论是否装有触摸屏”，是在2007年版删除，经历一定时间后再次使用的品目号。

## 四、品目条文

四位数字编码所对应的商品名称栏目的内容被归类总规则称作品目条文，主要采用商品名称、规格、成分、外观形态、加工程度或方式、功能及用途等形式明确商品对象。要结合注释理解品目条文的含义，如品目62.13“手帕”是特指具备第六十二章章注八所称手帕规格要求的正方形或近似正方形的布状物，仅靠名称判断是不可取的。

## 五、子目条文及子目标示

### （一）子目条文

五位和六位数级编码所对应的商品名称栏目的内容被归类总规则称作子目条文。

五位数级商品编码所对应的商品名称栏目的内容为一级子目条文；六位数级商品编码所对应的商品名称栏目的内容为二级子目条文。

### （二）子目标示

在商品名称及编码表中的子目条文前分别用“-”“--”作标示，代表一级子目条文、二级子目条文，其对应的子目相应为一级、二级子目。其中一级、二级子目条文又可称为一杠、二杠子目条文。子目标示便于使用者不看商品编码就能迅速准确地判断该子目所属层级，也方便直观把握与该子目同级的全部子目，为子目的归类提供了极大的方便。

## 六、注释

### （一）注释类型及作用

《协调制度》中的注释是解释说明性的规定。位于类标题下的注释为类注释，简称“类注”；位于章标题下的注释为章注释，简称“章注”；位于类注、章注或章标题下关于子目的注释为子目注释。

注释是为限定《协调制度》中各类、章、品目和子目所属商品的准确范围，简化品目和子目条文文字，杜绝商品分类的交叉，保证商品归类的正确而设立的。

### （二）注释的使用范围

注释除另有说明外，一般只限于使用在相应的类、章、品目及子目。在有说明时注释可超出通常的使用范围，如第十五类类注二规定了通用零件的范围和应归入的品目，该注释所述通用零件即使只适合使用于第十六类的机器，也应归入第十五类相应品目；第三十九章章注一对塑料的定义适用于《协调制度》各品目。

**【复习思考题】**

1.《协调制度》的基本结构是什么？
2.《协调制度》的分类原则有哪些？

## 第三节　归类总规则

**【学习目标】**

完成本节学习，学习者应达成以下目标：
1. 理解《协调制度》归类总规则的条文内容；
2. 掌握《协调制度》归类总规则的应用规则。

**【基本概念】**

归类总规则

**【建议学习时间】**

2 课时

### 一、归类总规则概述

一个完善的分类体系必须提供规范的归类方法，按照该归类方法操作，可以保证商品归类的唯一性，即将每一个商品对应唯一的商品编码，并将似乎也存在归入其他编码的可能性排除。按照该归类方法操作，还必须保证每一个商品总能归入同一编码，不会因归类人员等的不同而发生变化。

《协调制度》归类总规则就是保证上述目标得以实现的规则。《协调制度》归类总规则，位于《协调制度》文本的卷首，是指导整个《协调制度》商品归类的总原则。在阐述归类总规则六条规则正文之前以“货品在协调制度中的归类，应遵循以下规则”开宗明义，明确了归类总规则是货品在《协调制度》中归类应该遵循的基本原则。

学习归类总规则时我们应该在正确理解各条规则原文的基础上，明确该条规则的要点，要特别注意各规则运用时的注意事项及相互关系，通常是前一条规则不适用时引出下一条规则，由此决定的规则运用次序，对于正确归类至关重要。

## 二、归类总规则一

### （一）规则条文

类、章及分章的标题，仅为查找方便而设；具有法律效力的归类，应按品目条文和有关类注或章注确定，如品目、类注或章注无其他规定，则按以下规则确定。

### （二）规则要点

**1. 标题对商品归类不具法律效力**

规则一的第一部分（分号前面）明确说明“类、章及分章的标题仅为查找方便而设”。查找是指查到货品可能所属的类、章范围。标题的作用仅为查找方便，其对商品归类不具备法律效力。

例如，塑料鞋、塑料鞋套（见图 5-9）都属于塑料制品，塑料鞋套归入第三十九章塑料及其制品，但塑料鞋不能归入第三十九章，因为第三十九章注释二（十六）已经将塑料鞋排除。由此可见标题方便了查找，并不能确保一定归入查找章节。

图 5-9 塑料鞋及塑料鞋套

**2. 具有法律效力的归类应遵循的原则**

（1）规则一的第二部分规定，商品归类应按以下原则确定。

①按照品目条文及任何相关的类、章注释确定。

许多货品无须借助归类总规则的其他条款，即仅用规则一即可确定品目。

例如，改良种用野马（品目 01.01）、第三十章章注四所述及的急救药箱（品目 30.06）。

②如品目条文或类、章注释无其他规定，则按规则二、三、四及五的规定确定。

规则一所称“如品目和类、章注释无其他规定”，旨在明确品目条文及任何相关的类、章注释的极其重要性，换言之，它们是在确定归类时应首先考虑的规定。

（2）规则一规定了品目归类的法律依据及运用次序，即品目条文及有关类注、章注有明确规定的，应据此确定归类；否则，应依次运用规则二、三、四、五确定归类。

例如，第三十一章的章注规定，“品目 31.02 只适用于下列货品，但未制成品目 31.05 所述形状或包装”，即该品目仅包括特定的货品。因此，这些品目就不能够再使用其他规则。

3. 归类总规则一思维导图（见图 5-10）

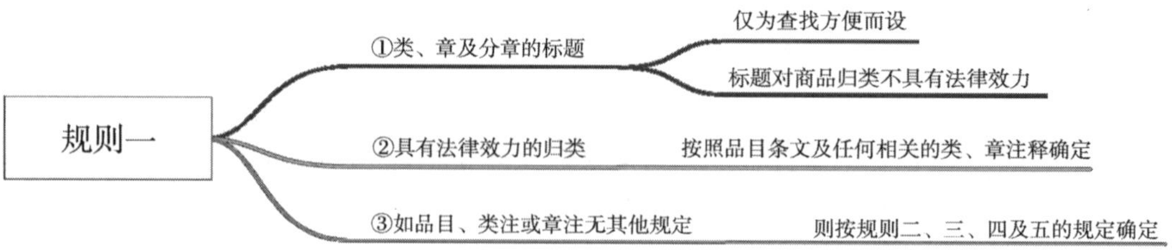


图 5-10　归类总规则一思维导图

### （三）案例解析

**案例 1**　鲜活小龙虾（见图 5-11）

图 5-11　鲜活小龙虾

**解析**　该货品看似可以归入第一章“活动物”，但第一章章注一规定，本章不包括“品目 03.01、03.06、03.07 或 03.08 的鱼、甲壳动物、软体动物及其他水生无脊椎动物”。因此，根据章注、品目条文，运用归类总规则一，将该货品归入品目 03.06。

**案例 2**　饮用蒸馏水

**解析**　该商品是一种通过蒸馏制法制得的饮用纯净水，根据《税则》第二十二章注释一（三）排他条款的规定：“蒸馏水、导电水及类似的纯净水（品目 28.53）”，其符合品目 28.53 的条文描述：“其他无机化合物（包括蒸馏水、导电水及类似的纯净水）”，运用归类总规则一，应将其归入品目 28.53。蒸馏水和矿泉水不同，矿泉水应归入品目 22.01。

## 三、归类总规则二

### （一）规则条文

（一）品目所列货品，应视为包括该项货品的不完整品或未制成品，只要在报验时该项不完整品或未制成品具有完整品或制成品的基本特征。还应视为包括该项货品的完整品或制成品（或按本款规则可作为完整品或制成品归类的货品）在报验时的未组装件或拆散件。

（二）品目中所列材料或物质，应视为包括该种材料或物质与其他材料或物质混合或组合的物品。品目所列某种材料或物质构成的货品，应视为包括全部或部分由该种材料或物质构成的货品。由一种以上材料或物质构成的货品，应按规则三的原则归类。

## （二）规则要点

**1. 规则二（一）（不完整品或未制成品）**

规则二（一）第一部分将所有列出某一些物品的品目范围扩大为不仅包括完整的物品，而且还包括该物品的不完整品或未制成品，只要报验时它们具有完整品或制成品的基本特征。

本款规则的规定也适用于毛坯，除非该毛坯已在某一品目具体列名。所称“毛坯”，是指已具有制成品或零件的大概形状或轮廓，但还不能直接使用的物品。除极个别的情况外，它们仅可用于加工成制成品或零件。

例如，初制成型的塑料瓶，为管状的中间产品，其一端封闭而另一端为带螺纹的瓶口，瓶口可用带螺纹的盖子封闭，螺纹瓶口下面的部分准备膨胀成所需尺寸和形状。

尚未具有制成品基本形状的半制成品（例如，常见的杆、片、管等）不应视为“毛坯”。

**2. 规则二（一）（物品的未组装件或拆散件）**

（1）规则二（一）的第二部分规定，完整品或制成品的未组装件或拆散件应归入已组装物品的同一品目。货品以未组装或拆散形式报验，通常是由于包装、装卸或运输上的需要，或是为了便于包装、装卸或运输。

（2）本款规则也适用于以未组装或拆散形式报验的不完整品或未制成品，只要按照本规则第一部分的规定，它们可作为完整品或制成品看待。

（3）本款规则所称“报验时的未组装件或拆散件”，是指其各种部件仅仅通过紧固件（螺钉、螺母、螺栓等），或通过铆接、焊接等组装方法即可装配起来的物品。

组装方法的复杂性可不予考虑，但其各种部件无须进一步加工成制成品。

某一物品的未组装部件如超出组装成品所需数量，超出部分应单独归类。

例如，摩托车进口时，如供组装的零部件中有两个车座，多出的一个车座就应该单独归类，而不应随可组装成一辆摩托车的零部件一并按摩托车归类。

**3. 规则二（二）（不同材料或物质的混合品或组合品）**

规则二（二）是关于材料或物质的混合品及组合品，以及由两种或多种材料或物质构成的货品。它所适用的品目是列出某种材料或物质的品目（例如，品目 05.07 列出“鹿角”）和列出某种材料或物质制成的货品的品目（例如，品目 45.03 列出“天然软木制品”）。应注意到，只有在品目条文和类注、章注无其他规定的情况下才能运用本款规则（例如，品目 15.03 列出“液体猪油，未经混合”，就不能运用本款规则）。在类注、章注或品目条文中列为调制品的混合物，应按规则一的规定进行归类。

本款规则旨在将列出某种材料或物质的任何品目扩大为包括该种材料或物质与其他材料或物质的混合品或组合品，同时旨在将列出某种材料或物质构成的货品的任何品目扩大为包括部分由该种材料或物质构成的货品。

**4. 运用规则二的注意事项**

（1）鉴于第一类至第六类各品目的商品范围，规则二（一）的规定一般不适用于这六类所包括的货品。

（2）运用规则二时应满足两个条件：一是不与规则一相抵触，即不应将这些品目扩大到包括按规则一的规定不符合品目条文要求的货品；二是不能改变原品目所列货品的基本特征（性质)，例如，当添加了另外一种材料或物质，使货品丧失了原品目所列货品特征时，就会出现这种情况。

（3）本规则最后规定，不同材料或物质的混合品及组合品，以及由一种以上材料或物质构成的货品，如果看起来可归入两个或两个以上品目的，必须按规则三的原则进行归类。

**5. 归类总规则二思维导图（见图 5-12）**

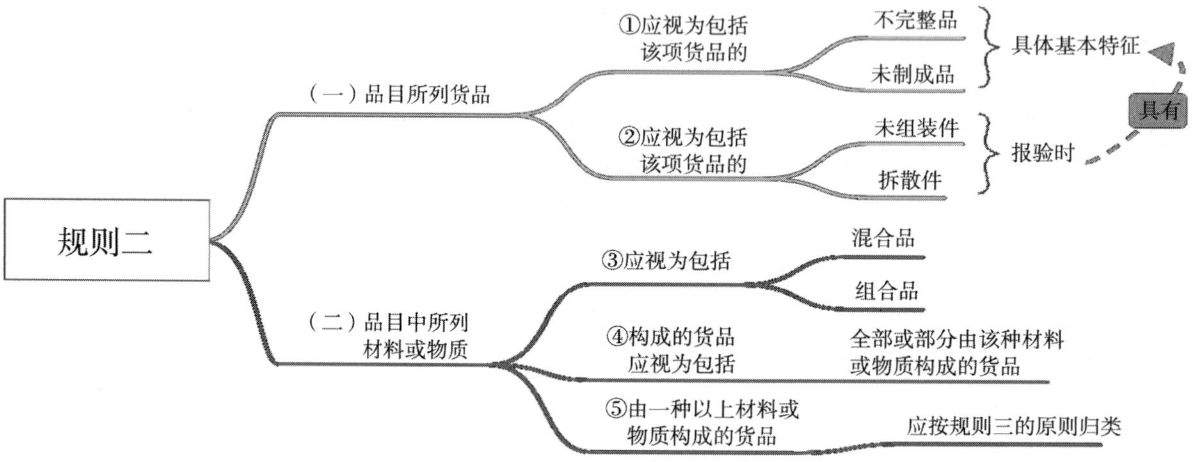


图 5-12 归类总规则二思维导图

## （三）案例解析

**1. 规则二（一）的运用（不完整品或未制成品）**

**案例 1** 尚未装有车轮、轮胎及电池的家用轿车；尚未装有发动机或内部配件的货运车辆；尚未装有坐垫及轮胎的自行车

**解析** 上述货品均为具有完整品基本特征的不完整品，根据规则二（一）的规定，均应按照完整品归类即依次归入品目 87.03、87.04 和 87.12。

**案例 2** 缺少马达的电动睫毛刷

**解析** 缺少马达的电动睫毛刷具有完整品的基本特征，应按电动睫毛刷归入品目 85.09，归类不能认为没有马达就不能运行判断是否具有基本特征，在正常情况下往往配有电动机的机器或装置（例如，品目 84.67 所列的手提式电动工具），即使在报验时没有带电动机，也应按相应的完整机器归入同一品目。

**案例 3** 齿轮毛坯（见图 5-13）

图 5-13 齿轮毛坯

**解析** 图片中两种状态的齿轮毛坯，都属于未制成品，未切齿的齿轮毛坯不具备齿轮的基本特征，应按材质进行归类，已切齿的齿轮毛坯具备齿轮的基本特征，应按齿轮制品归类。对于未制成品需要判断制成品最为关键的特征。

**2. 规则二（一）的运用（物品未组装件或拆散件）**

**案例** 为便于运输而装于同一包装箱内的两套摩托车未组装件

**解析** 该商品是具有摩托车基本特征的成套散件，根据规则二（一）的规定，可视为摩托车整车，即按照组装件归类，归入品目 87.11。

**3. 规则二（二）的运用（不同材料或物质的混合品或组合品）**

**案例 1** 牛奶中加入少量维生素

**解析** 牛奶中虽然混有其他物质维生素，但并未改变全部由品目 04.01 所列“未浓缩及未加糖或其他甜物质的乳……”物品的基本特征，因此根据规则二（二）的规定，应该按照乳归类，归入品目 04.01。

**案例 2** 装有木柄的不锈钢制炒菜锅

**解析** 不锈钢制炒菜锅虽然装有木柄，但并未改变全部由钢铁材料制的品目 73.23 所列“餐桌、厨房或其他家用钢铁器具及其零件……”货品的基本特征，因此根据规则二（二），该组合材料货品应归入品目 73.23。

## 四、归类总规则三

### （一）规则条文

当货品按规则二（二）或由于其他原因看起来可归入两个或两个以上品目时，应按以下规则归类：

（一）列名比较具体的品目，优先于列名一般的品目。但是，如果两个或两个以上品目都仅述及混合或组合货品所含的某部分材料或物质，或零售的成套货品中的部分货品，即使其中某个品目对该货品描述得更为全面、详细，这些货品在有关品目的列名应视为同样具体。

（二）混合物、不同材料构成或不同部件组成的组合物以及零售的成套货品，如果不能按照规则三（一）归类时，在本款可适用的条件下，应按构成货品基本特征的材料或部件归类。

（三）货品不能按照规则三（一）或（二）归类时，应按号列顺序归入其可归入的最末一个品目。

### （二）规则要点

**1. 三种归类方法及运用次序**

对于根据则二（二）或由于其他原因看起来可归入两个或两个以上品目的货品，本规则规定了三种归类方法。这三种方法应按其在本规则的先后次序加以运用。据此，只有在不能按照规则三（一）归类时，才能运用规则三（二）；不能按照规则三（一）和（二）归类时，才能运用规则三（三）。因此，它们的优先次序为：第一，具体列名；第二，基本特征；第三，从后归类。

**2. 本规则适用条件**

只有在品目条文和类注、章注无其他规定的情况下，才能运用本规则。例如，第九十七章章注五（二）规定，品目97.06不适用于可以归入本章其他各品目的物品，即根据品目条文既可归入品目97.01至97.05中的一个品目，又可归入品目97.06的货品，应归入品目97.01至97.05中的其中一个品目。因此，第九十七章的这类货品应按第九十七章章注五（二）的规定归类，而不能根据本规则进行归类。

**3. 规则三（一）**

（1）规则三（一）规定了第一种归类方法

规定列名比较具体的品目优先于列名一般的品目，简称“具体列名”。

（2）判断具体与否的一般原则

通过制定严密的规则来确定哪个品目比其他品目列名更为具体是不现实的，但作为一般原则可以这样理解：

① 列出品名比列出类名更为具体。

② 如果某一品目所列名称更为明确地述及某一货品，则该品目要比所列名称不那么明确述及该货品的其他品目更为具体。

（3）列名同样具体时货品的归类应按规则三（二）或（三）的规定加以确定

如果两个或两个以上品目都仅述及混合或组合货品所含的某部分材料或物质，或零售成套货品中的部分货品，即使其中某个品目比其他品目描述得更为全面、详细，这些货品在有关品目的列名应视为同样具体。在这种情况下，货品的归类应按规则三（二）或（三）的规定加以确定。

**4. 规则三（二）**

（1）规则三（二）规定了第二种归类方法

不能按照规则三（一）归类时，在本款可适用的条件下，这些货品应按构成货品基本特征的材料或部件归类，简称“基本特征”。该方法仅涉及：

① 混合物；

② 不同材料的组合货品；

③ 不同部件的组合货品；

④ 零售的成套货品。

（2）确定货品基本特征的因素

对于不同的货品，确定其基本特征的因素会有所不同。例如，可根据其所含材料或部件的性质、体积、数量、重量或价值来确定货品的基本特征，也可根据所含材料对货品用途的作用来确定货品的基本特征。

（3）本款规则所称货品的含义

① 本款规则所称“不同部件组成的组合物”，不仅包括各部件相互固定组合在一起，构成了实际不可分离整体的货品，还包括其部件可相互分离的货品，但这些部件必须是相互补足，配合使用，构成一体并且通常不单独销售的。这类组合货品的各部件一般都装于同一包装内。

② 本款规则所称“零售的成套货品”，是指同时符合以下三个条件的货品：

其一，由至少两种看起来可归入不同品目的不同物品构成的（例如，六把乳酪叉不能视为本款规则所称的成套货品）；其二，为了迎合某项需求或开展某项专门活动而将几件产品或物品包装在一起的；其三，其包装形式适于直接销售给用户而无须重新包装的（例如，装于盒、箱内或固定于板上）。

（4）本款规则不适用的情况

本款规则不适用于按规定比例将分别包装的各种组分包装在一起，供生产饮料等用的货品，不论其是否装在一个共同包装内。

**5. 规则三（三）**

货品如果不能按照规则三（一）或（二）归类时，应按号列顺序归入其可归入的最后一个品目，简称“从后归类”。

**6. 归类总规则三思维导图（见图5-14）**

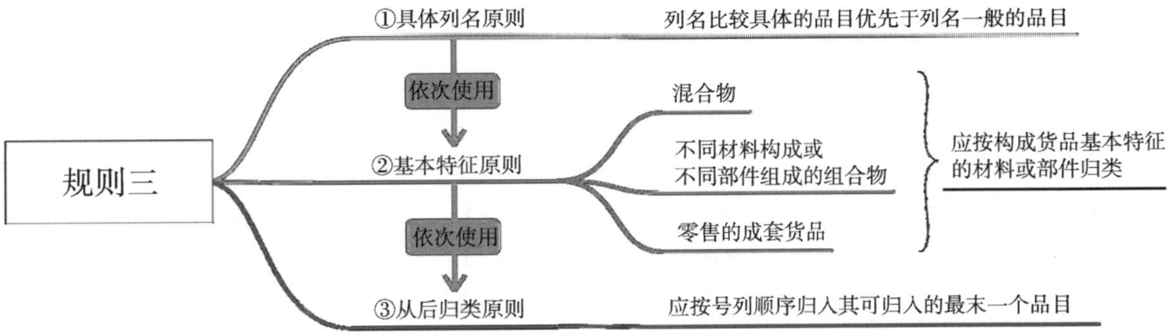


**图5-14 归类总规则三思维导图**

### （三）案例解析

**1. 规则三（一）的运用（具体列名）**

**案例1** 电动剃须刀

**解析** 看起来该货品有三个归类可能，分别是品目85.10、84.67或85.09。但不应作为本身装有电动机的手提式工具归入以类名列名的品目84.67，或作为家用电动机械器具归入以类名列名的品目85.09，因为品目85.10是以品名列名的，是列名更为具体的品目。因此，根据规则三（一），应归入品目85.10。

**案例2** 钢化玻璃制的未镶框安全玻璃，确定用于飞机上，但未制成特定形状

**解析** 看起来该货品有两个归类可能，分别是品目70.07或88.07。但不应作为飞机零件归入未明确包括该货品的品目88.07，因为品目70.07明确列出了钢化安全玻璃，是列名更为具体的品目。运用归类总规则三（一），将其归入品目70.07。

**案例3** 用于小汽车的簇绒地毯

**解析** 看起来该货品有两个归类可能，分别是品目57.03或87.08。但不应作为小汽车的零件、附件归入品目87.08，因为品目57.03明确列出了簇绒地毯是列名更为具体的品目。因此，运用归类总规则三（一），将其归入品目57.03。

**2. 规则三（二）的运用（基本特征）**

（1）由不同食品搭配而成，配在一起调制后可成为即食菜或即食饭的成套食品

**案例1** 由一个夹牛肉（牛肉含量占三明治总重量的25%）的小圆面包构成的三明治（品目16.02）和法式炸土豆片（品目20.04）包装在一起的成套货品

**解析** 该货品符合“零售的成套货品”的规定，看起来可归入品目16.02或20.04，且不能用规则三（一）归类，故应该用基本特征方法归类。三明治构成该套货品的基本特征，该套货品应按照三明治归入品目16.02，不按照炸土豆片归入品目20.04。因此，根据规则三（二），应归入品目16.02。

**案例2** 配制一餐面条的成套货品，由装于一纸盒内的一包未煮的面条（品目19.02）、一小袋乳酪粉（品目04.06）及一小罐番茄酱（品目21.03）组成

**解析** 该货品符合“零售的成套货品”的规定，看起来可归入品目04.06、19.02或21.03，且不能用规则三（一）归类，应该用基本特征方法归类。面条构成该套货品的基本特征，该套货品应按照面条归入品目19.02，不按照乳酪归入品目04.06，也不按照番茄酱归入品目21.03。因此，根据规则三（二），应归入品目19.02。

注意：将可选择的不同产品包装在一起组成的食品，不符合上述成套食品的规定，应将每种产品分别归入其相应品目。例如：

① 包括下列货品的食品盒，一罐小虾（品目16.05）、一罐肝酱（品目16.02）、一罐乳酪（品目04.06）、一罐火腿肉片（品目16.02）及一罐开胃香肠（品目16.01）。

② 一瓶品目22.08的烈性酒及一瓶品目22.04的葡萄酒。

对于以上两例所列货品，应将每种产品分别归入其相应品目。

（2）其他成套货品

**案例1** 由一个电动理发推子（品目85.10）、一把梳子（品目96.15）、一把剪子（品目82.13）、一把刷子（品目96.03）及一条毛巾（品目63.02）装在一个皮匣子（品目42.02）内所组成的成套理发工具

**解析** 该货品符合“零售的成套货品”的规定，看起来可归入品目85.10、96.15、82.13、96.03、63.02、42.02，且不能用规则三（一）归类，应该用基本特征方法归类。电动理发推子构成整套货品的基本特征，该套货品应按照电动理发推子归入品目85.10，不按照梳子归入品目96.15、剪子归入品目82.13、刷子归入品目96.03、毛巾归入品目63.02、皮匣子归入品目42.02。因此，根据规则三（二），应归入品目85.10。

**案例2** 由一把尺子（品目90.17）、一个圆盘计算器（品目90.17）、一个绘图圆规（品目90.17）、一支铅笔（品目96.09）及一个卷笔刀（品目82.14）装在一个塑料片制的盒子（品目42.02）内所组成的成套绘图器具

**解析** 该货品符合“零售的成套货品”的规定，看起来可分别按照尺子、圆盘计算器和绘图圆规归入品目90.17，按铅笔归入品目96.09，按卷笔刀归入品目82.14和按照塑料盒归入品目42.02，且不能用规则三（一）归类，应该用基本特征方法归类。绘图圆规构成整套货品的基本特征，该套货品应按照绘图圆规归入品目90.17，不按照铅笔归入品目96.09、卷笔刀归入品目82.14、塑料盒归入品目42.02。因此，根据规则三（二），应归入品目90.17。

**3. 规则三（三）的运用（从后归类）**

**案例** 医用带线缝合针，用于软组织的缝合，经环氧乙烷灭菌，一次性使用

**解析** 该商品为缝合针和缝合线的组合物，看起来该货品有两个归类可能，分别在品目30.06或90.18项下列名，两个品目列名同样具体，且无法确定哪一部分构成了完整商品的基本特征。因此，根据规则三（三），按缝合线（品目30.06）、缝合针（品目90.18）的后一个品目

归类，该货品应归入品目 90.18。

## 五、归类总规则四

### （一）规则条文

根据上述规则无法归类的货品，应归入与其最相类似的货品的品目。

### （二）规则要点

1. 本规则适用于不能按照规则一至规则三归类的货品。它规定，这些货品应归入与其最相类似的货品的品目中。

2. 在按照规则四归类时，有必要将报验货品与类似货品加以比较，以确定其与哪种货品最相类似。所报验的货品应归入与其最相类似的货品的同一品目。

3. 所谓“类似”取决于许多因素，例如，货品名称、特征、用途等。

4. 本规则极少使用且使用难度较大。

因为《协调制度》多数的章单独列出“未列名货品”品目以容纳特殊货品，并且规则四只适用于无法使用规则一、二、三解决商品归类的场合，所以此项规定极少使用。鉴于规则四未明确指出商品最相类似之处是指名称、特征，还是指功能、用途、结构，使用此规则归类难度较大。

### （三）案例解析

**案例** 归类决定

相关编号：Z2013-0054

决定税号：96039090

商品名称（中文）：带手柄的可撕式胶黏滚筒（见图 5-15）

商品名称（英文）：

商品名称（其他）：可撕式粘尘纸（带手柄）

商品描述：该商品由塑料或者铁制手柄和塑料外罩，以及切成一定尺寸的菱形涂胶纸的胶黏滚筒组成。通过控制其在物体表面的滚动，将灰尘、棉絮等黏附在滚筒表面，以达到清洁效果。胶黏滚筒是由菱形单张胶黏纸一张一张缠绕在纸管上组成，每张之间有 0.5 厘米间隙，纸与纸之间是断开，不连续的，当胶黏滚筒做滚动清洁后，可手工将已吸附了灰尘的胶黏纸撕去。胶黏滚筒的涂胶纸有 10 张到 90 张不等；常规宽度有 8 厘米到 16 厘米不等。

归类意见：根据归类总规则一及四，该商品应归入税则号列 9603.9090。

发布单位：海关总署

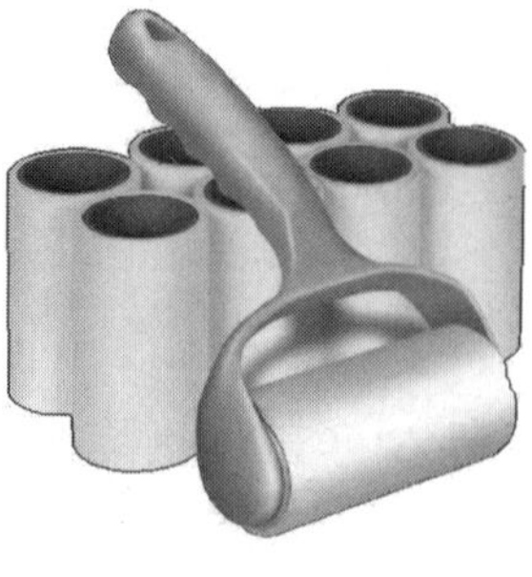

图 5-15 带手柄的可撕式胶黏滚筒

**解析** 归类总规则四的实际运用极少，对于归类学习者来说，知道这条规则即可。该归类决定所用的最相似货品并非“滚筒”，而是“非机动的手工操作地板清扫器”。

## 六、归类总规则五

### （一）规则条文

除上述规则外，本规则适用于下列货品的归类：

（一）制成特殊形状，适用于盛装某一或某套物品并适合长期使用的照相机套、乐器盒、枪套、绘图仪器盒、项链盒及类似容器，如果与所装物品同时报验，并通常与所装物品一同出售的，应与所装物品一并归类。但本款不适用于本身构成整个货品基本特征的容器。

（二）除规则五（一）规定的以外，与所装货品同时报验的包装材料或包装容器，如果通常是用来包装这类货品的，应与所装货品一并归类。但明显可重复使用的包装材料和包装容器不受本款限制。

### （二）规则要点

**1. 规则五（一）（箱、盒及类似容器）**

（1）本款规则仅适用于同时符合以下各条规定的容器。

① 制成特定形状，适用于盛装某一或某套物品的，即按所要盛装的物品专门设计的。有些容器还制成所装物品的特殊形状。

② 适合长期使用的，即在设计上，容器的使用期限与所盛装的物品相称。在物品不使用期间（例如，运输或储藏期间），这些容器还起到保护物品的作用。本条标准使其与简单包装区别开来。

③ 与所装物品一同报验的，不论其是否为了运输方便而与所装物品分开包装。单独报验的容器应归入其相应品目。

④ 通常与所装物品一同出售的。

⑤ 本身并不构成整个货品基本特征的。

（2）本款规则不适用于某些容器。例如，装有茶叶的银质茶叶罐或装有糖果的装饰性瓷碗。

**2. 规则五（二）（包装材料及包装容器）**

（1）本款规则对通常用于包装有关货品的包装材料及包装容器的归类做了规定。但明显可重复使用的包装材料和包装容器，不受本款限制，例如，某些金属桶及装压缩或液化气体的钢铁容器。

要注意不能将“再利用”视为明显可“重复使用”。

(2) 规则五（一）优先于本款规则，因此，规则五（一）所述的箱、盒及类似容器的归类，应按该款规定确定。

**3. 归类总规则五思维导图（见图 5-16）**

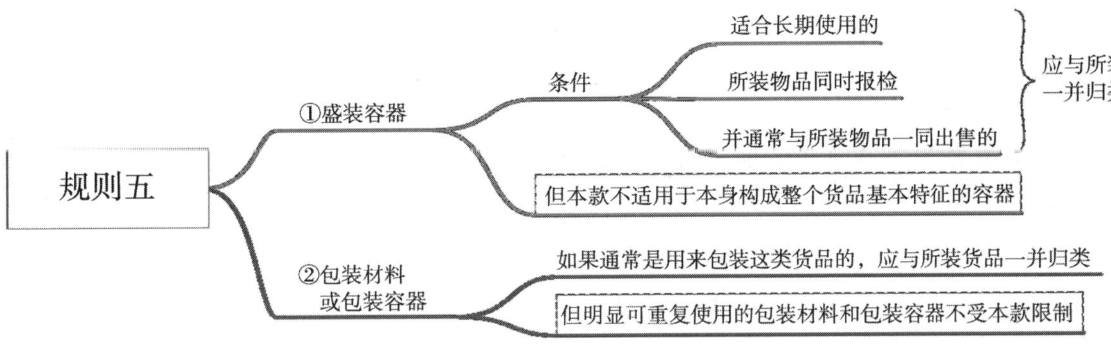


**图 5-16 归类总规则五思维导图**

**（三）案例解析**

**1. 规则五（一）的运用（箱、盒及类似容器）**

**案例** 与所装物品一同报验的首饰盒及箱（所装物品应归入品目 71.13）；电动剃须刀套（所装物品应归入品目 85.10）；望远镜盒（所装物品应归入品目 90.05）；乐器盒、箱及袋（所装物品，例如，小提琴应归入品目 92.02）；枪套（所装物品，例如，维利式信号枪应归入品目 93.03）

**解析** 上述货品与所装物品一同报验时，应按照规则五（一）与所装物品一并归类。

**2. 规则五（二）的运用（包装材料及包装容器）**

**案例 1** 装有葡萄酒（品目 22.04）的玻璃酒瓶

**解析** 该酒瓶不属于可以明显重复使用的包装容器，因此，根据规则五（二），应与葡萄酒一并归入葡萄酒所在品目 22.04。

**案例 2** 高纯氦气（品目 28.04），装与氦气罐中（见图 5-17），用于充升空气球。

**图 5-17 氦气罐**

**解析** 氦气罐属于国家标准非重复充装钢瓶，根据规则五（二），其应与氦气一并归入氦气所在品目 28.04。

## 七、归类总规则六

### （一）规则条文

货品在某一品目项下各子目的法定归类，应按子目条文或有关的子目注释以及以上各条规则（在必要的地方稍加修改后）来确定，但子目的比较只能在同一数级上进行。除条文另有规定的以外，有关的类注、章注也适用于本规则。

### （二）规则要点

**1. 规则六是确定某一品目下各级子目的法定归类原则**

六位数级子目的范围不得超出其所属的五位数级子目的范围；同样，五位数级子目的范围也不得超出其所属品目的范围。也就是说，在确定了商品的四位数级编码后，才可确定五位数级编码，再进一步确定六位数级编码。子目的归类在确定品目后逐级进行。

**2. 规则一至五在必要的地方稍加修改后，可适用于同一品目项下的各级子目**

将规则一至五中的“品”改为“子”，可适用于确定商品在同一品目项下各级子目的归类。例如，可将规则三（一）“列名比较具体的品目，优先于列名一般的品目”改为“列名比较具体的子目，优先于列名一般的子目”。

**3. 规则六所用有关词语的解释**

（1）“同一数级”子目，是指同一品目项下的五位数级子目（一级子目）或同一五位数级子目项下的六位数级子目（二级子目）。

据此，当按照规则三（一）规定考虑某一货品在同一品目项下的两个或两个以上五位数级子目的归类时，只能依据对应的五位数级子目条文来确定哪个五位数级子目所列名称更为具体。选定了哪个五位数级子目列名更为具体后，该子目本身又再细分了六位数级子目，只有在这种情况下，才能根据有关的六位数级子目条文考虑物品应归入这些六位数级子目中的哪个子目。

（2）“除条文另有规定的以外”，是指除类、章注释与子目条文或子目注释不相一致的以外。

例如，第七十一章章注四（二）所规定“铂”的范围与子目注释二所规定“铂”的范围不同，因此，在解释子目 7110.11 及 7110.19 范围时，应采用子目注释二，而不应考虑该章章注四（二）。

**4. 子目归类依据及运用顺序**

具有法律效力的子目归类依据包括子目条文、注释和在必要的地方稍加修改后的规则一至五。在子目条文和注释无规定时，方可运用规则一至五。运用注释时优先使用子目注释，其次是章注释、类注释，即当子目注释与章注释、类注释发生矛盾时，以子目注释为准。

5. 归类总规则六思维导图（见图 5-18）

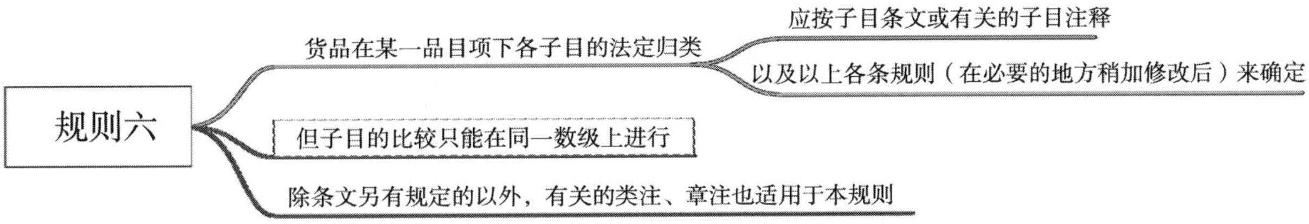


图 5-18　归类总规则六思维导图

## （三）案例解析

**案例 1**　与电脑连接的多功能激光复印一体机（可打印、复印和传真）（品目 84.43）

**解析**　该货品应归入品目 84.43，子目归类即在查阅注释的同时，逐级对品目 84.43 项下同一数级子目进行比较。鉴于没有相关注释，可直接对同一数级子目进行比较。

（1）比较品目 84.43 项下的三个一级子目（见表 5-4）。

表 5-4　品目 84.43 项下三个一级子目比较

| 子目条文 | 结论 |
|---|---|
| -用品目 84.42 的印刷用版（片）、滚筒及其他印刷部件进行印刷的机器： | |
| -其他印刷（打印）机、复印机及传真机，不论是否组合式： | 经比较确定归入此子目 |
| -零件及附件： | |

（2）比较已确定的一级子目项下的三个二级子目（见表 5-5）。

表 5-5　一级子目项下三个二级子目比较

| 子目条文 | 结论 |
|---|---|
| --具有印刷（打印）、复印或传真中两种及以上功能的机器，可与自动数据处理设备或网络连接 | 经比较确定归入此子目 |
| --其他，可与自动数据处理设备或网络连接 | |
| --其他 | |

已被确定的二级子目是最终应归入的子目，在商品编码栏可查到与该子目对应的编码 8443.31[①]，该货品应归入子目 8443.31。通过思维导图（见图 5-19）也能更加直观地看出，先比较一级子目，再比较二级子目。

① 表中所列子目条文是《协调制度》子目条文，故二级子目条文后无冒号。《协调制度》的商品名称及编码表中列出了该商品编码。《税则》《进出口商品编码查询手册》的商品名称及编码表中未列出该商品编码，该编码所对应的商品名称栏目下的子目条文后面有冒号，表明该项作了拆分，即增列了本国子目。

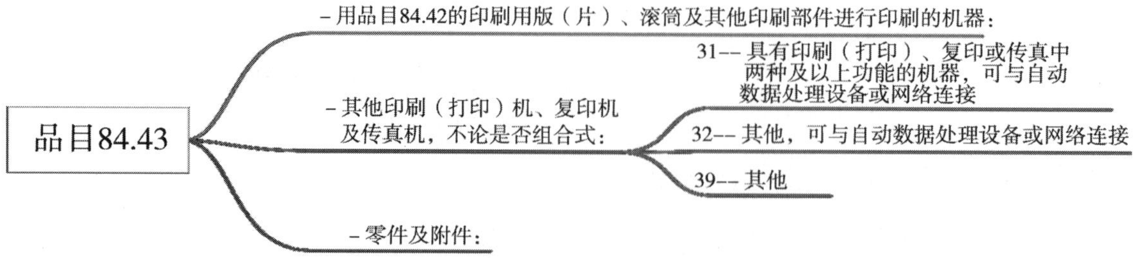


图 5-19　品目 84.43 的思维导图

**案例 2**　羽毛球（品目 95.06）（见图 5-20）

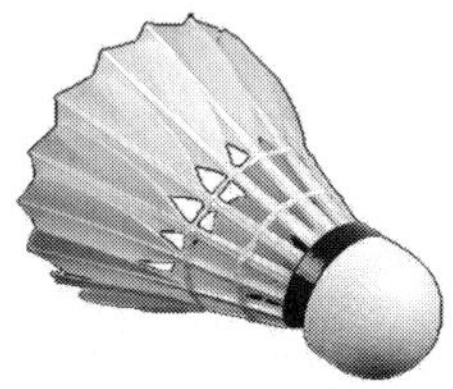

图 5-20　羽毛球

**解析**　羽毛球属于运动用品，故应归入《税则》品目 95.06。一级子目 9506.5 是指的球拍，尽管羽毛球（badminton）的名称中有个“球”字，但羽毛球并不属于“球（ball）”，不符合一级子目 9506.6 的“球（ball）”，故应归入一级子目 9506.9“其他”。由于“一般的体育活动用品”是指哑铃、骑车器等锻炼用器械，“体操用品”是指单杠、双杠、平衡木、鞍马等器械，“竞技用品”是指标枪、铁饼等器械，而羽毛球不属于上述范围，故应按“其他”归入二级子目 9506.99。

通过思维导图（见图 5-21）可以直观看出，需要从一级子目进行比较，每一步都需仔细确认，查阅注释相关信息，了解列目条文的含义。比如橄榄球（rugby balls），椭圆形（橄榄形），PVC 制，可充气，符合一级子目 9506.6 描述，应归入子目 9506.62。

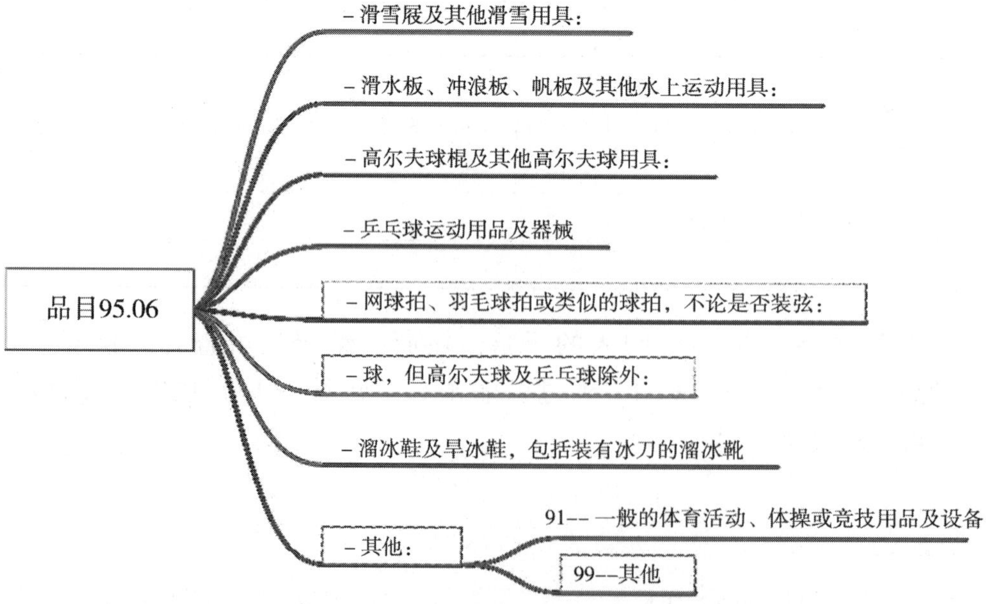


图 5-21　品目 95.06 的思维导图

【复习思考题】

请简述归类总规则的各归类要点。

## 第四节 商品编码的确定方法

【学习目标】

完成本节学习，学习者应达成以下目标：

1. 了解商品归类的基本思路；
2. 掌握商品编码的确定方法；
3. 知道分析查找相关注释条文。

【基本概念】

商品编码、归类思路、注释

【建议学习时间】

2 课时

每一个商品都应有一个合适的商品编码，简单的商品，通过大数据就能获取到其对应的商品编码，但是要想获得一个正确的编码，就需要去验证，而这个验证的过程，就是商品编码的确定过程。

商品归类最重要的工作是了解商品及归类规则，这是建立在充分理解注释、品目条文、子目条文等的基础上，而不能仅凭自己的主观认知，这就需要不断实践、积累、思考，才能形成自己的归类方法。

### 一、商品归类基本思路

一个商品的归类，需要遵循逐级确认的原则，先确定品目，再确定子目；归类总规则也需要按次序使用，见图 5-22 中归类总规则运用思维导图，其中品目的确定是规则一至四，包装的归类是规则五，而子目的确定是规则六，规则六的运用是建立在某一品目项下子目的确定，这时可以再次运用规则一至五。归类总规则的学习，需要不断地实践积累，才能熟练运用。

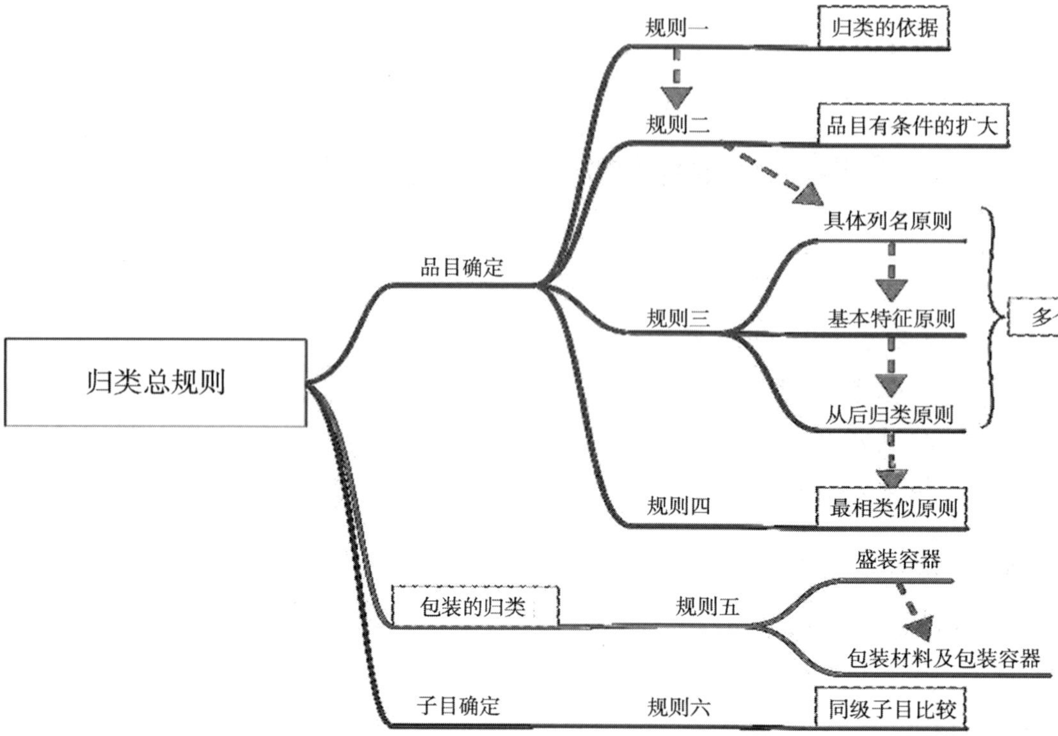


**图 5-22　归类总规则运用思维导图**

## 二、商品归类案例实操

在商品归类过程中，无论是确定品目还是确定子目，都需要去思考该商品是否符合品目条文、子目条文的描述，这就需要去充分理解注释及相关条文，逐步验证。

### （一）对类注的理解

**案例**　下列贱金属制品，不符合《协调制度》所称“通用零件”的有（　　）。

A. 挂锁　　B. 相框　　C. 镜子　　D. 雕塑像

**分析**　本题考点是对“通用零件”概念的理解。四个选项均为贱金属制品，挂锁、相框、镜子符合“通用零件”的描述，而雕塑像不符合。

《协调制度》所称“通用零件”，有其特定的范围，与我们平常所理解、网络搜索的概念不一样，具体见第十五类注释二。《协调制度》所称“通用零件”，是指：

1. 品目 73.07、73.12、73.15、73.17 或 73.18 的物品及其他贱金属制的类似品，不包括专用于医疗、外科、牙科或兽医的植入物（品目 90.21）；

2. 贱金属制的弹簧及弹簧片，但钟表发条（品目 91.14）除外；以及

3. 品目 83.01、83.02、83.08、83.10 的物品及品目 83.06 的贱金属制的框架及镜子。

第七十三章至第七十六章（品目 73.15 除外）及第七十八章至第八十二章所列货品的零件，不包括上述的通用零件。

除上段及第八十三章注释一另有规定的以外，第七十二章至第七十六章及第七十八章至第八

十一章不包括第八十二章、第八十三章的物品。

贱金属制挂锁属于品目 83. 01 的物品，贱金属制相框、贱金属制镜子、贱金属制雕塑像都在品目 83. 06 条文中列名，但是第十五类注释二（三）只包括品目 83. 06 的贱金属制框架及镜子，因此，选项 D 不符合《协调制度》所称“通用零件”。

### （二）对章注的理解

**案例** 干辣椒属于第（　　）章项下的商品。

A. 第七章　食用蔬菜、根及块茎

B. 第九章　咖啡、茶、马黛茶及调味香料

C. 第十四章　编结用植物材料；其他植物产品

D. 第二十章　蔬菜、水果、坚果或植物其他部分的制品

**分析** 本题的考点是对章注释的理解。章的标题只是进一步缩小查找范围，但其不具有法律效力。仅看章标题，读者很容易认为辣椒属于“第七章　食用蔬菜、根及块茎”，但本题正确答案是选项 B。

分别查看注释如下：

1. 第七章注释二：品目 07. 09、07. 10、07. 11 及 07. 12 所称“蔬菜”，包括食用的蘑菇、块菌、油橄榄、刺山柑、菜葫芦、南瓜、茄子、甜玉米、辣椒、茴香菜、欧芹、细叶芹、龙蒿、水芹、甜苿乔栾那。

2. 第七章注释四：本章不包括辣椒干及辣椒粉（品目 09. 04）。

因此，干辣椒应该归入第九章。在商品归类过程中，需要查阅并理解相关注释，然后再逐级确定商品编码。

### （三）对子目注释的理解

**案例** 滚针轴承，滚针长度 5. 8mm，直径 2mm，应归入商品编码（　　）。

A. 8482. 10 滚珠轴承

B. 8482. 40 滚针轴承，包括保持架和滚针组件

C. 8482. 50 其他圆柱形滚子轴承，包括保持架和滚子组件

D. 8482. 80 其他，包括球、柱混合轴承

**分析** 本题考点是对子目注释的理解。根据第八十四章子目注释四，子目 8482. 40 仅包括滚柱直径相同，最大不超过 5 毫米，且长度至少是直径三倍的圆滚柱轴承，滚柱的两端可以磨圆。

根据第八十四章子目注释描述，本题中的尺寸不符合定义，因此应归入商品编码

8482.5000，本题正确答案为选项 C。

尽管本题品名为“滚针轴承”，但子目 8482.40 的滚针轴承有子目注释限定，在归类时应符合子目注释规定。

**（四）对品目条文的理解**

**案例** 下列商品不归入品目 03.06 的是（　　）。

A. 活

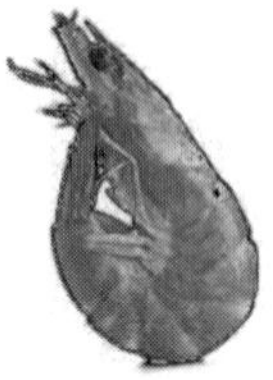

B. 水煮

C. 去头

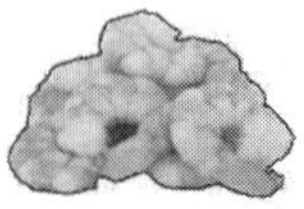

D. 去壳水煮

**分析** 本题考点是对品目条文的理解。品目 03.06 条文如下：

带壳或去壳的甲壳动物，活、鲜、冷、冻、干、盐腌或盐渍的；熏制的带壳或去壳甲壳动物，不论在熏制前或熏制过程中是否烹煮；蒸过或用水煮过的带壳甲壳动物，不论是否冷、冻、干、盐腌或盐渍的；适合供人食用的甲壳动物的细粉、粗粉及团粒。

用思维导图（见图 5-23）拆分后，选项 A、B 符合品目 03.06 描述，选项 C 属于不完整的甲壳动物，其加工方法未超过品目 03.06 的范围，只有选项 D 是去壳且水煮，不符合任何一条描述。

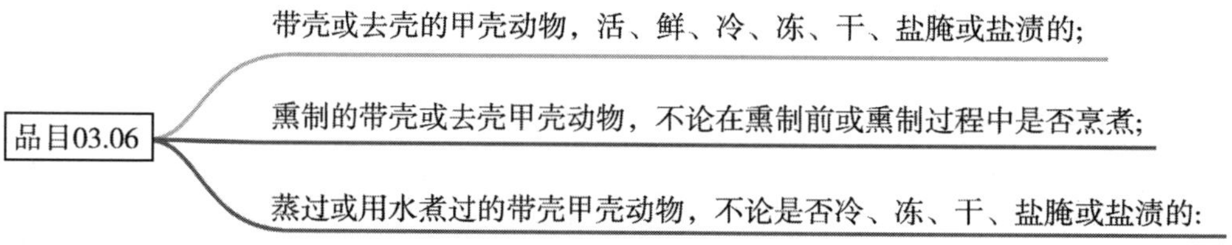


**图 5-23　品目 03.06 拆分**

**（五）对子目条文的理解**

**案例** 硅胶牙套，应归入子目（　　）。

A. 3926.90 其他塑料制品　　B. 4016.99 硫化橡胶的其他制品

C. 9021.10 矫形或骨折用器具　　D. 9021.29 牙齿固定件

**分析** 搜索“牙套”关键字，得到信息如下：牙套（Brace）是用来矫正牙齿整齐度的工具，在牙齿矫正中起着至关重要的作用。牙套可分为：普通钢牙套、舌侧牙套（隐形牙套）、陶瓷牙套、无托槽牙套、自锁牙套（钢自锁、陶瓷自锁），还有完全看不到的隐形牙套。

硅胶牙套属于塑料制品。第三十九章注释二（二十）不包括第九十章的物品，因此首先需要确认该商品是否符合品目 90.21 条文的描述。查看相关注释、品目及子目条文，进一步核实硅胶牙套是否符合“矫形器具”。

1. 第九十章注释六：品目 90.21 所称“矫形器具”，是指下列用途的器具：预防或矫正躯体畸变；或生病、手术或受伤后人体部位的支撑或固定。

2. 品目 90.21：矫形器具，包括支具、外科手术带、疝气带；夹板及其他骨折用具；人造的人体部分；助听器及为弥补生理缺陷或残疾而穿戴、携带或植入人体内的其他器具。

3. 子目 9021.10：矫形或骨折用器具。

子目 9021.21：牙齿固定件。

比较子目 9021.10 和子目 9021.21，似乎“牙齿固定件”和牙套比较像，此时最为关键的是对子目条文的理解。从《品目注释》中查询品目 90.21 的注释“一、矫形器具……矫正畸形牙齿的牙科用具（牙箍、圈环等）”。由此确定，硅胶牙套应归入子目 9021.10 项下。本题正确答案为选项 C。

**（六）对归类决定的理解**

**案例 1**　请根据以下归类决定内容选出与之匹配的图片（　　）。

相关编号：Z2006-1006

决定税号：87120090

商品名称（中文）：瘦身车

商品名称（英文）：Monkey bike

商品名称（其他）：猴子车、减肥车

商品描述：该商品采用 6″硬轮胎，钢架焊接，附手把、坐垫、轮子、链条、刹车，由钢铁、塑料、橡胶等零配件组装而成。该货品适合室内运动、健身、减肥。

归类意见：

该瘦身车采用 6″硬轮胎，钢架焊接，附手把、坐垫、轮子、链条、刹车，由钢铁、塑料、橡胶等零配件组装而成。根据《进出口税则商品及品目注释》关于品目 87.12 的解释，该商品属于品目 87.12 的自行车，应归入税则号列 8712.0090。

A　　B　　C　　D

**分析**　选项 A、C、D 的图片商品都归入品目 87.12，而选项 B 的图片则属于健身器材，归入品目 95.06。如果仅从瘦身车的品名来理解归类思路，很容易将作为健身器材的健身车也归入品目 87.12。

**案例 2**　请根据以下归类决定内容选出与之匹配的图片（　　）。

相关编号：W2005-321

决定税号：732690

商品名称（中文）：钥匙环

商品名称（英文）：Key holder

商品名称（其他）：

商品描述：该商品是一个直径 22 毫米带扣钢环，由一条长 20 毫米钥匙链与一个装有 3 件螺丝刀（54 毫米长）的塑料工具包连接构成。

归类意见：

归类依据：归类总规则三（二）；归类意见编号：7326. 90/6；可归入税号：73. 26/82. 05；归类决定子目号：7326. 90。

A　　B　　C

**分析**　选项 B、C 的钥匙环，在确定子目归类时，应优先考虑归入子目 7326. 20 的钢铁丝制品，而不能直接根据归类决定，将所有钢铁制钥匙环都归入子目 7326. 90。

## 本章练习题

**一、判断题**

1. 归类总规则二（二）可以直接用来作为具体商品归类的依据。(　　)

2. 根据十六类类注一的规定，塑料及其零件被排除出十六类的仅限于塑料制传送带和输送带。(　　)

3. 根据第十五类注释二所指的“通用零件”，数控机床上用的可互换性工具应归入品目 82. 07。(　　)

4. 手机用的摄像头归入品目 85. 25 的依据是第十六类注释二（一）。(　　)

5. 眼镜架用的铜制螺钉应归入第 90 章。(　　)

6. 智能手机用的扩展内存卡属于智能卡的范围，归入子目 8523. 52。(　　)

7. 马达用滑动轴承，硫化橡胶制，应归入品目 40. 16 项下。(　　)

8. 煮熟的猪肝罐头按“猪的罐头”归入商品编码 1602. 4910。(　　)

9. 木制的衣箱不能按木制品归类，应按家具归入第九十四章。(　　)

10. 甜玉米应作为可食用的蔬菜归入第 7 章。

**二、单选题**

1. 针织束腰带，该商品应归入品目（　　）。

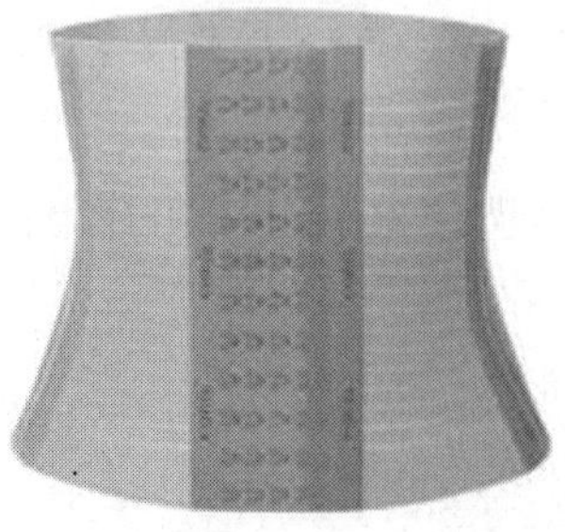

A. 61. 08　　B. 61. 14　　C. 61. 17　　D. 62. 12

2. 冻干多春鱼，50 克/罐，猫用。该商品应归入商品编码（　　）。

A. 0305. 5400　　B. 0305. 5900　　C. 0511. 9119　　D. 2309. 9090

3. 如图所示，马口铁盒。该商品应归入子目（　　）。

A. 7310. 21　　B. 7310. 29　　C. 7323. 99　　D. 7326. 90

4. 人造石墨制的轴承，应归入品目（　　）。

A. 38. 01　　B. 68. 15　　C. 84. 82　　D. 84. 83

5. 小轿车车顶拉手，塑料制，应归入税则号列（　　）。

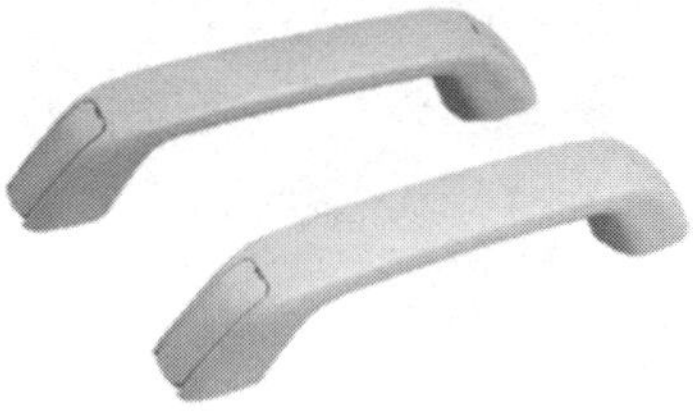

A. 3926. 3000　　B. 3926. 9090　　C. 8708. 2990　　D. 8708. 9999

6. 汽车点烟器，利用电热丝加热点燃香烟，应归入税则号列（　　）。

A. 8516. 8000　　B. 8543. 7099　　C. 8708. 9999　　D. 9613. 8000

7. 夹片太阳镜，夹在其他眼镜框架的前部使用，应归入税则号列（　　）。

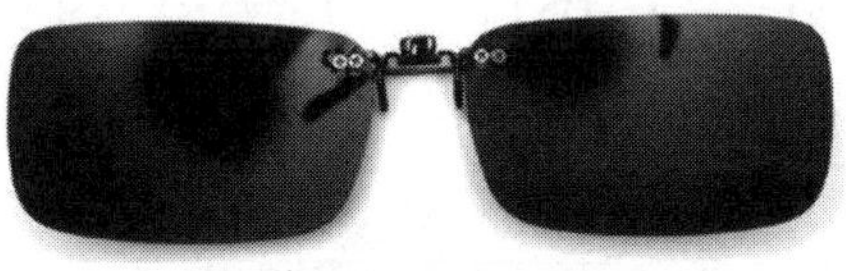

A. 9001. 9090　　B. 9002. 2090　　C. 9003. 9000　　D. 9004. 1000

8. 塑料旋钮，通用于收音机、电视机、测量装置。下列说法正确的是选项（　　）。

A. 按塑料制品归入品目 39. 26

B. 按从后归入测量装置的零件

C. 按十六类类注二（三）归入品目 84. 87

D. 按九十章章注三归入品目 90. 33

9. 汽车用油箱（由贱金属焊接而成，容积为 50 升），应归入品目（　　）。

A. 73. 09　　B. 73. 10　　C. 73. 26　　D. 87. 08

10. 硫化橡胶制密封圈，用于汽车发动机机油泵密封。应归入税则号列(　　)。

A. 4016. 9310　　B. 4016. 9390　　C. 4016. 9990　　D. 8431. 4999

# 第六章 海关估价基础知识

## 学习目标

**知识目标**

- 掌握我国海关估价的法律依据和基本原则
- 熟悉相同及类似货物成交价格的估价方法
- 掌握特殊进口货物的计税价格审定方法

**技能目标**

- 能够掌握成交价格的估价方法
- 能够掌握出口货物计税价格的审定方法
- 能够计算运输及相关费用、保险费用

**素养目标**

- 具有良好的职业道德和遵纪守法的精神
- 具备丰富的专业知识，全面掌握所从事的外贸活动相关的专业知识
- 具有国际视野，能够树立总体国家安全观

# 第一节　海关估价概述

**【学习目标】**

本节内容旨在让学习者掌握海关估价的基础理论，了解我国海关估价的法律渊源、估价原则及两个确价办法的框架规定。

完成本节学习，学习者应达成以下目标：

1. 掌握海关估价的含义；
2. 掌握我国海关估价的法律依据；
3. 掌握我国海关估价的原则；
4. 了解两个确价办法的框架规定。

**【基本概念】**

海关估价、海关估价的原则、价格质疑、价格磋商、税款担保、价格核查

**【建议学习时间】**

1 课时

## 一、海关估价的概念

海关估价（Customs Valuation）是指一国（地区）的海关为执行关税政策和对外贸易政策的需要，依法对进出口货物确定应税价格的方法和程序，由此确定的价格被称为计税价格。除个别商品外，目前我国海关对货物税收征管主要适用从价方式计征，即以货物的价格为基础确定纳税人需缴纳的税款。在从价计征管理体系下，确定税收的金额应取决于价格和税率两项要素，其中的价格要素即为计税价格，是海关在计征关税时使用的计税价格。

为正确认识海关估价，应理解以下几个方面的内容。

### （一）海关估价是从价税的产物

从关税制度的发展历史看，货币税代替实物税是海关估价的基础。在第二次世界大战之前，国际市场物价比较稳定，世界各国计征关税的方法均以从量税为主，海关估价在关税制度中的地位并不十分重要。第二次世界大战后，由于国际市场的剧烈变化，世界各国计征关税的方法纷纷改为以征收从价税为主。在这种情况下，海关需要通过海关估价确定进出口货物计税价格。面对众多的进出口商，不同的交易类型，出于公平的考虑，海关必须根据统一的价格标准对货物销售价格予以确定或估价。从价税的普遍应用使得海关估价地位日益重要，成为现代关税制度的一项重要内容。

### （二）海关估价的基础是货物商业价格

商品的市场价格是由商品的价值决定的，但同时又受供求关系和其他因素影响，是一个变化着的商品价值的货币表现。商品交易双方针对特定的交易商品根据商品价值、市场需求和各自的利益等因素，通过双方的协商最终对某一商品的交易价格予以确定，这是交易双方一致的表达，但该价格可能受到各种因素的影响而失去公允客观的基础，需要根据统一的估价准则来确定该货物的海关计税价格。海关估价源于商业价格并以一般商业价格为基础发展而来。因此，海关对进出口货物进行估价时，既要坚持商品价值决定价格的基本原理，同时还要考虑上述诸多因素对价格的影响。

### （三）海关估价的重要性

1. 影响效率及公平。客观、中性地实施估价，可以提高贸易效率和降低贸易成本，反之则造成效率的降低和成本的提高。

2. 影响国家财政收入。如果低估进口货物的价格，不仅会直接减少关税及其他国内税收收入，进而影响国家财政收入，而且还会因关税的减少，引起关税实际水平的降低，从而弱化关税的保护作用。如果高估进口货物的价格，虽可以增加进口关税及其他间接税的收入，但另一方面也会因高估进口货物价格，人为地增加进口成本，掩盖了实际所得，从而影响所得税收入。

3. 影响国家外汇管理。各国外汇管理一般以海关价格为依据，如果低估了出口货物的价格，出口商就会将其多收的外汇存入国外银行，构成逃汇。也会有不法商人通过高报进口货物的价格，骗取外汇额度，进而套汇。

4. 影响国家外贸管理。高估出口货物的价格会对出口自动配额的管理和进口配额的分配产生影响。

## 二、我国海关估价的渊源及依据

根据《1947 年关税与贸易总协定》（GATT 1947）第七条的规定，海关对进口商品的估价，应以进口商品或相同商品的实际价格，而不得以本国（地区）产品的价格或者以武断的或虚构的价格作为计征关税的依据。“实际价格”系指在进口国（地区）立法确定的某一时间和地点，在正常贸易过程中和充分竞争的条件下，某一商品或相同商品出售或兜售的价格。计价采用的汇率应符合国际货币基金组织的有关规定。但“实际价格”定义太抽象，缺乏实际操作程序和规则，在实际操作上很难施行。

为了解决这一问题，在 20 世纪 70 年代的 GATT 第七轮多边贸易谈判（东京回合）中，GATT 缔约方在 1979 年通过了谈判，达成《关于实施 GATT 第 7 条的协议》（亦称《海关估价守则》），确定了“成交价格”的海关估价核心规则，这是海关估价的一个里程碑。“成交价格”是指在海关当局进行海关估价之际，必须首先以成交价格作为海关计税价格。只有在成交价格无法确定的时候，才能采用确认价格的其他方法。《海关估价守则》不仅对“成交价格”进行了准确的定义，而且对其他方法也做了详细规定。“成交价格”在所有海关估价方法中最有利于贸易便利化，最有利于消除因海关估价造成的贸易壁垒。但根据 GATT 当时的体制，还无法强求所有缔约方都参加，从而使得该守则的优越性无法发挥。

这一难题最终在GATT第八轮多边贸易谈判（乌拉圭回合）中得到解决。乌拉圭回合的一项重大成果就是成立世界贸易组织（WTO）。

世界贸易组织具有的体制上的优势，在海关估价上得到了发挥。在乌拉圭回合上，成员方通过了《1994年关税与贸易总协定》（GATT 1994），海关估价作为总协定中的一项议题，最终形成了《海关估价协议》。虽然在内容上与东京回合的《海关估价守则》无实质性改变，但《海关估价协议》属于世界贸易组织的“一揽子协定”，即“要么全盘接受，修改一字就意味着全盘拒绝”。这样，《海关估价协议》一下子毫无保留地被100多个世界贸易组织成员方接受。从此，“成交价格”成为海关估价的绝对主导力量。

世界贸易组织成立了海关估价委员会来处理世界贸易组织成员方之间关于海关估价的争议。由于海关估价是专业的领域，而世界海关组织在这一领域具有专业的技术能力，因此世界贸易组织直接将其海关估价委员会设置在世界海关组织总部——比利时的布鲁塞尔，并将《海关估价协议》交由世界海关组织进行管理，为此世界海关组织专门成立了海关估价技术委员会配合世界贸易组织的海关估价工作，提供纯技术支持。对于有海关估价争端的，由世界贸易组织争端解决机制来解决。

我国海关的估价法律体系建设不但反映了我国经济社会发展的客观要求，同时也受到了国际义务的制约。作为世界贸易组织的成员，其中一项关键义务就是要完整地采纳世界贸易组织的一系列国际公约，其中《海关估价协议》是世界贸易组织一揽子法律体系中规范各成员方海关估价工作的国际公约。根据我国加入世界贸易组织工作组报告书的海关估价部分，我国承诺自加入世界贸易组织之日起，将全面实施《海关估价协议》，并承诺：停止使用并将不再使用最低限价或参考价格作为估价手段；海关估价结果将是明确的与可预见的；以成交价格为基础确定进口货物的计税价格；为进口商提供申述的权利。因此，全面采用《海关估价协议》是我国海关的责任和义务。为了履行承诺，将《海关估价协议》规定内容转化为我国法律及法规，我国对原有的估价法律法规体系进行了梳理及修订。目前，我国海关对于计税价格确定的法律依据分别体现在《海关法》和《关税法》两部法律，以及海关总署颁布施行的《中华人民共和国海关确定进出口货物计税价格办法》（以下简称《确价办法》）和《中华人民共和国海关确定内销保税货物计税价格办法》（以下简称《内销保税货物确价办法》）两部部门规章中。

### （一）法律层次的依据

我国海关估价法律层次的依据是《海关法》。该法第五十五条第一款从根本上确立了我国海关估价工作的法律框架，为统一全国海关的估价执法，平衡海关与管理相对人的权利义务关系奠定了基础。该条第一款规定：“进出口货物的计税价格，由海关以该货物的成交价格为基础确定。成交价格不能确定时，计税价格由海关依法估定。”

《海关法》第五十五条第一款的规定中包含了三层含义：

1. 确定进出口货物的计税价格是法律赋予海关的权力。海关应根据法律确定的标准审查进出口货物的价格构成，并依法估定进出口货物的计税价格。

2. 计税价格应以成交价格为基础。成交价格是海关确定进出口货物计税价格最基本的估价方法。

3. 如果进出口货物没有成交价格，或者因某些原因导致成交价格不能确定的，海关将使用其他方法估定进出口货物的计税价格。

我国海关估价法律层次的另一依据是《关税法》。《关税法》对估价定义、估价方法、海关和纳税人之间的权利义务做了原则性的规定，还规定了纳税人的权利义务和海关估价的程序性要求。《关税法》第三章中规定进出口货物计税价格的确定是对《海关法》第五十五条的细化，并根据《海关估价协议》的法律要求规范了我国海关估价的具体措施和方法，重点解释了如何认定成交价格，列明了当海关不能使用成交价格方法确定进出口货物的计税价格时，海关可以使用的其他估价方法。

### （二）部门规章层次的依据

我国海关估价部门规章层次的依据包括《确价办法》和《内销保税货物确价办法》。上述办法结合我国加入世界贸易组织以来在探索实施《海关估价协议》过程中的经验及我国审价工作实际，完整、明确地体现了《海关估价协议》的基本原则和主要内容，进一步增强了规定的指导性和操作性，是具体、明确的执法依据。

需要注意的是，准许进口的进境旅客行李物品、个人邮递物品及其他个人自用物品的计税价格和涉嫌走私的进出口货物、物品计税价格的核定不适用《确价办法》，涉嫌走私的内销保税货物计税价格的核定不适用《内销保税货物确价办法》，上述特殊情况的货物及物品计税价格的确定方法由海关总署另行制定。

另外，针对具体估价事宜的海关公告也是海关审价执法的依据。

## 三、我国海关估价的基本原则

《确价办法》第二条规定，海关确定进出口货物的计税价格，应当遵循客观、公平、统一的原则。这是《确价办法》中十分重要的一项条款，它规范了海关估价的总原则，对解决海关估价过程遇到的各类实际问题具有指导意义。海关估价行政行为是指海关运用估价的法律法规审查进出口货物涉及的贸易行为，并以此为基础作出估价决定的过程。

我国海关估价的“客观、公平、统一”三原则来源于《海关估价协议》和我国的经济社会特色。在《海关估价协议》的一般介绍性说明中，对于《海关估价协议》的立法原意进行了说明，即希望建立一个统一的估价准则，在执行中为各国（地区）进出口商提供更大的统一性和确定性。同时海关的估价制度应是公平、统一和中性的，海关估价应依据商业惯例的简单和公正的标准，应最大限度地使用成交价格方法估价，而不能使用任意或虚构的价格进行估价。为此，我国在对《海关估价协议》的立法转化过程中，充分认识到贯彻其立法精神是履行国际承诺的义务，也是推动我国经济社会发展的必经之路。在制定估价的原则时，我国海关充分借鉴了《海关估价协议》的立法精神，同时又增加了具有我国特色的内容，最终形成了目前的“客观、公平、统一”的三原则。

### （一）客观原则

在海关估价中运用“客观”原则，就是指海关估价过程中运用的数据必须来源于进出口贸易活动中存在的真实数据，而不能使用武断的、虚构的数据对进出口货物实施估价。

“客观”原则落实到具体的估价方法中，第一种估价方法——成交价格方法就是客观原则的集中体现。海关使用成交价格方法对进出口货物实施估价要以进出口商对外实际签订的货物销售合同为基础。如果销售合同是真实的，且符合成交价格定义和条件，海关应以其实际成交价格为基础，而不得随意采用其他价格实施估价。当海关运用价格调整项目对进出口货物的成交价格进行调整时，必须以客观量化的费用或价值的数据资料为基础。如果缺乏上述数据时，海关就不能接受其申报价格，而将使用其他估价方法实施估价。当海关使用“除成交价格估价方法以外的其他估价方法”时，同样必须坚持“客观”的标准，依托客观量化的数据。在使用合理方法估价时，应立足于对贸易实际的灵活运用，它的一个大前提就是要依托客观量化的数据资料，这应成为合理方法运用的出发点。

### （二）公平原则

海关估价中的“公平”原则，强调的是海关估价过程的公平，即相同的贸易方式、相同的交易过程应受到相同的海关估价待遇，这一观点落实到具体条款中就是成交价格原则。例如，甲公司通过谈判获得的价格为500元/个，乙公司企业的谈判能力较强，其获得的相同货物的价格为480元/个。在这一案例中，如果两次交易的过程都是公平的、善意的，且不存在欺诈行为，则海关应采用相同的估价方法确定其计税价格。进口商谈判能力差异造成的价格差异不是海关关心的重点，也不是海关估价需要解决的问题，海关不能使用一个统一的价格实施估价，这就是“公平”原则在海关估价中的体现。

### （三）统一原则

在海关估价领域，以往很多国家（地区）采用最低限价、正常价格等手段，变相提高进口货物的关税水平，增加了国际贸易的不确定风险。为此，世界贸易组织《海关估价协议》要求各国（地区）必须采用统一的估价执法手段，即以成交价格为基础，依托国际贸易中的实际交易价格判定海关的计税价格，降低国际贸易中海关行政管理的不确定风险，这也是回应企业关切，促进国际贸易的健康发展，提高进口商对进口通关成本的合理预期的重要措施。海关应最大限度地保持透明性。“统一”原则落实到海关估价中，就是对同一贸易方式的估价方法是一致的，如果一家企业的贸易行为前后一致，则贸易项下进出口货物的运用的估价方法也应同样保持前后一致。

## 四、《确价办法》和《内销保税货物确价办法》的框架内容

### （一）总体结构

#### 1.《确价办法》

《确价办法》由第一章（总则）、第二章（进口货物的计税价格）、第三章（特殊进口货物的计税价格）、第四章（进口货物计税价格中的运输及其相关费用、保险费的计算）、第五章（出口货物的计税价格）、第六章（计税价格的确定）、第七章（附则）共55条组成。

#### 2.《内销保税货物确价办法》

《内销保税货物确价办法》共18条，规定了该规章适用范围，并根据不同情形逐条规定了各自的估价方式。在适用范围方面，包括因故转为内销需要征税的加工贸易货物、海关特殊监管

区域内货物、保税监管场所内货物和因其他原因需要按照内销征税办理的保税货物，但不包括以下项目：海关特殊监管区域、保税监管场所内生产性的基础设施建设项目所需的机器、设备和建设所需的基建物资；海关特殊监管区域、保税监管场所内企业开展生产或综合物流服务所需的机器、设备、模具及其维修用零配件；海关特殊监管区域、保税监管场所内企业和行政管理机构自用的办公用品、生活消费用品和交通运输工具。

### （二）对估价方法的规定

**1.《确价办法》**

（1）进口货物

《确价办法》对一般进口货物规定了六种计税价格的审核方法。一般进口货物的估价方法依次为：成交价格估价方法、相同货物成交价格估价方法、类似货物成交价格估价方法、倒扣价格估价方法、计算价格估价方法、合理方法。只有在进口货物的成交价格不成立、成交价格不能确定的情况下，海关才可在与纳税人进行价格磋商后，依次以其他方法确定该货物的计税价格。对特殊进口货物的计税价格审核方法，区分不同交易形式分别作出了规定。

（2）出口货物

《确价办法》对出口货物规定了五种计税价格的审核方法，即成交价格方法、相同货物成交价格估价方法、类似货物成交价格估价方法、计算价格估价方法、合理方法。只有在出口货物的成交价格不成立、成交价格不能确定的情况下，海关才可在与纳税人进行价格磋商后，依次以其他方法确定该货物的计税价格。

**2.《内销保税货物确价办法》**

《内销保税货物确价办法》在参照“特殊进口货物”方式的情况下，对不同种类的内销保税货物估价方法分别作出了规定。但对于内销保税货物的计税价格不能依据各自条款确定的，由海关依次以下列价格审核方法估定该货物的计税价格：相同货物成交价格估价方法、类似货物成交价格估价方法、倒扣价格估价方法、计算价格估价方法、合理方法。在依次使用不同估价方法方面与上述“一般进口货物”规定一致。

### （三）价格质疑与磋商程序

**1. 价格质疑**

（1）海关提出价格质疑

在确定计税价格过程中，海关对进出口单位申报价格的真实性或准确性有疑问，或有理由认为买卖双方的特殊关系可能影响成交价格时，将向纳税人或者其代理人制发中华人民共和国海关价格质疑通知书（以下简称“海关价格质疑通知书”），将质疑的理由书面告知纳税人或者其代理人。

价格质疑程序的履行是为了核实成交价格的真实性、准确性和完整性，如进出口货物没有成交价格，卖方以免费提供方式交由买方进口的货物、易货贸易货物、寄售货物等，海关可无须履行价格质疑程序，直接进入价格磋商程序。

（2）企业应对价格质疑

① 规定期限内提供资料

纳税人或者其代理人应自收到海关价格质疑通知书之日起 5 个工作日内，以书面形式提供相关资料或者其他证据，证明其申报价格真实、准确或者双方之间的特殊关系未影响成交价格。纳税人或者其代理人确有正当理由无法在规定时间内提供资料或证据的，可以在规定期限届满前以书面形式向海关申请延期。除特殊情况外，延期不得超过 10 个工作日。

② 确保证据资料齐全有效

在规定时间内提交的证明申报价格真实性及准确性或者是否受到特殊关系影响的证据资料，务必保证按照海关价格质疑通知书上列明的需要提供的单证项目，逐一核对，避免遗漏。提交的单证之间能够相互印证，不发生矛盾。

**2. 价格磋商**

（1）价格磋商程序启动

价格磋商是指海关在使用除成交价格以外的估价方法时，在保守商业秘密的基础上，与纳税人交换彼此掌握的用于确定计税价格的数据资料的行为。价格质疑提出后，不一定会进入价格磋商程序，经价格质疑后，只有在海关决定不采用成交价格时才会进入价格磋商程序。经质疑后，对申报价格进行计入或扣减项目的调整不属于否定成交价格，仍是采用成交价格方法估价，在利用成交价格方法确定进出口货物计税价格时，无须价格磋商。

海关制发海关价格质疑通知书后，有下列情形之一的，海关应进行价格磋商程序，按照相关规定列明的方法确定进出口货物的计税价格：

① 纳税人未在海关规定期限内，提供进一步说明的；

② 纳税人提供有关资料、证据，海关审核其所提供的资料、证据后仍有理由怀疑申报价格的真实性、准确性的；

③ 纳税人提供有关资料、证据，海关审核其所提供的资料、证据后仍有理由认为买卖双方之间的特殊关系影响成交价格的。

（2）价格磋商时限

海关按照相关规定通知纳税人进行价格磋商时，纳税人需自收到中华人民共和国海关价格磋商通知书（以下简称“海关价格磋商通知书”）之日起 5 个工作日内与海关进行价格磋商。纳税人未在规定的时限内与海关进行磋商的，视为其放弃价格磋商的权利，海关可以直接按照规定的方法确定进出口货物的计税价格。

海关与纳税人进行价格磋商时，将制作中华人民共和国海关价格磋商记录表（以下简称“海关价格磋商记录表”），将价格磋商中相互提交的价格信息等内容书面记录并双方签字。

进行价格磋商的目的不是为了达成一个海关与纳税人都可以接受的价格，而是交换彼此掌握的价格信息。例如，有时海关掌握着纳税人所不知道的相同或类似货物的成交价格，有时则恰好相反，只有通过双方的充分交流，才便于得到海关估价的适当依据。因此，进出口货物的纳税人应重视价格磋商环节，积极配合海关履行价格磋商程序，如实填报进出口货物有关情况并提供相关的信息资料，争取对己方最有利的磋商结果。

3. 价格质疑与价格磋商的特殊情形

（1）价格质疑免除

海关经过审查认为进口货物无成交价格的，可以不进行价格质疑。例如，外商免费提供货物，无成交价格。

（2）价格质疑及价格磋商均免除

符合下列情形之一的，经纳税人书面申请，海关可以不进行价格质疑及价格磋商，直接依法确定进出口货物的计税价格：

① 同一合同项下分批进出口的货物，海关对其中一批货物已经实施估价的；

② 进出口货物的计税价格在人民币 10 万元以下或者关税及进口环节海关代征税总额在人民币 2 万元以下的；

③ 进出口货物属于危险品、鲜活品、易腐品、易失效品、废品、旧品等的。

4. 价格质疑与磋商程序的无纸化

为配合全国海关通关一体化改革，进一步提高通关效率，海关总署于 2018 年年初在全国海关推广审价作业单证无纸化。进口货物纳税人可通过海关事务联系系统接收和反馈海关价格质疑通知书、海关价格磋商通知书、海关价格磋商记录表等审价文书及随附单证资料的电子数据，并可接收和查看估价告知书。在无纸模式下，海关与企业间互相发送电子文书的发送时间即视为对方接收时间，相关电子文书上生成的海关和进口货物纳税人经办人员信息即视为具有法律效力的电子签名。随附单证资料的电子扫描或转换文件格式标准，参照海关总署公告 2019 年第 66 号相关规定执行。

海关根据管理需要要求提供纸质单证资料的，进口货物纳税人应积极配合并按要求提供。进口货物纳税人需要纸本盖章文书的，可打印电子文书后到海关盖章。

### （四）纳税人在海关确定计税价格时的权利和义务

1. 纳税人的权利

（1）要求具保放行货物的权利，即在海关确定进出口货物的计税价格期间，纳税人可以在依法向海关提供担保后，先行提取货物。

（2）选择估价方法的权利，即纳税人向海关提供有关资料后，可以提出申请，颠倒倒扣价格估价法和计算价格估价法的适用次序。

（3）对海关如何确定进出口货物计税价格的知情权，即纳税人可以提出书面申请，要求海关就如何确定其进出口货物的计税价格作出书面说明。

（4）获得救济的权利，即对海关估价决定有权提出复议、诉讼。

2. 纳税人的义务

（1）如实提供单证及其他相关资料的义务，即纳税人向海关申报时，应当按照有关规定，向海关如实提供发票、合同、提单、装箱清单等单证。根据海关要求，纳税人还应当如实提供与货物买卖有关的支付凭证，以及证明申报价格真实、准确的其他商业单证、书面资料和电子数据。

（2）如实申报及提供相关资料的义务，即货物买卖中发生相关规定中所列的价格调整项目的，纳税人应当如实向海关申报。价格调整项目如果需要分摊计算的，纳税人应当根据客观量化的标准进行分摊，并同时向海关提供分摊的依据。

### （五）税款担保

海关确定进出口货物的计税价格期间，为快速提取或装运货物，纳税人可以按照《海关事务担保条例》的有关规定依法向海关提供担保后，先行提取或装运货物。

### （六）价格核查

价格核查是指海关对进出口货物申报价格的审查，价格核查可能发生在通关环节，也可能是在货物放行后。发生在通关环节的价格核查，海关现场验估岗位对申报价格的真实性或准确性产生怀疑，或者有理由认为买卖双方之间的特殊关系影响了货物的价格，可以决定启动价格质疑程序，并明确要求进出口企业提交的相关单证资料。发生在货物放行后的价格核定，目前有两种作业模式。其一是海关现场验估岗位按照事后验估指令开展放行后验估作业程序，要求进出口企业提供相关资料、证据，确定货物的计税价格；其二是海关稽查部门根据风险防控局和税收征管局下达的指令开展的价格“后续核查”作业。

价格核查中，海关可以行使下列职权：

1. 查阅、复制与进出口货物有关的合同、发票、账册、结付汇凭证、单据、业务函电、录音录像制品和其他反映买卖双方关系及交易活动的商业单证、书面资料和电子数据；

2. 向进出口货物的纳税人及与其有资金往来或者有其他业务往来的公民、法人或者其他组织调查与进出口货物价格有关的问题；

3. 对进出口货物进行查验或者提取货样进行检验或者化验；

4. 进入纳税人的生产经营场所、货物存放场所，检查与进出口活动有关的货物和生产经营情况；

5. 经直属海关关长或者其授权的隶属海关关长批准，凭海关账户查询通知书及有关海关工作人员的工作证件，可以查询纳税人在银行或者其他金融机构开立的单位账户的资金往来情况，并且向银行业监督管理机构通报有关情况；

6. 向税务部门查询了解与进出口货物有关的缴纳国内税情况。

海关在行使前款规定的各项职权时，纳税人及有关公民、法人或者其他组织应当如实反映情况，提供有关书面资料和电子数据，不得拒绝、拖延和隐瞒。

## 【复习思考题】

1. 海关估价的概念是什么？
2. 《海关估价协议》的出台背景和核心内容是什么？
3. 我国海关估价的依据有哪些？
4. 我国海关估价的原则是什么？
5. 一般进口货物的估价方法有哪些？
6. 价格质疑和磋商的概念是什么？
7. 价格质疑和磋商的程序性要求有哪些？例外情形是如何规定的？
8. 纳税人的权利和义务是什么？

# 第二节　进口货物成交价格估价方法

**【学习目标】**

本节内容旨在让学习者掌握成交价格与成交价格估价方法，了解我国海关估价的相关基础知识。

完成本节学习，学习者应达成以下目标：

1. 掌握计税价格的含义；
2. 掌握成交价格的含义；
3. 掌握成交价格计入和扣除项目的内容；
4. 掌握成交价格应符合的条件。

**【基本概念】**

计税价格、成交价格、销售、买方、卖方、实付或应付价格

**【建议学习时间】**

1 课时

## 一、成交价格估价方法

成交价格估价方法是《确价办法》规定的第一种确定进口货物计税价格的估价方法，该方法包含了成交价格定义及需要满足的条件等因素。货物的申报价格，只有既满足成交价格的定义同时又满足成交价格的条件才有可能确定为成交价格，适用成交价格方法确定计税价格。

为准确理解并适用成交价格估价方法，需要厘清成交价格及计税价格的概念。

进口货物成交价格是指卖方向中华人民共和国境内销售该货物时，买方为进口该货物向卖方实付、应付的，并按有关规定调整后的价款总额，包括直接支付的价款和间接支付的价款。

进口货物的计税价格，由海关以该货物的成交价格为基础确定，并且应当包括货物运抵中华人民共和国境内输入地点起卸前的运输及其相关费用、保险费。

## 二、成交价格定义中的关键内容

虽然在多数情况下，成交价格可能与合同价格或发票价格相同，但是海关成交价格有其特定的含义，必须符合“销售”的要求，并由实付、应付价格和直接、间接支付及调整因素构成。合同价格或发票价格只有符合前述定义及条件方面的规定才有可能作为成交价格。

成交价格的定义应从以下四个方面来理解和掌握。

### （一）销售

首先，应判断合同体现的销售行为是否符合《确价办法》的规定。

《确价办法》第五十一条规定："向中华人民共和国境内销售，是指将进口货物实际运入中华人民共和国境内，货物的所有权和风险由卖方转移给买方，买方为此向卖方支付价款的行为。"

成交价格存在的一个重要前提就是买卖双方之间存在销售行为。按照《确价办法》，"销售"必须同时符合货物实际进入中华人民共和国关境内、货物的所有权和风险由卖方转移给买方、买方为此向卖方支付价款的三个要件。

以下情形可能导致海关拒绝使用成交价格方法进行审核。

1. 进口时不存在销售行为的寄售交易，国外卖方由于种种原因，未在国内设立子公司开展业务，这时，它通常会委托一家国内企业负责进口申报，但是销售行为全部控制在国外卖方手中。因此，在名义上，国内销售由被委托人或代理人负责，但是货物的实际所有权及货物损益的风险均由国外卖方承担，国内的被委托人或代理人只收取固定的代理费。

2. 在寄售情况下，国外卖方的申报行为只是为了把货物运至境内，而国内实际购买人在进口时尚未确定。此时，由于不存在导致货物跨越关境的销售，不符合成交价格中"出口销售"的概念，海关应认定上述货物不存在成交价格，应使用其他方法估定货物的计税价格。

其他诸如赠送、捐赠的货物，免费提供样品等交易方式均不同时符合上述三个要件，同样不能适用成交价格方法审核确定计税价格。

### （二）买方和卖方

合同买方、卖方是否符合《确价办法》关于买方、卖方的规定，也是价格是否符合《确价办法》中成交价格定义的重要条件。

《确价办法》规定，买方是指通过履行付款义务购入货物，并且为此承担风险、享有收益的自然人、法人或者其他组织，其中进口货物的买方是指向中华人民共和国境内购入进口货物的自然人、法人或者其他组织。进口货物的卖方是指向中华人民共和国境内销售进口货物的自然人、法人或者其他组织。这一定义同样是以其在交易中承担的功能为标准，判断是否符合估价中"卖方"的定义。

《确价办法》强调，判断"买方"不应简单地以进口单证上出现的名称为标准，而应以其在交易中承担的功能确定。

"买方"可以是进口报关的企业，也可以是国内的最终用户，关键在于销售对应的主体。如果某一自然人、法人或其他组织通过与卖方进行交易，导致"向中华人民共和国境内销售"的条件成立，则该自然人、法人或其他组织应成为海关估价中的"买方"，其支付的款项应成为海关审核的对象，其中既包括根据实付或应付价格进行审核，也包括根据价格调整项目进行审核。即使"买方"没有出现在进口货物报关单相关栏目内，也不能免除其接受海关审核并估价的义务。

例如，国内最终用户直接与国外卖方达成交易，并委托国内代理负责报关事宜，根据成交价格和"买方"的定义，则无论报关单上的收货单位和境内消费使用单位体现该国内最终用户与否，海关估价时均应按该国内最终用户与国外卖家达成交易的价格为基础审核认定成交价格，进而确定计税价格。

### （三）实付或应付价格

合同或发票体现的价格是否规范完整是判断成交价格的第三个要件。

按照《确价办法》的要求，成交价格不仅应包括实付价格，还要包括应付价格，即作为卖方销售进口货物的条件，由买方向卖方或者为履行卖方义务向第三方已经支付或者将要支付的全部款项。

实付或应付价格强调的是，只要买方为了获得进口货物，而承担了对应付款义务，则无论支付以何种形式发生，包括现金、信用证或可转让有价证券等，或者在进口申报之时支付行为是否发生，都不影响海关的估价结论。海关应根据买方承担的付款义务确定计税价格。

例如，进口商向卖方购买一台设备，交易价格为5000元人民币。合同约定买方需要在进口前支付3000元人民币，剩余的2000元人民币需要在安装以后再对外支付。则本案中实付价格为3000元人民币，应付价格为2000元人民币，被估货物的计税价格应为两者之和5000元人民币。

另外，成交价格应包括直接支付和间接支付，其中直接支付是指买方直接向卖方支付的款项，而间接支付是指买方根据卖方的要求，将货款全部或者部分支付给第三方，或者冲抵买卖双方之间的其他资金往来的付款方式。间接支付包括买方为卖方偿还债务、向权利所有人支付特许权使用费等形式。

通常情况下，卖方要求买方直接向其支付款项。但是，如果卖方出于某种考虑，要求买方将全部或部分款项支付给第三方，只要上述支付义务是买方为了购买被估的进口货物而必须承担的，则无论买方将货款支付给谁，并不改变最终的估价结论，均应以买方支付的全部款项确定计税价格。

例如，进口商向卖方购买一台设备，交易价格为5000元人民币。同时，卖方由于过去交易的未结事项，仍欠买方2000元人民币。买卖双方约定此次交易价格抵扣过去的欠款后，确定最终的结算价格，即买方只需向卖方实际支付3000元人民币。则本案中直接支付为3000元人民币，间接支付为2000元人民币，被估货物的计税价格为两者之和5000元人民币。

### （四）费用的调整

相关计入项目和扣除项目费用是否能够按照规定进行调整是判断成交价格的第四个要件。

**1. 计入项目**

（1）由买方负担的费用

① 除购货佣金以外的佣金和经纪费

购货佣金又称为买方佣金，是指买方的代理人在为买方寻找供应商，并将买方要求通知卖方、收集样品、检查货物，有时在安排运输、保险等事宜的活动中，因提供劳务而取得的报酬，即买方向其采购代理人支付的佣金。由于买方自行从事的活动与卖方的销售行为无关，不必计入被估货物的计税价格。

销售佣金又称为卖方佣金，是指卖方代理人为卖方寻找买主，或者为卖方促成交易而获得的报酬。通常情况下，卖方佣金由卖方直接支付，并已经包括在进口货物的成交价格内，也无须对成交价格进行调整。但如果卖方要求进口商在向其支付货价的同时，还必须根据卖方的要求向卖方代理人支付佣金。在这种情况下，由买方支付的、未计入货价的卖方佣金构成了实付或应付价格的调整项目，应计入被估货物的计税价格。

经纪费是中间人向交易双方收取的费用。由于居间人不是合同的当事人，也不是任何一方的代理人，而是居于当事人之间起媒介作用的中间人，起牵线搭桥的作用，因此，中间人向买方收取的经纪费应全部计入进口货物的计税价格。

② 与进口货物作为一个整体的容器费用

除了货物本身的价格外，为实现货物运输目的而发生的容器费用应同时计入进口货物的计税价格。

“与货物视为一体的容器”是指用于盛装某个或某套物品并与所装物品同时使用，且通常与所装物品一同出售的容器，例如，乐器盒、绘图仪器盒、香水瓶等。一般情况下，这类货物（乐器、绘图仪器、香水等）销售时其容器都不单独作价，其价值已经包含在被估货物的计税价格内。如果合同规定买方需另外支付容器费用的，或买方另行向第三方支付容器费用的，则应将该费用计入进口货物的计税价格。但是可重复使用的，且销售时通常不作为销售标的物的容器不属于“与货物视为一体的容器”，例如，集装箱、托盘、货柜等。上述独立的容器费用虽不计入进口货物的计税价格，但需根据海关的其他监管规定另行申报。

③ 包装材料费用和包装劳务费用

除了货物本身的价格外，为实现货物运输和销售目的而发生的包装材料费用和包装劳务费用应同时计入进口货物的计税价格。按照商业惯例，除裸装、散装货物不需包装外，一般在销售时卖方均会提供货物的包装，且包装费（包括包装材料和包装劳务的成本、费用）一般已包含在合同货价内，不另行计算。

如果合同规定包装等费用由买方在合同货价之外另行支付，或者买方为了运输或再销售的目的而额外对被估货物进行包装，这些费用应计入货物成交价格中合并征税。

（2）协助的价值

与进口货物的生产和向中华人民共和国境内销售有关的，由买方以免费或者以低于成本的方式提供，并且可以按适当比例分摊的下列货物或者服务的价值。

① 进口货物包含的材料、部件、零件和类似货物；

② 在生产进口货物过程中使用的工具、模具和类似货物；

③ 在生产进口货物过程中消耗的材料；

④ 在境外进行的为生产进口货物所需的工程设计、技术研发、工艺及制图等相关服务。

在国际贸易中，买方以免费或以低于成本价的方式向卖方提供了一些货物或者服务，这些货物或服务的价值被称为协助的价值。

通常情况下，买方向卖方购买被估货物，双方将仅以货款作为交易的基础。但是在某些情况下，如卖方出现材料短缺，或为了符合买方的特殊需要，则作为销售的一个前提，买方需额外向卖方提供一批货物或服务，以协助卖方生产。

如果买方在向卖方提供额外货物或服务时，未收取对应的费用，且卖方在销售被估货物时也未将该批货物或服务的价值加入发票价格，则海关需根据规定将其调整进被估货物的计税价格。

同时，为了有效确定协助的费用计算标准，《确价办法》规定应当按照下列方法计算有关费用：

一是由买方从与其无特殊关系的第三方购买的，应当计入的价值为购入价格；

二是由买方自行生产或者从有特殊关系的第三方获得的，应当计入的价值为生产成本；

三是由买方租赁获得的，应当计入的价值为买方承担的租赁成本；

四是生产进口货物过程中使用的工具、模具和类似货物的价值，应当包括其工程设计、技术研发、工艺及制图等费用。如果货物在被提供给卖方前已经被买方使用过，应当计入的价值为根据国内公认的会计原则对其进行折旧后的价值。

（3）买方需向卖方或者有关方直接或者间接支付的特许权使用费

特许权使用费是指进口货物的买方为取得知识产权权利人及权利人有效授权人关于专利权、商标权、专有技术、著作权、分销权或者销售权的许可或者转让而支付的费用。

海关征税的管理对象主要是有形货物，例如，机器、工业原料、消费品等，单纯的技术贸易、服务贸易不属于海关税收的管辖范围。但是，如果买方在购买进口货物的同时，又发生了一项技术贸易或服务贸易，技术贸易或服务贸易是随附于货物贸易同步发生的，则技术贸易或服务贸易涉及的特许权使用费就构成了应税的价格调整项目，应合并计入进口货物的计税价格。

例如，某服装商标权利所有人向国内企业转让商标的使用权，该转让行为属于单纯的知识产权交易范畴，因此发生的商标转让费不属于海关税收的管辖范围。但是，如果该服装商标权利所有人在向国内企业销售品牌服装的同时，又向国内企业收取了一笔商标使用费，则该笔商标使用费就属于应税的特许权使用费，应计入进口服装的计税价格。

因此，如果企业在进口货物的同时，需要另行支付一笔特许权使用费，则该费用要计入成交价格。但是符合下列情形之一的除外：

一是特许权使用费与该货物无关；

二是特许权使用费的支付不构成该货物向中华人民共和国境内销售的条件。

买方应保留作出上述判断的证据，并在进口申报时向海关出示特许权使用费与该货物无关，或者特许权使用费的支付不构成该货物向中华人民共和国境内销售的条件的证据。如果买方无法提供上述证据，则海关将不予接受其申报，并将该笔特许权使用费计入进口货物的计税价格。

符合下列条件之一的特许权使用费，应当视为与进口货物有关：

一是特许权使用费是用于支付专利权或者专有技术使用权，且进口货物属于下列情形之一的：含有专利或者专有技术的；用专利方法或者专有技术生产的；为实施专利或者专有技术而专门设计或者制造的。

二是特许权使用费是用于支付商标权，且进口货物属于下列情形之一的：附有商标的；进口后附上商标直接可以销售的；进口时已含有商标权，经过轻度加工后附上商标即可以销售的。

三是特许权使用费是用于支付著作权，且进口货物属于下列情形之一的：含有软件、文字、乐曲、图片、图像或者其他类似内容的进口货物，包括磁带、磁盘、光盘或者其他类似载体的形式；含有其他享有著作权内容的进口货物。

四是特许权使用费是用于支付分销权、销售权或者其他类似权利，且进口货物属于下列情形之一的：进口后可以直接销售的；经过轻度加工即可以销售的。

买方不支付特许权使用费则不能购得进口货物，或者买方不支付特许权使用费则该货物不能以合同议定的条件成交的，应当视为特许权使用费的支付构成进口货物向中华人民共和国境内销售的条件。

（4）卖方直接或者间接从买方对该货物进口后销售、处置或者使用所得中获得的收益

如果买方在货物进口之后，把进口货物的转售、处置或使用的收益的一部分返还给卖方，这部分收益的价格应该计入计税价格中。

上述所有项目的费用或价值计入成交价格中，必须同时满足三个条件：

一是由买方负担；

二是未包括在进口货物的实付或应付价格中；

三是有客观量化的数据资料。如果缺乏客观量化的数据，导致无法确定应计入的准确金额的，则不应使用成交价格方法估价，而应使用其他估价方法确定该货物的计税价格。

**2. 扣减项目**

（1）厂房、机械或者设备等货物进口后发生的建设、安装、装配、维修或者技术援助费用，但是保修费用除外。

（2）货物运抵境内输入地点起卸后发生的运输及其相关费用、保险费。

（3）进口关税、进口环节海关代征税及其他国内税。

（4）为在境内复制进口货物而支付的费用。

（5）境内外技术培训及境外考察费用。

（6）同时符合下列条件的利息费用不计入计税价格：一是利息费用是买方为购买进口货物而融资所产生的；二是有书面的融资协议的；三是利息费用单独列明的；四是纳税人可以证明有关利率不高于在融资当时当地此类交易通常具有的利率水平，且没有融资安排的相同或者类似进口货物的价格与进口货物的实付、应付价格非常接近的。

进口货物的价款中单独列明的上述税收、费用，不计入该货物的计税价格，必须同时满足三个条件：一是有关税收或费用已经包括在进口货物的实付、应付价格中；二是有关费用是分列的，并且纳税人可以向海关提供客观量化的资料；三是有关费用在合理范围内。

如果贸易中存在上述规定的税收或费用之一的，但是买卖双方在贸易安排中未单独分列上述费用，或者缺乏客观量化资料，则本条所述的各项费用不得予以扣除。

例如，买卖双方在交易中规定卖方应承担厂房、机械或者设备等货物进口后发生的建设、安装、装配、维修或者技术援助费用，且费用已经包括在合同总价中，卖方不再另行向买方收取。但是贸易单证中未单列厂房、机械或者设备等货物进口后发生的建设、安装、装配、维修或者技术援助的费用清单，同时买方也无法向海关提供上述费用的实际发生金额，则即使卖方承担了上述行为，费用也不得从计税价格中扣除。

需注意，只有在使用成交价格估价方法时，海关才需使用《确价办法》规定的价格调整项目对买卖双方的交易价格进行调整。在使用其他估价方法时，因已不再使用买卖双方的交易金额，而另行参照其他价格估定，因此也不再涉及上述加项及减项价格调整项目。

## 三、成交价格需满足的条件

按照《确价办法》，成交价格除需符合上述定义要求外，还要满足成交价格要求的四项条件。如其中任一条件不能满足，则成交价格估价方法不能适用。

### （一）买方对进口货物的处置和使用不受限制

本项所指的限制是指买方购得进口货物以后，包括已经全额支付货款以后，仍旧不能自由处置或使用该货物，而只能在卖方设定的范围内使用该货物。

例如，卖方规定买方购买的设备只能用于教学目的，而不能出售。通常情况下，买方购买进口货物的目的，是以支付货价作为交换，获得了该货物的自由使用权。但是，如果卖方对买方处置或使用货物设置限制，则可以认定其价格构成不完整，买方付出的款项只对应货物的部分价值。如果买方对进口货物的处置权或者使用权受到限制，则进口货物就不适用成交价格估价方法。

有下列情形之一的，视为对买方处置或者使用进口货物进行了限制：

一是进口货物只能用于展示或者免费赠送的；

二是进口货物只能销售给指定第三方的；

三是进口货物加工为成品后只能销售给卖方或者指定第三方的；

四是其他经海关审查，认定买方对进口货物的处置或者使用受到限制的。

需要注意，以下三种限制并不影响成交价格的成立：

一是法律、行政法规规定实施的限制。法律、行政法规规定实施的限制是国家政府规定的具有普遍性的限制，这种限制对交易各方均有约束力，且限制的实施主体不是交易的卖方，同时卖方也无法控制限制的发生，因此即使存在上述限制，交易价格也不会受到影响。

二是对货物销售地域的限制。如果对于货物销售地域的限制是国外卖方的经营政策，同时该经营政策适用于所有的购买人，则该限制是符合商业惯例的通常做法，反映了卖方对于销售地市场的区分。在制定销售价格时，该限制对于交易价格本身不产生影响，也不会改变买方确定购买价格的意愿。

三是对货物价格无实质性影响的限制。该条款属于保留条款，设定了判断限制可接受程度的整体原则。在应用本条款时，应注重审核个案的具体情况，区别贸易的实际安排、贸易环境及限制的影响范围从而作出综合判定。

### （二）进口货物的价格不应受到某些条件或因素的影响而导致该货物的价格无法确定

进口货物的成交价格应为向境内销售时对应的价格，即销售行为与被估货物的交易价格应存在一一对应关系，如果销售行为不但针对被估货物，还针对其他无法客观量化的因素，则有理由认为货物的价格受到了使该货物成交价格无法确定的条件或因素的影响。例如，卖方在销售某畅销产品的同时，还捆绑销售某滞销产品。如无法区分畅销及滞销产品分别的实际价格，则可以认定其成交价格受到无法确定的条件或者因素的影响。

有下列情形之一的，视为进口货物的价格受到了使该货物成交价格无法确定的条件或者因素的影响：

一是进口货物的价格是以买方向卖方购买一定数量的其他货物为条件而确定的；

二是进口货物的价格是以买方向卖方销售其他货物为条件而确定的；

三是其他经海关审查，认定货物的价格受到使该货物成交价格无法确定的条件或者因素影响的。

### （三）卖方不得直接或间接从买方获得因转售、处置或使用进口货物而产生的任何收益，除非上述收益能够被合理确定

如果买方在购得进口货物后，仍需将部分再销售收益返还给卖方，则上述需返还的利润或收益应计入进口货物的计税价格。转售收益可视同于销售中的分期付款，在进口时，买卖双方约定了部分款项，余额部分在货物进口以后再逐步返还。

判断是否存在转售收益的关键在于买方是否承担了未来的付款义务，上述款项向谁支付、支付行为是否发生并不是判断的依据。例如，买卖双方约定了买方需将部分转售收益返还给卖方，但是卖方因多种考虑，要求买方将上述款项直接支付给卖方在境内的子公司。根据本款规定，上述行为属于卖方间接获得的因买方销售、处置或使用进口货物而产生的收益，如果有客观量化的数据，海关应将其计入进口货物的计税价格，使用成交价格估价方法，否则需使用其他方法另行估价。例如，国内某单位进口电影放映设备，合同约定，买方在货物进口后五年内，每年按照影院销售收入的10%作为收益返还。因影院每年的销售收入无法准确预计，则不能适用成交价格方法估定价格。如果合同规定，买方在进口后五年内，每年按照6万元人民币作为收益返还，则可对进口货物按照成交价格方法估定价格。

**（四）买卖双方之间没有特殊关系，或虽有特殊关系但不影响成交价格**

根据规定，有下列情形之一的，应当认定买卖双方有特殊关系：一是买卖双方为同一家族成员的；二是买卖双方互为商业上的高级职员或董事的；三是一方直接或间接地受另一方控制的；四是买卖双方都直接或间接地受第三方控制的；五是买卖双方共同直接或间接地控制第三方的；六是一方直接或间接地拥有、控制或持有对方5%以上（含5%）公开发行的有表决权的股票或股份的；七是一方是另一方的雇员、高级职员或董事的；八是买卖双方是同一合伙的成员的。

此外，买卖双方在经营上相互有联系，一方是另一方的独家代理、经销或受让人，若与以上规定相符，也应当视为有特殊关系。

买卖双方有特殊关系这个事实本身并不能构成海关拒绝成交价格的理由。买卖双方之间存在特殊关系，可通过价格测试或销售环境测试确定特殊关系是否对进口货物的成交价格产生影响。通过价格测试或销售环境测试其一的，则可认定特殊关系未对成交价格构成影响。

**1. 价格测试**

价格测试，即纳税人能证明其成交价格与同时或者大约同时发生的下列任何一款价格相近的，视为特殊关系未对进口货物的成交价格产生影响：

一是向境内无特殊关系的买方出售的相同或者类似进口货物的成交价格；

二是按照倒扣价格估价方法所确定的计税价格；

三是按照计算价格估价方法所确定的计税价格。

上述价格被称为测试价格。在使用上述价格进行比较时，需考虑商业水平和进口数量的不同，以及买卖双方有无特殊关系造成的费用差异。

**2. 销售环境测试**

销售环境测试，即通过对与货物销售有关的情况进行审查，如果认定符合一般商业惯例，则可以确定特殊关系未对进口货物的成交价格产生影响。

如进口货物申报价格全部符合上述成交价格定义及条件方面的要求，或有关费用虽有不符但能够进行量化数据调整的，则应首先使用成交价格估价方法确定计税价格，用其核算税款。

【复习思考题】

1. 计税价格的概念是什么？
2. 怎样完整理解成交价格的概念？
3. 实付或应付价格的含义是什么？
4. 计入成交价格的项目和费用有哪些？
5. 从成交价格中应扣除的项目和费用有哪些？
6. 成交价格需要满足的各个条件如何理解？应全部满足吗？

## 第三节　其他估价方法

【学习目标】

本节内容旨在让学习者掌握成交价格估价方法之外的其他估价方法。

完成本节学习，学习者应达成以下目标：

1. 熟悉相同及类似货物成交价格估价方法；
2. 熟悉倒扣价格估价方法；
3. 熟悉计算价格估价方法；
4. 了解合理方法。

【基本概念】

相同及类似货物成交价格估价方法、倒扣价格估价方法、计算价格估价方法、合理方法

【建议学习时间】

2 课时

因税费核算大多发生在向海关申报之前，而海关采用其他估价方法确定计税价格又多发生在向海关申报之后，只有申报价格不能确定为成交价格的情况下才会适用其他确定计税价格的办法，货物申报前，进口人显然无法准确预知海关将采用何种估价方法确定计税价格，故本教材对成交价格以外的估价方法仅作基础性介绍。

### 一、相同及类似货物成交价格估价方法

相同及类似货物成交价格估价方法，即以与被估货物同时或大约同时向中华人民共和国境内销售的相同货物及类似货物的成交价格为基础，确定进口货物价格的方法。

相同货物，指与进口货物在同一国家（地区）生产的，在物理性质、质量和信誉等所有方面都相同的货物，但是允许存在表面的微小差异。

类似货物，指与进口货物在同一国家（地区）生产的，虽然不是在所有方面都相同，但是

却具有相似的特征、相似的组成材料、相同的功能，并且在商业中可以互换的货物。

在运用这两种估价方法时，首先应使用与进口货物处于相同商业水平、大致相同数量的相同或类似货物的成交价格，且必须与进口货物同时或大约同时进口。其中的“同时或大约同时”指企业完成申报之日的前后各45天以内。只有在上述条件不满足时，才可采用以不同商业水平和不同数量销售的相同或类似进口货物的价格，但不能将上述价格直接作为进口货物的价格，须对由此而产生的价格方面的差异作出调整。此外，还需对进口货物与相同或类似货物之间由于运输距离和运输方式不同而在成本和其他费用方面产生的差异进行调整。上述调整必须建立在客观量化的数据资料的基础上。

另外，在采用相同或类似货物成交价格法确定进口货物价格时，首先应使用同一生产商生产的相同或类似货物的成交价格，只有在没有同一生产商生产的相同或类似货物的成交价格的情况下，才可以使用同一生产国（地区）不同生产商生产的相同或类似货物的成交价格。如果有多个相同或类似货物的成交价格，应当以最低的成交价格为基础估定进口货物的价格。

## 二、倒扣价格估价方法

倒扣价格估价方法即以进口货物、相同或类似进口货物在境内第一环节的销售价格为基础，扣除境内发生的有关费用来估定货物价格。

需满足的条件主要有：

一是在被估货物进口时或大约同时，以该货物、相同或类似进口货物在境内销售的价格。其中“进口时或大约同时”指企业完成申报之日的前后各45天以内。如果该货物、相同或者类似货物没有在企业完成申报之日前后45天内在境内销售，可以将在境内销售的时间延长至企业完成申报之日前后90天内。

二是按照该货物进口时的状态销售的价格。如果没有按进口时的状态销售的价格，应纳税人要求，可以使用经过加工后在境内销售的价格作为倒扣的基础。

三是在境内第一环节销售的价格。“第一环节”是指有关货物进口后进行的第一次转售，且转售者与境内买方之间不能有特殊关系。

四是向境内无特殊关系方销售的价格，即成交价格估价方法规定的特殊关系。

五是按照该价格销售的货物合计销售总量最大，即必须使用被估的进口货物、相同或类似进口货物合计销售总量最大的价格为基础估定货物价格。

使用倒扣价格法时，还必须扣除一些费用，这些倒扣项目根据规定有以下四项：

第一，同等级或者同种类货物在境内第一销售环节销售时，通常的利润和一般费用（包括直接费用和间接费用）及通常支付的佣金。

第二，货物运抵境内输入地点起卸后的运输及其相关费用、保险费。

第三，进口关税、进口环节海关代征税及其他国内税。

第四，加工增值额。如果以货物经过加工后在境内转售的价格作为倒扣价格的基础，则必须扣除加工增值部分。加工增值额应当依据与加工成本有关的客观量化数据资料，该行业公认的标准、计算方法及其他的行业惯例计算。

按照规定确定扣除的项目时，应当使用与国内公认的会计原则相一致的原则和方法。

## 三、计算价格估价方法

计算价格估价方法既不是以成交价格，也不是以在境内的转售价格作为基础，而是以发生在生产国（地区）的生产成本作为基础的价格。按有关规定采用计算价格法时，进口货物的计税价格由下列各项目的总和构成。

一是生产该货物所使用的料件成本和加工费用。料件成本是指生产被估货物的原料成本，包括原材料的采购价值及原材料投入实际生产之前发生的各类费用。加工费用是指将原材料加工为制成品过程中发生的生产费用，包括人工成本、装配费用及有关间接成本。

二是向境内销售同等级或者同种类货物通常的利润和一般费用（包括直接费用和间接费用）。

三是货物运抵中华人民共和国境内输入地点起卸前的运输及其相关费用、保险费。计算价格估价方法按顺序为第五种估价方法，但如果进口货物纳税人提出要求，可以与倒扣价格估价方法颠倒顺序使用。此外，海关在征得境外生产商同意并提前通知有关国家（地区）政府后，可以在境外核实该企业提供的有关资料。

## 四、合理方法

合理方法，是指当海关不能根据成交价格估价方法、相同货物成交价格估价方法、类似货物成交价格估价方法、倒扣价格估价方法和计算价格估价方法确定计税价格时，根据公平、统一、客观的估价原则，以客观量化的数据资料为基础确定进口货物价格的估价方法。

合理方法本身不是一种具体的估价方法，实际运用时，应按顺序合理、灵活使用成交价格估计方法、相同货物成交价格估计方法、类似货物成交价格估计方法、倒扣价格估计方法和计算价格估计方法。

例如，使用相同或类似货物成交价格估价方法时，必须采用与被估货物同一原产地的货物价格；而使用合理方法估价时就可采用与被估货物原产国家（地区）发展程度相当的其他国家（地区）的相同或类似货物价格进行估定。又如，使用倒扣价格估价方法时，有时间要素要求的限制，不得采用被估货物进口前后 90 天外的价格作为倒扣价格的基础；而按照合理方法估价，只要不违背客观、公平、统一的海关估价原则，这个期限就可以突破。

在运用合理方法估价时，禁止使用以下六种价格：

一是境内生产的货物在境内的销售价格。

二是可供选择的价格中较高的价格。

三是货物在出口地市场的销售价格。

四是以计算价格法规定之外的价值或者费用计算的相同或者类似货物的价格。

五是出口到第三国（地区）货物的销售价格。

六是最低限价或武断、虚构的价格。

进口货物估价方法如图 6-1 所示。

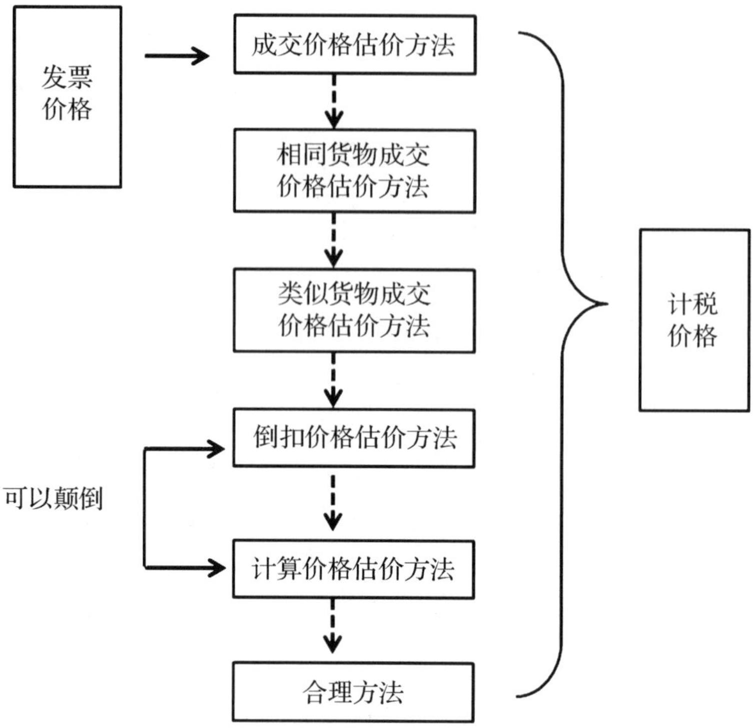


图 6-1　进口货物估价方法

## 【复习思考题】

1. 成交价格估价方法之外的其他估价方法使用的顺序是什么？
2. 什么是相同货物？什么是类似货物？各自的估价方法是如何规定的？
3. 什么是倒扣价格估价方法？
4. 什么是计算价格估价方法？
5. 什么是合理方法？

# 第四节　特殊进口货物的计税价格

## 【学习目标】

本节内容旨在让学习者掌握特殊进口货物的计税价格确定方法。

完成本节学习，学习者应达成以下目标：

1. 熟悉内销保税货物的估价方法；
2. 熟悉出境修理复运进境货物的估价方法；
3. 熟悉出境加工复运进境货物的估价方法；
4. 熟悉暂时进境货物的估价方法；
5. 熟悉租赁进口货物的估价方法；

6. 熟悉特定减免税货物经批准出售、转让情况下的估价方法；
7. 了解无成交价格货物的估价方法；
8. 了解软件介质的估价方法；
9. 了解跨境电子商务零售进口商品的估价方法。

**【基本概念】**

出区价格、入区价格、复运进境、留购价格、实际交易价格

**【建议学习时间】**

2 课时

海关对前述进口货物计税价格的审核，应遵从前述成交价格的定义及应满足条件的规定依次确定计税价格，但对部分特殊的进口货物，我国海关另行规定了价格审核确定方式。按照《确价办法》与《内销保税货物确价办法》对不同交易形式或不同类型的货物确定计税价格相关规定及本教材编写体例的要求，下列货物为本教材所指的特殊进口货物。

## 一、内销保税货物

加工贸易是一种特殊的贸易方式，其特点是进口料件属于海关监管的保税货物，进口料件主要是为了加工出口产品。如果因为某些原因，企业需申请将以进料加工、来料加工贸易方式进口后不再复运出口的料件或者其制成品（包括残次品）内销，需要按照规定缴纳税款。

目前，我国对保税货物主要实施物理围网及非物理围网两种监管模式。物理围网主要在保税区、保税港区、出口加工区、综合保税区、跨境工业区等海关特殊区域内。保税监管场所主要指保税仓库、出口监管仓库、保税物流中心。根据以上不同的保税货物监管模式，海关对内销保税货物设置了不同的估价规定。

### （一）非海关特殊监管区域、非保税监管场所内加工贸易企业内销保税货物

非海关特殊监管区域、非保税监管场所内加工贸易企业内销保税货物，需要依照以下规定确定计税价格：

1. 进口料件或者其制成品（包括残次品）内销时，海关以料件原进口成交价格为基础确定计税价格。

属于料件分批进口，并且内销时不能确定料件原进口对应批次的，海关可按照同项号、同品名和同税号的原则，以其合同有效期内或电子账册核销周期内已进口料件的成交价格计算所得的加权平均价为基础确定计税价格。

合同有效期内或电子账册核销周期内已进口料件的成交价格加权平均价难以计算或者难以确定的，海关以客观可量化的当期进口料件的成交价格加权平均价为基础确定计税价格。

2. 来料加工料件或者其制成品（包括残次品）内销时，以海关接受内销申报的同时或者大约同时进口的与料件相同或者类似的保税货物的进口成交价格为基础确定计税价格。

### （二）海关特殊监管区域、保税监管场所内保税物流货物内销

保税物流货物，是指经海关批准未办理纳税手续，进境储存后复运出境的货物，也称作保税仓储货物。目前随着我国海关特殊监管区域和保税监管场所种类和政策功能的逐步拓展，由区域或场所内销的保税物流货物在运出区域或场所前的交易方式也日趋多样，大致归纳起来主要有以下四种。

1. 区域或场所内企业在境外将货物买断后进行保税仓储，仓储一段时间后自行向海关申报内销。

2. 境内区外企业在境外将货物买断后运入区域或场所进行保税仓储，仓储一段时间后自行向海关申报内销。

3. 区域或场所内企业在区内买断属于外商或其他国内企业（包括区域或场所内企业和境内区外企业）的保税仓储货物，由最终的境内购货企业直接将货物继续仓储一段时间后向海关申报出区。

4. 境内区外企业在区内买断属于外商或其他国内企业（包括保税区内企业和境内区外企业）的保税仓储货物，由最终的境内购货企业直接或将货物继续委托仓储一段时间后向海关申报内销。

《海关估价协议》并未规定特殊区域的估价管理方法，从世界各国（地区）的海关估价实践看，特殊区域货物的估价原则与一般进出口货物相比不存在差异，其区别仅在于选取的估价时点和交易对象存在差异。通常一般进出口货物申报时只存在一次交易行为，而特殊区域则存在两次交易，第一次为自境外进入境内特殊区域，第二次为自特殊区域进入境内区外。

根据各国（地区）估价时选择的交易对象不同，针对特殊区域的估价立法主要分两种类型，第一类以入区（自境外进入特殊区域）价格为基础，第二类以出区（自特殊区域进入境内）价格为基础。我国对此的做法是以出区价格为基础确定该类交易的计税价格。

海关特殊监管区域、保税监管场所内保税物流货物内销需按照以下规定确定计税价格：以该货物运出海关特殊监管区域、保税监管场所时的内销价格为基础确定计税价格，该内销价格包含的能够单独列明的海关特殊监管区域、保税监管场所内发生的保险费、仓储费和运输及其相关费用，不计入计税价格。

海关特殊监管区域的估价原则依旧适用于一般贸易的估价原则，如果自海关特殊监管区域进入境内区外时存在销售行为的，且符合一般进出口货物情况下成交价格定义及条件的，海关将根据成交价格估价方法确定其计税价格。如果存在某些价格调整项目的，则同样需根据相关规定计入（或扣除）该货物的计税价格。需要注意的是，本规定只是强调了应以出区的交易对象作为海关估价的基础，而不是规定一种新的估价方法，海关特殊监管区域的估价原则和估价方法未发生改变。

上述内销的保税货物计税价格不能依照列明的估价方法确定时，应依次按照下列价格估定其计税价格：

一是与该货物同时或者大约同时向中华人民共和国境内销售的相同货物的成交价格。

二是与该货物同时或者大约同时向中华人民共和国境内销售的类似货物的成交价格。

三是与该货物进口的同时或者大约同时，将该进口货物、相同或者类似进口货物在第一级销

售环节销售给无特殊关系买方最大销售总量的单位价格，但应当扣除以下项目：同等级或者同种类货物在中华人民共和国境内第一级销售环节销售时通常的利润和一般费用及通常支付的佣金；进口货物运抵境内输入地点起卸后的运输及其相关费用、保险费；进口关税及国内税收。

四是按照下列各项总和计算的价格：生产该货物所使用的料件成本和加工费用，向中华人民共和国境内销售同等级或者同种类货物通常的利润和一般费用，该货物运抵境内输入地点起卸前的运输及其相关费用、保险费。

五是以合理方法估定的价格。

## 二、出境修理复运进境货物

出境修理复运进境货物按照以下规定确定计税价格：运往境外修理的机械器具、运输工具或者其他货物，出境时已向海关报明，并在海关规定的期限内复运进境的，以境外修理费和料件费为基础确定计税价格。

运往境外修理的机械器具、运输工具或者其他货物再复运进境，属于特殊的贸易方式，将受损的货物运往境外进行修理，恢复到可使用状态或原状态后再复运进境。与通常的一般进口货物相比，该贸易方式下不存在销售行为，因此无须再使用成交价格估价方法对其开展审查。同时由于它的特殊性，也不可能采用相同货物价格法、类似货物价格法、倒扣价格法或计算价格法进行估价。运往境外修理的货物通常都是从境外进口的，当初进口时，海关已根据该货物的成交价格依法对其估价征税。因此，当原进口货物运往境外修理后复运进境时，根据货物所有人对外支付的修理费和料件费来确定计税价格计征税费更为合理。

## 三、出境加工复运进境货物

出境加工复运进境货物按照以下规定确定计税价格：运往境外加工的货物，出境时已向海关报明，并在海关规定期限内复运进境的，以境外加工费和料件费以及该货物复运进境的运输及其相关费用、保险费为基础确定计税价格。

出境加工指我国境内符合条件的企业将自有的原辅料、零部件、元器件或半成品等货物委托境外企业制造或加工后，在规定的期限内复运进境并支付加工费和境外料件费等相关费用的经营活动。根据委托加工协议，从货物运往境外加工到最终的产成品复运进境，货物的所有权一直未发生转移，都是属于境内货物所有人。

运往境外加工的货物再复运进境，属于特殊的贸易方式，与通常的一般贸易方式进口货物相比，该贸易方式下不存在销售行为，因此无须再使用成交价格估价方法对其开展审查。需要注意，开展出境加工业务的企业，应向其所在地主管海关办理账册设立手续，非经批准不得从事该类业务。

## 四、暂时进境货物

经海关批准的暂时进境货物，应当缴纳税款的按照以下内容确定计税价格：按确定一般进口货物计税价格的规定确定计税价格。经海关批准留购的暂时进境货物，以海关确定的留购价格作为计税价格。

暂时进境货物通常是指国际组织、外国政府、境内外企事业单位、团体或个人为开展经济、技术、科学、文化、教育、体育、卫生等方面的交流合作，以及进行工程施工、设备维修等项目，经海关批准而暂时运入我国境内并需复运出境的货物。

暂时进境货物与通常情况下购买的货物存在差异，暂时进境货物的所有权依旧保留在外方，进境的目的不是为了销售，因此该类货物在进境时不存在销售行为。《关税法》规定了海关对于暂准进境货物的征税管理，海关批准的暂时进境货物共分为两大类：第一类为在进境时纳税人向海关缴纳相当于应纳税款的保证金或者提供其他担保，可以暂不缴纳关税的九种用于非商业目的的货物；第二类为可以暂时免征关税范围以外的其他暂准进境货物。

第一类暂时进境货物，在海关批准的期限内可以暂不缴纳关税，但是第二类暂时进境货物则应按照计税价格和其在境内滞留时间与折旧时间的比例，按月计算其应缴纳的进口关税。暂时进境货物在进口时应当缴纳税款的，其计税价格根据一般进出口货物列明的方法确定。

暂时进境货物的特点决定了在这种贸易方式下不存在销售行为，货物运入境内时，其所有权依旧为外方所有，因此进境时不存在成交价格，应根据相同货物成交价格估价方法、类似货物成交价格估价方法、倒扣价格估价方法、计算价格估价方法及合理方法依次确定其计税价格。

如果暂时进境货物在海关批准暂时进境的期限届满前不复运出境，而由境内的最终用户购买后留购的，则以海关确定的留购价格作为计税价格。其中留购价格是指暂时进境货物所有人向境内最终用户销售该货物时订立的价格，是境内最终用户为购买暂时进境货物而向该所有人实际支付或者应当支付的全部价款，但是不含关税、海关代征的进口环节增值税、消费税。

### 五、租赁进口货物

租赁是指在约定的期间内，出租人将资产使用权让与承租人以获取租金的经济行为。由于租赁是出租人向承租人让渡一定时期内的货物使用权，其实质是服务贸易，并未发生实际的货物销售。

《海关估价协议》认为在租赁贸易中，货物的所有权未发生转移，不符合货物销售的要件，不能采用成交价格方法估价。我国海关在立法中，借鉴了世界贸易组织的上述观点，规定了对于租赁货物可以根据每期的租金确定计税价格。同时，对于某些可以在进口时确定该货物的计税价格的或租金总额的，也可赋予进口商选择一次性缴纳税款的权利。

租赁期满后，租赁双方通常会约定三类形式的处理方式：留购、续租或退租。对租赁期满后，承租人需要留购该被租赁货物的，则留购价格可以视为出租人向承租人销售该货物的价格，经审核后可以根据该留购价格作为租赁货物的计税价格。对于续租情况，可比照正常租约期间以租金作为计税价格。期满退租的，不再涉及缴税。

租赁进口货物按照以下规定确定计税价格：

1. 以租金方式对外支付的租赁货物，在租赁期间以海关确定的该货物的租金作为计税价格，利息予以计入；

2. 留购的租赁货物以海关确定的留购价格作为计税价格；

3. 纳税人申请一次性缴纳税款的，可以选择申请按照规定估价方法确定计税价格，或者按照海关确定的租金总额作为计税价格。

### 六、特定减免税货物经批准出售、转让

减免税是指海关依法部分或全部免除关税纳税人缴纳关税义务的行政执法行为。其中部分免

除纳税义务称为减征关税，全部免除纳税义务称为免征关税。我国目前实行的减免税体系包括法定减免、特定减免和临时减免。

减免税货物的估价管理与一般进出口货物一致，企业进口减免税货物时，应根据一般货物的估价管理规定确定计税价格，同时对于符合条件的减免税货物给予税收减征或免征待遇。

特定减免税进口货物属于海关监管货物，只能用于特定地区、特定企业或特定用途，监管期限内不得出售、转让或移作他用。如在监管期限内经海关核准出售、转让或者移作他用的，则需根据规定对该减免税货物估价征税。

补税的计税价格以海关确定的货物原进口时的价格为基础，按照减免税货物已进口时间与监管年限的比例进行折旧。减免税货物已进口时间自减免税货物的放行之日起按月计算。不足 1 个月但超过 15 日的按 1 个月计算；不超过 15 日的，不予计算。

## 七、无成交价格货物

无成交价格货物需按照以下规定确定计税价格：以易货贸易、寄售贸易、捐赠、赠送等不存在成交价格的方式进口的货物，海关与纳税人进行价格磋商后，应依次按照相同货物成交价格估价法、类似货物成交价格估价法、倒扣价格估价法、计算价格估价法及合理方法确定计税价格。

易货贸易是指交易双方不是以货币作为交易媒介，而是直接交换双方各自的货物。在易货贸易这一贸易方式下，由于不存在可用于衡量的货币金额，其不存在成交价格。

寄售贸易是委托代售的一种经营方式。在货物未售出前，其所有权属委托人，因不能售出或者售价下跌所产生的风险也由委托人负担。通常情况下，寄售贸易中货物的所有权以及货物损益的风险均未发生转移，不存在销售行为，也无法使用成交价格确定其计税价格。

捐赠和赠送是指国外卖方将货物的所有权无偿交给国内企业，国内企业不承担付款义务。这两种情况均不存在销售行为，不能使用成交价格估价法确定计税价格。

## 八、软件的介质

软件是指《计算机软件保护条例》规定的用于数据处理设备的程序和文档。介质是指磁带、磁盘、光盘。

进口载有专供数据处理设备用软件的介质，具有下列情形之一的，以介质本身的价值或者成本为基础确定计税价格：

1. 介质本身的价值或者成本与所载软件的价值分列；

2. 介质本身的价值或者成本与所载软件的价值虽未分列，但是纳税人能够提供介质本身的价值或者成本的证明文件，或者能提供所载软件价值的证明文件。

## 九、跨境电子商务零售进口商品

跨境电子商务零售进口商品按照实际交易价格作为货物计税价格，实际交易价格包括货物零售价格、运费和保险费。

近年来，我国海淘数量及规模越来越大，催生大量跨境电子商务交易。为营造公平竞争的市场环境，促进跨境电子商务零售进口健康发展，国家对跨境电子商务零售进口商品管理予以明确限定。

跨境电子商务零售进口商品必须是在《跨境电子商务零售进口商品清单》限定的范围内，并对从事电子商务交易平台的交易、支付、物流等电子信息有明确要求。符合规定的，购买跨境电子商务零售进口商品的个人作为纳税人，实际交易价格（包括货物零售价格、运费和保险费）作为计税价格，电子商务企业、电子商务交易平台企业或物流企业可作为代收代缴义务人。

对不属于跨境电子商务零售进口的个人物品，以及无法提供交易、支付、物流等电子信息的跨境电子商务零售进口商品，按现行邮递物品进口税规定执行。

**【复习思考题】**

1. 内销保税货物如何估价？
2. 出境修理复运进境货物如何估价？
3. 出境加工复运进境货物如何估价？
4. 暂时进境货物如何估价？
5. 租赁进口货物如何估价？
6. 特定减免税货物经批准出售、转让情况下如何估价？

## 第五节　进口货物运输及相关费用、保险费用的确定

**【学习目标】**

本节内容旨在让学习者掌握确定运输及相关费用、保险费用的方法。

完成本节学习，学习者应达成以下目标：

1. 熟悉确定运输及相关费用、保险费用的方法；
2. 了解运输及相关费用、保险费用未发生或无法确定的特殊规定。

**【建议学习时间】**

1 课时

按照进口货物计税价格确定的规定，如成交价格估价方法或其他价格方法确定的计税价格中尚未包含相应的运输及相关费用、保险费，应按照以下规定计入。

### 一、运费及其相关费用的计算标准

进口货物的运费及其相关费用，按照实际支付或应当支付的费用计算。

如果进口货物的运费及其相关费用无法确定或未实际发生，海关应当按照该货物进口同期的正常运输成本确定。

运输费用已包含在向海关申报的货物价格中的，不再重复计算。

运输工具作为进口货物，利用自身动力进境的，海关在确定计税价格时，不再另行计入运输及其相关费用。

### 二、保险费的计算标准

进口货物的保险费，按照实际支付的费用计算。如果进口货物的保险费无法确定或者未实际发生，海关按照“货价加运费”两者总额的3‰计算保险费，其计算公式如下：

保险费=（货价+运费）×3‰

保险费用已包含在向海关申报的货物价格中的，不再重复计算。

对于邮运进口的货物，以邮费作为运输及其相关费用、保险费。邮运进口的商品因超过一定价值而按货物属性进行管理的，其实际支付的邮费即为运保费。如邮费已包含在向海关申报的货物价格中，不再重复计算。

**【复习思考题】**

1. 运输及相关费用、保险费用的计算标准分别是什么？
2. 运输及相关费用、保险费用未实际发生时，是否仍需计入计税价格？

## 第六节　出口货物计税价格确定方法

**【学习目标】**

本节内容旨在让学习者掌握出口货物计税价格确定方法。

完成本节学习，学习者应达成以下目标：

1. 熟悉出口货物计税价格的成交价格估价方法；
2. 了解出口货物计税价格的其他估价方法。

**【基本概念】**

出口货物计税价格、出口销售、其他估价方法

**【建议学习时间】**

1 课时

我国仅对少数涉及资源、原料性物资征收出口关税，虽然范围较少，但准确核定出口货物计税价格也是报关人员必备的知识。

### 一、成交价格估价方法

出口货物成交价格估价方法是《确价办法》规定的第一种确定出口货物计税价格的估价方法。出口货物的计税价格由海关以该货物的成交价格为基础确定，并且应当包括货物运至中华人民共和国境内输出地点装载前的运输及其相关费用、保险费，但是其中包含的出口关税税额应当予以扣除。出口货物的成交价格，是指该货物出口销售时，卖方为出口该货物应当向买方直接收

取和间接收取的价款总额。

判断出口货物申报价格是否符合成交价格的要求，需考虑以下几个方面：

### （一）出口销售是否符合《确价办法》的规定

出口销售是确定出口货物是否存在成交价格的前提条件。交易是否符合销售定义，应根据以下三项标准作出判断：

1. 所有权是否发生转移，是否由该交易的卖方转移给买方；
2. 买方是否为了获得该货物支付对价；
3. 货物的风险是否发生了转移，包括货物灭失的风险和货物损益的风险。

如果一项交易不能导致前述三个条件同时发生，则销售不存在，因此也就不能使用成交价格方法估价，而应采用其他方法估价。

### （二）直接收取和间接收取款项是否符合《确价办法》的规定

出口货物的成交价格应包括我国卖方向国外买方直接收取和间接收取的款项总额。其中，直接收取是指我国卖方直接向国外买方收取款项，而间接收取是指国外买方根据我国卖方的要求，将货款全部或部分支付给第三方，或冲抵买卖双方之间的其他资金往来。通常情况下，我国卖方会要求国外买方直接向其支付款项。但是，如果卖方出于某种考虑，要求买方将全部或部分款项支付给第三方，只要上述支付义务是买方为了购买被估的出口货物而必须承担的，则无论买方根据我国卖方的要求将货款支付给谁，均应以买方应支付的全部款项确定计税价格。

但应注意，需征收出口关税的货物销售价格中包含了出口关税税额，按照相关规定，确定计税价格时应将出口货物价格中包含的出口关税税额予以扣除。此外，货物价款中单独列明的货物运至中华人民共和国境内输出地点装载后的运输及其相关费用、保险费也应扣除。但前述费用如未单独列明或无法证明各段费用则不予扣除。

## 二、其他估价方法

在审查出口单位合同或发票金额中，包括但不限于以下情况，则不能使用成交价格估价方法确定计税价格，应在磋商后依次使用其他估价方法进行确定：一是申报价格不符合出口货物成交价格的定义，例如，出口货物不存在成交价格，我国出口商将货物交付给国外卖方时，不要求对方承担付款义务；二是海关对申报价格的真实性或准确性有怀疑，启动质疑程序，出口商不能作出合理的解释，或者未能在法定的期限内作出合理解释的。其他估价方法具体为：

1. 同时或者大约同时向同一国家（地区）出口的相同货物的成交价格；
2. 同时或者大约同时向同一国家（地区）出口的类似货物的成交价格；
3. 根据境内生产相同或者类似货物的成本、利润和一般费用（包括直接费用和间接费用）、境内发生的运输及其相关费用、保险费计算所得的价格；
4. 按照合理方法估定的价格。

出口货物估价方法如图 6-2 所示。

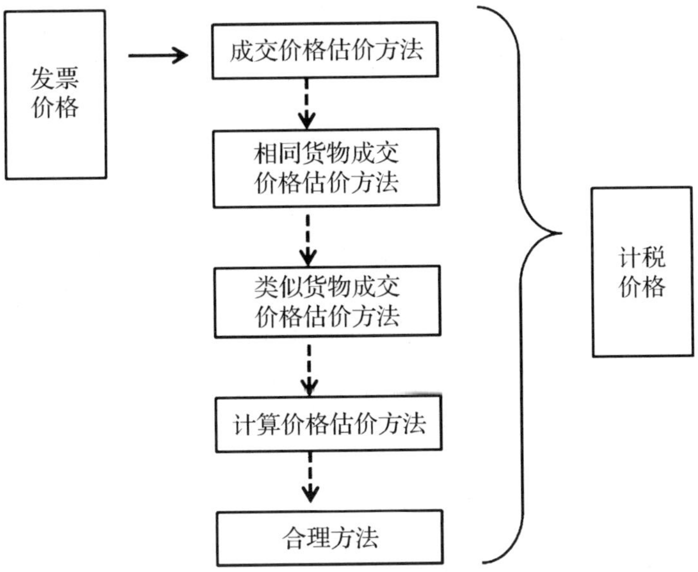


**图 6–2 出口货物估价方法**

## 【复习思考题】

1. 出口货物应用成交价格估价方法的条件有哪些？
2. 出口货物应用其他估价方法的顺序是什么？

## 本章练习题

### 一、单选题

1. 进出口货物的计税价格，由海关以该货物的（　　）为基础确定。

A. 销售价格　　B. 成交价格　　C. 实际价格　　D. 市场价格

2. 进口货物的计税价格，应当包括货物运抵中华人民共和国境内输入地点（　　）。

A. 起卸前的运输及其相关费用

B. 起卸前的运输及其相关费用、保险费

C. 起卸后的运输及其相关费用

D. 起卸后的运输及其相关费用、保险费

3. 关于进口货物的成交价格表述正确的是：

A. 成交价格就是计税价格

B. 成交价格就是申报价格

C. 成交价格就是进口货物的合同价格

D. 成交价格包括直接支付的价款和间接支付的价款

4. 进口货物的成交价格，是指卖方向中华人民共和国（　　）销售该货物时买方为进口该货物向卖方实付、应付的，并且按照规定调整后的价款总额。

A. 国内　　B. 国外　　C. 境内　　D. 境外

5. 海关审查进口货物成交价格条件时，不视为“对买方处置或者使用进口货物进行了限制”

的情况是：

A. 进口货物只能用于展示或者免费赠送的

B. 进口货物只能销售给指定第三方的

C. 进口货物加工为成品后只能销售给卖方或者指定第三方的

D. 法律、行政法规规定实施的限制

6. 特许权使用费是否与（　　）有关是判断特许权使用费是否应当计入进口货物计税价格的条件之一。

A. 国内购入货物　　B. 生产货物　　C. 使用货物　　D. 进口货物

7. 审查进口货物计税价格时，下列应计入计税价格的是：

A. 进口关税

B. 进口环节海关代征税

C. 其他国内税

D. 向卖方支付的该货物进口后的销售收益

8. 进口货物的成交价格不能确定时，纳税人向海关提供有关资料后，可以提出申请，颠倒（　　）的适用次序。

A. 相同货物成交价格估价方法和类似货物成交价格估价方法

B. 倒扣价格估价方法和计算价格估价方法

C. 倒扣价格估价方法和合理方法

D. 计算价格估价方法和合理方法

9. 相同货物成交价格估价方法，是指海关以与进口货物同时或者大约同时向中华人民共和国境内销售的相同货物的（　　）为基础，确定进口货物的计税价格的估价方法。

A. 成交价格　　B. 市场行情　　C. 评估价格　　D. 合理价格

10. 类似货物成交价格估价方法，是指海关以与进口货物同时或者大约同时向中华人民共和国境内销售的类似货物的（　　）为基础，确定进口货物的计税价格的估价方法。

A. 市场行情　　B. 评估价格　　C. 成交价格　　D. 合理价格

11. 按照相同或者类似货物成交价格估价方法确定进口货物的计税价格时，应当首先使用（　　）的相同或者类似货物的成交价格。

A. 同一生产国生产　　B. 同一生产商生产

C. 境内生产　　D. 出口地市场销售

12. 按照相同或者类似货物成交价格估价方法确定进口货物的计税价格时，如果有多个相同或者类似货物的成交价格，应当以（　　）为基础确定进口货物的计税价格。

A. 正常的成交价格　　B. 平均的成交价格

C. 最低的成交价格　　D. 最高的成交价格

13. 《确价办法》中，“大约同时”是指企业完成申报之日的大约同时，最长不应当超过前后（　　）。

A. 15 日　　B. 30 日　　C. 45 日　　D. 90 日

14. 出境加工货物复运进境超过海关规定期限的，由海关按照（　　）确定计税价格。

A. 进口货物计税价格的规定

B. 出口货物计税价格的规定

C. 境外加工费和料件费

D. 该货物复运进境的运输及其相关费用、保险费

15. 出境修理货物复运进境超过海关规定期限的，由海关按照（　　）确定计税价格。

A. 出口货物计税价格的规定

B. 进口货物计税价格的规定

C. 境外修理费和料件费为基础

D. 该货物复运进境的运输及其相关费用、保险费

16. 以租金方式对外支付的租赁货物，在租赁期间以海关确定的（　　）确定计税价格。

A. 货物总值　　B. 租金

C. 货物总值+保险费　　D. 货物总值+运费+保险费

17. 计算应当补税的减税或者免税进口货物计税价格时，补税时实际已进口的时间不足 1 个月但是超过 15 日的，（　　）。

A. 按照 15 日计算　　B. 按照 1 个月计算

C. 按照实际天数计算　　D. 不予计算

18. 进口货物的运输及其相关费用无法确定的，海关应当（　　）。

A. 按照企业估算的运输成本确定

B. 按照该货物进口同期的正常运输成本确定

C. 按照该货物进口同期运输行业的平均运费率确定

D. 不再另行计入运输及其相关费用

19. 如果进口货物的保险费无法确定或者未实际发生，海关应当按照“货价加运费”两者总额的（　　）计算保险费。

A. 1‰　　B. 3‰　　C. 5‰　　D. 1%

20. 出口货物的计税价格由海关以该货物的成交价格为基础确定，并应当包括货物运至中华人民共和国境内（　　）。

A. 输出地点装载前的运输及其相关费用

B. 输入地点起卸前的运输及其相关费用

C. 输入地点起卸前的运输及其相关费用、保险费

D. 输出地点装载前的运输及其相关费用、保险费

二、多选题

1. 进口货物的价款中单独列明的（　　），不计入该货物的计税价格。

A. 包装材料费用

B. 境内培训费

C. 进口货物运抵中华人民共和国境内输入地点起卸后发生的运输及其相关费用

D. 设备进境后的安装费

2. 海关审查认为进口货物买卖双方存在特殊关系的情形有（　　）。

A. 买卖双方为同一家族成员的

B. 买卖双方互为商业上的高级职员或者董事的

C. 一方直接或者间接地受另一方控制的

D. 买卖双方都直接或者间接地受第三方控制的

3. 海关在审查特殊关系是否影响进口货物成交价格进行价格比较时，应当考虑（　　）。

A. 商业水平的不同　　B. 进口数量的不同

C. 买卖双方有无特殊关系造成的费用差异　　D. 进口口岸的不同

4. 除成交价格估价方法外，进口货物海关估价的其他方法有（　　）。

A. 相同货物成交价格估价方法　　B. 倒扣价格估价方法

C. 计算价格估价方法　　D. 合理方法

5. 进口货物不存在成交价格的情形有（　　）。

A. 赠送　　B. 寄售　　C. 捐赠　　D. 易货贸易

6. 运往境外修理的机械器具，出境时向海关报明并在海关规定期限内复运进境的，应当以（　　）为基础确定计税价格。

A. 境外修理费　　B. 料件费　　C. 复运进境的运费　　D. 复运进境的保险费

7. 出口货物的成交价格不能确定的，海关经了解有关情况，并且与纳税人进行价格磋商后，可以使用（　　）估价方法确定该货物的计税价格。

A. 相同货物成交价格　　B. 类似货物的成交价格

C. 计算价格　　D. 合理方法

8. 海关确定出口货物的计税价格时，可使用的估价方法包括（　　）。

A. 成交价格估价方法　　B. 相同货物成交价格估价方法

C. 倒扣价格估价方法　　D. 计算价格估价方法

9. 特许权使用费的支付构成进口货物向中华人民共和国境内销售的条件的情况有（　　）。

A. 进口商向第三方支付特许权使用费

B. 进口商要承担货物进口后的推广费用

C. 不支付特许权使用费则不能购得进口货物

D. 不支付特许权使用费则该货物不能以合同议定的条件成交的

10. 不符合《确价办法》中“类似货物”含义的有（　　）。

A. 同一跨国集团在不同国家的子公司生产的同一型号的汽车零件

B. 同一国家的两个不同生产商进口的同一规格型号的聚乙烯

C. 漂白用的普通等级过氧化钠和分析用的特级过氧化钠

D. 中国产的纸制印刷用油墨和日本产的纸制印刷用油墨

11. 《确价办法》中的介质指的是（　　）。

A. 磁带　　B. 磁盘　　C. 光盘　　D. 硬盘

三、判断题

1. 出境修理货物出境时已向海关报明，并在海关规定的期限内复运进境的，应当以境外修理费和料件费为基础确定计税价格。（　　）

2. 海关在确定进口载有软件的供数据处理设备用介质的计税价格时，如果介质本身的价值与所载软件的价值分列的，所载软件的价值要计入计税价格。（　　）

3. 以租金方式对外支付的租赁货物，在租赁期间以海关确定的租金作为计税价格，利息不

予计入。(　　)

4. 减税或者免税进口的货物应当补税时，应当以海关确定的该货物原进口时的价格作为计税价格。(　　)

5. 运输工具作为进口货物，利用自身动力进境的，海关在确定计税价格时，不再另行计入运输及其相关费用。(　　)

6. 出口货物的成交价格，是指该货物出口销售时，卖方为出口该货物应当向买方直接收取和间接收取的价款总额。(　　)

7. 出口关税应当计入出口货物的计税价格。(　　)

8. 出口货物的成交价格不能确定时，海关应依次使用相同货物成交价格、类似货物成交价格、计算价格或合理方法等估价方法确定出口货物的计税价格。(　　)

9. 对进口货物成交价格进行调整时，纳税人不能提供客观量化数据资料的，海关可以不与纳税人进行价格磋商，直接确定进口货物计税价格。(　　)

10. 进口货物价格是以买方向卖方购买一定数量其他货物为条件而确定的，属于买方对进口货物的处置和使用受到限制的范围。(　　)

11. 按照相同或者类似货物成交价格估价方法确定进口货物的计税价格时，应当以客观量化的数据资料，对该货物与相同或者类似货物之间由于运输距离和运输方式不同而在成本和其他费用方面产生的差异进行调整。(　　)

# 第七章 原产地规则

## 学习目标

**知识目标**

- 熟悉原产地与原产地规则的概念
- 掌握我国优惠和非优惠原产地管理中的基本知识
- 了解自由贸易协定和优惠贸易安排项下的原产地管理要求

**技能目标**

- 能够熟练运用我国的原产地标准
- 能够合理地运用我国贸易救济措施下反倾销和反补贴货物的原产地确定标准
- 能够合理地运用我国贸易救济措施下特殊保障措施货物原产地确定标准

**素养目标**

- 具有洞察国际经济形势与政策的能力
- 具有国际视野，能够树立总体国家安全观
- 具备丰富的专业知识，全面掌握所从事的外贸活动相关的专业知识

# 第一节　原产地规则概述

**【学习目标】**

本节内容旨在让学习者掌握原产地规则的基本知识。

完成本节学习，学习者应达成以下目标：

1. 熟悉原产地与原产地规则的概念；
2. 熟悉原产地规则的主要分类；
3. 了解原产地规则包含的主要内容。

**【基本概念】**

原产地、原产地规则、完全获得标准、实质性改变标准、原产地证书、原产地验证及核查

**【建议学习时间】**

1 课时

## 一、原产地与原产地规则

货物原产地，是指货物的来源地，即生产、采集、饲养、提取、加工或制造产品的所在地。在国际贸易中，原产地这个概念和原产国是通用的。原产地或原产国也就是货物的“经济国籍”。随着世界经济一体化和生产国际化的发展，越来越多的产品由多个国家（地区）参与制作，一方面使得参与国际贸易的货物国籍更加难以认定，另一方面又使准确认定进口货物的“经济国籍”变得更为重要。因为确定了进口货物“经济国籍”，就确定了其依照进口国（地区）的贸易政策所适用的关税和非关税待遇。原产地的不同决定了进口商品所享受的待遇不同，为适应国际贸易的需要，并为执行本国（地区）关税及非关税方面的贸易措施，进口国（地区）必须对进出口商品的原产地进行认定。

原产地规则就是确定货物“经济国籍”的规则，最早是出于一国（地区）进行贸易统计和海关征税的需要。随着国际贸易的不断发展，原产地规则适用的目的也越来越广泛。各国（地区）为了适应国际贸易的需要，并为执行本国（地区）关税及非关税方面的国别歧视性贸易措施，必须对进出口货物的原产地进行认定，但是货物原产地的认定需要以一定的标准为依据。为此，各国（地区）以本国（地区）立法形式制定出鉴别货物“经济国籍”的标准，这就是原产地规则。

根据世界贸易组织《原产地规则协定》，原产地规则应该被定义为任何国家（地区）为确定货物原产地所实施的法律、法规及一般执行的行政决定。

《原产地规则协定》是在 GATT 第八轮多边贸易谈判（乌拉圭回合）中达成的世界贸易组织一揽子文件之一，所有成员方必须完全接受。其目的在于保证各成员方用于判定国际贸易中货物

的原产地规则，可以用公正、透明、可预测、一致和中性的方式制定和实施，并使与原产地规则相关的法律和法规更加透明，促进国际贸易的便利。

《原产地规则协定》的执行，需要配合具体规则落地实施。作为《原产地规则协定》重要组成部分，《协调非优惠原产地规则》在《原产地规则协定》生效后一直没有签署。究其原因，非优惠原产地规则不仅在技术上比较复杂，而且还牵扯到各方经济和政治利益。世界贸易组织总理事会已连续多次延长《协调非优惠原产地规则》的完成期限，目前仍有几十个核心政策性问题未解决。其中，《协调制度》第八十四章至九十章机电产品的组装是最为重要的一个核心问题。

世界贸易组织成立了原产地规则委员会来处理各成员方之间关于原产地的争议。由于原产地判定属于专业领域问题，而世界海关组织具备原产地领域的专业技术能力，因此，世界贸易组织将《原产地规则协定》交由世界海关组织进行管理。为此，世界海关组织专门成立了原产地规则技术委员会配合世界贸易组织原产地规则委员会，为其提供纯技术支持。对于有原产地争端的，由世界贸易组织争端解决机制来解决。

## 二、原产地规则的类别

以是否适用优惠贸易协定来分，原产地规则可分为两大类：一类为优惠原产地规则，另一类为非优惠原产地规则。这是当今世界上最普遍的原产地规则分类方法。

### （一）优惠原产地规则

优惠原产地规则具有很强的排他性，优惠范围以原产地为受惠国（地区）的进口产品为限，其目的是促进协议方之间的贸易发展。优惠原产地规则主要有以下两种实施方式：一是通过自主方式给惠，如欧盟普惠制（GSP）、中国对最不发达国家的特别优惠关税待遇；二是通过协定以互惠性方式授予，如《北美自由贸易协定》、《中华人民共和国与东南亚国家联盟全面经济合作框架协议》（简称《中国—东盟自由贸易协定》）等。由于优惠原产地规则都是作为优惠贸易政策实施的重要配套工具，其规则一般比非优惠原产地规则严格，其宽或严完全取决于成员方。进口国（地区）为了防止此类优惠措施被滥用或规避，一般都制定了货物直接运输的条款。

### （二）非优惠原产地规则

非优惠原产地规则，是一国（地区）根据实施其海关税则和其他贸易措施的需要，由本国（地区）立法自主制定的，因此也称为自主原产地规则。按照世界贸易组织的规定，适用于非优惠性贸易政策措施的原产地规则，其实施必须遵守最惠国待遇原则，即必须普遍地、无差别地适用于所有原产地为最惠国的进口货物。它包括实施最惠国待遇、反倾销和反补贴税、保障措施、数量限制或关税配额、原产地标记或贸易统计、政府采购时所采用的原产地规则。世界贸易组织成员正在磋商《协调非优惠原产地规则》，待谈判达成一致并正式实施后，各成员方将实施统一的协调非优惠原产地规则，以取代各成员方自主制定的非优惠原产地规则。

## 三、原产地规则的主要内容

原产地标准是原产地规则的核心内容，连同直接运输规则、原产地证书等要求，构成了原产地认定的规则体系。

### （一）原产地标准

原产地标准，是指一国（地区）用来衡量某项货物是否属于本国（地区）生产或制造的标准或尺度。

在认定货物的原产地时，会出现以下两种情况：一种是完全获得标准，是指货物完全在一个国家（地区）获得或生产制造；另一种是实质性改变标准，是指货物由两个或两个以上国家（地区）生产或制造时，以最终改变产品实质性属性的国家（地区）作为货物的原产地。目前，世界各国（地区）原产地规则，无论是优惠原产地规则还是非优惠原产地规则，都包含这两种货物的原产地认定标准。

#### 1. 完全获得标准

对于完全在一国（地区）获得的产品，如农产品或矿产品，各国（地区）的原产地认定标准基本一致，即以产品的种植、开采或生产国（地区）为原产地，这一标准通常称为"完全获得标准"（Wholly Obtained Standard）。

世界海关组织《京都公约》规定可视为完全获得产品的各种情况有：

（1）在该国（地区）土地、领水或海床开采的矿产品；

（2）在该国（地区）收获或采集的植物产品；

（3）在该国（地区）出生和饲养的活动物；

（4）在该国（地区）从活动物所得产品；

（5）在该国（地区）狩猎或捕捞所得产品；

（6）海上捕捞所得产品及该国（地区）船只在海上得到的其他产品；

（7）由该国（地区）加工船完全使用上述第（6）项的产品加工制得产品；

（8）在该国（地区）领水以外的海洋积土或底土开采的产品，只要该国（地区）对这些海洋积土或底土拥有单独开发权；

（9）在该国（地区）收集并只适于原材料回收的、在制造或加工过程中得到的废碎料及废旧物品；

（10）在该国（地区）完全使用上述第（1）项至第（9）项的产品生产而制得的货物。

在确定货物是否在一个国家（地区）完全获得时，为运输、储存期间保存货物而做的加工或者处理，为货物便于装卸而进行的加工或者处理，为货物销售而进行的包装等加工或者处理等，不予考虑。

#### 2. 实质性改变标准

对于经过几个国家（地区）加工、制造的产品，各国（地区）多以最后完成实质性加工的国家（地区）为原产地，这一标准通常称为"实质性改变标准"（Substantial Transformation Standard）。

实质性改变标准包括税则归类改变标准、从价百分比标准（或称增值百分比标准、区域价值成分标准等）、加工工序标准、混合标准等。

（1）税则归类改变标准是指在某一国家（地区）对非该国（地区）原产材料进行加工、制造后，所得货物在《协调制度》中的某位数级税目归类发生了变化。

（2）从价百分比标准是指在某一国家（地区）对非该国（地区）原产材料进行加工、制造后的增值部分超过了所得货物价值的一定比例。

(3) 加工工序标准是指在某一国家（地区）进行的赋予制造、加工后所得货物基本特征的主要工序。

(4) 混合标准是指将上述两种或两种以上标准结合起来制定货物的原产地标准。

**(二) 补充规则**

在国际通行的原产地规则中，除了原产地标准外，还包括一些补充或辅助规则，以确保原产地规则的完整性。补充规则或辅助规则主要分为累积规则、微小加工及处理规则、微小含量规则等，其中累积规则主要用于优惠原产地规则当中。

累积规则是指在确定货物原产资格时，如使用了来自协定的其他成员方的产品，允许将自贸协定的其他成员方使用非原产材料加工生产的产品累积至最终产品。因此，累积可以视为“原产”待遇从上一个成员方传导至下一个成员方。

**(三) 直接运输规则**

为保障缔约各方的优惠贸易利益，目前大多数国家（地区）的优惠原产地规则中都设有直接运输规则条款。直接运输规则是指在各项优惠贸易安排中，关于原产货物应当从出口方直接运至进口方的有关规定，主要包括满足直接运输规则的一般条件和有关单证要求。理论上在两个国家（地区）均设有对外贸易港口的情况下，两国（地区）间的货物贸易遵守直接运输规则并不难，但是由于世界上有许多国家（地区）为内陆国（地区）或受航线限制，其对外贸易必然要经过第三方的领土。同时，随着国际贸易的发展，转口贸易已成为国际贸易的常态。因此，严格意义上的直接运输是很难满足的，为了解决这个问题，在国际通行的原产地规则中通常规定基于地理原因或转运贸易的需要，货物从出口方运至进口方途中运经第三方，在一定条件下仍可视为直接运输。

**(四) 原产地证书**

原产地证书是由出口方经授权的官方机构或其他机构签发，用于证明货物原产地或制造地的一种证明文件。它是进口方海关确定货物适用税率、实施差别关税和贸易管制措施、进行贸易统计的重要依据，也是国际贸易中办理交接货物、结算货款和索赔理赔等相关业务的有效凭证。形象地说，原产地证书是识别国际贸易商品的“经济国籍”的“护照”。

按原产地证书的特定用途，可分为一般原产地证书、普惠制原产地证书、区域性优惠原产地证书、特惠原产地证书和专用原产地证书。其中，一般原产地证书和区域性优惠原产地证书是最常见的两种原产地证书。

一般原产地证书是各国（地区）根据自行制定的原产地规则和有关要求签发的一种非优惠原产地证书。该原产地证书的格式由各国（地区）按《京都公约》所推荐的样式自行制定，进口商持该类原产地证书报关的进口货物，一般按最惠国税率征税。其适用范围包括征收关税、贸易统计、国别配额、反倾销、反补贴、保障措施、原产地标记和政府采购等方面。凡在我国生产或制造的用于出口的商品，只要符合《原产地条例》有关原产地规则的要求，均可向有关签证机构申领该类原产地证书。我国规定的原产地证书签发机构是海关和中国国际贸易促进委员会及其地方分会（以下简称“贸促机构”）。

区域性优惠原产地证书是指参与区域贸易安排或其他优惠贸易协定安排的各国（地区）授权机构签发的优惠原产地证书，是货物从缔约一方输入另一方时享受优惠关税待遇的凭证。原产地证书的格式由各协定或安排缔约各方商定，缔约各方可以采用统一的原产地证书格式，也可各自采用本国（地区）的原产地证书格式。原产地证书必须按照有关贸易协定或安排的规定，由出口方的授权机构签发。

### （五）货物原产地的验证及核查

原产地的验证是指一国（地区）海关对进出口货物原产地证明文件进行检验和确认的过程，以此保证单货一致。货物原产地核查既包括对原产地证件的进一步跟踪验核，又包括对进出口货物和有关进出口商的核查。根据《京都公约》所确定的指导原则，海关应当在原产地证书签发之日起一年内发起原产地核查。对于进口方海关提出的核查请求，出口方有关当局或机构最长应当在六个月内予以答复。对于优惠贸易安排项下的进口货物，原产地核查的期限从三个月到六个月不等。在海关进行原产地核查期间，一般的做法是按较高的税率对有关货物征税，或收取与税款等额的保证金，先行验放货物，待出口方当局或机构就原产地核查予以反馈后，再视情况作出处理。

### （六）货物原产地的查验

提供非优惠原产地证书往往只能享受最惠国税率，因此在确定税率过程中，该证书并不是必需的单证。报关申报时，原产地的来源往往以发票上的原产地为准。

海关对非优惠原产地货物查验时，会检查商品本身、内包装标签、外包装标签三者其一上是否有原产地标识，并确认是否与发票、报关单、非优惠原产地证书（如有）上的原产地一致。没有标识或者标识与发票、报关单、非优惠原产地证书（如有）不一致的，海关可以视为国别（地区）不详，按照普通税率进行征税。

海关对优惠原产地货物查验时，会检查商品本身、内包装标签、外包装标签三者其一上是否有原产地标识，并确认是否与发票、报关单、优惠原产地证书上的原产地一致。没有标识或者标识与发票、报关单、原产地证书不符的，影响企业享受优惠贸易协定税率。

## 【复习思考题】

1. 原产地和原产地规则的关系是什么？
2. 什么是原产地规则？它的主要分类有哪些？
3. 原产地规则包含哪些主要内容？

## 第二节 我国的优惠原产地管理

**【学习目标】**

本节内容旨在让学习者掌握我国优惠原产地管理中的基本知识。

完成本节学习，学习者应达成以下目标

1. 熟悉我国原产地规则中的完全获得标准与实质性改变标准；
2. 熟悉我国直接运输规则；
3. 了解我国原产地证书的签发要求；
4. 了解各自由贸易协定和优惠贸易安排项下的原产地管理要求。

**【基本概念】**

优惠原产地规则、完全获得标准、实质性改变标准、直接运输规则、原产地证书

**【建议学习时间】**

2 课时

原产地规则主要包括判定进出口货物原产地的标准和规范，应用标准和规范时还需要辅以各种程序性规定方能最终确定货物原产地，该应用和过程即为原产地管理。

优惠原产地规则作为各项自由贸易协定和优惠贸易协定的组成部分，对确保各项优惠政策的有效实施起着不可或缺的重要作用。优惠原产地规则是指一国（地区）为了实施国别优惠政策而制定的法律、法规，是以优惠贸易协定通过双边、多边协定形式或者是由本国（地区）自主制定的一些特殊原产地认定标准，因此也称为协定原产地规则。优惠贸易政策可以是单向给惠的，例如，特惠制；也可以是双向给惠的，例如，自由贸易协定。优惠原产地规则具有很强的排他性，一般认为，其规则应当比非优惠原产地规则严格。同时优惠原产地规则下进口货物税率也比最惠国税率更优惠。

一般来说，优惠原产地规则包括：原产地判定的条件，确定货物原产资格一般要求的条款；有关直接运输等行政管理要求的条款，以确保货物在自贸区内制造，到达进口地的货物与离开出口地的货物一致；程序方面的规定，包括原产地证明签发、核查、进口通关等；有关信息保密、国际合作、争端解决等附加条款。

值得注意的是，优惠原产地规则仅适用于判定货物是否具备所对应的优惠贸易安排项下"原产资格"，而不影响为实施最惠国待遇、贸易救济措施、原产地标记、贸易统计等政策目的而对货物原产地的判定。也就是说，可能存在同一货物通过不同的原产地规则判定结果不同的情况。因此，需先明确是为了实施何种贸易政策的需要判定原产地，再相应适用所对应的原产地规则。

为加强我国优惠原产地的统一管理，海关总署于 2009 年 1 月发布了《中华人民共和国海关进出口货物优惠原产地管理规定》（以下简称《优惠原产地管理规定》）。《优惠原产地管理规

定》与各项自由贸易协定和优惠贸易安排项下的原产地管理办法，初步构成我国优惠原产地管理的基本框架。

## 一、《优惠原产地管理规定》

### （一）适用范围

《优惠原产地管理规定》共31条，适用于对优惠贸易项下的进出口货物原产地管理。

### （二）原产地标准

《优惠原产地管理规定》就优惠贸易项下普遍适用的原产地认定作了统领性规定，属于优惠原产地的通则。其规定原产地标准为，对于完全在一国（地区）获得或者生产的货物，适用完全获得标准。对于非完全在一国（地区）获得或者生产的货物，适用实质性改变标准。

**1. 完全获得标准**

完全获得，即从优惠贸易协定成员国（地区）［以下简称“成员国（地区）”］直接运输进口的货物是完全在该成员国（地区）获得或者生产的，这些货物指：

（1）在该成员国（地区）境内收获、采摘或者采集的植物产品；

（2）在该成员国（地区）境内出生并饲养的活动物；

（3）在该成员国（地区）领土或者领海开采、提取的矿产品；

（4）其他符合相应优惠贸易协定项下完全获得标准的货物。

原产于优惠贸易协定某一成员国（地区）的货物或者材料在同一优惠贸易协定另一成员国（地区）境内用于生产另一货物，并构成另一货物组成部分的，该货物或者材料应当视为原产于另一成员国（地区）境内。

为便于装载、运输、储存、销售进行的加工、包装、展示等微小加工或者处理，不影响货物原产地确定。在货物生产过程中使用，本身不构成货物物质成分，也不成为货物组成部件的材料或者物品，其原产地不影响货物原产地确定。

**2. 实质性改变标准**

实质性改变标准主要分税则归类改变标准、区域价值成分标准、制造加工工序标准、其他标准。

（1）税则归类改变标准

是指原产于非成员国（地区）的材料在出口成员国（地区）境内进行制造、加工后，所得货物在《协调制度》中税则归类发生了变化。

（2）区域价值成分标准

是指出口货物船上交货价格（FOB）扣除该货物生产过程中该成员国（地区）非原产材料价格后，所余价款在出口货物船上交货价格（FOB）中所占的百分比。

区域价值成分=［货物的出口价格（FOB）−非原产材料价格］/货物的出口价格（FOB）×100%

（3）制造加工工序标准

是指赋予加工后所得货物基本特征的主要工序。

（4）其他标准

是指除上述标准之外，成员国（地区）一致同意采用的确定货物原产地的其他标准。

### （三）直接运输规则

直接运输是指优惠贸易协定项下进口货物从该协定成员国（地区）直接运输至中国境内，途中未经过该协定成员国（地区）以外的其他国家（地区）。

原产于优惠贸易协定成员国（地区）的货物，经过其他国家（地区）运输至中国境内，不论在运输途中是否转换运输工具或者作临时储存，同时符合下列条件的，视为直接运输：

1. 该货物在经过其他国家（地区）时，未做除使货物保持良好状态所必须处理以外的其他处理；

2. 该货物在其他国家（地区）停留的时间未超过相应优惠贸易协定规定的期限；

3. 该货物在其他国家（地区）作临时储存时，处于该国家（地区）海关监管之下。

为便利各优惠贸易安排中直接运输条款的实施，对于经中国香港或中国澳门之外的第三方中转的自由贸易协定项下货物，进口单位申报适用协定税率或特惠税率时可向海关提交符合要求的运输单证；对经中国香港或中国澳门中转的货物可提交中转确认书或符合规定的运输单证，海关不再要求提交中转地海关出具的证明文件。

### （四）原产地证书及签证机构

原产地证书是证明产品原产地的书面文件，是受惠国的产品出口到给惠国时享受关税优惠的重要凭证。

我国规定，海关、贸促机构有权签发出口货物原产地证书。进口原产地证书签发机构在各自由贸易协定或优惠贸易安排中均有明确的规定，进口申报时必须提供指定机构签发的原产地证书。另外，部分自由贸易协定项下进口货物规定了可凭规定格式的原产地声明代替原产地证书。对低于一定金额的货物，部分自由贸易协定还规定了可免于提交原产地证书或原产地声明。

### （五）原产地申报及审核要求

#### 1. 进口申报规范

货物申报进口时，进口货物收货人或者其代理人（以下简称“进口人”）应当按照海关的申报规定填制中华人民共和国海关进口货物报关单，声明适用协定税率或者特惠税率，并同时提交货物的有效原产地证书正本。为便利自由贸易协定实施，对于已经实现电子数据联网并收到原产地电子数据的货物，进口人申报进口时可不再向海关提交纸质原产地证书（海关另有要求的除外）或者相关优惠贸易协定规定的原产地声明文件，货物的商业发票正本、运输单证等其他商业单证。

进口货物发货人应根据填报规范要求，在“备案号”或“随附单证”栏目正确填写，同时提交原产地证书电子数据。

进口人向海关提交的原产地证书，应当符合相应优惠贸易协定关于证书格式、填制内容、签章、提交期限等规定，并与商业发票、报关单等单证的内容相符。报关单所列货物数量不得超过原产地证书上该商品的数量。

原产地证书“收货人”栏（或“货物运至”栏）所列的收货人应当为中国境内企业。当“收货人”栏（或“货物运至”栏）不是中方实际收货人或者非中国境内企业时，中方境内实际收货人应当出示合同、发票等商业单证，证明其与原产地证书上的收货人存在商业贸易关系。出具货物商业发票的出口商是否为货物原产地的出口商，不影响海关对货物原产地的认定。

原产地证书与报关单需一一对应，即一份报关单应当对应一份原产地证书。一份原产地证书应当对应同一批次进口货物。同一批次进口货物是指由同一运输工具同时运抵同一口岸，并且属于同一收货人，使用同一提单的进口货物。对于客观原因导致有关进口货物在运抵中国关境（运抵口岸）前必须分批运输的情况，不影响同一批次的认定。例如，集装箱货物因海河联运需大船换小船、因海陆联运需分车运输，陆路运输集装箱货物需大车换小车以及其他多式联运情况下，同一批次货物在中转地需要分拆并由多个小型运输工具进行中转运输的，不影响同一批次货物的认定。

**2. 出口申报规范**

货物申报出口时，出口货物发货人应当按照海关的申报规定填制中华人民共和国海关出口货物报关单，并向海关提交原产地证书电子数据或者原产地证书正本的复印件。

出口货物发货人应根据填报规范要求，在“备案号”或“随附单证”栏目正确填写，同时提交原产地证书电子数据。对于同一批次出口货物认定，比照进口货物认定规定进行审核认定。

海关对上述单证有疑问的，进口人应当补充提交相关资料。

### （六）补充申报及保证金收取

进口申报时未按照规定提交原产地证书、原产地声明的，进口人应就货物是否具备原产地资格向海关补充申报。按照规定补充申报的，海关可根据申请，收取相当于应缴税款的等值保证金先行办理放行手续。进口人可按规定在一定的期限内向海关申请退还缴纳的保证金。

### （七）原产地标记

优惠贸易协定项下进出口货物及其包装上标有原产地标记的，其原产地标记所标明的原产地应当与依照《优惠原产地管理规定》有关规定确定的货物原产地一致。

### （八）货物查验

按照规定，为确定货物原产地是否与进口人提交的原产地证书及其他单证相符，海关可以对进出口货物进行查验，通过验核原产地标记、规格型号、品质、货柜号码及封志，必要时采取取样化验等方式判定货物原产地。具体程序依照《中华人民共和国海关进出口货物查验管理办法》的有关规定办理。

### （九）原产地核查

海关认为需要对进口人提交的原产地证书的真实性、货物是否原产于成员国（地区）进行核查的，应当按照该货物适用的最惠国税率、普通税率或者其他税率收取相当于应缴税款的等值保证金后放行货物。

海关认为必要时，可以对优惠贸易协定项下出口货物原产地进行核查，以确定其原产地。应成员国（地区）要求，海关可以对出口货物原产地证书或者原产地进行核查，并应当在相应优惠贸易协定规定的期限内反馈核查结果。

**（十）不适用协定税率或者特惠税率的情形**

1. 进口人在货物申报进口时没有提交有效原产地证书、原产地声明，也未就进口货物是否具备原产地资格向海关补充申报的；

2. 进口人未提供商业发票、运输单证等其他商业单证，也未提交其他证明文件的；

3. 经查验或原产地核查，确认货物原产地与申报内容不符，或者无法确定货物真实原产地的；

4. 未按补充申报相关规定，在货物申报进口之日起一年内补交有效的原产地证书的；

5. 我国海关已要求优惠贸易协定有关成员方签证机构或原产地主管机构开展核查，在规定期限内未收到核查反馈结果的。

需要注意，以上任一项未达到要求，均不得适用协定税率或特惠税率，即使货物确为签有自由贸易协定或优惠贸易安排的国家（地区）原产。

**（十一）原产地行政裁定**

进出口货物收发货人可以依照《中华人民共和国海关行政裁定管理暂行办法》有关规定，向海关申请原产地行政裁定。海关总署可以依据有关法律、行政法规、海关规章的规定，对进出口货物作出具有普遍约束力的原产地决定。

**（十二）原产地预裁定**

货物拟进出口三个月前，与实际进出口货物有关且在海关备案的对外贸易经营者，可以书面向注册地直属海关对拟进出口货物的原产地作出预裁定申请，申请人应当按照规定向海关提供作出原产地预裁定所需的资料。

海关应当在收到原产地预裁定书面申请及全部必要资料之日起60天内对该进口货物作出原产地预裁定决定，并对外公布。

已作出原产地预裁定决定的货物，自预裁定决定作出之日起三年内实际进出口时，经海关审核其实际进口的货物与预裁定决定所述货物相符，且原产地确定标准未发生变化的，海关不再重新确定该进出口货物的原产地；经海关审核其实际进出口的货物与预裁定决定所述货物不相符的，海关应当重新审核确定该进出口货物的原产地。原产地预裁定效力仅针对申请人。

除其他署令另有规定外，海关特殊监管区域和保税监管场所内销货物同样适用《优惠原产地管理规定》。海关保税监管货物转内销时，进口人应当提交符合规定的原产地证书等单证，海关经确认货物与原产地证书上列明货物一致，货物符合“直接运输”相关规定，对有关货物给予相应的协定税率或者特惠税率待遇。

## 二、各自由贸易协定和优惠贸易安排项下的原产地管理办法

对于我国参与或缔结的公约、贸易协定项下的原产地规则，海关均需依照有关原产地规则制定相应优惠原产地管理办法，并以海关总署令的形式对外发布完成，从国际法向国内法转换，旨

在细化操作程序，明确监管要求，使海关原产地管理真正落到实处。根据各项优惠贸易协定项下原产地规则的不同特点，各项海关优惠原产地管理办法项下的程序性规定概述如下。

### （一）原产地证书、原产地声明的要求

根据各个优惠贸易协定的一般规定，进口人向海关提交的原产地证书应当符合一定的条件，包括该证书应当由出口方授权机构在货物出口前或出口时签发；应当符合有关优惠贸易协定所规定的格式，以英文填制并由出口商署名和盖章；出口方在证书上加盖的授权机构印章，应当与出口方通知我国海关的印章样本相符。CEPA、ECFA 项下原产地证书所列货物税则号列与海关认定的实际进口货物税则号列前 8 位应当相同；《亚太贸易协定》项下进口货物的原产地证书所列货物税则号列与海关认定的实际进口货物税则号列前 4 位应当相同；其他优惠贸易协定货物，实际税则号列与原产地证书所列货物税则号列前 6 位应当相同。

原产地证书的有效期应当符合有关优惠贸易协定的要求。进出口货物收发货人因不可抗力不能在货物出口或进口时申请签发原产地证书的，可以在货物装运之日起一年内申请补发，补发的原产地证书应当注明“补发”字样。部分原产地证书如中韩、中新（西兰）等已实现电子信息交换，如海关认为非必要，无须提交纸质证书；部分协定未有补发原产地证书的规定。

经海关确定，货物计税价格总值不超过一定金额（从 200 美元到 1000 美元不等，依照各个优惠贸易协定而定），或者海关已就相同货物的原产地判定作出行政裁定的，进口人可以按有关优惠贸易协定规定的格式和要求向海关提交原产地声明。

### （二）直接运输的要求

1. 实践中，符合以下情形的将视为符合直接运输规则。

自由贸易协定项下对经非协定成员方境内（中国香港、中国澳门除外）中转货物，空运或海运货物进口人应当提交经营国际快递业务的企业、民用航空运输企业、国际班轮运输经营者及其委托代理人出具的单份运输单证：涵盖运输全程的一份承运人运输单证。

该运输单证应在同一页上载明始发地为进口货物的原产国（地区）境内，且目的地为中国境内；原产于内陆国家（地区）的海运进口货物，始发地可为其海运始发地。对已实现原产地电子数据交换的 ECFA 等协定项下集装箱运输货物，也可提交能够证明货物在运输过程中集装箱箱号、封志号未发生变动的全程运输单证。

对于集装箱运输的中新（西兰）自由贸易协定及《亚太贸易协定》项下韩国原产货物，如果海关已收到有关原产地证书电子信息，进口人能够提交证明相关货物的集装箱箱号、封志号在运输过程中未发生变动的全程运输单证，海关将视为符合直接运输规则。

对空运或海运进口货物经过非协定成员方境内但仅能提交分段运输单证的，应按照“临时储存”货物审核，中转地海关出具未再加工证明文件。

2. 自由贸易协定项下对经中国香港、中国澳门中转的货物，按照以下规定向海关提交中转确认书。

经中国香港中转的需进行预检验的货物（包括集装箱运输及散装货物），应当提交中检公司签发的中转确认书；在中国香港中转期间非因预检验开箱的集装箱运输货物，以及无须预检验的散装货物，应当提交香港海关签发的中转确认书；在中国香港中转期间未开箱的集装箱运输货

物，应当提交香港海关或中检公司签发的中转确认书；经中国澳门中转的货物，应当提交澳门海关签发的中转确认书。自 2017 年 7 月 10 日起，对进口人应当提交中转确认书的情形，如果海关已收到有关中转确认书电子信息，且与进口人申报内容一致的，海关不再要求进口人提交中转确认书正本。

3. 自由贸易协定项下对经中国香港、中国澳门中转的货物，能提供相关运输单证的，海关不再要求提交中转确认书。

4. 不同协定框架下的优惠原产地规则均包含直接运输规则，但略有不同，相关贸易协定的直接运输规则参见自由贸易协定或优惠贸易安排的各自规定。

### （三）原产地申报的要求

货物申报进口时，进口单位应当按照海关的申报规定填制中华人民共和国海关进口货物报关单，申明适用的协定税率或者特惠税率。

**1. 选择“通关无纸化”方式申报**

（1）对尚未实现原产地电子信息交换的优惠贸易协定项下进口货物，通过“优惠贸易协定原产地要素申报系统”填报原产地证据文件电子数据和直接运输规则承诺事项，在申报进口时以电子方式扫描上传原产地证据文件。

（2）对已实现原产地电子信息交换的优惠贸易协定项下进口货物，无须填报原产地证据文件电子数据和直接运输规则承诺事项，也无须以电子方式上传原产地证据文件。海关认为有必要时，进口人应当补充提交原产地单证正本。

**2. 选择“有纸报关”方式申报**

进口单位提交原产地单证纸质文件及提交符合直接运输规则的证明文件。

（1）由货物出口方授权机构签发的有效原产地证书或有关方出具的原产地声明。

（2）货物的商业发票正本、装箱单及相关运输单证。

进口货物收货人未提交原产地证书、原产地声明的，应当就该项进口货物是否具备原产地资格向海关进行补充申报。货物经过其他国家（地区）运输至我国境内的，应提交能证明符合直接运输要求的证明文件。

我国货物申报出口时，出口货物发货人应当按照海关的申报规定填制中华人民共和国海关出口货物报关单，并向海关提交原产地证书电子数据或者原产地证书正本的复印件。

### （四）担保放行要求

货物申报进口时，进口货物收货人虽声明适用有关优惠贸易安排的协定税率或特惠税率，但未能提供有效原产地证书正本及证明文件的，海关可按照应当适用的其他种类税率征收保证金后放行货物。

在担保期限内，根据进口货物收货人提交的有效证书及相关文件按照协定税率计税，并退还多余的保证金。

在担保期限内，进口货物收货人未能提交材料或提供的材料不足以证明货物原产地等情况的，海关应立即按照应当适用的其他种类税率将保证金转税。

货物申报进口时，进口货物收货人未声明适用有关优惠贸易协定项下的协定税率的，海关不得按照协定税率或特惠税率计征税款。

**（五）原产地核查要求**

海关可以对有关优惠贸易安排项下原产地证书的真实性和相关货物是否具有原产地资格进行核查。

在核查期间，海关可以按照该货物适用的其他种类税率征收相当于应缴税款的等值保证金后放行货物。但进口货物属于国家限制进口的，或者有违法嫌疑的，在原产地证书核查完毕前海关不得放行货物。

核查结束后，海关应当根据核查结果立即办理退还保证金手续或办理保证金转税手续。在规定的核查时限内，海关未收到出口方有关部门的核查结果，或者核查结果未包含足以确定原产地证书真实性和货物真实原产地信息的，有关货物不得享受关税优惠待遇，海关应当立即办理保证金转税手续。

**（六）其他要求**

此外，各项优惠原产地管理办法还对货物原产地标记、原产地行政裁定、拒绝给惠、信息保密及法律责任等提出要求。各项优惠原产地管理办法的具体内容参见海关总署相关公告。

**【复习思考题】**

1. 我国原产地标准有哪些？如何使用？
2. 直接运输规则的作用是什么？
3. 原产地证书在贸易和通关中的作用是什么？

## 第三节　我国的非优惠原产地管理

**【学习目标】**

本节内容旨在让学习者掌握非优惠原产地规则的基本知识。

完成本节学习，学习者应达成以下目标：

1. 熟悉非优惠原产地规则中的完全获得标准与实质性改变标准；
2. 了解非优惠原产地规则与贸易救济措施的关系。
3. 了解贸易救济措施下反倾销和反补贴货物的原产地确定标准；
4. 了解贸易救济措施下特殊保障措施货物原产地确定标准。

**【基本概念】**

非优惠原产地规则、实质性改变标准、产品特定原产地标准、实施反倾销反补贴措施时的原产地确定、实施特殊保障措施时的原产地确定

**【建议学习时间】**

2 课时

为进一步加强我国进出口原产地管理，国务院颁布了《原产地条例》。依据《原产地条例》，海关总署会同商务部、原国家质量监督检验检疫总局发布了《关于非优惠原产地规则中实质性改变标准的规定》（以下简称《实质性改变标准规定》），与《原产地条例》同时实施。《原产地条例》与《实质性改变标准规定》初步构成了我国非优惠进出口货物原产地管理的法制框架。

## 一、《原产地条例》

《原产地条例》共 27 条，就立法宗旨、适用范围、原产地规则、原产地证书签发、海关监管及核查、法律责任等作出了明确规定。

### （一）制定目的及适用范围

《原产地条例》的制定是为了正确确定进出口货物的原产地，有效实施各项贸易措施。

就原产地规则来说，《原产地条例》仅适用于非优惠贸易领域。实施优惠性贸易措施的进出口货物原产地规则不适用该条例，该类货物原产地的确定需依照我国缔结或参加的国际条约、协定的各自规定进行处置。

### （二）原产地标准

原产地标准主要分完全获得标准和实质性改变标准。

**1. 完全获得标准**

适用于完全在一个国家（地区）获得的货物。符合以下条件的，视为在一国（地区）“完全获得”，以该国（地区）为原产地：

（1）在该国（地区）出生并饲养的活的动物；

（2）在该国（地区）野外捕捉、捕捞、收集的动物；

（3）从该国（地区）活的动物获得的未经加工的物品；

（4）在该国（地区）收获的植物和植物产品；

（5）在该国（地区）采掘的矿物；

（6）在该国（地区）获得的上述第（1）～（5）项范围之外的其他天然生成的物品；

（7）在该国（地区）生产过程中产生的只能弃置或者回收用作材料的废碎料；

（8）在该国（地区）收集的不能修复或者修理的物品，或者从该物品中回收的零件或者材料；

（9）由合法悬挂该国旗帜的船舶从其领海以外海域获得的海洋捕捞物和其他物品；

（10）在合法悬挂该国旗帜的加工船上加工上述第（9）项所列物品获得的产品；

（11）从该国领海以外享有专有开采权的海床或者海床底土获得的物品；

（12）在该国（地区）完全从上述第（1）～（11）项所列物品中生产的产品；

（13）在确定货物是否在一个国家（地区）完全获得时，为运输、储存期间保存货物而做的加工或者处理，为货物便于装卸而进行的加工或者处理，为货物销售而进行的包装等加工或者处理等，不予考虑。

2. 实质性改变标准

《实质性改变标准规定》适用于非优惠性贸易措施项下两个及以上国家（地区）所参与生产货物原产地的确定，确定时以最后一个对货物进行实质性改变的国家（地区）作为原产地。

实质性改变标准以税则归类改变为基本标准，税则归类改变不能反映实质性改变的，以制造或者加工工序及从价百分比等为补充标准。

（1）税则归类改变标准，是指在某一国家（地区）对非该国（地区）原产材料进行制造或者加工后，所得货物在《税则》中的四位级税目归类发生了改变。

（2）制造或者加工工序标准，是指在某一国家（地区）进行的赋予制造或者加工后所得货物基本特征的主要工序。

（3）从价百分比标准，是指在某一国家（地区）对非该国（地区）原产材料进行制造、加工后的增值部分超过了所得货物的30%。用公式表示如下：

［工厂交货价－非该国（地区）原产材料价值］/工厂交货价×100%≥30%

应注意，上述“工厂交货价”是指支付给制造厂所生产的成品的价格；“非该国（地区）原产材料价值”是指直接用于制造或装配最终产品的进口原料、零部件的价值（含原产地不明的原料、零配件），以其进口的成本、保险费加运费价格（CIF）计算。

以上述制造或者加工工序和从价百分比作为标准来判定实质性改变的货物，在《实质性改变标准规定》所附的《适用制造或者加工工序及从价百分比标准的货物清单》中有具体列明，并按列明的标准判定是否发生实质性改变。对未列入上述货物清单的，其实质性改变的判定，应当适用税则归类改变标准。

《适用制造或者加工工序及从价百分比标准的货物清单》由海关总署会同商务部根据实施情况修订并公告。

### （三）签证机构

非优惠原产地项下，出口货物发货人可向海关、贸促机构申请领取出口货物原产地证书。进口方要求出具官方机构签发的原产地证书的，申请人应当向海关申请办理；未明确要求的，申请人可以向海关、贸促机构申请办理。

### （四）原产地验核及核查

海关在审核确定进口货物原产地时，可以要求进口货物的收货人提交进口货物的原产地证书，并予以审验；必要时，可以请求该货物出口国（地区）的有关机构对该货物的原产地进行核查。

在海关审核认定原产地期间，进口企业可在提供相当于其他应适用的税率对应税款的保证金担保后，要求先行验放货物。应我国出口货物的进口国（地区）有关机构的请求，我国海关、签证机构可以对出口货物的原产地情况进行核查，并及时将核查情况反馈给进口国（地区）的有关机构。

### （五）原产地行政裁定及预裁定

参见前述“优惠原产地规则”中的相关内容。

非优惠原产地行政裁定及预裁定，在程序方面与前述“优惠原产地规则”中的规定基本一致，但依据有所不同。非优惠贸易协定或安排项下原产地行政裁定及预裁定的依据是我国的《原产地条例》和《实质性改变标准规定》，而优惠原产地行政裁定及预裁定的依据是《优惠原产地管理规定》及各自由贸易协定或安排下的原产地规则与管理办法。

### （六）法律责任

违反《原产地条例》申报进口货物原产地的，依照《对外贸易法》《海关法》《海关行政处罚实施条例》的有关规定进行处罚。

提供虚假材料骗取出口货物原产地证书或者伪造、变造、买卖或盗窃出口货物原产地证书的，由海关处人民币5000元以上10万元以下的罚款；骗取、伪造、变造、买卖或者盗窃作为海关放行凭证的出口货物原产地证书的，处货值金额等值以下的罚款，但货值金额低于人民币5000元的，处人民币5000元罚款。有违法所得的，由海关没收违法所得；构成犯罪的，依法追究刑事责任。

## 二、《实质性改变标准规定》

《实质性改变标准规定》共9条，主要包含了实质性改变标准条款和适用制造或者加工工序及从价百分比标准的货物清单两部分。

### （一）实质性改变标准

实质性改变标准以税则归类改变为基本标准，税则归类改变不能反映实质性改变的，以制造或者加工工序及从价百分比等为补充标准。

### （二）其他特定标准

《实质性改变标准规定》所附的《适用制造或者加工工序及从价百分比标准的货物清单》中具体列明了适用制造或者加工工序及从价百分比标准的税则号列，列明的税则号列需要按照标明的原产地标准判定货物是否发生实质性改变。对未列入上述清单货物的，其实质性改变的判定，应当适用税则归类改变标准。

## 三、贸易救济措施下的原产地确定

世界贸易组织成员在本国（地区）产品受到进口产品的不正当竞争，并遭受实质性损害的情况下，可以在世界贸易组织规则框架内对有关进口商品采取反倾销、反补贴和保障措施等贸易救济措施，以维护公平贸易的环境。

依照世界贸易组织规定，一成员发现进口商品涉嫌存在倾销、补贴等行为时，应当首先对有关进口商品的相关行为进行调查，并就本国（地区）相同或类似商品是否遭受实质性损害及受损害的程度作出裁定。最后根据调查和裁定结果决定是否对有关进口商品实施反制措施，对其中存在倾销行为的实施征收反倾销税，对存在补贴行为的实施征收反补贴税，对因数量激增对国内同类产品产生严重损害或威胁的采取提高关税及数量限制的保障措施。一般情况下，保障措施应当针对正在进口的产品实施，不区分来源国（地区）。采取数量限制措施，需要在有关出口国（地区）或原产国（地区）之间进行数量分配的，涉及原产地认定的保障措施。

贸易救济措施尤其是反倾销及反补贴措施的实施是针对原产于实施对象国（地区）的商品。因此，原产地规则与贸易救济措施的关系十分密切。我国在实施贸易救济措施时，有关货物原产地的确定按照《原产地条例》《实质性改变标准规定》《中华人民共和国海关进出口货物征税管理办法》等法规、规章规定执行，而无须按照优惠原产地规则判定货物“原产资格”。

### （一）实施反倾销、反补贴措施

实施反倾销和反补贴贸易救济措施时，海关可通过审核原产地证明、实际查验或者审核原产地证明以外的其他相关单证三种方法审核确定进口货物的原产地；可通过审核原厂商发票、对货物进行实际查验确认原生产厂商。通过中间商成交的，还可通过境外贸易商制发的商业发票上包括的原生产厂商名称和原生产厂商发票的编号认定原生产厂商。

按照海关原产地管理的有关规定，不能认定货物原产地不是原产于我国对被诉产品实施反倾销、反补贴措施国家（地区）的，海关按与该被诉产品的最高反倾销税和反补贴税税率或保证金征收比率征收反倾销税和反补贴税或保证金。能认定原产地但不能认定货物原厂商的，按照该被诉国家（地区）的被诉产品的最高反倾销税和反补贴税税率或保证金征收比率征收反倾销税和反补贴税或保证金。

进口经营单位在反倾销、反补贴保证金的临时措施存续期间补交原产地证明或原厂商发票的，海关可以接受，并根据查证核实后的原产地证明或原厂商发票，对征收的保证金或实施的其他临时措施予以调整。进口经营单位在海关征收反倾销、反补贴税后补交原产地证明或原厂商发票的，海关不予接受，对已征税款不予调整。

对于以加工贸易保税形式进口与反倾销、反补贴的贸易救济措施被诉产品相同的货物时，进口单位需要提交原产地证据文件和原生产厂商发票，并在因故内销时供海关按确定的价格及原提交的原产地单据执行贸易救济措施。

与我国签订有优惠贸易协定或安排的国家（地区）不断增多，对来自与我国签有优惠贸易协定、安排的国家（地区）并实施贸易救济措施的进口货物，如果该进口货物项下已提交真实有效的优惠原产地证据文件，可不再要求其提交非优惠原产地证据文件。在税率适用方面，凡进口原产于与我国达成优惠贸易协定的国家（地区）并享受协定税率的商品，同时该商品又属于我国实施反倾销或反补贴措施范围内的，应按照优惠贸易协定税率计征进口关税。

### （二）实施保障措施

在实施保障措施的贸易救济措施时，企业申报进口涉案产品时不能提供不适用保障措施的国家（地区）的原产地证书或尚不应加征关税的适用保障措施的国家（地区）的原产地证书的，或者海关对其所提供的原产地证书的真实性有怀疑的，如经海关审核有关单证（包括合同、发票、提运单等）及对货物实际验估能够确定原产地，可按照确定的原产地对应的措施处理。

通过上述方式仍不能确定原产地，且进口企业也不能进一步提供能够证明原产地的其他材料的，应在现行适用的关税税率基础上，按照相应的涉案产品适用的加征税率加征关税。

通过以上内容可以看出，在执行贸易救济措施时，原产地证书及原厂商发票均并不是确认相关信息的唯一标准，还可通过其他规定的方式加以确认，这与各自由贸易协定或安排下的优惠原产地规则存在明显的区别有关。优惠原产地规则下，享受协定税率或特惠税率必须要提供符合规定的原产地证书。原产地证书是必备的条件之一，而不论货物是否确为某国（地区）原产。

## 【复习思考题】

1. 非优惠原产地规则中的完全获得标准是如何规定的？

2. 非优惠原产地规则中的实质性改变标准是如何规定的？

3. 非优惠原产地规则中的完全获得标准及实质性改变标准，与优惠原产地规则下的标准有什么不同？

4. 对实施反倾销或反补贴贸易救济措施的进口货物，确定原产地的依据是什么？

5. 对签订有优惠贸易协定并实施反倾销或反补贴贸易救济措施的进口货物如何确定原产地？

## 本章练习题

### 一、单选题

1.《关于非优惠原产地规则中实质性改变标准规定》规定，“税则归类改变”标准是指在某一国家（地区）对非该国（地区）原产材料进行制造、加工后，所得货物在《税则》中的（　　）位数级税目归类发生了变化。

A. 二　　B. 四　　C. 六　　D. 八

2. 悬挂中国旗帜的渔船，在靠近挪威的公海捕捞了一批三文鱼，途经丹麦运回中国。进口申报时，根据《原产地条例》规定的原产地确定标准，这批三文鱼的原产地应填写（　　）。

A. 中国　　B. 挪威　　C. 丹麦　　D. 国别不详

3.《关于非优惠原产地规则中实质性改变标准规定》规定，“从价百分比”标准是指在某一国家（地区）对非该国（地区）原产材料进行制造、加工后的增值部分超过了所得货物价值的（　　）。

A. 20%　　B. 30%　　C. 40%　　D. 50%

4. 某企业从马来西亚进口《中国—东盟自由贸易协定》项下货物，货物运输经过（　　）中转可视为符合直接运输规则，无须提交符合直接运输的证明文件。

A. 韩国　　B. 越南　　C. 日本　　D. 印度

5.《海峡两岸经济合作框架协议》（简称“ECFA”）项下进口货物的原产地证书所列商品的协调制度编码，要求与海关确定的协调制度编码前（　　）位一致。

A. 4　　B. 6　　C. 8　　D. 10

### 二、多选题

1.《进出口货物原产地条例》适用于实施（　　）等非优惠性贸易措施对进出口货原产地的确定。

A. 最惠国待遇　　B. 反倾销和反补贴

C. 保障措施　　D. 国别数量限制

2. 根据《原产地条例》，货物完成实质性改变的确定标准中，税则归类改变不能反映实质性改变的，以（　　）为补充标准。

A. 品牌标准　　B. 从价百分比

C. 制造或者加工工序　　D. 混合标准

3. 根据《原产地条例》，（　　）可确定为在中国完全获得的货物。

A. 在吉林省野外捕捉的野猪　　B. 在浙江省种植收获的水稻

C. 在大庆油田开采的石油　　D. 在香港生产的京都念慈菴川贝枇杷膏

4. 根据《原产地条例》，为便于（　　）而对货物进行的微小加工或者处理，不影响货物原产地确定。

A. 运输　　B. 保存　　C. 装卸　　D. 销售

5. 我国可以对出口货物签发非优惠原产地证书的机构有：（　　）

A. 市场监督总局及各地方机构

B. 中国国际贸易促进委员会及其地方分会

C. 海关总署及各直属海关

D. 商务部及各地方商务部门

6. 根据《原产地条例》，提供虚假材料骗取出口货物原产地证书或者（　　）出口货物原产地证书的，海关可以处5000以上10万元以下罚款。

A. 伪造　　B. 变造　　C. 买卖　　D. 盗窃

三、判断题

1. 《原产地条例》，货物完成实质性改变的确定标准，以从价百分比标准为基本标准。（　　）

2. 《原产地条例》，在一国或地区出生并饲养的活动物，该国或地区是该活动物的原产地。（　　）

3. 《原产地条例》规定，海关在审核确定进口货物原产地时，可以要求进口货物的收货人提交该进口货物的原产地证书，并予以审验。（　　）

4. 经中国香港转运的《中国—韩国自由贸易协定》项下集装箱货物，企业进口时向海关提交了证明货物在运输过程中集装箱箱号、封志号未发生变动的全程运输单证，海关可不要求企业提交《中转确认书》。（　　）

5. 《中国—秘鲁自由贸易协定》项下原产地证书所列商品的《协调制度》编码与海关认定的税则号列前六位应当相同。（　　）

6. 《中国—新加坡自由贸易协定》规定，原产于新加坡的进口货物，每批船上交货价格（FOB）不超过600美元的，免予提交原产地证书。（　　）

7. 海关可以根据进口人书面申请，对将要进口的货物的原产地预先作出确定原产地的行政裁定，并对外公布。（　　）

# 第三篇 国际贸易实务基础知识

# 导　读

关务是围绕国际贸易而开展的商务活动，其根本目的是保障国际贸易的顺利进行。因此，国际贸易从洽谈合同开始的每一个环节，都与关务工作有着紧密的关系；同时，从特定的意义上说，关务的服务对象既包括国际贸易的标的物——“货”，也包括国际贸易的参与主体——“企”，还包括“关”，即国家的货物进出境监督管理机关——海关。因此，国际贸易实务是关务从业人员必须掌握的基础知识。

本篇以与现行国际贸易实务相关的国际条约、国际惯例和业务常识为基础，结合关务工作实际业务需求，在全面介绍的基础上，对与关务职业活动有紧密联系的相关知识进行重点讲述，确保教材内容具有较强的前沿性和实用性。

本篇课时安排见下表。

<table>
<tr><td rowspan="18">第三篇　总课时<br>（24 课时，不含练习）</td><td rowspan="4">第八章（6 课时）</td><td>第一节</td><td>2 课时</td></tr>
<tr><td>第二节</td><td>1 课时</td></tr>
<tr><td>第三节</td><td>1 课时</td></tr>
<tr><td>第四节</td><td>2 课时</td></tr>
<tr><td rowspan="5">第九章（5 课时）</td><td>第一节</td><td>1 课时</td></tr>
<tr><td>第二节</td><td>1 课时</td></tr>
<tr><td>第三节</td><td>1 课时</td></tr>
<tr><td>第四节</td><td>1 课时</td></tr>
<tr><td>第五节</td><td>1 课时</td></tr>
<tr><td rowspan="4">第十章（5 课时）</td><td>第一节</td><td>1 课时</td></tr>
<tr><td>第二节</td><td>2 课时</td></tr>
<tr><td>第三节</td><td>1 课时</td></tr>
<tr><td>第四节</td><td>1 课时</td></tr>
<tr><td rowspan="5">第十一章（8 课时）</td><td>第一节</td><td>1 课时</td></tr>
<tr><td>第二节</td><td>2 课时</td></tr>
<tr><td>第三节</td><td>2 课时</td></tr>
<tr><td>第四节</td><td>2 课时</td></tr>
<tr><td>第五节</td><td>1 课时</td></tr>
</table>

# 第八章 国际贸易术语

## 学习目标

**知识目标**

- 熟悉EXW、FAS、DAP、DDP等贸易术语
- 掌握FOB、CIF、CFR等六种主要的国际贸易术语
- 掌握国际贸易结算方式的基本知识

**技能目标**

- 能够灵活运用常用的贸易术语解决实际问题
- 能准确核算商品价格并进行报价
- 能够合理地运用国际贸易结算方式

**素养目标**

- 具有洞察国际经济形势与政策的能力
- 树立严谨的职业道德观，能自觉维护国家和企业利益，具有较强的责任感和全局意识
- 具备吃苦耐劳、诚实守信、敬业高效、尊重规则、认真严谨的职业素养

# 第一节　国际贸易术语解释通则

**【学习目标】**

本节旨在介绍《国际贸易术语解释通则》的基础知识。

完成本节学习，学习者应达成以下目标：

1. 了解《2010年国际贸易术语解释通则》与《2000年国际贸易术语解释通则》国际贸易惯例的异同点，《2020年国际贸易术语解释通则》与《2010年国际贸易术语解释通则》国际贸易惯例的异同点，掌握《2020年国际贸易术语解释通则》的最新变化；
2. 掌握《国际贸易术语解释通则》各贸易术语的含义；
3. 掌握不同贸易术语下，货物交接过程中有关风险、责任和费用的划分问题。

**【基本概念】**

《国际贸易术语解释通则》、装运合同、卖方/买方一般义务

**【建议学习时间】**

2课时

《国际贸易术语解释通则》（International Rules for the Interpretation of Trade Terms，缩写INCOTERMS，以下简称《通则》），是由国际商会（ICC）制定的有关国际贸易的基础性国际通行规则。

最早的《通则》产生于1936年，为了适应国际贸易实践的不断发展，国际商会于1953年、1967年、1976年、1980年、1990年、2000年、2010年、2020年分别进行了修订，是当今世界最具影响力的国际贸易惯例。

目前，国际贸易实践中应用较多的为《2000年国际贸易术语解释通则》（以下简称《2000通则》）、《2010年国际贸易术语解释通则》（以下简称《2010通则》）、《2020年国际贸易术语解释通则》（以下简称《2020通则》）。

国际贸易惯例在适用的时间效力上并不存在"新法取代旧法"的说法，如《2020通则》实施之后并非《2010通则》就自动废止，当事人在订立贸易合同时仍然可以选择适用《2010通则》。

《2000通则》《2010通则》《2020通则》关于贸易术语的增减、适用、责任、风险及费用承担情况如下。

## 一、《2000通则》

《2000通则》由国际商会于1999年7月正式公布，并于2000年1月1日起生效。《2000通则》共有13种贸易术语，分为E（启运）、F（主运费未付）、C（主运费已付）、D（到达）四

组。《2000 通则》中的 13 种贸易术语如表 8-1 所示。

**表 8-1 《2000 通则》中的 13 种贸易术语明细表**

| 组别 | 术语缩写 | 术语英文名称 | 术语中文名称 |
|---|---|---|---|
| E 组 | EXW | Ex Works (…named place) | 工厂交货（……指定地点） |
| F 组 | FCA | Free Carrier (…named place) | 货交承运人（……指定地点） |
| | FAS | Free Alongside Ship (…named port of shipment) | 装运港船边交货（……指定装运港） |
| | FOB | Free On Board (…named port of shipment) | 装运港船上交货（……指定装运港） |
| C 组 | CFR | Cost and Freight (…named port of destination) | 成本加运费（……指定目的港） |
| | CIF | Cost, Insurance and Freight (…named port of destination) | 成本、保险费加运费（……指定目的港） |
| | CPT | Carriage Paid To (…named place of destination) | 运费付至（……指定目的地） |
| | CIP | Carriage and Insurance Paid To (…named place of destination) | 运费和保险费付至（……指定目的地） |
| D 组 | DAF | Delivered At Frontier (…named place) | 边境交货（……指定地点） |
| | DES | Delivered Ex Ship (…named port of destination) | 目的港船上交货（……指定目的港） |
| | DEQ | Delivered Ex Quay (…named port of destination) | 目的港码头交货（……指定目的港） |
| | DDU | Delivered Duty Unpaid (…named place of destination) | 未完税交货（……指定目的地） |
| | DDP | Delivered Duty Paid (…named place of destination) | 完税后交货（……指定目的地） |

《2000 通则》中 13 种贸易术语责任、风险、费用承担情况如表 8-2 所示。

**表 8-2 《2000 通则》中 13 种贸易术语责任、风险、费用承担明细表**

| 组别 | 术语 | 风险划分界限 | 交货点 | 适用的运输方式 | 运输办理 | 保险办理 | 出口报关 | 进口报关 |
|---|---|---|---|---|---|---|---|---|
| E 组 | EXW | 货交买方处置时起 | 卖方所在地或指定地点 | 各种 | 无 | 无 | 买方 | 买方 |
| F 组 | FCA | 货交承运人处置时起 | 出口国（地区）指定地点 | 各种 | 买方 | 无 | 卖方 | 买方 |
| | FAS | 货交装运港船边后 | 装运港船边 | 水运 | 买方 | 无 | 卖方 | 买方 |
| | FOB | 货物越过装运港船舷 | 装运港船上 | 水运 | 买方 | 无 | 卖方 | 买方 |

表8-2 续

| 组别 | 术语 | 风险划分界限 | 交货点 | 适用的运输方式 | 运输办理 | 保险办理 | 出口报关 | 进口报关 |
|---|---|---|---|---|---|---|---|---|
| C组 | CFR | 货物越过装运港船舷 | 装运港船上 | 水运 | 卖方 | 无 | 卖方 | 买方 |
| | CIF | 货物越过装运港船舷 | 装运港船上 | 水运 | 卖方 | 卖方 | 卖方 | 买方 |
| | CPT | 货交承运人处置时起 | 出口国（地区）指定地点 | 各种 | 卖方 | 无 | 卖方 | 买方 |
| | CIP | 货交承运人处置时起 | 出口国（地区）指定地点 | 各种 | 卖方 | 卖方 | 卖方 | 买方 |
| D组 | DAF | 边境货交买方处置时起 | 出口国（地区）边境 | 各种 | 卖方 | 无 | 卖方 | 买方 |
| | DES | 目的港船上货交买方处置时起 | 目的港船上 | 水运 | 卖方 | 无 | 卖方 | 买方 |
| | DEQ | 目的港码头货交买方处置时起 | 目的港码头 | 水运 | 卖方 | 无 | 卖方 | 买方 |
| | DDU | 进口国（地区）指定地点货交买方处置时起 | 进口国（地区）指定地点 | 各种 | 卖方 | 无 | 卖方 | 买方 |
| | DDP | 进口国（地区）指定地点货交买方处置时起 | 进口国（地区）指定地点 | 各种 | 卖方 | 无 | 卖方 | 卖方 |

《2000 通则》对 13 种贸易术语，依照卖方交货义务从最小（EXW）到最大（DDP）渐次排列。

### （一）E 组术语

本组术语仅包括 EXW（工厂交货）一种贸易术语。

当卖方在其所在地或其他指定的地点（如工厂、工场或仓库等）将货物交给买方处置时，即完成交货。卖方不负责办理货物出口的清关手续或将货物装上任何运输工具。

EXW 术语是卖方承担责任最小的术语，买方必须承担在卖方所在地受领货物的全部费用和风险，也是唯一由买方负责办理出口清关手续的术语。

### （二）F 组术语

本组术语包括 FCA（货交承运人）、FAS（装运港船边交货）和 FOB（装运港船上交货）三种贸易术语。在采用装运地或装运港交货条件成交而主要运费未付的情况下，即要求卖方将货物交至买方指定的承运人时，应采用 F 组术语。

按 F 组术语签订的合同属于装运合同。在 F 组术语中，FOB 术语的买卖双方风险划分的界线和 C 组中的 CFR 和 CIF 术语是相同的，均以装运港船舷为界。“船舷为界”是一种传统的划分规则，由于其界限分明，易于理解和接受，故一直在使用。但随着运输技术的变化，在使用集装箱运输、多式联运和滚装运输时，再使用以“船舷为界”已没有实际意义。国际贸易界曾对是否应该修订这种规则产生争议。对此，国际商会制定《2000 通则》时，对以“船舷为界”的规定未作改动，对 FOB、CFR 和 CIF 术语仍规定买卖双方承担货物灭失或损坏的一切风险，以货物在指定的装运港越过船舷为界；但同时又规定，如合同当事人无意采用越过船舷交货，可相应地采用 FCA、CPT 和 CIP 术语。

### （三）C组术语

本组术语包括CFR（成本加运费）、CIF（成本、保险费加运费）、CPT（运费付至……）和CIP（运费、保险费付至……）四种贸易术语。

在采用装运地或装运港交货条件而主要运费已付的情况下，宜采用C组贸易术语。按此类术语成交，卖方必须订立运输合同，并支付运费，但对货物发生灭失或损坏的风险及货物发运后所产生的费用，卖方不承担责任。C组术语包括两个分界点，即风险划分点与费用划分点，这两个分界点是分离的。按C组术语签订的合同属于装运合同。

综上可以看出，C组术语和F组术语具有相同的性质，即卖方都是在装运地或发货地完成交货义务。因此，按F组术语和C组术语订立的合同都属于装运合同。《2000通则》指出，装运合同的特点是卖方要支付将货物按照惯常航线和习惯方式运至约定地点所需的通常运输费用，而货物灭失或损坏的风险及货物以适当方式交付运输之后所产生的额外费用则应由买方承担。

### （四）D组术语

本组术语包括DAF（边境交货）、DES（目的港船上交货）、DEQ（目的港码头交货）、DDU（未完税交货）和DDP（完税后交货）五种贸易术语。采用D组术语，卖方应负责将货物运至边境（Border）或目的港（Port）或进口国（地区）约定的目的地（Place）或点（Point），并承担货物运至该地之前的全部风险和费用。

按D组术语订立的销售合同属于到货合同。需要指出的是，DDP是唯一由卖方负责办理进口清关的术语。

## 二、《2010通则》

为适应国际贸易的快速发展和实践领域发生的新变化，国际商会于2007年开始对《2000通则》进行修订。最终《2010通则》于2010年9月27日公布，2011年1月1日起开始在全球范围内实施。《2010通则》更加适合现行国际贸易的实际需要，更广泛地为世界各国（地区）贸易界和法律界人士所接受和承认。但是，需要说明的是，因为国际惯例并不具有普遍约束力，《2010通则》的生效实施，并不表明《2000通则》自动作废。买卖双方有权自愿选择采用某种国际惯例，或作出与某种解释或规则不同的规定，并在合同中订明。如果买卖双方在合同中既不排除，也不明确采用何种惯例，一旦事后双方在交接货物方面发生争议提交诉讼或仲裁时，法院或仲裁机构往往会引用某种公认的或影响较大的国际贸易术语惯例（例如，《2010通则》）来作为裁决或仲裁案件的依据。所以，作为外贸及关务从业人员，必须了解《2010通则》中的新内容。

### （一）《2010通则》的主要变化

与《2000通则》描述形式不同，《2010通则》的表述更加简单，每条贸易规则前面都有一条引言，解释每条规则的基本内容，例如，什么时候该术语被运用，什么时候风险转移，相关费用在卖方和买方之间怎样分配等。虽然引言并不是《2010通则》的一部分，但是，针对特定的交易，它们能帮助使用者更准确、更有效地把握贸易术语规则。

与《2000通则》相比较，《2010通则》有如下实质性变化。

**1. 新增 DAT 和 DAP 两个术语**

《2010 通则》以 DAT 和 DAP 两种新术语取代了《2000 通则》中 D 组的 DAF、DES、DEQ 和 DDU，术语总数由原来的 13 种减少为 11 种。新增的 DAT 和 DAP 术语都明确规定了指定交货地点：DAT（Delivered At Terminal…named place of destination），即运输终端交货（……指定目的地）；DAP（Delivered At Place…named place of destination），即目的地交货（……指定目的地）。

通过在两个术语后面明确注明包括边境地点、港口、码头、集装箱堆场和终点站等，完全可以满足《2000 通则》中的 DAF、DES、DEQ、DDU 四种术语的使用需要。使用 DAT 时，卖方将货物从到达指定目的港或指定目的地的运输工具卸下后，交由买方处置（与《2000 通则》DEQ 相同）。使用 DAP 时，卖方同样将货物在指定目的港或指定目的地交由买方处置，由买方安排卸货。

**2. 简化分类方式**

《2010 通则》未沿用以往将术语按交货地点分类、按英文字头分组的方式，而是简单地将术语按适用范围分两类：一类为适用于任何单一或多种运输方式的术语，包括 EXW、FCA、CPT、CIP、DAT、DAP、DDP；另一类为适用于海运和内河运输方式的术语，包括 FAS、FOB、CFR、CIF，如表 8-3 所示。

**表 8-3 《2010 通则》中的 11 种贸易术语明细表**

| 适用范围 | 代码 | 中英文全称 |
|---|---|---|
| 任何单一或多种运输方式 | EXW | Ex Works（insert named place of delivery）<br>工厂交货（插入指定交货地点） |
| | FCA | Free Carrier（insert named place of delivery）<br>货交承运人（插入指定交货地点） |
| | CPT | Carriage Paid to（insert named place of destination）<br>运费付至（插入指定目的地） |
| | CIP | Carriage and Insurance Paid to（insert named place of destination）<br>运费和保险费付至（插入指定目的地） |
| | DAT | Delivered at Terminal（insert named terminal at port or place of destination）<br>运输终端交货（插入指定港口或目的地） |
| | DAP | Delivered at Place（insert named place of destination）<br>目的地交货（插入指定目的地） |
| | DDP | Delivered Duty Paid（insert named place of destination）<br>完税后交货（插入指定目的地） |
| 海运和内河运输 | FAS | Free alongside Ship（insert named port of shipment）<br>装运港船边交货（插入指定装运港） |
| | FOB | Free on Board（insert named port of shipment）<br>装运港船上交货（插入指定装运港） |
| | CFR | Cost and Freight（insert named port of destination）<br>成本加运费（插入指定目的港） |
| | CIF | Cost,Insurance and Freight（insert named port of destination）<br>成本、保险费加运费（插入指定目的港） |

**3. 取消“船舷”概念**

《2010 通则》对 FOB、CFR、CIF 三种术语的运用，删除了以往以越过船舷作为风险划分界限的表述，取消了“船舷”的概念。代之以卖方必须将货物置于“船上”时才构成交货，并在专用词解释中明确指出《2010 通则》中的“交货”用来指明在这里货物灭失或损坏的风险从卖方转移至买方。这一变化更准确地适应目前运输方式的需要。

**4. 丰富了海关手续的内涵**

使用不同术语时，《2010 通则》在 A2、B2 和 A10、B10 条款中明确了买卖双方各自应承担的风险和费用，提供货物进出口或过境所需要的文件和信息，包括安全相关信息的安检通关义务；在专用词解释中明确指出，海关手续指为遵守任何适用的海关规定所需满足的要求，并可包括各类文件、安全、信息或实物检验的义务。

**5. 对 FOB、CFR、CIF 术语卖方义务作添加规定**

《2000 通则》规定 FOB、CFR、CIF 项下卖方必须负责在装运港将货物交到船上。实际上，在国际贸易过程中，货物在运输途中常常被多次转卖，从而形成链式交易。

在此情况下，装运货物是由第一个卖方完成的，处于链式交易中间位置的某个或某几个卖方并不实际装运货物，而以取得已在装运港交到船上的货物履行其交货义务。为明确起见，《2010 通则》对此作出规定，添加“或取得已如此交付的货物”。经添加后的规定，FOB、CFR、CIF 项下的卖方，除了可以将货物装运上船完成交货义务外，也可以不负责装运货物，而以“取得已如此交付的货物”替代“装运货物的义务”。此规定有利于大宗商品的连环合同链式销售。

### （二）《2010 通则》概述

《2010 通则》生效实施以后，并不意味着《2000 通则》自动作废。买卖双方既可以自愿采用《2010 通则》中的相关内容，也可以仍然沿用《2000 通则》甚至更早版本中的条款。如果想在合同中适用《2010 通则》，则应在合同中作出明确表示，如“FCA 38 Cours Albert ler，Paris，France INCOTERMS 2010”（“FCA”是贸易术语，“38 Cours Albert ler，Paris，France”是指交货地点或地址，“INCOTERMS 2010”是指所适用的《2010 通则》）。

尽管《2010 通则》没有沿用《2000 通则》的分类方式，只是简单地将 11 种贸易术语按照适用范围分为两类，但《2000 通则》的分类仍有重要意义。为了便于学习者对应比较，现将《2010 通则》贸易术语按照《2000 通则》的分类方法进行分类，如表 8-4 所示。

**表 8-4 《2010 通则》贸易术语按组分类表**

| 按交货地点分类 | 组别 | 性质 | 国际代码 | 交货地点 | 适用范围 |
|---|---|---|---|---|---|
| 出口国（地区）境内 | E 组 | 启运合同 | EXW | 工厂所在地 | 任何 |
| | F 组 | 装运合同（主运费未付） | FCA | 出口国（地区）指定地点 | 任何 |
| | | | FAS | 装运港船边 | 水运 |
| | | | FOB | 装运港船上 | 水运 |
| | C 组 | 装运合同（主运费已付） | CFR | 装运港船上 | 水运 |
| | | | CIF | 装运港船上 | 水运 |
| | | | CPT | 出口国（地区）指定地点 | 任何 |
| | | | CIP | 出口国（地区）指定地点 | 任何 |

表8-4 续

| 按交货地点分类 | 组别 | 性质 | 国际代码 | 交货地点 | 适用范围 |
|---|---|---|---|---|---|
| 进口国（地区）境内 | D 组 | 到达合同 | DAT | 进口国（地区）指定地点 | 任何 |
| | | | DAP | 进口国（地区）指定地点 | 任何 |
| | | | DDP | 进口国（地区）指定地点 | 任何 |

《2010 通则》中买卖双方各自应履行的义务如表 8-5 所示。

**表 8-5 《2010 通则》买卖双方义务对照表**

| A 卖方义务 | B 买方义务 |
|---|---|
| A1 卖方一般义务 | B1 买方一般义务 |
| A2 许可证、授权、安检通关和其他手续 | B2 许可证、授权、安检通关和其他手续 |
| A3 运输合同与保险合同 | B3 运输合同与保险合同 |
| A4 交货 | B4 收取货物 |
| A5 风险转移 | B5 风险转移 |
| A6 费用划分 | B6 费用划分 |
| A7 通知买方 | B7 通知卖方 |
| A8 交货凭证 | B8 交货证据 |
| A9 查对—包装—标记 | B9 货物检验 |
| A10 协助提供信息及相关费用 | B10 协助提供信息及相关费用 |

**1. 卖方/买方一般义务**

卖方一般义务包括交货和交单，即提供买卖合同约定的货物和商业发票，如需要提供其他单据，买卖双方需要在合同中作出明确约定。

买方一般义务是按照买卖合同约定支付价款。

买卖双方一般义务中所指出的任何单证在双方约定符合惯例的情况下，可以是同等作用的电子记录和程序。

**2. 许可证、授权、安检通关和其他手续**

在涉及该项义务的情况下，除 EXW 术语外，卖方必须自负风险和费用，取得所需要的出口许可或其他官方授权，办理货物出口所需的一切海关手续。

在涉及该项义务的情况下，除 DDP 术语外，买方必须自负风险和费用，取得所需要的进口许可或其他官方授权，办理货物进口所需的一切海关手续。

**3. 运输合同与保险合同**

在 EXW 术语下，卖方对买方无订立运输合同的义务，买方对卖方也无订立运输合同的义务。

在 FCA、FAS 和 FOB 术语下，买方必须自负风险签订运输合同。卖方对买方无订立运输合同的义务，但若买方提出要求或按商业习惯，卖方可以按照通常条件签订运输合同，但由买方承担风险和费用。卖方可以拒绝签订运输合同，如果拒绝，卖方应立即通知买方。

在 CFR、CIF、CPT、CIP、DAT、DAP 和 DDP 术语下，卖方必须自负费用签订运输合同，买方对卖方无订立运输合同的义务。

在 CIF、CIP 术语下，卖方必须自负费用取得货物保险，买方对卖方无订立保险合同的义务。

在 EXW、FCA、FAS、FOB、CFR、CPT、DAT、DAP 和 DDP 术语下，卖方对买方无订立保险合同的义务，但应买方要求，卖方必须向买方提供保险所需信息；买方对卖方无订立保险合同的义务，但应卖方要求，买方必须向卖方提供保险所需信息。

**4. 交货/收取货物**

在 EXW、FCA、CPT 和 CIP 术语下，卖方可以在合同约定日期或期限内，在出口国（地区）境内任何约定地点交货。

在 FAS、FOB、CFR 和 CIF 术语下，卖方可以在合同约定日期或期限内，在出口国（地区）境内指定装运港交货。

在 DAT、DAP 和 DDP 术语下，卖方可以在合同约定日期或期限内，在进口国（地区）境内指定目的港或目的地交货。

当卖方完成交货义务时，买方必须收取货物。

**5. 风险转移**

通常情况下，卖方承担完成交货义务之前货物灭失或损坏的一切风险，买方承担卖方完成交货义务之后，货物灭失或损坏的一切风险。

**6. 费用划分**

通常情况下，买卖双方关于进出口清关费用、运费、保险费的划分如表 8-6 所示。

**表 8-6 《2010 通则》中买卖双方的费用划分表**

<table>
<tr><th>贸易术语</th><th>出口清关费用</th><th>运费</th><th>保险费</th><th>进口清关费用</th></tr>
<tr><td>EXW</td><td>买方</td><td rowspan="4">买方</td><td rowspan="6">买方</td><td rowspan="10">买方</td></tr>
<tr><td>FAS</td><td rowspan="10">卖方</td></tr>
<tr><td>FCA</td></tr>
<tr><td>FOB</td></tr>
<tr><td>CFR</td><td rowspan="7">卖方</td></tr>
<tr><td>CPT</td></tr>
<tr><td>CIF</td><td rowspan="5">卖方</td></tr>
<tr><td>CIP</td></tr>
<tr><td>DAT</td></tr>
<tr><td>DAP</td></tr>
<tr><td>DDP</td><td>卖方</td></tr>
</table>

**7. 通知买方/卖方**

卖方必须就已按约定方式完成交货给予买方充分的通知，以便买方采取收取货物通常所需要的措施。

买方必须就相关事项给予卖方充分的通知，如买方有权决定在约定期限内的交货时间、指定地点内的收取货物点或买方指定承运人或船名等。

8. 交货凭证/证据

在 EXW 术语下，卖方对买方无义务提供交货凭证，买方有义务向卖方提供其已收取货物的相关凭证。

在 FCA、FAS 和 FOB 术语下，卖方必须自负费用向买方提供完成交货的通常凭证，应买方要求并由其承担风险和费用的情况下，卖方必须协助买方取得运输凭证。当该交货凭证交付时，买方必须接受。

在 CFR、CPT、CIF 和 CIP 术语下，卖方必须自负费用向买方提供运输凭证。该运输凭证必须载明合同中的货物，且其签发日期应在约定运输期限内，并能使买方在指定目的地向承运人索取货物，或能使买方在货物运输途中向下一买方转让或以通知承运人的方式出售货物。当运输凭证以可转让形式签发且有数份正本时，卖方必须将整套正本提交给买方。当该运输凭证与合同相符时，买方必须接受。

在 DAT、DAP 和 DDP 术语下，卖方必须自负费用向买方提供凭证，以确保买方能收取货物，买方必须接受卖方提供的符合合同的交货凭证。

9. 查对—包装—标记/货物检验

卖方必须支付交货所需的查对费用，如查对质量、丈量、过磅、点数的费用，以及出口国（地区）有关机构强制进行的装运前检验费用。可在需要时自负费用以合适货物运输的方式对货物进行包装，并作适当标记。

买方必须支付任何装运前检验费用，但出口国（地区）有关机构强制进行的检验除外（不包括 EXW 和 DDP 术语）。

10. 协助提供信息及相关费用

买卖双方必须及时相互提供或协助对方取得其清关、过境所需要的任何单证和信息，包括安全信息，相关费用由对方承担。

## 三、《2020 通则》

《2020 通则》是国际商会根据国际货物贸易的发展对《2010 通则》做的修订版本，于 2019 年 9 月 10 日公布，2020 年 1 月 1 日开始在全球范围内实施。

### （一）《2020 通则》概述

《2010 通则》解释了 11 种贸易术语（EXW、FCA、FAS、FOB、CPT、CIP、CFR、CIF、DAT、DAP、DDP），《2020 通则》仍对 11 种贸易术语做了解释，并以新的 DPU 术语取代了原 DAT 术语，将 DAP 列在了 DPU 之前，其他贸易术语不变。

《2020 通则》沿袭了《2010 通则》，根据适用的运输方式将 11 种贸易术语分为两大类。

1. 适用于任何运输模式

（1）EXW（Ex Works）：工厂交货。

（2）FCA（Free Carrier）：货交承运人。

（3）CPT（Carriage Paid to）：运费付至。

（4）CIP（Carriage and Insurance Paid to）：运费和保险费付至。

（5）DAP（Delivered at Place）：目的地交货。

（6）DPU（Delivered at Place Unloaded）：卸货地交货。

（7）DDP（Delivered Duty Paid）：完税后交货。

**2. 适用于海运和内河运输模式**

（1）FAS（Free alongside Ship）：装运港船边交货。

（2）FOB（Free on Board）：装运港船上交货。

（3）CFR（Cost and Freight）：成本加运费。

（4）CIF（Cost Insurance and Freight）：成本、保险费加运费。

### （二）《2020 通则》较《2010 通则》的主要变化

**1. 主体义务项排序及内容的变化**

《2020 通则》调整了买卖双方的义务排序。A 卖方义务（A1～A10）与 B 买方义务（B1～B10）各 10 项，《2020 通则》和《2010 通则》的排序和标题对比如表 8-7 所示。

**表 8-7　《2020 通则》和《2010 通则》的排序和标题对比明细表**

| 《2020 通则》 | | 《2010 通则》 | |
|---|---|---|---|
| 卖方义务 | 买方义务 | 卖方义务 | 买方义务 |
| A1：一般义务 | B1：一般义务 | A1：一般义务 | B1：一般义务 |
| A2：交付货物 | B2：货物收取 | A2：许可证、授权、安检通知和其他手续 | B2：许可证、授权、安检通知和其他手续 |
| A3：风险转移 | B3：风险转移 | A3：运输合同与保险合同 | B3：运输合同与保险合同 |
| A4：运输合同 | B4：运输合同 | A4：交货 | B4：收取货物 |
| A5：保险合同 | B5：保险合同 | A5：风险转移 | B5：风险转移 |
| A6：运输单据 | B6：货物交付证明 | A6：费用划分 | B6：费用划分 |
| A7：进出口通关、安检及手续 | B7：进出口通关、安检及手续 | A7：通知买方 | B7：通知卖方 |
| A8：货物检验、包装、唛头标识 | B8：货物检验、包装、唛头标识 | A8：交货凭证 | B8：交货证据 |
| A9：费用规划 | B9：费用规划 | A9：核对—包装—标记 | B9：货物检验 |
| A10：通知买方 | B10：通知卖方 | A10：协助提供信息及相关费用 | B10：协助提供信息及相关费用 |

由上表可以看出，《2020 通则》A1、B1“一般义务”（卖方提交货物和发票；买方付款）基本与《2010 通则》保持一致，其他九项排序和标题上都有了明显的变化。

（1）“交货”和“风险转移”核心功能上移。将原 A4、B4 及 A5、B5 上移，突出贸易术语在国际贸易中货物交接的核心功能以及每个贸易术语的风险点。与之相呼应的是原 A8、B8 的上移。

（2）“运输”和“保险”由一项拆分为独立的两项。将原 A3、B3 项“运输合同与保险合同”拆分单列为独立的 A4、B4“运输合同”和 A5、B5“保险合同”，意在突显国际贸易货物运输保险的重要性，突出保障货物运输安全和货主利益。

（3）出口、进口清关相关义务后移。这是为了呼应免税关区贸易的发展，在一些自由贸易区或者海关特殊监管区域，货物进出口无须办理清关。《2020 通则》将“许可证、授权、安检通知和其他手续”的排序由原来的 A2、B2 后移至 A7、B7 并改为“进出口通关、安检及手续”。

（4）“费用划分”后移。因为《2020 通则》新增了对 A1 ~ A8 卖方义务及 B1 ~ B8 买方义务涉及的费用清单的列举，先规定买卖双方应该做什么，然后再明确涉及的相关费用有哪些以及应该由何方承担，于是将原 A6、B6 的“费用划分”后移至 A9、B9 并改为“费用规划”，便于罗列费用清单。

（5）“协助提供信息及相关费用”条款内容融入相关条款。将原买卖双方义务项 A10、B10 中的“协助提供信息及相关费用”的义务删除，表明《2020 通则》更趋向于收缩合同的附随义务或后义务，保留合同基本义务。

**2. DPU 代替 DAT，完善目的地交货**

DAT（运输终端交货）变成了 DPU（卸货地交货），在 DPU 术语下，卖方将货物运至进口国（地区）约定的地点，从运输工具上卸下货物，交由买方处置，即完成合同交货义务，货物运输风险也自约定的目的地卸货时起从卖方转移至买方。DPU 是《2020 通则》中唯一明确规定目的地卸货交付并转移风险的贸易术语。DAP、DDP 术语则是卖方在目的地约定地点交货，即卖方负责将货物运至目的地约定地点，处于运输工具上并做好卸货准备即完成合同交货义务，货物风险也随之由卖方转移给买方，卖方不负责卸货。DAT 则是卖方在目的地运输终端或地点将货物卸下，由买方合理处置，交货地点可能受限于运输终端地点的选择。DPU 术语明确了卖方卸货后交付货物的义务，交货地点选择更能符合买卖双方的意愿。

在国际贸易和航运、物流实务中，集装箱班轮、国际铁路、航空等运输方式下，承运人均负责卸货并存入场站、货场，通知提货，等待收货人提货，即托运人（卖方）签订运输合同，支付运杂费，负责在目的地卸货后交付，并承担目的地卸货费用，外贸合同和订单任选 DPU、DAP、DDP 术语其中之一都无实质区别，应注意在外贸合同中选用这三类术语。这三类术语的区别如表 8-8 所示。

**表 8-8　DPU、DAP、DDP 术语区别明细表**

| 比较项 | 贸易术语 | | |
| --- | --- | --- | --- |
| | DPU | DAP | DDP |
| 卖方卸货义务 | 有 | 无 | 无 |
| 卸货费用与风险负担（惯例） | 卖方 | 买方 | 买方 |
| 班轮等标准运输合同卸货费用/风险负担 | 卖方/卖方 | 卖方/买方 | 卖方/买方 |
| 非班轮特定运输合同卸货费用/风险负担 | 卖方/卖方 | 买方/买方 | 买方/买方 |
| 特约合同卸货义务与费用、风险 | 从合同特约 | 从合同特约 | 从合同特约 |

**3. 增加 CIP（运费和保险费付至）的保险范围**

在 CIP 术语下卖方将货物交付承运人，但支付包括保险费在内的直至目的地的运输费用，同样的规则也适用于 CIF 术语。根据《2010 通则》，在 CIP、CIF 术语下，卖方都有义务提供与协会货物C险条款（《协会货物条款》）相对应的最低保险范围，这是一种基本的保险形式，只包括明确界定的损害赔偿。在《2020通则》中，CIP术语的最低保险范围延伸到协会货物A险条款，这是涵盖了所有风险的最高保险级别。原因是，CIF术语通常用于大宗商品，而CIP术语则更常用于制成品。

**4. FCA术语下提单的提示和要求**

在FCA术语下，卖方在出口国（地区）约定地点将货物交给买方指定的承运人，取得交货单据则完成交货义务，风险随之转移。FCA术语适用于一切运输方式，如选择海运方式，其近似于FOB术语。《2020通则》专门提及FCA术语下提交海运提单的要求，如合同约定提交提单，则买方应指定其承运人向卖方签发已装船提单，或在收货备运提单等类似的运输单据上加注货物已装船批注。从国际海运实务看，在提单上加注货物装船批注是在提示各方FCA交货与海运提单的相融性，注意并妥善处理卖方向承运人交货、货物装船及提单签发等各业务流程及要素间的关系。

除了上述几方面外，其实质性改变主要还有：FCA、DAP、DPU和DDP术语下，增加了买方/卖方自己运输货物的选择；扩大了链式交易的适用范围，对FCA、CPT、CIP、DAP、DPU和DDP术语中，卖方交货义务做了“或取得已如此交付的货物”的添加规定，即除EXW术语外，其他十种贸易术语都适用于链式交易等。

**【复习思考题】**

试述《2020通则》中各贸易术语的含义及较《2010通则》的主要变化。

## 第二节 贸易术语

**【学习目标】**

本节旨在介绍《2020通则》中的11种贸易术语。

完成本节学习，学习者应达成以下目标：

1. 掌握《2020通则》各贸易术语的概念；
2. 掌握六种主要贸易术语下买卖双方的主要义务；
3. 了解CFR与CPT术语的异同；
4. 了解各贸易术语在使用时的注意事项。

**【基本概念】**

FOB、CFR、CIF、FCA、CPT、CIP、EXW、FAS、DAP、DPU、DDP、FOB班轮条件、FOB吊钩下交货、FOB理舱费在内、FOB平舱费在内、FOB包括理舱和平舱、CFR班轮条件、CFR卸至码头、CFR吊钩下交接、CFR舱底交接

【建议学习时间】

1 课时

## 一、适用于海洋运输和内河水运的三种主要贸易术语

在国际贸易中，FOB、CFR、CIF 和 FCA、CPT、CIP 是六种最为常用的贸易术语。适用于海洋运输和内河水运的 FOB、CFR 和 CIF 在实际业务中产生最早、使用最广。

### （一）FOB（装运港船上交货）

FOB（Free on Board...named port of shipment），即装运港船上交货（……指定装运港），也称“离岸价”，是国际贸易中常用的贸易术语之一，指由买方负责派船接运货物，卖方在合同规定的装运港和规定的期限内将货物装至买方指定的船上，或取得已如此交付的货物，卖方完成交货。卖方承担货物装上船为止的一切费用和风险。当货物被交到船上时，风险转移，至此刻起买方负担货物灭失或损坏的风险，并支付一切费用。

该术语仅适用于海洋或内河运输。

根据《2020 通则》的解释，FOB 术语下买卖双方的主要义务如表 8-9 所示。

**表 8-9　FOB 术语下买卖双方的主要义务明细表**

| 卖方基本义务 | 买方基本义务 |
| --- | --- |
| 1. 负责在合同规定的日期或期间内，在指定装运港，将符合合同的货物交至买方指定的船上，或取得已如此交付的货物，并给予买方充分的通知。<br>2. 办理货物的出口清关手续并支付费用（如出口许可证、出口安全清关、转运前检验及任何其他官方授权）；协助买方进口清关，包括安全要求和装运前检验。<br>3. 负担货物在装运港交至船上为止的一切费用和风险。<br>4. 负责提供商业发票和证明货物已交至船上的通常单据（已装船海运提单）。 | 1. 负责按照合同支付价款。<br>2. 负责租船或订舱，支付运费，并给予卖方关于运输相关的安全要求、船名、装船地点和要求交货时间的充分通知。<br>3. 办理进口清关手续并支付费用（如进口及过境许可证、安检清关、转运前检验及任何其他官方授权）；协助卖方出口清关，包括安全要求和装运前检验。<br>4. 负担货物在装运港交至船上后的一切费用和风险。<br>5. 收取卖方按合同规定交付的货物，接受与合同相符的单据。 |

采用 FOB 术语，需要注意以下几点。

**1. 以“装运港船上”为交货点**

按《2020 通则》，FOB 术语要求卖方必须在装运港将货物交至船上或“装上船”（货物安全地装入船舱）。当货物装上船时，风险转移，卖方完成交货。

以“或取得已如此交付的货物”完成交货，并不改变卖方须将货物交至船上的基本义务，这是为了迎合在大宗商品销售中对在途货物作转售交易的需要。

**2. 船货衔接**

在 FOB 合同中，买方必须负责租船或订舱，并将船名和装船时间通知卖方，而卖方必须负责在合同规定的装船期和装运港，将货物装上买方指定的船只。这里有一个船货衔接的问题，买

方在合同规定期限内安排船只到合同指定的装运港接受装货，如果船只按时到达装运港，但卖方未能及时装运，则卖方应承担由此造成的空舱费或滞期费。反之，如果买方延迟派船，致使卖方不能在合同规定的装运期内将货物装船，则由此引起的卖方仓储费、保险费等费用支出，以及因迟收货款而带来的利息损失，均需由买方负责。

**3. 装货费用的负担**

在装运港的装货费用主要包括装船费、与装货相关的理舱费和平舱费。在FOB合同中，如买方使用班轮运输货物，由于班轮运费中包括装货费用和在目的港的卸货费用，班轮运费既然是由买方支付的，所以装货费用实际上也是由买方负担。但在大宗货物需使用租船装运时，FOB合同的买卖双方对装货费用由何方负担应双方磋商后在合同中作出具体规定，也可以采用在FOB术语后加列字句或缩写，即所谓FOB术语变形来表示。

常见的FOB术语变形有：

（1）FOB班轮条件（FOB Liner Terms），指装货费用按班轮运输处理，即卖方不负担装货费用，由支付运费的一方（即买方）负担。

（2）FOB吊钩下交货（FOB under Tackle），指卖方负担的费用仅到将货物置于轮船吊钩可及之处为止，从货物起吊开始的装货费用由买方负担。

（3）FOB理舱费在内（FOB Stowed），指卖方负担货物装入船舱并支付包括理舱费在内的装货费用。理舱是指为了使船上装载的货物放置妥善和分布合理，货物装船后，需要进行垫隔和整理的作业。

（4）FOB平舱费在内（FOB Trimmed），指卖方负担货物装入船舱并支付包括平舱费在内的装货费用。平舱是指货物装船后，为了保持船舶承受压力均衡和航行安全，对成堆装入船舱的散装货物，如煤炭，粮谷等，需要进行调动和平整的作业。

（5）FOB包括理舱和平舱（FOB Stowed and Trimmed），指卖方负担货物装入船舱并支付包括理货费及平舱费在内的装货费用。

上述FOB术语变形，只是为了明确装货费用由谁负担，并不改变交货地点和风险转移的界限。但是，对于贸易术语的变形，国际上并无统一和权威性的解释。因此，国际商会推荐，在实际业务中，买卖双方应订明这些变形是否仅限于费用的划分，还是包括了风险在内，防止以后履行合同时因双方理解不一而发生纠纷，造成损失。

### （二）CFR（成本加运费）

CFR（Cost and Freight…named port of destination），即成本加运费（……指定目的港），是指卖方在装运港将货物交至船上，或取得已如此交付的货物，完成交货。卖方必须支付货物运至指定目的港所需的费用和运费。但交货后货物灭失或损坏的风险，以及由于发生事件而引起的任何额外费用，自卖方转移至买方。《2020通则》对CFR卖方交货义务规定“或取得已如此交付的货物”，是为了迎合在大宗商品销售中对已装船货物作链式交易的需要。CFR术语要求卖方办理出口清关。该术语适用于海运和内河运输。

根据《2020通则》的解释，CFR术语下买卖双方的主要义务如表8-10所示。

表 8-10　CFR 术语下买卖双方的主要义务明细表

| 卖方基本义务 | 买方基本义务 |
| --- | --- |
| 1. 负责在合同规定装运港和时间内，将约定的货物装上船，运往指定目的港，并及时通知买方。<br>2. 负责办理货物出口手续，取得出口许可证或其他官方批准的证件。<br>3. 负责租船或订舱，并支付至目的港的正常运费。<br>4. 负担货物在装运港交到自己安排的船只上之前的一切费用和风险。<br>5. 负责提供符合合同规定的货物和商业发票，或具有同等效力的电子数据交换信息，以及合同规定的运输单据和其他相关凭证。 | 1. 负责按合同规定支付价款。<br>2. 办理进口清关手续并支付费用（如进口及过境许可证、安检清关、转运前检验及任何其他官方授权）；协助卖方出口清关，包括安全要求和装运前检验。<br>3. 负担货物在装运港交到卖方安排的船只上之后的一切费用和风险。<br>4. 按合同规定接收货物，接受运输单据。 |

按 CFR 术语签订合同，需要特别注意装船通知问题。因为，以 CFR 条件成交，卖方负责安排在装运港将货物装上船，不办理货运保险，而是由买方自行办理货物运输保险，以就货物装上船后可能遭受灭失或损失的风险取得保障。《2020 通则》中明确规定：卖方必须向买方发出已按照合同约定完成交货的通知。卖方必须向买方发出买方收取货物任何所需要的通知，以便买方收取货物。否则，卖方应承担货物在运输途中发生风险造成的损失。

为明确在目的港卸货费用负担问题，可以采用 CFR 术语变形，常见的有：

1. CFR 班轮条件（CFR Liner Terms），指卸货费按班轮运输处理，即买方不负担卸货费用。

2. CFR 卸至码头（CFR Landed），指由卖方负担卸货费用，其中包括驳运费在内。

3. CFR 吊钩下交接（CFR Ex Tackle），指卖方负担将货物从船舱吊起卸到船舶吊钩所及之处（码头上或驳船上）的费用。在船不能靠岸的情况下，租用驳船的费用和货物从驳船卸到岸上的费用，由买方负担。

4. CFR 舱底交接（CFR Ex Ship's Hold），指买方负担将货物从舱底起吊卸到码头的费用。

### （三）CIF（成本、保险费加运费）

CIF（Cost，Insurance and Freight...named port of destination），即成本、保险费加运费（……指定目的港），是指卖方负责租船或订舱，在合同规定的装运日期或期间内将货物装上运往指定目的港的船舶，负担货物装上船前的一切费用和风险，支付运费和保险费。《2020 通则》对 CIF 卖方交货义务规定“或取得已如此交付的货物”，是为了迎合在大宗商品销售中对已装船货物作链式交易的需要。CIF 术语要求卖方办理出口清关。这一术语也仅适用于海运和内河运输。

根据《2020 通则》的解释，CIF 术语下买卖双方的主要义务如表 8-11 所示。

**表 8-11　CIF 术语下买卖双方的主要义务明细表**

| 卖方基本义务 | 买方基本义务 |
|---|---|
| 1. 在合同规定的期限内，在装运港将符合合同的货物交至运往指定目的港的船上，或取得已如此交付的货物，并给予买方充分的装船通知。<br>2. 办理货物出口手续并支付费用（如出口许可证、出口安全清关、转运前检验等）；协助买方进口清关，包括安全要求和装运前检验。<br>3. 负责租船或订舱并支付到目的港的运费。<br>4. 负责办理货物运输保险，支付保险费。<br>5. 负责货物在装运港交到船上为止的一切费用和风险。<br>6. 负责提供货物运往指定目的港的通常运输单据、商业发票和保险单，或具有同等效力的电子信息。 | 1. 负责按合同规定支付价款。<br>2. 办理进口清关手续并支付费用（如进口及过境许可证、安检清关、转运前检验及任何其他官方授权）；协助卖方出口清关，包括安全要求和装运前检验。<br>3. 负担货物在装运港交到船上后的一切费用和风险。<br>4. 收取卖方按合同规定交付的货物，接受与合同相符的单据。 |

在采用 CIF 术语时，需要注意以下几点。

**1. CIF 合同属于"装运合同"**

由于 CIF 术语后所注明的是目的港以及我国曾将 CIF 术语翻译成"到岸价"，所以 CIF 合同的法律性质，常被误解为"到货合同"。为此特别指出，在 CIF 术语下，只要卖方在约定的装运港按期把货物装到运往指定目的港的船上，同时办理了保险，并将约定的单证及时交给买方，就算完成了交货义务。即使卖方装船以后至交单这段时间内，货物发生损坏或灭失，只要卖方提交的单据符合要求，买方就不得拒收单据和拒付货款。反之，即使货物安全到达并符合要求，但单据不符合要求，买方仍有权拒付货款。因此，CIF 是一种典型的象征性交货，卖方凭单交货，买方凭单付款。

**2. 卖方租船或订舱的责任**

CIF 合同的卖方为按合同规定的时间装运出口，需要负责办理租船或订舱。如果卖方不能及时租船或订舱，不能按合同规定装船交货，即构成违约，从而需承担被买方要求解除合同或损害赔偿的责任。《2020 通则》中规定，卖方只负责按照通常条件租船或订舱，使用适合装运有关货物的通常类型的轮船，经习惯行使的航线装运货物，即买方一般无权提出关于限制船舶的国籍、船型、船龄或者指定某班轮公司等要求。

**3. 卖方办理保险的责任**

《2020 通则》中对 CIF 合同中卖方的保险责任规定，如无相反的明示协议或特定贸易中的习惯做法，卖方只需按协会货物保险（C）条款或其他类似的保险条款，如中国保险条款（CIC）的平安险（FPA）投保保险责任最低的险别。有关保险责任的起讫期限必须与货物运输相符合，并必须最迟自买方需负担货物灭失或损坏的风险时（即自货物在装运港装上船时）起对买方的保障生效，至少至货物到达指定目的港为止。

**4. 卸货费用的负担**

根据《2020 通则》的规定，CIF 合同项下，买方应支付包括驳运费和码头费在内的卸货费，除非根据运输合同该费用由卖方支付。但是，如果是班轮运输，班轮运输的运费中包括装运港的装运费用以及目的港的卸货费用，所以当 CIF 合同时，因为是卖方支付运费，所以实际目的港的卸货费用是由卖方负担。如果是大宗货物适用租船运输，在目的港的卸货费用应在合同中订明，也可以采用 CIF 术语的变形来表示。

CIF 术语的变形及其解释与 CFR 术语变形相同，包括以下四种：CIF 班轮条件（CIF Liner Terms）、CIF 卸至码头（CIF Landed）、CIF 吊钩下交接（CIF Ex Tackle）、CIF 舱底交接（CFR Ex Ship's Hold）。其具体解释可参考 CFR 术语变形。

## 二、适用于各种运输方式的三种主要贸易术语

FCA、CPT 和 CIP 三种贸易术语不仅适用于铁路、海洋、内陆水路、航空运输等单一的运输，也适用于两种或两种以上运输方式相结合的多式联运。《2000 通则》对 FCA 术语中关于装货和卸货义务做了改变。《2010 通则》对这三种术语的规定，除了文字表述有所简化外，未做任何实质性的修改。在《2020 通则》中，主要修改的地方为，FCA 术语增加卖方提交已装船提单的选择机制和买方自己运输货物的选择，CIP 术语提高了投保险别。

### （一）FCA（货交承运人）

FCA（Free Carrier...named place），即货交承运人（……指定地点），是指卖方在指定地点将货物交给买方指定的承运人，或取得已如此交付的货物，卖方完成了交货义务。双方应尽可能明确地规定指定地内的交货地点，因风险和费用在该地点由卖方转移至买方。这里所指的“承运人”，既包括实际履行运输合同的承运人，也包括签订运输合同的运输代理人。《2020 通则》对 FCA 术语下卖方交货义务规定“或取得已如此交付的货物”，是为了迎合在大宗商品销售中对已装船货物作链式交易的需要。FCA 术语要求卖方办理货物的出口清关。该术语适用于各种运输方式，包括多式联运。

根据《2020 通则》的解释，FCA 术语下买卖双方的主要义务如表 8-12 所示。

**表 8-12　FCA 术语下买卖双方的主要义务明细表**

| 卖方基本义务 | 买方基本义务 |
|---|---|
| 1. 负责取得出口许可证或其他官方批准证件，在需要办理海关手续时，办理货物出口所需的一切海关手续。<br>2. 在指定的地点或其他收货地点，按约定的交货日期或期限内以约定的方式或该指定地点习惯的方式，将货物交由买方指定的承运人或其他人，并及时通知买方。<br>3. 承担将货物交给承运人之前的一切费用和风险。<br>4. 自负费用向买方提供交货的通常单据。 | 1. 负责签订从指定地点承运货物的合同，支付有关的运费，并将承运人名称及有关情况及时通知卖方。<br>2. 负责取得进口许可证或其他官方批准的证件，并且办理货物进口所需的一切海关手续。<br>3. 根据买卖合同的规定受领货物并支付货款。<br>4. 承担受领货物之后所发生的一切费用和风险。 |

在采用此术语时，需注意以下几点。

**1. 交货点和风险转移**

在海洋运输情况下，如果是整箱货（FCL），卖方将载货的集装箱交给海运承运人，就算完成了交货义务；如果是拼箱货（LCL）或非集装货物，卖方应将货物运到启运地，交给海运承运人。

采用航空运输时，卖方应将货物交给航空承运人。在其他运输方式和多式联运方式下，卖方都应将货物交给承运人。

不论采取上述哪种运输方式，买卖双方各自承担的风险均以货交承运人处置时为界，即卖方承担货交承运人之前的风险，买方承担货交承运人之后的风险。风险转移后，同运输风险相关的责任与费用相应转移。

**2. 买方安排运输**

按照《2020 通则》的规定，FCA 术语下卖方对买方没有订立运输合同的义务。但是，如果买方提出请求，在其承担风险和费用的情况下，卖方必须向买方提供卖方所拥有的买方安排运输所需的任何信息，包括与运输有关的安全要求。同时还规定，如已约定，卖方必须按照惯常条款（如铁路或航空运输情况下）订立运输合同，由买方承担风险和费用。

**3. 已装船提单提供的选择**

《2020 通则》首次在 FCA 术语中提供了一种可选机制，买卖双方可以约定是否提交已装船提单，具体是在买方义务“B6 交货/运输单据”中增加了“买方必须自负费用及风险，指示承运人向卖方出具载明货物已经装载的运输单据（如已装船提单）”，对应卖方义务“A6 交货/运输单据”中增加了“若买方指定承运人向卖方出具 B6 项下的运输单据，则卖方必须向买方提交承运人出具的这一单据”。

### （二）CPT（运费付至）

CPT（Carriage Paid to…named place of destination），即运费付至（……指定目的地），是指卖方向其指定的承运人交货，或取得已如此交付的货物，卖方完成了交货义务。买方承担交货之后一切风险和其他费用，卖方必须支付将货物运至目的地的运费。CPT 术语要求卖方办理货物出口清关；买方办理货物的进口清关。该术语适用于各种运输方式，包括多式联运。

根据《2020 通则》的解释，CPT 术语下买卖双方的主要义务如表 8-13 所示。

**表 8-13　CPT 术语下买卖双方的主要义务明细表**

| 卖方基本义务 | 买方基本义务 |
|---|---|
| 1. 负责在合同规定的时间、地点，将合同规定的货物置于买方指定的承运人控制下，并及时通知买方。<br>2. 负责提供符合合同规定的货物和商业发票，或具有同等效力的电子数据。<br>3. 自负费用，按通常条件订立运输合同，经惯常路线、按习惯方式将货物运至指定目的地的约定地点或其他合适的具体地点。<br>4. 承担将货物交给承运人控制之前的风险。<br>5. 负责取得出口许可证或其他官方批准的证件，并办理出口清关手续，支付关税及其他有关费用。 | 1. 接受卖方提供的有关单据，受领货物，并按合同规定支付货款。<br>2. 承担自货物在约定交货地点交给承运人控制之后的风险。<br>3. 自负风险和费用，取得进口许可证或其他官方批准的证件，办理货物进口所需的海关手续，支付关税及其他有关费用。 |

CFR 术语与 CPT 术语的异同。

**1. 相同之处**

（1）都是由卖方安排货物运输，支付有关运费，并办理出口手续，提交有关单据；

（2）都是货交承运人后风险即转移，货物在运输途中的风险由买方承担；

（3）都属于装运合同。

**2. 不同之处**

（1）适用的运输方式不同，CFR 仅适用于海运和内河运输，属港口到港口的运输；CPT 适用于各种运输方式（包括集装箱运输、多式联运、海陆空），属于门到门的运输。

（2）其交货和风险转移的地点不同，CFR 风险划分以装运港货物上船为界限，CPT 以货交承运人为界限。

（3）提交的单据不同，CFR 提供的是海运提单，属于物权凭证，可以转让，可以出售；CPT 通常提供的是联运单据，只是交接货物的凭证，不能转让，不能出售。

### （三）CIP（运费、保险费付至）

CIP（Carriage and Insurance Paid to...named place of destination），即运费、保险费付至（……指定目的地），是指卖方向其指定的承运人交货，必须支付将货物运至目的地的运费，亦即买方承担卖方交货之后的一切风险和额外费用。按照 CIP 术语，卖方还必须办理货物在运输途中灭失或损坏风险的保险。该术语适用于各种运输方式，包括多式联运。

在 CIP 术语下，如买卖双方事先未在合同中规定保险险别和保险金额，卖方需按协会货物 A 险条款或者《中国保险条款》一切险险别取得保险，最低保险金额为合同价款加 10%，并以合同货币投保。保险责任的起讫期限必须与有关货物的运输相符合，并必须自买方需负担货物灭失或损坏的风险时（自货物在发运地被交付给承运人时）起开始生效，直至货物达到约定的目的地为止。

根据《2020 通则》的解释，CIP 术语下买卖双方的主要义务如表 8-14 所示。

**表 8-14　CIP 术语下买卖双方的主要义务明细表**

| 卖方基本义务 | 买方基本义务 |
| --- | --- |
| 1. 负责提供符合合同规定的货物和商业发票，或具有同等效力的电子数据，以及合同可能要求的证明货物符合合同的其他证件。<br>2. 负责在合同规定的时间、地点，将合同规定的货物置于买方指定的承运人控制下，并及时通知买方。<br>3. 负责订立货物运往指定目的地的运输合同，并支付有关运费。<br>4. 负责按照买卖合同的约定，自负费用投保货物运输险。<br>5. 承担货物交给承运人控制之前的风险。<br>6. 负责取得出口许可证或其他官方批准的证件，并办理出口清关手续，支付关税及其他有关费用。 | 1. 接受卖方提供的有关单据，受领货物，并按合同规定支付货款。<br>2. 承担自货物在约定交货地点交给承运人控制之后的风险。<br>3. 负责取得进口许可证或其他官方批准的证件，并且办理货物进口所需海关手续，支付关税及其他有关费用。 |

当前，集装箱运输和多式联运被广泛采用。买卖双方应根据具体交易的实际情况，适当选用 FCA、CPT 和 CIP 术语，以替代传统的主要适用于水运的 FOB、CFR 和 CIF 术语。使用 FOB、CFR 或 CIF 术语，与 FCA、CPT 和 CIP 相比存在两个缺点：一是增加了卖方的风险责任，从货交承运人延伸到在装运港越过船舷（或装到船上）；二是推迟了运输单据的出单时间，从而延缓了卖方交单收汇的时间，影响资金周转速度和造成利息损失。因此，在出口业务中，推广使用

FCA、CPT 和 CIP 术语，对卖方是有利的。

## 三、其他五种贸易术语

### （一）EXW（工厂交货）

EXW（Ex Works），即工厂交货（……指定地点），是指当卖方在其所在地或其他指定的地点（如工场、工厂或仓库）将货物交给买方处置时，即完成交货，卖方不负责将货物装上买方前来接收货物的运输车辆、不办理出口清关手续。这个术语是卖方承担义务最少的贸易术语，买方负担自卖方所在处提起货物至目的地所需要的一切费用和风险。

本术语适用于任何单一或者多式联运运输方式。

《2020 通则》解释，该术语可能更适用于完全无意出口货物的国内贸易。因为在出口清关中，卖方的参与工作仅限于协助获取诸如买方要求的用于办理货物出口的单据或信息。如果买方预计办理出口清关时会遇到困难时，建议不使用该术语，而最好使用 FCA 术语。

### （二）FAS（船边交货）

FAS（Free alongside Ship），即船边交货（……指定装运港），是指卖方在装运港把货物运放置到指定的船边，即履行其交货义务。买卖双方负担的风险和费用均以船边为界，买方必须自该时刻起，负担一切费用和货物灭失或者损坏的风险；买方须自付费订立自指定装运港起的货物运输合同。《2020 通则》中对 FAS 卖方义务规定“或取得已如此交付的货物”，是为了适应大宗商品销售中，对已放置于船边的货物作链式交易的需要。

该术语由卖方自负费用和风险，取得出口许可或其他官方证件，在需要办理海关手续时，办理货物出口的一切海关手续，并交纳出口关税及其他费用。该术语仅适用于海运或内河运输，《2020 通则》中指出，FAS 术语不适用于货物在交到船边之前已经移交给承运人的情况，如货物在集装箱终端交给承运人，则应当考虑使用 FCA 术语。

### （三）DAP（目的地交货）

DAP（Delivered at Place），即目的地交货（……指定目的地），是指当卖方在约定目的地的约定地点，将装载在抵达的运输工具上并做好卸货准备的货物交由买方处置，即为交货。卖方承担将货物运送到指定地点的一切风险和费用。按照《2020 通则》，当事人应尽可能明确地规定在约定目的地内的特定交货点，因为货物被运至该地点的风险，均由卖方负担。如卖方按照运输合同负担在目的地卸货的有关费用，除非双方另有约定，卖方无权向买方索还该项费用。

《2020 通则》中，对 DAP 术语下卖方交货义务添加了“或取得已如此交付的货物”的规定，以适应大宗商品销售中链式交易的需要；将 DAP 术语卖方运输义务修改为，必须“自付费用签订运输合同或安排运输”，这里新增的安排运输是指卖方可在不委托承运人的情况下，安排使用自己的运输工具来运输货物。DPU 和 DDP 对上述规定相同。

在清关适用的地方，DAP 术语要求卖方办理出口清关手续，但无义务办理进口清关、支付任何进口税或办理任何进口海关手续。如果双方希望卖方办理进口清关、支付所有进口关税，并办理所有进口海关手续，则应当使用 DDP 术语。

该术语适用于任何单一或者多式联运运输方式。

### （四）DPU（卸货地交货）

DPU（Delivered at Place Unloaded），即卸货地交易（……指定目的地），是指卖方在指定的目的地将货物从抵达的运输工具上卸下并交由买方处置，或以取得已如此交付的货物，卖方完成了交货。卖方承担将货物运至指定的目的地并卸下的一些风险和费用（进口清关及费用除外）。

DPU是《2020通则》中的国际贸易术语，替代了《2010通则》中的DAT，且列于DAP之后。《2010通则》中DAT与DAP两个术语唯一的区别是：DAP项下，当货物到达目的地的运输工具上可供卸载交由买方处置时，卖方即履行了交货义务；而DAT项下，当货物从到达目的地的运输工具卸到"运输终端"（terminal）时，卖方才算完成交货。虽然，《2010通则》解释了"运输终端"一词（包括任何地点，而不论该地点是否有遮盖），但是实践中理解仍存在困惑，使用时容易混淆。为此《2020通则》新增了DPU术语，并在该术语后面直接加上"卸货"（unloaded），即DPU目的地卸货后交货，用来替代《2010通则》中的DAT，这样可更清晰地区分DAP和DPU两术语，方便选用适合的贸易术语。

相比《2010通则》对DAT的释义，《2020通则》提出DPU的交货点"目的地"可以是任何地方，而不仅仅是"运输终端"。实践中，使用DPU术语时，卖方应确保其打算交付货物的地点是能够卸货的地点。为此，特别建议双方尽可能清楚地约定目的地或目的点，确保该地点是能够卸货的地点，因为货物被运至该地点的风险和费用，均由卖方负担，如果卖方未履行此义务，卖方即违反了其义务，将对买方随之产生的任何损失承担责任。DPU术语要求卖方办理货物出口清关，但无义务办理货物进口清关。

DPU适用于铁路、公路、空运、海运、内河航运或者多式联运等任何形式的贸易运输方式。

### （五）DDP（完税后交货）

DDP（Delivered Duty Paid），即完税后交货（……指定目的地）。卖方在指定的目的地办完清关手续将在交货的运输工具上尚未卸下的货物交给买方处置，即完成交货。卖方承担将货物运至目的地的一切风险和费用，包括在需要办理海关手续时在目的地应缴纳的任何进口税费。

与EXW相反，DDP术语是卖方承担最多义务的术语。

当事方应尽可能明确地规定在约定目的地内的特定地点，因为货物被运至该地点的风险，均由卖方负担。如卖方按照运输合同负担在目的地卸货的有关费用，除非双方另有约定，卖方无权向买方索还该项费用。

若卖方不能直接或间接地取得进口许可证，无法办理进口清关手续，则不应使用此术语，而应考虑选用DAP或DPU。

如当事方希望将任何进口时所要支付的一切费用（如增值税）从卖方的义务中排除，则应在销售合同中明确写明。

## 【复习思考题】

1.《2020通则》的解释为什么将按F组和C组贸易术语成交的合同称为"装运合同"，将按D组贸易术语成交的合同称为"到达合同"？

2. 根据《2020 通则》，为什么不能称 CIF 价格为“到岸价”？

3. 根据《2020 通则》，按“DAP+目的港”成交与按“CIF+目的港”成交有什么区别？

## 第三节　贸易术语与进出口商品价格

**【学习目标】**

本节旨在介绍贸易术语与进出口商品价格之间的关系。

完成本节学习，学习者应达成以下目标：

熟练掌握不同贸易术语之间的价格换算。

**【基本概念】**

投保加成率

**【建议学习时间】**

1 课时

### 一、价格构成因素

在国际货物销售合同中，贸易术语一般在价格条款中列明，进出口商品的价格构成因素因使用的贸易术语不同而不同。在业务实践中，最为常见的贸易合同是选用 FOB、CFR 和 CIF 三种术语的合同。FOB 价一般包括商品成本、国内总费用和预期利润，以 FOB 术语的价格为基础，CFR、CIF 术语的价格按卖方承担义务的不同而相应递增，如表 8-15 所示。

**表 8-15　商品价格构成因素表**

<table>
<tr><td rowspan="9">CIF价格</td><td rowspan="8">CFR价格</td><td rowspan="7">FOB价格</td><td rowspan="3">商品成本</td><td>生产成本：制造商生产某一产品所需的投入</td><td rowspan="3">出口退税（扣除项）：我国实施出口退税制度，出口商品按照不同比例退还有关增值税和消费税，出口企业往往将出口退税作为扣除项计入成本</td></tr>
<tr><td>加工成本：加工商加工成品或半成品所需的成本</td></tr>
<tr><td>采购成本：贸易商向供应商采购商品的价格</td></tr>
<tr><td rowspan="3">国内总费用</td><td colspan="2">经营费用：如国内运输、仓储、领证、报关等费用</td></tr>
<tr><td colspan="2">管理费用：指各项业务开支费用</td></tr>
<tr><td colspan="2">财务费用：主要有贷款利息、银行费用等</td></tr>
<tr><td>预期利润</td><td colspan="2">利润是交易的最终目的，因此预期利润是价格的主要组成部分</td></tr>
<tr><td colspan="4">国际运输费用</td></tr>
<tr><td colspan="5">国际保险费用</td></tr>
</table>

选用何种贸易术语，与买卖双方的经济利益密切相关。一般来说，在出口业务中，出口企业应争取多选用 CIF 和 CFR 术语，而少用 FOB 术语；反之在进口业务中，应争取多选用 FOB 术

语，而少用 CFR 和 CIF 术语。对 FCA、CPT 和 CIP 术语的选用，在出口和进口业务中，也应分别按上述原则予以掌握，为本国增加外汇收入，节省外汇支出，促进本国运输、保险事业的发展。

另外，在出口业务中，应顺应集装箱运输和多式运输的趋势，推行 FCA、CPT 和 CIP 术语替代 FOB、CFR 和 CIF 的使用。当然，也可根据不同交易的具体情况，选择 EXW、DAT、DAP 和 DDP 等贸易术语来适应国际贸易的发展。

## 二、商品价格与报关

国际贸易货物的价格与买卖双方的经济利益密切相关，选用不同的贸易术语，进出口商品的价格会有所不同。但是，进出口商品的价格构成因素是复杂的，除了受选用的贸易术语影响外，交易双方为完成交易所约定的其他费用和支付安排也会影响商品价格。

例如，商业习惯中的佣金、折扣、专利等费用，根据我国海关法规定，有的应计入进出口商品的计税价格，有的则予以扣除。为了有效遵守我国海关关税征收规定，外贸及关务从业人员必须认真研究进出口商品的价格构成因素，正确办理报关纳税手续。下面以一含有购货佣金的成交价格为例，分析商品价格对报关纳税的影响。

**案例 1**　国内 A 企业与外商签订 FOB 交易条件的一般贸易进口合同，进口某项商品 10000 件，成交单价为每件 50 美元。按照国际贸易惯例的规定，FOB 术语由买方安排运输、支付运费，为此 A 企业支付了总价为 2500 美元的运费和 500 美元的运输保险费。另外，A 企业为购买这批货物还另向购货代理人支付每件商品 2 美元佣金。货物进口时，A 企业向海关申报了进口该批货物的价格，并提供了相关票据。由此，该货物进口时，可能申报三种价格，如表 8-16 所示。

**表 8-16　A 企业申报价格表**

| 申报价格 | 单价（美元/件） | 总价（美元） | 备注 |
|---|---|---|---|
| 买卖合同成交价 | 50.00 | 500000.00 | 外商开出 FOB 发票价 |
| 货物进口到岸价 | 50.30 | 503000.00 | FOB+I+F |
| 企业核算成本价 | 52.30 | 523000.00 | FOB+I+F+购货佣金 |

该批货物属于单边进口，在我国境内消费使用，应缴纳进口关税及进口环节海关代征税。根据《关税法》第二十四条规定，进口货物的计税价格以成交价格以及该货物运抵中华人民共和国境内输入地点起卸前的运输及其相关费用、保险费为基础确定。而买方承担的购货佣金则不计入计税价格。因此，该批货物向海关申报的价格，应为第二种情形，即单价每件 50.30 美元，总价 503000.00 美元。

以上案例说明，卖方开出发票中的价格是买方向卖方支付的价格，是某种特定条件下商业交易层面的价格。买方为将货物运回国内，自行支付的运费、保险费、向购货代理人支付的佣金并未被记录在发票中。根据通关规则，发票价格以外的其他实际支付价格如果应该计入进口货物计税价格的，向海关申报时则应以发票价格为基础，将其他单独列明的实付价格，合并计入总价，并同时将其分摊进单价，形成调整后的价格，即所谓的“计税价格”，再按该商品适用的税率计征关税。由此，海关通过进出口商对商品价格的申报，获取商品价值信息，可以确定计税价格，确保进出口税款的征收。

在我国报关业务实践中，将商品交易价格按规则调整后向海关申报的情形是经常发生的，但是这种调整是建立在商品交易价格基础上的。因此，全面掌握商品价格构成的知识，正确办理报关手续，是对关务人员业务素养的基本要求。价格申报错误会导致海关行政处罚，给企业信誉及利益带来损失。

**案例 2** 唐山某公司于 2018 年 9 月 5 日以一般贸易方式从天津新港海关申报进口润滑油 1678.5 千克，采用 CIF 贸易术语。经查阅该公司这批货物进口的海运合同、运输发票及财务账册，发现其实际贸易方式为“Ex Factory”（制造厂交货），海运费 1500 美元，按照贸易方式该笔海运费应由唐山某公司承担。该公司以 CIF 的贸易方式向海关申报的价格中，漏报了应计入计税价格的海运费 1500 美元、工厂至启运港的运费、保险费。经唐山海关计核税款，漏缴税款共计 2371.35 元人民币。

唐山某公司的行为违反了《海关法》第二十四条第一项、第八十六条第（三）项的规定，构成违规。依据《海关行政处罚实施条例》第十五条第四款的规定，决定对当事人科处罚款人民币 1900 元整。

## 三、常用贸易术语的换算

不同贸易术语表示的价格因素不同。一方面，进出口企业在经营活动中，经常需要对所订立的进出口合同中采用的贸易术语进行换算，以核算进出口商品的实际成本。另一方面，在报关实践中，企业也需要将买卖双方的成交价格调整为符合海关征税规则的进出口货物计税价格，并依据税率计算出应纳税额，以利于资金的准备。以下主要介绍 FOB、CFR 和 CIF 三种常用术语的换算。

### （一）FOB 换算为 CFR 与 CIF

CFR 价 = FOB 价 +运费

CIF 价=（FOB 价+运费）/［1-保险费率×（1+投保加成率）］

根据《2010 通则》的规定，在 CIF 合同中，卖方有责任办理货运保险并支付保险费。除非另有约定外，保险金额应为合同规定的价款加 10%，并以合同货币投保。此处“加 10%”即为投保加成率，以使货物万一在运输途中因风险遭受损失，买方向保险公司索赔时“预期利润”也得到赔偿。但是，在 FOB 合同中，买方是根据自己的意愿办理货运保险，如果买方没有对合同价款进行投保加成，其 CIF 价的换算公式应为：

CIF 价=（FOB 价+运费）/（1-保险费率）

同时此换算公式也适用于进口货物计税价格的报关核算，因为我国海关进口货物计税价格中不包括“预期利润”。

### （二）CFR 换算为 FOB 与 CI

FOB 价 =CFR 价-运费

CIF 价= CFR 价/［1-保险费率×（1+投保加成率）］

有关 CFR 换算成 CIF 时的投保加成问题与上述 FOB 换算相同，此处不再赘述。

### （三）CIF 换算为 FOB 与 CFR

FOB 价=CIF 价×［1-保险费率×（1+投保加成率）］-运费

CFR 价=CIF 价×［1-保险费率×（1+投保加成率）］

**案例 3** 我国出口商出口泰国曼谷某商品，按 CIF 价商品每千克 50 美元。现泰国客户要求改报 FOB 价。已知我国出口商投保 W. P. A.，保险费率 0. 25%，主运费每千克 5 美元。问在我国出口商利润不变的情况下如何向进口商报 FOB 价？

按照公式，计算如下：

FOB 价=CIF 价×［1-保险费率×（1+投保加成率）］-运费

=50×［1-0. 25%×（1+10%）］-5

=44. 8625 美元

### 【复习思考题】

1. 试述使用 FOB、CFR、CIF 术语的商品价格构成因素。
2. 商品价格对报关有什么影响？
3. 不同术语的价格换算公式是什么？

## 第四节　国际贸易结算

### 【基本概念】

本节旨在让学习者掌握在履行国际贸易合同时，与当事人双方切身利益相关的货款结算所涉及的结算工具和支付方式。

完成本节学习，学习者应达成以下目标：

1. 了解各种结算工具的种类、定义；
2. 掌握货款结算的主要方式、业务程序及其在国际贸易中的运用；
3. 掌握不同结算方式的信用属性，能分析其风险所在，从而对其利弊作出判断。

### 【基本概念】

结算工具、汇票、汇付、电汇、托收、付款交单、承兑交单、信用证、跟单信用证、SWIFT 信用证

**【建议学习时间】**

2 课时

国际贸易结算是国际结算的一种，是指为结清不同国家（地区）当事人之间因贸易活动形成的债权债务关系而发生的货币收付活动。其内容包括结算工具和支付方式。

## 一、结算工具

结算工具是国际贸易结算的重要内容之一，是国际贸易中货款交付的工具。国际贸易中主要的支付工具为货币和票据。货币用于计价、结算和支付。票据仅用于结算和支付。根据不同的情况，选用不同的结算工具，可以保证国际贸易的顺利进行，保障进出口双方的利益，减少贸易纠纷及外汇风险。国际贸易中常用的结算工具主要有计价货币和票据两种。

### （一）计价货币

计价货币是指在国际贸易中，进出口双方用来结算货款的现金结算工具。国际贸易中所使用的货币一般有三种，即本国货币、对方国家货币、第三国货币，采用哪种货币由买卖双方协商确定。在进出口业务中，交易当事人应选择可自由兑换并具有稳定性的货币。由于金融市场汇率浮动，买卖双方都将承担一定的汇率变化的风险。在国际贸易中，用现金货币结算货款是非常少见的，仅限于少量购买、预付定金、小额赔偿等。

### （二）票据

票据是以支付金钱为目的的金融单据，是由出票人签名于票据上，约定由自己或另一人无条件支付确定金额的、可流通转让的证券。为便于票据流通，保障有关当事人的权益，世界各国大都制定了专项法律（票据法）。目前世界上影响最大的票据法有两类：一类是以英国《1882 年票据法》为代表的英美法系；另一类是以《日内瓦统一法》为代表的大陆法系。

为了适应社会主义市场经济建设和发展的需要，规范票据行为，保障票据当事人的合法权益，我国参照国际上通行规则和各国立法并结合我国实际制定了《中华人民共和国票据法》（以下简称《票据法》），在 1995 年 5 月 10 日第八届全国人民代表大会常务委员会第十三次会议上通过，并于 2004 年 8 月进行了修订。我国《票据法》对某些票据行为和出票资格的规定与国际通行规则和各国立法有较大差异，为此，《票据法》对涉外票据法律的适用做了专门的规定，例如，对于国际条约和国际惯例的适用，中华人民共和国缔结或者参加的国际条约同本法有不同规定的，适用国际条约的规定。但是，中华人民共和国声明保留的条款除外。《票据法》和中华人民共和国缔结或者参加的国际条约没有规定的，可以适用国际惯例。

票据一般可分为汇票、本票及支票三种，其中汇票是国际贸易最常用的结算工具。

**1. 汇票**

根据《票据法》对汇票的定义，汇票是出票人签发的，委托付款人在见票时或者在指定日期无条件支付确定的金额给收款人或持票人的票据。

按照各国广泛引用或参照的英国票据法所下的定义，汇票是由一人签发给另一人的无条件书面命令，要求受票人见票时或于未来某一规定的或可以确定的时间，将一定金额的款项支付给某一特定的人或其指定的人或持票人。

汇票可以从不同角度进行分类：

一是按照出票人不同，可分为银行汇票和商业汇票。

二是按照付款时间不同，可分为即期汇票和远期汇票。

三是按照承兑人不同，可分为商业承兑汇票和银行承兑汇票。

四是按照使用时是否须附有货运单据，可分为光票和跟单汇票。

汇票可以通过背书转让，在国际结算中使用比较广泛，并通常附带商业单据一起使用。

国际贸易中使用的汇票并无统一的格式，但必须按国际票据法的规定记载有关内容。根据《票据法》规定，汇票必须记载下列事项：表明“汇票”的字样、无条件地支付委托、确定的金额、收款人名称、出票日期、出票人签章。未记载规定事项之一的，汇票无效。汇票的主要内容如下：

（1）出票条款。

注明出票人开立汇票的依据，一般应具备以下三项内容。

①开证行名称、地点（Drawn under）；

②信用证编号（L/C No.）；

③信用证的开证日期（Dated）。

出票条款是说明开证行在一定期限内对汇票的金额履行保证付款的法律依据，是信用证项下的汇票不可缺少的主要内容之一。如采用托收方式结算货款，该栏列明有关买卖合同编号。

（2）利息条款（Payable with Interest@ …%…）。

汇票金额的利率，应根据双方事先约定列明。

（3）汇票号码（No.）。

由出票人自行编号列明，在实际业务中，一般都以相应的发票号码据作汇票号码。

（4）汇票的金额（Exchang for）。

填写小写金额，由货币名称缩写和阿拉伯数字构成，金额保留到小数点后两位。

（5）出票地点和时间（Place and Date of Issue）。

汇票的出票地点一般在汇票上印就，如“Shanghai China”。汇票必须注明出票地点，表明汇票的生效和适用以该地点所在国的法律为依据。汇票的出票时间是所有单据中开立最晚的，一般是到银行交单议付的日期。

（6）付款期限（At…Sight）。

通常为即期付款和远期付款两种。没有付款期限的汇票是无效的。

（7）收款人（Pay…）。

注明受款人（Payee），即汇票的抬头人，通常有三种形式。

①限制性抬头，如“Pay…Co. only”；

②指示性抬头，如“Pay to the Order of…”或“Pay…Co. or Order”；

③持票人抬头，如“Pay to Bearer”。

实际业务中，汇票的收款人较多地采用指示性抬头。信用证项下，通常以议付行（出口地银行）为受款人，亦可做成受益人为收款人。托收项下的汇票，一般以托收行或出口方为收款人。

（8）汇票金额的大写（The Sum of）。

汇票的金额有大小写之分，大小写金额必须保持一致。

（9）付款人的名称和地址（To…）。

信用证规定付款人的，按信用证规定填入。信用证未做规定的，则列明开证行为付款人。托收项下汇票的付款人为进口方。

（10）出票人签名（Signed）。

托收和信用证项下，汇票的出票人均为出口方。

汇票样本如图 8-1 所示。

Bill of exchange

Draw under ISRAEL DISCOINT BANK OF NEW YORK AER YORK BRANCH L/C No. TH5301

Dated 03 OCT. 2011 Payable with interest@ ××× %

No. ATX051212 Exchange for USD12，400.00 Shanghai China Oct. 18 2011

At. * * * sight of this SBCOND of Exchange（First Exchange Being Unpaid）

Pay to the order of Bank of China，Shanghai Branch

The sum of U. S. DOLLARS TWELVE THOUSAND FOUR HUNDRED ONLY

To ISRAEL DISCOUNT BANK OF NEW YORK

NEW YORK BRANCH

CHINA ARTEX SHANGHAI IMPORT AND EXPORT CORPORATION

WANG LIQIN

**图 8-1 汇票样本**

**2. 本票**

按照《票据法》对本票的定义，本票是出票人签发的，承诺自己在见票时无条件支付确定的金额给收款人或者持票人的票据。《票据法》所称本票，是指银行本票。银行本票的出票人是银行。《票据法》对本票出票人的资格有严格的限制，只有符合中国人民银行规定且经其审定的银行方可签发本票。银行本票都是即期本票（见票即付）。根据《票据法》规定，本票自出票日起，付款期限最长不得超过 2 个月。

**3. 支票**

按照《票据法》对支票的定义，支票是出票人签发的，委托办理存款业务的银行或者其他金融机构在见票时无条件支付确定的金额给收款人或者持票人的票据。按照各国票据法的一般规则，支票出票人必须按照签发的支票金额承担保证向持票人付款的责任。据此，支票的出票人所签发的支票金额不得超过其付款时在付款人处实有的金额，否则，即为空头支票。签发空头支票是被各国法律所禁止的。

**4. 支票与汇票、本票的区别**

支票与汇票、本票虽均具有票据的一般特性，但也存在明显差别。主要表现在以下几个方面：

（1）证券的性质。汇票与支票均是委托他人付款的证券，故属委托支付证券；而本票是由出票人自己付款的票据，故属自付证券或承诺证券。

（2）当事人。汇票和支票均有三个基本当事人，即出票人、付款人和收款人；而本票基本当事人只有两个，即出票人和收款人。本票的付款人即出票人自己。

（3）到期日。支票均为见票即付；而汇票和本票除见票即付外，还可作出不同到期的记载，如定日付款、出票后定期付款和见票后定期付款。在国际贸易结算中使用的跟单汇票，还有运输单据出单日期后定期付款的记载。

（4）承兑。远期汇票需要付款人履行承兑手续；而本票由于出票时出票人就负有担保付款的责任，因此无须提示承兑，但见票后定期付款的必须经出票人见票才能确定到期日，因此又有提示见票即“签见”的必要；支票均为即期，故无须承兑。

（5）出票人与付款人的关系。汇票的出票人对付款人没有法律上的约束，付款人是否承兑或付款，是付款人自己的独立行为，但一经承兑，承兑人（付款人）就应承担到期付款的绝对责任；本票的付款人即出票人自己，一经出票，出票人即应承担付款责任；支票的付款人只有在“出票人在付款人处有足以支付支票金额存款”的条件下才负有付款义务。

## 二、支付方式

货款结算的基本方式有汇付、托收和信用证三种。

### （一）汇付

汇付（Remittance）又称汇款，是最简单的国际货款结算方式。采用汇付结算货款时，卖方（收款人）将货物发运给买方（汇款人）后，将有关货运单据寄给买方；付款人主动通过银行将款项汇交收款人。汇款人在申请汇款时除应交付所汇全部款项外，还应向汇出行缴付规定比率的手续费，或称汇费（Remittance Fee）。汇付的实质是贸易双方利用银行间的资金划拨渠道，将一方的资金付给另一方，以完成收、付方之间债权债务的清偿。汇付由于资金和结算工具的流动方向均从进口方流动到出口方，两者的方向一致，即款项和结算工具同时向相同方向流动，因此，汇付属于顺汇。汇付可分为电汇、信汇和票汇三种。

**1. 电汇**

电汇（Telegraphic Transfer，简称“T/T”）是指汇出行应汇款人（通常为进口方）的申请，以电报、电传或环球银行间金融系统（SWIFT）等电讯手段发出付款委托通知书给收款人所在地的汇入行，委托将款项解付给指定收款人的方式。

电汇方式的优点是资金转移比信汇、票汇都快，缺点是汇款人要多付电报费和手续费，成本较高。

**2. 信汇**

信汇（Mail Transfer，简称“M/T”）是指汇出行应汇款人（通常为进口方）的申请，以信函格式开立汇款通知书并通过航邮（By Airmail）方式通知汇入行解付一定金额的款项给收款人（通常为出口方）的方式。

采用信汇的方式，邮程长，汇率低于电汇，缺点是资金转移速度较电汇慢，有可能在邮寄中延误或丢失。

**3. 票汇**

票汇（Remittance by Banker's Demand Draft，简称“D/D”）是指汇出行应汇款人（通常为

进口方）的申请，开立银行即期汇票，汇出行将票据交给汇款人，汇款人再将票据转交收款人，收款人凭此向汇入行收取款项的方式。票汇方式成本最低，但是速度最慢，有可能丢失被窃。

国际贸易采用汇付方式结算货款时，可能会出现“款到货不到”或者“货到款不到”的情况，而银行只提供服务不提供信用，无法完全确保进出口双方的利益。因此，使用汇付方式取决于买卖双方中一方对另一方的信任，属于商业信用。由于在通常情况下商业信用不如银行信用可靠，提供信用的一方承担的风险大，所以，汇付方式除了对本企业的关联或者分支机构及个别极可靠的客户用于预付货款和货到付款外，主要用于定金、货款尾数，以及佣金、费用等的支付。

### （二）托收

按照国际商会《托收统一规则》（简称《URC522》）第二条的规定，托收（Collection）是指银行依据所收到的指示处理金融单据和（或）商业单据，以便取得付款和（或）承兑；或凭以付款或承兑交单；或按照其他条件交出单据。其中金融单据（Financial Documents）是指汇票、本票、支票或其他类似的可用于取得款项支付的凭证；商业单据（Commercial Documents）是指发票、运输单据、所有权文件或其他类似的文件，或者不属于金融单据的任何其他单据。

托收业务，由于汇票或单据的传递方向与资金的流动方向相反，因此属于逆汇。托收主要分为光票托收、跟单托收两种。

**1. 光票托收**

光票托收（Clean Collection）是指不附带商业单据的金融单据托收，即债权人（出口方）仅向银行（托收行）提交汇票，委托银行（托收行）代为向债务人（进口方）取得付款或承兑的一种结算方式。票汇业务中的票据托收即属于光票托收。

光票托收主要用于货款尾数、小额货款、贸易从属费用和索赔款的收取。

**2. 跟单托收**

跟单托收（Documentary Collection）是指附带商业单据的金融单据托收或不用金融单据的商业单据托收，即债权人（出口方）开立汇票（或不开立汇票），连同发票、装箱单、物权凭证（例如，海运提单）、保险单据等商业单据，委托出口地银行（托收行）通过其在进口地的代理银行（代收行）向债务人（进口方）取得付款或承兑后交付单据的一种结算方式。在国际贸易中，货款结算使用托收方式时，通常使用跟单托收。

跟单托收按照交付单据的方式不同分为付款交单、承兑交单两种。

（1）付款交单

付款交单（Documents against Payment，简称“D/P”）即附有商业单据的金融单据项下的托收，是指委托人指示托收行、代收行在付款人付清托收款项后方能将商业单据交予付款人的托收方式。付款交单按付款时间可分为即期付款交单（D/P at Sight）和远期付款交单（D/P after Sight）。

（2）承兑交单

承兑交单（Documents against Acceptance，简称“D/A”）即不附有金融单据的商业单据项下的托收，是指委托人指示托收行、代收行在付款人审单后决定接受商业单据时，由付款人在汇票上办理承兑，代收行审查承兑手续齐全后留下汇票，商业单据即交付款人，待汇票到期，付款人再向代收行付款的托收方式。

在托收业务中，银行是否能收到货款，依赖买方的信用。如果银行不能从买方收到实际货款，银行只要按照出口人的指示行事，不承担任何责任。托收方式与汇付方式一样属于商业信用。

## （三）信用证

信用证是随着国际贸易的发展，在银行参与国际贸易结算时从仅提供服务逐步演变到既提供服务，又提供信用和资金融通的过程中形成的。目前，信用证已成为国际贸易结算中广泛使用的非常重要的一种结算方式。

### 1. 信用证的含义

信用证（Letter of Credit，简称“L/C”）又称信用状，是指开证银行应开证申请人的要求并按其指示，或因其自身需要，向受益人开立的、载有确定金额的、在规定期限凭符合信用证条款规定的单据付款的书面保证文件。

根据《跟单信用证统一惯例》（UCP600）的定义，信用证是一项约定，无论其如何命名或描述，该约定不可撤销并因此构成开证行相符提示予以兑付的确定承诺。

相符提示（Complying Presentation）是指与信用证中的条款及条件、统一惯例中所适用的规定及国际标准银行实务相一致的提示。

兑付是指：（1）对于即期付款信用证即期付款；（2）对于延期付款信用证发出延期付款承诺并到期付款；（3）对于承兑信用证承兑由受益人出具的汇票并到期付款。

简言之，信用证是银行开立的、有条件承诺付款的书面文件。

### 2. 信用证的特点

（1）信用证是一种银行信用

采用信用证方式，只要出口人按信用证的要求提交单据，银行即保证付款。即使在开证后进口人失去偿付能力，只要出口人提交的单据构成相符交单，开证行也要负责付款，付款后如发现有误，也不能向受益人和索偿行进行追索。所以，信用证的性质属于银行信用，是建立在银行信用基础上的。

（2）信用证是独立于合同之外的一种自足的法律文件

在国际贸易结算中，银行开立的信用证虽然以进出口双方的贸易合同为基础，并且其中的条款大部分源自贸易合同，但信用证一经开立，就成为独立于贸易合同以外的具有法律效力的文件。

（3）信用证是一项单据业务

信用证结算方式是一种纯单据业务，根据《跟单信用证统一惯例》（UCP600）规定，银行处理的是单据，而不是单据所涉及的货物、服务或其他行为。只要提交的单据与信用证、单据本身或其他单据相符，开证行就应承担付款责任。

### 3. 信用证的作用

采用信用证方式支付，在很大程度上缓解了进出口双方互不信任的矛盾，并给进出口双方及银行都带来一定的好处。信用证在国际结算中的作用，主要表现在：

（1）对出口商来说，只要按信用证规定发运货物，向指定银行提交规定的单据，收款就有了保障。有时，在货物装运前还可凭信用证向银行申请打包贷款（Packing Credit），货物装运后将汇票和单据交议付行议付，通过押汇可及时收取货款，有利于加速资金周转。

（2）对进口商来说，申请开证时只需缴纳少量押金或凭开证行授予的授信额度开证，待单据到达后再行支付全部货款，减少了资金的占用。而且通过信用证上的所列条款，可以控制出口人的交货时间、质量和数量的检验要求，以及按规定方式交付货物和单据证件，保证合同的履行。

（3）对银行来说，开证行只承担保证付款责任，它贷出的只是信用而不是资金，在对出口人或议付行交来的汇票偿付前，已掌握了代表货物的单据，故并无多大风险，还可以从信用证业务中获得利息和手续费等收入。此外，通过信用证业务，可以带动其他客户往来、保险、仓储等业务，增加银行收益。

总之，信用证方式在国际贸易结算中起到了资金安全和资金融通作用。

**4. SWIFT 信用证**

（1）SWIFT 简介

SWIFT 是环球银行金融电讯协会（Society for Worldwide Interbank Telecommunication）的简称。它是一个国际银行同业间非营利性的国际合作组织，专门从事传递各国（地区）之间非公开性的国际金融电讯业务，其中包括外汇买卖、证券交易、开立信用证、办理信用证项下的汇票和托收等，同时还兼顾国际账务清算和银行资金调拨。

SWIFT 于 1973 年 5 月在比利时成立，总部设在布鲁塞尔，在荷兰阿姆斯特丹和美国纽约分别设有交换中心，并为各参加成员开设集线中心，为国际金融业务提供快捷、准确、优良的服务。目前，已有 2000 多家分设在不同国家（地区）（包括我国）的银行参加该协会并采用其信息网络系统。

在国际贸易信用证方式结算中，都采用电报和电传开证，各国（地区）银行标准不一，条款和格式也各不相同，而且文字烦琐。采用 SWIFT 信用证后，使信用证具有标准化、固定化和统一格式的特性，且文字简洁、传递速度快、成本也较低，已被世界大部分国家（地区）的银行广泛使用。在我国银行的电开信用证或收到的信用证电开本中，也以 SWIFT 信用证为多。

（2）SWIFT 信用证的特点

通过 SWIFT 开立或通知的信用证称为 SWIFT 信用证，也称环银电协信用证。其主要特点如下：

①格式标准化，安全性高。对于 SWIFT 电文，该系统有统一的要求和格式，使用规定的代码，做到用语标准化；电文的收发均有使用者的代号及密码对全证加密控制，且密码定时更换，保障 SWIFT 电文的安全性。

②解释统一，费用较低。采用 SWIFT 信用证，必须遵守 SWIFT 使用手册的规定，按国际商会制定的《跟单信用证统一惯例》（UCP600）的规定处理，证中可以省去银行的承诺条款，但并不因此免去银行所应承担的义务。与传统电讯开证方式相比较，同样多的内容，SWIFT 的费用只有电传的 18%、电报的 2.5%左右，费用较低。

③服务范围广，处理业务快。除信用证外，凡会员银行的有关国际银行业务的电讯均可使用 SWIFT 系统。每笔交易从发出电讯到收到对方确认只需 1~2 分钟，并可 7 天 24 小时连续不停地运转。

（3）SWIFT 信用证的结构

SWIFT 信用证因使用系统设计的特殊格式传送，有其特殊的固定结构，目前使用的格式代号为 MT700 和 MT701。以下是格式结构简介：

①电文表现形式。SWIFT 信用证电文由“项目”（Field Name）、“项目代号”（Tag）和“项目内容”（Content）三栏组成。项目是开证人申请开立信用证时按规定提出的，不同交易的信用证项目数量并不一致。每个项目的代号由两位固定的数字或两位数字加英文字母组成，如项目“Latest Date of Shipment 44C”（最后装运日，代号 44C）。代号不同，其含义不同，如“Applicant 50（申请人，代号 50）”“Documents Required 46A（应具备单据，代号 46A）”。

②项目的选用。SWIFT 手册规定的信用证项目分为必选项目（Mandatory Field）和可选项目（Optional Field）两类。选用必选项目是构成信用证合法性的必要条件，如“31 Date and Place of Expiry”（信用证有效期和到期地点）；可选项目亦称备选项目，是另外增加的，开证人可根据合同等实际情况选用若干项，如“39B Maximum Credit Amount”（信用证最大限制金额）。

③项目内容表示。项目内容的本质是开证银行承诺付款的条件，属于信用证条款。它也是信用证结算货款方式下受益人（出口商）制作单据的依据。其内容涉及业务面广、专业性强并应符合《跟单信用证统一惯例》（UCP600）的规则，是信用证的核心部分，表述时必须准确、全面、详尽。但是，SWIFT 信用证电讯格式对项目内容描述的数字和文字都有字数限制，电文一般以商务英语短句形式出现，且通常无主语和标点符号。这种表示方式，对相关业务人员提出了较高的专业素养要求。

（4）SWIFT 信用证的内容

信用证的内容除涉及该结算方式下整个贸易各环节业务外，还牵涉银行信用证业务的相关做法。以下以格式 MT700 为例，介绍 SWIFT 信用证主要项目内容。

①信用证的通知行（To：…）。

②信用证的开证银行（Fm：…）。

③信用证的性质（40A：Form of Doc. Credit）。根据《跟单信用证统一惯例》（UCP600）的规定，信用证是不可撤销的。

④信用证的号码（20：Doc. Credit Number）。

⑤信用证的开证日期（31C：Date of Issue）。SWIFT 格式表达日期的顺序是“年月日”，共六位数。

⑥该证的到期日和到期地点（31D：Date and Place of Expiry）。信用证的到期地点可以是开证行所在地，也可以是受益人所在地。如果是开证行所在地，受益人应提出修改，否则要把握好向开证行交单的时间和邮程，防止信用证失效。

⑦开证人（50：Applicant）。一般由订立买卖合同的买方申请开证，在该栏记载名称和地址信息。

⑧受益人（59：Beneficiary）。受益人是订立买卖合同的卖方，在该栏记载名称和地址信息。

⑨信用证币种和金额（32B：Currency Code，Amount）。在 SWIFT 格式中，金额的小数点用逗号表示。

⑩信用证总金额允许上下浮动的比率（39A：Percentage Credit Amount Tolerance）。例如，允许上下浮动 5%，则表示成“05/05”。

⑪押汇银行及押汇方式（41A：Available with…by…）。该项目实际上反映的是信用证的使用范围和银行付款的类型。如证上显示“Available with…bank”，则表示此证应在有效期内交到指

定的“……银行”；如果显示“Available with any bank”，则表示此证中的单据可被交到任何银行。“By”后面跟的是银行付款类型，如即期付款、延期付款、承兑和议付等。

⑫信用证中汇票付款的期限（42C：Drafts at…）。如是“即期”，则表示成“At…sight”。

⑬汇票的付款人（42A：Drawee）。一般情况下是开证行，但有时也会是一个开证行指定的偿付行。

⑭货物是否允许分批出运（43P：Partial Shipment）。如是则显示“Allowed”，如否则显示“Prohibited”。

⑮货物在运输途中是否允许转运（43T：Transshipment）。如是则显示“Allowed”，如否则显示“Prohibited”。

⑯装船、发运或接受监管的地点（44A：Loading on board/Dispatch/Taking in charge at/from…）。

⑰货物装于至最终的目的地（44B：For Transportation to）。

⑱最后装运日（44C：Latest Date of Shipment）。表明该证项下的货物不能迟于此日期出运。

⑲货物描述及/或交易条件（45A：Description of Goods and/or Serice）。显示该证项下货物名称、规格、单价、数量等具体情形及相关交易条件。

⑳应具备的单据（46A：Documents Required）。表明该信用证要求提交哪些单据及对单据制作的要求，受益人所递交的单据和内容应符合的要求。

㉑附加条款（47A：Additional Condition）。通常是受益人的补充要求，有的需要在相关单据中显示出来，有的则是非单据化条件，需要受益人认真审核、对待。

㉒费用（71B：Charges）。表明受益人承担的信用证费用，如果该项目缺省，则表明除了议付费、转让费外，所有费用由开证申请人承担。

㉓交单的期限（48：Period of Presentation）。受益人向银行交单的期限，该项目是可选项目，如果缺省，按《跟单信用证统一惯例》（UCP600）规定，交单的期限为提单出单日后的21天内，但是无论如何不能超过信用证的有效期。

㉔该证有无被开证行要求加具保兑（49：Confirmation Instruction）。

㉕该证有无偿付行（53A：Reimbursing Bank）。

㉖开证行对付款行、承兑行或议付行的指示（79：Instruction to the Paying /Accepting /Negotiating Bank）。

（5）SWIFT信用证样本

SWIFT信用证样本如图8-2所示。

HONGKONG & SHANGHAI BANKING CORP
Incorporated in Hong Kong with Limited Liability
P. O. Box 085-151,
186 Yuan Ming Yuan Road, Shanghai
To:
CHINA ARTEX SHANGHAI IMPORT AND Our ref: 464311
EXPORT CORPORATION 04 OCT 2011
18 XIZANG NORTH ROAD
SHANGHAI, CHINA

Dear Sirs,

IRREVOCABLE DOCUMENTARY CDEDIT NO TH5391
In accordance with the terms of Article 7a of UCP600 we advise,
without any engagement on our part, having received the following
Teletransmission, Dated 03 OCT. 2011
From ISRAEL DISCOUNT BANK OF NEW YORK
NEW YORK BRANCH
MT 700

| | |
|---|---|
| 40A FORM OF DC: | IRREVOCABLE |
| 20 DOC. NO: | TH5391 |
| 31C DATE OF ISSUE: | 03 OCT. 2011 |
| 31D EXPIRY DATE AND PLACE: | 30 NOV. 2011 CHINA |
| 50 APPLICANT: | THE ABCDE GROUP, INC. |
| 445 KENNEDY DRIVE | |
| SAYREVILLE, NEW JERSEY | |
| 59 BENEFCIARY: | CHINA ARTEX SHANGHAT IMPORT AND EXPORT CORPORATION 18 XIZANG NORTH ROAD SHANGHAI, CHINA |
| 32 DC AMT: | USD12, 400.00 |
| 41D AVAILABLE WITH/BY: | ANY BANK IN CHINA BY NEGOTIATION |
| 42C DRAFTS AT: | SIGHT |
| 42D DRAWEE: | OURSELVES FOR 100.00PCT INVOICE VALUE |
| 43P PARTIAL SHIPMENT: | ALLOWED |
| 43T TRANSSHIPMENT: | ALLOWED |
| 44A LOADING/DISPATCH AT/FROM: | CHINA |
| 44B FOR TRANSPORTATION TO: | NEW YORK |
| 44C LATEST DATE OF SHIPMENT: | 10 NOV 2011 |

45A DESCRIPTION OF GOODS AND/OR SERVICE:
100% COTTON BABY GARMENTS

**图 8-2** SWIFT 信用证样本

| SPEC. | QNTY | UNIT PRICE | AMOUNT |
|---|---|---|---|
| 1)JERSEY BABY'S OVERALL | 2,000PCS | USD3.00/PC | USD6,000.00 |
| 2)JERSEY BABY'S BEATLE | 2,0000PCS | USD3.20/PC | USD6,400. 00 |

UNDER SALES CONTRACT GD-11ATX2509

TERMS CIF NEW YORK

46B DOCUMENT REQUIRED:

√COMMERCIAL INVOICE IN QUINTUPLICATE, MENTIONING COUNTRY OF ORIGIN, AND ALSO STATING "THIS IS TO CERTIFY THAT THE ABOVE MENTIONINGS ARE TRUE AND CORRECT" .

√PACKING LIST IN TRIPLICATE.

√INSURANCE POLICE AND/OR CERTIFICATE IN IN DUPLICATE ENDORSED IN BLANK FOR 110 PCT OF THE INVOICE VALUE INCLUDING THE INSTITUTE CARGO CLAUSES < A >, THE INSTITUTE WAR CLAUSES, IN-SURANCE CLAIMS TO BE PAYABLE IN USA IN THE CURRENCY OF THE DRAFTS INDICATING INSURANCE CHARGES.

√FULL SET OF ON BOARD MARINE BILLS LADING MADE OUT TO ORDER OF ISRAEL DISCOUNTBANK OF NEW YORK N. Y. L/C TH5391 MARKED FREGHT PREPAID AND NOTIFY APPLICANT .

√CETIFICATE OF ORIGIN ISSUED BY CIQ.

49 CONFIRMATION INSTRUCTION: WITHOUT

48 PERIOD FOR PRESENTATION:

DOCUMENTS TO BE PRESENTED WITHIN 15 DAYS AFTER DATE OFSHIPMENT BUT WITHIN THE VALIDITY OF THE CREDIT.

47A ADDITIONAL CONDITIONS:

+THE GOODS TO BE PACKED IN EXPORT CARTONS.

+EACH SET OF DISCREPANT DOCUMENTS WILL BE ASSESSED USD70.00 PRESENTING OUR FEES FOR HANDLING DISCRPANCIES. THESE FEES ARE FOR THE BENEFICIARYS ACCOUNT AND WILL BE AUTOMTICALLY DUDUCTED FROM THE PROCEEDS OF THE PAYMENT WHEN EFFECTED.

+ALL DRAFTS MUST BE MARKED DRAWN UNDER ISRAEL DISCOUNT BANK OF NEW YORK, NEW YORK STATING THE DOCUMENTARY CDEDIT NUMBER AND THE DATE OF THIS CREDIT.

71B ALL BANK CHARGES OUTSIDE USA AND INCLUDING REIMBURSEMENT COMMISSION ARE FOR ACCOUNT OF BENEFICARY.

78 INFO TO PRESENTING BK:

+ALL DOCUMENTS ARE TO BE DESPATCHED TOUS AT 511 FIFTH AVENUE NEW YORK, NY 10017 IN ONE LOT BY AIRMAIL

James C M Wong (0687)    Rapheal Z F YIN (4431)

Except so far as otherwise expressly stated, this documentary credit is subject to Uniform Customs and Practice for Documentary Credit (2007 Revision), International Chamber of Commerce Publication No. 600.

图 8-2 SWIFT 信用证样本（续）

## 【复习思考题】

1. 试比较支票与汇票、本票的区别。

2. “在国际货物买卖中，对买卖双方来说，汇付是一种最安全的支付方式”这种说法是否正确？为什么？

3. 为什么说托收业务属于商业信用？

4. 信用证的主要作用是什么？

## 本章练习题

### 一、单选题

1. 采用 DAP 贸易术语达成的交易，卖方交货的地点在（　　）。

A. 装运港船上　　B. 装运港码头

C. 目的港码头　　D. 目的地卖方派来的运输工具上

2. 根据 INCOTERMS 2020，采用 FCA 术语成交，如在卖方所在地交货，（　　）负责将货物装上买方指定的承运人的运输工具上；如在其他指定地交货，（　　）负责将货物从卖方的运输工具上卸下。

A. 买方指定的承运人；卖方

B. 买方指定的承运人；买方指定的承运人

C. 卖方；买方指定的承运人

D. 卖方；卖方

3. 在我国对外贸易货款结算中，（　　）是使用最多的票据。

A. 汇票　　B. 支票　　C. 本票　　D. 旅行支票

4. 信用证与托收相结合的方式中，单据必须以（　　）方式交付。

A. 信用证　　B. 汇付　　C. 付款交单　　D. 承兑交单

5. 上海某公司进口一批货物，从日本东京空运至上海，日方支付运费和保险费并承担货物的风险责任至成都但不卸货，日方办理出关手续和进关手续并承担进口税费。按以上交易条件，应选用的贸易术语是（　　）。

A. DPU 上海　　B. CIF 上海　　C. DDP 成都　　D. DAP 成都

6. 按 CFR 条件达成的合同，凡需要程租船运输的大宗货物，适宜在合同中具体订明(　　)由谁承担。

A. 装船费用　　B. 卸货费用　　C. 保险费用　　D. 运费

7. 商业承兑汇票和银行承兑汇票的分类依据是（　　）。

A. 出票人　　B. 附属单据　　C. 承兑人　　D. 承兑地

### 二、多选题

1. 贸易术语是在长期的国际贸易实践中产生的，它可以用来（　　）。

A. 表示商品价格构成

B. 确定交货条件

C. 明确定价方式

D. 说明买卖双方在交接货物时各自承担的费用、风险与责任的划分

2. 根据 INCOTERMS 2020，FOB、CFR、CIF 三个贸易术语的共同点是（　　）。

A. 风险费用划分都以装运港船上为界

B. 都属于象征性交货

C. 都适合于海洋和内河运输

D. 都适合于铁路和公路运输

3. 国际货物买卖合同中的单价通常由（　　）构成。

A. 计量单位　　B. 单位价格金额

C. 计价货币　　D. 贸易术语

4. 天津某公司业务员的进口报价中术语形式正确的是（　　）。

A. CFR Tianjin　　B. FCA New York

C. FOB Tianjin　　D. CIF Tianjin

5. 选择结算方式时应予考虑的因素包括（　　）。

A. 客户信用　　B. 贸易术语　　C. 银行服务　　D. 运输单据

6. 选择贸易术语时应考虑的因素有（　　）。

A. 运输条件　　B. 与付款方式相适应

C. 运输途中的风险　　D. 办理结关手续的难易

7. “FOB 上海”和“FOB vessel 上海”的相同点有（　　）。

A. 出口清关手续承担方　　B. 进口清关手续的承担方

C. 适用的运输方式　　D. 费用划分点

**三、判断题**

1. CIF ex ship's hold London 是指卖方要负责将货物送到伦敦，但不承担在目的港的卸货费用。（　　）

2. 某公司采用 FOB vessel Seattle 条件从美国进口一批货物，合同中没有约定货款是否包含出口报关的相关税费。当该公司向对方付款时，对方要求该公司额外支付该批货物在美国出口报关和签证的相关税费，美国公司的要求是合理的。（　　）

3. A 公司和外商签订 FOB 出口合同。签约后买方委托卖方代为订舱，卖方接受了对方的要求。由于船期紧张，未订到舱位。卖方 A 公司要承担未如期装运的责任。（　　）

4. 在实际业务中，习惯上将 CIF 价格称作“到岸价”，也就是说，按 CIF 术语成交，卖方要承担货物到达目的港之前的一切责任、费用和风险。（　　）

5. 国际贸易报价中单价由货币名称、单位金额和计量单位三部分构成。（　　）

6. 我国不承认银行以外的企事业单位、其他组织和个人签发的本票。（　　）

7. 支票的付款人一定是银行或其他金融机构。（　　）

# 第九章 国际贸易合同主要条款

## 学习目标

**知识目标**

- 掌握国际贸易合同条款的基本内容和相关专业术语
- 掌握国际贸易合同条款的制定原则和有关规定
- 掌握进出口业务的基本流程

**技能目标**

- 能用英文科学准确拟定国际货物买卖合同
- 能对跨境业务风险进行管理和防范
- 具备解决简单贸易纠纷的能力

**素养目标**

- 具有洞察国际经济形势与政策的能力
- 树立严谨的职业道德观，能自觉维护国家和企业利益，具有较强的责任感和全局意识
- 具备吃苦耐劳、诚实守信、敬业高效、尊重规则、认真严谨的职业素养

国际贸易合同或称国际货物销售合同，是指营业地在不同国家（地区）的当事人所订立的货物买卖合同。其格式一般包括约首、主要条款和约尾三个部分。其中，主要条款包括品名、品质、数量、包装、价格、运输、保险、支付、检验、索赔、不可抗力和仲裁等项内容。这些基本条款直接关系到缔约双方在买卖中的权利和义务，是合同的主要内容。

从贸易合同的角度看，不同国家（地区）当事人之间对合同解释的一致性极为重要。因此，一些国际组织、商会、行业协会及民间团体等都制定了大量的示范合同及其解释供合同双方自由选用。例如，国际商会为制成品的转卖制定了《国际商会国际销售示范合同》（The ICC Model International Sale Contract）；波罗的海交易所粮谷饲料贸易协会（GAFTA）为粮谷、饲料的买卖制定了70多个标准合约格式；联合国欧洲经济委员会对成套设备的买卖制定了标准合同格式，其中《成套设备和机器出口供应一般条件》最为著名；我国国际经济贸易仲裁委员会和我国国际商会仲裁研究所也制定了《成套设备进口合同（CIF条件）》；中日、中韩政府间也分别制定有《中日一般货物销售合同条款集》和《中韩货物销售示范合同》。

关务人员应当提高对合同的重视程度，对合同格式、术语和文本用词、双方权利义务的划分等进行专业学习。各种不同的术语、用词与条款规定，通常体现了该合同的价值取向，对买卖双方也是各有利弊。本章从关务工作角度出发，对其中部分条款进行阐述。

## 第一节　品名与品质条款

**【知识目标】**

本节内容旨在让学习者熟悉掌握品名和品质条款的规定形式、规定方法等基本内容和相关专业术语。

完成本节学习，学习者应达成以下目标：

1. 熟悉合同品质条款的基本内容和专业术语，区分当事人的责任、权利和义务；了解该条款在关务工作中的运用和影响；

2. 结合通关业务掌握品质条款相应的业务处理基本规则。

**【基本概念】**

国际贸易合同、国际贸易合同主要条款、质量（品质）、等级、标准、样品、卖方样品、买方样品、对等样品、品质机动幅度、品质公差

**【建议学习时间】**

1课时

商品的名称和质量是国际货物买卖当事人双方首先要商定的交易条件，是买卖双方进行交易的物质基础，也是买卖合同中的主要条款之一。对于关务工作而言，商品的名称和质量是对进出口货物、物品进行归类、估价、原产地确定和适用贸易管制等工作的基本依据。

## 一、品名

商品的名称（Name of Commodity），或称品名，是指能使某种商品区别于其他商品的一种称呼或概念。商品名称可区分为通用名称和特定名称。通用名称通常是某一类商品的总称，用于区分不同种类的商品，例如，医用手术床单；而特定名称则用于区别同种类别商品的特定类型，例如，14 寸聚氯乙烯制管芯。商品的名称在一定程度上体现了商品的自然属性、用途及主要的性能特征。在实践中，商品主要依据用途、主要原料或成分、制造工艺、外观形态等来命名。例如，注射针以主要用途命名；玻璃杯、番茄罐头以所使用的主要原材料或成分命名；阿拉伯长袍以外观形态命名；贵州茅台酒、云南白药以商品的产地命名；苹果手机以企业名称命名；百事可乐以外来词命名；白葡萄酒、黑巧克力以色彩命名。

品名是交易标的物的称谓，是国际货物销售合同中必须具备的内容，因此表述必须明确、具体，适合商品的特点。使用外文时，其译名也必须准确反映原名。

## 二、质量

商品的质量（Quality of Good），或称品质，是商品的内在品质以及外观形态的综合。内在品质包括物理特性、化学成分、生物结构、技术性能等，一般需要借助各种仪器、设备分析测试才能获得，例如，纺织品的断裂强度、色牢度，化工品的熔点、沸点，机械产品的精密度、强度等。外观形态是通过人们的感觉器官可以直接获得的商品的外形特征，例如，商品的大小、色泽、款式和透明度等的综合，两者决定了商品的使用效能。商品的品质表述，明确了交易标的物的状态，其品质的优劣对商品价格、销售数量、市场份额和买卖双方的经济利益有着重要作用。

### （一）品质表示方法

在国际贸易中，表示品质的方法有多种，归纳起来，可以分为两大类：文字说明表示和实物样品表示。

**1. 凭文字说明表示商品品质**

在国际货物买卖中，大多数商品采用文字说明表示商品的品质，称为“凭说明买卖”（Sale by Description）。其主要方式如表 9-1 所示。

**表 9-1 凭说明买卖的主要表示方式**

| 方法 | 示例 |
|---|---|
| 凭规格买卖<br>(Sale by Specifications) | Vital Wheat Gluten, Moisture Max 10%, Protein Min 75%, Ash Max 2%, Water Absorption Min 150%<br>活性小麦面筋粉，水分最高 10%，蛋白质最低 75%，灰分最高 2%，吸水最低 150% |

表9-1 续

| 方法 | 示例 |
|---|---|
| 凭等级买卖<br>(Sale by Grade) | Chinese Green Tea, Special Chunmee, Special Grade, Art No. 41022<br>中国绿茶，特珍眉①，特级，货号 41022 |
| 凭标准买卖<br>(Sale by Standard) | Rifampicin, B. P. 1993<br>利福平，英国药典 1993 年 |
| 凭品牌或商标买卖<br>(Sale by Brand or Trade Mark) | Maling Brand Worcestershire Sauce<br>梅林牌辣酱油 |
| 凭产地名称或地理标志买卖<br>(Sale by Name of Origin, or by Geographical Indication) | Sichuan Preserved Vegetable<br>四川榨菜 |
| 凭说明书或图样买卖<br>(Sale by Description or Illustration) | Quality and technical data to be strictly in conformity with the description submitted by the seller<br>品质和技术数据必须与卖方所提供的产品说明书严格相符 |

用文字说明商品品质的最基本方法就是用文字规定产品的规格（Specification），如成分、含量、纯度、大小等，也可以通过规定商品的等级或标准来确定质量。

等级和标准是规格的固定化。等级（Grade）是指同一类的货物，根据长期生产和贸易实践，按照其品质、重量、成分、外观或者效能等的不同，用文字、数码或者符号所作的分类；标准（Standard）是经政府机关或者工商团体、同业公会等制定和公布的某类商品的规格。

**2. 用实物样品表示商品品质**

商品品质用实物样品表示，即指买卖双方在洽商时，由卖方或由买方提出少量足以代表商品品质的实物作为样品，要求对方确认，样品一经确认便成为买卖双方交接货物的品质依据。这种表示商品品质的方法，在国际贸易中称为“凭样品买卖”（Sale by Sample）。这是由于这些商品本身的特点，难以用文字说明商品品质，或出于市场习惯而采用的一种方法。

实物样品（Sample）通常是指从一批商品中抽出来或者由生产部门设计、加工出来的能够反映和代表整批商品品质的少量实物。按照样品提供者的不同，样品可分为卖方样品、买方样品和对等样品。当样品由卖方提供时，称为“凭卖方样品买卖”（Sale as per Seller's Sample）；当样品由买方提供时，称为“凭买方样品买卖”（Sale by Buyer's Sample）。在实际业务中，如卖方认为按买方来样供货没有确切把握，可根据买方来样，加工出一个类似样品交买方确认，这种样品称为“对等样品”（Counter Sample），又称“回样”（Return Sample）或“确认样品”（Confirming Sample）。如买方同意凭对等样品洽谈交易，就等于把“凭买方样品买卖”变为“凭卖方样品买卖”，使卖方处于较为有利的地位。

此外，除了凭文字说明买卖和凭样品买卖外，少数特种商品还采用看货买卖方式，即买方或者其代理人先在卖方存放货物的场所验看货物，并就所验货物成交。这种方法多用于寄售、拍卖或者展卖业务中，主要针对珠宝、首饰、工业品等具有独特性质的商品。

① 珍眉，是浙江传统名茶，眉茶中的上品，主要的外销茶类。出口眉茶包括特珍、珍眉、雨茶、贡熙、特针和秀眉六个花色产品，均有严格的加工标准样和贸易标准样规定。其中，特级珍品眉茶，即“特珍眉”，以采摘于清明至谷雨的一芽一叶、二叶为原料，条索紧结有锋苗，色泽绿润起霜，香味浓醇，汤色明净，叶底黄绿嫩。

### （二）品质机动幅度和品质公差

**1. 品质机动幅度**

品质机动幅度（Quality Latitude）是指为了避免品质条款的规定过于严格造成卖方交货困难，在合同中规定对特定质量指标在一定幅度内可以机动。品质机动幅度主要用于初级产品及某些工业制成品的品质指标。其具体规定方法有规定范围、规定极限、规定上下差异三种。

（1）规定范围：对某项商品的主要质量指标规定允许有一定机动的范围，例如，色织全棉布宽度 59/60。

（2）规定极限：对某些商品的质量规格，规定上下极限，例如，大西洋三文鱼，每条 6.5 千克以上。

（3）规定上下差异：在规定某一具体质量指标的同时，规定必要的上下变化幅度，例如，鸭绒被，含绒量 70%，允许上下 1%。

**2. 品质公差**

工业品在生产过程中，产品品质相对品质指标产生一定的误差难以避免，如对手表可以允许有一定的走时误差。这种被国际同行业公认的允许产品品质出现的差异即为“品质公差”（Quality Tolerance），交货质量在此范围内即可认为与合同相符。一般来说，品质公差为国际同行业公认，因此无须在合同中明确规定。但是如果国际同行业对特定指标没有公认的误差，或者双方对品质公差存在不同理解，则应在合同中具体约定买卖双方共同认可的误差。

卖方交货质量在机动幅度或品质公差范围内，一般按照合同单价计价，但也可以在合同中约定品质增减价条款。

例如，中国花生仁，水分 13%（Max），不完善粒 5%（Max），含油量 44%（Min）。

### （三）品质条款的作用

根据《联合国国际货物销售合同公约》的规定，卖方交货必须符合约定品质，如果卖方交货不符合约定的品质条件，买方有权要求赔偿，在一定条件下要求修理、降低价款或者交付替代品，甚至拒收货物或者解除合同。

## 【复习思考题】

1. 采用“凭买方样品成交”应该注意的问题有哪些？将“买方样品”改为“对等样品”的作用是什么？

2. 国际货物买卖合同中订立质量条款应该注意哪些问题？

3. 试述“品质机动幅度”与“品质公差”的含义及作用。

# 第二节 数量条款

**【学习目标】**

本节内容旨在让学习者熟悉掌握数量条款的规定形式、规定方法等基本内容和相关专业术语。

完成本节学习，学习者应达成以下目标：

1. 熟悉合同数量条款的基本内容和专业术语，区分当事人的责任、权利和义务；了解该条款在关务工作中的运用和影响；

2. 结合通关业务掌握数量条款相应的业务处理基本规则。

**【基本概念】**

常见计量单位、毛重、以毛作净、净重、实际皮重、平均皮重、约定皮重、公量、净净重、溢短装条款、约量

**【建议学习时间】**

1 课时

在国际货物买卖中，商品的数量不仅是国际货物销售合同中的主要交易条件，而且是构成有效合同的必备条件。合同中的数量条款是双方交接货物的数量依据。不明确卖方应交付多少货物，除无法确定买方应该支付多少金额的货款外，还会影响到价格及其他的交易条件。此外，商品成交数量还常常受到买卖双方所在国政府进出口管理政策的限制，如配额许可制度的约束。

## 一、国际贸易计量单位

在国际贸易中，通常采用的计量单位有六种：按重量（Weight）计量、按个数（Number）计量、按长度（Length）计量、按面积（Area）计量、按容积（Capacity）计量、按体积（Volume）计量。在不同的计量方法下，通常采用的计量单位名称及适用的商品也不同，如表 9-2 所示。

**表 9-2 国际贸易计量单位明细表**

| 计量单位 | 适用商品 | 常见计量单位 |
| --- | --- | --- |
| 重量（Weight） | 主要适用于羊毛、棉花、谷物、矿产品、盐、油类等天然矿产品；农副产品及矿砂、钢铁等部分工业制品 | 克（G）、千克（KG）、盎司（OZ）、磅（LB）、公吨（MT）、长吨（LT）、短吨（ST）等 |

表9-2 续

| 计量单位 | 适用商品 | 常见计量单位 |
| --- | --- | --- |
| 个数 (Number) | 主要适用于成衣、文具、纸张、玩具、车辆、拖拉机、活牲畜、机器零件等杂货类商品及一般制成品 | 只（PC）、件（PKG）、双（PR）、台/套/架（ST）、打（DZ）、罗（GR）、大罗（G. GR.）、令（RM）、卷（Roll or Coll）、辆（Unit）、头（Head）、箱（C/S）、捆（Bale or Bdl）、桶（Barrel or DR）、袋（B）、盒（BX）、听（Tin or Can）等 |
| 长度 (Length) | 主要适用于布匹、塑料布、电线电缆、绳索、纺织品等 | 码（YD）、米（M）、英尺（FT）、厘米（CM）等 |
| 面积 (Area) | 主要适用于木材、玻璃、地毯、铁丝网、纺织品、塑料板、皮革等板型材料；皮质商品和塑料制品 | 平方米（SQ. M）、平方英尺（SQ. FT）、平方码（SQ. YD）、平方英寸（SQ. INCH）等 |
| 容积 (Capacity) | 主要适用于小麦、玉米、汽油、天然瓦斯、化学气体、煤油、酒精、啤酒、双氧水等谷物类及部分流体、气体物品 | 公升（L）、加仑（GAL）、蒲式耳（BU）等 |
| 体积 (Volume) | 主要适用于化学气体、木材等 | 立方码（CU. YD）、立方米（CU. M）、立方英尺（CU. FT）、立方英寸（CU. INCH）等 |

由于各国度量衡制度不同，所使用的单位各异，因此了解与熟悉相互之间的换算方法是很重要的。目前国际贸易中常用的度量衡制度，包括国际单位制（International System of Units）、公制（The Metric System）、英制（The British System）和美制（The US System）。我国的法定计量单位制度为公制。

## 二、国际贸易计重方法

在进出口贸易中，重量是一种最为常用的货物数量的计量方法，合同中重量的不同计量方法如表 9-3 所示。

**表 9-3 国际贸易计重方法明细表**

<table>
<tr><th>类别</th><th colspan="3">计量方法</th><th>适用商品</th></tr>
<tr><td>毛重<br>(Gross Weight)</td><td colspan="3">商品本身的重量连同包装的重量</td><td></td></tr>
<tr><td rowspan="6">净重<br>(Net Weight)</td><td rowspan="6">商品本身重量即毛重扣除皮重（包装）得出的重量</td><td colspan="2">按照毛重计算，重量又称“以毛作净”（Gross for Net）</td><td>一般用于单位价值不高的农副产品和初级产品</td></tr>
<tr><td>实际皮重</td><td>将整批商品的包装逐一过磅，算出每件包装的重量和总重量</td><td rowspan="5">在国际贸易中，如果合同没有明确采用何种方法计算重量和价格时，按照惯例应当按照净重计算</td></tr>
<tr><td>平均皮重</td><td>从全部商品中取出几件，称其包装的重量，除以抽取的件数，得出平均数，再乘以总件数，算出全部包装重量</td></tr>
<tr><td>习惯皮重</td><td>按照市场已公认的规格化的包装计算，即用标准单件皮重乘以总件数</td></tr>
<tr><td>约定皮重</td><td>按照买卖双方事先约定的皮重作为计算的基础</td></tr>
</table>

表9-3 续

| 类别 | 计量方法 | 适用商品 |
|---|---|---|
| 公量（Conditioned Weight） | 用科学的方法去掉商品中所含水分之后，再加上标准水分重量所求得的重量，公式如下：<br>公量=净重×（1+标准回潮率）/（1+实际回潮率） | 通常用于少数经济价值较高而水分含量不稳定的货物，例如，羊毛、生丝、鸭绒等 |
| 理论重量（Theoretical Weight） | 件重量乘以件数得出总重量 | 主要用于某些有固定规格和固定体积的商品，其形状规则，密度均匀，每一件的重量大致相同。例如，钢板、马口铁等 |
| 实物重量（净净重）（Net Net Weight） | 净重扣除内包装的重量及其他包含杂物，如水分等的重量 | |

## 三、数量机动幅度条款

在国际货物买卖中，有些商品受本身特性、生产、运输或包装等条件的限制，在实际交货时不易精确计算。为了便于合同的顺利履行，减少争议，买卖双方通常在合同中规定数量机动幅度条款，这种条款一般称为“溢短装条款”（More or Less Clause）。所谓溢短装条款，是指在规定具体数量的同时，在合同中规定允许多装或少装的一定百分比。卖方交货的数量只要在允许增减的范围内即为符合合同有关交货数量的规定。例如，在合同中规定“装运数量允许有 5% 的增减”（Shipment Quantity 5% More or Less Allowed）。

在采用溢短装条款时，具体伸缩量的掌握大多明确由卖方决定，在由买方负责装运时，也可由买方决定。在采用租船运输时，为了充分利用船舱容积，也可授权由承运人决定。

此外，在少数合同中可以采用“约量”（approximately or about）条款来表示实际交货数量有一定幅度的伸缩。但由于“约”字在国际贸易中有不同的解释，有的为 2.5%，有的为 5%，因此双方应事先在合同中规定对“约”的理解，并达成书面协议或在一般交易条件中列明。但在一般情况下，以在数量条款中明确溢短装幅度为宜，尽量避免使用约量条款。另外，根据国际商会《跟单信用证统一惯例》（UCP600）规定，凡“约”或“大约”的词语用于涉及信用证规定的数量，应解释为允许有关数量有 10%的增减幅度。

## 四、数量条款的作用

在国际贸易中，买卖双方必须约定交易货物的数量作为履约的依据。根据《联合国国际货物销售合同公约》规定，卖方交货的数量必须与合同规定相符。如卖方所交货物的数量小于合同规定，卖方应在规定的交货期届满前补交，但不得使买方遭受不合理的不便或承担不合理的开支。即使如此，买方也有保留要求损害赔偿的权利。反之，如卖方所交货物的数量大于合同规定，买方除了可以拒收超额部分的数量，也可以收取多交数量中的一部分或全部，但应按合同价格付款。

## 【复习思考题】

1. 合同中约定数量机动幅度条款应该注意的问题有哪些？
2. 什么是“以毛作净”？

## 第三节　包装条款

**【学习目标】**

本节内容旨在让学习者熟悉掌握包装条款的规定形式、规定方法等基本内容和相关专业术语。

完成本节学习，学习者应达成以下目标：

1. 熟悉合同包装条款的基本内容和专业术语，区分当事人的责任、权利和义务；了解该条款在关务工作中的运用和影响；

2. 结合通关业务掌握包装条款相应的业务处理基本规则。

**【基本概念】**

散装、裸装、运输包装、集合运输包装、运输标志、唛头、指示性标志、警告性标志、重量体积标志、产地标志、销售包装、中性包装、定牌中性、无牌中性、定牌包装、无牌包装

**【建议学习时间】**

1 课时

国际贸易中的货物，除无须包装可直接装入运输工具中的散装货物（Bulk Cargo），以及在形态上自成件数不必包装，或者只需略加捆扎即可成件的裸装货物（Nude Cargo）之外，其他绝大多数商品都需要包装。

包装条款是国际货物销售合同中的主要条款之一，按照合同约定的包装要求提交货物是卖方的义务。货物的包装也涉及海关对进出口货物监管、查验的识别。

### 一、运输包装

运输包装（Transport Packaging）又称大包装或外包装，主要作用在于保护货物在运输过程中不被损坏或散失，并且方便货物的搬运和储存。

#### （一）包装的种类

在国际贸易中，货物的种类不同，对包装方式的要求也不尽相同，通常有：

1. 箱（Case）：不能紧压的货物通常装入箱内。按不同材料，箱子有木箱（Wooden Case）、板条箱（Crates）、纸箱（Carton）等。

2. 袋（Bag）：粉状、颗粒状和块状的农产品及化学原料，常用袋装。袋有麻袋（Sack）、布袋（Cloth Bag）、纸袋（Paper Bag）、塑料袋（Plastic Bag）等。

3. 包（Bale）：羽毛、羊毛、棉花、生丝、布匹等可以紧压的商品，可以先通过机压打包，

压缩体积后，再以棉布、麻布包裹，捆包成件。

4. 桶（Drum）：液体、半液体及粉状、粒状货物，可用桶装。桶有木桶（Vat）、铁桶（Metal Pail）、塑料桶（Plastic Drum）等。

此外，对于可以自行成件的商品，如圆钢、钢板、木材，在运输过程中，只需加以捆扎即可的，即为裸装（Nude Pack）；对于大宗的液态或者成粉、粒、块状的商品，如煤炭、矿砂、粮食、石油等，可直接装入运输工具内运送的，即为散装（In Bulk）。根据不同的包装方式，买卖双方还会对包装作出详细规定。

由于大型运输工具的发展，出现了集合运输包装，或称为组合运输包装，即将一定数量的单件包装组合成一件大的包装或装入一个大的包装容器内。集合包装有集装箱（Container）、托盘（Pallet）和集装袋（Flexible Container）等。

### （二）包装的标志

货物包装的标志是为了方便货物的识别、运输、仓储、检验和交接，防止错发、错运、错提，而在商品的外包装上书写、压印、贴印、刷制图形、文字和数字等标志。按其用途可分为运输标志（Shipping Mark）、指示性标志（Indicative Mark）和警告性标志（Warning Mark）、重量体积标志（Weight Volume Mark）和产地标志（Origin Mark）等。

**1. 运输标志**

运输标志又称唛头（Mark），是国际货物买卖合同、货运单据中有关货物标志事项的基本内容，作用是使货物在运输过程中的每个环节便于识别，以免发生错装、错运、错转、错交和无法交付等情况。当由于某种原因发生票货分离时，也便于港航工作人员能很快地确认货物所有人。

通常是由一个简单的几何图形和一些字母、数字及简单的文字组成。其主要内容包括：

（1）收、发货人的代号。用文字、字母及图形说明收货人或发货人，有的还加列合同号码。

（2）目的地的名称或代号。

（3）件号，如箱号、包号、桶号、件号、批号等。

**2. 指示性标志**

指示性标志是根据商品的特性，对易损、易碎、易变质的商品，在搬运装卸操作和存放保管条件方面所作出的要求和注意事项，用图形或文字表示的标志。例如，“小心轻放”“此端向上”“保持干燥”“谨防潮湿”“禁止用钩”“请勿践踏”等。

指示性标志图例如图 9-1 所示。

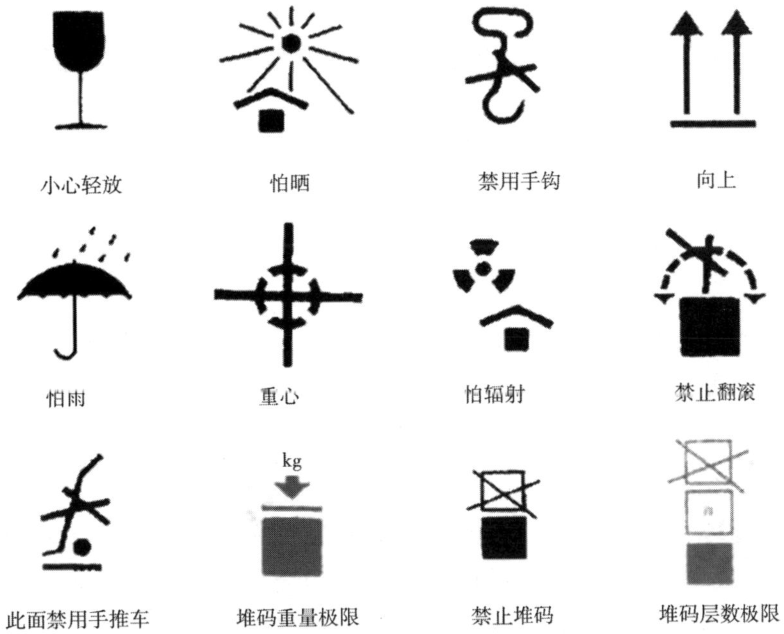


**图 9-1　指示性标志图例**

### 3. 警告性标志

警告性标志又称危险品标志，是指对一些易燃品、爆炸品、有毒品等危险品在其运输包装上清楚而明确地刷制的标志，以示安全操作警告。为保证国际危险货物运输的安全，联合国、国际海事组织、国际铁路合作组织和国际民航组织分别制定有国际海上、铁路、航空危险货物运输规则。在我国出口危险品的外包装上，应分别依照上述规则，刷写必要的危险品标志。《国际海运危险货物规则》所规定的一些危险品标志，如图 9-2 所示。

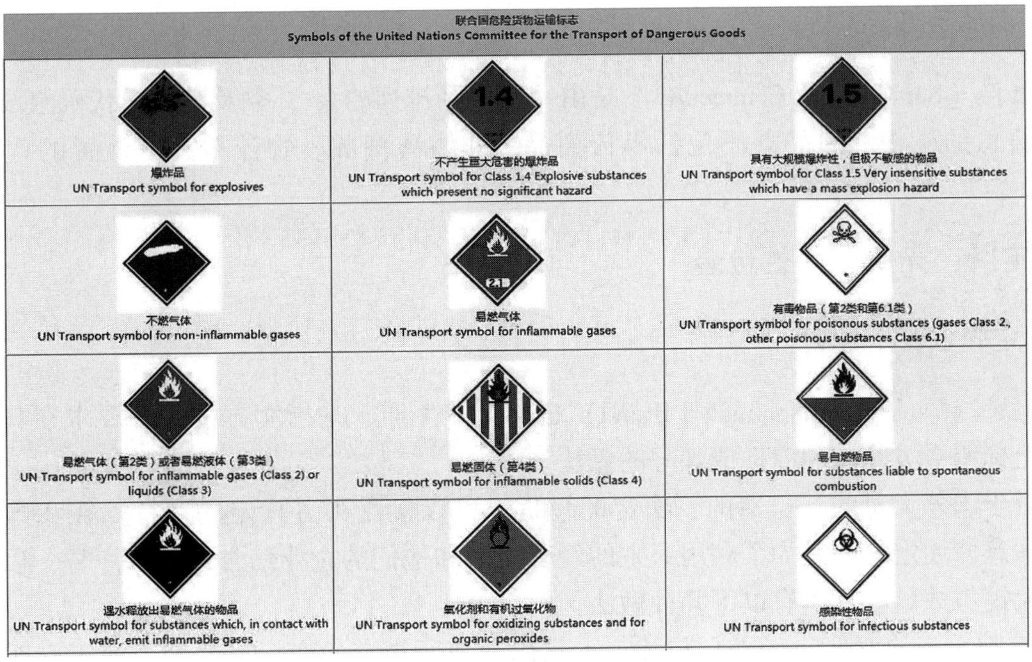


**图 9-2　危险品标志图例**

**4. 重量体积标志**

重量体积标志是指在运输标志上标明包装的重量与体积，以方便储运过程中安排装卸作业与舱位，例如，

GROSS WEIGHT 32kgs

NET WEIGHT 30kgs

MEASUREMENT 51×34×35cm

**5. 产地标志**

商品产地是海关统计和征税的重要依据。一般在商品的内外包装上均注明产地，作为商品说明的一个重要内容。例如，我国出口商品包装上均注明“MADE IN CHINA”。

## 二、销售包装

销售包装（Selling Packing）又称内包装（Inner Packing）、小包装（Small Package），是直接接触商品并随商品进入零售网点和消费者直接见面的包装。这类包装除必须具有保护商品的功能外，还应便于商品销售和消费者购买。商品的销售包装通常标有条形码。条形码是由一组粗细间隔不等的平行线条及其相应的数字组成的标记，通过计算机系统可以判断出该商品的生产国别或地区、生产厂家、品种规格和售价等一系列有关该产品的信息。

### （一）销售包装的种类

根据商品的特征和形状，销售包装可采用不同的包装材料和不同的造型结构与式样。常见的销售包装有挂式包装、堆叠式包装、便携式包装、一次性用量包装、易开包装、喷雾包装、配套包装和礼品包装。

### （二）商品条码标志

商品条码（Bar Code for Commodity）是由一组规则排列的条 、空及其对应代码组成，是表示商品特定信息的标识。商品条码包括零售商品、非零售商品、物流单元、位置的代码和条码标识。

## 三、定牌、无牌和中性包装

### （一）定牌包装

定牌包装（Packing of Nominated Brand）也称定牌生产，是指卖方按买方要求在其出售的商品或包装上标明买方指定的商标或牌号的做法。

一般对于国外大量的、长期的、稳定的订货，可以接受买方指定的商标。在我国出口业务中，我方同意使用定牌，是为了利用买主的经营能力和他们的企业信誉或品牌声誉，以提高商品售价和扩大销售数量。具体有以下几种做法：

1. 在定牌生产的商品和（或）包装上，只用外商所指定的商标或品牌，而不标明生产国别（地区）和出口厂商名称，这属于采用定牌中性包装的做法。

2. 在定牌生产的商品和（或）包装上，标明我国的商标或品牌，同时也加注国外商号名称

或表示其商号的标记。

3. 在定牌生产的商品和（或）包装上，采用买方所指定的商标或品牌的同时，在其商标或品牌的指示下标示“中国制造”字样。

### （二）无牌包装

无牌（Unlicensed Packaging）是指按照买方的要求在出口商品或包装上免除任何标志或牌名的做法。它主要是用于一些尚待进一步加工的半制成品，如供印染用的棉坯布，或供加工成批服装用的呢绒、布匹和绸缎等。其目的主要是避免浪费，降低成本。除非另有约定，采用无牌时，在我国出口商品和（或）包装上均须标明“中国制造”字样。

### （三）中性包装

中性包装（Neutral Packing）是指在出口商品和内外包装上不标明生产国别的包装。采用这种包装，主要目的是方便中间商转售货物或打破某些国家的关税与非关税壁垒。中性包装又分定牌中性和无牌中性。定牌中性是指在商品和包装上使用买方指定的商标、牌号，但不注明生产国别。无牌中性是指在商品和包装上均不使用任何商标、牌号，也不注明生产国别。

## 四、买卖合同中的包装条款

根据《联合国国际货物销售合同公约》规定，“卖方须按照合同规定的方式装箱或包装”，卖方没有按照合同规定的方式装箱或包装，即构成违约。为了明确国际货物销售合同中当事人的责任，应在买卖合同中对商品的包装要求作出明确具体的规定。

包装条款的内容一般包括包装材料、包装方式、包装规格、包装标志和包装费用等内容。例如，“In wooden cases of 50 kilos net each”（木箱装，每箱50千克净重），又如，“Each set packed in one export carton，each 810 cartons in one 40ft container”（每台装一个出口纸箱，每810个纸箱装1个40英尺集装箱）。在实际业务中，切忌使用笼统、含糊的词句。例如，一般不宜采用“适合海运包装”（Seaworthy Packing）、“习惯包装”（Customary Packing）之类的术语。因为这类术语含义模糊，且无统一解释，容易引起争议。

包装费用通常包含在货价之内，不另计收。如买方要求特殊包装，除非事先明确包装费用包含在货价内，否则超过的包装费用原则上应由买方负担，并应在合同中具体规定负担的费用金额和支付方法。

## 【复习思考题】

1. 进出口商品的包装如何分类？各有什么作用？
2. 进出口合同中包装条款一般包含哪些内容？在规定包装条款时，应该注意哪些问题？

## 第四节　装运条款

**【学习目标】**

本节内容旨在让学习者熟悉掌握装运条款的规定形式、规定方法等基本内容和相关专业术语。

完成本节学习，学习者应达成以下目标：

1. 熟悉合同装运条款的基本内容和专业术语，区分当事人的责任、权利和义务；了解该条款在关务工作中的运用和影响；

2. 结合通关业务掌握装运条款相应的业务处理基本规则。

**【基本概念】**

交货、装运、装运期、交货期、交货时间、交货地点、装运港、目的港、分批装运、转运、装卸时间、滞期费、速遣费、装运通知

**【建议学习时间】**

1 课时

在交易磋商和签订买卖合同时，必然涉及货物的装运。装运条款规定得合理、明确，才能保证装运工作顺利进行。买卖合同的装运条款，主要包括装运期和交货期、装运港和目的港、装卸时间、装运通知等内容。

### 一、装运期和交货期

在国际货物买卖中，按合同规定的时间和地点交付合同的货物是卖方的主要义务。

#### （一）交货和装运概念

在国际贸易中，存在着交货（Delivery）和装运（Shipment）两种不同的术语，因此，也就有交货时间（Time of Delivery）和装运时间（Time of Shipment）两种提法。交货时间和装运时间是两个互有联系但内涵不同的概念。

特别是以信用证方式结算货款的买卖合同，《跟单信用证统一惯例》（UCP600）对“装运日期”（Date of Shipment）作出具体规定：运输单据的出具日期将被视为发运、接受监管或装载以及装运日期。然而，如果运输单据以盖章或批注方式标明发运、接受监管或装载日期，则此日期将被视为装运日期。人们也因此把这种交付方式称为“凭单交货、凭单付款”的象征性交货方式（Symbolic Delivery）。

此外《2020通则》按照运输方式对其定义的贸易术语进行分组，并明确“交货地或港”对风险和费用的划分至关重要，货物越过交货点后发生的灭失或损坏风险从卖方转移给买方，买方不能向卖方追偿。同时明确采用F组和C组术语时，因交货地均在卖方一侧，通常被称为“装

运”销售，就是货物一旦装运（在 FOB、CFR 和 CIF 术语中，当货物在装运港被装上船只之后；在 CPT、CIP 术语中，当货物交付承运人后；在 FCA 术语中，当货物装上卖方提供的运输工具，或交由买方指定的承运人处置时），卖方就算完成了交货的义务。因此，在实际业务中，用 FOB、CFR、CIF、FCA、CPT 和 CIP 术语订立的合同中规定卖方应于何时、何地交货时，以使用“装运时间”“装运地点”较为合适。

至于 DAT、DPU 和 DDP 术语，主要使用“到货合同”，卖方必须在目的地实际交货（Actual Delivery）。从这个意义来讲，“装运”与“交货”是两个不同的概念，不能混淆。

### （二）交货时间和地点

交货时间（Time of Delivery）是指卖方按买卖合同的规定应该将货物交付给买方或承运人的期限，又称交货期或装运期。交货时间对买卖双方的利益均有很大的影响：对买方来说，关系到是否能适时取得货物，满足其销售或使用的需要；对卖方来说，关系到能否在规定时限内准备好货物，安排运输，办理各种必要手续，以交付买方。交货时间的早晚关系到买方支付与卖方收取货款的时间，直接影响企业的资金运用。所以，在国际货物买卖合同中，一般均须对交货时间作出明确具体的规定，交货时间作为国际货物买卖合同的一个要素，是买卖合同主要交易条件。

交货地点（Place of Delivery）是指卖方按买卖合同规定应该将货物交付给买方或承运人的地点。交货地点直接关系到买卖双方交接货物的具体安排、风险的转移。《中华人民共和国民法典》（以下简称《民法典》）第六百零三条规定，出卖人应当按照约定的地点交付标的物。当事人没有约定交付地点或者约定不明确，可以协议补充；不能达成补充协议的，按照合同有关条款或者交易习惯确定。如仍不能确定，标的物需要运输的，出卖人应当将标的物交付给第一承运人以运交给买受人，出卖人将标的物交付给第一承运人后，标的物毁损，灭失的风险由买受人承担。若标的物不需要运输，出卖人和买受人订立合同时知道标的物在某一地点的，出卖人应当在该地点交付标的物；不知道标的物在某一地点的，应当在出卖人订立合同时的营业地交付标的物。由于交货地点与在买卖合同中采用的贸易术语有密切关系，因此，正确选用贸易术语非常重要。

在采用 FOB、CFR、CIF 及 FCA、CPT、CIP 六种术语签订的买卖合同中，通常以装运时间作为交货时间，在买卖合同中，原则上必须具体地、明确地作出规定。但是由于国际货运情况错综复杂，不可控因素很多，要保证在选定的某一天完成货物装运较难做到。因此，在实际业务中一般不采用规定某一个具体日期的做法，常见的做法有以下几种。

**1. 规定某月装运**

在国际货物买卖合同中，规定一段时间装运，例如，“Shipment during March，2021”，即卖方可以在 2021 年 3 月 1 日至 3 月 31 日这一段时间内的任何时间装运出口。

**2. 规定跨月装运**

在国际货物买卖合同中，规定可供装运的期间，可从某月跨到下月，甚至更后的月份，例如，“Shipment during Fed. /Mar. 2021”，即卖方可分别从 2021 年 2 月 1 日至 3 月 31 日这段时间内任何时间装运出口。

**3. 规定在某月月底或者某日前装运**

在国际货物买卖合同中，规定一个最迟装运的期限。这个最迟装运期限，既可以是某一月份的月底，也可以是某一天，例如，“Shipment at or before the end of May. 2021”，即自订立合同之日起，在 2021 年 5 月 31 日或于此日前的任何时间装运；“Shipment not later than the end of June. 2021”，即自订立合同之日起，最迟不超过 2021 年 6 月 30 日装运。

4. 规定在收到信用证后若干天内装运

在某些外汇管制较严的国家（地区）的出口交易，或者买方资信情况欠佳或对其不够了解，或专为买方特制的出口商品，为了防止买方不按时履行合同而造成损失，在出口合同中可以采用在收到信用证后一定时间内装运的规定，以保障出口企业的利益。例如，“Shipment within 30 days after receipt of L/C”，即在收到信用证后 30 天内装运。

如果采用 E 组与 D 组术语成交，均采用实际交货的方式，且分属于启运和到达术语，则买卖双方应在合同的装运条款、交货条款中分别具体订明装运时间和交货时间、装运地点和交货地点，不能相互替代使用。

## 二、装运港和目的港

装运港（Port of Shipment）和目的港（Port of Destination）的规定是买卖合同中不可缺少的重要内容，它与合同使用的贸易术语中买卖双方所承担的运输责任有关。因此，在磋商交易和签订买卖合同时，必须对装运港和目的港作出明确、合理的规定。为了便于卖方根据货源情况安排装运，以及适应买方接收和转售货物的实际需要，装运港一般由卖方提出，经买方同意后确定；目的港则由买方提出，经卖方同意后确定。

### （一）装运港

在国际贸易中，装运地或装运港一般由卖方提出，经买方同意后确定。在实际业务中，应根据合同使用的贸易术语和运输方式正确选择和确定装运地点。在使用 FOB、CIF 或 CFR 贸易术语进行交易时，应选择货轮能够直接进入载运货物的港口为装运港。在采用多式联运的情况下，一般应以便于多式运输经营人收货的地方作为装运地点。

在国际贸易中，买卖合同通常只规定一个装运地或装运港，例如，装运港：上海（Port of shipment：Shanghai）；有时按实际业务需要，例如，货物分在多地，或磋商阶段尚未确定在何处发运货物，也可规定两个或多个港口、地方的名称，例如，装运港：天津和（或）上海（Port of shipment：Tianjin and/or Shanghai）；必要时甚至可作笼统规定。

### （二）目的港

在国际贸易买卖合同中，通常均需规定目的地或目的港。在 FAS、FOB、CFR、CIF 合同中，一般规定港口；在 FCA、CPT、CIP、DAP、DPU、DDP 合同中，则可规定内陆地点。

在实际业务中和装运地一样，买卖合同通常只确定一个目的地或目的港；有时按实际业务需要，例如，买方有不同的使用或销售地点，在双方磋商合同阶段尚不能确定供何处使用和销售，也可规定两个或两个以上的目的地或目的港；必要时甚至可作笼统规定。

## 三、分批装运和转运

分批装运（Partial Shipment）和转运（Transshipment），直接关系到买卖双方的利益，因此能否分批装运和转运，往往是国际货物买卖合同中交货条款的重要内容，需要在磋商阶段就应该明确。例如，卖方应在合同规定的装运期内将货物发往目的港，允许分批，允许转运。

### （一）分批装运

分批装运又称分期装运，是指一个合同项下的货物先后分若干期或若干次装运。在国际贸易中，凡数量较大，或受货源、运输条件、市场销售或资金的条件所限，有必要分期分批交货、到货者，均应在买卖合同中规定分批装运条款。根据国际商会《跟单信用证统一惯例》（UCP600）规定，除非信用证另有规定，准许分批装运。但是，如果信用证规定不准分批装运，卖方就无权分批装运。

因此为防止误解，如需要分批装运的出口交易，应在买卖合同中对允许分批装运作出明确规定。如为减少提货手续，节省费用，在进口业务中要求国外出口人一次装运货物的，应在进口合同中规定不准分批装运条款。

《跟单信用证统一惯例》（UCP600）中规定以下两种情况不视为分批装运：

1. 表明经由同一运输工具并经由同次航程运输的数套运输单据在同一次提交时，只要显示相同的目的地，将不视为部分发运，即使运输单据上标明的发运日期、装货港、接管地或发运地点不同。

2. 含有一份以上快递单据、邮局收据或投邮证明的交单，如果单据看似由同一地区的邮政机构在同一地点和日期加戳或签字并且表明同一目的地的，将不视为分批装运。

在进出口合同中规定分批装运的方法主要有两种：

1. 只原则规定允许分批装运，对于分批具体时间、批次和数量均不作规定。

2. 在规定分批装运条款时，具体列明每批装运的时间和数量。

### （二）转运

《跟单信用证统一惯例》（UCP600）中规定，转运是指货物在信用证中规定的发运、接受监管或装载地点到最终目的地的运输过程中，从一个运输工具卸下并重新装载到另一个运输工具上（无论是否为不同运输方式）的运输行为。

《跟单信用证统一惯例》（UCP600）中，还按照不同的运输方式对转运做了各自说明。例如，在海运情况下，转运是指在信用证规定的装货港到卸货港之间的海运过程中，将货物由一艘船卸下再装上另一艘船的运输行为；在航空运输情况下，转运是指在信用证规定的起飞机场到目的地机场的运输过程中，将货物从一架飞机卸下再装上另一架飞机的运输行为；而在公路、铁路或内河运输情况下，转运是指在信用证规定的发运、发送或运送的地点到目的地之间的运输过程中，在同一运输方式中从一运输工具卸下再装上另一运输工具的运输行为。

## 四、装卸时间和滞期、速遣条款

在国际贸易中，大宗商品大多使用程租船运输。由于装卸时间直接关系到船方的经营效益，因此，负责租船的一方，为了促使对方及时完成装卸任务，都在买卖合同中规定装卸时间、装卸率、滞期费、速遣费条款。

### （一）装卸时间

装卸时间的规定方法很多，其中主要有下列几种。

1. 日（Days）或连续日（Running Days；Consecutive Days）

即每一天，连续经过、中间不存在中断，包括所有的日子，如星期六、星期日和假日等。英美判例法确认连续日的含义与日（Day）完全相同。即不论是由于天气原因不能装卸货物，还是因为节假日不能装卸货物，装卸时间都连续计算，不做任何扣减。

2. 工作日（Working Day）

工作日是指在港口当地，按照港口当地的习惯，进行正常装卸作业的日子。而休息日，例如，一般国家规定的星期日不属于工作日。但在实务中，即便是国家规定的休息日，有些港口也进行工作，所以最好在合同中给予明确。

3. 累计 24 小时好天气工作日（Weather Working Days of 24 Hours）

指在好天气的情况下，不论港口习惯作业为几小时，均以累计 24 小时实际作业时间作为一个工作日。如果港口规定每天作业 8 小时，则一个工作日便跨及几天的时间。这种规定对租船人有利，而对船方不利。

4. 连续 24 小时好天气工作日（Weather Working Days of 24 Consecutive Hours）

指在好天气的情况下，可以作业的 24 小时算一个工作日，而不管实际是否作业，中间因坏天气影响而不能作业的时间应予扣除。这种方法一般适用于昼夜作业的港口。当前，国际上采用这种规定的较为普遍，我国一般都采用此种规定办法。

除了具有一定含义的日数表示装卸时间的办法外，有时关于装卸时间并不按日数或每天装卸货物的吨数来规定，而只是按“港口习惯速度尽快装卸”（To Load/Discharge in Customary Quick Dispatch，CQD）来规定。这种规定不明确，容易引起争议，故采用时应审慎。

为了计算装卸时间，合同中还必须对装卸时间的起算和止算时间加以约定。关于装卸时间的起算时间，各国法律规定或习惯并不完全一致。一般规定船长向承租人或其代理人递交了“装卸准备就绪通知书”（Notice of Readiness，N/R）后，并经过一定的规定时间，才开始起算。关于止算时间，现在世界各国习惯上都以货物装完或卸完的时间，作为装卸时间的止算时间。

装卸率是指每日装卸货物的数量，直接影响到装卸时间。装卸率的高低关系到完成装卸任务的时间和运费水平。装卸率规定过高或过低都不合适：规定过高，完不成装卸任务，要承担滞期费的损失；反之，规定过低，虽能提前完成装卸任务，可得到船方的速遣费，但船方会因装卸率低，船舶在港时间长而增加运费，致使租船人得不偿失。因此，装卸率的规定应适当。

### （二）滞期费与速遣费

采用程租船运输时，滞期费与速遣费是买卖合同和租船合同中均要涉及的重要问题，也是滞期速遣条款的主要内容之一。根据该项条款的规定，如果在装卸期限内，租船人未能完成装卸任务，延误了船期，应向船方支付一定的罚金，即滞期费，它相当于船舶因滞期而发生的损失和费用；反之，如租船人按约定时间提前完成装卸任务，船方要按其在装卸港所节省的停泊时间向租船人支付一定的奖金，即速遣费，速遣费一般相当于滞期费的一半。

### 五、装运通知

装运通知（Advice of Shipment）条款在于明确买卖双方的责任，做好船货衔接工作，例如，卖方在货物装运后，立即将合同号、品名、件数、毛/净重、发票金额及船名和发货日期等装运信息用传真通知买方及进口代理。

按照国际贸易的一般做法，在按FOB条件成交时，卖方应在约定的装运期开始以前（一般为30天），向买方发出货物备妥准备装船的通知，以便买方及时派船接货。买方接到卖方发出的通知后，应按约定时间，将船舶到港受载日期通知卖方，以便卖方及时安排货物出运和准备装船。

在按FOB、CFR或CIF条件成交时，卖方应于货物装船后，立即将合同号、货物品名、件数、重量、发票金额、船名及装船日期等项内容通知买方，以便买方在目的港做好接卸货物的准备，并及时办理进口报关等手续。

如按FOB或CFR条件成交，买方接到此项装运通知后，及时办理货物保险手续。按照国际贸易惯例，如因卖方漏发或未及时发出此项装运通知，致使买方漏保或未及时办理保险时，则卖方应负担买方因此而遭受的有关损失。

### 【复习思考题】

1. 如何理解合同中的交货”和“装运”？
2. 规定装运时间的方法有哪几种？我国出口企业在对外商定装运时，一般应考虑哪些问题？
3. 什么是滞期费？什么是速遣费？

## 第五节　检验、索赔、不可抗力和仲裁条款

### 【学习目标】

本节内容旨在让学习者熟悉掌握检验、索赔、不可抗力和仲裁条款的规定形式、规定方法等基本内容和相关专业术语。

完成本节学习，学习者应达成以下目标：

1. 熟悉合同检验、索赔、不可抗力和仲裁条款的基本内容和专业术语，区分当事人的责任、权利和义务；了解该条款在关务工作中的运用和影响；

2. 结合通关业务掌握合同检验、索赔、不可抗力和仲裁条款相应的业务处理基本规则。

### 【基本概念】

货物检验、检验权、检验的时间和地点、检验证书、检验标准、索赔、违约、异议与索赔条款、罚金条款、不可抗力、仲裁

**【建议学习时间】**

1 课时

## 一、检验条款

货物检验（Inspection of Goods）又称商品检验（Commodity Inspection），是指在国际货物买卖中，对卖方交付给买方的货物的质量、数量、重量、包装、安全、卫生、检疫，以及装运条件等进行的检验、鉴定和管理，以确定合同的标的是否符合买卖合同的规定；有时还对货物在装卸运输工程中发生的残损、短缺进行检验或鉴定，以明确事故的起因和责任的归属；货物检验还包括根据一国（地区）的法律或者行政法规对某些进出口货物实施合格评定活动。

在国际货物买卖中，由于买卖双方分处两个国家（地区），一般不是当面交接货物，且进出口货物需要经过长途运输、多次装卸，如到货时发生货物损坏、短缺等，容易引起双方的争议。商品检验对保护买方的利益是十分重要的，在磋商交易中，如何订立检验条款，往往是买卖双方争论较多的问题之一。

商品检验条款的主要内容包括检验权、检验时间与地点、检验机构与检验证书、检验方法与标准等内容。

### （一）买方检验权

《联合国国际货物销售合同公约》第五十八条明确规定，买方在未有机会检验货物前，无义务支付价款，除非这种机会与双方当事人议定的交货或支付程序相抵触。买方的这项权利是与卖方应当提交与合同相符的货物的义务相对应的。卖方必须提交与合同相符的货物，也就是通常所说的品质担保义务。按照一般原则，如果合同已对货物的品质、规格有具体规定，卖方应按合同规定的品质和规格交货；如果合同没有具体规定，则卖方所交货物应符合法律规定的要求。根据合同或法律所作出的检验结果，是判断卖方提交的货物是否与合同相符的标准，也是买方据以向卖方索赔的依据。

《联合国国际货物销售合同公约》第三十六条规定，卖方应按照合同和本公约的规定，对风险移转到买方时所存在的任何不符合同情形，负有责任，即使这种不符合同情形在该时间后方始明显。第三十八条还规定：（1）买方必须在按情况实际可行的最短时间内检验货物或由他人检验货物；（2）如果合同涉及货物的运输，检验可推迟到货物到达目的地后进行；（3）如果货物在运输途中改运或买方须再发运货物，没有合理机会加以检验，而卖方在订立合同时已知道或理应知道这种改运或再发运的可能性，检验可推迟到货物到达新目的地后进行。

我国《民法典》第六百二十条规定：“买受人收到标的物时应当在约定的检验期限内检验。没有约定检验期限的，应当及时检验。”第六百二十一条还规定：“当事人约定检验期限的，买受人应当在检验期限内将标的物的数量或者质量不符合约定的情形通知出卖人。买受人怠于通知的，视为标的物的数量或者质量符合约定。

“当事人没有约定检验期限的，买受人应当在发现或者应当发现标的物的数量或者质量不符合约定的合理期限内通知出卖人。买受人在合理期限内未通知或者自收到标的物之日起二年内未通知出卖人的，视为标的物的数量或者质量符合约定；但是，对标的物有质量保证期的，适用质量保证期，不适用该二年的规定。

"出卖人知道或者应当知道提供的标的物不符合约定的，买受人不受前两款规定的通知时间的限制。"

综上所述，买方有权对自己所购买的货物进行检验。如发现货物不符合规定，而且确属卖方责任，买方有权采取要求卖方予以损害赔偿等补救措施，直至拒收货物。但是，支持买方对货物的检验权并不是表示它是接受货物的前提条件，买方对收到的货物可以进行检验，也可以不进行检验。假如买方没有利用合理的机会对货物进行检验，就是放弃了检验权，也就丧失了拒收货物的权利。

### （二）检验时间和地点

虽然国际上一般都承认买方对货物有检验权，但应在何时何地进行检验，各国（地区）法律并无统一规定。因此，为了明确责任，买卖双方应在合同中对检验的时间和地点作出明确的规定。检验的时间和地点关系着买卖双方的切身利益，因为它涉及检验权、检验机构，以及有关的索赔问题。而检验的时间和地点通常又与合同中使用的贸易术语、商品特征、包装方式，以及当事人所在国（地区）的法律、行政法规等密切相关。在国际货物买卖合同中，关于检验时间和地点的规定，基本做法有以下三种。

**1. 在出口国（地区）检验**

（1）在产地检验（Origin Inspection）

一种是检验检疫机构派员在产地对出口商品执行的法定检验；另一种是买卖双方约定，在货物离开生产地点之前，由卖方或其委托的检验检疫机构人员，或者是买方的验收人员或是买方委托的检验检疫机构人员对货物进行检验或验收。在货物离开产地之前进行检验或验收为止的责任，由卖方承担。

（2）装运前检验（Pre-Shipment Inspection，PSI）

即以离岸质量、重量和数量为准。这是国际商品贸易中经常采用的一种检验方式，是检验机构对所有涉及用户成员方的产品的质量、数量、价格、关税税则目录和商品分类进行核实的一种海关措施。

它是世界贸易组织协议框架下的一种法定进口货物核查措施，通常由进口国（地区）政府有关部门颁布法令，指定一家或多家跨国公证机构对本国（地区）进口货物实行强制性装船前检验，并由该机构出具的检验证书作为决定交货质量、重量和数量的依据。货物运抵目的港或目的地后，买方如再对货物进行复验时，即使发现问题，但这时已无权再表示拒收或提出异议和索赔。

**2. 在进口国（地区）检验**

（1）在目的港或目的地卸货后检验

即以到岸质量、重量和数量为准，是指在货物运抵目的港或者目的地卸货后的一定时间内，由双方约定的目的港或目的地的检验机构进行检验，该机构出具的检验证书作为决定交付货物的质量、重量、数量的依据。如检验证书证明货物与合同规定不符是属于卖方责任的，由卖方负责。

（2）在买方营业处所或最终用户所在地检验

这是将检验推迟到货物运抵营业场所或最终用户的所在地后的一定时间内进行，并以双方约定的该地的检验机构所出具的检验证书作为决定交货质量和数量的依据。这种做法主要适用于需要安装调试才能进行检验的成套设备、机电仪表，以及在口岸开箱检验后难以恢复原包装的商品。

**3. 在出口国（地区）检验、在进口国（地区）复验**

即以装运港或装运地的检验证书作为收付货款的依据，同时货物运抵目的港或目的地后买方有复验权。如经约定的检验机构复验后发现货物不符合同规定，并证明这种不符情况系原装不良，是由于卖方责任而不属于承运人或保险公司的责任范围，买方有权在规定时间内凭复验证书向卖方异议和索赔。

三种做法各有特点，前两种在于以当事人中一方所提供的检验证书为准，而第三种做法以出口国（地区）检验的检验证书作为收付货款的依据，以进口国（地区）的复验结果作为买方向卖方提出异议和索赔的依据，这对买卖双方都较为公平合理，所以被国际贸易中的大多数当事人所接受。

### （三）检验证书

检验机构对进出口商品检验检疫或鉴定后，根据不同的检验结果或鉴定项目签发的各种检验证书、鉴定证书和其他证书，统称为检验证书（Inspection Certificate）。

在国际贸易中，检验证书起着公证证明的作用，作为买卖双方交接货物、结算货款、进行索赔和理赔的依据之一，也是通关、征收关税或优惠减免关税等的有效凭证。在信用证方式结算货款的情况下，检验证书通常也是银行议付货款和出口收汇的依据。

我国官方签发的检验证书泛指由中国海关公开发布的，具有固定格式和填制要求的各种单证，相关检验检疫证书上均冠有“中国海关”字样，对外签发时需加盖出证地海关的印章。

### （四）检验方法与标准

我国法律规定对列入海关实施检验检疫目录的商品和其他法定检验检疫对象进行包括抽样、检验和检查、评估、验证和合格保证、注册、认可和批准等工作。我国海关对法定检验以外的商品实施抽查检验。

根据我国法律，商品的检验标准是国家法律、行政法规规定设立的各项技术规范和强制性要求，没有强制性标准的按国际贸易合同约定的标准检验；强制性标准低于合同约定的检验标准的，按照合同约定检验；没有前述标准的，按照生产国标准、有关国际标准或者海关制定的标准检验。

## 二、索赔条款

索赔（Claim）是指进出口贸易中，因一方违反合同规定直接或间接给另一方造成损失，受损方向违约方提出赔偿请求，以弥补其所受损失。违约的一方受理对方提出的赔偿要求即为理赔（Settlement）。

### （一）违约责任

国际货物买卖合同是确定买卖双方权利义务的法律文件。任何一方当事人如不履行合同义务，或者履行合同义务不符合合同约定的，这在法律层面就构成了违约行为，违约方应承担继续履行、采取补救措施或者赔偿损失等违约责任。

我国《民法典》第五百六十三条规定，当事人一方迟延履行主要债务，经催告后在合理期限内仍未履行，或者有其他违约行为致使不能实现合同目的的，对方当事人可以解除合同。第五百六十六条规定，合同解除后，尚未履行的，终止履行；已经履行的，根据履行情况和合同性质，当事人可以请求恢复原状或者采取其他补救措施，并有权要求赔偿损失。

### （二）索赔依据

违约是受损方向合同另一方提出索赔的基本依据，即该方没有按照合同和法律的规定履行合同的义务。根据《联合国国际货物销售合同公约》规定，如果一方当事人违反合同的结果使得另一方当事人蒙受损失，以至于实际上剥夺了根据合同有权得到的利益，就构成根本性违约。

一方当事人提出索赔时，必须要有充分的索赔依据。索赔依据包括：法律依据和事实依据两方面。前者是指买卖合同和适用的法律规定；后者则指违约的事实、情节及书面证明。

### （三）索赔期限

索赔期限，是指受损害方有权向违约方提出索赔的期限。按照法律和国际惯例，受损害方只能在一定的索赔期限内提出索赔，否则就丧失索赔权利。索赔期限分为约定索赔期限和法定索赔期限两种。约定索赔期限是指买卖双方在合同中明确规定的索赔期限；法定索赔期限是指根据有关法律或国际公约受损害方有权向违约方要求损害赔偿的期限。《联合国国际货物销售合同公约》和我国法律都规定，索赔期限为自买方收到货物之日起两年之内。法定索赔期限只在买卖合同中未约定索赔期限时才起作用，在法律上，约定索赔期限的效力超过法定索赔期限。因此，在买卖合同中针对交易的具体情况，规定合理、适当的索赔期限是十分必要的。

### （四）索赔条款的规定方式

买卖双方为了在索赔和理赔工作中有所依据，一般都会在合同中订立索赔条款。在实践中，索赔条款可根据不同的需要做不同的规定，通常采用的主要有“异议与索赔条款”和“罚金条款”两种。

**1. 异议与索赔条款（Discrepancy and Claim Clause）**

一般是针对卖方交货质量、数量或包装不符合合同规定而订立的，主要包括索赔依据、索赔期限和索赔的处理方法。例如，商品品质、规格或数量与本合同的规定不符，并且此不符不应由保险公司或承运人负责，则买方有权在商品到达目的港 90 天内，凭中国海关或其认可机构出具的检验证书，向卖方索赔或要求更换新的商品，并且所有费用（如检验费、返修件和更换件的运费、保险费、仓储费及装卸费等）由卖方承担。关于品质，卖方应保证：在货物送抵客户厂房后 12 个月内，如出现使用过程中因品质不良、工艺低劣或采用低劣材料而导致的残损，买方应立即以书面方式通知卖方并提交一份附有中国海关或其认可机构出具的检验证书的索赔函。以上证书应视为索赔依据。根据买方的索赔函，卖方应负责立即排除商品残缺，部分或全部更换商品或按照残损状况进行降价处理，或应买方要求进行维修。如卖方在收到上述索赔函后一个月内仍未作出答复，此项索赔要求可被视为已被卖方接受。

如出现非卖方责任导致的货物损毁，卖方也应提供货损评估、维修等技术服务，但可以收取因此产生的合理费用。

**2. 罚金条款（Penalty Clause）**

也称违约金条款（Liquidated Damage Clause），多用于卖方延期交货、买方延期接货或延期付款时，其基本做法是在合同中预先规定罚金的数额或罚金的百分比。

在采用信用证方式结算货款的出口合同中，针对国外买方不开立或不按时开立信用证，以及在出口 FOB、FCA 合同中，针对买方不派船或不按时派船，不指定承运人或不按时指定承运人，可以规定卖方有权解除合同或延期交货，并要求给予损害赔偿。例如，除本合同规定的不可抗力外，若卖方不能按合同规定及时交货，经买方同意，卖方可在缴纳罚金的条件上延期交货，罚金可由买方在 T/T 支付时进行扣减，罚金不得超过迟交货物的价值总额的 1%，罚款率为每天 0.3%，不足七天的按七天计算。如果卖方在合同规定的装运期后十周仍未能发货，买方有权撤销该部分合同。但不管合同是否撤销，卖方均应及时支付前述罚金。

## 三、不可抗力条款

不可抗力（Force Majeure），或称人力不可抗拒，是指在合同签订以后，不是由于当事人的故意或过失，发生了当事人所不能预见的、无法预防的意外情况，以致不能履行合同或不能如期履行合同。当事人可以据此免除履行合同的责任或延迟履行合同，对方无权要求损害赔偿。例如，无论在商品制造或装运、转运期间，如有不可抗力事件（极端天气等不受卖方控制的情况）发生，卖方将不对由此导致的逾期或不能交货负责。但此时，卖方应立即将不可抗力事件通知买方，并于通知后 14 天内以传真方式向买方提供一份由不可抗力事件发生地权威机构出具的不可抗力事件证明。卖方不能取得出口许可证不得作为不可抗力。在这种情况下，卖方仍有义务竭尽全力尽快交货，如不可抗力事件持续超过十周，买方有权撤销合同。

### （一）认定

对于什么是不可抗力，各国（地区）说法并不一致，但一般都认为，不可抗力事件是在合同签订后发生的，不是由于任何一方当事人过错或故意造成的，事件的发生及其造成的后果是当事人无法预见、无法控制、无法避免和不可克服的。

引起不可抗力的原因有自然原因和社会原因两种。前者是指水灾、旱灾、飓风、暴雨、大雪、地震等人类无法控制的自然力量所引起的灾害，后者是指战争、罢工、政府禁运等。但不能错误地认为，所有的自然原因和社会原因引起的事件，都属于不可抗力。物价的涨落、货币的升值贬值等，除买卖双方另有约定外，不属于不可抗力的范围。

各国法律一般都允许当事人对不可抗力的范围在订立不可抗力条款时自行商定。

### （二）法律后果

根据《联合国国际货物销售合同公约》和有关的法律原则，如果发生不可抗力事件，致使合同无法得到全部、部分或者如期履行，有关当事人可以依据法律或者合同的规定，在不可抗力影响的时间和范围内，免除其相应的责任。一般来说，如果不可抗力事件只是部分或者暂时阻碍了合同的履行，则发生事件的一方可以部分履行或者延迟履行；同时当事人无须向对方承担损害赔偿的责任。

### （三）通知与证明

不可抗力事件发生后，不能履约的一方应当将不可抗力事件及时通知对方当事人。《联合国国际货物销售合同公约》明确规定，不履行义务的一方，必须将事件及其对履行义务能力的影响通知另一方。如果该项通知在其已经知道或者应该知道此事件后的一段合理时间内，仍未被另一方收到，则一方应对由于另一方未收到通知而造成的损害负赔偿责任。

另外，各国国内法一般都规定，一方要援引不可抗力免责，应当就不可抗力事件提供必要的证明文件。在我国，有关证明文件一般由中国国际商会出具，国外大都由当地的商会或者登记注册的公证行出具。

## 四、仲裁条款

在国际货物买卖中，买卖双方在合同履行过程中因种种原因发生争议是难以避免的。一旦交易双方发生争议，通常先由双方协商解决，协商不成时，就需要通过法律手段来解决，即仲裁或者诉讼。所谓仲裁（Arbitration），又称公断，是指买卖双方在争议发生之前或发生之后，签订书面协议，自愿将争议提交双方同意的第三者予以裁决的一种方式。

由于当今世界一国（地区）法院的裁决在另一国（地区）的承认和执行往往遇到较多的困难，而世界上大多数国家（地区）签署了《承认和执行外国仲裁裁决公约》，因此仲裁成为解决国家（地区）之间货物买卖纠纷的主要途径。仲裁裁决具有法律约束力，当事人双方必须遵照执行。

国际货物销售合同中的仲裁条款，一般应包括提交仲裁的事项，即提请仲裁的争议范围、仲裁地点、仲裁机构、仲裁规则、仲裁的效力等内容。

### （一）仲裁协议

仲裁协议是指当事人将达成的争议提交仲裁裁决的书面协议，它可以是在争议发生之前，合同当事人在合同中订立仲裁条款，也可以是在争议发生之后双方当事人订立的提交仲裁的协议。仲裁协议是仲裁庭管辖案件的基础，双方订立有效仲裁协议后，就不能再将争议诉诸法院。仲裁合同独立于主合同存在，不因合同的终止、无效而终止或无效。

### （二）仲裁机构与仲裁庭

在国际商事仲裁中，一般争议双方在仲裁协议中指定某一常设仲裁机构，该机构可以在当事人某一方的所在国（地区），也可以在双方同意的第三国（地区）。发生争议提交仲裁后，双方再按照该仲裁机构的规则指定仲裁员并组成仲裁庭，对争议进行裁决。我国进行国际商事仲裁的机构主要是中国国际经济贸易仲裁委员会。

### （三）仲裁裁决效力

仲裁裁决一般是终局性的，对双方当事人都有约束力，当事人应当执行，而不能就同一问题再诉诸法院。一般来说，只有当事人认为仲裁协议无效或者仲裁有程序性问题，才可以要求法院对仲裁予以审查，法院一般也不审查仲裁的实体问题。

## 【复习思考题】

1. 根据国际贸易惯例，买卖双方订立合同时对国际贸易货物的检验时间和地点的规定有哪些基本做法？

2. 简述国际贸易货物买卖中买方的索赔对象及索赔时效。异议与索赔条款的规定方式有哪些？

3. 如何理解不可抗力？

## 本章练习题

### 一、单选题

1. 不可抗力事件是指当事人（　　）。

A. 能预见、能避免的事件

B. 不能预见、不能避免、不能克服的事件

C. 能预见、不能克服的事件

D. 能预见、不能避免的事件

2. 我方与外商签订一笔进口合同。合同签订后，外商的两间工厂都投入了生产。在生产过程中，两间工厂之一所在的地区遭受台风袭击导致其完全丧失了生产能力，（　　）。

A. 因遇不可抗力事故，外方可要求延期履行合同，但我方有索赔的权利

B. 因不属于不可抗力事故，我方应要求外商按期履行合同

C. 因遇不可抗力事故，可要求延期履行合同

D. 因遇不可抗力事故，可要求解除合同

3. 中国原产的货物卖给新加坡的经销商，最终出口至泰国，此三方合同仲裁地点应首先选择（　　）

A. 中国　　B. 泰国　　C. 新加坡　　D. 以上三方认可的第四方国家

4. 如果贸易双方产生争议，通常双方首先会采用（　　）来解决。

A. 友好协商　　B. 调解　　C. 仲裁　　D. 诉讼

5. 合同中质量机动幅度条款一般适用于（　　）交易。

A. 精密仪表　　B. 机电用品　　C. 工业制成品　　D. 初级产品

6. “利福平，1993 年英国药典”，这种用文字说明表示货物质量的方法属于（　　）。

A. 凭规格买卖　　B. 凭等级买卖　　C. 凭标准买卖　　D. 凭品牌或商标买卖

7. 在出口灰鸭毛的合同中，若规定“含绒量 18%，上下 1%”的内容属于（　　）。

A. 溢短装条款　　B. 品质公差条款

C. 品质机动幅度条款　　　　D. 数量机动幅度条款

8. 定牌中性包装是指在商品本身及其包装上使用（　　）指定的商标、牌号（　　）生产国别。

A. 买方，注明　　　　B. 买方，不注明

C. 卖方，注明　　　　D. 卖方，不注明

**二、多选题**

1. 下列属于不可抗力的是（　　）。

A. 水灾　　B. 地震　　C. 政府禁令　　D. 通货膨胀

2. 不可抗力引起的后果主要是（　　）。

A. 支付违约金　　B. 解除合同　　C. 变更履行合同　　D. 订立新合同

3. 下列关于采用仲裁方式表述正确的是（　　）。

A. 仲裁机构通常不受理没有仲裁协议的争议案件

B. 合同中的仲裁协议随合同的变更、消亡而变更和消亡

C. 双方达成仲裁协议就排除法院对于同一案件的审理管辖权

D. 当事人一方如拒绝履行仲裁裁决，另一方可以向法院申请强制执行

4. 采用中性包装的目的是（　　）。

A. 避开进口国家（地区）的关税和非关税壁垒

B. 适应交易特殊需要

C. 使出口厂商加强对外竞销

D. 使出口厂商扩大出口

5. 溢短装条款主要包括（　　）。

A. 数量机动幅度　　　　B. 机动幅度选择权

C. 交货数量　　　　D. 溢短装部分作价方法

6. 在国际贸易中，气体商品一般以（　　）来计量。

A. 体积　　B. 重量　　C. 容积　　D. 面积

7. 对外贸易中溢短装条款具体伸缩量的掌握（　　）。

A. 可由卖方决定　　　　B. 买方负责装运时，可由买方决定

C. 可由港务装运部门依情况自行决定　　D. 可授权承运人决定

8. 在国际贸易中，装运通知的作用主要是帮助（　　）。

A. 船、货衔接　　　　B. 装运、保险衔接

C. 明确买卖双方责任　　　　D. 买方准备接货、办理进口手续

**三、判断题**

1. 一方当接到遭遇不可抗力一方当事人发出的通知或证明文件后，无论是否同意对方提出的处理意见，均应该及时回复。（　　）

2. 发生不可抗力事故后，双方当事人应该就不可抗力的后果，按约定的处理原则和办法进行协商处理，并应弄清情况，体现实事求是的精神。（　　）

3. 双方当事人对仲裁裁决不服的可以向法院提请上诉。（　　）

4. 对仲裁裁决不执行的可以由法院强制执行。（　　）

5. 对外寄送参考样品时，一般不作为双方交货时质量依据，但也需要慎重对待，力求做到日后交货的质量与参考样品相接近。(　　)

6. 在出口凭样品成交业务中，为了争取国外客户，便于达成交易，出口企业应尽量选择质量最好的样品请对方确认并签订合同。(　　)

7. 溢短装条款只适用于散装货物，非散装货物不允许溢短装。(　　)

8. 我方公司从越南B公司进口大米，合同规定交货数量为10万公吨，允许溢短装10%。B公司装船时，共装运了14万公吨。根据《联合国国际货物销售合同公约》规定，我方有权拒收多交部分的货物。(　　)

9. 若卖方违反了合同中有关包装条款的规定，买方不得拒收货物但可要求损失赔偿。(　　)

10. 合同中的包装条款一般包括包装材料、包装方式和每件包装所包含的数量或重量。(　　)

11. 在出口贸易中，为了明确责任，最好采用既凭样品，又凭规格买卖的方法。(　　)

12. 中国A公司收到意大利B公司的一笔服装订单，B公司寄来服装样品以表示商品品质，A公司应生产并邮寄“对等样品”，以便将“凭买方样品买卖”变为“凭卖方样品买卖”，对A公司更为有利。(　　)

13. 盎司（OZ.）、加仑（GAL.）和公升（L.）都属于容积单位。(　　)

14. 中性包装是指在出口商品和内外包装上标明生产国别，但不注明生产商的包装方式。(　　)

15. 在国际贸易中，交货期（Time of Delivery）与装运期（Time of Shipment）的含义是一致的。(　　)

# 第十章 国际货物运输实务

## 学习目标

### 知识目标

- 掌握国际货运中运输方式、运输对象的基本分类
- 了解国际货运的一般流程
- 掌握班轮运输、航空运输价格的组成及计算方法

### 技能目标

- 能对班轮运输、航空运输货物进行报价
- 能进行集装箱配箱的实际操作
- 能制作订舱单、托运单等货运单据

### 素养目标

- 具有敏锐的洞察力，了解国际经济形势与政策，能够及时作出正确决策
- 树立严谨的职业道德观，能自觉维护国家和企业利益，具有较强的责任感和全局意识
- 具有较强的团队合作精神和商务交际能力

# 第一节　国际货物运输基础知识

【学习目标】

本节旨在介绍国际货物运输的含义、特点、构成关系、对象等基础知识。其中国际货物运输对象与包装是重点内容，也是关务工作要掌握的重要业务基础知识。

完成本节学习，学习者应达成以下目标：

1. 了解国际货运的含义与特点；
2. 掌握国际货运的构成，掌握运输代理人相关概念；
3. 了解国际货运运输工具的种类；
4. 掌握国际货物运输对象的不同分类方式及重要概念；
5. 掌握国际货物运输的包装要求与标志；
6. 掌握货物丈量、衡重的基本知识；
7. 了解货物积载因数的含义和计算方法。

【基本概念】

国际货物运输、承运人、货主、运输代理人、装卸人、理货人、国际运输方式、运输标志、包装储运指示标志、危险货物标志、货物积载因数

【建议学习时间】

1 课时

## 一、国际货物运输的含义与特点

在中华人民共和国国家标准《物流术语》（GB/T 18354—2021）中，对运输的定义（Transport）是指用载运工具、设施设备及人力等运力资源，使货物在较大空间上产生位置移动的活动。货物运输按照地域划分为国内货物运输和国际货物运输两大类。

国际货物运输通常也被称为国际贸易运输，就是国家与国家、国家与地区之间的运输。其实质是根据国际分工的原则，依照国际惯例，利用国际化的运输网络、运输设施和运输技术，实现货物的国际流动与交换，以促进区域经济发展以及世界资源的优化配置。从贸易的角度来说，国际货物运输也是一种无形的国际贸易。

国际货物运输可分为贸易物资运输和非贸易物资（如展览品、个人行李、办公用品、援外物资等）运输两种。由于国际货物运输主要是贸易物资的运输，非贸易物资的运输往往只是贸易物资运输部门的附带业务，所以，国际货物运输也通常被称为国际贸易运输，从一国（地区）的角度来说，就是对外贸易运输，简称“外贸运输”。

国际货物运输与国内货物运输相比具有环节多、距离长、涉及面广、时间性强、政治法律环

境复杂、风险大等特点。

## 二、国际货物运输的构成

### (一) 国际货物运输的关系方

**1. 承运人**

承运人（Carrier）是指专门经营水上、铁路、公路、航空等客货运输业务的交通运输部门，例如，轮船公司、铁路或公路运输公司、航空公司等。它们一般都拥有大量的运输工具，能为社会提供运输服务。

《中华人民共和国海商法》（以下简称《海商法》）中，“承运人”是指本人或者委托他人以本人名义与托运人订立海上货物运输合同的人。“实际承运人”是指接受承运人委托，从事货物运输或者部分运输的人，包括接受转委托从事此项运输的其他人。由此可见，承运人包括船舶所有人（Shipowner）和以期租（Time Charter）或光租（Bare Charter）的形式承租，进行船舶经营的经营人。

在我国，承运人主要包括：

(1) 水上运输企业：中国远洋运输集团及下属各公司、中国海运集团及下属各公司、中外运集团所属的船公司等。

(2) 铁路运输企业：铁路局及其他具有独立法人资格从事铁路运输经营的企业。

(3) 公路运输企业：交通运输部公路局管辖的各运输公司等。

(4) 航空运输企业：中国国际航空公司、中外合资（合营）的航空公司、外国各航空公司等。

**2. 货主**

货主（Cargo Owner）通常是外贸出口商或进口商，是指经营进出口商品业务的国际贸易商。货主多为国际贸易运输工作中的托运人（Shipper）或收货人（Consignee）。

《海商法》中，“托运人”是指本人或者委托他人以本人名义或者委托他人为本人与承运人订立海上货物运输合同的人；本人或者委托他人以本人名义或者委托他人为本人将货物交给与海上货物运输合同有关的承运人的人。“收货人”，是指有权提取货物的人。

在我国，货主主要包括：

(1) 各专业进出口公司；

(2) 有进出口权的工厂、集体企业；

(3) 外商独资、中外合资、合作和合营企业等。

**3. 运输代理人**

运输代理人（Forwarder）是指根据货主或承运人的要求，代办国际货物运输业务的中间人，它们在承运人与货主之间起着桥梁的作用。目前，国际货物运输的代理人主要有租船代理，又称租船经纪人；船务代理；国际货运代理；咨询代理等。以上各类代理之间的业务往往互相交错，如不少船务代理也兼营货运代理，有些货运代理也兼营船务代理等。

在《物流术语》中，船务代理（Shipping Agent）是指船务代理机构或代理人接受船舶所有人（船公司）、船舶经营人、承租人或货主的委托，在授权范围内代表委托人（被代理人）办理与在港船舶有关的业务、提供有关的服务或进行与在港船舶有关的其他法律行为的代理行为。国际货运代理（International Freight Forwarding Agent）是指接受进出口货物收货人、发货人的委托，以委托人或自己的名义，为委托人办理国际货物运输及相关业务，并收取劳务报酬的经济组织。

**4. 装卸人和理货人**

装卸、理货业务是接受货主或者船舶营运人的委托，在港口为船舶进行货物的装卸、清点、交接，以及检验货损程度和原因并作出公证。

（1）装卸人

装卸业是办理将货物装船和从船上卸下业务的行业。经营这种行业的人被称为装卸人或装卸业者。装卸人对于所在港口经常装卸的货物的包装、性质以及装卸方法都富有经验，对各种类型的船舶也都深有了解，能参与制定装卸计划，委托人对他们的装卸技术也有所信任。但是，由于装载和积载的质量，对于船舶和货物的安全有密切的关系，所以，这种作业都是在船方的监督和指挥下进行的。

在我国，港口装卸人主要包括各口岸港务局下属的港务（或装卸）公司、各港口的地方装卸公司等。

（2）理货人

理货是在船舶装货或卸货时，对货物的件数进行清点，并对货物的交接作出证明的行业。

理货通常是由船公司或货主各自委托他们的代理人，即分别由站在船公司立场的理货人和站在货主立场的理货人会同进行的。在代表双方的理货人的会同确认下，才能证明货物交接的正确性。我国代表船公司立场的理货人主要由中国外轮理货公司及其在各港的分支机构担任，而代表货主立场的理货人往往由委托代理人的驻港人员担任。

理货具体是指在货物装卸中，按货运票据对货物进行点数、计量、清理残缺、分票、分标志和现场签证、办理交接手续等工作的总称，分为公证性理货和交接性理货。前者是理货部门应车（船）方申请，代车（船）方办理理货工作，理货部门只提供签证，证明货物交接实际情况，并不承担货物溢缺、残缺责任。后者是由交接双方各自派出理货人员代表本单位进行，办理货物交接手续，应做到收付明确、单货相符、单货同行、交接清楚、责任分明、并指导装卸人员合理堆垛、分票清楚、分清残损原因。

理货工作的意义：

①是对外贸易和国际海上货物运输中不可缺少的一项工作。它履行了判断货物交接数字和状态的职能，对承、托双方履行运输契约，船方保质保量地完成运输任务，都具有重要意义。

②在一定程度上能够影响到船舶和货物的安全。在装船过程中，理货人员对货物积载负有监督指导的责任，而且要准确地反映在货物积载图上，因此理货工作的好坏对保障航行安全和货物在运输途中的安全，具有十分重要的意义。

③是国家对外的一个窗口。理货人员在外轮上，工作时间长，接触船员广，他们的言行和工作往往代表一个国家理货人员的素质。

④在一定程度上能够影响到国家对外贸易的顺利进行和发展。出口货物，理货把最后一道关；进口货物，理货把第一道关。因此，它对于买卖双方履行贸易合同，按质按量交易货物，促进贸易双方的相互信任，以及船公司经营航线的积极性，都具有重要意义。

### （二）国际货物的主要运输方式

根据使用的运输工具不同，国际货物运输主要分为水路运输、公路运输、铁路运输、航空运输、管道运输、邮政运输、集装箱运输、大陆桥运输，以及由各种运输方式组合而成的国际多式联运等多种方式。组织国际货物运输，必须正确选择运输方式和管理组织方式。

下面简要介绍国际货物的主要运输方式。

#### 1. 水路运输

水路运输（Water Transportation）一般分为内河运输和海上运输，其中海上运输是国际货物运输最主要的一种方式。水路运输运载能力大、成本低、能耗少、投资省，是一些国家国内和国际运输的重要方式之一。它具有运量大、成本低等优点，但运输速度慢，且受海洋与河流的地理分布及其地质、地貌、水文与气象等条件和因素的明显制约与影响，对运输时间性要求较强的货物不适合采用此运输方式。

#### 2. 公路运输

公路运输（Road Transportation）能提供灵活和多样的服务，多用于价高、量小的货物的门到门服务。公路运输具有运输速度快、机动性高等优点，同时存在运输成本高、运输能力小、能耗高、污染严重等缺点。

#### 3. 铁路运输

铁路运输（Railway Transportation）其特点是运送量大，速度快，成本较低，一般又不受气候条件限制，适合于大宗、笨重货物的长途运输。国际铁路运输指的是跨越国境的铁路运输方式，是在国际贸易中仅次于海运的一种主要运输方式。其最大的优势是运量较大，速度较快，运输风险明显小于海洋运输，能常年保持准点运营等。

#### 4. 航空运输

航空运输（Air Transportation），是使用飞机运送货物、邮件的一种运输方式。航空运输具有快速、机动的特点，为国际贸易中的贵重物品、鲜活货物和精密仪器运输所不可缺。

#### 5. 管道运输

管道运输（Pipeline Transportation）是用管道作为运输工具的一种长距离输送液体和气体物资的运输方式，是一种专门由生产地向市场输送石油、煤和化学产品的运输方式，是统一运输网中干线运输的特殊组成部分。管道运输既为运输工具也为运输通道，优点是运量大，占地少，不受地面天气影响，货损、货差率较低，运费低；缺点是不如其他运输方式灵活，输送方式单一。

#### 6. 邮政运输

国际邮政运输（International Parcel Post Transport）是指通过邮局寄交进出口货物的一种运输方式，在国与国之间进行。在多数情况下，国际邮件需要经过两个或两个以上国家的邮政局和两种或两种以上不同的运输方式的联合作业才能完成，所以，国际邮政运输就其性质而论，是一种国际多式联合运输。国际邮政运输对邮件重量和体积均有限制，例如，每件包裹重量不得超过20千克，长度不得超过一米，所以国际邮政运输只适宜运输重量轻、体积小的小商品，例如，精密仪器、机器零件、金银首饰、药品，以及各种样品和零星物品等。

#### 7. 集装箱运输

集装箱运输（Container Freight Transportation）是指以集装箱这种大型容器为载体，将货物集合组装成集装单元，以便在现代流通领域内运用大型装卸机械和大型载运车辆进行装卸、搬运作业和完成运输任务，从而更好地实现货物“门到门”运输的一种新型、高效率和高效益的运输方式，具有安全高效、节约成本、简化手续、易于自动化管理等特点。

**8. 国际多式联运**

国际多式联运（International Multimodal Transport）简称“多式联运”，指的是用航空、铁路、公路、海运，多种方式协同将货物运达其他国家的运输方式，常见的是公铁海多式联运。

在《物流术语》中，对国际铁路联运（International through Railway Transport）的定义是，指使用一份统一的国际铁路联运票据，由跨国铁路承运人办理两国或两国以上铁路的全程运输，并承担运输责任的一种连贯运输方式。

## 三、国际货物运输对象

国际货物运输的对象就是国际货物运输部门承运的各种进出口货物，如原料、材料、工农业产品、商品及其他产品等，它们的形态和性质各不相同，对运输、装卸、保管也各有不同的要求。可以从货物的形态、性质、重量、运量等不同角度对国际货物运输的对象进行简单的分类。

### （一）从货物形态的角度分类

**1. 包装货物**

为了保证有些货物在装卸运输中的安全和便利，必须使用一定材料对它们进行适当的包装，这种货物就叫包装货物，通常可分为箱装货物、桶装货物、袋装货物、捆装货物等。

**2. 裸装货物**

裸装货物又称无包装货物。常见的有各种钢材、生铁、有色金属及车辆和一些设备等。

**3. 散装货物**

在运输中，没有包装、一般无法清点件数的大批量低价货物，采用散装方式，以利于使用机械装卸作业进行大规模运输，降低运费。散装货物包括干质散装货物和液体散装货物，如煤炭、铁矿、磷酸盐、木材、粮谷、工业用盐、硫磺、化肥和石油等。

### （二）从货物性质的角度分类

**1. 普通货物**

即没有特殊性质和运输需要特别注意的货物种类，又可细分为清洁货物、液体货物、粗劣货物等。

**2. 特殊货物**

具有某些特殊性质和运输过程中需要特别注意的货物种类，又可细分为以下几种。

（1）危险货物

危险货物包括易燃、易爆炸、有毒害、具有腐蚀性和有放射性危害的货物。《国际海运危险货物规则》根据危险货物的理化性质及对人身和环境的伤害情况，将危险货物分为 9 个大类，每一大类又划分为若干小类。

（2）冷藏货物

冷藏货物是指在常温条件下易腐烂变质和其他需按指定的某种低温条件运输的货物。例如，易腐性货物中需处于冷冻状态运输的肉、鱼和鸡等，处于低温状态运输的水果和蔬菜等。

（3）贵重货物

贵重货物是指价值贵重的货物，例如，金和银等贵重金属、货币、高价商品和精密仪器等。

（4）活的动植物

活的动植物是指具有正常生命活动体征，在运输过程中需要特别照顾的动物和植物。例如，牛、马、猪、羊、树木等。

（5）长大、笨重货物

长大、笨重货物是指单件货物体积过大或过长，重量超过一定界限的货物。按照港口收费规定和运价表规定，通常将单件重量为 5 吨以上的货物称为重件货物，将长度超过 12 米的货物视为长大件货物。

#### （三）从货物重量的角度分类

**1. 重质货物**

凡 1 吨重量的货物，如果体积小于 40 立方英尺或 1 立方米，称为重质货物。

**2. 轻泡货物**

轻泡货物又称为体积货物，凡 1 吨重量的货物，如果体积大于 40 立方英尺或 1 立方米，称为轻泡货物。

#### （四）从货物运量大小的角度分类

**1. 大宗货物**

大宗货物是指运量很大的同批（票）货物，例如，化肥、粮谷、煤炭等，占世界海运总量的 75%~80%。

**2. 件杂货物**

大宗货物以外的货物称为件杂货物，一般都有包装，可分件点数，约占世界海运总量的 25%，但在货价方面要占到 75%。

### 四、货物的运输包装

为在流通过程中保护产品，方便储运，促进销售，按一定技术方法采用的容器、材料及辅助物等的总体名称，称为货物的运输包装。货物运输包装的作用是在流通过程中保护货物质量和数量的完整无损，便于货物的运输、装卸、交接、保管和成组化，加快货物的周转，促进生产和销售。货物的运输包装是进行运送、装卸、堆码等作业的重要依据。

货物运输包装的质量是货运质量的重要基础。货物包装材料和包装方法须符合一定的技术要求，以充分保证货物在运输、装卸和保管中的安全。货物因包装不良在运输中会发生破损、变质，甚至造成重大损失。对于危险货物来说，不符合规定要求还会危及人身、运输工具和设备的安全。

#### （一）货物运输包装的目的

1. 防止货物受水湿、破损、污染、变质等影响，确保货物质量完好；

2. 防止货物散落、泄漏、丢失、短缺，保证货物数量完整；
3. 防止货物本身的毒害或其他危险的扩散；
4. 便于货物的运输、装卸和堆码保管；
5. 便于理货、交接、计数，提高装卸运输效率，加快船舶、货物的周转。

### （二）货物运输包装的基本要求

为了保证货运质量，维护国家和人民的物资完好无损，货物运输包装应遵循“坚固、经济、适用、可行”的原则。其基本要求如下：

1. 要根据货物物理化学性质、结构形态，选择适宜包装的容器、材质和封口。
2. 要有一定的强度，经得起运输过程中正常的碰撞、震动、挤压等外力的冲击。包装的封缄、捆扎、加固应严密、坚固，以确保货物安全。
3. 包装内要有适当的衬垫。根据货物性质须充填合适的防潮、防震、固定的缓冲材料，所用材料应清洁、干燥，与所装货物不会起任何化学作用。
4. 包装要便于运输、装卸和堆码。包装的单件重量、规格尺寸与形式要便于机械操作、人力搬运、装卸堆垛和理货计数。
5. 包装经济上要合理，防止过分包装或过弱包装，应符合流通中的实际要求。合理选用材料，减轻包皮重量，应选择用料少而容量大且能多次使用的包装，可因地制宜、就地取材。
6. 包装上标志要清晰、正确、牢固、完整，符合国内和国际上的规定。

### （三）货物运输包装上的标志

详见前文第九章第三节下的“包装标志”，此处不再赘述。

## 五、货物的丈量、衡重及积载因数

货物的重量和体积，是承托人之间计算运费的主要依据，也是港航方制订配积载和装卸货计划的重要依据。要确切地掌握货物的体积、重量资料，必须对货物进行正确的丈量和衡重。

### （一）货物的丈量

货物的丈量，也称量尺，是指测算货物外形的体积。在运输中，一定重量的货物其尺度和体积，对于运费计算和货物在船舱内的装载有着直接影响。货物与水运相关的体积，要通过准确的测量和使用正确的计算方法，才能反映出正确的数值。所有进行丈量的货物，其体积的计算都不是以货物的实际体积为依据的，而是以货物在运输时对舱容的占用量来确定的。货物丈量的方法应遵循这个原则。

货物的丈量体积是指货物外形最大处长、宽、高三个尺码组成的立方体的体积，即丈量体积=最大长度×最大宽度×最大高度。此方法称为满尺丈量，俗称“逢大量”的方法。丈量的工具与丈量的工作有着密切的关系，量具应经国家计量管理部门检定合格后，方可使用。在丈量工作中，一般使用的量具有木卡尺、钢卷尺和皮带尺 3 种。

### （二）货物的衡重

货物衡重是指衡定货物重量的真实数据。货物的重量是耗费船舶载重吨的主要因素，水运企业凭此收取运费，制定积载和装卸计划等。货物的衡重工作通常使用的衡制有三种，一种是公制单位，这是国际上通用的重量单位，如吨，用 MT 表示；一种是美制单位，美洲国家多使用，如短吨，用 ST 表示；一种是英制单位，欧美国家多使用，如长吨，用 LT 表示。

### （三）货物的积载因数

货物积载因数是配积载工作中一个十分重要的数据。货物积载因数（Stowage Factor，简写 S. F.）是指某种货物每一吨重量所具有的体积或在船舶货舱中正常装载时所占有的容积。某种货物每一吨重量所具有的体积为不包括亏舱的货物积载因数，俗称理论积载因数；某种货物在船舶货舱中正常装载时所占有的容积为包括亏舱的货物积载因数。计算公式分别为：

**1. 不包括亏舱的货物积载因数**

$$S.F.=\frac{V}{Q}$$

式中：

$S.F.$——货物积载因数；

$V$ ——货物的量尺体积；

$Q$ ——货物的重量。

**2. 包括亏舱的货物积载因数**

$$S.F.=\frac{W}{Q}$$

式中：

$S.F.$——货物积载因数；

$W$ ——货物占用货舱的容积；

$Q$ ——货物的重量。

### 【复习思考题】

1. 运输代理人在国际货物运输中有什么作用？
2. 国际货物运输方式有哪些？
3. 从货物运量大小的角度分类，国际货物运输对象可以分为哪几种？

## 第二节 国际海上货物运输

### 【学习目标】

本节旨在介绍国际海上货物运输业务的基础知识。其中班轮运输业务是重点内容，对于关务工作也是重要的业务基础知识。

完成本节学习，学习者应达成以下目标：

1. 了解国际海运船舶营运方式；

2. 了解海运航线和国内外主要港口；
3. 掌握班轮运输业务的关系方、船期表等基本概念；
4. 熟悉班轮运价与运费的构成和标准，能够正确判断班轮运费计算方法。

**【基本概念】**

班轮运输、租船运输、F. O、F. I、F. I. O、F. I. O. T、光船租船、定期航线、不定期航线、近洋航线、远洋航线、无船承运人、国际货运代理、班轮船期表、运价、运价本、等级费率本、班轮运费、附加运费、班轮运费的计费标准、运费吨、起码运费、拼箱货班轮运费、从价运费

**【建议学习时间】**

2 课时

水路货物运输，主要是利用船舶进行货物运输的一种运输方式。水路货物运输包括江河货物运输和海上货物运输，海上货物运输又可分为沿海货物运输和国际海上货物运输。水路货物运输最适于承担运量大、运距长、对时间要求不太紧、运费负担能力相对较低的货运任务。国际海上货物运输伴随着国际贸易而开展，其活动范围广阔、航行距离长、运输风险大；其经营活动要受到有关国际公约和各国（地区）法律的约束，也要受到国际航运市场的影响。

## 一、国际海洋货物运输的航线和港口

### （一）世界海上运输航线

#### 1. 航线的概念和分类

海运航线是指船舶在两个或多个港口之间，从事海上旅客和货物运输的线路。

从不同角度，国际海洋货物运输航线有不同的分类方法。

（1）按航程的远近划分

航线按航程的远近分为近洋航线、远洋航线和沿海航线。

近洋航线是对本国（地区）各港口至邻近国家（地区）港口间的海上运输航线的统称。我国习惯上以亚丁港以东地区的亚洲向大洋洲的航线称为近洋航线。我国对外贸易主要近洋航线有中国至朝鲜、日本、越南、菲律宾、新马泰、印度尼西亚、澳大利亚、新西兰、印度及巴基斯坦等航线，以及内地至港澳地区的航线。

远洋航线是指航程距离较远，船舶航行跨越大洋的运输航线。我国习惯上以亚丁港为界，把去往亚丁港以西，包括红海两岸和欧洲及南北美洲广大地区的航线划为远洋航线。我国对外贸易主要远洋航线有中国至红海、东非、西非、地中海、西欧、北欧及波罗的海、北美、中南美八条航线。

沿海航线是指本国沿海各港之间的海上运输航线。例如，上海至广州、青岛至大连等航线。

（2）按船舶运营方式划分

航线按船舶运营方式，可以分为定期航线和不定期航线。

定期航线又称班轮航线，是指使用固定的船舶，按固定的船期和港口航行，并以相对固定的运价经营客货运输业务的航线，主要装运杂货物。

不定期航线是临时根据货运的需要而选择的航线。船舶、船期、挂靠港口均不固定，是以经营大宗、低价货物的运输业务为主的航线。

（3）按航行的范围划分

航线按航行的范围可以分为太平洋航线、印度洋航线、大西洋航线和环球航线。

**2. 世界主要大洋航线**

（1）太平洋航线

太平洋航线包括：东亚—北美西海岸航线，东亚—加勒比海航线、北美东海岸航线，东亚—南美西海岸航线，东亚—东南亚及印度洋航线，东亚—澳大利亚、新西兰航线，澳（澳大利亚）新（新西兰）—北美东、西海岸航线。

除了上述六条重要的航线以外，太平洋的其他航线还有北美各港口—东南亚航线，美洲西岸近海航线等。

（2）印度洋航线

印度洋航线在印度洋区域，主要有横贯印度洋东西的大洋航线，通达波斯湾沿岸产油国的三条重要航线。

横贯印度洋东西的大洋航线包括东亚—东南亚—东非航线，东亚—东南亚—地中海—西北欧航线，东亚—东南亚—好望角—西非、南美航线，印度洋北部地区—亚太航线、印度洋北部地区—欧洲航线。

三条重要的波斯湾输油航线是波斯湾—好望角—西欧、北美航线（世界上最主要的海上石油运输线），波斯湾—东南亚—日本航线，波斯湾—苏伊士运河—地中海—西欧、北美航线（目前可通行30万吨级的超级油轮）。

（3）大西洋航线

大西洋航线以美国东岸为中心，由北美东岸、五大湖—西北欧、地中海之间的航线组成。重要的有西北欧—北美东海岸航线，西北欧、北美东海岸—加勒比航线，西北欧、北美东海岸—直布罗陀—地中海—苏伊士运河—印度洋—亚太航线，西北欧、地中海—南美东海岸航线，西北欧、北美东海岸—西非—中南非—好望角—东亚航线，南美东海岸—好望角—东亚航线。

（4）世界主要海运集装箱航线

四大集装箱贸易区（北美、西欧、东亚和澳大利亚），集装箱货运量要占到货运总量的80%~90%。国际集装箱海洋运输有北太平洋航线、北大西洋航线和欧洲航线三大主干航线。除了三大主干航线以外，还有东亚—澳大利亚、新西兰航线，澳大利亚、新西兰—北美航线，欧洲、地中海—西非、南非航线三条集装箱干线。

### （二）世界主要港口

目前，世界上共有大小港口3000多个，国际贸易港约2400个，分属145个国家（地区）。

## 二、国际海洋货物运输船舶经营方式

### （一）班轮运输

**1. 班轮运输的概念和特点**

班轮运输（Liner Transport）又称定期船运输，简称“班轮”（Liner），是指船舶在固定航线上和固定港口之间按事先公布的船期表和运费率往返航行，从事客货运输业务的一种运输方式。班轮运输比较适合于运输小批量的货物。

班轮运输具有以下特点。

（1）具有“四固定”的基本特点，即船舶按照固定的船期表，沿着固定的航线和港口来往运输，并按相对固定的运费率收取运费。

（2）具有“一计二不计”的特点，即运价内已包括装卸费用，货物由承运人负责配载装卸，船货双方不计算滞期费和速遣费。

（3）船货双方的权利、义务、责任、豁免等，以船方签发的提单条款为依据。

（4）班轮承运的货物品种、数量比较灵活，货运质量较有保证，且一般采取在码头仓库交接货物，故为货主提供了较便利的条件。

**2. 班轮运输的主要关系方**

班轮运输中，通常会涉及班轮承运人、船舶代理人、无船承运人、货运代理人、托运人等有关货物运输的关系人。

（1）班轮承运人

班轮承运人即班轮公司，是运用自己拥有或者自己经营的船舶，提供国际港口之间班轮运输服务，并依据法律规定设立的船舶运输企业。

班轮公司应拥有自己的船期表、运价本、提单或其他运输单据。根据各国（地区）的管理规定，班轮公司通常有船舶直接挂靠在该国（地区）的港口。世界上知名的班轮公司有马士基航运公司、中国远洋海运集团、地中海航运公司（MSC）、日本邮船（NYK）、韩进海运（Hanjin Shipping）、商船三井（MOL）、东方海外（OOCL）、长荣海运（Evergreen）、法国达飞（CMA）等。

（2）船舶代理人

船舶代理人是接受船舶经营人的委托，为船舶经营人的船舶及其所载货物或集装箱提供办理船舶进出港口手续、安排港口作业、接受订舱、代签提单、代收运费等服务，并依据法律规定设立的船舶运输辅助性企业。

（3）无船承运人

无船承运人（Non-vessel Operating Common Carrier，NVOCC），也称无船公共承运人，指经营无船承运业务的公司，是以承运人身份接受托运人的货载，签发自己的提单或者其他运输单证，向托运人收取运费，通过班轮公司完成国际海上货物运输，承担承运人责任，并依据法律规定设立的提供国际海上货物运输服务的企业。

根据我国有关法规的规定，在我国境内经营无船承运业务应当在我国境内依法设立企业。经营无船承运业务，应当办理提单登记，并交纳保证金，无船承运人应有自己的运价本。

无船承运人可以与班轮公司订立协议运价，从中获得利益，但是，无船承运人不能从班轮公司那里获得佣金。

（4）货运代理人

国际货物运输代理简称“国际货运代理”“货运代理”“国际货代”，英文名称为 Freight Forwarder 或 Forwarding Agent。

《中华人民共和国国际货物运输代理业管理规定实施细则》第二条规定：

“国际货物运输代理企业（以下简称国际货运代理企业）可以作为进出口货物收货人、发货人的代理人，也可以作为独立经营人，从事国际货运代理业务。

“国际货运代理企业作为代理人从事国际货运代理业务，是指国际货运代理企业接受进出口货物收货人、发货人或其代理人的委托，以委托人名义或者以自己的名义办理有关业务，收取代理费或佣金的行为。

“国际货运代理企业作为独立经营人从事国际货运代理业务，是指国际货运代理企业接受进出口货物收货人、发货人或其代理人的委托，签发运输单证、履行运输合同并收取运费以及服务费的行为。”

国际货运代理人本质上属于货物运输关系人的代理人，是联系发货人、收货人和承运人的货物运输中介人。虽然国际货物运输代理人有时也以独立经营人身份从事货物的仓储、短途运输，甚至以缔约承运人身份出具运单、提单，但这只不过是为了适应市场竞争需要，满足某些客户的特殊需要而拓展服务范围的结果，并不影响其作为运输代理人的本质特征。

国际货运代理的传统地位是作为代理人，负责代发货人或货主订舱、保管货物和安排货物运输、包装、保险等，并代他们支付运费、保险费、包装费、海关关税等，然后按整个费用的比例收取一定的代理手续费。上述所有的成本均由客户承担，其中包括国际货运代理因货物的运输、保管、保险、报关、签证、办理汇票的承兑和为其服务所引起的一切费用；同时，还应支付由于国际货运代理不能控制的原因，致使合同无法履行而产生的其他费用。客户只有在提货之前全部付清上述费用，才能取得提货的权利。否则，国际货运代理对货物享有留置权，有权以某种适当的方式将货物出售，以此来补偿其所应收取的费用。

（5）托运人

托运人（Shipper），是指本人或者委托他人以本人名义或者委托他人为本人与承运人订立海上货物运输合同的人；本人或者委托他人以本人名义或者委托他人为本人将货物交给与海上货物运输合同有关的承运人的人。

（6）收货人

收货人（Consignee）是指根据提单或其他相关运输单证，有权向承运人主张提取货物的人，尽管收货人没有参与运输契约的签订，但同样是运输的当事人，可以依据提单或其他相关单证向承运人主张权利。

**3. 船期表**

班轮船期表（Liner Schedule）是班轮运输营运组织工作中的一项重要内容。班轮公司制订并公布班轮船期表有多方面的作用。首先是为了招揽航线途经港口的货载，既为满足货主的需要，又体现海运服务的质量；其次是有利于船舶、港口和货物及时衔接，以便船舶有可能在挂靠港口的短暂时间内取得尽可能高的工作效率；最后是有利于提高船公司航线经营的计划质量。

班轮船期表的主要内容包括航线、船名、航次编号、始发港、中途港、终点港的港名，到达和驶离各港的时间，以及其他有关的注意事项等。

**4. 班轮运价与运费**

（1）运价和运费的概念

运价是调节航运市场状态的关键因素，是平衡运力与运输需求关系的杠杆。航运资源的调节完全取决于航运市场运价机制的作用，班轮运价体现了班轮运输市场的供求关系。

运价（Freight Rate）是运输单位货物而付出运输劳动的价格。海上运输价格，简称“海运运价”。运输产品表现为货物的空间位移，所以，运价是运距的增函数。

运费（Freight）是承运人根据运输合同完成货物运输后从托运人处收取的报酬。运费与运价的关系是：运费等于运价与运量之积。即：

$$F=R\times Q$$

式中：

$F$——运费；

$R$——为运价；

$Q$——运量。

这是运费与运价基本关系的数学表达式。

（2）运价本

运价本（Tariff），也称费率本或运价表，是船公司承运货物向托运人据以收取运费的费率表汇总，运价本主要由条款和规定、商品分类和费率三部分组成。按运价制定形式不同，运价本可以分为等级费率本和列名费率本。

①等级费率本

等级费率本中的运价是按商品等级来确定的。

这种运价是按照货物负担运费能力的定价原则，根据货物价格将货物划分为若干等级，随后确定不同等级的货物在不同航线或港口间的不同等级的运价。同一等级的商品在同一航线或港口间运输时，使用相同的运价。

这种运价的运价表附有商品分级表（Scale of Commodity Classification）。在计算运费时，首先根据商品的名称在商品分级表中查找出该商品所属等级，再从该商品的运输航线或运抵港口的等级费率表（Scale of Rates）中查找该级商品的费率。商品分类部分按其英文字母顺序排列，在每一商品后面注明商品等级。费率表部分按航线划分，制定每一航线与商品等级相对应的集装箱和杂货费率。

随着集装箱运输的发展，货物等级差别越来越小，现在几个等级货物的运价基本或完全相同，商品的分类也趋于简单。

②列名费率本

列名费率本，也称单项费率运价本，其中的运价是根据商品名称来确定的。对各种不同货物在不同航线上逐一确定的运价称为单项费率运价。按照货物名称和航线名编制的这种运价表也称作商品运价表（Commodity Freight Rate Tariff）。所以，根据货物名称和所运输的航线，即可直接查出该货物在该航线上运输的运价。

（3）班轮运费结构

班轮运费包括基本运费和附加运费两部分。基本运费是对任何一种托运货物计收的运费；附加运费则是根据货物种类或不同的服务内容，视不同情况而加收的运费，通常是由于特殊情况或者临时发生某些事件而加收的运费。附加运费可以按每一计费吨（或计费单位）加收，也可按基本运费（或其他规定）的一定比例计收。

①基本运费

基本运费指对运输每批货物所应收取的最基本的运费，是整个运费的主要构成部分。它根据基本运价（Basic Freight Rate）和计费吨计算得出。基本运价按航线上基本港之间的运价给出，是计算班轮基本运费的基础。基本运价的确定主要反映了成本定价原则，确定费率的主要因素是各种成本支出，主要包括船舶的折旧或租金、燃油、修理费、港口使用费（如装卸费、吨税和靠泊等费用）、管理费、人员工资等。

②附加运费

实际班轮业务中，经常有一些需要特殊处理的货物及需要加靠非基本港或转船接运的货物需要运输。即使是基本港之间的运输，也因为基本港的自然条件、管理规定、经营方式等情况的不同而导致货物运输成本的不同，这些都会使班轮公司在运营中支付相应的费用。为了使这些费用得到一定的补偿，需要在基本运费的基础上，在计算全程运费时计收一定的追加额。这一追加额就是构成班轮运费的另一组成部分即附加运费。

为了在特定情况下保持一定水平的收益，应对各种不稳定因素引起的额外成本支出，承运人就需要通过附加费的形式，按照合理分担有关费用的定价原理确定附加运费。

班轮附加费的名目繁多，主要有燃油附加费（BAF）、货币贬值附加费（CAF）、超重附加费（heavy lift additional）、超长附加费（long length additional）、直航附加费（direct additional）、转船附加费（transhipment sur-charge）、港口附加费（port surcharge）、港口拥挤附加费（port congestion surcharge）、选择港附加费（optional surcharge）、变更卸货港附加费（alteration surcharge）等。班轮附加费通常以基本运费的一定百分率计收，也有以每运费吨若干金额计收的。

（4）班轮计费标准

班轮运费的计费标准是指计算运费时使用的计算单位。根据我国的基本计量制度规定，我国的法定计量单位采用公制。在运费计算中，重量单位用“吨”，体积单位用“立方米”。以一公吨或一立方米为一计量单位。

在班轮运费的计收中，涉及的基本概念有运费吨、起码运费等。

①运费吨

计算运费的一种特定的计费单位。通常，取重量和体积中相对值较大的为计费标准，以便对船舶载重量和舱容的利用给予合理的费用支付。

例如，某票货物重 1.2 吨，体积为 15 立方米，它的运费吨则按 15 吨计算；而另一票货物重 8 吨，体积 2.6 立方米，它的运费吨则记为 8 吨。在运价表中，运费吨一般表示为 FT 或 W/M。需要说明的是，上述货物体积指货物的量尺体积。

②起码运费

指以一份提单为单位最少收取的运费。承运人为维护自身的最基本收益，对小批量货物收取起码运费，用以补偿其最基本的装卸、整理、运输等操作过程中的成本支出。不同的承运人使用不同的起码运费标准，件杂货和拼箱货一般以一运费吨为起码运费标准，最高不超过五运费吨，班轮公司收取起码运费后不再加收其他附加费。

承运人制定的运价表中都具体规定各种不同商品的计算运费标准，通常有以下几种：

W（Weight）——表示该种货物应按其毛重计算运费。

M（Measurement）——表示该种货物应按其尺码或体积计算运费。

W/M——表示该货物应分别按其毛重或体积计算运费，并选择其中运费较高者计算。

Ad. Val.（Ad Valorem）——表示该种货物应按其FOB价格的某一百分比计算运费，又称为从价运费。

Ad. Va1. or W/M——表示该种货物应分别按其FOB价格的某一百分比和毛重、体积计算运费，并选择其中运费高者计算。

W/M plus Ad. Val——表示该种货物除应分别按其毛重和体积计算运费，并选择其中运费较高者外，还要加收按货物FOB价格的某一百分比计算的运费。

（5）按件计费

以“Per Unit，Head，piece etc.”表示按货物的件数计收运费。如活牲畜按“每头”（per head）为计费单位，车辆按“每辆”（per unit）为计费单位。

（6）临时议定运价

临时议定运价是由货主和船公司临时协商议定的运价。通常适用于承运粮食、豆类、矿石、煤炭等运量较大、货值较低、装卸容易、装卸速度较快的农副产品和矿产品。临时议定运价的运费率一般均较低。

（7）班轮运费计算方法

①拼箱货班轮运费的计算

通常，拼箱货班轮运费是由基本运费和各项附加运费组成的，其计算公式为：

$$F = F_b + \sum S$$

式中：

$F$——运费总额；

$F_b$——基本运费额；

$S$——某一项附加费；

$\Sigma$——代表汇总的意思。

基本运费是货物的计费吨（重量吨或容积吨）与基本运价（费率）的乘积，附加运费通常是在基本运费基础上附加一定百分比计算得出。例如，燃油附加费10%，旺季附加费10%，则总的附加运费为基本运费的20%。

②从价运费情况下的计算

从价运费是按货物FOB价格的某一百分比计算得出。但是，某些贸易合同可能是以CIF价格成交的，所以，要先将CIF价格换算为FOB价格。之后，再算出从价运费。

按照一般的贸易习惯，CFR价格是CIF价格的99%的比例，通过以下关系式求得FOB价格。

$P_{CFR} = 0.99P_{CIF}$

$$FR=(Ad.Val.)P_{FOB}$$

$$P_{CFR}=P_{FOB}+FR=P_{FOB}+(Ad.Val.)P_{FOB}=(1+Ad.Val.)P_{FOB}$$

$$P_{FOB}=\frac{P_{CFR}}{1+Ad.Val.}=\frac{0.99P_{CIF}}{1+Ad.Val.}$$

式中：

$P_{FOB}$ ——FOB 价格；

FR ——运费；

$P_{CFR}$ ——CFR 价格；

$P_{CIF}$ ——CIF 价格。

③集装箱班轮整箱货运费计算

整箱货的运费计算采用均一费率（Freight All Kinds：FAK）的标准计收运费，即对具体航线按货物等级及箱型、尺寸的包箱费率（Box Rate），或仅按箱型、尺寸的包箱费率而不考虑货物种类和级别计算运费。均一费率指按单位集装箱计收运费率，也称为包箱费率。采用包箱费率计算集装箱运费时，只需要根据具体航线、货物等级及箱型、尺寸所规定的费率乘以箱数。目前集装箱班轮运输中基本都是采用这种方法计收运费。

**案例导入**

## 漏报运费附加费

2021 年，浙江某有色金属有限公司以一般贸易方式进口再生铝块，先后在申报进口过程中漏报了与进口货物相关的 EBS（紧急燃油附加费）、BAF（燃油附加费）等运费附加费。具体为：4 月申报进口 15386 千克，申报总价 26925.5 美元，成交方式 CIF，漏报了 EBS（紧急燃油附加费）500 元人民币；4 月申报进口 51461 千克，申报总价 91652.04 美元，成交方式 CIF，漏报了 EBS（紧急燃油附加费）4000 元人民币、BAF（燃油附加费）2000 元人民币；5 月申报进口 76097 千克，申报总价 150672.06 美元，成交方式 CIF，漏报了 EBS（紧急燃油附加费）6000 元人民币、BAF（燃油附加费）3600 元人民币；5 月申报进口 75404 千克，申报总价 149299.92 美元，成交方式 CIF，漏报了 EBS（紧急燃油附加费）6000 元人民币、BAF（燃油附加费）3600 元人民币；5 月申报进口 75683 千克，申报总价 149852.34 美元，成交方式 CIF，漏报了 EBS（紧急燃油附加费）6000 元人民币、BAF（燃油附加费）3600 元人民币。以上共计漏报了与进口货物相关的 EBS（紧急燃油附加费）、BAF（燃油附加费）等运费附加费共计 35300 元，经海关税部门计核，漏缴税款 4589 元。科处罚款人民币 1300 元。

（资料来源：杭州海关官网）

### （二）租船运输

租船运输（Shipping by Chartering）又称不定期船运输，没有预定的船期表、航线、港口，船舶按租船人和船东双方签订的租船合同规定的条款完成运输服务。根据协议，船东将船舶出租给租船人使用，完成特定的货运任务，并按商定运价收取运费。采用租船运输的货物主要是低价值的大宗货物，例如，煤炭、矿砂、粮食、化肥、水泥、木材、石油等。一般都是整船装运，运量大，运价比较低，并且运价随市场行情的变化波动。

在租船运输中，货物的装卸费由船东和租船人协商约定后，在租船合同中作出具体规定，如表 10-1 所示。

**表 10-1　程租船装卸货费用承担表**

| 固定用语 | 简称 | 含义 |
|---|---|---|
| Liner Term | 班轮条件 | 船方负责装货和卸货，租金中包括装卸费 |
| Free out | F. O | 船方管装不管卸，租金中包括装货费，不包括卸货费 |
| Free in | F. I | 船方管卸不管装，租金中包括卸货费，不包括装货费 |
| Free in and out | F. I. O | 船方不负责装卸，租金中不包括装卸费 |
| Free in and out，Stowed and Trimmed | F. I. O. S. T | 船方不负责装卸，也不负责理舱和平舱，租金中不含有关费用 |

此外，还有约定期限的光船租船方式。在这种租船方式下，船舶出租人提供的船舶不配备船员，在约定的期间内由租船人占有、使用和营运船舶，并向出租人支付租金。

## 三、海运提单

海运提单在本书“运输类单证”章节中有详细介绍，此处不再赘述。

## 四、集装箱运输业务

集装箱运输（Container Transport）依据《集装箱运输术语》（GB/T 17271—2023）中的定义，是指以集装箱为单元进行货物运输的货运方式。

### （一）集装箱的定义

根据《集装箱术语》（GB/T 1992—2023）中的定义，集装箱（Freight Container）是一种供货物运输的设备，应具有如下条件：

1. 具有足够的强度，在有效使用期内能反复使用；
2. 适用于一种或多种运输方式运送货物，途中无需倒装；
3. 设有供快速装卸的装置，便于从一种运输方式转到另一种运输方式；
4. 便于箱内货物装满和卸空；
5. 内容积大于或等于 $1m^3$。

### （二）集装箱的尺寸（国际标准集装箱）

1961 年 6 月国际标准化组织集装箱技术委员会成立后，开始着手制定国际集装箱标准。第一个国际集装箱标准系列表在 1964 年第三次大会上提出，分两个系列、九种箱型；1967 年第五次大会上，又增加了第三系列三种箱型；1969 年 10 月第六次大会上，在第一系列中增加 1AA 箱型；1974 年第八次大会上又增加 1BB 和 1CC 两种箱型，同时将第二系列降格为技术报告；在 1976 年第九次大会上，第三系列也降格为技术报告；1991 年 5 月第十六次大会上，又增加了 1AAA 和 1BBB 两种箱型。到目前为止，国际标准集装箱共有 13 种规格，其宽度均一样（2438mm），长度有四种（12192mm、9125mm、6058mm、2991mm），高度有四种（2896mm、2591mm、2438mm、<2438mm）。

通用的国际标准集装箱分为 A、B、C、D 四个系列。国际标准集装箱的尺寸可分为外部尺寸和最小内部尺寸。A、B、C、D 四个系列的外部尺寸如表 10-2 所示。

**表 10-2　集装箱规格尺寸和总重量明细表**

| 规格（英尺） | 箱型 | 长 | | 宽 | | 高 | | 最大总重量 | |
|---|---|---|---|---|---|---|---|---|---|
| | | 公制 毫米（mm） | 英制 英尺（′） 英寸（″） | 公制 毫米（mm） | 英制 英尺（′） 英寸（″） | 公制 毫米（mm） | 英制 英尺（′） 英寸（″） | 千克（kg） | 磅（lb） |
| 40 | 1AAA<br>1AA<br>1A<br>1AX | 12192 | 40′ | 2438 | 8′ | 2896<br>2591<br>2438<br><2438 | 9′6″<br>8′6″<br>8′<br><8′ | 30480 | 67200 |
| 30 | 1BBB<br>1BB<br>1B<br>1BX | 9125 | 29′11. 25″ | 2438 | 8′ | 2896<br>2591<br>2438<br><2438 | 9′6″<br>8′6″<br>8′<br><8′ | 25400 | 56000 |
| 20 | 1CC<br>1C<br>1CX | 6058 | 19′10. 5″ | 2438 | 8′ | 2591<br>2438<br><2438 | 8′6″<br>8′<br><8′ | 24000 | 52900 |
| 10 | 1D<br>1DX | 2991 | 9′9. 75″ | 2438 | 8′ | 2438<br><2438 | 8′<br><8′ | 10160 | 22400 |

国际海运和陆运最常用的集装箱是 C 系列中的 1CC 型（20GP，简称“20 尺普柜”，外尺寸为 20 英尺×8 英尺×8 英尺 6 英寸）和 A 系列中的 1AA 型（40GP，简称“40 尺普柜”，外尺寸为 40 英尺×8 英尺×8 英尺 6 英寸）两种。为了便于计算集装箱数量，通常用 20GP 的集装箱作为换算标准箱（Twenty-feet Equivalent Unit，TEU），并以此作为集装箱船载箱量、港口集装箱吞吐量、集装箱保有量等的计量单位。

### （三）集装箱的种类

#### 1. 普通货物集装箱

普通货物集装箱（General Cargo Container），是除装运需要控温的货物、液态或气态货物、散货、汽车和活的动物等特种货物的集装箱以及空运集装箱以外其他类型集装箱的总称。包括：

通用集装箱（General Purpose Container），指具有风雨密性能的全封闭集装箱。设有刚性的箱顶、侧壁、端壁和底部结构，至少在一个端部设有箱门，以便于装运普通货物。

专用集装箱（Specific Purpose Container），指普通货物集装箱中某些具有一定结构特点箱型的总称，包括可以不通过箱体的端门进行货物装卸以及具有透气或通风功能的集装箱。

（1）封闭式透气/通风集装箱（Closed Ventilated Container）

封闭式透气/通风集装箱（如图 10-1 所示）类似通用集装箱，但有与外界大气进行气流交换的装置。其通风的方式可以是自然流通的，也可以借助通风机械来实现。装运不需要冷冻，需要呼吸的（水果、蔬菜等类）货物，或在运输中会渗出液汁的货物（兽皮），或会引起潮湿的货物等，一般在其侧壁或端壁或箱门上设有 4~6 个通风窗口。

**图 10-1　封闭式透气/通风集装箱示例图**

（2）敞顶式集装箱（Open Top Container）

敞顶式集装箱（如图 10-2 所示）也称开顶柜。这种集装箱没有刚性箱顶，但具有通过转动或拆卸来支撑的柔性顶篷或可以移动的刚性顶盖，其他部分与通用集装箱类似。可用起重机从箱顶上面装卸货物，适合于装载高大的大型物和需吊装的重物，如玻璃板等。

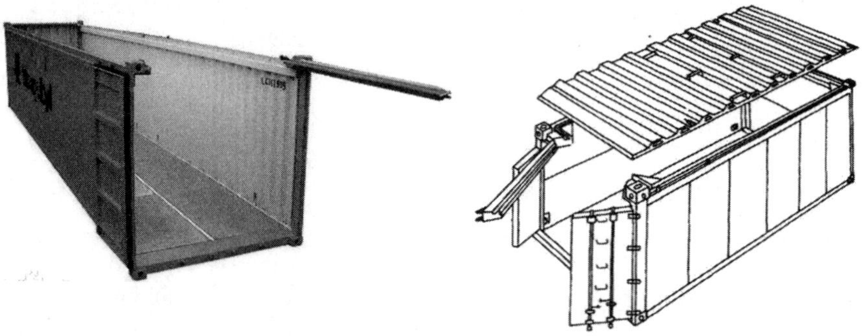

**图 10-2　敞顶式集装箱示例图**

（3）平台式集装箱（Platform Container）

平台式集装箱（如图 10-3 所示）是一种没有上部结构的载货平台，其平面尺寸和最大总质量以及供搬运和紧固作业的设施等均符合标准集装箱的要求。平台式集装箱装卸作业方便，适宜装超重超长货物，长度可达 6 米以上，宽 4 米以上，高 4. 5 米左右，重量可达 40 公吨。两台平台式集装箱可以联结起来，装 80 公吨的货，用这种集装箱装运汽车极为方便。

图 10-3　平台式集装箱示例图

（4）台架式集装箱（Platform Based Container）

台架式集装箱（如图 10-4 所示）又称框架集装箱，没有刚性侧壁，也没有像通用集装箱那种能够承受箱内载荷的侧壁等效结构，其底部结构类似平台式集装箱。具体分为三种，第一种是带有不完整的上部结构和固定端部结构的台式集装箱（除箱体的底部结构以外，没有其他永久性承载结构件）；第二种是带有不完整的上部结构和端部结构可以折叠的台架式集装箱（上部结构不完整，其带有横向连接件的端部结构可以折叠）；第三种是带有完整上部结构的台架式集装箱（在箱体底部结构以上部位具有永久性纵向承载结构）。台架式集装箱没有水密性，怕水湿的货物不能装运，适合装载形状不一的货物，具体的货种如：钢材、盘元、薄板、长大件、平板玻璃、机械及搬运机械、各种管子、电极、摩托车、绝缘子、胶合板、鼓筒、变压器、木材及其制品等。

图 10-4　台架式集装箱示例图

**2. 特种货物集装箱**

特种货物集装箱（Specific Cargo Container），是用以装载需要控温货物、液态、气态和（或）固态物料以及汽车等特种货物集装箱的总称。包括：

（1）保温集装箱（Thermal Container）

保温集装箱是指具有隔热功能的箱壁、箱门、箱底和箱顶，能够减缓箱体内外热量交换的集装箱。包括：

①隔热集装箱（无冷却和加热设备），是一种为防止箱内温度上升，使货物保持鲜度，主要用于载运水果、蔬菜等类货物的集装箱。通常用于冰制冷，保持时间约为 72h。

②机械式制冷集装箱，又称冷藏集装箱（如图 10-5 所示），是用来运输冷冻货物，主要是冷冻食品，如冷冻鱼、肉、虾等，低温水果、蔬菜、干酪等货物，胶片、某些药品等需要保持一定温度的货物，能保持所定温度的保温集装箱。使用这种集装箱，在装箱前需检验冷冻装置，船上要有电源插头，能使冷冻集装箱的制冷设备正常运转。

图 10-5　冷藏集装箱示例图

③冷藏和加热集装箱，这种集装箱具有制冷和加热功能。

（2）罐式集装箱（Tank Container）

罐式集装箱（如图 10-6 所示）由箱体框架和罐体两部分组成，用于装运酒类、油类、液体食品、化学药品等液体货物。液罐为椭圆形或近似球形，采用双层结构。内壁采用不锈钢或用其他刚性材料制成，但需涂布一层环氧树脂，防止液体货物的腐蚀；外壁采用保温材料。一般罐顶有圆形的装货口，罐底有卸货阀。有高压液罐、低压液罐、保温液罐、带加热装置液罐等数种。

图 10-6　罐式集装箱示例图

（3）散货集装箱（Bulk Container）

①干散货集装箱

干散货集装箱（Dry Bulk Container）（如图 10-7 所示）用于装运无包装干散货，例如大豆、大米、麦芽、面粉、玉米、各种饲料及水泥、化学制品等散装粉状或粒装货物，设有便于装满和卸空的开口。包括无压干散货集装箱（靠物料自身的重力进行装载和卸载）、有压干散货集装箱（靠物料自身的重力或外部压力进行装载和卸载）、箱型干散货集装箱［具有多边体的储料空间，至少在一个端部（下端）设有出料口，通过箱体的纵向倾斜进行卸料］和厍斗型干散货集装箱（设有储料厍斗，可以在集装箱处于水平状态下通过厍斗下部的出料口进行卸料）。

图 10-7 干散货集装箱示例图

使用这类集装箱可以节省包装费用，减轻粉尘对人体和环境的损害，还可提高装卸效率和降低物流成本。在装载粮食时，由于检疫的需要，有的集装箱顶上还设有进行熏蒸用的附属装置。

②散装粉状货集装箱

散装粉状货集装箱（Free-flowing Bulk Material Container）（如图 10-8 所示）是装卸时需要使用喷管与吸管装置的特殊散货集装箱。

图 10-8 散装粉状货集装箱示例图

（4）按货物种类命名的集装箱

这种集装箱只指专门或者基本上用于装运某种特定货物的集装箱，如装运汽车或动物的集装箱等。

①动物集装箱（Pen Container）

动物集装箱（如图 10-9 所示）是指装运家禽和牲畜的集装箱，箱顶和侧壁采用玻璃钢制成，能避免阳光照射，便于清扫和保持卫生；侧壁安装有上折页的窗口，窗下备有饲养槽，可以定时给家禽或牲畜喂养食物。

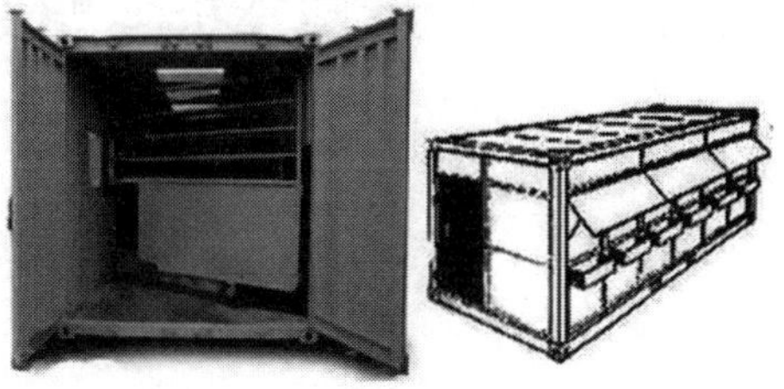

图 10-9 动物集装箱示例图

②汽车集装箱（Car Container）

汽车集装箱（如图 10-10 所示）是指专门供运输汽车而制造的集装箱，该集装箱结构简单，通常只设有框架与箱底，根据汽车的高度，可装载一层或两层。

**图 10-10　汽车集装箱示例图**

③挂衣集装箱（Dress Hanger Container）

挂衣集装箱（如图 10-11 所示）是指专门运输成衣的密闭式集装箱。为防止衣服受潮和箱壁结露，箱板一般设有内衬板。在内部箱顶装有吊挂衣服的钢杆，有的利用网或绳结从箱顶上挂下，衣服挂在网孔或绳结上。这种集装箱在箱内侧梁上装有许多根横杆，每根横杆上垂下若干条皮带扣、尼龙带扣或绳索，成衣利用衣架上的钩，直接挂在带扣或绳索上。这种服装装载法属于无包装运输，它不仅节约了包装材料和包装费用，而且减少了人工劳动，提高了服装的运输质量。专门针对一些易皱不宜折叠的高档服装，例如，西装，衬衫等，保证运输过程中服装的质量。

**图 10-11　挂衣集装箱示例图**

**案例导入**

## 集装箱不适货造成货损索赔案

原告××进出口公司出口 72600 千克带壳花生，自天津新港海运至波兰格丁尼亚港。该批货物装载在承运人提供的五个 40 英尺集装箱内，深圳蛇口××海运有限公司代承运人法国××轮船有限公司签发了清洁提单。原告××进出口公司为该批货物向原告某保险公司投保一切险和战争险。该批货物于同年 11 月 30 日在德国汉堡港转船，实际承运人签发了集装箱有缺陷的不清洁提单，12 月 1 日货物运到目的港波兰格丁尼亚，经波兰格丁尼亚卫生检疫部门对五个集装箱货物抽样检查，结果显示："被检验的花生有霉变气味，霉变主要存在花生壳上，该批货物被认为不适合人类消费及不能被买卖。"原告××进出口公司只好委托法国××轮船有限公司将该批货物运回天津港销毁。

经过双方当事人举证，承运人法国××轮船有限公司不能提供证据证明其有免责事由。而原告所提供的证据已证明，承运人提供了五个不适合货物运输的集装箱，因此承运人对货物霉变损坏应承担赔偿责任，深圳蛇口××海运有限公司在本案中仅是船舶代理，不具有承运人的法律地位，对货损不应承担责任。因此，被告法国××轮船有限公司赔偿原告××进出口公司回程运费及相关费用损失 21408.90 美元和回程到港后的费用人民币 36883.80 元；被告法国××轮船有限公司赔偿原告某保险公司货物损失费用人民币 650000 元。

（资料来源：天津海事法院）

### 3. 常见的集装箱箱型及代码

常见的集装箱箱型及代码，如表 10-3 所示。

**表 10-3 集装箱箱型及代码对照表**

| 长度 | 箱型 | 箱型代码 | 95 码 | 英文全称 |
|---|---|---|---|---|
| 20 英尺 | 干货箱 | GP | 22G1 | General Purpose |
| | 干货高箱 | GH（HC/HQ） | 25G1 | General High（High Container/High Cubic） |
| | 挂衣箱 | HT | 22V1 | Hanger Tanker |
| | 开顶箱 | OT | 22U1 | Open Top |
| | 冷冻箱 | RF | 22R1 | Refrigerated |
| | 冷高箱 | RH | 25R1 | Refrigerated High |
| | 油罐箱 | TK | 22T1 | Tank |
| | 框架箱 | FR | 22P1 | Frame |
| 40 英尺 | 干货箱 | GP | 42G1 | General Purpose |
| | 干货高箱 | GH（HC/HQ） | 45G1 | General High（High Container/High Cubic） |
| | 挂衣箱 | HT | 42V1 | Hanger Tanker |
| | 开顶箱 | OT | 42U1 | Open Top |
| | 冷冻箱 | RF | 42R1 | Refrigerated |
| | 冷高箱 | RH | 45R1 | Refrigerated High |
| | 油罐箱 | TK | 42T1 | Tank |
| | 框架箱 | FR | 42P1 | Frame |

（1）箱型代码第一个字母是"G"（General）的，都是普通集装箱（普通集装箱和挂衣箱、冷冻箱、框架箱等特种箱相对）；

（2）箱型代码第二个字母是"H"（High）的，都是高柜；

（3）95 码是指联合国 UN/ISO 标准代码库里面所提供的 95 版本的数字-字符型代码；

（4）95 码第一位数字为 2 的表示 20 英尺，第一位数字为 4 的表示 40 英尺；

（5）95码第二位数字为2的表示非高箱（8.6英尺）；第二位数字为5的表示高箱（9.6英尺）。

### （四）集装箱标志

为了在运输过程中方便集装箱运输管理，编制集装箱运输文件，方便信息的传输和处理，在集装箱的箱体上要标打清晰、易辨而且持久的标记。国际使用的集装箱按照国际标准ISO 6346—1995规定的集装箱标记，包括必备标记和自选标记两类，每一类中包括识别标记和作业标记。

**1. 必备标记**

（1）识别标记

识别标记由箱主代码、设备识别码、箱号及校验码组成。

①箱主代码

箱主代码是集装箱所有者的代码。它由3位大写英文字母组成（国内使用的集装箱用汉语拼音表示），具备唯一性，且应在国际集装箱局（BIC）注册登记。

世界部分船公司和租箱公司箱主代码如表10-4所示。

**表10-4　世界部分船公司和租箱公司箱主代码表**

| 船公司和租箱公司中文名称 | 船公司代码 | 国家（地区） | 箱主代码 |
|---|---|---|---|
| 马士基航运公司 | MAERSK | 丹麦 | MAEU |
| 地中海航运公司 | MSC | 瑞士 | MSCU |
| 中国远洋运输（集团）公司 | COSCO | 中国 | COSU |
| 法国达飞轮船有限公司 | CMA | 法国 | CGMU |
| 赫伯罗特公司 | HPL | 德国 | HLCU |
| 美国总统轮船公司 | APL | 美国 | APLU |
| 东方海外货柜航运公司 | OOCL | 中国香港 | OOLU |
| 日本邮船公司 | NYK | 日本 | NYKU |
| 长荣海运股份有限公司 | EMC | 中国台湾 | EMCU |
| 大阪商船三井船舶公司 | MOL | 日本 | MOLU |
| 中外运集装箱运输有限公司 | SINO | 中国 | SONU |

②设备识别码

设备识别码由1个大写英文字母表示：

“U”代表所有集装箱；

“J”表示集装箱所配置的挂装设备；

“Z”表示集装箱拖挂车和底盘挂车。

③箱号

箱号由6位阿拉伯数字表示，不足6位时，应在前面置0以补足6位，以区别于同一箱主的集装箱，如“053842”。

④校验码（核对数字）

校验码用于检验箱主代码和箱号传递的准确性，是通过箱主代码、设备识别码和箱号通过特有的方式换算而得。

（2）作业标记

作业标记包括以下内容：

①额定重量和自定重量标记

额定重量即集装箱总重，自重即集装箱空箱质量（或空箱重量），应以千克（kg）和磅（Lb）同时表示。

②空陆水联运集装箱标记

由于该集装箱的强度仅能堆码两层，因而国际标准化组织对该集装箱规定了特殊的标志。该标记为黑色，位于侧壁和端壁的左上角，并规定标记的最小尺寸（高127mm，长355mm），字母标记的字体高度至少为76mm。

③登箱顶触电警告标记

该标记为黑色三角形，三角形内的底色为黄色，一般设在罐式集装箱和登箱顶扶梯处，以警告登梯者有触电危险。

**2. 自选标记**

（1）识别标记

①国家和地区代号，如中国用CN，美国用US。

②尺寸和类型代号（箱型代码）。

（2）作业标记

①超高标记

该标记为黑色三角形，三角形内的底角为黄色、文字为黑色，贴在集装箱每侧的左下角，距箱底约0.6m处，以及集装箱主要标记的下方。凡高度超过2.6m的集装箱都应贴上此标记。

②国际铁路联盟标记

凡符合《国际铁路联盟条例》规定的集装箱，可以获得此标记。该标记是在欧洲铁路上运输集装箱的必要通行标志。上部“ic”表示国际铁路联盟，下部的数字表示各铁路公司的代码。对于超重（总重超过30.48t）的集装箱，应设“SUPER HEAVY”的三角形超重标记。

**3. 通行标记**

集装箱在运输过程中为了能顺利地通过或过境，箱上必须贴有按规定要求的各种通行标志，否则，必须办理烦琐的证明手续，这样就延长了集装箱的周转时间。集装箱上主要的通行标记有安全合格牌照、集装箱批准牌照、防虫处理板、检验合格徽及国际铁路联盟标记等。

### （五）集装箱货物的分类

通常适宜用集装箱装运的货物具有两个基本特点：一是能较好地利用集装箱载货重量和（或）载货容积；二是价格较高。采用集装箱运输的货物分类方法有多种，通常按照货物性质或装运形式进行分类。

**1. 按货物性质分**

（1）普通货物

普通货物是指根据货物性质，不需要特殊积载和保管的货物。其特点是货物批量不大、品种较多，包括各种轻工业品、车床、纺织机械衣服类货物等。普通货物按有无污染又可分为清洁货物和污染货物两种。

①清洁货物是指货物本身清洁干燥，在保管和运输时没有特殊要求，和其他货物混载时不易损坏或污染其他货物的货物，例如，纺织品、棉、麻、纤维制品、橡胶制品、玩具等。

②污染货物是指货物本身的性质和状态容易发霉、发热、发臭等，容易对其他货物造成严重湿损、污损或熏染臭气的货物，例如，水泥、石墨、油脂、沥青、樟脑、胡椒等。

（2）特殊货物

特殊货物或称特种货物是指在货物形态上具有特殊性，运输时需要用特殊集装箱装载的货物，包括超高、超长、超宽、超重货物，以及液体或气体货物、散件货散货、动植物检疫货、冷藏货、贵重货物、易腐货物等。

①冷藏货物：需要在指定低温条件下运输的货物，例如，水果、蔬菜、肉类、奶油等。

②活动（植）物：运输途中需要提供特殊照顾以维持生命活动的活货物，例如，牛羊、花卉、树苗等。

③液体、气体货物：需要装载罐、瓶等容器内进行运输的液体或者气体货物，例如，酒精、食用油、氧气、液化气等。

④大件货物：单件尺寸超大或单件重量超大的货物，例如，重型机械设备、动力电缆、钢结构体等。

⑤散装货物：不加包装，基本上以其自然形态装上运输工具运送进出境的货物。例如，粮食、矿石、水泥、原油、废钢铁等块状、粒状、粉状及液态的大宗货物。

⑥易腐货物：在运输途中因温度高、湿度大和通风不良等而易腐烂变质的货物，例如，蔬菜、水果等。

⑦贵重货物：单件价格比较昂贵的货物，例如，精密仪器、珠宝首饰、出土文物等。

⑧危险货物：具有燃烧、爆炸、腐蚀、毒害、放射性辐射或污染环境等特征，在运输、装卸、保管过程中，能引起人身伤亡和财产受损、环境污染而需要特别防护的货物，例如，烟花爆竹、农药等。

**2. 按能否装满一个集装箱分**

在集装箱货物的流转过程中，其流转形态分为两种，一种为整箱货，另一种为拼箱货。

（1）整箱货

整箱货（FCL）是货物数量较多，足够装满一个或数个集装箱的货物。通常由发货人自行装箱、计数，填写装箱单，并加施铅封。整箱货涉及一个发货人和一个收货人。

国际公约或各国海商法没有整箱货交接的特别规定，而承运人通常根据提单正面和背面的印刷条款及提单正面的附加条款，承担在箱体完好和封志完整的状况下接受并在相同的状况下交付整箱货的责任。在目前的海上货运实践中，班轮公司主要从事整箱货的货运业务。

（2）拼箱货

拼箱货（LCL）是指批量少，不能装满一个整箱，需要与其他货主的货物拼装在一个集装箱内的货物。通常由承运人的集装箱货运站负责装箱、计数，填写装箱单，并加施铅封。拼箱货会涉及多个发货人和多个收货人。

承运人负责在箱内每件货物外表状况明显良好的情况下接受并在相同的状况下交付拼箱货。在目前的货运实践中，主要由拼箱集运公司从事拼箱货的货运业务。

（3）整箱货与拼箱货的区别

①装拆箱的主体不同

整箱货多数是由托运人装箱点数并加封后搬进集装箱场，然后到目的港的集装箱场交给收货人，其拆箱一般也是由收货人自行办理。拼箱货则大多由集装箱货运站装箱，到达目的地后，也是由集装箱货运站拆箱取出货物后再分别交给各收货人。

②承运人承担的责任不同

对整箱货而言，承运人对整箱货是以箱作为交接单位，只要集装箱外表与收箱时相似，并铅封完整，承运人就完成了承运责任。承运人并不负责箱内货物的货损、货差。因此整箱货运输的提单上，通常都要加上“托运人装箱点数并加铅封”的条款。

③运费标准不同

因为整箱货运输减少了船公司的手续，故某些航运公司会对整箱货运输有运费折扣。而拼箱货，通常航运公会要收取一定的集装箱货运站服务费。有一些海运公司的运输表中规定，对于拼箱货使用集装箱的容积有一个最低限度，装载量不得低于这一限度，如装载数量低于这一最低限度，托运人也必须按这一最低限度的装载量付费（未被使用的也需付费），并通常按箱内货物最高运费率计收。

### （六）集装箱货物的装载

随着集装箱运输的发展，种类繁多、性质、包装各不相同的货物都进入了集装箱运输的领域。与此同时，从事集装箱运输的管理人员，以及操作人员不断增多，为确保货运质量的安全，做好箱内货物的积载工作是很重要的，许多货损事故的发生都是装箱不当造成的。

**1. 重量的合理分配**

根据货物的体积、重量、外包装的强度，以及货物的性质进行分类，把外包装坚固和重量较重的货物装在下面，装载时要使货物的重量在箱底上形成均匀分布。否则，有可能造成箱底脱落或底梁弯曲。如果整个集装箱的重心发生偏移，当用伸爪具起吊时，有可能使集装箱产生倾斜。

**2. 货物的必要衬垫**

装载货物时，要根据包装的强度来决定对其进行必要的衬垫。对于外包装脆弱的货物、易碎货物应夹衬缓冲材料，防止货物相互碰撞挤压。为填补货物之间和货物与集装箱侧壁之间的空隙，有必要在货物之间插入垫板、覆盖物之类的隔货材料。

**3. 货物的合理固定**

货物在装箱后，一般都会产生空隙。由于空隙的存在，必须对箱内货物进行固定处理，以防止在运输途中，尤其是海上运输途中由于船体摇摆而造成货物坍塌与破损。

（1）在装箱的时候，用方形木条等支撑物对货物进行支撑。

（2）如果货物或者集装箱侧壁之间存在缝隙，可以使用一些方木进行水平方向的加固，另外，还可以插入填塞物、缓冲垫或者楔子等物品，防止货物在运输过程中发生位移。

（3）对货物使用绳索、带子等索具或者用具进行捆绑和加固，保证货物不会因为货车移动导致损坏。

**4. 货物的合理混装**

想要保证集装箱货物在运输过程中的安全，一方面要做好加固工作，另一方面在货物的安排上也必须特别留意，应避免一些可能会导致货物变质或者受影响的混装。具体有以下几种情况。

（1）干货在运输过程中不能够与湿货进行混装，主要是为了避免货物的受潮和发霉。另外在实际工作中，如果货物对干燥度的要求很高，还需要加入适当的干燥剂或者采用其他的干燥方法。

（2）正常的货物尽量不要和带有强臭味或者其他刺激性气味的货物进行混装，防止因为串味影响了产品的质量。

（3）任何货物都尽量不要与粉末状的货物进行混装，粉末状的货物在运输过程中不够稳定，非常容易发生爆炸，分开装可以有效减少这类问题发生的可能性。

（4）危险货物之间绝对不能进行混装，主要是因为各类危险货物的性能都有所差别，而且它们的各项抢救措施也有所不同。如果进行混装，很可能引发二次危险。

（5）包装不同的货物之间不能够进行混装，一定要进行分别装载，以方便平时的运输。

### （七）集装箱货物交接地点与方式

#### 1. 集装箱货物的交接地点

货物运输中的交接地点是指根据运输合同，承运人与货方交接货物、划分责任风险和费用的地点。目前集装箱运输中货物的交接地点有集装箱堆场、集装箱货运站和其他双方约定的地点（例如，门，Door）。

（1）集装箱堆场

集装箱堆场（Container Yard，CY），是交接和保管空箱（Empty Container）和重箱（Loaded Container）的场所，也是集装箱换装运输工具的场所。

（2）集装箱货运站

集装箱货运站（Container Freight Station，CFS），是拼箱货交接和保管的场所，也是拼箱货装箱和拆箱的场所。

集装箱堆场和集装箱货运站也可以处于同一处。

（3）发货人或收货人的工厂或仓库（门，Door）

在发货人或收货人的工厂或仓库交接的货物都是整箱交接，一般意味着发货人或收货人自行负责装箱或拆箱。

#### 2. 集装箱货物的交接方式

在集装箱运输中，根据实际交接地点不同，集装箱货物的交接有多种方式。在不同的交接方式中，集装箱运输经营人与货方承担的责任、义务不同，集装箱运输经营人的运输组织的内容、范围也不同。根据《集装箱运输术语》，较常使用的情况有以下九种：

（1）门到门（Door/Door）交接方式（FCL/FCL）：承运人在托运人的工厂或仓库整箱接货，负责运抵收货人的工厂或仓库，整箱交付收货人。

（2）门到场（Door/CY）交接方式（FCL/FCL）：承运人在托运人的工厂或仓库整箱接货，负责运抵目的地集装箱货运站，整箱交付收货人。

（3）门到站（Door/CFS）交接方式（FCL/LCL）：承运人在托运人的工厂或仓库整箱接货，负责运抵目的地集装箱货运站，拆箱后，按件交付收货人。

（4）场到门（CY/Door）交接方式（FCL/FCL）：承运人在启运地集装箱堆场整箱接货，负责运抵收货人的工厂或仓库，整箱交付收货人。

（5）场到场（CY/CY）交接方式（FCL/FCL）：承运人在启运地集装箱堆场整箱接货，负责运抵目的地集装箱堆场，整箱交付收货人。

（6）场到站（CY/CFS）交接方式（FCL/LCL）：承运人在启运地集装箱堆场整箱接货，负责运抵目的地集装箱货运站，拆箱后，按件交付收货人。

（7）站到门（CFS/Door）交接方式（LCL/FCL）：承运人在启运地集装箱货运站按件接货并装箱，负责运抵收货人的工厂或仓库，整箱交付收货人。

（8）站到场（CFS/CY）交接方式（LCL/FCL）：承运人在启运地集装箱货运站按件接货并装箱，负责运抵目的地集装箱堆场，整箱交付收货人。

（9）站到站（CFS/CFS）交接方式（LCL/LCL）：承运人在启运地集装箱货运站按件接货并装箱，负责运抵目的地集装箱货运站，拆箱后，按件交付收货人。

以上九种交接方式（如表 10-5 所示）是集装箱货物的基本交接方式。除场到场（CY/CY）交接方式或站到站（CFS/CFS）交接方式适用于海运单一方式运输（包括海上转运和海海联运）外，其他交接方式都属于集装箱货物多式联运下的交接方式。

**表 10-5　集装箱货物的基本交接方式明细表**

| 序号 | 装箱方式 | 交货地点 |
|---|---|---|
| 1 | 门到门（Door/Door） | 整箱交、整箱接（FCL/FCL） |
| 2 | 场到场（CY/CY） | |
| 3 | 门到场（Door/CY） | |
| 4 | 场到门（CY/Door） | |
| 5 | 场到站（CY/CFS） | 整箱交、拆箱接（FCL/LCL） |
| 6 | 门到站（Door/CFS） | |
| 7 | 站到门（CFS/Door） | 拼箱交、整箱接（LCL/FCL） |
| 8 | 站到场（CFS/CY） | |
| 9 | 站到站（CFS/CFS） | 拼箱交、拆箱接（LCL/LCL） |

### （八）集装箱班轮货运流程

#### 1. 出口订舱

货运代理人接受货主委托后，根据货主提供的有关贸易合同或信用证条款的规定，在货物出运之前一定的时间内，填制订舱单（Booking Note）向船公司或其代理人申请订舱。船公司或其代理人在决定是否接受发货人的托运申请时，会考虑其航线、船舶、运输要求、港口条件、运输时间等方面能否满足运输的要求。船方一旦接受订舱，就会着手编制订舱清单，并制作预配清单，分送集装箱码头堆场、集装箱空箱堆场等有关场所，并将据此安排办理空箱及货运交接等工作。

（1）订舱前确认

①确认委托书所载品名是否是危险品，是否是液体（对接载液体及电池有特殊要求）。确认品名的另外一个作用就是查明货物是否对该产品存在海关监管条件。

②确认件数，确认货物尺寸体积是否超过装载装箱能力，确认重量是否有单件货物超过 3 吨。如果超过 3 吨需要和仓库确认是否能有装箱能力。

③确认是否需要投保，熏蒸、打托缠膜、拍照等特殊要求的，要在订舱委托书显要位置注明。

（2）填写订舱单

订舱单（Booking Note），全称订舱委托书（如表 10-6 所示），是承运人或其代理人在接受发货人或货物托运人的订舱时，根据发货人的口头或书面申请货物托运的情况据以安排集装箱货物运输而制订的单证。订舱委托书没有固定格式，不同进出口公司缮制的委托书不尽相同，必须要填写的栏目有托运人、发货人、收货人、通知人、海运费（到付/预付）、启运港、目的港、箱型预配、装运/开航日期、标记唛头、件数、货物名称、毛重、净重、体积等。所订船期受到外商订购合同、备货时间、检验检疫时间等制约时，要根据时间合理安排订舱日期。

**表 10-6　订舱委托书样表**

<table>
<tr><td>经营单位<br>（托运人）</td><td colspan="4"></td><td>编号</td><td colspan="2"></td></tr>
<tr><td rowspan="3">提单目录要求</td><td colspan="7">发货人：<br>Shipper：</td></tr>
<tr><td colspan="7">收货人：<br>Consignee：</td></tr>
<tr><td colspan="7">通知人：<br>Notify Party：</td></tr>
<tr><td>海洋运费（　）<br>Sea freight</td><td colspan="2">预付（　）或（　）<br>到付 Prepaid or Collect</td><td>提单份数</td><td></td><td>提单邮寄<br>地　址</td><td colspan="2"></td></tr>
<tr><td>启运港</td><td></td><td>目的港</td><td></td><td>可否转船</td><td></td><td>可否分批</td><td></td></tr>
<tr><td colspan="2">集装箱预配数</td><td colspan="2"></td><td>装运期限</td><td></td><td>有效期限</td><td></td></tr>
<tr><td>标记唛码</td><td>包装件数</td><td colspan="2">中英文货号<br>Description of goods</td><td>毛重<br>（千克）</td><td>尺码<br>（立方米）</td><td colspan="2">成交条件<br>（总价）</td></tr>
<tr><td></td><td></td><td colspan="2"></td><td></td><td></td><td></td><td></td></tr>
<tr><td rowspan="2">内装箱<br>（CFS）地址</td><td colspan="3" rowspan="2"></td><td rowspan="2">特种货物<br>□冷藏货<br>□危险品</td><td colspan="3">重件：每件重量</td></tr>
<tr><td colspan="2">大件<br>（长×宽×高）</td><td></td></tr>
<tr><td rowspan="2">门对门装箱地址</td><td colspan="3" rowspan="2"></td><td colspan="4">特种集装箱：（　　　　　　　　）</td></tr>
<tr><td colspan="2">物资备妥日期</td><td colspan="2"></td></tr>
</table>

表10-6 续

| | | | |
|---|---|---|---|
| 外币结算账号 | | 物资进栈：自送（ ）或派送（ ） | |
| | | 人民币结算单位账号 | |
| 声明事项 | | 托运人签章 | |
| | | 电话 | |
| | | 传真 | |
| | | 联系人 | |
| | | 地址 | |
| | | 制单日期： | |

**2. 提取空箱**

在订舱后，货运代理人应提出使用集装箱的申请，船方会给予安排并发放集装箱设备交接单。凭设备交接单，货运代理人就可安排提取所需的集装箱。

在整箱货运输时，通常是由货运代理人安排集装箱卡车运输公司（实践中通常称为车队）到集装箱空箱堆场领取空箱，但也可以由货主自己安排提箱。无论由谁安排提箱，在领取空箱时，提箱人都应与集装箱堆场办理空箱交接手续，并填制设备交接单。拼箱货运输往往是由货运代理人直接提取空箱，货主将货物送至货运代理人的货运站进行装箱作业。

**3. 货物装箱**

整箱货的装箱工作大多是由货运代理人安排进行，并可以在货主的工厂、仓库装箱或是由货主将货物交由货运代理人的集装箱货运站来装箱。当然，也可以由货主自己安排货物的装箱工作。装箱人应根据订舱清单的资料，并核对场站收据和货物装箱的情况，填制集装箱货物装箱单。

拼箱货的发货人将不足一整箱的货物交至集装箱货运站，由集装箱货运站根据订舱清单和场站收据负责装箱，然后由装箱人负责编制集装箱货物装箱单。

**4. 码头放行**

由货运代理人或发货人自行负责装箱并加封志的整箱货，通过车队运至集装箱码头堆场。此时，托运人货物出运前应办妥有关出口手续。

集装箱码头堆场在验收货箱后，即在场站收据上签字，并将签署的场站收据交还给货运代理人或发货人，这一过程在实务中俗称“放行”，即码头核对集装箱的通关放行信息和集装箱装箱信息，核对无误，码头将该集装箱配入船图后，方可装船。集装箱装船后，货运代理人或发货人可以凭经签署的场站收据要求承运人签发提单。

**5. 换取提单**

货运代理人或发货人凭经签署的场站收据，在支付了预付运费后（在预付运费的情况下），就可以向承运人或其代理人换取提单。发货人取得提单后，就可以去银行结汇。至此，集装箱货物出口运输流程结束。

**6. 进口换单**

集装箱货物运至目的港后，进口地收货人或其代理人可以凭出口地托运人寄交的提单至目的港承运人代理人处换取提货单，办理相关提货手续。

7. 进口提箱

货运代理人获得提货单并办理了海关进口放行手续后，可以凭此向港口装卸区办理提箱手续，并负责将货物运至货主指定地点，将货物交付给货主。

8. 交还空箱

在进口提箱后，货运代理人在将货物交付给收货人后，还需将空箱回运至承运人指定地点，将空箱交还给承运人。

### （九）集装箱运输相关单证

1. 场站收据联单

场站收据联单是用来维系集装箱出口运输过程中不同当事人之间关系的一套单据，俗称十联单，整个集装箱出口运输就是借助十联单的流转而进行的。

场站收据联单现在通常是由货代企业缮制送交船公司或其代理人订舱，整个场站收据流程就是从订舱开始的。场站收据联单虽有十联之多，但其核心单据为第五联、第六联、第七联。

第五联是装货单，盖有船公司或其代理人的图章，是集装箱装卸作业区接受装货的指令。报关时海关查核后在此联盖放行章，船方凭此收货装船。

第六联供港区在货物装船前交外轮理货公司，当货物装船时与船上大副交接。

第七联场站收据俗称黄联，在货物装上船后由集装箱码头堆场签章，返回船公司或其代理人，据此签发提单。

2. 集装箱预配清单

集装箱预配清单是船公司的内部管理单据，该清单格式及内容各船公司大致相同。一般有提单号、船名、航次、货名、件数、毛重、尺码、目的港、集装箱类型、尺寸和数量、装箱地点等。船公司箱管部门在货物订舱后，将该清单发给空箱堆存点，空箱堆存点据此向货主核发设备交接单以提空箱之用。

3. 集装箱设备交接单

集装箱设备交接单（Equipment Interchange Receipt，EIR）是集装箱进出港区、场站时，用箱人、运箱人与管箱人或其代理人之间交接集装箱及设备的凭证，兼有发放集装箱的凭证功能。所以它既是一种交接凭证，又是一种发放凭证，对集装箱运输特别是对箱务管理起着巨大作用。它在日常业务中被简称为“设备交接单”（EIR）。在集装箱货物出口运输中，设备交接单主要是货主或货运代理人领取空箱出场及运送重箱装船的交接凭证。

4. 集装箱装箱单

集装箱装箱单（Container Load Plan，CLP）根据已装进集装箱内的货物制作，是每个载货集装箱都需要的，详细记载每一个集装箱内货物的名称、数量等内容的唯一单据。因此，在以集装箱为单位进行运输时，集装箱装箱单是一张极其重要的单据。集装箱装箱单的主要作用有：

（1）作为发货人、集装箱货运站与集装箱码头堆场之间货物的交接单证；

（2）作为向船方通知集装箱内所装货物的明细表；

（3）单据上所记载的货物与集装箱的总重量是计算船舶吃水差、稳定性的基本数据；

（4）在卸货地点是办理集装箱保税运输的单据之一；

（5）当发生货损时，是处理索赔事故的原始单据之一；

（6）卸货港集装箱货运站安排拆箱、理货的单据之一。

**5. 交货记录联单**

交货记录联单属于集装箱运输三大单证中的一种，交货记录的性质实际上与杂货班轮流程中的提货单一样，仅仅是在其组成和流转过程方面有所不同。交货记录标准格式一套共五联：到货通知书、提货单、费用账单（蓝色）、费用账单（红色）、交货记录。

**【复习思考题】**

1. 班轮运费的主要计算标准有哪些？请说明其含义。
2. 什么是集装箱？最常用的海运集装箱有哪些？
3. 按照海运、空运或货物属性划分，集装箱分为哪三大类？

## 第三节　国际航空货物运输

**【学习目标】**

本节旨在介绍国际航空货物运输的基础知识。在掌握基本知识的基础上，学习和掌握货运流程，对关务工作具有重要的意义。

完成本节学习，学习者应达成以下目标：

1. 了解几大国际航空运输组织；
2. 掌握国际航空运输方式；
3. 了解航空集中托运的概念和文件；
4. 能够区分主运单和分运单的内容；
5. 了解航空运输的运费、运价和计费重量；
6. 熟练掌握托运书、货运单。

**【基本概念】**

航空集中托运、分运单、主运单、集中托运货物舱单、运价、航空运费、计费重量、实际毛重、体积重量、计费重量、最低运费、国际航协运价、普通货物运价、指定商品运价、等级货物运价、航空货运单

**【建议学习时间】**

1 课时

国际航空货物运输（International Airline Transport）简称“国际航空运输”，在《物流术语》（GB/T 18354—2021）中它的定义是，“货物的出发地、约定的经停地和目的地之一不在同一国境内的航空运输”。航空货运同其他的交通方式相比，有着鲜明的特点。这些特点与各种不同运输方式相比有运送速度快、破损率低、安全性好、空间跨度大、可节省生产企业的相关费用等优

势，也有运价比较高、载量有限、易受天气影响等劣势。

## 一、国际航空运输组织

### （一）国际民用航空组织

国际民用航空组织（International Civil Aviation Organization，ICAO）负责协调各国（地区）有关民航经济和法律义务，并制定各种民航技术标准和航行规则的国际组织。我国从 1974 年起连续当选为理事国，并在蒙特利尔设有常驻该组织理事会的中国代表处。1977 年国际民用航空组织第 22 届大会决定中文作为这个组织的工作语言之一。

### （二）国际航空运输协会

国际航空运输协会（International Air Transport Association，IATA）是世界航空运输企业自愿联合组织的非政府性的国际组织。凡国际民用航空组织成员的任一经营定期航班的空运企业，经其政府许可都可成为该协会的会员。经营国际航班的航空运输企业为正式会员，只经营国内航班的航空运输企业为准会员。

### （三）国际货运代理协会联合会

国际货运代理协会联合会（International Federation of Freight Forwarders Associations，FIATA）是一个非营利性的国际货运代理行业组织，其目的是保障全球货运代理的利益并促进行业发展，被称为国际货运代理业“建筑师”，在联合国经济与社会理事会、联合国贸易与发展大会、联合国欧洲经济委员会及亚太经社会中均扮演了顾问咨询的角色，同时也被许多政府及民间组织（例如，国际商会、国际航空运输协会、国际铁路联合会、国际公路运输联合会、世界海关组织及世界贸易组织等）确认为国际货运代理业的代表。

### （四）国际机场理事会

国际机场理事会（Airports Council International，ACI）是一个非营利性的组织，其宗旨是加强各成员与全世界民航业各个组织和机构的合作，包括政府部门、航空公司和飞机制造商等，并通过这种合作促进建立一个安全、有效、与环境和谐的航空运输体系。

## 二、国际航空运输的承运人

### （一）航空公司

航空公司是航空货物运输业务中的实际承运人，负责办理从启运机场至到达机场的运输，并对全程运输负责。

### （二）航空货运代理公司

航空货运代理是指接受进出口货物收货人、发货人的委托，以委托人或自己的名义，为委托人办理国际货物航空运输及相关业务，并收取劳务报酬的经济组织。

采用空运方式进出口货物，需要办理一定的手续，如出口货物在始发站机场交给航空公司之间的揽货、接货、订舱、制单、报关和交运等；进口货物在目的站机场从航空公司接货接单、制单、报关、送货或转运等。这类业务中有些航空公司不负责办理，而由专门承办此类业务的航空货运代理公司负责。

## 三、国际航空运输方式

国际航空运输有班机运输、包机运输、集中托运和航空快递等方式。

### （一）班机运输

班机运输（Scheduled Airline）是指定期开航、定航线、定始发站、定目的港、定途经站的飞机运输。一般航空公司都使用客货混合型飞机（Combination Carrier），一方面搭载旅客，一方面又运送少量货物。但一些较大的航空公司在一些航线上开辟定期的货运航班，使用全货机（All Cargo Carrier）运输。

### （二）包机运输

包机运输（Chartered Carrier）是指航空公司按照约定的条件和费率，将整架飞机租给一个或若干个包机人（发货人或航空货运代理公司），从一个或几个航空站装运货物至指定目的地。包机运输适合于大宗货物的运输，费率低于班机，但运送时间则比班机要长些。

包机运输可分为整包机和部分包机两类。

**1. 整包机**

整包机即包租整架飞机，指航空公司按照与租机人事先约定的条件及费用，将整架飞机租给包机人，从一个或几个航空港装运货物至目的地。

包机人一般要在货物装运前一个月与航空公司联系，以便航空公司安排运载和向起降机场及有关政府部门申请、办理过境或入境的有关手续。

包机的费用一次一议，随国际市场供求情况变化。

**2. 部分包机**

部分包机，指由几家航空货运公司或发货人联合包租一架飞机或者由航空公司把一架飞机的舱位分别卖给几家航空货运公司装载货物。部分包机用于托运不足一整架飞机舱位，但货量又较重的货物。

部分包机运输与班机运输的区别有以下两点：

（1）时间比班机长，尽管部分包机有固定时间表，但往往因其他原因不能按时起飞；

（2）各国（地区）政府为了保护本国（地区）航空公司利益，常对从事包机业务的外国航空公司实行各种限制。例如，包机的活动范围比较窄，降落地点受到限制。需降落指定地点外的其他地点时，一定要向当地政府有关部门申请，同意后才能降落（如申请入境、通过领空和降落地点等）。

### （三）集中托运

集中托运（Consolidation）指集中托运人（Consolidator）将若干批单独发运的货物组成一整批，向航空公司办理托运，采用一份航空总运单集中发运到同一目的站，由集中托运人在目的地指定代理收货，再根据集中托运人签发的航空分运单分拨给各实际收货人的运输方式，也是航空货物运输中开展最为普遍的一种运输方式，是航空货运代理的主要业务之一。

航空公司有按照不同重量标准公布的多种运费，航空货运代理可以从不同发货人处收集小件货物集中在一起后，使用航空公司最便宜的运价。一般来说每笔货物越多越重，按照千克或磅收取的运费越便宜。例如，有 20 单货物，每单 30 千克，每单不同发货人需单独发运，按照航空公司的运价标准，每千克为 36 元人民币，这 20 批货物的运费总额为 21600 元人民币。如果将这 20 批货物集中起来，按照 600 千克作为一单货物发出，使用一个运单则每千克运价为 13.5 元人民币，运费总额为 8100 元人民币，可节省 13500 元人民币。

（1）分运单（House Air Way Bill，HAWB）

代理人在进行集中托运货物时，首先从各个托运人处收取货物，在收取货物时，需要给托运人一个凭证，这个凭证就是分运单。

分运单表明托运人把货物交给了代理人，代理人收到了托运人的货物，所以分运单就是代理人与发货人交接货物的凭证。代理人可自己颁布分运单，不受到航空公司的限制，但通常的格式还要按照航空公司主运单来制作。在分运单中，托运人栏和收货人栏都是真正的托运人和收货人。

（2）主运单（Master Air Way Bill，MAWB）

代理人在收取货物之后，进行集中托运，需要把来自不同托运人的货物集中到一起，交给航空公司，代理人和航空公司之间就需要一个凭证，这个凭证就是主运单。

主运单对于代理人和航空公司都非常重要，因为它记载了货物的最主要信息。货物运输的过程就是信息流的过程，信息流保证了货物运送的安全性和准确性。主运单表明代理人是航空公司的销售代理人，表示取得授权的代理人在市场上可以销售航空公司的舱位。通常航空公司根据代理人的实际情况和结算周期，分时间间隔发放给代理人一定数量的货运单。代理人销售完一定数量的运单后，与航空公司进行结算。因此，主运单是代理人与承运人交接货物的凭证，同时又是承运人运输货物的正式文件。

在主运单中，托运人栏和收货人栏都是代理人。在我国只有航空公司才能颁布主运单，任何代理人不得自己印制颁布主运单。

一票集中托运货物的所有分运单都要装在结实的信封内附在主运单后，并在货运单“Nature and Quantity”栏内注明“Consolidation as per attached manifest”。这又涉及另外一个文件即集中托运货物舱单。

（3）集中托运货物舱单（Manifest）

由于在主运单中，货物的品名是通过品名栏中注明的“集中托运货物的相关信息附在随带的舱单中”，并没有列出具体的货物品名，因此需要查询集中托运货物舱单，才能了解在主运单中有哪些分运单和货物。通过集中托运货物舱单，可以看出各个分运单号，以及各个分运单中货物的运送目的地、件数、重量、体积等信息。

（4）识别标签

对于集中托运货物，要在每一件货物上贴上识别标签，在识别标签上要特别注明主单号和分单号。

并不是所有的货物都可以采取集中托运的方式，对于集中托运的货物的性质是有一定的要求。集中托运只适合办理普通货物，对于等级运价或特殊要求的货物（例如，贵重物品、活体动物、尸体、骨灰、外交信袋、危险物品及文物等）不能办理集中托运；还有目的地相同或邻近的可以办理，如某一国家（地区），其他则不宜办理。

**（四）陆空联运**

陆空联运是指火车、飞机和卡车的联合运输方式，简称“TAT”（Train-Air-Truck）；或指火车、飞机的联合运输方式，简称“TA”（Train-Air）。

我国空运出口货物通常采用陆空联运方式，在货量较大的情况下，往往采用陆运至航空口岸，再与国际航班衔接。由于汽车具有机动灵活的特点，在运送时间上更可掌握主动权，因此一般都采用“TAT”方式组织出运。例如，有货运公司就采用火车、卡车或船将货物从内地运至香港，然后利用香港航班多、到欧美等地运价较低的条件（普遍货物），把货物从香港运到目的地，或运到中转地，再通过当地代理，用卡车送到目的地的。

**（五）航空快递**

航空快递（Air Express）是指具有独立法人资格的企业将进出境的货物或物品从发件人所在地，通过自身或代理的网络运达收件人的一种快速运输方式。它是由专门经营该项业务的航空货运代理公司和航空公司合作，派专人以最快的速度在货主、机场、客户之间运输和交接货物。经营国际航空快递的大多为跨国公司，这些公司以独资或合资的形式将业务深入世界各地，建立起全球网络。航空快件的传送基本都是在跨国公司内部完成。

**1. 主要业务形式**

（1）门、桌到门、桌

门、桌到门、桌的服务形式也是航空快递公司最常用的一种服务形式。

首先由发件人在需要时电话通知快递公司，快递公司接到通知后派人上门取件，然后将所有收到的快件集中到一起，根据其目的地分拣、整理、制单、报关、发往世界各地，到达目的地后，再由当地的分公司办理清关、提货手续，并送至收件人手中。在这期间，客户还可依靠快递公司的电脑网络随时对快件（主要指包裹）的位置进行查询，快件送达之后，也可以及时通过网络将消息反馈给发件人。

（2）门、桌到机场

与前一种服务方式相比，门、桌到机场服务方式的不同之处在于快件到达目的地机场后不是由快递公司去办理清关、提货手续并送达收件人的手中，而是由快递公司通知收件人自己去办理相关手续。采用这种方式的多是急件、价值较高或海关当局有特殊规定的货物或物品。

（3）专人派送

由快递公司指派专人携带快件在最短时间内将快件直接送到收件人手中。这是一种特殊服务，除了贵重物品或保密文件外，一般很少采用。

**2. 特点**

（1）快递的主营服务是文件类和小件的包裹，起始收费比空运要低。国际快递中的各大快递公司，如四大快递巨头（DHL、UPS、TNT、FedEx）都是采用和国际空运一样的方式来计算运费，即体积重量和实际重量取其大者。

（2）航空快递强调的是快速服务，一般洲际快件运送 1~5 天完成，地区内部只要 1~3 天，这是其他运输服务方式难以比拟的。航空快递始终在一个内部公司完成，操作规程相同、服务标准相同、信息交流畅通、设有专人负责，相应的运费更高。

（3）国际快递公司具有高度的信息化控制能力，在整个运输过程中都处于计算机监控之下，货物的中转、通关、运输、收货等信息都可以通过计算机网络及时反馈给收货人及发货人。

（4）国际快递服务方式是门到门，包含国内和目的国（地区）的清关代理服务、国内上门提货及目的国（地区）派送服务，但不包含目的国（地区）关税。

（5）航空快递运输单据（Proof of Delivery，POD）由多联组成（各快递公司的 POD 有所不同），一般包括发货人联、随货同行联、收货人应收联等，印有编号及条形码，POD 类似航空货运中的分运单，但是用途更为广泛。

**案例导入**

### 利用国际快递出口小件违禁品

2021 年 5 月，××贸易有限公司作为收发货人，委托浙江某物流公司向杭州萧山机场海关快件申报出口一票货物，申报品名为玻璃摆件，商品编号为 7018900000，货值人民币 999.998 元。萧山机场海关快件监管部门经查验发现，当事人实际出口货物为疑似文物玻璃碗盏 1 只。经浙江省文物鉴定站鉴定，上述货物为清以前绿玻璃碗，属于禁止出境的一般文物。经估价，涉案文物价值人民币 18000 元。当事人被处以罚款人民币 9000 元。

（资料来源：杭州海关官网）

## 四、航空货物的运价与运费

货物的航空运费是指将一票货物自始发地机场运输到目的地机场所应收取的航空运输费用。一般来说，货物的航空运费主要由两个因素组成，即货物适用的运价与货物的计费重量。国际航空运输协会根据运输的货物种类和运输起讫地点分类规定了不同的航空货物运价与运费计算方法。同时由于飞机业务载运能力受飞机最大起飞全重和货舱本身体积的限制，因此货物的计费重量需要同时考虑其体积重量和实际重量两个因素。又因为航空货物运价的“递远递减”的原则，产生了一系列重量等级运价，而重量等级运价的起码重量也影响着货物运费的计算。

### （一）航空运价、运费和计费重量

#### 1. 航空运价

航空运价是指承运人对所运输的每一重量单位货物（千克或磅）所收取的自始发地机场至目的地机场的航空费用。航空运价一般以运输始发地的本国货币公布，有的国家以美元代替其本国货币公布。

航空运价的特点是：不包括其他额外费用，如提货、报关、交接和仓储费用等；航空运货单

（AWB）中的运价是运单填开之日所适用的运价；一般以千克和磅为单位；运价与运输距离、运输数量、运输货物种类有关，如运价大小随运输货量的增加而降低，即所谓的“数量折扣”原则。

**2. 航空运费**

航空运费是指航空公司将一票货物自始发地机场运至目的地机场所应收取的航空运输费用。该费用根据每票货物所适用的运价和货物的计费重量计算得出。每票货物是指使用同一份航空货运单的货物。由于货物的运价是指货物运输起讫地点间的航空运价，航空运费就是指运输始发地机场至目的地机场间的运输货物的航空费用，不包括其他费用。

其他费用是指由承运人、代理人或其他部门收取的与航空货物运输有关的费用，即在组织一票货物自始发地至目的地的运输全过程中，除了航空运输外，还包括地面运输、仓储、制单、国际货物的清关等环节，这些环节服务的部门所收取的费用。

**3. 起码运费**

起码运费又称最低运费，是指一票货物自始发地机场至目的地机场航空运费的最低限额，即航空公司办理一批货物所能接受的最低运费。这是航空公司在考虑办理即使最小一批货物也会产生的固定费用后制定的。航空公司通常规定，无论所运送的货物适用哪一种航空运价，所计算出来的运费总额都不得低于起码运费。若计算出的运费低于起码运费，则以起码运费计收，另有规定的除外。

**4. 计费重量**

计费重量是指用以计算货物航空运费的重量。货物的计费重量是指货物的实际毛重，或者是货物的体积重量，或者是较高重量分界点的重量。

由于飞机最大起飞全重及货舱可用舱容的限制，重量大、体积小的货物，往往受飞机载重的限制，而舱容可能装不满，可能有多余的容积未被利用，但是航空公司已无法再装货。而轻泡货和体积大的货物，往往会有载重量未达到额定限度，而舱容已满的情况，结果会产生多余的载重量未能利用，同样航空公司也是无法再装载了。

根据上述情况，航空公司规定在货物体积小、重量大的情况下，就将该批货物的实际重量作为计费重量的标准；在货物体积大、重量小的情况下，就以该批货物的体积重量作为计费重量标准。

（1）实际重量

实际重量（Actual Weight）指包括货物包装在内的货物重量，称为货物的实际重量。用实际重量作为计量单位的是那些重量大而体积小的货物，例如，机械、金属零件等，这些货物可作为实重货物。

当实际重量用千克表示时，计费重量的最小单位为 0.5 千克，超过 0.5 千克按 1 千克计算。计费重量要根据每批货物的实际毛重与体积重量的比较来确定，1 千克相当于 6000 立方厘米或 366 立方英寸。

（2）体积重量

体积重量（Volume Weight）指按照国际航空运输协会的规则，将货物的体积按一定的比例折合成的重量，称为体积重量。凡重量 1 千克、体积超过 6000 立方厘米的货物，均为轻泡货物。轻泡货以体积重量作为计费重量，计算方法如下：

①不论货物的形状是否为规则的长方体或正方体，计算货物体积时，均应以最长、最宽、最

高的三边的厘米长度计算。长、宽、高的小数部分按四舍五入取整，相乘算出体积。

②将体积折算成千克重量的折算：体积重量（千克，kg）= 货物体积/6000 立方厘米。

③确定计费重量，选择实际重量和体积重量较高的一个。

④对于集中托运的货物，一批货物中由不同的货物组成，有轻泡货物，也有实重货物，其计算重量则采用整批货物的总毛重或总的体积重量，按两者中较高的一个计算。

### （二）国际航空货物运价体系

目前，国际航空货物运价按制定的途径划分为航空公司与托运人通过签订协议而制定的协议运价；国际航空运输协会制定的国际航协运价，刊登在运价手册（Tact Rates Book）中向世界公布，其中分为公布的直达运价和非公布的直达运价，如表 10-7 所示。

**表 10-7　国际航协运价分类明细表**

| | | |
|---|---|---|
| 国际航协运价 | 公布直达运价（Published through Rates） | 普通货物运价（General Cargo Rate） |
| | | 指定商品运价（Specific Commodity Rate） |
| | | 等级货物运价（Commodity Classification Rate） |
| | | 集装箱货物运价（Unit Load Device Rate） |
| | 非公布直达运价（Un-Published through Rates） | 比例运价（Construction Rate） |
| | | 分段相加运价（Combination of Rates and Charges） |

**1. 协议运价**

协议运价（Agreement Rate）是指航空公司与托运人签订协议，托运人保证每年向航空公司交运一定数量的货物，航空公司则向托运人提供一定数量的运价折扣。目前航空公司使用的运价大多是协议运价，这种运价使得双方都有收益，对在一定时期内有相对稳定货源的客户比较有利。在协议运价中又根据不同的协议方式进行细分，如图 10-12 所示。

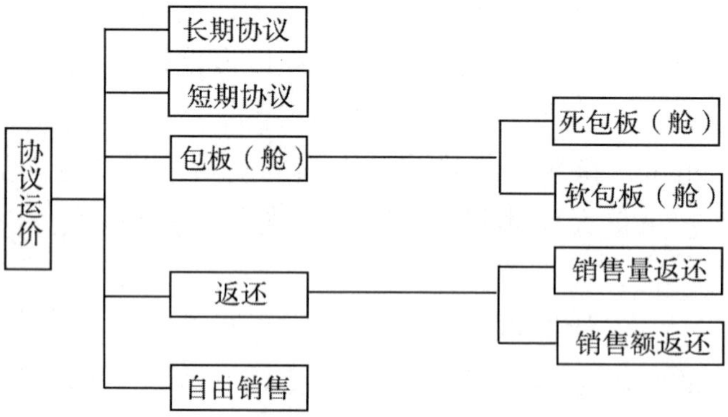


**图 10-12　协议运价分类图**

（1）长期协议是指航空公司与托运人或代理人签订的一年期限的协议。

（2）短期协议是指航空公司与托运人或代理人签订的半年或半年以内期限的协议。

（3）包板（舱）是指托运人在一定航线上包用承运人的全部或部分的舱位或集装器来运送货物。

（4）包板（舱）又分为死包板（舱）和软包板（舱）。死包板（舱）是指托运人在承运人的航线上通过包板（舱）的方式运输时，托运人无论向承运人是否交付货物，都必须付协议规定的运费。

（5）软包板（舱）是指托运人在承运人的航线上通过包板（舱）的方式运输时，托运人在航班起飞前 72 小时内如果没有确定舱位，承运人则可以自由销售舱位，但承运人对代理人的包板（舱）的总量有一个控制。

（6）销售量返还是指如果代理人在规定期限内完成了一定的货量，航空公司则可以按一定的比例返还运费。

（7）销售额返还是指如果代理人在规定期限内完成了一定的销售额，航空公司则可以按一定的比例返还运费。

（8）自由销售也称议价货物或一票一价，是指除订过协议的货物外，都是一票货物一个价。

**2. 国际航协运价**

国际航协运价是指国际航空运输协会（IATA）在航空货物运价（TACT，The Air Cargo Tariff）资料上公布的运价。国际货物运价使用 IATA 的运价手册（Tact Rates Book），结合并遵守国际货物运输规则（Tact Rules）共同使用。

**3. 现有定价遵照的原则**

（1）重量分段对应运价

在每一个重量范围内设置一个运价。例如，北京到首尔的运价表，如表 10-8 所示，其中"N"表示的是重量在 45 千克以内的货物。

**表 10-8 北京到首尔的运价表**

| 重量分级（千克） | 运价（元/千克） |
|---|---|
| N | 24.95 |
| 45 千克≤运输重量<100 千克 | 19.00 |
| 100 千克≤运输重量<300 千克 | 16.17 |
| 300 千克≤运输重量 | 14.38 |

（2）数量折扣原则

从表 10-8 可以看出，随着运输重量的增大，运价越来越低，这实际上是使用定价原则中的数量折扣原则。通过这个原则，保证飞机的舱位有充分的货物。

（3）运距的因素

这是一个基本因素，运距越长运价越高。这是因为运距越长，运输的消耗越大，所以运价越高。

（4）根据产品的性质分类

国际航空运输协会根据产品性质在普货运价的基础上分运价附加和运价附减，例如，对活体动物、骨灰、灵柩、鲜活易腐物品、贵重物品、急件等货物采取附加的形式，对书报杂志、作为货物运输的行李采取附减的形式。

### （三）普通货物运价

普通货物运价（General Cargo Rate，GCR），是指除了等级货物运价和指定商品运价以外的适合于普通货物运输的运价。

通常，普通货物运价根据货物重量不同，分为若干个重量等级。例如，“N”表示标准普通货物运价（Normal General Cargo Rate），是指45千克以内的普通货物运价（如果没有45千克以内运价时，“N”则表示100千克以内普通货物运价）。同时，普通货物运价还公布有“Q45”“Q100”“Q300”等不同重量等级。这里“Q45”表示45千克以上（包括45千克）普通货物的运价，依此类推。对于45千克以上的不同重量分界点的普通货物运价均用“Q”表示。

用货物的计费重量和其适用的普通货物运价计算而得的航空运费不得低于运价资料上公布的航空运费的最低收费标准（M）。

这里，代号“N”“Q”“M”主要用于填制货运单运费计算栏中“Rate Class”一栏。

### （四）指定商品运价

指定商品运价（Specific Commodity Rate，SCR），是指适用于自规定的始发地至规定的目的地运输特定品名货物的运价。

通常情况下，指定商品运价低于相应的普通货物运价。就其性质而言，该运价是一种优惠性质的运价。鉴于此，指定商品运价在使用时，对于货物的起讫地点、运价使用期限、货物运价的最低重量起点等均有特定的条件。

使用指定商品运价计算航空运费的货物，其航空货运单的“Rate Class”一栏，用字母“C”来表示。

### （五）等级货物运价

等级货物运价（Class Rate），是指在规定的业务区内或业务区之间运输特别指定的等级货物的运价。IATA规定，等级货物包括活动物、贵重货物、书报杂志类货物、作为货物运输的行李、尸体、骨灰、汽车等。

等级货物运价是在普通货物运价基础上附加或附减一定百分比的形式构成，附加或附减规则公布在国际货物运输规则中，运价的使用须结合运价手册（Tact Rates Books）。

通常附加或不附加也不附减的等级货物用代号“S”（Surcharged Class Rate）表示。附减的等级货物用代号“R”（Reduced Class Rate）表示。

## 五、国际航空货运单证

### （一）托运书

根据《华沙公约》规定货物承运人有权要求托运人填写一份称为“航空货运单”的凭证。如果承运人根据托运人的请求，填写航空货运单，在没有相反的证据时，应作为代托运人填写。托运书（Shipper’s Letter of Instruction，SLI）是指托运人用于委托承运人或其代理人填开航空货运单的一种表单，表单上列有填制货运单所需各项内容，并应印有授权于承运人或其代理人代其在货运单上签字的文字说明。

托运书的内容与航空运单基本相似，但它的缮制要求不如航空运单严格。国际货物托运书样本如图 10-13 所示。

**国际货物托运书**
**SHIPPER'S LETTER OF INSTRUCTION**

| | | | | | |
|---|---|---|---|---|---|
| TO： | | | 进仓编号： | | |
| 托运人 | | | | | |
| 发货人<br>SHIPPER | | | | | |
| 收货人<br>CONSIGNEE | | | | | |
| 通知人<br>NOTIFY PARTY | | | | | |
| 始发站 | | 目的站 | | 运费 | |
| 标记唛头<br>MARKS | 件数<br>NUMBER | 中英文品名<br>DESCRIPTION OF GOODS | 毛重（公斤）<br>G.W（KGS） | 尺码（立方厘米）<br>SIZE（CM3） | |
| | | | | | |
| 其他 | | | | | |
| 1.货单到达时间： | | 2.航班： | | 运价： | |
| 电话：<br>传真：<br>联系人：<br>地址：<br>托运人签字： | | ★如改配航空公司请提前通知我司<br>公章<br>制单日期： 年 月 日 | | | |

图 10-13 国际货物托运书样本

### （二）航空货运单（AWB）

航空货运单（Air Waybill，AWB）是由托运人或者以托运人的名义填制，是托运人和承运人之间在承运人的航线上运输货物所订立运输契约的凭证。

航空货运单通常包括有出票航空公司标志的航空货运单和无承运人任何标志的中性货运单两

种。航空货运单既可用于单一种类的货物运输，也可用于不同种类货物的集合运输；既可用于单程货物运输，也可用于联程货物运输。航空货运单不可转让，属于航空货运单所属的空运企业。

航空货运单是托运人或其代理人所使用的最重要的货运文件，其作用归纳如下：

1. 是承运人与托运人之间缔结运输契约的凭证；
2. 是承运人收运货物的证明文件；
3. 是运费结算凭证及运费收据；
4. 是承运人在货物运输组织的全过程中运输货物的依据；
5. 是进出口货物办理清关的证明文件；
6. 是保险证明。

我国国际航空货运单由一式十二联组成，包括三联正本，六联副本和三联额外副本。其中，正本三的托运人联，在航空货运单填制后，交给托运人作为托运货物及货物预付运费时交付运费的收据。同时，也是托运人与承运人之间签订的有法律效力的运输文件，不属于提单类，不是物权凭证，收货人提取货物不以提交该单据为条件，而是凭航空公司或货运代理人的“提货通知书”。只要证明提货者是航空货运单上的收货人即可，即“认人不认单”，所以航空货运单上必须填写具体收货人名称。

航空货运单要求用英文打字机或计算机，用英文大写字母打印，各栏内容必须准确、清楚、齐全，不得随意涂改。航空货运单已填内容在运输过程中需要修改时，必须在修改项目的近处盖章注明修改货运单的空运企业名称、地址和日期。修改航空货运单时，应将所有剩余的各联一同修改。

航空货运单的主要栏目包括：

1. 航空货运单号码（The Air Waybill Number）；
2. 始发站机场（Airport of Departure）；
3. 航空货运单所属承运人的名称及地址（Issuing Carrier's Name and Address）；
4. 正本联说明（Reference to Originals）；
5. 契约条件（Reference to Conditions of Contract）；
6. 托运人栏（Shipper）；
7. 收货人栏（Consignee）；
8. 填开航空货运单承运人的代理人栏（Issuing Carrier's Agent）；
9. 运输路线（Routing）；
10. 财务说明（Accounting Information）；
11. 货币（Currency）；
12. 运费代号（CHGS Code）；
13. 运费（Charges）；
14. 供运输用声明价值（Declared Value for Carriage）；
15. 供海关用声明价值（Declared Value for Customs）；
16. 保险的金额（Amount of Insurance）；

17. 运输处理注意事项（Handling Information），填制相应的航空公司注意事项；
18. 货物运价细目（Consignment Rating Details）；
19. 其他费用（Other Charges）；
20. 托运人签名（Sign of Shipper）；
21. 承运人签名（Sign of Carrier）。

**【复习思考题】**

1. 国际航空运输方式有哪些？航空快递的主要业务形式有哪些？
2. 分运单与主运单的区别是什么？
3. 什么是计费重量？什么是最低计费重量？

## 第四节　国际多式联运

**【学习目标】**

本节旨在介绍国际多式联运、大陆桥运输的基础知识。

完成本节学习，学习者应达成以下目标：

1. 掌握国际多式联运的概念和特征；
2. 掌握国际多式联运经营人的法律地位和作用；
3. 了解大陆桥运输的概念及全球主要大陆桥运输的路线。

**【基本概念】**

国际多式联运、统一责任制、多式联运经营人、大陆桥运输

**【建议学习时间】**

1 课时

### 一、国际多式联运的含义

#### （一）定义

《联合国国际货物多式联运公约》（以下简称《多式联运公约》）将国际多式联运（International Multimodal Transport）定义为多式联运经营人按照多式联运合同，以至少两种不同的运输方式，将货物从一国境内接管地点运到另一国境内指定交货地点的运输方式。为履行单一方式运输合同而进行的该合同所规定的货物接交业务，不应视为国际多式联运。

各种运输方式均有自身的优点与不足。一般来说，水路运输具有运量大、成本低的优点；公路运输则具机动灵活、便于实现货物门到门运输的特点；铁路运输不受气候影响，可以深入内陆

和横贯内陆实现货物长距离的准时运输；而航空运输可实现货物的快速运输。国际多式联运主要以集装箱为流通媒介，把海上运输、航空运输、公路运输、铁路运输和内河运输等传统的单一方式运输有机地结合起来，加以有效地综合利用，构成连贯运输。

### （二）国际多式联运与一般国际货物运输的区别

国际多式联运的主体不再只是运输工具的拥有者，而更主要的是由多式联运经营人来承担，这种经营人可以没有运输工具，即所谓的契约承运人（Contracting Carrier）或无船承运人（NVOCC）。在承运人责任制度上，它打破了传统上承运人的分段责任制度，而采用了由多式联运经营人对全段运输承担总责任的所谓“统一责任制”，对维护货方利益提供了极大的保障。

国际多式联运与一般国际货物运输主要有以下几个方面的不同。

**1. 货运单证的内容与制作方法不同**

国际多式联运大都为“门到门”运输，故货物于装船、装车或装机后应同时由实际承运人签发提单或运单，多式联运经营人签发多式联运提单，这是多式联运与任何一种单一的国际货运方式的根本不同之处。在此情况下，海运提单或运单上的发货人应为多式联运的经营人，收货人及通知方一般应为多式联运经营人的国外分支机构或其代理；多式联运提单上的收货人和发货人则是真正的、实际的收货人和发货人，通知方则是目的港或最终交货地点的收货人或该收货人的代理人。

多式联运提单上除列明装货港、卸货港外，还要列明收货地、交货地或最终目的地的名称以及第一程运输工具的名称、航次或车次等。

**2. 多式联运提单的适用性和可转让性与一般海运提单不同**

一般海运提单只适用于海运，从这个意义上说多式联运提单只有在海运与其他运输方式结合时才适用，但现在它也适用于除海运以外的其他两种或两种以上的不同运输方式的连贯的跨国运输（国外采用“国际多式联运单据”就可避免概念上的混淆）。

多式联运提单把海运提单的可转让性与其他运输方式下运单的不可转让性合二为一，因此多式联运经营人根据托运人的要求既可签发可转让的也可签发不可转让的多式联运提单。如属前者，收货人一栏应采用指示抬头；如属后者，收货人一栏应具体列明收货人名称，并在提单上注明不可转让。

**3. 信用证上的条款不同**

根据多式联运的需要，信用证上的条款应有以下三点变化：

（1）向银行议付时不能使用船公司签发的已装船清洁提单，而应凭多式联运经营人签发的多式联运提单，同时还应注明该提单的抬头如何制作，以明确可否转让。

（2）多式联运一般采用集装箱运输（特殊情况除外，如在对外工程承包下运出机械设备则不一定采用集装箱），因此，应在信用证上增加指定采用集装箱运输条款。

（3）如不由银行转单，改由托运人、发货人或多式联运经营人直接寄单，以便收货人或代理能尽早取得货运单证，加快在目的港（地）提货速度的，则应在信用证上加列“装船单据由发货人或由多式联运经营人直寄收货人或其代理”的条款。如由多式联运经营人寄单，发货人出于议付结汇的需要应由多式联运经营人出具一份“收到货运单据并已寄出”的证明。

**4. 海关验放的手续不同**

一般国际货物运输的交货地点大都在装货港，目的地大都在卸货港，因而办理报关和通关的手续都是在货物进出境的港口；而国际多式联运货物的启运地大都在内陆城市，因此，内陆海关只对货物办理转关监管手续，由出境地的海关进行查验放行。

### （三）特征

根据《多式联运公约》的规定，一项国际多式联运应当具备以下特征：

1. 多式联运经营人必须与货主签订多式联运合同；
2. 多式联运经营人必须对全程运输承担承运人的运输责任；
3. 必须是国际货物运输；
4. 必须签发多式联运单据，明确规定经营人对全程运输期间承担运输责任；
5. 必须使用两种或两种以上的运输方式进行不间断的运输。

多式联运合同是指多式联运经营人凭此收取运费、负责完成或组织完成国际多式联运的合同。

多式联运单据是指证明多式联运合同，以及证明多式联运经营人接管货物并负责按照合同条款交付货物的单据。

## 二、国际多式联运经营人

国际多式联运是一项极其复杂的国际货物运输系统工程，涉及面广，环境复杂，必须有一个总负责人按照多式联运合同，进行全程运输的组织、安排、衔接和协调等管理工作，这个总负责人就是多式联运经营人。

《多式联运公约》对多式联运经营人所下的定义是：其本人或通过其代表订立多式联运合同的任何人，他是事主，而不是发货人的代理人或代表，或参加多式联运承运人的代理人或代表，负有履行合同的责任。

从上述定义可以看出，多式联运经营人是订立多式联运合同并负有履行合同责任的人。由于多式联运是在国家（地区）之间使用多种不同运输工具共同完成，不可能有一个多式联运经营人拥有全部运输工具，承担全部运输，因此在订立合同后，多式联运经营人往往把部分运输区段或全部运输区段的运输任务委托各区段实际承运人去完成，自己并不参加某区段实际的运输或不参加任何区段的实际运输。这种多式联运经营人与各区段实际承运人订立的分运输合同，不能改变多式联运经营人在多式联运合同中当事人的身份，各区段承运人只对多式联运经营人负责，而多式联运经营人必须对多式联运合同负责。

当多式联运经营人从发货人那里接管货物时起，其对多式联运合同的责任也就开始，他必须按照合同，把货物从一国境内的接货地安全、完好、及时地运至另一国境内指定的交货地。如果货物在全程运输任何区段发生的过失、损害或延误交付，多式联运经营人均以本人身份直接向货主进行赔偿，即使货物的灭失、损害是某区段实际承运人灭失所致。

海陆联运是国际多式联运的主要方式，也是东亚、欧洲方向国际多式联运采用的主要方式之一。

## 三、大陆桥运输

### （一）定义

《物流术语》（GB/T 18354—2021）中对大陆桥运输（Land Bridge Transport）的定义是指用横贯大陆的铁路或公路作为中间桥梁，将大陆两端的海洋运输连接起来的连贯运输方式。简单地说，就是两边是海运，中间是陆运，大陆把海洋连接起来，形成海陆联运，而大陆起到了“桥”的作用，所以称之为“陆桥”。而海陆联运中的大陆运输部分就称之为“大陆桥运输”。

### （二）大陆桥运输的路线

#### 1. 第一条亚欧大陆桥

西伯利亚大陆桥（Siberian Landbridge）是世界第一条连接欧洲、亚洲的大陆桥，是利用俄罗斯西伯利亚铁路作为陆地桥梁，把太平洋东亚地区与波罗的海和黑海沿岸以及西欧大西洋口岸连起来。它以俄罗斯东部的符拉迪沃斯托克（海参崴）为起点［从海参崴分有支线（原东清铁路的西部干线），由绥芬河入中国境，途经哈尔滨、齐齐哈尔、昂昂溪、扎兰屯、海拉尔直至满洲里出中国境］，横穿西伯利亚大铁路通向莫斯科，然后通向欧洲其他国家，最后到荷兰鹿特丹港，贯通亚洲北部。整个大陆桥共经过俄罗斯、中国（支线段）、哈萨克斯坦、白俄罗斯、波兰、德国、荷兰七个国家，全长约13000千米。

日本、东南亚、中国香港等地运往欧洲、中东地区的货物由海运运至俄罗斯的东方港或纳霍德卡后，经西伯利亚大陆桥有三种联运方式。

（1）铁路—铁路线：经西伯利亚大铁路运至俄罗斯西部国境站，经伊朗、东欧或西欧铁路再运至欧洲各地，或按相反方向运输。

（2）铁路—海运线：经西伯利亚大铁路运至莫斯科，经铁路运至波罗的海的圣彼得堡、里加或塔林港，再经船舶运至西欧、北欧和巴尔干地区，或按相反方向运输。

（3）铁路—公路线：经西伯利亚大铁路运至俄罗斯西部国境内，再经公路运至欧洲各地，或按相反方向运输。

#### 2. 第二条亚欧大陆桥

第二欧亚大陆桥指1990年9月经我国陇海铁路、兰新铁路与哈萨克斯坦铁路接轨的亚欧大陆桥，又被称为新亚欧大陆桥。由于所经路线很大一部分是经原“丝绸之路”，所以人们又称作现代“丝绸之路”，是亚欧大陆桥东西最为便捷的通道。

该大陆桥东起中国的连云港，向西经陇海铁路的徐州、商丘、开封、郑州、洛阳、三门峡、渭南、西安、宝鸡、天水等站（由东向西），兰新铁路的兰州、武威、金昌、张掖、酒泉、嘉峪关、哈密、吐鲁番、乌鲁木齐等站（由东向西），再向西经北疆铁路到达我国边境的阿拉山口，进入哈萨克斯坦，再经俄罗斯、白俄罗斯、波兰、德国，西止荷兰鹿特丹港。

**3. 第三条亚欧大陆桥**

"渝新欧"国际铁路被称作第三条亚欧大陆桥，是指利用南线欧亚大陆桥这条国际铁路通道，从重庆出发，经西安、兰州、乌鲁木齐，向西过北疆铁路，到达边境口岸阿拉山口，进入哈萨克斯坦，再经俄罗斯、白俄罗斯、波兰，至德国的杜伊斯堡，全长11179千米。2016年上半年，新增满洲里和霍尔果斯口岸。

**4. 北美大陆桥（North American Landbridge）**

北美大陆桥是世界上历史最悠久、影响最大、服务范围最广的陆桥运输线，从日本东向，利用海路运输到北美西海岸，经由横贯北美大陆的铁路线，陆运到北美东海岸，再经海路运输到欧洲的"海—陆—海"运输路线。该陆桥运输包括美国大陆桥运输和加拿大大陆桥运输。美国大陆桥有两条运输线路：一条是从西部太平洋沿岸至东部大西洋沿岸的铁路和公路运输线；另一条是从西部太平洋沿岸至东南部墨西哥湾沿岸的铁路和公路运输线。

**5. 南亚大陆桥**

在亚洲南部的印度半岛上，从东岸的加尔各答港，到西岸的孟买港之间，有一条东西向长约2000千米的铁道，这就是通常说的"南亚大陆桥"，它使阿拉伯海与孟加拉湾之间的海上运输可以改成铁路联运。

### 【复习思考题】

1. 什么是国际多式联运？
2. 国际多式联运与一般国际货物运输的区别是什么？

## 本章练习题

### 一、单选题

1. 下列关于整箱货与拼箱货描述错误的选项是（　　）。

A. 整箱货是指由集装箱堆场负责装箱和计数，填写装箱单，并加封志的集装箱货物

B. 拼箱货是指由承运人的集装箱货运站负责装箱和计数，填写装箱单，并加封志的集装箱货物

C. 在目前的海上货运实践中，班轮公司主要从事整箱货的货运业务

D. 在目前的货运实践中，主要由拼箱集运公司从事拼箱货的货运业务

2. 根据《多式联运公约》，下列关于国际多式联运的表述，正确的是（　　）。

A. 多式联运运营人必须与收发货人签订多式联运合同

B. 多式联运仅适用于海运与其他运输方式的组合

C. 多式联运应在信用证上增加指定采用集装箱运输条款

D. 多式联运货物由装货地海关进行查验放行

3. CFS/CFS 是指（　　）。

A. 发货人在工厂或仓库装箱，由承运人运至最终目的地工厂或仓库将集装箱交付给收货人

B. 承运人在装货港或其指定的内陆集装箱堆场接受集装箱，并运至卸货港或其指定的内陆

集装箱堆场交付给收货人

C. 承运人在装货港或其指定的内陆集装箱堆场接受集装箱，并运至卸货港或其指定的内陆集装箱货运站拆箱后将货物交付给收货人

D. 承运人在装货港或其指定的内陆集装箱货运站装箱，并运至卸货港或其指定的内陆集装箱货运站拆箱后将货物交付给收货人

4. 国际海运集装箱按用途不同可以分成不同类型的集装箱，其中“GP”代表（　　）。

A. 标准箱　B. 超高箱　C. 挂衣箱　D. 框架箱

5. 航空运输中，运价类别中“N”表示（　　）。

A. 附加运费　B. 指定商品运价

C. 最低重量　D. 45 千克以下普通货物运价

6. 一般来说，航空运费计价货币应该选择（　　）货币。

A. 始发国（地区）　B. 目的国（地区）　C. 美元　D. 都可以

## 二、多选题

1. 运输标志即唛头，其主要内容包括（　　）。

A. 货物名称或代号　B. 收、发货人的代号

C. 目的地的名称或代号　D. 件号

2. 班轮运输中，通常会涉及（　　）等有关货物运输的关系人。

A. 班轮承运人　B. 船舶代理人　C. 无船承运人　D. 货运代理人

3. 属于国际多式联运应具备的条件是（　　）。

A. 全程单一运价　B. 必须是两种运输方式的连贯运输

C. 必须是跨越国境的国际货物运输　D. 必须使用全程多式联运单据

4. 按照国际货运运输对象的重量体积比率划分，属于泡货的是（　　）。

A. 玻璃杯　B. 毛绒玩具　C. 黄桃罐头　D. 干香菇

5. 以下关于航空货物的计费重量表述正确的是（　　）。

A. 对于重货等于货物的实际毛重

B. 对于轻泡货的等于货物的体积重量

C. 实际计费重量的运费若超过较高重量分界点的运费时，按照较高者收取运费

D. 实际计费重量的运费若超过较高重量分界点的运费时，按照低者收取运费

6. 管道运输主要运输的货物种类包括（　　）。

A. 液体货物　B. 大宗散货　C. 气体货物　D. 固体货物

## 三、判断题

1. 海运集装箱箱号标记的最后一位通常是核对码。（　　）

2. 国际航空货物运输计费重量，以实际毛重表示时，计费重量的最小单位是 1 千克。（　　）

3. 航空货运代理签发分运单给托运人，表明航空货运代理是航空公司的代理人，代理航空公司安排航空运输事宜。（　　）

4. 实际进出境运输方式包括水路运输、铁路运输、公路运输、航空运输、邮件运输及其他运输方式。(　　)

5. 航空运输活动物所用的容器、饲料、饮用水等重量应包括在活动物的计费重量内。(　　)

6. 在班轮运输条件下，船货双方应考虑计算滞期费和速遣费。(　　)

7. 航空集中托运方式中，是由航空公司负责在始发机场和目的机场负责货物的交接、报关等事宜的。(　　)

8. 集装箱拼箱货是由货运代理人负责在集装箱货运站完成拼装的。(　　)

# 第十一章 国际贸易单证

## 学习目标

### 知识目标

- 熟悉国际贸易流程中各类单证的含义及种类
- 掌握商业发票、装箱单、原产地证书、出口货物保险单等出口单证的内容及缮制要点
- 掌握国际贸易合同和商业发票中交易标的、相关条款、当事人权利义务等要素的含义

### 技能目标

- 能结合海关监管要求，正确获取单证信息，用于通关实践
- 能根据交易磋商内容，缮制发票、包装单据、产地证、运输单据、保险单据等出口单据
- 能按通关要求，正确获取国际买卖货物的运输信息

### 素养目标

- 具有独立获取新知识的自学能力和信息处理能力
- 具有较强的团队合作精神和商务交际能力
- 具备分析和解决国际贸易实际问题的基本能力素质和创新能力

国际贸易从签订合同直至货物装运、投保、报关、货款支付及进口商提取货物的整个国际贸易业务流程中，每个环节都需要相应的单证签发、处理、交接和传递，以满足进出口企业、运输部门、银行、保险公司、海关及政府管理机构等多方面的需要。所以，报关人员作为通关环节的业务操作人员，掌握国际贸易单证知识十分重要。本章重点介绍与通关有关的国际贸易常用单证。

## 第一节 概 述

**【学习目标】**

本节旨在让学习者熟悉国际贸易流程中的各类单据、文件，使学习者掌握国际贸易单证的主要内容和作用，为通关实践打好基础。

完成本节学习，学习者应达成以下目标：

1. 了解国际贸易单证之间的相互关系、单证制作签发所涉及的经济和管理部门；
2. 了解国际贸易单证的作用，熟悉其在各业务环节的法律效力；
3. 掌握国际贸易单证的缮制规范，了解其国际通行标准的相关惯例和规则。

**【基本概念】**

国际贸易单证、《跟单信用证统一惯例》（UCP600）、国际贸易单证的规范（正确、完整、及时）

**【建议学习时间】**

1 课时

国际贸易是不同国家（地区）之间的商品买卖，作为一种商品交换行为通常表现为货物和货款的双向交流，而在实际业务中这种交流是借助于国际贸易单证的签发、组合、流转、交换和应用来实现的。

### 一、国际贸易单证的含义

国际贸易单证（Foreign Trade Documents）是国际贸易中使用的各种单据、文件与证书的统称。通常凭借国际贸易单证来处理进出口货物的交付、运输、保险、报关、结汇等事宜。狭义的国际贸易单证通常指结算单证，特别是信用证结算方式下的结算单证。

国际贸易单证作为贸易文件，它的流转环节构成了贸易程序。国际贸易的各种单证除了贯穿于进出口企业相互之间的外销、进货、运输、结汇的全过程外，还必须与企业外部的银行、海关、交通运输部门、保险公司及有关行政管理机关等发生多方面的必要联系，单证量多、涉及面广，环环相扣、互为条件、互相影响。

### 二、国际贸易单证的作用

国际贸易单证的作用是通过进出口业务诸多具体环节体现的，较为广泛，本书仅结合通关业务实际，从以下三方面进行阐述。

**（一）国际贸易结算的基本工具**

进出口贸易中，买卖双方分处不同国家（地区），在绝大多数情况下，商品和货币不能简单交换，而只能以单证作为媒介手段。国际货物贸易单证化，使得货物买卖通过单证买卖来实现。卖方交货不仅要将实际货物装运出口，而且要向买方提交包括货物所有权凭证在内的全套单证以表示让渡物权。卖方交单意味着交付了货物，而买方付款是已得到物权凭证代表买到了商品。这样，尽管在交易中买卖的是货物，但在国际结算中，不以货物为依据，而是以单证作为依据。特别是按照CIF贸易条件成交的合同，已由一些国际交易规则订明“卖方凭单交货，买方凭单付款”，实行单据和货款对流的原则。

**（二）划分贸易相关方权责利益的重要凭证**

国际贸易单证贯穿于进出口贸易的全过程，各种单证的签发、组合、流转和应用不仅反映了贸易合同履行的进程，也体现了进出口货物交接过程中所涉及的贸易合同、运输合同、保险合同的当事人及银行、海关和相关政府等关系人之间的权责利益关系。当发生争议时，这些单证又是处理索赔和赔付的依据。可见，国际贸易单证是一种涉外商务和法律文件，是划分与贸易有关各方权责利益的重要凭证。

**（三）办理通关手续的重要文件**

国际贸易货物进出口时，进出口商必须向海关提交规定的单证，办理通关手续。这些单证在通关过程中都有其特定的作用，有的反映货物的数量、包装情况，是海关实施监管验核货物的凭证；有的表明货物的品质、价格、产地情况，是海关商品归类、确定计税价格、适用税率、依法征税的判断依据；而有关商品检验证书则证明了货物的质量、数量、卫生等状况，是海关实施监管的依据。申报单证作为法律文件，其真实、正确、齐全是办理通关手续的基本要求。

## 三、国际贸易单证的规范

国际贸易单证是货物买卖的证明，不但关系到商家是否能安全收货、结汇，也反映买卖的真实性、合法性等相关情况，其内容应当符合相关规范。

**（一）正确、完整、及时**

国际贸易单证的内容应做到正确、完整、及时。

**1. 正确**

国际贸易单证内容的正确性是第一要求，包括三方面的内容：一是单证内容要客观、真实地反映交易活动，符合有关国际惯例和进出口国（地区）的法律法规，交易属于正当、合法的商业交易活动；二是单证内容无差错，能保证安全收货、结汇及进出口贸易各环节的相关作业活动顺利进行；三是单证应与进出口的实际货物相符，对货物属性、状态的描述真实、准确、客观，代表了所出运的货物，即单货一致。

2. 完整

完整是指一笔进口或者出口业务所涉及单证的齐全和完备。国际贸易单证的完整性是构成单证合法性的重要条件之一，主要表现在以下三点：

（1）单证的内容完整，即每份单证的项目、描述、用词、拼写及签署或背书都必须完整，不可或缺。

（2）单证的种类完整，即包含的范围应与双方约定、交易条件及货物进出口国（地区）的相关规定相符合。

（3）单证份数完整，即单证的份数符合合同、信用证的条款，并能满足业务操作环节和办理通关手续的需要。

凭单证买卖的合同（信用证）都会明确要求出口方需提交哪些单证、提交几份、有无正副本要求、是否需要背书，以及应在单证上标明的内容，所有这些都必须得到满足。

3. 及时

及时是指单证制作不迟延，主要包括及时制单、及时审单、及时交单、及时收汇。制作单证是个复杂的工程，多数单证由出口方完成，有些需要相关部门配合完成；审核应齐抓共管，这样就可以保证在规定的时间内把全部合格单证向有关方面提交，及时交单肯定意味着能及时收汇，及时收汇意味着又一个良性业务环节的开始。

### （二）符合有关国际惯例和法律规定

国际贸易单证是为贸易全过程服务的，而国际贸易之所以能在不同国家（地区）之间进行，是交易双方及与货物进出口有关各方都以相关国际惯例和进出口国（地区）法律法规为行事规则。所以，国际贸易单证的格式、单证的代码应符合国际通行标准，国际贸易单证的内容应遵循有关国际惯例和进出口国（地区）法律法规的规定。

目前，相关的国际惯例主要是指国际商会的《跟单信用证统一惯例》（UCP600）、《跟单信用证项下单据的国际标准银行实务》（ISBP745）、《托收统一规则》（URC522）、《国际贸易术语解释通则》（INCOTERMS）等。

### 【复习思考题】

1. 什么是国际贸易单证？
2. 试述国际贸易单证在国际贸易中的主要作用。

## 第二节 成交类单证

### 【学习目标】

本节主要介绍国际贸易中与货物成交有关的单证并提供英文相应范本，旨在让学习者理解其含义、作用和适用的相关法律规范，熟悉其内容，并在通关活动实践中参考、借鉴。

完成本节学习，学习者应达成以下目标：

1. 正确理解国际贸易书面合同和商业发票各栏目适用国际通行标准的表现形式；

2. 掌握国际贸易合同和商业发票中交易标的、相关条款、当事人权利义务等要素有关的意思表达方式及英文表现形式；

3. 能结合海关监管要求，正确获取单证信息，用于通关实践。

**【基本概念】**

合同、商业发票、形式发票、厂商发票

**【建议学习时间】**

2 课时

成交类单证主要包括合同和发票。

## 一、合同

### （一）含义和作用

贸易合同是指买方和卖方按一定的程序经过磋商，就某项交易标的达成的交易条件，用签订书面证明的形式，确认双方约定的条件内容有一定格式的书面文件。

在交易磋商过程中，一方发盘经另一方接受以后，交易即告成立，买卖双方就构成了合同关系。双方在磋商过程中的往返函电，就构成有效的书面合同。成交后，另行签署一份合同书或确认书不是合同有效成立的必备条件。《联合国国际货物销售合同公约》第十一条规定，销售合同无须以书面订立或书面证明，在形式方面也不受任何其他条件的限制。销售合同可以用人证在内的任何方法证明。各国法律一般都承认书面合同，有的国家同时还承认口头合同。但是，在国际贸易实践中，在当事人双方经过磋商一致，达成交易以后，一般还要签订一份具有一定格式的书面合同，以进一步明确双方的权利义务。

签订书面合同具有以下主要作用。

**1. 合同成立的证据**

根据法律要求，凡是合同必须能得到证明，提供证据，包括人证和物证。通过函电磋商时，书面证明自不成问题。但是，通过口头磋商成立的合同，举证就难以做到，所以口头合同因不能被证明而得不到法律保障。我国《民法典》第四百六十九条规定，当事人订立合同，有书面形式、口头形式和其他形式。当法律、行政法规规定或者当事人约定采用书面形式的，应当采用书面形式。

我国政府在向联合国交存对《联合国国际货物销售合同公约》的核准书时提出了保留，即我国不同意国际货物买卖合同采用书面以外的形式订立、更改或终止。因此，为证明合同的成立，订立书面合同形式是我国国际贸易的基本做法。

**2. 合同生效的条件**

买卖双方在交易磋商阶段就各项交易条件进行充分商讨取得共识，但承认这种共识必须以签订书面合同为准。因此，即使双方已对交易条件全部协商一致，在书面合同签订之前，合同不能生效。我国《民法典》第四百九十条、四百九十一条规定，当事人采用合同书形式订立合同的，自双方当事人签字或者盖章时合同成立；在签字或者盖章之前，当事人一方已经履行主要义务，对方接受的，该合同成立。当事人采用信件、数据电文等形式订立合同的，可以在合同成立之前要求签订确认书，签订确认书时合同成立。

**3. 合同履行的依据**

在国际贸易实践中，货物买卖合同的履行涉及企业内外众多部门和单位，过程也很复杂。为了便于合同的履行，必须将不论是口头或书面达成的交易，并经协商一致的交易条件综合起来，全面、清楚地在一份有一定格式的书面文字合同上列明，为明确双方的权利和义务及合同的准确履行提供更好的依据。

### （二）书面合同的主要形式

国际贸易中对货物的买卖合同没有特定的限制，可以采用合同、确认书、协定等形式，此外还有订单、委托订单等形式。实际工作中，我国外贸企业采用的书面合同形式主要有销售合同（Sales Contract）、购货合同（Purchase Contract）以及购货确认书（Purchase Confirmation）。

不管是销售合同，还是购货合同，它们具有以下相同内容。

1. 合同号码（Contract Number）；
2. 买卖双方各自名称（Name of Both the Seller and the Buyer）；
3. 品名、规格、数量、包装方式（Name of Commodity，Specification，Quantity and Packing）；
4. 单价和总值（The Unit Price and Total Value）；
5. 唛头（Shipping Marks）；
6. 保险条款（Insurance Clauses）；
7. 装运期（Time of Shipment）；
8. 装运港和目的港（Port of Shipment and Destination）；
9. 支付条款（Terms of Payment）；
10. 索赔（Claim）；
11. 不可抗力（Force Majeure）；
12. 仲裁（Arbitration）；
13. 其他条款（Other Terms）；
14. 买卖双方的签名（Signature of the Parties Concerned）；
15. 签署的时间与地点（Time and Place of Signature）。

订单（Order）在外贸活动中也经常出现，它是指进口商或实际买家拟定的货物订购单。有些订单会列有限期提出异议、逾期不提出异议作为同意的条款。

## 案例导入

### 合同纠纷

2013 年 6 月，天津××材料股份有限公司（原告）通过其装货港代理××天津公司向大连××国际物流有限公司（被告）订舱，委托被告将 50 个集装箱的钢材从中国运往土耳其，6 月 28 日被告向原告签发了指示提单，该提单记载的托运人为原告，承运人为被告，通知方为土耳其 TCDD 公司，卸货港为土耳其伊兹密尔港（LANDED IZMIR PORT，TURKEY）。同日，被告与案外人阿×公司签订运输合同，委托该公司实际承运涉案货物，该公司向被告签发了记名提单，该提单记载的托运人为被告，承运人为阿×公司，收货人为诺×公司，卸货港为土耳其阿里亚加港（ALIAGA IZMIR）。2013 年 8 月 21 日至 22 日，涉案货物被卸载在土耳其阿里亚加港。在被告拒绝转运的情况下，原告于 2013 年 9 月 17 日委托其在土耳其的代理人 EDA 公司将涉案货物运至伊兹密尔港交付收货人 TCDD 公司并产生额外费用。该费用均由 EDA 公司于 2013 年 9 至 10 月期间代原告向相关公司进行了支付。2014 年 10 月 10 日 EDA 公司确认已从原告处收到上述全部费用。

伊兹密尔港与阿里亚加港是两个独立的港口，分别属于不同的港口当局和海关当局。伊兹密尔港，又称阿尔桑加克港，是土耳其国有港口，由国有公司 TCDD 公司经营。阿里亚加港，是距离土耳其伊兹密尔市北部约 50 千米的港口，由私营公司 EgeGübreSanayi A. S 经营。在收货人为 TCDD 公司的情况下，其卸载到伊兹密尔港的货物将被免除相关操作费用。

原告共有三批钢材从中国运往土耳其交付 TCDD 公司，涉案货物为第二批，另两批货物分别于 2013 年 4 月 28 日和 10 月 26 日装船并分别签发提单。提单记载的托运人均为原告，通知方均为 TCDD 公司，装货港均为中国天津新港，卸货港均为土耳其伊兹密尔港。该两批货物均被运抵土耳其伊兹密尔港并交付收货人 TCDD 公司。除预付运费以外，EDA 公司在卸货港代原告支付的费用项目均为卸船费、单证费、卸货监管费、设备检查和控制费以及港口保安费。

最终天津海事法院判决被告赔付原告经济损失人民币 386393.05 元及相应利息，驳回原告其他诉讼请求。

（资料来源：天津海事法院）

### （三）合同样本

合同样本如图 11-1 所示。

## Sales Contract

No. : GD-11ATX2509

Date: Sep. 20, 2024

Sellers: CHINA ARTEX SHANGHAI IMPORT AND EXPORT CORPORATION

Buyers: THE ABCDE GROUP, INC.

This contract is made by and between the Buyers and the Sellers, whereby the Buyers agree to buy and the Sellers agree to sell the under-mentioned commodity according to the terms and conditions stipulated below:

| 1. Description of Goods | 2. Quantity | 3. Unit Price | 4. Amount |
|---|---|---|---|
| GARMENTS<br>100% COTTON<br>JERSEY BABY'S OVERALL<br>100% COTTON<br>JERSEY BABY'S BEATLE | 2,000PCS<br>2,000PCS | CIF NEW YORK<br>USD3. 00/PC<br>USD3. 20/PC | USD6,000. 00<br>USD6. 400. 00<br><br>USD12,400. 00 |

5. Total Value: SAY U. S. DOLLARS TWELVE THOUSAND FOUR HUNDRED ONLY.

6. Packing: lpc/Polybag, 50pcs/Carton

Shipping mark: JOHNSON'S
12KG05107
NEW YORK
NO. 1-80
MADE IN CHINA

7. Shipment: Not later than Nov. 10th, 2024 by sea from China to New York U. S. with partial shipment and transshipment allowed. Within 24 hours immediately after completion of loading of goods on board the vessel the seller shall advice the buyer by fax or e-mail of the contract number, the name of goods loaded, port of loading, sailing date and expected time of arrival (ETA) at the port of destination.

8. Payment: By irrevocable L/C payably by a draft at sight, to reach the seller not later than Oct. 5, 2011 and to be available for negotiation in China until the 15 days after shipment.

9. Insurance: To be effected by the seller at 110% of the invoice value covering Institue Cargo clauses<A>, the Institue War clauses as per ICC clauses.

10. Claims: Claims concerning the goods shipped, if any, shall be filed within 30 days after arrival at the destination, to be supported by a surrey report. It is understood that the Seller shall not be liable for any discrepancy of the goods shipped due to causes for which the insurance company, shipping company, other transport organization or post office are liable.

11. Force Majeure: If the shipment of the contracted goods is prevented or delayed in whole or in part by reason of war, earthquake, flood, fire, storm, heavy snow or other causes of force majeure, the seller shall not be liable for non-shipment or late shipment of the goods of the contract. However, the seller shall notify the buyer by phone/fax/e-mail and furnish later within 5 days by registered airmail with a certificate issued by China Chamber of International Commerce attesting such event or events.

12. Arbitration: Any dispute arising from or in connection with the performance of the Contract shall be settled through negotiation by both parties, failing which they shall be submitted for arbitration. The arbitration shall take place in China and shall be conducted by the arbitration commission of the ICC China in accordance with the rules or procedures of the said commission.

The Buyer:
THE ABCDE GROUP, INC.

The Seller:
CHINA ARTEX SHANGHAI
IMPORT AND EXPORT CORPORATION

图 11-1 合同样本

## 二、发票

在进出口业务实践中，发票主要包括商业发票、形式发票和厂商发票。

### （一）不同发票的含义和作用

**1. 商业发票**

商业发票（Commercial Invoice），简称“发票”，是卖方向买方开立的，对所装运货物作出全面、详细说明，并凭此向买方收款的货款价目总清单。

商业发票是卖方结汇所需的单据之一，也是买方凭此收货、付款及报关纳税的依据。其主要作用有：

（1）商业发票是整套货运单证的中心，通过了解发票的内容，可以掌握每笔装运货物的全貌；

（2）商业发票便于进口商验收、核对出口商所发运的货物，查看是否符合合同或信用证的规定；

（3）商业发票可以作为买卖双方记账的原始凭证；

（4）商业发票可以作为报关、纳税的计税依据；

（5）在不使用汇票的情况下，商业发票可以代替汇票，作为出口商向进口商收款的凭据。

**2. 形式发票**

形式发票（Proforma Invoice）是在贸易合同订立之前开立的发票，主要用于进口方向当局申请批汇或进口许可证。它不是一种正式发票，不能用于托收和议付，它所列的单价、数量等也仅仅是出口方根据当时情况所作的估计，对双方都无最终约束力。

**3. 厂商发票**

厂商发票（Manufacturer's Invoice）是由出口货物的制造商出具的以本国货币计价的发票，其作用是供进口国（地区）海关检查是否有削价倾销行为，以便确定是否征收反倾销税。

### （二）发票的主要内容

商业发票由出口企业自行缮制，无统一、固定格式，但基本栏目大致相同，其内容主要依据合同和信用证的特定要求而拟就，分首文、本文和结文三部分。

首文部分包括发票名称、编号、出票日期、信用证或合同号码、收货人或抬头、运输工具及运输路线等。

本文部分包括唛头、货物描述、单价与总金额等。

结文部分包括许可证号、汇票出票条款、信用证要求在发票上证明或声明的其他内容、发票制作人签章等。

发票的主要内容具体如下：

1. 出票人（Issuer）的名称、地址、传真、电子邮箱、电话号码。发票的出票人一般为出口公司。

2. 商业发票号码和出票日期（Invoice No. and Date）。商业发票的号码由出口商统一编制，一般采用顺序号，便于查对。商业发票的出票日期是所有单据中出单最早的，通常在签订合同或收到信用证，备妥货物后开立。

3. 抬头（To/Sold to Messrs/For Account and Risk of Messrs）。抬头人即收货人，一般注明合同买方或信用证的开证人名称、地址、联系方式。

4. 合同编号（Contract No.）和信用证编号（L/C No.）。

5. 装运港（地）和目的港（地）名称（From/To/Via）。该栏一般注明货物运输的起讫地点。如货物需要转运，则注明转运地，有的还注明运输方式。

6. 唛头及件号（Mark & Nos/ Shipping Mark）。该栏一般注明运输标记和集装箱号。无唛头时列明“N/M”。

7. 品名和货物描述（Name and Commodity/Description of Goods）。该栏列出具体装运的货物名称、品质、规格及包装状况等内容。商业发票中的货物描述必须与合同或信用证中显示的内容相符。

8. 数量（Quantity）、单价（Unit Price）和总价（Amount/Total Price）。数量为实际装运的数量。单价包括计价货币、计价单位、单位价值数额、贸易术语四部分。总价一般由大小写组成。如果合同单价含有佣金（Commission）或折扣（Rebate/Discount/Allowance），发票上一般也会注明。另外，有时根据买方或信用证条款的要求，对按 CIF、CIP 或者 CFR、CPT 价成交的，还分别列明运费（Freight）、保险费（Insurance/Premium）、FOB 或 FCA 价格。

9. 特殊条款。主要是根据买方或信用证的要求，对一些特殊事项加注声明。例如，加注进口许可证号、货物产地、净重和毛重（一般只列总净重和总毛重）、船名、汇票出票条款及证明单货相符的声明文句等。

10. 签章（Signed by/Signature）。签字人一般为出口公司的法人代表或授权制单人员。签字可使用印签，并注明公司名称。根据《跟单信用证统一惯例》（UCP600）的规定，商业发票无须签署。但如果信用证要求提交“已签署的商业发票”（Signed Commercial Invoice），或“手签的商业发票”（Manually Signed Commercial Invoice），则该商业发票必须签名，且后者还须由签字人手签。

**（三）发票样本**

发票样本如图 11-2 所示。

[redacted]进出口有限公司

[redacted] IMPORT AND EXPORT CORPORATION

[redacted] SHANGHAI, CHINA

**COMMERCIAL INVOICE**

Tel: [redacted]    Invoice No.: ATX051212

Fax: [redacted]    Date: Oct. 08, 2024

E-mail: [redacted]    S/C No.: GD-11ATX2509

L/C No.: TH5391

Sold to Messers:

THE ABCDE GROUP, INC.

445 KENNEDY DRIVESAYREVILLE, NEW JERSEY

FROM: SHANGHAI    TO: NEWYORK VIA HONGKONG BY VESSEL

| Marks & No.s | Description of Goods | Quantity | Unit Price | Amount |
|---|---|---|---|---|
| JOHNSON'S | GARMENTS | | CIF | USD6,000.00 |
| 12KG05107 | 100% COTTON | | NEWYORK | USD6,400.00 |
| NEW YORK | JERSEY BABY'S OVERRALL | 2,000PCS | USD3.00/PC | |
| NO. 1-80 | 100% COTTON | 2,000PCS | USD3.20/PC | |
| MADE IN CHINA | JERSEY BABY'S BEATLE | | | USD12,400.00 |

TOTAL: SAY U.S. DOLLARS TWELVE THOUSAND FOUR HUNDRED ONLY.

THE ABOVE MENTIONED GOODS ARE OF CHINESE ORIGIN.

THIS IS TO CERTIFY THAT THE ABOVE MENTIONINGS ARE TRUE AND CORRECT.

CHINA ARTEX SHANGHAI IMPORT AND EXPORT CORPORATION

[redacted]

图 11-2 发票样本

**【复习思考题】**

1. 什么是成交类单证？
2. 试述国际贸易合同、商业发票的主要作用。

## 第三节 包装类单证

**【学习目标】**

本节旨在让学习者了解并掌握记载或描述国际买卖货物的包装情况的单据，为在办理通关事务实践中正确申报货物的包装情况奠定基础。

完成本节学习，学习者应达成以下目标：

1. 了解包装单据的含义、作用及其种类；
2. 掌握包装单据国际通行标准、描述方式及其英文表现形式；

3. 掌握各类货物包装单位、包装种类的单据表现形式，能正确获取货物包装信息。
4. 掌握装箱单、重量单、尺码单的关系及特点。

**【基本概念】**
装箱单、重量单、尺码单

**【建议学习时间】**
2 课时

包装类单证是专门用于记载或描述包装情况的单据。由于国际上货物买卖的数量较大、品种繁多，往往无法在发票上一一列明，而必须使用专门的单证加以说明，因此，包装类单证就成为发票的附属单证。它是商业单证中的重要单据，包括装箱单、重量单和尺码单等。

## 一、装箱单

### （一）装箱单的含义和作用

装箱单（Packing List/Packing Specification）也称包装单、花色码单、码单，是用于说明货物包装细节的清单。除散装货物外，卖方一般都向买方提供装箱单作为发票的补充，以便在货物到达目的港后，供海关查验货物和收货人核对货物。装箱单的内容因货物不同而各异，主要载明所装货物的名称、规格、数量、花色搭配等详细情况。

### （二）装箱单的主要内容

装箱单的内容应与实际货物装箱情况相符，并与商业发票上所列货物名称、数量等内容一致。装箱单无统一格式，但基本栏目相似，其内容如下。

**1. 抬头**

内容同发票，也有不列抬头而注明“As per Inv.”或“To whom it may concern”的。

**2. 品名和规格**

内容同发票，但装箱单着重表现货物的包装情况和包装材料，如“Packed in seaworthy cartons”（装入适合海洋运输的纸箱），一般不显示货物价格和装运情况，对货物描述以使用统称为多。

**3. 包装及数量（Packing/Packed in）**

注明每种货物的包装件数和合计数，如“Packed in 100 cartons of 2 pieces each”（装 100 箱，每箱 2 件），并在装箱单的长、宽、高和体积栏内标出每个包装件的实际尺寸。

在单位包装货量或品种不固定的情况下，需注明每个包装件内的含量，并根据包装件编号，一一列出。在每一个包装件内，一般尽可能详细地列出从最小包装到最大包装所使用的包装材料、包装方式等细节，如“25kgs net in a poly woven cloth laminated with outer 2-ply kraft paper bag”（每个聚乙烯塑料袋内净重 25 千克，外套双层牛皮纸袋）。

**4. 毛重（Gross Weight，G. W）及净重（Net Weight，N. W）**

注明总毛重和总净重，有的也列明货物的单件毛重、净重或皮重。不定量包装货物，通常要逐件列出单件重量。

**5. 唛头**

唛头内容一般与发票所列相同，有时仅在装箱单中列明。

### （三）装箱单样本

装箱单样本如图 11-3 所示。

[redacted]进出口有限公司
[redacted] IMPORT AND EXPORT CORPORATION
[redacted] SHANGHAI, CHINA

**PACKING LIST**

Tel: [redacted]　　Invoice No. : ATX051212
Fax: [redacted]　　Date: Oct. 08, 2024
E-mail: [redacted]　　S/C No. : GD-11ATX2509
L/C No. : TH5391
Sold to Messrs:
THE ABCDE GROUP, INC.　　Marks & No. s
445 KENNEDY DRIVESAYREVILLE, NEW JERSEY
FROM: SHANGHAI　　TO: NEWYORK VIA HONGKONG BY VESSEL

| Case No. | Description of Goods | QTY | N. W | G. W | MEAS |
|---|---|---|---|---|---|
| 1-40 | GARMENTS<br>100% COTTON<br>JERSEY BABY'S OVERALL<br>2,000PCS | 50PCS/CARTONS<br>40CARTONS | @ 4. 00KGS<br>160. 00KGS | @ 5. 00KGS<br>200. 00KGS | @ (42×23×25) CM<br>0. 966CBMS |
| 41-80 | 100% COTTON<br>JERSEY BABY'S BEATLE<br>2,000PCS | 50PCS/CARTONS<br>40CARTONS | @ 8. 50KGS<br>340. 00KGS | @ 10. 00KGS<br>400. 00KGS | @ (55×30×34) CM<br>2. 244CBMS |
| TOTAL: | 4,000PCS | 80CARTONS | 500. 00KGS | 600. 00KGS | 3. 210CBMS |

TOTAL QUANTITY:4,000PCS;PACKING 80 CARTONS.
TOTAL PAKED IN EIGHTY CARTONS ONLY.
WE HEREBY CERTITY THAT ABOVE MENTIONED GOODS ARE OF CHINESE ORIGIN
CHINA ARTEX SHANGHAI IMPORT AND EXPORT CORPORATION
[redacted]

**图 11-3　装箱单样本**

## 二、重量单

### （一）重量单的含义和作用

重量单（Weight List/Weight Note）是按照装货重量（Shipping Weight）成交的货物，在装运时出口商必须向进口商提供的一种证明文件。它证明所装货物的重量与合同规定相符，货到目的港有缺重量时出口商不负责任。若按照卸货重量（Delivered Weight）成交的货物，如果货物缺重量时，进口商必须提供重量证明书，才可向出口商、轮船公司或保险公司提出索赔。重量单上所反映的内容除装箱单上的内容外，还必须尽量清楚地列明货物的毛重、净重及总毛重和总净重情况，供买方安排运输、存仓、销售时参考。重量单总毛重和总净重必须与商业发票、运输单据、原产地证书等的描述一致。

### （二）重量单的缮制要点

重量单的缮制要点与缮制装箱单基本相同，但是缮制重量单时应注意以下区别：

1. 重量单中应注明发票标明的货物重量，并且要与其他单据上载明的货物重量一致。
2. 重量单必须注明出单日期，这与装箱单的规定不同。
3. 重量单的出单人处必须注明公司全称并且有权签署。
4. 在海运以外的运输方式下，如果信用证规定须提交重量证明，但并未规定需要独立的重量文件时，不必出具重量单，只需承运人或其代理人在运输单据上加注货物重量即可。

### （三）重量单样本

重量单样本如图 11-4 所示。

**WEIGHT LIST**

| | |
|---|---|
| Shipper/Export/Manufacturer<br>ABCDEF TRADING, LTD.<br>9/F, SOUTHERN B/D 13 PERTH WA AUSTRALIA | NO. & date of invoice<br>AJS-038 Feb. 06, 2024<br>CONTRACT NO.<br>PZ-AB54201 |
| Ship to<br>ZHEJIANG MINERAL(GRO UP) CO. LTD.<br>××××RD, CHINATING INDU CAMPUS<br>HANGZHOU, CHINA | TEL: 42-2-783-×××<br>FAX: 42-2-783-×××× |
| Notify Party<br>SAME AS CONSIGNEE | |
| Port of loading: DAMPIER, AUSTRALIA / Port of Discharge: NINGBO, CHINA<br>Carrier: NEW ORIENT V-423S / Final destination: NINGBO, CHINA | Marks and Numbers IN NUDE PACKING |

| Nos. of Package | Description of Goods | Net-weight(kgs) | Gross-Weight(kgs) |
|---|---|---|---|
| 30 BUNDLES | ELECTROLYTIC REFINED COPPER | 16,101.680 | 17,001.680 |

Details:

| B/No. | N.W(kgs) | G.W(kgs) | B/No. | N.W(kgs) | G.W(kgs) | B/No. | N.W(kgs) | G.W(kgs) |
|---|---|---|---|---|---|---|---|---|
| 1 | 523.500 | 553.500 | 11 | 515.550 | 545.550 | 21 | 540.000 | 570.000 |
| 2 | 523.500 | 553.000 | 12 | 530.500 | 560.570 | 22 | 540.000 | 570.000 |
| 3 | 530.000 | 560.000 | 13 | 530.570 | 560.570 | 23 | 540.000 | 570.000 |
| 4 | 510.800 | 540.800 | 14 | 524.000 | 554.000 | 24 | 530.000 | 560.400 |
| 5 | 570.000 | 600.000 | 15 | 590.000 | 620.000 | 25 | 530.000 | 560.000 |
| 6 | 550.000 | 580.000 | 16 | 582.000 | 612.000 | 26 | 525.000 | 555.750 |
| 7 | 550.000 | 580.000 | 17 | 515.550 | 545.550 | 27 | 523.680 | 553.680 |
| 8 | 550.000 | 580.000 | 18 | 530.255 | 560.255 | 28 | 510.500 | 540.500 |
| 9 | 545.000 | 575.000 | 19 | 530.255 | 560.255 | 29 | 520.000 | 550.000 |
| 10 | 545.000 | 575.000 | 20 | 550.300 | 580.300 | 30 | 545.200 | 575.200 |

PACKED IN BUNDLES BY BINDING STEEL RIBBON;
LOADED ON BOARD THE VESSEL WITH 3% MAX. MORE OR LESS ALLOWED ACCORDING TO THE CONTRACT NO. PZ-AB54201

Signed by ABCDEF TRADING, LTD
JAMES ABOT

**图 11-4 重量单样本**

## 三、尺码单

尺码单（Measurement List）是侧重于说明货物每件的尺码和总尺码的包装单据，即在装箱单内容的基础上再重点说明每件、每个不同项目货物的尺码和总尺码。如果不是统一尺码，应逐件列明。

尺码单样本如图 11-5 所示。

**MEASUREMENT LIST**

Shipper：MC PACKING（JIADING）CO.，LTD（measurement）
12，TACHENG ROAD JIADING DIC.
SHANGHAI CHINA

Invoice Number/Invoice Date：
N32714/04/01/2024
Mode of transport：SEA

Consignee：LUCEN TRADING（PTE）LTD.
29 GUL CIRCLE，JURON TOWN
SINGAPORE 623617
FOB SHANGHAI

| No. | Material Description | Quantity | Unit | N. W（kgs） | G. W（kgs） |
|---|---|---|---|---|---|
| | Grand-total | 17 | Pcs | 29192. 86 | 29543. 90 |

**Measurement**

| Pallet No. | Pallet Dimension（M） | Measurement（CBM） |
|---|---|---|
| 1 | 8258×999. 5×300 | 0. 25 |
| 2 | 8258×999. 5×300 | 0. 25 |
| 3 | 8258×999. 5×370 | 0. 30 |
| 4 | 8258×999. 5×370 | 0. 30 |
| 5 | 8258×999. 5×370 | 0. 30 |
| 6 | 8258×999. 5×370 | 0. 30 |
| 7 | 8258×999. 5×370 | 0. 30 |
| 8 | 8258×999. 5×370 | 0. 30 |
| 9 | 8258×999. 5×370 | 0. 30 |
| 10 | 8258×999. 5×215 | 0. 18 |
| 11 | 8258×999. 5×215 | 0. 18 |
| 12 | 8258×999. 5×215 | 0. 18 |
| 13 | 8258×999. 5×355 | 0. 29 |
| 14 | 8258×999. 5×355 | 0. 29 |
| 15 | 8258×999. 5×210 | 0. 17 |
| 16 | 8258×999. 5×210 | 0. 17 |
| 17 | 8258×999. 5×210 | 0. 17 |

Grand-total 4. 23CBM

DAVID LI MING

图 11-5 尺码单样本

## 四、装箱单、重量单、尺码单的关系

出口企业不仅在出口报关时需要提供装箱单、重量单，信用证往往也将之作为结汇单据。实际上，装箱单、重量单和尺码单都是商业发票的一种补充单据，是商品的不同包装规格条件、不同花色和不同重量逐一分别详细列表说明的一种单据，是买方收货时核对货物的品种、花色、尺寸、规格和海关验收的主要依据。

对于不同特性的货物，进口商可能对某一或某几方面（例如，包装方式、重量、体积、尺码）比较关注，因此希望对方重点提供某一方面的单据。装箱单着重表示包装情况，重量单着重说明重量情况，尺码单则着重商品体积的描述。

它们均具有以下特点：

1. 装箱单、重量单和尺码单为了保持与发票一致，在号码和日期两栏与发票完全相同。

2. 装箱单、重量单和尺码单一般不显示收货人、价格、装运情况，对货物描述一般都使用统称概述。

3. 装箱单着重表现货物的包装情况，从最小包装到最大包装的包装材料，包装方式一一列明，而对于重量和尺码内容，一般只体现累计总额；重量单在装箱单的基础上，详细表示货物的毛重、净重、皮重等。

4. 装箱单、重量单和尺码单的制作要以信用证、合同、备货单、出货单为依据。

5. 如果信用证上要求在装箱单、重量单和尺码单上填写一些特殊条款，应照办。

**【复习思考题】**

试述包装类单证的主要作用。

## 第四节　运输类单证

**【学习目标】**

本节旨在让学习者了解海洋运输和航空运输方式的单证内容，为学习者在办理通关事务实践中，正确申报国际买卖货物运输状况奠定基础。

完成本节学习，学习者应达成以下目标：

1. 了解海运提单、海运单、航空运单、铁路运单、邮包收据的含义、性质及承托双方当事人的权利与义务；

2. 熟悉各类提单的表现形式、作用及其意义；

3. 掌握提单、运单各栏目的内容，熟悉其英文表现形式，能按通关要求正确获取国际买卖货物的运输信息。

**【基本概念】**

海运提单、海上货运单、航空运单、铁路运单、邮政收据

**【建议学习时间】**

2 课时

## 案例导入

### 海上货物运输合同纠纷案

**1. 基本案情**

2013 年 6 月，金××公司委托日本三××公司将一批货物自宁波出运至沙特。三××公司作为承运人签发提单。6 月 17 日，承运船舶航行至印度洋海域时，船体中部横向断裂成两截沉没。船上货物全部灭失。金××公司持正本提单起诉要求承运人承担货损赔偿责任。

**2. 裁判结果**

本案经宁波海事法院一审，浙江省高级人民法院二审。两级法院均认为，承运船舶存在经谨慎处理仍未发现的潜在缺陷，且该缺陷引起船舶断裂导致船舶沉没、货物灭失。根据《海商法》第五十一条第十一项的规定，承运人依法不负赔偿责任。遂判决驳回金××公司的诉讼请求。

**3. 典型意义**

本案的主要争议焦点在于承运人能否免除赔偿责任。承运人的免责制度是基于国际海上航运业的特殊风险而给予船舶所有人等航运从业者的特殊保护。我国《海商法》坚持与通行国际公约对接的立法精神，借鉴吸收《海牙规则》《汉堡规则》等国际公约的规定，形成了具有中国特色的海上货物运输合同规范。该法第五十一条规定了十二项承运人免责事由，其中包括“经谨慎处理仍未发现的船舶潜在缺陷”。因涉案船舶沉没无法打捞，船上数据已随船舶一起沉没，本案一、二审法院根据日本船级社等机构对事故船姊妹船的调查报告和专家证人意见，结合船舶按时检验和保养、未发现设计缺陷、船舶处于适航状态等事实，认定涉案船舶沉没原因系设计上的潜在缺陷所致，承运人可以依据法律规定不负赔偿责任。至于托运人的权利，则可以通过保险等途径予以保障。本判决系我国首次适用《海商法》第五十一条第十一项的规定判决承运人免责的案件，引起了国际航运和海事司法界的关注，对于之后同类案件的审判实践具有一定的指导意义。

（信息来源：宁波海事法院官网）

运输单证是证明货物已经交付承运人接管或已装上运输工具或已发运的书面证明。国际贸易货物采用不同的运输方式，承运人或无船承运人签发不同的运输单证。这些运输单证中，有的作为交接货物的依据，有的作为结算货款的凭据，也有的代表货物的所有权凭证，可流通转让。

按照不同的运输方式，运输单证主要有海洋运输单证、航空运输单证、陆路运输单证、邮政运输单证、联合运输单证等。本节主要介绍海运提单、海上货运单、航空运单、铁路运单和邮政收据。

## 一、海运提单

### （一）海运提单的含义和作用

海运提单（Ocean Bill of Lading）简称“提单”（Bill of Lading，B/L）。《海商法》第七十一

条给它的定义是用以证明海上货物运输合同和货物已经由承运人接管或者装船，以及承运人保证据以交付货物的单据。

提单是收到货物或货物装船后，应托运人的要求，由承运人或船长或承运人的代理签发的、证明承运人已经收到提单上列明的货物，并负责将该货物运至指定目的港和完好地交付给收货人的货运单据。

提单是国际海洋货物运输，特别是国际班轮运输中使用的一种非常重要的业务单据及法律文件。

实际业务中，提单的性质和作用表现在三个方面：

**1. 提单是证明承运人已经接管货物或货物已经装船的货物收据**

提单一经承运人签发，即表明承运人已将货物装上船舶或已确认接管。提单作为货物收据，不仅证明收到货物的种类、数量、标志、外表状况，而且还证明收到货物的时间，即货物装船的时间。本来，签发提单时，只要能证明已收到货物和货物的状况即可，并不一定要求已将货物装船。但是，将货物装船象征卖方将货物交付给买方，于是装船时间也就意味着卖方的交货时间。而按时交货是履行合同的必要条件，因此，用提单来证明货物的装船时间是非常重要的。

**2. 提单是承运人和托运人之间订立的海上货物运输合同的证明文件**

提单上印就的条款规定了承运人与托运人之间的权利、义务，而且提单也是法律承认的处理有关货物运输的依据，因而常被人们认为提单本身就是运输合同。但是按照严格的法律概念，提单并不具备经济合同应具有的基本条件：它不是双方意思表示一致的产物，约束承托双方的提单条款是承运人单方拟定的；它履行在前，而签发在后，早在签发提单之前，承运人就开始接受托运人托运货物和将货物装船的有关货物运输的各项工作。所以，与其说提单本身就是运输合同，还不如说提单只是运输合同的证明文件更为合理。如果在提单签发之前，承托双方之间已存在运输合同，则不论提单条款如何规定，双方都应按原先签订的合同约定行事；但如果事先没有任何约定，托运人接受提单时又未提出任何异议，这时提单就被视为合同本身。虽然由于海洋运输的特点，决定了托运人并不在提单上签字，但因提单毕竟不同于一般合同，所以不论提单持有人是否在提单上签字，提单条款对他们都具有约束力。

**3. 提单是承运人保证凭此交付货物的物权凭证**

提单的合法持有人有权在目的港以提单相交换来提取货物，而承运人凭提单发货，即使持有人不是真正货主，承运人也无责任。而且，除非在提单中指明，提单可以不经承运人的同意而转让给第三者，提单的转移就意味着物权的转移，连续背书可以连续转让。提单的合法受让人或提单持有人就是提单上所记载货物的合法持有人。提单所代表的物权可以随提单的转移而转移，提单中所规定的权利和义务也随着提单的转移而转移。即使货物在运输过程中遭受损坏或灭失，也因货物的风险已随提单的转移而由卖方转移给买方，只能由买方向承运人提出赔偿要求。作为一种物权证明，持有人可在载货船舶到达目的港之前先行转让，也可向银行押汇。

### （二）海运提单的种类

提单可从不同的角度进行分类，常见的提单如表 11-1 所示。

表 11-1　海运提单分类表

| 分类角度 | 名称 | 含义 | 注明方法 | 备注 |
| --- | --- | --- | --- | --- |
| 以货物是否已装船为标准 | 已装船提单（Shipped B/L，or On Board B/L） | 是指在货物装船之后，由承运人或其代理人向托运人签发的提单。 | 1. 注明货物已被装上的船舶名称；<br>2. 提单出具日期即为装运日期，如果提单包含注明装运日期的装船批注，在此情况下，装船批注中显示的日期将被视为装运日期；<br>3. 收货待运提单的货物装船后，承运人在收货待运提单上加注装运船名和装船日期并签字盖章后，待运提单即成为已装船提单。 | 1. 根据《通则》的规定，当使用 CPT、CIP、CFR 或者 CIF 术语时，卖方按照所选择术语规定的方式将货物交付给承运人时，即完成其交货义务，卖方应提供已装船提单。<br>2. 在以跟单信用证为付款方式的国际贸易中，要求卖方必须提供已装船提单，银行不接受待运提单。<br>3. 托运人可以用待运提单向承运人换取已装船提单。 |
| | 收货待运提单（Received for Shipment B/L） | 是指承运人虽已收到货物但尚未装船，应托运人要求向其签发的提单，又称备运提单、待装提单、待运提单。 | 无船名及装船日期。 | |
| 以提单“收货人”一栏的记载为标准 | 记名提单（Straight B/L） | 这种提单只能由所指定的收货人提取货物，记名提单不能转让。 | “收货人”一栏内具体填上指定的收货人名称。 | |
| | 不记名提单（Open B/L；Blank B/L；Bearer B/L） | 这种提单不需要任何背书手续，仅凭交付即可转让。谁持有提单，谁就可以提货，承运人交付货物只凭单，不凭人。 | 在“收货人”栏内不写明具体收货人的名称，只写明货交提单持有人，或不填写任何内容。 | 不记名提单对贸易各方不够安全，风险较大，很少采用。 |
| | 指示提单（Order B/L） | 按记名人或非记名人的指示提货的提单。这种提单在托运人未指定收货人或受让人之前，货物所有权仍属于卖方。经过记名背书或者空白背书转让。 | 在提单正面“收货人”一栏内载明“凭指示”（To order）或“凭某人指示”（Order of）字样。 | 指示提单有四种抬头：<br>1. 凭银行指示（To the Order of ×× Bank）；<br>2. 凭收货人指示（To the Order of A. B. C. Co. Ltd）；<br>3. 凭发货人指示（To the Order of Shipper）；<br>4. 不记名指示（To Order）。在实践中被广泛应用。 |
| 以对货物外表状况有无批注为标准 | 清洁提单（Clean B/L） | 是指没有任何有关货物残损、包装不良或其他有碍于结汇的批注的提单。 | 正面印有“外表状况明显良好”的词句。 | |
| | 不清洁提单（Unclean B/L；Foul B/L） | 是指货物交运时，其包装及表面状态出现不坚固、不完整等情况时，船方可以在提单上批注。 | 正面加注有货物及包装状况不良或存在缺陷（例如，水湿、油渍、污损、锈蚀）、唛头不清等批注。 | |

表11-1 续1

| 分类角度 | 名称 | 含义 | 注明方法 | 备注 |
|---|---|---|---|---|
| 以不同的运输方式为标准 | 直达提单（Direct B/L） | 又称直运提单，是指一船舶将货物从装货港装船后，中途不经转船，直接运至目的港卸船交与收货人的提单。 | 仅记载有启运港（Port of Loading）和卸货港（Port of Discharge）。 | 凡信用证规定不准转运或转船者，必须出具中途不转船的直达提单。 |
| | 转船提单（Transshipment B/L；Through B/L） | 又称转运提单，是指货物须经中途转船才能到达目的港而由承运人在装运港签发的全程提单。 | 转船提单在填制时，只记载第一程船的船名，第二程船名不记载，只写上"在某地装上替代船转运"的字样。所不同的是中途港和目的港的填写，转船提单的中途港名称应填写在"卸货港"一栏中，目的港则应载于"最后目的港"一栏中。 | 银行只有在信用证中规定可接受转船提单时，才接受这种提单。 |
| | 多式联运提单（Combined B/L；Inter-modal B/L；Multimodal Transport B/L） | 是指货物由多式联运经营人以两种以上的不同运输方式运输，其中一种是海上运输方式，从接收地运至目的地并收取全程运费的提单。 | 列明了装运港、目的港和交货地（表明第一程运输为海运，达到目的港后是其他运输方式）。 | 1. 承运人名称：承运人、船长或代理的任何签字必须分别表明承运人、船长或代理的身份。<br>代理的签字必须显示其是否作为承运人或船长的代理或代表签署提单。<br>2. 运输单据的出具日期将被视为发运、接受监管或装载以及装运日期。然而，如果运输单据以盖章或批注方式标明发运、接受监管或装载日期，则此日期将被视为装运日期。 |
| 以提单使用的效力为标准 | 正本提单（Original B/L） | 是指可凭此押汇货款和向目的港船公司或其代理提货的提单。 | 提单上注明有"Original"字样，提单上有承运人正式签字盖章并注明签发日期。 | 正本提单一般一式三份，也有一式二份、四份和五份的情况。 |
| | 副本提单（Copy B/L） | 通常指的是提单（正本提单）的复制件。 | 副本提单正面注有"副本"（Copy）和（或）"不可转让"（Non-negotiable）的字样，且通常没有背面条款。副本提单船方不签字，其份数或是按照托运人要求或是由船方自行确定。 | 只供工作上参考使用，不具有法律效力。 |
| 以提单签发人不同为标准 | 班轮提单（Liner B/L；Ocean B/L） | 是指由班轮公司承运货物后所签发给托运人的提单。 | | 在集装箱运输中，班轮公司通常为整箱货签发提单。 |
| | "仓至仓"提单（NVOCC B/L；House B/L） | 是指货代公司或者物流公司以自己作为承运人，和发货人签订货物运输合同而签发的提单。 | | 在集装箱班轮运输中，无船承运人通常为拼箱货签发提单。无船承运人也可以为整箱货签发提单。 |

表11-1 续2

| 分类角度 | 名称 | 含义 | 注明方法 | 备注 |
| --- | --- | --- | --- | --- |
| 以签发提单时间为标准 | 预借提单（Advanced B/L） | 是指由于信用证规定的装运期和交单结汇期已到，货主因故未能及时备妥货物或尚未装船完毕的，或由于船公司的原因船舶未能在装运期内到港装船，应托运人要求而由承运人或其代理人提前签发的已装船提单。 | | 预借提单所产生的一切责任均由提单签发人承担。 |
| | 倒签提单（Anti-date B/L） | 是指提单的签发日期早于货物的实际装船日期的提单。由于货物的实际装船日期晚于信用证或贸易合同所要求的最后装船日期，因此托运人往往会要求承运人签发倒签提单以满足结汇的需要，同时托运人往往会向承运人出具保函声明将对于承运人因签发倒签提单所遭受的一切损失负责。 | | 倒签提单是承运人与托运人之间通谋欺骗收货人的严重的商业单证欺诈行为，托运人、承运人应当对于其欺诈行为产生的后果负责，该份欺诈性保函也不能得到法律的承认。 |
| | 顺签提单（Post-date B/L） | 是指货物装船后，承运人或者船代应货主的要求，以晚于该票货物实际装船完毕的日期作为提单签发日期的提单。 | | 是为了符合有关合同关于装运日期的规定，应托运人的要求而顺签日期签发。在这种情况下，如果货物在实际装船后提单顺签日期前发生货损，发货人将面临索赔问题。 |

特殊情形：电放提单。承运人收取货物后，由托运人（卖方）向承运人提出电放申请并提供保函，承运人接受申请后向卸货港承运人代理发送电放通知单。电放通知单是承运人或其代理签发的载有“Surrendered”或“Telex Released”字样的提单副本或传真，该单据又被称为“电放提单”。等货物在装运港装船后，托运人将全套正本提单交给承运人，承运人或其代理人再向托运人签发电放通知单，由托运人向收货人发送电放通知单，收货人收到该电放通知单后加盖本公司章，向卸货港的承运人代理换取小提单凭此提货。在国际航运贸易实践中，为提高单证和货物流转效率，避免提单流转速度慢所造成的目的港“货等单”的延误及节约单证费用，有时托运人选择采用电放方式放货，但是对于已付款尚未收到货物的收货人而言，采用“电放提单”会存在较高的“货财两空”的风险。

**（三）海运提单的主要内容**

海运提单内容由正面事实记载和提单背面条款两部分组成，内容可分为固定部分和可变部分。固定部分是指海运提单背面的运输契约，这一部分一般不做更改。可变部分是指海运提单的正面各个栏目须填写的内容，要根据运输货物、运输时间、托运人及收货人的不同情况填写。

提单的格式很多，每个船公司都有自己的提单格式，但基本内容大同小异，主要包含以下项目：

**1. 承运人名称（Carrier）和主营业所**

提单是承运人签发的，因此承运人的名称一般事先印制在提单的显著位置。

**2. 提单号码（B/L No.）**

一般列在提单右上角，以便于工作联系和查核。本栏注明提单的顺序号，该编号与装货单一致。提单号是货物查询、货物跟踪、收运杂费、报关等环节中不可或缺的一项重要内容。

**3. 托运人（Consigner/Shipper）**

本栏注明与承运人签订运输契约的人，一般为出口人。有时出口人是实际供货商的代理，此时实际供货商也可以是托运人。

**4. 收货人（Consignee）**

本栏有记名式、指示式、不记名式三种方式。

（1）记名式，收货人的名称和地址被记载在该栏目。

（2）指示式，收货人栏有两种。一是记载"To Order"（凭指示），称为托运人指示提单。记载"To Order of Shipper"时与"To Order"一样，也是托运人指示提单。在托运人未指定收货人或受让人以前，货物仍然属于托运人。二是记载"To Order of..."（凭……的指示），则称为记名指示提单，由被记名的指示人指定收货人或受让人，被记名的指示人可以是银行也可以是商家。

（3）不记名式，收货人一般为"To Bear"（交持票人），即空白抬头。

**5. 被通知人（Notify Party）**

本栏是船公司在货物到达目的港时发送到货通知的收件人，有时即为进口商。在信用证项下的提单，如信用证上对提单通知方有具体规定，则必须严格按照信用证要求填写。如果是记名提单或收货人指示提单，且收货人又有详细地址的，则此栏可以不写。如果是空白指示提单或托运人指示提单，则此栏必须填写通知方的名称与详细地址，否则船方就无法与收货人联系，收货人也不能及时报关提货。通知方一般为预定的收货人或收货人的代理人。

**6. 收货地点（Place of Receipt）**

本栏在多式联运方式下填写，表明承运人接收到货物的地点，其运输条款可以是：门到门、门到场、门到站。

**7. 船名及航次（Ocean Vessel/Voyage No.）**

本栏根据实际装运的船名和航次填写。若是待运提单，在货物实际装船完毕后再填写船名。

**8. 装运港（Port of Loading）**

本栏填写直接装运货物上船的港口。如果货物需要转运，列明转运港口名称。

**9. 卸货港（Port of Discharge）**

本栏应填写实际卸下货物的港口具体名称。如属转船，第一程提单上的卸货港填转船港，收货人填二程船公司；第二程提单上的装货港填上述的转船港，卸货港填最后的目的港，如由第一程船公司签发联运提单（Through B/L），则卸货港填写最后目的港，并在提单上列明第一和第二船名。如经某港转运，要显示"Via ××"字样。填写此栏要注意同名港口问题，如属选择港提单，要在本栏中注明。

**10. 交货地点（Place of Delivery）**

本栏在多式联运方式下填写，表明承运人交付货物的地点，其运输条款可以是：门到门、场到门、站到门。

**11. 标记与号码、集装箱号及封志号（Marks & Nos/Container No. & Seal No. ）**

信用证上有规定的，本栏必须按规定填写；否则可按发票上的唛头填写，没有唛头时，用“N/M”表示。如果货物采用集装箱运输，所使用的每一个集装箱的号码、封号等列明在集装箱号及封志号栏中。

**12. 件数、包装种类（Number and Kind of Packages）**

本栏的件数指本海运提单项下装船出口的货物包装件的数量，而非货物的数量。对不同货物的运输，本栏可做如下记载。

（1）集装箱整箱货，应注明集装箱的数量、型号（例如，1×20FT DC）。

（2）包装货物，应注明最大包装数量和单位，例如，“1000 Bales”“250 Drums”等。

（3）散装货物，应注明“In Bulk”字样。裸装货物应注明件数，例如，一台机器或一辆汽车，填“1Unit”；100 头牛，填“100 Heads”等。

（4）货物有两种或多种包装，且包装方式、包装材料不同，例如，“5 Cartons”“10 Bales”“12 Cases”等，件数栏内容要逐项列明，同时应注明合计数量，如上述包装数量可合计为“27 Packages”。

（5）托盘装运，列明托盘数量，同时用括号加注货物包装件数，例如，“5 Pallets”（60 Cartons），提单内还应加注“Shipper's Load and Count”。

（6）合计栏，列明各种包装方式最大包装件合计数的英文大写（Total Number of...）。

**13. 货物描述（Description of Goods）**

货物的名称一般为大类统称，而无货物的详细品名及规格，但用途不同的大类产品一般分别列明。在信用证项下，货名必须与信用证上规定的货名一致。

**14. 毛重（Gross Weight）和体积（Measurement）**

一般以“公吨”作为重量单位，以“立方米”作为体积单位，小数点后保留三位，信用证上有规定的，必须按规定填写。

**15. 运费与费用（Freight and Charges）**

本栏填写预付（Freight Prepaid）或到付（Freight Collect）。如以 CIF 或 CFR 方式出口时，均填写“运费预付”字样，如漏填，收货人可能会因为运费未清问题而晚提货或提不到货。如以 FOB 方式出口，则运费填写“运费到付”字样，除非收货人委托发货人垫付运费。

**16. 温度指示（Temperature Control Instructions）**

本栏填写冷藏箱运输时所要求的温度，应尽量避免标明具体温度。

**17. 提单的签发地点、日期和份数（Place and Date of Issue，Number of Original B（s）/L）**

提单签发的地点原则上是装货地点，一般是在装货港或货物集中地签发。提单的签发日期应该是提单上所列货物实际装船完毕的日期，也应该与收货单上大副所签发的日期是一致。提单份数一般按信用证要求出具，如“Full Set of”，一般理解为正本提单一式三份，每份都有同等效力，收货人凭其中一份提取货物后，其他各份自动失效。副本提单的份数可视托运人的需要而定。

**18. 承运人或船长，或由其授权的人签字或盖章**

提单必须由承运人或船长，或由其授权的人签发，并且明确表明签发人的身份。一般表示方法有“Carrier”、“Captain”或“as Agent for the Carrier：×××”等。提单必须经过签署手续后才能生效。

### （四）海运提单样本

海运提单样本如图 11-6 所示。

| | | |
|---|---|---|
| Shipper | | B/L No.<br>承运人<br>*CARRIER*<br>××集装箱运输有限公司<br><br>COSCO CONTAINER LINES<br>Port-to-Port or Combined Transport<br>BILL OF LADING<br>ORIGINAL<br>RECEIVED in external apparent good order and condition except as otherwise noted. The total number of packages or units stuffed in the container. The weight, measure, marks, numbers, quality, contents and value mentioned in this Bill of Lading are to be considered unknown unless the contrary has expressly acknowledged and agreed to. The signing of this Bill of Loading is not to be considered as such an agreement. On presentation of this Bill of Lading duly endorsed to the *Carrier* by or on behalf of the Holder of Bill of Lading, the rights<br>(Terms of Bill of Lading continued on the back hereof) |
| Consignee | | |
| Notify party | | |
| Pre-carriage by | Place of Receipt | |
| Ocean Vessel Voy. No. | Port of loading | |
| Port of Discharge | Place of delivery | |

| Marks & Nos.<br>Container No. | No. & kind<br>of pkgs | Description of goods | Gross weight | Measurement |
|---|---|---|---|---|
| | | | | |

| | |
|---|---|
| Total No. of container or other pkgs or units (in words) | |

| Freight & charges | Revenue Tons | Rate | Per | Prepaid | Collect |
|---|---|---|---|---|---|
| | | | | | |

| | | | |
|---|---|---|---|
| Ex rate | Prepaid at | Payable at | Place and date of issue:<br>NINGBO 20 NOV., 2024 |
| | Total prepaid | No. of B(s)/L<br>(9) THREE | Signed by |
| Laden on board the Vessel:<br>Date:<br>By: | | | |

**图 11-6 海运提单样本**

## 二、海上货运单

### （一）海上货运单的含义和作用

海上货运单（Sea Waybill/Ocean Waybill），简称“海运单”，是证明海上货物运输合同和货物由承运人接管或装船，以及承运人保证据以将货物交付给单证所载明的收货人的一种不可流通的单证，因此又称不可转让海运单（Non-negotiable Sea Waybill）。

海运提单具有三项作用，而海运单仅具有其中的两项作用。

海运提单是承运人收到托运人货物的收据；是承运人与托运人之间运输合同契约的证明；是收货人在货物到达地提取货物的物权凭证。作为物权凭证，海运提单一般情况下是可以转让的运输单据。但是，海运单具有海运提单的第一、第二两项作用，但它不是凭此提货的物权凭证，不是一种可转让的运输单据。

由于对进口商而言，海运单提货方便、及时、费用节省，能有效防止假单据欺诈，而且有利于推行 EDI 电子数据交换，所以海运单的使用范围正在逐步扩大。但是，目前海运提单仍然是最主要的海运单据。

### （二）海上货运单的主要内容

海运单的内容和含义与海运提单基本相同，在此不再赘述。但需要指出的是，由于海运单是不可转让的，亦不能作为物权凭证，所以海运单的收货人一栏必须是实际的收货人，而不能做成可转让形式的抬头，如“凭指示”（To Order）或“凭××指示”（To Order of...）。

## 三、航空运单

### （一）航空运单的含义和作用

航空运单（Air Waybill）是承运人签发给托运人表示已经收妥货物接受空运的货运单据，是承运人和托运人之间的运输合同和货物收据。航空运单与海运提单不同，它不是物权凭证，不能凭此提货或转让。货到目的地后，收货人凭承运人发出的到货通知书提货。航空运单依签发人不同可分为总运单（Master Air Waybill，MAWB）和分运单（House Air Waybill，HAWB）。总运单是航空公司签发的，分运单是航空货运代理公司签发的，两者的内容基本相同，法律效力相当，对于托运人或发货人而言，只是承担货物运输的当事人不同。

### （二）航空运单的主要内容

不同的航空公司和航空货运代理公司的航空运单各有不同，但大多借鉴 IATA 推荐的标准格式，差别并不大，其基本内容如下。

1. 收发货人名称及地址。

一般发货人栏填写出口方的名称及地址（Shipper's Name and Address），收货人栏填写进口方的名称和地址（Consignee's Name and Address）。因航空运单不能转让，所以收货人栏不能出现“To Order”（凭指示）之类的字样。

2. 承运人代理的名称及所在城市（Issuing Carrier's Agent Name and City）。

若运单由承运人代理人签发时，此栏为实际名称及城市。如航空运单由承运人签发，此栏可空白不填。

3. 始发站机场名称、第一承运人地址和所要求的运输路线（Airport of Departure（Add. of First Carrier） and Requested Routing）。

4. 目的站机场名称（Airport of Destination）。

货物如需转运，则在栏目“To”（至）中填转运点的名称，并注明由谁承担第一程运输（By Fist Carrier）。

5. 会计结算情况（Accounting Information）。

一般根据实际情况填写运费预付或运费到付等内容。

6. 费用币制（Currency）。

注明始发国的货币国际标准代码，例如，“CNY”（人民币）。

7. 运费及声明价值费（WT/VAL，Weight Charge/Valuation Charge）。

航空运费，指根据货物计费重量乘以适用的运价收取的运费。声明价值费是指向承运人申报价值时，必须与运费一起交付的声明价值费。

8. 供运输使用的声明价值（Declared Value for Carrier）。

按国际公约规定，托运人在交付托运时需声明货物价值，如发生货损，承运人按其声明价值赔偿。声明价值必须标明币制。如不声明价值，此栏则填写“N. V. D.”（No Value Declared）。

9. 供海关适用的申报价值（Declared Value for Customs）。

此栏所填数据为海关征税依据。如本地以商业发票或出口货物报关单申报价值为征税依据时，可留空不填或填写“As Per INV.” （根据发票）。如作为货样等极少数量货物，可填“N. C. V.”（No Commercial Value），表明没有商业价值。

10. 商品名称、包装件数、毛重（Commodity，No. of Pieces，Gross Weight）。

11. 费率及运费总额（Rate/Charge，Total）。

12. 发货人或代理人签名（Signature of Shipper or Its Agent）。

由发货人或代理人在此栏签名，保证该货物并非危险货物。

13. 承运人或其代理签字及签发运单日期、地点（Executed on…（Date） at…（Place），Signature of Issuing Carrier or Its Agent）。

正本航空运单必须由承运人或其代理人签章后才能生效。

按照国家惯例，承运人或其代理人签发的航空运单正本有三份，分别由航空公司、发货人和收货人留存。

### （三）航空运单样本

航空运单样本如图 11-7 所示。

Shipper's Name and Address

Shipper's Account Number

Not Negotiable

**Air Waybill 中国东方航空公司**

Issued by CHINA EASTERN AIRLINES

2250 HONGQIAO ROAD

SHANGHAI CHINA

Consignee's Name and Address

Consignee's Account Number

Copies 1,2 and 3 this Air Waybill are originals and have the same validity

It is agreed that goods described herein are accepted in apparent good order and condition （except as noted） for carriage SUBJECT TO THE CONDITIONS OF CONTRACT ON THE REVERSE HEREOF. ALL GOODS MAY BE CARRIED BY ANY OTHER MEANS INCLUDING ROAD OR ANY CARRIER UNLESS SPCIFIC CONTRARY INSCTRCTIONS ARE GIVEN HEREIN BY THE SHIPPER, AND SHIPPER AGREES THAT THE SHIPMENT MAY BE CARRIED DEEMS APPROPRIATE. THE SHIPPER'S ATTENTION IS DRAWN TO THE NOTICE CONCERNING CARRIER'S LIMITATION OF LIABILITY. Shipper may increase such limitation of liability by declaring a higher value for carriage and paying a supplemental charge of required.

Issuing Carrier's Agent Name and City

Accounting Information

Agents IATA Code | Account No.

Airport of Departure （Add. of First Carrier） and Requested Routing

| To | By First Carrier / Routing and Destination | To | By | To | By | Currency | Chgs Code | WT/VAL PPD | WT/VAL COLL | Order PPD | Order COLL | Declared val for Carrier | Declared val for Customs |
|---|---|---|---|---|---|---|---|---|---|---|---|---|---|

Airport of Destination | Requested Flight/Date | Amount of Insurance

If shipper requests insurance in accordance with the conditions thereof indicate amount to be insures in figures in box marked "Amount of Insurance".

Handling Information

| No. of Place RCP | Gross Weight | kg lb | | Rate Class / Commodity Item No. | Chargeable Weight | Rate / Charge | Total | Nature and Quantity of Goods (Incl. Dimensions or Volume) |
|---|---|---|---|---|---|---|---|---|

Prepaid | Weight Charge | Collect

Other Charges

Valuation Charge

Tax

Total other Charges Due Agent

Shipper certifies that particular's on the face hereof are correct and agree THE CONDITIONS ON REVERSE HEREOF.

Total Charges Due Carrier

Signature Shipper or his Agent

Total Prepaid | Total Collect

Carrier certifies that the goods described hereon are accepted for carriage subject to THE CONDITION OF CONTRACT ON THE REVERSE HEREOF. The goods then being in apparent good order and condition except as noted hereon.

Currency Conversion Rate | CC Charges in Dest. Currency

Executed （date） at （place） Signature of issuing Carrier

For Carriers Use only at Destination | Charges at Destination | Total Collect Charges

789-3905 0933

图 11-7 航空运单样本

## 四、铁路运单

铁路运单（Railway Bill）是铁路承运人收到货物后所签发的铁路运输单据。我国国际贸易铁路运输按营运方式分为国际铁路联运和国内铁路运输两种方式。前者使用铁路运单，后者使用承运货物收据。

### （一）国际铁路联运运单

国际铁路联运运单是国际铁路联运的主要运输单据，它是参加联运的发送国铁路与发货人之间订立的运输契约，其中规定了参加联运的各国铁路和收、发货人的权利和义务，对收、发货人和铁路都具有法律约束力。当发货人向始发站提交全部货物，并付清应由发货人支付的一切费用，经始发站在运单和运单副本上加盖始发站承运日期戳记，证明货物已被接管承运后，即认为运输合同已经生效。

铁路运单一式五联，第一联为运单正本，随同货物到达终点站，并交给收货人，它既是铁路承运货物出具的凭证，也是铁路与货主交接货物、核收运杂费和处理索赔与理赔的依据；第二联为运行单，随货走，是铁路办理货物交接、清算运费、统计运量和收入的原始凭证，由铁路留存；第三联为运单副本，由始发站盖章后交发货人，是卖方凭此向收货人结算货款的主要证件；第四联为货物交付单，随货走，由终点站铁路留存；第五联为到达通知单，由终点站随货物交收货人。

### （二）承运货物收据

承运货物收据（Cargo Receipt）是对港澳铁路运输中使用的一种结汇单据。该收据包括内地段和港段两段运输，是代办运输的外运公司向出口人签发的货物收据，也是承运人与托运人之间的运输契约，同时还是出口人办理结汇手续的凭证。

## 五、邮政收据

邮政收据（Parcel Post Receipt）是邮政运输的主要单据，它既是邮局收到寄件人的邮包后所签发的凭证，也是收件人凭此提取邮件的凭证。当邮包发生损坏或丢失时，它还可以作为索赔和理赔的依据，但邮政收据不是物权凭证。

## 【复习思考题】

提单有什么作用？以不同的标准区分，提单的种类有哪些？

# 第五节　其他单证

**【学习目标】**

本节旨在让学习者更多地了解与国际货物买卖有关的相关单证，供学习者在办理通关事务中参考、借鉴。

完成本节学习，学习者应达成以下目标：

1. 了解原产地证书、保险单的类型，熟悉其内容及英文表现形式；
2. 掌握原产地证书、保险单各栏目的内容；
3. 了解检验检疫证书等其他单证的种类和作用。

**【基本概念】**

原产地证书、保险单、检验检疫证书、舱单

**【建议学习时间】**

1 课时

## 一、原产地证书

### （一）含义、种类和作用

原产地证书是指出口国（地区）根据原产地规则和有关要求签发的，明确指出该证中所列货物原产于某一特定国家（地区）的书面文件。在国际贸易中原产地证书通常是应进口国（地区）政府或进口商的要求，由出口商向出口国（地区）政府的签证机构申请取得后，向进口商提供的。各国（地区）通常依据进口货物原产国（地区）的不同而提供不同的待遇。原产地证书签发的依据称为原产地规则。依据《原产地条例》第十七条规定，出口货物发货人可以向海关、贸促机构申请领取出口货物原产地证书。

在我国，按原产地证的作用，为出口货物而签发的原产地证书主要有三大类。第一类是非优惠原产地证书，就是通常所称的“一般原产地证书”，简称 CO 证书。第二类是优惠原产地证书，可以享受比最惠国待遇更加优惠的关税待遇，主要包括普惠制原产地证书和区域性优惠原产地证书。第三类是专业原产地证书，是针对某一特殊行业的特定产品规定的原产地证书，比如《输欧盟农产品原产地证书》等。

**1. 一般原产地证书**

一般原产地证书（Certificate of Origin，C. O.），简称“产地证”，又称普通产地证书、非优惠原产地证书，通常用于不使用海关发票或领事发票的国家（地区）。根据《原产地条例》的规定，一般原产地证书主要适用于实施最惠国待遇、反倾销、反补贴、保障措施、原产地标记管理、国别数量限制、关税配额等非优惠性贸易管理措施及政府采购、贸易统计等活动对进出口货物原产地的证明。

**2. 普惠制原产地证书**

普惠制原产地证书（Generalized System of Preference Certificate of Origin），简称“GSP 产地证”，又称“FORM A”（格式 A）。

普遍优惠制度是发达国家及地区（给惠国）给予发展中国家及地区（受惠国）出口制成品和半制成品（包括某些初级产品）普遍的、非歧视性的、非互惠的一种关税优惠制度，是在最惠国关税基础上进一步减税以致免税的一种特惠关税。普惠制原产地证书是一种受惠国有关机构就本国出口商向给惠国出口受惠商品而签发的用以证明原产地的证明文件。出口商在对给惠国出口可受惠商品时，不管信用证是否要求提供普惠制原产地证书，都应申领此证交收货人，使其能享受普惠制待遇。

自 1978 年普惠制实施以来，先后有 40 个国家给予我国普惠制关税优惠。随着我国经济的飞速发展和人民生活水平的不断提高，根据世界银行标准，我国不再属于低收入或中等偏低收入经济体。2012 年之后，乌克兰、加拿大、瑞士、列支敦士登、欧盟、土耳其、日本陆续取消给予我国出口货物普惠制关税优惠待遇。目前仍有挪威、新西兰、澳大利亚 3 国给予我国普惠制待遇。

普惠制取消后，我国出口货物在这些国家进口时适用最惠国税率。出口商需要对出口货物申领原产地证明文件的，可申领非优惠原产地证书（又称“一般原产地证书”），如果相关国家与我国签署并实施自贸协定，例如瑞士、列支敦士登等，企业还可以申领自贸协定原产地证书，适用协定税率。

**3. 区域优惠原产地证书（FTA）**

区域优惠原产地证书是基于我国与有关国家（地区）签订的单边或多边优惠贸易协定，按要求和格式签发的，专门用于享受优惠贸易协定税率的原产地证明文件。

与一般原产地证书不同，区域性优惠原产地证书是在订有区域性贸易协定的经济集团内的国家（地区）享受互惠的、减免关税的凭证。

目前优惠原产地证书包括：

（1）中国—澳大利亚自贸协定原产地证书；

（2）中国—新西兰自贸协定原产地证书；

（3）中国—巴基斯坦自贸协定原产地证书；

（4）中国—智利自贸协定原产地证书；

（5）中国—瑞士自贸协定原产地证书；

（6）中国—冰岛自贸协定原产地证书；

（7）中国—格鲁吉亚自贸协定原产地证书；

（8）中国—新加坡自贸协定原产地证书；

（9）中国—东盟自贸协定原产地证书（FORM E，东盟十国包括老挝、柬埔寨、缅甸、泰国、越南、马来西亚、新加坡、文莱、菲律宾、印度尼西亚）；

（10）中国—韩国自贸协定原产地证书；

（11）亚太贸易协定原产地证书（《曼谷协定》，五个成员国即孟加拉国、印度、老挝、韩国和斯里兰卡，简称“APTA”）；

（12）海峡两岸经济合作框架协议（ECFA）原产地证书；
（13）中国—秘鲁自贸协定原产地证书；
（14）中国—哥斯达黎加自贸协定原产地证书；
（15）内地与香港 CEPA 原产地证书；
（16）内地与澳门 CEPA 原产地证书。
（17）中国—毛里求斯自贸协定原产地证书；
（18）区域全面经济伙伴关系协定（RCEP）原产地证书；
（19）中国—柬埔寨自贸协定原产地证书；
（20）中国—尼加拉瓜自贸协定早期收获计划项下原产地证书；
（21）中国给予特别优惠关税待遇原产地证书；
（22）中国—厄瓜多尔自贸协定原产地证书；
（23）中国—塞尔维亚自贸协定原产地证书；
（24）中国—洪都拉斯自贸协定早期收获安排原产地证书；
（25）中国—马尔代夫自贸协定原产地证书。

**4. 其他原产地证书**

（1）输欧盟非优惠进口特别安排项下产品原产地证书

欧委会 2019/398 号实施条例决定，对中国开放配额。自 2019 年 4 月 1 日起对中国新开放 6600 吨鸭肉国别配额和 5000 吨鸡肉全球配额（欧盟税则号列 16023219、16023929、16023985），对应我国税则号列 16023210、16023291、16023292、16023299、16023910、16023991、16023999，并要求随附《输欧盟非优惠进口特别安排项下产品原产地证书》。每年在 7 月 1 日至次年 6 月 30 日期间开放，按季度分配。该证书采用专用格式，一正六副。正本为黄色印有纽索图案底纹，第一至第五副本为白色，第六副本为黄色。涉及上述税则号列的输欧禽肉发货人可以向海关申请《输欧盟非优惠进口特别安排项下产品原产地证书》。

（2）输欧盟烟草真实性证书

《烟草真实性证书》是欧盟对品目 2401 项下部分烟草享受普惠制待遇时要求受惠国签发的原产地证书。证书采用专用格式。发货人可以向海关申请《烟草真实性证书》。

（3）转口证明书

转口证明书又称为复出口证明书或再出口证明书，是指对经中国转口的国外货物，由于不能取得中国的原产地证，而由中国特定机构出具的证明货物系他国（地区）原产、经中国转口的一种证明文件。转口证明书的主要作用是证明别国（或地区）的货物经中国转运再出口。凡属于转口贸易的货物，根据需要我国出口商可以向海关申领我国的转口证明书，证明转口贸易项下的货物在转口国不发生任何加工、装配等行为。

（4）加工装配证书

加工装配证明书是指对全部或部分使用了进口原料或零部件而在中国进行了加工、装配的出口货物，当其不符合中国出口货物原产地规则、未能取得原产地证书时，海关根据申请单位的申请所签发的证明中国为出口货物加工、装配地的一种证明文件。

### （二）原产地证书的内容

本节主要根据“单一窗口”原产地证申请系统操作规则中必须填报的项目做介绍。

**1. 一般原产地证书**

（1）基本信息部分

基本信息部分必须填写的栏目包括：证书号、发票号、发票日期、出运日期、签证机关、领证机关、申请日期、申报员姓名、申报员身份证号、进口国/地区、出口商、收货人、唛头、运输细节、价格条款、货币单位。

①唛头。即货物的商标或标签，如无运输标志，该栏目可以选择填写 N/M。

②运输细节。该栏目填写启运港、卸货港、运输方式、运输工具船名/航次等。

③价格条款。系统默认 FOB。

④货币单位。系统默认 USD。

（2）货物信息部分

货物信息部分必须填写的栏目包括：HS 编码、非原产成分、货物中文名称、货物英文名称、数/重量单位、货物描述、发票金额、生产企业代码、FOB 值（美元）、生产企业名称、联系人、联系电话。

①非原产成分。应填写百分比数字。

②货物描述。填写内容应包括货物的包装件数数字、包装件数单位英文及货物的英文名称。

③生产企业代码。应填写企业社会信用代码。

**2. 普惠制原产地证书**

普惠制原产地证书基本信息栏目与一般原产地证书基本相同，但普惠制原产地证书根据普惠制原产地规则，在货物信息部分对原产地标准的描述方式是该证书的核心项目，目前仍有挪威、新西兰、澳大利亚 3 国的原产地标准可对照。

**3. 区域优惠原产地证书**

（1）中国—韩国自贸区原产地证

基本信息部分填写与一般原产地证书基本相同，区别在于原产地标准部分，当货物在一方境内完全获得，原产地标准填写“WO”，表明产品在原料的获得环节和生产加工环节均能明确原产于中国且在中国获得了充分加工。比如植物产品、矿产品、中国渔船打捞的渔业产品、从中国出生饲养养大的畜牧产品及其附属品等，此类产品的完全原产可以填写“WO”。货物在一方或双方境内，且仅适用符合本章（原产地规则）规定的原产材料，原产地标准填写“WP”，表明不明原产成分的原料在受惠国经过多次充分加工生产后，认为它已经获得了原产资格，虽然其中的原料真正来源已经无法核实，但是在实际签证中认为它等同于完全原产。比如家电产品、轻工产品、纺织品等工业品均属于此类，再如家电产品中常见的塑料，一般只能追溯到塑料粒子的生产商及采购是否在中国，虽然塑料粒子的上游原料如石油等已经无法追溯，但是经过中国企业对原料的充分加工后，产品的物理和化学属性等发生了实质性改变（直观的表现是《协调制度》税目号改变），因此可以认为获得完全原产资格，所以填写“WP”。货物在一方或双方境内，所适用的非原产材料符合产品特定原产地规则或其他要求，原产地标准填写“PSR”，如该货物使用了非原产原材料，且满足《特定产品原产地标准表》所规定的税则归类改变、区域价值成分、工序要求或其他要求，填写“PSR”。

亚太贸易协定原产地证、中国—智利自贸区原产地证、中国—巴基斯坦自贸区原产地证、中国—秘鲁自贸区原产地证、ECFA 原产地证、中国—澳大利亚自贸区原产地证、中国—哥斯达黎加自贸区原产地证、中国—新加坡自贸区原产地证、中国—新西兰自贸区原产地证、中国—冰岛自贸区原产地证、中国—瑞士自贸区原产地证、中国—格鲁吉亚自贸协定原产地证、中国—毛里求斯自贸协定原产地证、中国—尼加拉瓜自贸协定原产地证、中国—厄瓜多尔自贸协定原产地证、中国—塞尔维亚自贸协定原产地证、中国—洪都拉斯自贸协定早期收获安排原产地证、中国—马尔代夫自贸协定原产地证，填写规则同上。

（2）中国—东盟自贸区原产地证

签证国家有文莱、柬埔寨、印度尼西亚、老挝、马来西亚、缅 甸、菲律宾、新加坡、泰国、越南。基本信息部分填写与一般原产地证书基本相同，区别在于原产地标准部分，对于完全获得或完全生产的货物，原产地标准应使用“WO”（农林渔牧矿）或“PE”（农林渔牧矿除外，一般为工业制品）。例如：出口至印度尼西亚的机床，所使用的原材料均为中国原产（完全使用符合中国—东盟自贸协定规定的原产材料），原产地标准使用“PE”。当产品含有进口成分时，首先查看产品特定原产地规则清单（PSR 清单）。对于被列入 PSR 清单的产品，应对照清单中的要求来进行判断，若符合要求，原产地标准选择“PSR”，不满足要求，则无法获得中国原产资格，无法申请证书。（注意：若 PSR 清单中对此产品的唯一要求是完全获得，则仍应填写“WO”）

对于未被列入 PSR 清单的产品。可考虑是否满足 RVC 标准：若区域价值成分不少于离岸价格的 40%，可以填写区域价值成分百分比，例如“70%”。可考虑是否满足 CTH 标准：若货物在《税则》第二十五、二十六、二十八、二十九（29.01、29.02 除外）、三十一（31.05 除外）、三十九（39.01、39.02、39.03、39.07、39.08 除外）、四十二至四十九、五十七至五十九、六十一、六十二、六十四、六十六至七十一、七十三至八十三、八十六、八十八、九十一至九十七章项下，非原产材料制造或者加工后，发生了 4 位级税则归类改变，原产地标准也可填写“CTH”。

例如，某服装产品（HS：6204.13），含有意大利进口面料，根据 PSR 清单，对该产品的要求是“区域价值成分 40%及以上或从其他品目改变至子目 6204.13 或加工工序规则三”。若产品满足其中任一要求，则原产地标准填写“PSR”；若三个要求全都不满足，则无法获得中国原产资格。

再如，某钢铁制品（HS：7302.40），其主要原材料铁矿石（HS：2601.11）从俄罗斯进口，经查该产品未被列入 PSR 清单，则可考虑是否满足 RVC 或 CTH 标准的要求。很显然，非原产材料经过加工后，4 位税则归类已经发生了改变，满足 CTH 标准；另外，若经过核算，区域价值成分不少于 40%，则同时也满足 RVC 标准，企业可任意选择其中一项标准填写，若区域价值成分少于 40%，则无法满足 RVC 标准，企业只能填写“CTH”。

**案例导入**

## 包装原产地信息与原产地证书不符

2022 年 6 月 9 日，山东××装饰建材有限公司在临沂海关签发中国—东盟自贸协定原产地证书一份，证书号为 E227544×××××030。7 月 13 日，印度尼西亚海关对该份 FORM E 证书发起退证查询。经青岛海关调查发现，该公司该份 FORM E 证书中第 6 项和第 11 项出口产品，货值合计人民币 44125.7 元，产品保护膜印有“DIBUAT DIINDONESIA”（中文翻译为“印度尼西亚制造”）字样，违反《中国—东盟自贸协定原产地规则和实施程序》中“FORM E 证书列明的包装唛头与出口产品相符”的规定。

该公司行为属于不如实提供出口商品的真实情况，取得出入境检验检疫机构的有关证单的违法行为。被海关科处罚款人民币 3000 元整。

（资料来源：青岛海关官网）

### （三）原产地证书样本

#### 1. 一般原产地证书

一般原产地证书样本如图 11-8 所示。

<table>
<tr><td colspan="2">1. Export</td><td colspan="3" rowspan="2">Certificate No.<br>CERTIFICATE OF ORIGIN<br>OF THE PEOPLE'S REPUBLIC OF CHINA</td></tr>
<tr><td colspan="2">2. Consignee</td></tr>
<tr><td colspan="2">3. Means of transport and route</td><td colspan="3" rowspan="2">5. For certifying authority use only</td></tr>
<tr><td colspan="2">4. Country/region of destination</td></tr>
<tr><td>6. Marks and numbers</td><td>7. Number and kind of packages; description of goods</td><td>8. H. S Code</td><td>9. Quantity</td><td>10. Number and date of invoice</td></tr>
<tr><td></td><td></td><td></td><td></td><td></td></tr>
<tr><td colspan="2">11. Declaration by the export<br>The undersigned hereby that the above details and statements are correct, the all goods produced in China and that they comply with the Rules of the People's republic of China.</td><td colspan="3">12. Certification<br>It is hereby certified that the declaration by the export is correct.</td></tr>
<tr><td colspan="2">Place and date, signature of authorized signatory</td><td colspan="3">Place and date, signature of certifying authority</td></tr>
</table>

**图 11-8 一般原产地证书样本**

2. 普惠制原产地证书

普惠制原产地证书样本如图 11-9 所示。

ORIGINAL

<table>
<tr><td colspan="3">1.Goods consigned from ( Exporter' s business name, address, country)</td><td colspan="3" rowspan="2">Reference No.<br><br>GENERALIZED SYSTEM OF PREFERENCES<br>CERTIFICATE OF ORIGIN<br>( Combined declaration certificate )<br>FORM A<br>Issued in THE PEOPLE' S REPUBLIC OF CHINA<br>( country)<br>See Notes overleaf</td></tr>
<tr><td colspan="3">2 Goods consigned to ( Conignee' s name, address, country)</td></tr>
<tr><td colspan="3">3.Means of transport and route ( as far as known )</td><td colspan="3">4.For official use</td></tr>
<tr><td>5.Item numbers</td><td>6. Marks and Numbers of packages</td><td>7.Number and kind of packages; description of goods</td><td>8.Origin criterion ( see Notes overleaf )</td><td>9.Gross weight or other quantity</td><td>10. Number and date of invoice</td></tr>
<tr><td colspan="3">11. Certification<br>It is hereby certified, on the basis of control carried out, that the declaration by the export is correct.<br><br>Place and date, signature and stamp of certifying authority</td><td colspan="3">12.Declaration by the exporter<br>The undersigned hereby that the above details and statements are correct; the all goods produced in<br>China<br>and that they comply with the origin requirements specified for those goods in the Generalized system of Preference for goods exported to<br>……………………………………<br>( importing country)<br><br>Place and date, signature of authorized signatory</td></tr>
</table>

图 11-9 普惠制原产地证书样本

**3. 区域优惠原产地证书（FTA）**

区域优惠原产地证书样本如图 11-10 所示。

## 海峡两岸经济合作框架协议原产地证书

正本

如有任何涂改、损毁或者填写不清均将导致本原产地证书失效

| | |
|---|---|
| 1.出口商(名称、地址): | 编号:<br>签发日期:<br>有效期至: |
| 2.生产商（名称、地址）:<br><br>3.进口商（名称、地址）: | 5.受惠情况<br>☐ 依据海峡两岸经济合作框架协议给予优惠关税待遇;<br>☐ 拒绝给予优惠关税待遇（请注明原因）<br><br>________________<br>进口方海关已获授权签字人签字 |
| 4.运输工具及路线:<br>离港日期:<br>船舶/飞机编号等:<br>装货口岸:<br>到货口岸: | 6.备注: |

| 7.项目编号 | 8. HS 编码 | 9.货品名称、包装件数及种类 | 10.毛重或其他计量单位 | 11.包装唛头或编号 | 12. 原产地标准 | 13.发票价格、编号及日期 |
|---|---|---|---|---|---|---|
| | | | | | | |

| | |
|---|---|
| 14.出口商声明<br>-本人对于所填报原产地证书内容的真实性与正确性负责;<br>-本原产地证书所载货物，系原产自本协议一方或者双方，且货物属符合海峡两岸经济合作框架协议之原产货物。<br><br>________________<br>出口商或者已获授权人签字<br><br>________________<br>地点和日期 | 15.证明<br>依据《海峡两岸经济合作框架协议》临时原产地规则规定，兹证明出口商所做申报正确无讹。<br><br>________________<br>地点和日期，签字和签证机构印章<br>电话: 传真:<br>地址: |

**图 11-10 区域优惠原产地证书样本**

4. RCEP 原产地证书

RCEP 原产地证书样本如图 11-11 所示。

## 原产地证书格式

| | |
|---|---|
| 1. Goods Consigned from (Exporter's name, address and country) | Certificate No. Form RCEP<br><br>REGIONAL COMPREHENSIVE ECONOMIC PARTNERSHIP AGREEMENT<br><br>CERTIFICATE OF ORIGIN<br><br>Issued in ................................<br>(Country) |
| 2. Goods Consigned to (Importer's/ Consignee's name, address, country) | |
| 3. Producer's name, address and country (if known) | |
| 4. Means of transport and route (if known)<br>Departure Date:<br>Vessel's name/Aircraft flight number, etc.:<br>Port of Discharge: | 5. For Official Use<br>Preferential Treatment:<br>☐ Given ☐ Not Given (Please state reason/s)<br><br>................................................................................<br>Signature of Authorised Signatory of the Customs Authority of the Importing Country |

| 6. Item number | 7. Marks and numbers on packages | 8. Number and kind of packages; and description of goods. | 9. HS Code of the goods (6 digit-level) | 10. Origin Conferring Criterion | 11. RCEP Country of Origin | 12. Quantity (Gross weight or other measurement), and value (FOB) where RVC is applied | 13. Invoice number(s) and date of invoice(s) |
|---|---|---|---|---|---|---|---|
| | | | | | | | |

| | |
|---|---|
| 14. Remarks | |
| 15. Declaration by the exporter or producer<br><br>The undersigned hereby declares that the above details and statements are correct and that the goods covered in this Certificate comply with the requirements specified for these goods in the Regional Comprehensive Economic Partnership Agreement. These goods are exported to:<br><br>................................................................................<br>(importing country)<br><br>................................................................................<br>Place and date and signature of authorised signatory | 16. Certification<br><br>On the basis of control carried out, it is hereby certified that the information herein is correct and that the goods described comply with the origin requirements specified in the Regional Comprehensive Economic Partnership Agreement.<br><br>................................................................................<br>Place and date, signature and seal or stamp of Issuing Body |
| 17. ☐ Back-to-back Certificate of Origin ☐ Third-party invoicing ☐ ISSUED RETROACTIVELY | |

图 11-11 RCEP 原产地证书样本

**OVERLEAF NOTES**

1. **CONDITIONS:** To be eligible for the preferential tariff treatment under the Regional Comprehensive Economic Partnership Agreement (the Agreement), goods should:
   a. fall within a description of goods eligible for concessions in the importing Party; and
   b. comply with all relevant provisions of Chapter 3 (Rules of Origin) and if applicable, Article 2.6 (Tariff Differentials) of Chapter 2 of the Agreement.

2. **EXPORTER AND CONSIGNEE/IMPORTER:** Provide details of the exporter of the goods (including name, address and country) and consignee/importer (including name, address, and country) in Box 1 and Box 2, respectively.

3. **PRODUCER:** Provide the details of the producer of the goods (including name, address and country) in Box 3, if known. In case of multiple producers, indicate "SEE BOX 8" in Box 3 and provide the details in Box 8 for each item. If the producer wishes the information to be confidential, it is acceptable to state "CONFIDENTIAL", however, the producer information may be available to the competent authority or authorised body upon request. In case the details of the producer are unknown, it is acceptable to state "NOT AVAILABLE".

4. **DESCRIPTION OF GOODS:** The description of each good in Box 8 should be sufficiently detailed to enable the products to be identified by the customs officer examining them.

5. **HARMONIZED COMMODITY DESCRIPTION AND CODING SYSTEM (HS):** The HS should be at the 6-digit level of the exported product and based on Annex 3A of the Agreement.

6. **ORIGIN CONFERRING CRITERIA**: For the goods that meet the origin conferring criteria, the exporter should indicate in Box 10 of this Form, the origin conferring criteria met, in the manner shown in the following table:

| Origin conferring criteria | | Insert in Box 10 |
|---|---|---|
| (a) | Goods wholly obtained or produced satisfying Article 3.2(a) of Chapter 3 of the Agreement | **WO** |
| (b) | Goods produced exclusively from originating materials satisfying Article 3.2(b) of Chapter 3 of the Agreement | **PE** |
| (c) | Goods produced using non-originating materials provided that the goods satisfy the product specific requirements set out in Annex 3A of the Agreement: | |
| | - Change in Tariff Classification | **CTC** |
| | - Regional Value Content | **RVC** |
| | - Chemical Reaction | **CR** |
| (d) | Goods comply with Article 3.4 of Chapter 3 of the Agreement | **ACU** |
| (e) | Goods comply with Article 3.7 of Chapter 3 of the Agreement | **DMI** |

7. **EACH GOOD CLAIMING PREFERENTIAL TARIFF TREATMENT QUALIFIES IN ITS OWN RIGHT:** It should be noted that all the goods in a consignment qualifies separately in their own right.

8. **RCEP COUNTRY OF ORIGIN:** The RCEP country of origin should be indicated separately for each good in the manner shown in the following table:

| Circumstances | | Insert in Box 11 – RCEP country of origin |
|---|---|---|
| (a) | Goods are in Appendix to Annex I of the importing Party but do not meet the additional requirement specified in the Appendix to Annex I i.e. a domestic value addition of 20% (DV20). | Indicate the name of the Party that contributed the highest value of originating materials used in the production of that good in the exporting Party in accordance with Article 2.6.4. |
| (b) | Goods that are not in the Appendix to Annex I of the importing Party, are produced exclusively from originating materials in accordance with Article 3.2(b) of Chapter 3 of the Agreement but are not processed beyond minimal operations set out in Article 2.6.5 of Chapter 2 of the Agreement in the exporting Party. | |
| IN ALL OTHER CIRCUMSTANCES, including | | Indicate the name of the exporting Party |
| (c) | Goods are in Appendix to Annex I of the importing Party and meet the additional requirement specified in Appendix to Annex I i.e. a Domestic Value Addition of 20% (DVC20). | |
| (d) | Goods are wholly obtained or produced in accordance with Article 3.2(a) of Chapter 3 of the Agreement | |
| (e) | Goods that are not in the Appendix to Annex I of the Importing Party and satisfy the applicable requirements set out in Annex 3A (Product-Specific Rules) in accordance with Article 3.2(c) of Chapter 3 of the Agreement. | |
| (f) | Goods that are not in the Appendix to Annex I of the importing Party, are produced exclusively from originating materials in accordance with Article 3.2(b) and are processed beyond minimal operations set out in Article 2.6.5 of Chapter 2 of the Agreement in the exporting Party. | |

*Notes:*

Notwithstanding the above, under paragraph 6 of Article 2.6 of Chapter 2 of the Agreement the importer is allowed to make a claim for preferential tariff treatment at either:
- the highest rate of customs duty the importing Party applies to the same originating good from any of the Parties contributing originating materials used in the production of such good, (Article 2.6.6(a)), or
- the highest rate of customs duty that the importing Party applies to the same originating good from any of the Parties (Article 2.6.6(b)).

When the RCEP country of origin cannot be ascertained, based on the information provided by the exporter/producer and importer, indicate the name of the Party with the highest rate of customs duty followed by " * " if the Article 2.6.6(a) of Chapter 2 of the Agreement is being used or " ** " if the Article 2.6.6(b) of Chapter 2 of the Agreement is being used. For example: Australia * or Indonesia **.

9. **FOB VALUE:** The FOB value in Box 12 only needs to be provided when the Regional Value Content criterion is applied in determining the originating status of goods.

10. **INVOICES:** Indicate the invoice number and date for each item. If multiple invoices are used, indicate the invoice number and date for each item. The invoice is the one issued for the importation of the good into the importing Party. In cases where invoices used for the importation are not issued by the exporter or producer, in accordance with Article 3.20 of Chapter 3 of the Agreement, the "Third-party invoicing" box in Box 17 should be ticked (✓), and the name and country of the company issuing the invoice should be provided in Box 14.

11. **BACK-TO-BACK CERTIFICATE OF ORIGIN:** In the case of a back-to back Certificate of Origin issued in accordance with Article 3.19 of Chapter 3 of the Agreement, the "Back-to-back Certificate of Origin" box in Box 17 should be ticked (✓), and the original Proof of Origin reference number, date of issuance, issuing country, RCEP country of origin of the first exporting Party, and, if applicable, approved exporter authorisation code of the first exporting Party should be indicated in Box 14.

12. **ISSUED RETROACTIVELY:** Where a Certificate of Origin is issued retrospectively in accordance with paragraph 8 of Article 3.17 of Chapter 3 of the Agreement, the "ISSUED RETROACTIVELY" box in Box 17 should be ticked (✓).

13. **CERTIFIED TRUE COPY**: Where a certified true copy of the original Certificate of Origin is issued in accordance with paragraph 9 of Article 3.17 of Chapter 3 of the Agreement, the words "CERTIFIED TRUE COPY" and the date of issuance of the certified true copy should be indicated in Box 14.

14. **FOR OFFICIAL USE:** The customs authority of the importing Party may indicate (✓) in the relevant box in Box 5 in accordance with their domestic laws and regulations.

15. **REMARKS:** Box 14 should only be filled out when necessary and contain information including as specified in Paragraphs 10, 11, and 13 of the Overleaf Notes.

**图 11-11 RCEP 原产地证书样本（续）**

### （四）原产地证书有效期

一般原产地证书自签发之日起有效期为1年，更改、重发证书的有效期同原发证书。区域优惠原产地证书有效期为签发之日起1年，原产地证书应当在货物装运前签发；由于过失或者其他合理原因在装运后签发的，应当注明“ISSUED RETROACTIVELY”（补发）字样，并自货物实际出口之日起12个月内有效。

## 二、保险单

### （一）保险单的含义、作用和种类

保险单（Insurance Policy）又称大保单，是被保险人与保险公司订立保险合同的一种正式证明。

保险单的作用在于，当保险标的发生保险责任范围内的损失时，保险单是被保险人依保险条款向保险公司进行索赔的凭证，也是保险公司按保险责任进行理赔的依据。

除了保险单以外，我国进出口业务中还使用以下三种保险单据。

**1. 保险凭证（Insurance Certificate）**

又称小保单，实质上是一种简化的保险单，法律效力与保险单相同。

**2. 预约保险单（Open Policy）**

适用于经常有相同类型货物需要装运的保险，可简化逐笔签订保险合同的手续。

**3. 保险批单（Endorsement）**

保险公司在保险单出立后，根据保险人的要求，对保险内容补充或变更而出具的一种凭证，是保险单的组成部分。

### （二）保险单的主要内容

海上保险单在国际贸易保险业务中使用最为广泛，其内容也比较详尽，各家保险公司根据自身印制的固定格式和投保要求制作保险单，但就其内容而言基本相似。本节以中国人民保险公司中英文格式保险单为例，由于其各栏目内容及相关条款已经较为清晰，此处仅就个别栏目做相应介绍。

**1. 被保险人（Insured）**

又称保险单的抬头人，通常有以下几种列明方式：

（1）托收、T/T汇款或信用证无特别规定时，列明出口商（受益人），并由出口商在空白处背书。

（2）如果信用证规定保险单背书给特定方，则此栏列明出口商，并在背书中注明“Claims, if any, Payable to Order of...”。

（3）如果信用证规定某特定方为被保险人，则此栏列明出口商（受益人）名称，后接“Held in Favour of ...”，或直接显示“In Favour of...”，受益人不需要背书。

（4）如果信用证要求做成指示式抬头，则列明“To Order”，再由受益人背书。

**2. 保险货物描述（Description of Goods）**

因随附发票，此栏的商品可列统称，与提单保持一致。

**3. 保险金额（Amount Insured）**

保险人承担赔偿或者给付保险金责任的最高限额，是保险费计收的基础。保险金额应按合同和信用证上的要求列明，至少是货物 CIF 或 CIP 价的 110%。如信用证规定投保金额加成比率的，则按信用证规定。所计算出的保险金额有小数的，按“进一法”取整。

**4. 承保险别（Conditions）**

列明合同或信用证上保险条款选用的险别、加成率，并写明保险公司保险条款的名称。

**5. 赔款偿付地点和赔付货币名称（Claims Payable at/in...）**

通常将运输目的地作为赔偿地点，以合同规定的币种作为赔偿货币。

**6. 保险单签发日期和地点（Date and Place）**

保险单签发日期一般在货物装上运输工具之前。

### （三）保险单样本

保险单样本如图 11-12 所示。

**中 国 人 民 保 险 公 司**

**THE PEOPLE'S INSURANCE COMPANY OF CHINA**

总公司设于北京 HEAD OFFICE：BEIJING　　一九四九年创立 ESTABLISHED IN 1949

发票号码 INVOICE No.　　**保险单** INSURANCE POLICY　　保险单号次 POLICY No.

中国人民保险公司（以下简称本保险公司）

This Policy of Insurance witnesses that People's Insurance Company of China (hereinafter Called "The Company")

根据____________________（以下简称被保险人）的要求，由被保险人向本公司缴付约定的保险费，按照本保险单承保险别和背面所载条款与下列条款承保下述货物运输保险，特立本保单

At the request of __________ (hereinafter called " the Insured " ) and in consideration of the agreed premium paid to the company by the Insured undertakes to insure the undermentioned goods in transportation subject to the condition of this policy as per the clauses printed overleaf and other special clauses at attached hereon.

| 标记<br>Marks & Nos. | 包装及数量<br>Quantity | 保险货物项目<br>Description of goods | 保险金额<br>Amount Insured |
|---|---|---|---|
| | | | |

总保险金额

Total Amount Insured ______________________________

保费 Rate：As arranged　　费率 Rate：As arranged　　装载运输工具 Per conveyance S. S

开航日期 SLg. on or abt ____________　自 From ____________　至 To ____________

承保险别：

Conditions

所保货物，如遇出险，本公司凭本保险单及其他有关证件给付赔款

Claims, if any, payable on surrender of this Policy together with other relevant documents

所保货物，如发生本保险单项下负责赔偿的损失或事故，应立即通知本公司下述代理人查勘

In the event of accident whereby loss or damage may result in a claim under this Policy immediate notice applying for Survey must be given to the Company's Agent as mentioned hereunder

赔款偿付地点：Claims payable at/in　　中国人民保险公司上海分公司 THE PEOPLE'S INSURANCE CO. OF CHINA SHANGHAI BRANCH

日期 Date ________　地址 Address ____________

**图 11-12　保险单样本**

## 三、检验检疫证书

海关对出口商品检验检疫或鉴定后，根据不同的要求和项目，签发各种检验检疫证书。海关总署决定自 2023 年 4 月 10 日起，在全国海关启动出口检验检疫证书“云签发”模式试运行工作。

### （一）“云签发”证书种类

“云签发”证书种类见表 11-2。

**表 11-2 “云签发”证书种类**

| 序号 | 证书分类 | 证书中文名称 | 适用国家（地区） |
|---|---|---|---|
| 1 | 品质证书 | C1-1 检验证书—品质证书（英文证） | 通用 |
| 2 | 其他证书 | C1-1 检验证书—通用（英文证） | 通用 |
| 3 | 重量证书 | C1-1 检验证书—重量证书（英文证） | 通用 |
| 4 | 卫生证书 | C2-1 卫生证书—通用（英文证） | 通用 |
| 5 | 卫生证书 | C2-1 卫生证书—通用（中文证） | 通用 |
| 6 | 卫生证书 | C2-1 卫生证书—通用（中英文证） | 通用 |
| 7 | 健康证书 | C2-2 健康证书—通用（中英文证） | 通用 |
| 8 | 健康证书 | C2-2 健康证书—通用（英文证） | 通用 |
| 9 | 兽医卫生证书 | C3-1 兽医（卫生）证书—供港澳冰鲜、冷冻水产品及其制品（中文证） | 中国香港 |
| 10 | 兽医卫生证书 | C3-1 兽医（卫生）证书—输日本热加工禽肉（英文证） | 日本 |
| 11 | 兽医卫生证书 | C3-1 兽医（卫生）证书—输日本熟制偶蹄肉类制品（英文证） | 日本 |
| 12 | 兽医卫生证书 | C3-1 兽医（卫生）证书—通用（中文证） | 通用 |
| 13 | 兽医卫生证书 | C3-1 兽医（卫生）证书—通用（中英文证） | 通用 |
| 14 | 兽医卫生证书 | C3-1 兽医（卫生）证书—通用（英文证） | 通用 |
| 15 | 动物卫生证书 | C4-1 动物卫生证书—输韩国水生动物（英文证） | 韩国 |
| 16 | 动物卫生证书 | C4-1 动物卫生证书—通用（英文证） | 通用 |
| 17 | 动物卫生证书 | C4-1 动物卫生证书—通用（中文证） | 通用 |
| 18 | 动物卫生证书 | C4-1 动物卫生证书—通用（中英文证） | 通用 |
| 19 | 植物检疫证书 | C5-1 植物检疫证书—通用（英文证） | 通用 |
| 20 | 植物检疫证书 | C5-1 植物检疫证书—通用（中英文证） | 通用 |
| 21 | 熏蒸/消毒证书 | C7-1 熏蒸/消毒证书—通用（英文证） | 通用 |
| 22 | 熏蒸/消毒证书 | C7-1 熏蒸/消毒证书—通用（中英文证） | 通用 |
| 23 | 空白证书 | Ce-1 空白证书—恶喹酸证书—日本—鳗鱼产品（英文证） | 日本 |

在实际业务中，究竟提供何种检验检疫证书，买卖双方应根据货物的实际情况事先加以确定，并在合同中加以明确。

**（二）检验检疫证书的作用**

检验检疫证书是出口人凭此交单结汇和银行凭此议付或付款的结汇单据之一。当信用证要求提供检验证书时，出口人必须按规定交付各种证书，而不能以别的单据来顶替。证内所列的内容如果与信用证的规定不符，银行将拒绝议付或付款。它是证明卖方交货的品质、数（重）量，包装的安全及卫生条件等是否符合合同规定的依据。如果证书所列的内容与合同不符，进口人有权拒付货款、拒收货物甚至提出索赔。

我国现行外贸业务中使用的检验检疫证书统一单证抬头名称，参照国际通行的做法，加注了免责条款，采取了手签名方式，并按照责权一致的原则，一律由实施检验检疫的海关签发单证并承担法律责任。

经检验检疫合格发给检验证书或者通关单的出口货物，应在规定的期限内装运出口，超过期限的应重新报检。

**案例导入**

## 伪造动植物检疫单证

浙江××药业有限公司于2022年3月至2022年5月期间为满足土耳其出口客户清关需要，联系制假机构并发送假证信息，以海关签发的“兽医（卫生）证书”（编号：222000003352084××1）为模板伪造了编号相同的两份“兽医（卫生）证书”，并将伪造的“兽医（卫生）证书”提供给土耳其客户。根据《中华人民共和国进出境动植物检疫法实施条例》规定，以上行为属于伪造动植物检疫单证的行为。该公司被处以罚款人民币40000元。

（资料来源：杭州海关官网）

**（三）品质检验证书样本**

品质检验证书样本如图11-13所示。

中华人民共和国出入境检验检疫
ENTRY-EXIT INSPECTION AND QUARANTINE
OF THE PEOPLE'S REPUBLC OF CHINA
品质证书 编号 No.
QUALITY CERTIFICATE

| | | | |
|---|---|---|---|
| 发货人<br>Consignor | ×××进出口有限公司<br>××× IMPORT & EXPORT COMPANY LTD | | |
| 收货人<br>Consignee | ×××× | | |
| 品名<br>Description of Goods | 100%棉染织物 44" 108×5 & 21×21<br>100% Cotton dyed fabric | | 标记及号码<br>Marks & Nos.<br><br>×××××××<br>C/No. 1-120 |
| 报检数量/重量<br>Quantity | -12000-码<br>-12000-yds | | |
| 包装种类及数量<br>Number and Type of Package | 全幅卷筒，每卷用聚乙烯袋装<br>Full width rolled on tube, each roll in a poly bag | | |
| 运输工具<br>Means of Conveyance | 货车<br>By Truck | | |

检验结果

RESULTS OF INSPECTION：

从全批货物中，按×××标准抽取样品并按×××标准规定进行检验，结果如下：

From the whole lot of goods, sample were drawn according to Standard ××× and inspected according to the stipulation of standard ×××× with the results as follows：

幅宽（英寸）：
Width（inch）：44

经纬密度（根/英寸）：
Density of warp & weft（per inch）：116. 9×56. 6

经纬断裂强力（牛顿/5 厘米）
Breaking strength of warp & weft（N/5cm）：1210×90B

水洗尺寸变化（%）：
Dimensional change after washing（%）：0. 8×0. 1

耐洗色牢度（等级）：
Color fastness to washing（grade）：cc：3；cs：4

耐摩擦色牢度（等级）：
Color fastness to rubbing（grade）：dry：4-5；wet：4

原料成分：100% 棉

Appearance：Grade A

外观（等级）：A 级

Composition（%）：100% cotton

结论：上述检验结果符合×××标准对 A 级产品的要求。

Conclusion：The above result of inspection in conformity with requirement of Standard ××× grade A products.

本证书印刷号：×××××××××××

印章 签证地点 Place of Issue GUANGZHOU 签证日期 Date of Issue 05 APR. 2024

Official Stamp

授权签字人 Authorized Officer ________ 签名 Signature ________

**图 11-13 品质检验证书样本**

### （四）数量检验证书样本

数量检验证书样本如图 11-14 所示。

中华人民共和国出入境检验检疫

**ENTRY-EXIT INSPECTION AND QUARANTINE OF THE PEOPLE'S REPUBLC OF CHINA**

数量检验证书

QUANTITY CERTIFICTE

发货人：

Consignor ABC IMPORT & EXPORT CORPORATION

收货人：

Consignee ·········WHITE BROWN & SONS CO. , LTD. ···············

品名：

Description of Goods ······100% COTTON DISHCLOTHS 报检数量/重量

Quantity/Weight Declared 33350DOZ/19911KG······

包装种类及数量：

Number and Type of Package 367 BALES······

运输工具：

Means of Conveyance ······MOON RIVER V. 063······

检验结果：

Result of Inspection 14" ×14" PACKED IN 80 BALES OF 200 DOZ. EACH

15" ×25" PACKED IN 60 BALES OF 100 DOZ. EACH

22" ×32" PACKED IN 227 BALES OF 50 DOZ. EACH

TOTAL：33350 DOZENS

TOTAL：367BALES

我们已尽所知和最大能力实施上述检验，不能因我们签发本证而免除卖方或其他方面根据合同和法律所承担的产品数量责任和其他责任。

All inspection are carried out conscientiously to the best of our knowledge and ability. This certificate does not in any respect absolve the seller and other related parties from his contractual and legal obligations espetially when product quantity is concerned.

Chuang Yunjie

JUN. 15. 2024

**图 11-14 数量检验证书样本**

## 四、舱单

进出境运输工具舱单（Manifest）是指反映进出境运输工具所载货物、物品及旅客信息的载体，包括原始舱单、预配舱单、装（乘）载舱单，包括进出境船舶、航空器、铁路列车以及公路车辆舱单。

原始舱单是指舱单传输人向海关传输的反映进境运输工具装载货物、物品或者乘载旅客信息的舱单。预配舱单是指反映出境运输工具预计装载货物、物品或者旅客信息的舱单。装（乘）载舱单是指反映出境运输工具实际配载货物、物品或者旅客信息的舱单。

进出境运输工具负责人、无船承运业务经营人、货运代理企业、船舶代理企业、邮政企业以及快件经营人等舱单电子数据传输义务人（以下统称“舱单传输人”）应当按照海关备案的范围在规定时限向海关传输舱单电子数据。

## 案例导入

### 未按照规定期限向海关传输电子舱单

2014 年 7 月 1 日至 2015 年 7 月 26 日，俄罗斯××航空公司在此期间均未向海关传输运输工具电子舱单数据。当事人的上述行为已构成《中华人民共和国海关行政处罚实施条例》第二十二条（四）规定所指的未按照规定期限向海关传输舱单等电子数据，影响海关监管的违法行为。被处以罚款人民币 5 万元。

（资料来源：北京海关官网）

### 舱单数据传输错误

2021 年 1 月，天津××集装箱运输有限公司向天津新港海关申报进口一批空箱，件数 1110 个，毛重 4400000 千克。经查验，发现该批进口空箱中的两个集装箱内分别有 81 托盘和 80 托盘机器零件。当事人被予以警告，并被处罚人民币 1000 元整。

（资料来源：天津海关官网）

**【复习思考题】**

1. 原产地证书按作用划分主要分为几类？试述其作用。

2. 什么是保险单？具有什么作用？在我国进出口业务中，除保险单外，还使用哪些保险单据？

3. 试述检验检疫证书的主要种类、作用。

## 本章练习题

**一、单选题**

1.（　　）是卖方向买方开立的对所装运货物做出全面、详细的说明，并凭以向买方收款的货款价目总清单。

A. 商业发票　　B. 商业合同　　C. 海运提单　　D. 装箱单

2. “收货人”一栏载有收货人名称的提单种类是（　　）。

A. 指示提单　　B. 不记名提单　　C. 正本提单　　D. 记名提单

3. 货物在港口装船出运后，货代公司应及时将（　　）交给货主，并及时将装运信息及时预报给海外代理人或收货人。

A. 舱单　　B. 提单　　C. 收货单　　D. 托运单

4. 倒签提单是指（　　）。

A. 货物实际装船时间晚于提单上填写的装船时间的提单

B. 晚于提单上所载明货物到达目的港的提单

C. 晚于货物实际装运日期 21 天签发的提单

D. 交单时间超过提单签发日期 21 天的提单

5. “GSP 产地证”又称“FORM A”，是（　　）。

A. 一般原产地证书　　B. 普惠制原产地证书

C. 专用原产地证书　　D. 厂商原产地证书

6. 以下有关航空运单的说法错误的是（　　）。

A. 航空运单是承托双方缔结的运输合同的书面凭证

B. 航空运单具有物权凭证的作用

C. 航空运单是承运人或其代理人收到货物的凭证

D. 承运人凭航空运单上载明的收货人的提货通知交付货物

二、多选题

1. 下列不属于物权凭证的有（　　）。

A. 提货单　　B. 提单　　C. 海运单　　D. 航空运单

2. 下列属于“运费到付提单”的是（　　）。

A. 提单运费栏中填写有：“Freight Prepaid”字样的提单

B. 提单运费栏中填写有：“Freight to Collect”字样的提单

C. 提单运费栏中填写有：“Freight Paid”字样的提单

D. 提单运费栏中填写有：“Freight Payable at Destination”字样的提单

3. 进口澳大利亚口香糖需提供的报关单证包括（　　）。

A. 动植物检疫许可证　　B. 预包装食品中文标签样张

C. 原产地证书　　D. 澳大利亚官方卫生证书

4. 某报关公司接受收货人委托进口清关一批货物，品名：复合肥，商品编码：3105200010（监管条件为“At”），收货人需要提供（　　）。

A. 商业发票　　B. 装箱单　　C. 合同　　D. 化肥进口关税配额证明

5. 从美国进口葡萄酒，需要向海关提交美国官方出具的（　　）。

A. 葡萄酒出口证书　B. 原产地证书　　C. 卫生证书　　D. 自由销售证书

6. 托运人转让前，物权仍归于托运人的是：收货人一栏（　　）。

A. 填写特定收货人姓名的提单　　B. 写明“货交提单持有人”的提单

C. 写明“凭指示”的提单　　D. 写明“凭托运人指示”的提单

E. 什么也没写的提单

三、判断题

1. 信用证关于货物的描述为“blue cotton wears”，发票显示为“colored cotton wears”是可以接受的。（　　）

2. 装箱单是卖方向买方开立的，对所装运货物做出全面、详细说明，并凭此向买方收款的货款价目总清单。（　　）

3. 空白抬头、空白背书的提单是指既不填写收货人，又不要背书的提单。(　　)

4. 已装船提单的表面必须有“Shipped on Board”字样。(　　)

5. 海运提单（Ocean Bill of Lading）和海上货运单（Sea Waybill）都是物权凭证，而航空运单（Air Waybill）不是物权凭证。(　　)

6. 海运提单是承运人收到货物的货物收据，是货物所有权的凭证，还是承托双方订立的运输合同，是处理货运争议的依据。(　　)

7. 买卖双方以 CIF 价达成一笔出口合同，制作海运提单时，运费一栏应填写“Freight to collect”。(　　)

8. 买卖双方以 FOB 价达成一笔出口合同，制作海运提单时，运费一栏应填写“Freight to collect”。(　　)

附录

# 中国海关通关指引（英文）

# Customs Clearance Guide for P. R. China①

## Abbreviation

| | |
|---|---|
| ACE | Advanced Certified Enterprise |
| AEO | Authorized Economic Operators |
| AJI | AEO Joint Incentive |
| APEC | Asia and Pacific Economic Cooperation |
| APTA | Asia Pacific Trade Agreement |
| ASEAN | Association of Southeast Asian Nations |
| ATA | A combination of the initial letters of the French words "Admission Temporaire" and the English words "Temporary Admission" |
| CBZ | Comprehensive Bonded Zone |
| CCC | China Compulsory Certification |
| CCCN | Customs Cooperation Committee Nomenclature |
| CCPIT | the Council for the Promotion of International Trade |
| CEPA | Closer Economic Partnership Arrangement |
| CIQ | China Inspection and Quarantine |
| CITES | Convention on International Trade in Endangered Species |
| CMAA | Customs Mutual Assistance Agreement |
| CNCA | China National Committee of Certification and Accreditation |
| ECFA | Economic Cooperation Framework Agreement |
| EU | European Union |
| FTA | Free Trade Agreement |
| GACC | General Administration of Customs of China |
| GATT | General Agreement on Tariff and Trade |
| GCE | General Certified Enterprise |
| HS | Harmonized Commodity Description and Coding System |
| IMECM | Interim Measures for Enterprise Credit Management |
| ITA | Information Technology Agreement |
| LDC | Least Developed Country |
| MECM | Measures for Enterprise Credit Management |
| MFN | Most Favored Nation |

① 附录内容为编者结合关务从业经验及教学实际需求编写整理而成。

| | |
|---|---|
| NDRC | National Development and Reform Commission |
| PCA | Post-Clearance Audit |
| PFTZ | Pilot Free Trade Zone |
| PRC | People's Republic of China |
| SAR | Special Administrative Region |
| SCSZ | Special Customs Supervision Zone |
| SMEs | Small and medium enterprises |
| SSM | Special Safeguard Mechanism |
| TFA | Trade Facilitation Agreement |
| VAT | Value-Added Tax |
| WCO | World Customs Organization |
| WTO | World Trade Organization |

## 1. INTRODUCTION OF CHINA CUSTOMS

As the whole nation's economic gate, China Customs is a rapidly reforming and technology-driven administrative agency that responsible for not only trade facilitation and supervision, duty collection, anti-smuggling and trade statistics, but also port management, bonded business, Customs PCA, Customs IPR protection, and international Customs cooperation and so on.

1.1 Missions & Guidelines

China Customs' missions are:

—safeguarding the border;

—providing quality service;

—preventing potential risks;

—building a qualified workforce.

Its work guidelines are:

—exercising law-based administration;

—serving the economic interests;

—promoting social development.

Its workforce building principles to ensure that Customs officers are:

—politically committed;

—professionally qualified;

—fully accountable.

China Customs spirit is loyal, impartial, revitalizing Customs and rejuvenating China. Its core values are patriotism, virtue, integrity, innovation and dedication.

1.2 Organization

The organization of China Customs is structured by the General Administration of Customs of China (GACC), the regional Customs, and subordinate Customs under the regional Customs. GACC, the General Administration of Customs of China, which is a ministerial-level government agency that directly reports to the State Council, is the headquarters of China Customs and manages all the Customs administrations nationwide.

After the institutional restructuring of China Customs and China Inspection and Quarantine (CIQ) in 2018, China Customs has absorbed the responsibility and staff of the CIQ. Now, under the leadership of the GACC, the sub-level system of GACC is consisting of the sub-administration in Guangdong, supervising offices in Shanghai and Tianjin, internal departments, and regional Customs. China

Customs also established oversea representative offices in the EU, the Russian Federation and the United States of America, and a liaison office of the central government in the Hong Kong SAR. It should be noted that China Customs is not a law enforcement for Customs affairs in Hong Kong SAR, Macau SRA and Taiwan province of China.

As the main local branch of China Customs, there are 42 regional Customs in China which is characterized by "Customs directly under the GACC" and their jurisdictions are not classified according to China's provincial jurisdiction. For example, 7 regional Customs are located in Guangdong Province and they are specifically organized by the sub-administration of GACC in Guangdong to coordinate their responsibilities.

In the future, China Customs will continue to improve customs control and revenue collection, crack down on smuggling. Cooperation with Customs administrations of countries along "the Belt and Road" will be strengthened and support domestic enterprises "going global" . Innovative regulatory measures for the pilot free trade zones will be promoted on a larger scale and new measures to support newly established pilot free trade zones will be rolled out. China Customs will continue to upgrade Customs special control areas and push forward regulatory reforms on processing trade and bonded operations. Clearance efficiency will be further raised and time needed for the release of goods will be cut by one-third. China Customs aims to achieve nation-wide integrated clearance, push forward coordinated control at ports, promote the nation-wide adoption of a standard version of "Single Window" for international trade, and ensure full coverage of random inspection and public release oversight model.

## 2. CUSTOMS LEGAL SYSTEM

The characteristics of the Customs related legal regime can be traced back to political and historical factors which occurred in China's history leading, up to now, to a division of three main periods. The first period covers the time between the founding of the PRC until 1979; this date also functions as the starting date of the second period of reform and opening up until 2001 when China entered the WTO. As such the WTO entrance date marks the start of the third period.

2.1 Customs Law

After the founding of the PRC, the first Customs Law of New China was enacted in 1951. The current Customs Law of China was completely reworked and enacted in 1987 firstly and wholly amended in the year of 2000. Being amended several times, the newest amendment of the Customs Law has taken effective as of 2021.

Divided into 9 chapters and 102 Articles, this Law provides not only the regulatory details on the imposition and collection of Customs, but also the matters concerning the overall Customs administrative details, such as the taxpayer's right, bonded area, clearance procedures, and punishment of Customs criminals, etc. The Customs Law is very likely to be revised in the near future.

The titles of the Chapters of Customs Law are as follows:

—Chapter Ⅰ General Provisions
—Chapter Ⅱ Inward and Outward Means of Transport
—Chapter Ⅲ Inward and Outward Goods
—Chapter Ⅳ Inward and Outward Articles
—Chapter Ⅴ Customs Duties
—Chapter Ⅵ Customs Security
—Chapter Ⅶ Enforcement Supervision
—Chapter Ⅷ Legal Responsibilities
—Chapter Ⅸ Supplementary Provisions

2.2 Related Laws

The following are the laws and regulations related to cargo clearance for reference.

2.2.1 Foreign Trade Law

With a booming economy, the current Foreign Trade Law took effective as of 1994, when China was still negotiating its way to get into the predecessor of the WTO, the GATT. In 2004, China enacted the new Foreign Trade Law which had been effective as of July 1, 2004 after the foundation of the Ministry of Commerce. With its 70 articles and 11 chapters the new Foreign Trade Law is 26 articles and 3 chapters larger than its 1994 version. The newest version was revised on Dec 30, 2022.

The titles of the Chapters of Foreign Trade Law are as follows:

—Chapter Ⅰ General Provisions

—Chapter Ⅱ Foreign Trade Dealers

—Chapter Ⅲ Import and Export of Goods and Technologies

—Chapter Ⅳ International Trade in Services

—Chapter Ⅴ Protection of Trade-Related Intellectual Property Rights

—Chapter Ⅵ Foreign Trade Order

—Chapter Ⅶ Foreign Trade Investigation

—Chapter Ⅷ Foreign Trade Remedies

—Chapter Ⅸ Foreign Trade Promotion

—Chapter Ⅹ Legal Liabilities

—Chapter Ⅺ Supplementary Provisions

The revision of the Foreign Trade Law lives up to its main aim of implementing China's WTO commitments and promotes the healthy development of foreign trade according to WTO rules. As such the Foreign Trade Law, which is general legislation, provides a good and rather complete framework. However, the State Council and the administrative agencies must promulgate implementing rules and regulations.

2. 2. 2 Tonnage Tax Law

The newest amendment of the Tonnage Tax Law took effect as of 2018. Divided into 22 Articles, this Law has provided that the tonnage tax is collected by China Customs.

2. 2. 3 Import and Export Commodity Inspection Law

As the Import and Export Commodity Inspection Law had been effective as of February 1989, the newest amendment of this law took effect at the end of 2021. Divided into 6 chapters and 39 articles, this Law has become an important basis for China Customs after the integrated reform with CIQ.

The titles of the Chapters of Import and Export Commodity Inspection Law are as follows:

—Chapter Ⅰ General Provisions

—Chapter Ⅱ Inspection for Import Commodity

—Chapter Ⅲ Inspection for Export Commodity

—Chapter Ⅳ Supervision and Management

—Chapter Ⅴ Legal Liabilities

—Chapter Ⅵ Supplementary Provisions

The core content of the Law is the establishment of a statutory inspection system for commodities. According to the Law, the import and export goods covered by the list of statutory inspection must be filed to China Customs (the commodity inspection authority) for commodity inspection to finish the clearance procedures.

2. 2. 4 Frontier Health and Quarantine Law

The Frontier Health and Quarantine Law is also one of the fundamental laws of CIQ before. The newest amendment of this Law took effect at the end of 2018. Divided into 6 chapters and 27 Articles, this Law has become an important basis for China Customs after the integrated reform with CIQ.

The titles of the Chapters of Frontier Health and Quarantine Law are as follows:

—Chapter Ⅰ General Provisions

—Chapter Ⅱ Quarantine

—Chapter Ⅲ Infectious Disease Surveillance

—Chapter Ⅳ Health Supervision

—Chapter Ⅴ Legal Liabilities

—Chapter Ⅵ Supplementary Provisions

2.2.5 Inward and Outward Animal and Plant Quarantine Law

The Inward and Outward Animal and Plant Quarantine Law is also one of the fundamental laws of CIQ before. The newest amendment of this Law took effect in 2009. Divided into 8 chapters and 50 Articles, this Law became an important basis for China Customs after the integrated reform with CIQ.

The titles of the Chapters of Inward and Outward Animal and Plant Quarantine Law are as follows:

—Chapter Ⅰ General Provisions
—Chapter Ⅱ Inward Quarantine
—Chapter Ⅲ Outward Quarantine
—Chapter Ⅳ Transit Quarantine
—Chapter Ⅴ Quarantine for Carrying and Mailing Articles
—Chapter Ⅵ Quarantine for Transportation Means
—Chapter Ⅶ Legal Liabilities
—Chapter Ⅷ Supplementary Provisions

2.2.6 Law on Prevention and Control of Environmental Pollution by Solid Waste

The Law on Prevention and Control of Environmental Pollution by Solid Waste is one of the most important environmental laws. The newest amendment of this Law took effect in 2020. Divided into 9 chapters and 126 articles, the titles of the Chapters of Inward and Outward Animal and Plant Quarantine Law are as follows:

—Chapter Ⅰ General Provisions
—Chapter Ⅱ Supervision and Management
—Chapter Ⅲ Industrial Solid Waste
—Chapter Ⅳ Domestic Garbage
—Chapter Ⅴ Construction Waste, Agricultural Solid Waste, etc
—Chapter Ⅵ Hazardous Waste
—Chapter Ⅶ Safeguards Measures
—Chapter Ⅷ Legal Liability
—Chapter Ⅸ Supplementary Provisions

2.2.7 Food Safety Law

For the purpose of restructuring of China Customs and CIQ in 2018, China revised the Food Safety Law so that this Law became one of the important bases for China Customs to perform its functions. The Food Safety Law has imposed broader and stricter controls on food production and management including the importation and it contains 10 chapters with 154 articles. It is noted that 50 new articles were added to the version in 2015 and 2021.

The titles of the Chapters of Food Safety Law are as follows:

—Chapter Ⅰ General Provisions
—Chapter Ⅱ Food Safety Risk Monitoring and Evaluation
—Chapter Ⅲ Food Safety Standards
—Chapter Ⅳ Food Production and Management
  —Section 1 General Provisions
  —Section 2 Production and Operation Process Control
  —Section 3 Labels, Brochures and Advertisements
  —Section 4 Special Foods
—Chapter Ⅴ Food Inspection
—Chapter Ⅵ Food Import and Export
—Chapter Ⅶ Disposal of Food Safety Accidents
—Chapter Ⅷ Supervision and Management

—Chapter Ⅸ Legal Liability

—Chapter Ⅹ Supplementary Provisions

2.2.8 Laws related to IPR Customs Protection

Trademark Law, Copyright Law, and Patent Law of China are basic laws related to IPR Customs Protection.

2.3 Customs Regulations

In recent years, China Customs further strengthened its legal system by pushing forward the legislation of Customs, establishing a long-term mechanism in reviewing and sorting out Customs regulations. The following are the main regulations related to China Customs:

—Import and Export Tariff Regulations;

—Regulations on Customs Guarantee;

—Customs Statistics Regulations;

—Regulations on Intellectual Property Customs Protection;

—Regulations on Customs Administrative Penalties;

—Implementation Rules of the Frontier Health and Quarantine;

—Implementation Regulations on Import and Export Commodity Inspection;

—Implementation Regulations on Entry and Exit Animal and Plant Quarantine;

—Regulations on Technology Import and Export;

—Regulations on the Administration of Import and Export of Goods;

—Regulations on Safeguards;

—Anti-dumping Regulations;

—Anti-Subsidy Regulation;

—Regulations on the Export Control of Biological Dual-Use Products and Related Equipment and Technologies;

—Regulations on Export Control of Nuclear Dual-Use Products and Related Technologies ;

—Regulations on Nuclear Export Control;

—Regulations on Export Control of Missiles and Related Items and Technologies;

—Regulations on the Administration of Military Products Export;

—Certification and Accreditation Regulations;

—Implementation Regulations of the Food Safety Law;

—Implementation Regulations of the Administrative Reconsideration Law;

—Government Information Disclosure Regulations;

—Implementation Regulations of the Trademark Law;

—Regulations for the Implementation of the Copyright Law;

—Implementation Rules of the Patent Law;

—World Expo Logo Protection Regulations;

—Olympic Symbol Protection Regulations;

—Computer Software Protection Regulations;

—Regulations for ozone depleting substances;

—Decision of the State Council on the establishment of an administrative license for administrative approval projects that need to be retained.

Please visit the GACC's English website of laws and regulations, Decree of GACC, and Announcement of GACC for details.

## 3. CUSTOMS CLEARANCE PROCEDURES

Being the largest country in global commodity trade, China's Customs clearance efficiency is always one of the most concerned issues in the trade field. By 2019, China had met its annual target of cutting overall imports and exports Customs clearance time by half from 2017. According to the Doing Business Report 2020 released by the World Bank, China's ranking for trading across borders moved to 56.

3. 1 Qualification

According to the Foreign Trade Law, the qualifications of import and export had changed from permit system to filing system before China joined the WTO. The filing procedures are subject to local commerce supervision departments (a total of 59 locations nationwide, each province, autonomous region, municipality, special planning cities) after 2006. In the latest facilitated measures, the filing process is no longer required.

3. 2 Export

The Customs clearance procedures for goods, in terms of exporters, can be divided into four steps: declaration, inspection (if applicable), payment of taxes (if applicable), and release. Please refer to the following figure.

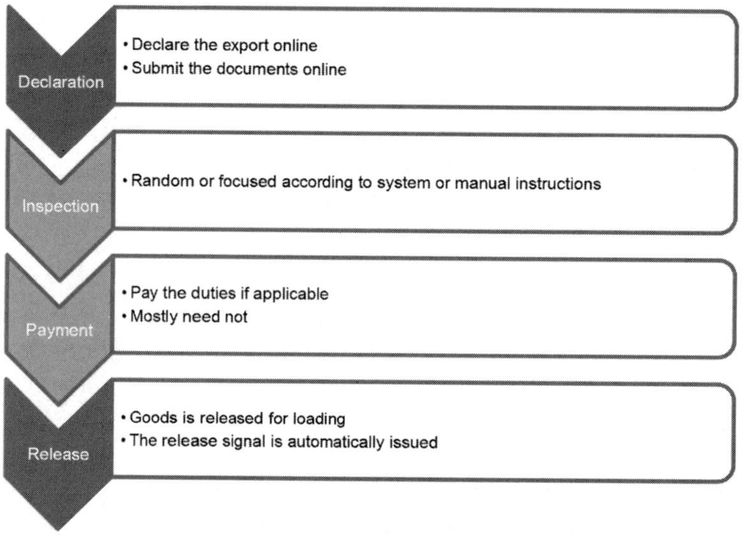


**Figure 1 Flow of Export Clearance Procedures**

3. 2. 1 Online Declaration

When exporting, the consignor or its agent shall declare to China Customs within the time frame specified by Customs Law. Specifically, after the export goods arrive at the designated place or area which stipulated by the Customs such as the seaport, railway station, airport, post office, etc., they should be declared to the China Customs in 24 hours before the loading①. When exporting, export licenses and other documents such as commercial invoices, packing lists and other documents, should be submitted.

It is noted that after the implementation of the national all—one clearance reform, the online declared data can be transmitted to any Customs agency within the country, and processed by the e-Customs system. The exporter can also track the Customs clearance status online.

3. 2. 2 Inspection

To determine whether the status, quantity, and value of the exported goods are consistent with the contents of Customs declaration, the Customs officials may inspect the goods. Inspection can prevent counterfeit and shoddy products, illegal export and smuggling, and violations.

The following requirements should be noted:

— (1) when the Customs officials inspect the goods, the consignor/shipper or his agent shall be present and shall deliver, unpack and repackage the goods following the requirements of the Customs officials. If the consignor/shipper or his agent is not present, the cargo storage staff can be a witness at the site;

— (2) when the Customs officials deems it necessary, they may conduct inspections without notifying the consignor/shipper, re-

① The pre-declaration will be introduced later.

inspect the goods or obtain samples;

— (3) when the Customs officials inspects the goods causing damage, the consignor/shipper can ask for compensation.

3.2.3 Duty Payment

At present, except for a small number of goods, most of the goods are exported without tariffs. For details, please refer to10. CUSTOM DUTIES AND EXERCISES.

3.2.4 Release

Release means ending Customs control. After the Customs release, the exporter can handle the shipment.

3.3 Import

If the importer is already registered with China Customs, the importer can handle the Customs clearance directly or entrust the Customs broker (forwarder); if not, the importer needs to entrust a Chinese Customs broker or forwarder to handle the Customs clearance process. After get the filing record number or ID, then can login the Single Window for Customs declaration.

If necessary, the importer shall apply to the competent Chinese official authorities for the import license or permit, which requires the importer or its agent in China to provide relevant information for such application. In most cases, the hard copy of the import license is not required since electronic network verification is commonly conducted. The relevant information is available at the website. The forwarder or the Customs broker may be entrusted to apply for the import license and the cost incurred shall be borne by the importer.

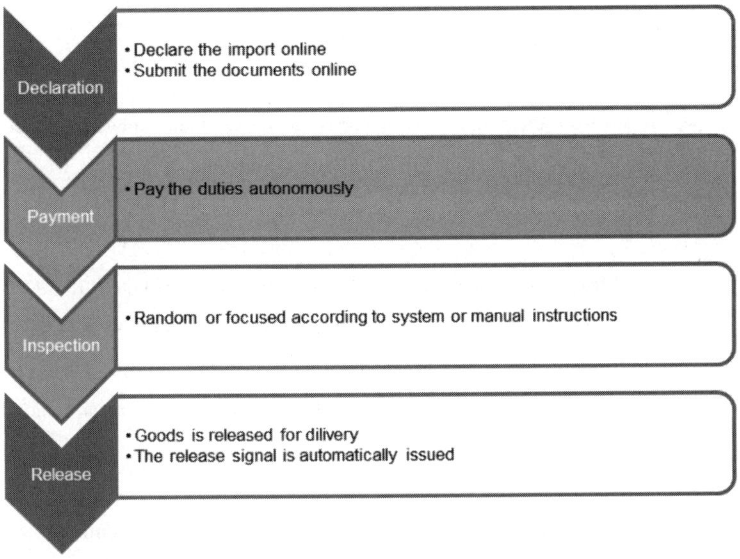


**Figure 2 Flow of Import Clearance Procedures**

3.3.1 Online Declaration

When importing, the consignee or its agent shall declare to the China Customs within the time frame specified by Customs Code. Specifically, after the day that the vessel, train, vehicle and aircraft have declared to China Customs for its arrival, the imported goods should be declared to the China Customs within 14 days.

When importing goods, import licenses or other documents such as commercial invoices, packing lists, Bill of Lading/Airway Bill and other documents should be submitted. The declaration may be rejected automatically by the e-Customs system because the documental requirements are not fulfilled. The documental requirements are listed by HS code at the website.

The importers registered can declare to China Customs by themselves, but in general, more than 90% of the Customs declarations have been made by Customs brokers or the freight forwarders. The importer with qualified declaration, the entrusted freight forwarder or the Customs broker must ensure the completeness and accuracy of the import documents and timely declare the electronic data of the imported goods to the China Customs. The requirements of China Customs declaration are available at the website.

Automatic data verification can be completed in less than 0.5 working days. But if there's no convincing reason, any mistake will cause the delay of the Customs clearance, which will lead to further auditing. Moreover, a penalty will be imposed on the importer and the agent according to the seriousness of the case.

It is noted that after the implementation of the national all—one clearance reform, the online declared data can be transmitted to any Customs agency within the country, and processed by the e-Customs system. The importer can also track the Customs clearance status online.

3. 3. 2 Duty Payment

The International Trade Single Window System calculates the amount of duties automatically based on the HS code and applicable tariff rates that the importer or the Customs brokers declared. After that, they can pay the duties online autonomously.

For details, please refer to10. CUSTOM DUTIES AND EXERCISES.

The import duties shall be paid within 15 days from the date of issuance of the tax bill. At present, China Customs encourages importers to pay the first day or the day after the issuance of the tax bill.

3. 3. 3 Inspection

Only a fairly low percentage of the goods are currently inspected by China Customs. The purpose of the inspection is to ensure that the declaration is consistent with the actual goods. The basic requirements for import inspection are similar to those for export inspection. Please also refer to 3. 2. 2 Customs Inspection.

The marine cargo is generally inspected on the following day after being scheduled. Fresh, perishable and rotten goods can be prioritized for inspection. Air cargo usually completes the inspection on the same day. The importer needs to pay the service fee to the operator of the inspection site, and the Customs does not charge any fees.

3. 3. 4 Release

The importer or their agent will receive the electronic release notice of the Customs since the Single Window service is provided. The importer or their agent can check if the goods have been released at the website.

3. 4 Temporary Inward or Outward

3. 4. 1 General Requirements

Goods imported in China or exported from China for display or demonstration are exempted from Customs duty when they import or re-import, provided they are re-exported or re-imported within six months. The time limitation may be extended for another six months by 3 times. The exhibition organizer must obtain advance approval from China Customs and provide a guarantee.

Some exhibits imported under the temporary admission may be sold after the trade event is completed, in which case the duties owed on these items are levied by Customs.

3. 4. 2 ATA Carnet

ATA Carnet is an international Customs document for temporary export/import that is accepted in 87 countries, and is also utilized to simplify the process of bringing commercial samples, professional equipment, and many goods for exhibitions into China. According to the Corporation for International Business, the ATA Carnet Issuing authority in China no longer requires a cover letter along with the carnet presented to China Customs officials.

## 4. DECLARATION DOCUMENTS

When making declarations to China Customs, Import Export Declaration Form and Export Declaration Form must be submitted together with other supporting commercial documents and necessary licenses and certificates.

4. 1 Commercial Documents

Necessary documents vary by products but may include standard documents such as a bill of lading, invoice, packing list, Customs Declaration Form, and sales contract as well as more specialized documents such as import license (where applicable), an import quota certificate for general commodities (where applicable), inspection certificate issued by the Customs (where applicable), and other safety or quality licenses.

## Table 1 Documental Requirements for Customs Clearance

| No. | Documentations Name | Documents Provider |
|---|---|---|
| 1 | Authorization letter for Customs declaration (where applicable) | Consignee |
| 2 | Customs Declaration Form (not required with paperless declaration) | Customs Broker |
| 3 | Contract (where applicable) | Consignee |
| 4 | Commercial invoice | Consignee |
| 5 | Bill of landing | Consignor |
| 6 | Packing List | Consignor |
| 7 | Preferential Certificate of Origin (where applicable) | Country of origin Authority |

For the restrictive imported products, there are about one hundred kind Customs declaration documents applicable for Different kind commodities. Please refer to 9. Import/Export Prohibition and Restriction.

4.2 Licenses and Certificates

The following are the types of import and export licenses and certificates that can be verified online by China Customs.

## Table 2 Import and Export Licenses and Certificates

| Code | Titles | Verified Online |
|---|---|---|
| 1 | Import permit | √ |
| 2 | Dual-use item and technology import license | √ |
| 3 | Dual-use item and technology export license | √ |
| 4 | Export license | √ |
| 7 | Automatic import license | √ |
| E | Endangered species permit export certificate | √ |
| F | Endangered species permit import certificate | √ |
| G | Dual-use item and technology export license | √ |
| I | Import and export permit for anesthetic psychotropic drugs | √ |
| J | Gold and gold products import and export permit | √ |
| L | Drug import and export permit | √ |
| M | Password product and equipment import license | √ |
| O | Automatic import license (new and old mechanical and electrical products) | √ |
| P | Solid waste import license | √ |
| Q | Import drug Customs clearance | √ |
| R | Imported veterinary drug clearance form | √ |
| S | Import and export pesticide registration certificate | √ |
| U | Proof of Customs clearance of legal fishing products | √ |
| V | Human genetic resources materials export, exit certificate | √ |

Continued

| Code | Titles | Verified Online |
|---|---|---|
| W | Import and export permit for narcotic drugs - abolition | √ |
| X | Notice of Environmental Management Release of Toxic Chemicals | √ |
| Z | Proof of importing CDs for overseas processing | √ |
| b | Imported radio, film, and television programs (slices) | √ |
| d | Foreign aid project task notification letter | √ |
| f | Audiovisual products (finished products) import approval form | √ |
| g | Technology export contract license | √ |
| i | Technology export license | √ |
| k | Import and export approval form for civil explosives | √ |
| z | Paleontology fossil outbound approval | √ |
| no code | Seed quarantine approval form | √ |
| no code | Introduction of forest seed and seedling quarantine approval form | √ |
| no code | Agricultural Genetically Modified Organism Safety Certificate (Import) | √ |
| no code | Special medical use formula registration certificate | √ |
| no code | Health food registration certificate or health food record certificate | √ |
| no code | Infant Formula Milk Powder Product Formula Registration Certificate | √ |
| no code | Compulsory product certification or certification document | √ |
| no code | Special equipment manufacturing license and type test certificate | √ |
| no code | New food ingredients license | √ |
| no code | Imported foods that do not yet have food safety national standards | √ |
| no code | Medical device registration certificate | √ |
| no code | The first type of medical device filing certificate | √ |
| no code | Imported special purpose cosmetics hygiene permit approval | √ |
| no code | Imported non-special use cosmetics hygiene permit approval | √ |

## 5. RECENT CLEARANCE FACILITATION MEASURES

In recent years, China Customs has initiated many significant reform measures to facilitate international trade by reducing clearance time and reducing clearance costs with the final goal to optimize cross-border business environment.

5.1 Pre-Declaration

According to Regulations on Import and Export Goods Declaration and Regulations on Duty Collection for Import and Export Goods, Pre-declaration means the consignee of the imported goods and the entrusted Customs broker can declare in advance on the premise of the advance transmission of the manifest data.

For goods using paperless declaration, electronic payment of duties, and not involving inspection and quarantine, importer can use the Bill of Lading or Waybill or manifest to complete declaration procedures, so as to greatly improve the efficiency of Customs clearance.

A. Relevant Application

According to the provisions of Article 18 of the Regulations on Import and Export Goods Declaration, the validity period of the import and export licenses for Pre-declaration shall be subject to the date of declaration acceptance by the Customs.

According to the provisions of Article 13 of Regulations on Duty Collection for Import and Export Goods, before the arrival of the imported goods, if the declaration is approved by Customs, the rate when the means of transport entry into the country shall apply to.

In addition, except for enterprises that enjoy convenient Customs clearance measures, goods that implement temporary safeguard measures are not allowed to be pre-declared.

B. Time Limit

The imported goods may be pre-declared to the Customs after the goods have been shipped, before the arrival of the goods, and the manifest has been transferred to the Customs and confirmed.

The exported goods must be pre-declared within 3 days after being transported to the Customs supervision site.

5.2 Aggregate Declaration

In cross-border e-commerce, the Customs implemented a new Customs clearance mode of "manifest release and aggregate declaration". "Aggregate Declaration" means that the e-commerce enterprise regularly reorganizes the manifest according to the prescribed rules, and aggregates the data in the Declaration Form according to the import and export.

Operating Procedures

Taking the general export mode of cross-border e-commerce as an example:

— (1) foreign buyers order online, which generate "three lists" (orders, logistics and payment);

— (2) Customs Platform transmit the "three list" data automatically and the filing information of the e-commerce enterprises and commodities to the Customs clearance system;

— (3) at the same time, the e-commerce enterprises hand over the sold goods to the logistics company, and under the supervision of the Customs on-site, the goods will be released automatically;

— (4) after the goods leave the country, the e-commerce enterprises can regularly aggregate the lists to a Customs declaration;

— (5) the e-commerce enterprises handle the tax refund and foreign exchange with the Customs declaration, and the Customs can conduct trade statistics according to the declaration.

5.3 Release First and Taxation Later

According to the provisions of the Customs Law, Import and export goods can be released after paying taxes, or can be paid after the goods are released under the premise of providing guarantees. "Release First and Taxation Later" refers to a facilitated measure that the Customs may release the goods after the tax memo is issued under the condition that the taxpayer guarantees to pay the tax within the statutory time limit. It enables the importer to significantly shorten the Customs clearance time which is especially suitable for bulk goods.

5.4 Aggregate Taxation

"Aggregate Taxation" is a follow-up facilitated measure to "Release First and Taxation Later". It means that the importers and their agents can pay the duties in aggregate manners before the 5th of the following month.

Application

—tariff electronic payment system user;

—the Customs credit management category is general certification and above;

—the average monthly tax payment for the previous natural year is not less than 4 times;

—the declaration meets the requirements, provides the necessary information for the Customs document review, complies with the Customs duty collection regulations, and pays taxes in a timely manner.

Guarantor

The banks and other guarantors that provide aggregate guarantee for the taxation shall meet the following conditions:

—good credit and large asset scale;

—no stagnation or delay in the Customs duties;

—commitment to pay the full amount of the taxable payment of the import and export goods within the time limit of the guarantee;

—establish a verification mechanism for the authenticity of the letter of guarantee with the Customs.

Procedures

—submit the aggregate guarantee to the Customs, which is a deposit or a letter of guarantee, and the beneficiaries of the guarantee are the Customs;

—complete the payment of Aggregate taxation of the previous month before the end of the fifth working day of each month, and shall not select the electronic payment guarantee method;

—In principle, taxes cannot be paid in years.

5.5 Tariff Guarantee Insurance

"Tariff Guaranteed Insurance" has taken effective in 2017 and it is a newly developed insurance product. The Tariff Guaranteed Insurance is the written document issued by insurance companies to China Customs at the request of the applicant (importer) to guarantee that the applicant will fulfill the obligation of paying Customs duties.

Functions

Reduce capital occupation, accelerate Customs clearance and decrease trivialness of tax rebate formalities caused by temporary import articles.

Features

—avoid capital occupation caused by paying margin of Customs duties to improve fund turnover rate;

—accelerate Customs clearance to avoid increasing costs caused by detaining goods at ports;

—avoid repeated formalities of Customs clearance;

—simplify tax rebate formalities for temporary entry of goods;

—facilitate duty deferral.

Scope of Application

—import and export commodities related to duty deduction or exemption policies on the state import and export commodities;

—the person who temporarily need to import and export equipment and machineries in the process of foreign engineering contract, exhibition and sales;

—processing trade enterprises import materials and parts;

—situations that the Customs implement "Release First and Taxation Later" for some goods.

Application Qualifications

—the applicant shall have the qualification to engage in underlying transactions;

—the applicant shall maintain good credit standing without any bad credit record;

—the applicant shall have sufficient credit line or be able to pay sufficient margin necessary for issuing the letter of guarantee;

—the applicant shall possess real relationship of transactions that meets requirements on business compliance of the banks;

—the applicant shall provide complete and valid business information.

Process of Insurance Company (insurer)

— (1) receive application for letter of guarantee and relevant documents;

— (2) reviews the documents and issues the letter of guarantee;

— (3) charges guarantee fees;

— (4) amends the letter of guarantee;

— (5) if applicable, makes compensation against the letter of guarantee or cancels the letter of guarantee.

From January 1, 2019, "Tariff Guaranteed Insurance" can be used to Aggregate Taxation.

## 6. AUTOMATED CLEARANCE SYSTEM

The Single Window system is a trade facilitation tool. As such, the implementation of a Single Window system enables international (cross-border) traders to submit regulatory documents at a single website and/or single entity in which the declaration data is processed.

China has more than 300 international trade ports of diversified categories which had been approved by the State Council. In recent years, a series of important policies in the field of economic development issued by the State Council emphasize the construction of

Single Window based on e-port and the promotion of trade facilitation. International trade Single Window has been written into the Central Government Work Report for three consecutive years (2016—2018). As the competent port authority, the GACC duly performs its duty in port management and promotes International Trade Single Window in line with the general requirements of Integrated Customs Clearance proposed by the State Council.

Since 2017, the standardized International Trade Single Window has been promoted all around China. China Customs also improved the Customs clearance efficiency and overall Customs clearance environment by reducing the Customs clearance time of imports and exports by one third.

At present, the standard version of China's International Trade Single Window has powerful functions, realized docking and information sharing with other ministries and commissions, and operated online cooperation projects between dozens of departments, providing hundreds of online service items covering sea, air, railway, and road transportation. Various types of Customs and trade affairs such as special Customs control areas, pilot FTZs, cross-border e-commerce, and various types of enterprises, such as Customs brokers, logistics, business, financial insurance, etc., are organized together by Single Window all over the country. "One-stop" operation has basically realized since 2018.

At present, the cumulative number of registered users for China's International Trade Single Window has reached more than4 million, and the total amount of declared business exceeds 12 million votes every day. The application rate of the main reporting business (goods, manifests and ship declarations) is over 90%, and the application rate of goods declaration is 100%.

Most regulatory documents of 25 departments have implemented online declaration and online processing on the Single Window system and the export certificate of origin has also been online and self-printed through it. Single Window has also strengthened cooperation with some banks and insurance institutions, and played a crucial role in the cross-border trade big data platform to help solve the financing difficulties and financing problems of SMEs.

In the next step, GACC will continue to carry out two key tasks before the end of the year: firstly, to speed up cooperation and cooperation with civil aviation, ports and railways, and provide full support for market players; and second is to focus on the "Belt and Road" and the construction of new international land and sea trade routes, promote international exchange and cooperation and information exchange, and actively carry out interconnection outside the country.

The goals of Single Window include:

—one entry point and one submission; standardized documents and electronic information; data sharing between relevant authorities;

—through continuing optimization and integration to cover all major aspects of the international trade supply chain and gradually become the major access point for enterprises;

—to improve the interoperability among the systems of domestic stakeholders in the international trade supply chain, optimize the business process of Customs clearance, improve the efficiency of declaration, shorten the clearance time, and reduce the cost of enterprises and promote trade facilitation.

## 7. CUSTOMS BROKERAGE SERVICE

China Customs has the administrative right to approve domestic enterprise legal persons to be registered as Customs brokers to conduct Customs declaration business and provide Customs related services as entrusted by consignees and consignors of imported and exported goods.

7.1 Recording

The following requirements shall be met by Customs brokers recording:

—having the qualifications as a domestic enterprise legal person;

—having sound organizational structure and financial management system;

—the investors, person in charge of the Customs declaration business and Customs declarers have no record of smuggling;

—person in charge of the Customs declaration business has experience in foreign trade or Customs declaration;

—fixed site and facilities for business operation necessary for providing Customs declaration services are available; and

—other conditions as required by Customs supervision.

## 8. CUSTOMS GUARANTEES

Chapter 6 of the Customs Law stipulates that before the consignee or consignor requests to release the goods before determining the classification, valuation, and provision of valid Customs declaration documents or other Customs procedures, China Customs shall release the goods after the corresponding guarantees are provided. Besides, some exceptions for the guarantees are also stipulated by laws and administrative regulations. However, if there are restrictions on import and export goods and articles, which means the importer and exporter should provide licenses but they cannot provide, as well as other circumstances that cannot be guaranteed by laws and administrative regulations, China Customs may not conduct any guarantee release.

8.1 Basic Rules

The importer or exporter can apply for a guaranteed release to China Customs under the following circumstances:

— (1) Customs classification or Customs valuation is not determined, and therefore the relevant import and export procedures have not been completed, and the consignor or consignee requires Customs to release the goods first;

— (2) import and export documents cannot be inspected at the time of Customs declaration (such as invoices, contracts, Packing Lists, etc.), and the goods have been delivered to the port, waiting for withdrawal or shipment, and the consignor or consignee requires Customs to release the goods first and supplement the relevant documents later;

— (3) it is applying to Customs for tariff reduction and exemption procedures, and the goods have been delivered to the port, waiting for withdrawal or shipment, and the consignor requests Customs to delay the import and export tax payment procedures;

— (4) for goods that should be taxed, the consignor or consignee requests to delay the payment of taxes;

— (5) goods with Temporary Admission (including goods under the ATA Carnet);

— (6) with the consent of Customs, temporarily store the goods that have not been released in a place outside Customs control area;

— (7) imported bonded processing trade goods;

— (8) except for prescribed by other law, regulations, and administrative regulations, the import or export goods and articles are illegal but are not suspected of being confiscated according to, and the goods are requested to be released first.

8.2 Special Rules

The general principle of the guarantee is if the Customs formalities are not settled for various reasons, and the consignee or consignor requests Customs to release the goods, the goods shall be guaranteed to Customs. However, Customs will not allow the guaranteed release in the following special cases:

— (1) the taxpayer has transfer or hiding the taxable goods and other property obviously within the prescribed tax period;

— (2) applying for the detention or release of goods suspected of infringing intellectual property rights;

— (3) imports are initially determined to be dumped, established subsidies and the official authorities announce the requirements for guarantee;

— (4) there are suspected violations of the laws, but they cannot be detained or inconveniently detained;

— (5) the party that has no permanent residence in the territory subject to Customs administrative punishment, but he/she are not satisfied with the penalty decision of Customs, or shall not be able to pay the fine before the departure;

— (6) import and export of gold and silver, endangered animals and plants, cultural relics, Chinese and Western medicines, food, sports and hunting firearms and ammunition and civil explosive equipment, radio equipment, security machines and other import and export goods subject to relevant state regulations, cannot be guaranteed.

8.3 Collateral

The guarantor can provide the following guarantees of property and rights:

— (1) CNY, freely convertible currency;

— (2) money order, promissory note, cheque, bond, certificate of deposit;

— (3) letter of guarantee from the bank or non-bank financial institution;

— (4) other property and rights recognized by Customs in accordance with the law.

8.4 Total Guarantee

China Customs accept the total guarantee for the whole year so that the consignee or consignor don't need to apply for Customs guarantee repeatedly when duty amount does not exceed the guarantee amount within the time limit of the guarantee.

## 9. PROHIBITION AND RESTRICTION

In principle, Foreign Trade Law (please refer to 2.2.1) lists the circumstances under which the state may impose restrictions or prohibit the import or export of goods and technology and such is allowed under the WTO rules. This law also provides for the adoption of any necessary measures to protect the national security. Most goods prohibited from importing and exporting are subject to the obligations of international conventions. Prohibition and restriction are implemented according to the code of the tariff code.

9.1 Import Prohibition

There are many catalogues of prohibited imports is officially announced and may be adjusted occasionally. It is noted that the prohibition on imported goods is not actually limited to the categories. The principles are as follows:

—imports will be prohibited in order to preserve national security, public interests and public morals;

—imports will be prohibited to protect the life or health of humans, animals and plants, to protect the environment;

—imports will be prohibited in accordance with laws and administrative regulations;

—imports will be prohibited in accordance with the provisions of international treaties and agreements concluded or joined by China.

Prohibited imports are as follows:

—animal and plant pathogens (including bacterial and toxic species, etc.), pests and harmful organism;

—animals, plants, foods and other articles coming from disease-stricken areas;

—animal corpse;

—tiger bone, rhino horn, ivory and its products;

—soil;

—weapons, ammunition, explosives and military supplies;

—poisons and narcotics such as anesthetics, opium, morphine, heroin, cocaine;

—some used boilers, machines and equipment;

—some used machine electrical products, equipment, unsorted parts, dismantling parts, damaged parts, crushing parts;

—counterfeit currencies and counterfeit negotiable securities;

—food containing certain prohibited food colorings and prohibited additions;

—printed matter, magnetic media, films or photographs which are determined to be detrimental to the political, economic, cultural and moral interests of China;

—cargo in countries / regions where trade with China is suspended or prohibited.

Solid Wastes

China has banned all imports of solid waste since 2020.

In addition

—China has banned the production, sales, import and export of home appliances using chlorofluorocarbon as coolant or foaming agent based on the announcement from September 1, 2007;

—based on the announcement, the import and export of ractopamine and ractopamine hydrochloride is prohibited;

—the import of alkaline manganese batteries with mercury content exceeds 0.0001% of the battery weight is prohibited;

—trade with North Korean suspend;

9.2 Import Restriction

There are many catalogues of controlled imports is officially announced and may be adjusted occasionally. It is noted that the restriction on imported goods is not actually limited to the categories. The principles are following:

—imports should be restricted in order to maintain national security, public interests and public morals;

—imports must be restricted to protect the lives or health of humans and animals and plants, and to protect the environment;

—imports should be restricted to nurture and promote specific industries in China if necessary;

—imports should be restricted for all products in the agriculture, livestock and fisheries industries if necessary;

—imports should be restricted to ensure China's international financial balance if necessary;

—other import restrictions in accordance with laws and administrative regulations;

—other import restrictions in accordance with the provisions of international treaties and agreements concluded or participated by China.

9.2.1 Import Tariff Quota

Import quota is formulated by the State Council in the Regulations on Import and Export Control of Goods. The number of import quotas is issued once a year, and importers need to obtain quotas in advance when importing these items and submit import quota license to China Customs. In 2024, China adopts import quota management for the following imported products:

—agricultural products such as wheat, cotton, etc.;

—sugar;

—wool;

—fertilizer.

9.2.2 Import License

Used Mechanical and Electrical Products, Ozone Depleting Substances

Import license is also formulated by the State Council in the Regulations on Import and Export Control of Goods. Import license is a kind of non-quantity management for imported goods and the list of import license is issued each year.

According to Import Restricted Machinery and Electrical Product List 2008, import of some metal products, machinery and equipment, electrical and electronic products, vehicles, instrument is limiting.

According to the announcement, used mechanical and electrical products (13 categories with 69 10-digital HS code in the 90th chapter of Chinese Tariff Schedule) and ozone depleting substances (49 10-digital HS code of Chinese Tariff Schedule) are subject to import licensing control.

It is noted based on the announcement, the import of specific type of used mechanical and electrical products is prohibited. from January 1, 2019. (2nd List of Import Prohibition was mainly for used machine electrical products and effective as of January 1, 2002. The new list (2019) was effective as of January 1, 2019.)

Sensitive Materials and Technologies

With sensitive materials and technologies such as nuclear, biological, chemical, missile and radioisotopes, the substances listed in 2024 including:

—monitoring chemicals;

—chemicals that can be converted into stimulants or other illegal drugs;

—the radioactive isotopes.

Products and devices with cryptographic technology

All products and devices listed in the list are subject to import license management.

9.2.3 Automatic Import License

In order to monitor imports, a system of import license automatically issued for certain mechanical and electronic products has been established. To import mechanical and electronic products subject to automatic import licensing, the importer should apply to Ministry of Commerce or its authorized agencies for an Automatic Import License before completing Customs formalities.

It is noted that since April 2018, the automatic import license of some automobile products and parts has been cancelled; since January 1st, 2019, the automatic import license management of engines and main parts, food machinery, spinning machinery, etc. has been cancelled.

9.2.4 Reporting System

China implements reporting system for some imported bulk agricultural products and imported foods.

9.3 Export Prohibition

There are catalogues of prohibited exports is officially announced and may be adjusted occasionally. It is noted that the prohibition on exported goods is not actually limited to the categories. The principles are as follows:

—exports will be prohibited in order to preserve national security, public interests and public morals;

—exports will be prohibited to protect the life or health of humans, animals and plants, to protect the environment;

—exports from China should be banned to protect resources that may be in short supply or exhausted;

—imports will be prohibited in accordance with laws and administrative regulations;

—imports will be prohibited in accordance with the provisions of international treaties and agreements concluded or joined by China.

Prohibited imports are as follows:

—weapons, ammunition, explosives and military supplies;

—counterfeit currencies and counterfeit negotiable securities;

—printed matter, magnetic media, films or photographs which are determined to be detrimental to the political, economic, cultural and moral interests of China;

—poisons and narcotics such as anesthetics, opium, morphine, heroin, cocaine;

—animal and plant pathogens (including bacterial and toxic species, etc.), pests and harmful organism;

—food / drugs that threaten the health of human, and where epidemics are occurring / endemic, and food / drugs that spread other diseases;

—cultural relics and heritage;

—precious animals and plants (including specimens), endangered animals and plants (including specimens) and their species and breeding materials;

—cargos in countries / regions where trade with China is suspended or prohibited.

It is particularly noted that the following export are prohibited in China:

—tiger bone;

—musk;

—rhinoceros' horn;

—natural bezoar;

—logs (crude wood);

—platinum, precious metals and their products;

—carbon tetrachloride used as a cleaning agent;

—1. 1. 1-trichloroethane;

—charcoal;

—forest litter, peat (grass).

Others to be Noted

—China has banned the production, sales, import and export of home appliances using chlorofluorocarbon as coolant or foaming agent based on the announcement from September 1, 2007;

—based on the announcement, the import and export of ractopamine and ractopamine hydrochloride is prohibited;

—trade with North Korean suspend.

9.4 Export Restriction

There are many catalogues of controlled exports is officially announced and may be adjusted occasionally. It is noted that the restriction on exported goods is not actually limited to the categories. The principles are as follow:

—exports should be restricted in order to maintain national security, public interests and public morals;

—exports must be restricted to protect the lives or health of humans and animals and plants, and to protect the environment;

—market size of export destination is limited and should be restricted if necessary;

—exports should be restricted because it can seriously harm to export order;

—other export restrictions in accordance with laws and administrative regulations;

—other export restrictions in accordance with the provisions of international treaties and agreements concluded or participated by China.

The main control measures for export restriction are export quota and export license. Export License List is promulgated every year and each target is determined by HS code.

9.4.1 Export Quota

Export quota is formulated by the State Council in the Regulations on Import and Export Control of Goods. A limited number of export quotas are issued annually, and exporters need to obtain quotas in advance when exporting these items and submit export quota license to China Customs. In 2024, China adopts export quota management for the following imported products:

—licorice and its products (Quota Bidding);

—valerian and its products (Quota Bidding);

—artificially planted ephedra;

—Live pig;

—Live cattle;

—Live chicken;

—wheat;

—corn;

—rice;

—wheat flour;

—corn flour;

—rice flour;

—coal;

—crude oil;

—oil (excluding lubricating oil, grease, lubricating base oil);

—sawn timber;

—cotton.

9.4.2 Export License

The main contents of export license management in 2024 are as follows:

Export License Based on the Quota

—live cattle (for Hong Kong and Macau);

—live pigs (for Hong Kong and Macau);

—live chickens (for Hong Kong);

—wheat;

—corn;

—rice;

—wheat flour;

—corn flour;

—rice flour;

—artificially planted ephedra;

—coal;

—crude oil,

—oil (excluding lubricating oil, grease, lubricating base oil);

—sawn timber;

—cotton;

—licorice and its products (Quota Bidding);

—valerian and its products (Quota Bidding);

It is noted that exporting the listed goods by processing trade should apply for export licenses with quota documents and export contracts for goods.

Export License Based on Application

The following are the list to apply for an export license (processing trade also needs to apply for):

—live cattle (outside Hong Kong and Macau);

—live pigs (outside Hong Kong and Macau);

—live chicken (outside Hong Kong);

—beef;

—pork;

—chicken;

—bauxite;

—phosphate rock;

—magnesia;

—talc (powder);

—fluorite;

—rare earth;

—tin and its products;

—tungsten and its products;

—molybdenum and its products;

—antimony and its products;

—coke;

—refined oil (lubricating oil, grease, lubricating base oil);

—paraffin;

—some metal and its products;

—disodium sulfate;

—silicon carbide;

—ozone depleting substances;

—citric acid;

—Vitamin C;

—penicillin industrial salt;

—silver;

—platinum (exported by processing trade);

—indium and its products;

—motorcycle (including all-terrain vehicles) with its engine and frame;

—automobile (including complete sets of parts) and its chassis.

Sensitive Materials and Technologies

Please refer to 9.2.2 Import License.

Noted

—the goods in the catalogue provided under the foreign aid of the Chinese government are not subject to the export quota and license management;

—Customs declarations for the export of licorice are designated to Tianjin Customs, Shanghai Customs and Dalian Customs;

—Customs declarations for the export of licorice products are designated to Tianjin Customs and Shanghai Customs;

—Customs declarations for the export of natural sand to Taiwan, Hong Kong and Macau are designated to regional Customs where the exporter is located.

9.5 Commodity Inspection

After the institutional restructuring of China Customs and China Inspection and Quarantine (CIQ) in 2018, China Customs has absorbed the responsibility and staff of the CIQ. Referring to 2.2.3 Import and Export Commodity Inspection Law, China Customs conducts inspection on import and export commodities according to related laws and regulations. The Statutory Catalogue subject to inspection is issued by China Customs every year. In addition, with the reform of China Customs and the development of trade facilitation, this system is changing and the scope of the catalogue is shrinking. The main commodities in the catalogue are:

—lignite;

—ferrosilicon;

—some hazardous chemicals;

—medical diagnosis and blood type determination reagent;

—electrocardiograph;

—some electronic product;

—some food;

—veterinary vaccine;

—child safety seat;

—vehicles parts;

—oxygen equipment.

All other imported and exported products may be sampled to inspection. In order to alleviate the burden on exporters, all export goods, transportation vehicles, containers and other statutory inspection goods are exempt from fees.

9.6 China Compulsory Certification

China implemented a new domestic system of compulsory certification since 2002. Safety and other regulatory requirements also apply to imports of medicines, foodstuffs, animal and plant products, and mechanical and electronic products. China National Committee of Certification and Accreditation (CNCA) is responsible for the quality standards.

Under this system, a unified catalogue, standard, mark and fee schedule were put in place and the CCC (China Compulsory Certification) mark system replaced the old system. The CCC mark is the certification mark for products which are allowed to be imported, sold or used in China. Catalogues of products requiring the CCC mark have been drawn up and published. Details can be found on the CNCA website.

9.7 Other Related Requirements

9.7.1 Commodity Description and Labelling

All goods sold in China must be labelled in the Chinese language with a required description of their contents, grades and specifications as to quantities where applicable, the production date and expiration date (in particular for food-related items and pre-packaged foods), and explanatory warnings of any potential hazard associated with the products.

China also adopted a labelling system for the management of GM (Genetically Modified) agricultural bioproducts and publishes a catalogue accordingly. All GM agricultural bioproducts listed in the catalogue must be properly labelled if they are to be sold in the Chinese market.

In addition, fumigation is required for all wooden packing materials, in accordance with IPPC standards, and must bear the IPPC (International Plant Protection Convention) symbol.

9.7.2 Overseas Manufacturer Registration

Overseas manufactures of specific commodities (such as drugs) are required to register with the competent Chinese official authorities (not China Customs), but the exporters are disqualified for this registration. Please be noted that overseas manufacturers shall be recommended by the official authorities of exporting country (region) to conduct the registration in the competent Chinese official authorities. For example, the registration/confirmation for dairy, aquatic and meat products will be conducted at the website.

9.7.3 Overseas Exporter Filing

Overseas exporters and their agents of food, cosmetics and medicines shall file their information with China Customs at the website.

## 10. CUSTOMS DUTIES AND EXERCISES

Currently, the revenue collected by China Customs mainly includes tariff, import VAT, consumption tax and vessel tonnage tax.

10.1 Tariff Structure

From a legal perspective, there are many different types of tariffs in China.

Based on freight logistics

—Import tariff, refer to 10.2;

—Export tariff, refer to 10.3.

According to dutiable calculation standards

—Ad valorem Tariff:

*Duty Payable = Dutiable Value × Tariff rate*

—Quantity-based Tariff:

*Duty payable = Quantity of imported goods × Amount of duty per unit*

—Compound Formula Tariff:

*Duty payable = Dutiable Value × Tariff rate + Quantity of imported goods × Amount of duty per unit*

—Sliding Tariff; (It is currently only for cotton without import quota.)

—Alternative Tariff.

Dutiable Value and duty payable should be calculated in CNY using the benchmark exchange rate published by the People's Bank of China.

10.2 Import Tariff

The Customs Tariff Commission of the State Council announces the annual implementation plan each year. For more information, please refer to the2024 Customs Tariff Adjustment Plan (effective from January 1, 2024). China's import tariff is divided into:

10.2.1 MFN Tariff

MFN (Most Favored Nation) Tariffs are applicable to:

—imported goods from WTO members with the common application of MFN clauses;

—imported from countries/regions that have bilateral trade agreements with China granting MFN clauses to;

—imported goods that China is the country of origin.

The MFN Tariff Rate has gradually decreased with the entry of the WTO. By 2010, China had fulfilled all its tariff reduction obligations, reducing its average arithmetic tariff rate to 9.8%. According to the WTO, China's average MFN Tariff Rate has been progressively lowered from 15.3% in 2001 to 7.5% in 2024.

10.2.2 Conventional Tariff

According to the kinds of trade agreements concluded between China and the relevant countries/regions, goods imported from the relevant countries/regions and complied with relevant Rules of Origin will be subject to Conventional Tariff.

10.2.3 Preferential Tariff

According to the trade or tariff preferential agreement signed by China and relevant countries/regions, bilateral official exchange of documents and decisions of the State Council, Preferential Tariff is applicable to specific goods from the following countries or regions (refer to the tariff columns of Tariff Schedule of PRC 2024):

10.2.4 Tariff Quota

The Tariff Quota is applicable to goods imported within the import quota.

10.2.5 Temporary Tariff

Based on the 2024 Customs Tariff Adjustment Plan, the Temporary Tariff will apply to imported products for some HS codes. The

Temporary Tariff is targeting specific imported products:

—If the imported goods that are subject to the MFN Tariff are also applicable to the Temporary Tariff, the Temporary Tariff shall apply to;

—If the imported goods that are subject to the Conventional Tariff or Preferential Tariff are also applicable to the Temporary Tariff, then the Temporary Tariff shall apply to.

10.2.6 General Tariff

General Tariff is applicable to imported goods from countries/regions that are not applicable to MFN Tariff, Conventional Tariff, Preferential Tariff, and imported goods from unknown country of origin.

10.2.7 Overview of China's 2024 Tariff Adjustment Plan

- In 2024, China will impose tariffs on 8,957 tax items.
- Starting from January 1, 2024, 1,010 items, including certain medical products, key equipment and parts, resources in short supply, and some agriculture products, will be subject to provisional import tariff rates, which are lower than the most favored nation (MFN) tariffs.
- Starting from January 1, 2024, import tariffs on some commodities will be raised to assist with the development of domestic industry and cope with changes in supply and demand. Examples include ethylene, propylene, and liquid crystal glass substrates below 6 generations.
- The conventional tariff rates will be applied to imported goods originating from 30 countries or regions, under the 20 free trade agreements and preferential trade arrangements that have been signed and entered into force between china and relevant countries or regions.
- The preferential tariff rates will continue to be applied to 43 least-developed countries that have established diplomatic relations with China and completed the exchange of documents, to support and help the least-developed countries accelerate their development. The zero tariff treatment for vanuatu will be ceased.
- The tariff quota management will continue to be implemented on eight categories of commodities including wheat, and the tax rates will remain unchanged.
- Export tariffs will be imposed on 107 commodities, including ferrochrome, 68 of which are subjected to provisional export tariff rates.

10.3 Export Tariff

Export Tariffs are classified into temporary and general. In 2024, only nearly 100 HS codes are within the scope of taxation, and the rate remained as last year.

10.4 Special Import Duties

10.4.1 Anti-Dumping Duty

When imported products enter the Chinese market by dumping and seriously damage China's existing industries or cause major obstacles to the growth of China's domestic industry, Anti-Dumping Duty will be imposed after the investigation. The Anti-Dumping Duties collection period shall not exceed 5 years.

10.4.2 Countervailing Duty

When imported products are subsidized by the government and seriously damage China's existing industries or cause major obstacles to China's industrial development. In addition, Countervailing Duties will be imposed after the investigation. The period of countervailing duty collection shall not exceed 5 years.

10.4.3 Safeguards Measures

If the number of imported products increases and seriously damages the Chinese industry, Safeguards Measures (not more than 200 days) will be imposed on the investigation that usually indicate the temporary special duties. According to the final ruling of the investigation, special duties or quantitative restrictions may be imposed. The period of protection must not exceed 4 years.

10.4.4 Special Safeguard Mechanism

Special Safeguard Mechanism (SSM) is only a temporary emergency measure for developing countries that have implemented tariff management for agricultural imports. It is applicable only to agricultural products specified in the agreement and it can be activated automatically when the import volume increases rapidly or the import price is lower than the specified standard.

10.4.5 Retaliatory Tariff

Over the course of the US-China trade disputes, China has imposed retaliatory tariffs on US goods, including beef, lamb, pork, vegetables, juice, cooking oil, tea, coffee, refrigerators, and furniture, among many others.

10.5 VAT for Imported Goods

From April 1, 2019, all goods imported into China are subject to the Value-Added Tax (VAT) of either 9% or 13 %. The 9% tax is available for certain goods that fall mainly within the categories of agricultural and utility items, while the 13% tax applies to other goods subject to the VAT.

10.6 Consumption Tax for Imported Goods

Consumption Tax is imposed on importers who import taxable products. Imported products taxable under China's consumption tax include:

—tobacco or alcohol;

—firecrackers and fireworks;

—luxury goods like fine jewellery, precious stones and cosmetics

—high-end products, such as passenger cars and motorcycles, golf balls and equipment, high-end watches, yachts;

—disposable wooden chopsticks;

—hardwood floorboards;

—batteries and coatings.

For imported goods, the consumption tax rate varies depending on the type of product being brought into the country. Calculating consumption tax can be done by using either the ad valorem or quantity-based method.

10.7 Cross-Border E-Commerce Import Tax

There are two circumstances that can apply Cross-Border E-Commerce import:

—goods purchased from merchants registered in China's cross-border e-commerce network, or

—goods purchased from any overseas merchant and shipped by a courier company that is able to present three required documents (commercial invoice, airway bill, and proof of payment), and who can take legal responsibility for the import.

Personal imports of these types, with a Customs value (CIF value) up to CNY 5, 000, and where the accumulated transaction value has not surpassed the personal annual limit of CNY 26, 000, are exempt from import duty, and subject to 70% of the applicable VAT and Consumption Tax rate.

Imports which exceed these limits will be subject to all duties and taxes. It is noted only products in the positive list (i. e. a list of products approved by China's Ministry of Finance) can be imported under this regime.

10.8 Reduction, Exemption and Refund

10.8.1 Reductions and Exemptions

General

The following goods imported and exported may be exempt from Customs Duties by-law:

—the goods of one receipt of duty amount under CNY 50;

—advertising articles and trade samples of no commercial value;

—materials gifted by international organizations or foreign governments free from charge;

—the fuels, materials, and beverage needed for the entry and exit transportation tools on the route of loading;

—the goods damaged or lost before releasing by Customs;

—other goods free from or reduced on Customs Duties by-laws (such as the goods, articles free from or reduced of Customs Duties as stipulated in the international conventions that China has concluded or participated).

At the same time when the duty is reduced, exempt for the above imported goods, the VAT and Consumption Tax on the stage of importation may be reduced or exempted.

Special

Duty exemption or reduction and temporary exemption or reduction of duty to special area, specific enterprise or for special use may be granted in line with the regulations of the State Council. The Customs Duties on the following imported for self-use may be exempt:

—imported equipment and parts by the foreign and domestic investment projects and research centers, encouraged, listed and approved by official authorities;

—Importing certain key components and raw materials or exporting certain key technical equipment and products listed in the catalogue to eligible Chinese domestic enterprises is exempt from import VAT and Customs duties, encouraged, listed and approved by official authorities;

—imported equipment and parts by integrated circuit manufacturing enterprises (projects), software enterprises (projects) and anime enterprises (projects), encouraged, listed and approved by official authorities;

—imported articles for science, research, and teaching, encouraged, listed and approved by official authorities;

—imported articles specially for the use of the disabled, encouraged, listed and approved by official authorities;

—oversea donated, poverty support or charity goods approved by official authorities ;

—the commodities imported by the border residents by mutual market trade with a limit.

It is noted that the duties on the bonded components and raw materials for processing trade are also exempted.

10.8.2 Duty Refund

The duty payers may apply for the refund of the duty within one year after the date of payment by written form:

—if the duty-paid goods are re-exported out of China due to quality or specification reasons;

—if the duty-paid goods are re-imported into China due to quality or specification reasons;

—if the duty-paid goods are not loaded or exported;

—if there is any damage, bad quality, wrong specification or other shortage of the duty-paid goods.

China Customs may examine the goods or ask for the qualified proof, such as an inspection report.

## 11. HS CLASSIFICATON

The Harmonized Commodity Description and Coding System, also known as the Harmonized System (HS) of tariff nomenclature is an international standardized system of names and numbers to classify traded products. The determination of the correct HS Code for tariff classification purposes is important since the applicable Customs tariff rates and import licenses/certificates for specific imported goods are determined according to their HS Codes.

From August 1, 2018, the HS Code system of China has been changed from the original 10-digital HS code to the new 13-digital HS code. The first 6 digits of these codes are the same to those used by other members of the WCO, the 7-8 digit are the commodity code of China, 9-10 digit are Customs additional control codes, and 11-13 digit are additional numbers for inspection and quarantine. The 8-digital Tariff Schedule published by the Customs Tariff Commission of the State Council includes 8,549 8-digital codes. The following is the structure of a 13-digital code:

| | |
|---|---|
| —1-2 digit | Chapter; |
| —1-4 digit | Heading; |
| —1-6 digit | Sub-heading |
| —1-8 digit | Article |
| — 9-10 digit | Customs additional control code |
| —11-13 digit | Additional numbers for inspection and quarantine |

To gain more certainty on the HS classification of a product to be imported into China, the importer may apply to China Customs for an Advanced Ruling on the HS code.

## 12. CUSTOMS VALUATION

According to the important decree of GACC, the Measure for Customs Valuation of Imported and Exported Goods, China Customs uses the globally accepted methodology to assess the dutiable value. Based on the measure, the dutiable value of imported goods should be assessed based on the transaction value, which is defined as the complete actual price of the goods, including both direct and indirect payments made by the buyer to the seller, with certain required adjustments. The dutiable value also includes transportation-related expenses and insurance premiums on the goods prior to unloading at the place of arrival in China. Import duties and taxes collected by Customs are excluded from the dutiable value.

To assess a dutiable value, E-Customs may automatically access to a valuation database that lists appropriate valuations for various imports, based on international market prices, foreign market prices, and domestic prices. Normally, the price on the Invoice will be accepted. However, if the reported value is too far out of line with the database, China Customs officer may inspect the goods and evaluate the goods based on the following methods with certain required adjustments in order:

— (1) transaction value method;

— (2) identical goods method;

— (3) similar goods method;

— (4) domestic sale pric emethod;

— (5) calculating-costs method;

— (6) reasonable standards method.

These methods must be applied sequentially starting with the first method, and any evaluation method of lower priority can be applied only when the dutiable value determined by the method of higher priority cannot be applied. However, the fifth method may be applied in advance of the fourth method in case where the person liable for duty payment makes a request for it.

In recent years, both Chinese Tax and Customs administrations have placed their focus on transfer pricing, particularly of multinational enterprises. Some new requirements and regulations provide Customs authorities with more information and an approach to evaluate declared dutiable values. Since March 2016 the GACC has announced several adjustments to the Customs Declaration requirements, requiring importers to disclose related party transactions and to confirm whether import prices have been influenced by the relationship between the buyer and seller.

China Customs, by leveraging the newly established Customs National Center for Duty Collection and Management for national all—one clearance reform, have increased their supervision and monitoring of import transactions between related parties and have instructed the audit division and port clearance division to carry out focused inspections.

However, from China Customs' standpoint, if the company's profit margin is higher than the upper quantile established by the benchmark comparable companies, the Customs authorities would tend to consider whether the high profit rate is caused by the low import price.

As part of group transfer pricing policies, many MNEs set up licensing arrangement for local Chinese subsidiaries to pay royalties relating to the right to use certain intangibles (i. e. trademark fees, technology fees) to relevant intangibles owners. Currently, procedure-wise the MNEs could remit the outbound royalties without preapproval from the Chinese tax or Customs authorities. However, both authorities could still look into royalty payments closely even after the outbound royalty payments are made. Customs valuation rules focus on whether the royalties are connected to the imported goods, such that the royalty payment constitutes the condition to sales to China, to assess whether the royalty payment should be dutiable and additional duties and import VAT should be levied. MNEs may also consider available mechanisms such as Customs Advance Rulings and China Customs has introduced the Customs Advance Ruling mechanism from February 1, 2018.

## 13. RULES OF ORIGIN

Rules of origin are technical content that is closely related to the collection of cross-border taxes in international trade. Usually, Rules of Origin are used:

—to implement measures and instruments of commercial policy such as anti-dumping duties and safeguard measures;

—to determine whether imported products shall receive most-favored-nation (MFN) treatment or preferential treatment;

—for the purpose of trade statistics;

—for the application of labelling and marking requirements; and

—for government procurement.

Being the criteria needed to determine the "nationality" of a product, there is wide variation in the practice of different governments with regard to it especially with the growth of bilateral and multilateral regional free trade agreements. While the requirement of substantial transformation is universally recognized, governments apply the criterion of change of tariff classification, others the ad valorem percentage criterion and yet others the criterion of manufacturing or processing operation.

China has offered special preferential tariff treatment to the Least Developed Countries (LDCs). For example. China began providing special preferential tariff treatment to selected products imported from Laos, Cambodia and Burma from November 2001. So far, importation from more than 40 countries to China can enjoy the special preferential tariff treatment.

GACC issued Administrative Measures of the PRC Customs on Rules of Origin of Imported Goods from the Least Developed Countries Entitled to Special Preferential Tariff Treatment in 2017. With this publication, the previous decrees regarding the rules of origin of goods imported from the LDCs are abolished. The Decree applies to the administration on country of origin for importations from the LDCs that enjoy special preferential tariff treatment, which represents the new requirements of China Customs regarding administration on country of origin.

The rules of origin for special preferential tariff treatment have been further improved with the issuance of the Decree, becoming more similar to the rules of origin in the newly signed free trade agreements between China and beneficiary countries. The newly introduced rules in the Decree make it easier for goods to be regarded as originating from beneficiary countries. The introduction of Advanced Ruling and Declaration of Origin gives importers more choices when applying for the beneficiary tariff rate.

It is noted that besides offering special preferential tariff treatment to LDCs, China has already signed bilateral FTAs with many countries/regions, as well as 2 regional FTAs. Goods imported from contracting parties can enjoy the agreed preferential tariff treatment with the support of specific Rules of Origin. Rules of origin are different among different FTAs, which were determined based on the negotiation between China and the contracting countries. For example, although "wholly obtained" and "substantially transformed" are two basic standards in the rules of origin, different FTAs have different rules in details.

In addition, some specific provisions regarding cumulation, minimal operations or processes, direct consignment, de minimis, neutral elements, packaging materials and containers, fungible materials and sets of articles may not be included in all FTAs, and each specific rule may not be same in different FTAs.

Originating Goods

Aside from products that are "wholly obtained or manufactured in beneficiary countries" and "not wholly obtained or manufactured but are substantially transformed in beneficiary countries", products that are completely manufactured in beneficiary countries with originating materials regulated by the Decree will be treated as originating products from beneficiary countries.

Advanced Ruling and Declaration of Origin

A Declaration of Origin can be accepted in place of a Certificate of Origin for any consignment of goods covered by an advance ruling issued by China Customs that deems the goods to be qualified as originating from beneficiary countries, so long as the facts and circumstances on which the ruling was based remain unchanged and the ruling remains valid.

Electronic Data Exchange System

If China Customs has already acquired the electronic data of a Certificate of Origin or Declaration of Origin from beneficiary countries through the electronic data exchange system, the consignees or their agents of imported goods do not need to submit hard copies of the documents.

De Minimis Rule

A good that does not satisfy change in tariff classification requirements will nonetheless be an originating good if:

— (a) the value of all non-originating materials used in the production of the good in question does not exceed 10% of the value of the good as determined in accordance with WTO GATT Customs Valuation Agreement; and

— (b) the good meets all other applicable provisions of the Decree.

Cumulation

Where originating goods or materials of China are for producing into a product in the beneficiary country, the goods or materials so incorporated should be regarded as originating materials.

If the beneficiary country is a member of a specific regional group where originating goods or materials of other beneficiary countries within the group are incorporated for producing into a product, the goods or materials so incorporated should be regarded as originating materials.

Clarification on the Calculation of Regional Value Content

*RVC* = ( *Value of the good-Value of non-originating material*) / *Value of the good*×100%

while value of the good should be determined in accordance with the provisions of the Measure for Customs Valuation of Imported and Exported Goods, adjusted on an FOB basis.

Direct Consignment

If an originating good of a beneficiary country is transported through other country or region before arriving in China, the maximum duration of staying in the country or district has been extended from 3 months to 6 months.

Waiver of Certificate of Origin or Declaration of Origin

The requirements for the presentation of a Certificate of Origin or Declaration of Origin have been waived for any consignment of originating goods of a Customs value not exceeding CNY 6, 000.

## 14. CUSTOMS ADVANCED RULINGS

In 2017, GACC released the Interim Administrative Procedure for Customs Advance Rulings, which comes into effect on February 1, 2018. The new provisions permit importers and exporters to request advance rulings from China Customs in advance of the actual importation or exportation of the goods online.

Eligibility for Advance Ruling Applications

Applicants shall be foreign trade operators (importers and exporters) registered with China Customs. In addition, applicants shall only apply for advance ruling on Customs affairs in relation to their own foreign trade activities.

Scope of Advance Rulings

—HS Classification;

—Country (region) of Origins or qualifications as original products;

—dutiable value and valuation methods for imported goods;

—other Customs affairs prescribed by the GACC.

Time Limit and In-charge Customs Office

An applicant shall apply to the Customs directly under the GACC at the place where it is registered in three months before the scheduled importation and exportation.

Under exceptional circumstances, an applicant that has valid reasons may apply for advance rulings within three months before the scheduled importation or exportation.

Advance Duling Decision

After the submission of an application for advance ruling, the in-charge Customs shall review and make a decision on whether or not to accept the application within 10 days. Once the application is accepted, an advance ruling decision shall be issued within 60 days. Except for those involving business secrets, the Customs office reserves the right to publish the rulings letters.

An advance ruling decision is valid for three years. In case of any changes to the relevant laws, administrative regulations, Customs regulations and announcements of the GACC on which the advance ruling decision is based, the advance ruling decision shall be null and void automatically.

Advance ruling decisions have no retroactive effect on goods imported or exported before these decisions come into force.

Any applicant that has objections to an advance ruling decision may apply to the GACC for administrative review, and may further institute administrative proceedings with the people's court in accordance with the law if it still has objections to the review decision.

## 15. FREE TRADE AGREEMENTS

In 1982, China was recognized as an observer of the GATT and applied to join in 1986 (restoring the status of the GATT signatories). On December 11, 2001, PR China joined the WTO officially.

Currently, China has signed and implemented 22 Free Trade Agreements (FTAs), while dozens of FTAs are in negotiations and under considerations. China has FTAs in force with countries and economic blocs such as ASEAN, New Zealand, Singapore, Switzerland, Korea and Australia. The RCEP free trade agreement, which includes China, creates the world's largest free trade area.

## 16. BONDED TRADE

16.1 Bonded Processing Trade

China has abounded system on processing trade which refers to the business activity of importing all, or part of, the raw and auxiliary materials, parts and components, accessories, and packaging materials from abroad in bond, and re-exporting the finished products after processing or assembly by enterprises within China. Under this system, the amount of materials and components imported for the purpose of processing trade is exempt from tariffs. There are normally two kinds of processing trade that can be adopted.

16.1.1 Categories of Bonded Processing Trade

Processing with Supplied Materials

In terms of processing with supplied materials, which is also named contract processing, raw materials and components are supplied by a foreign company and processed by a Chinese enterprise. Ownership of raw materials and components remains that of the foreign customer. The Chinese company does not have to make foreign exchange payments, and is paid through charging a processing fee. Finished products are owned and distributed by the foreign customer. If any of the bonded materials under processing trade are diverted for domestic consumption, China Customs would collect the corresponding amount of duties and VAT.

Processing with Imported Materials

Processing with imported materials means that a Chinese corporation purchases raw materials and components (either from the ultimate foreign purchaser or a third party) and it is also named as import processing. Therefore, it has to make foreign currency payments. The ownership of those imported commodities remains that of the Chinese enterprise. The Chinese enterprise exports the finished products to any foreign customer after processing and assembling. The Chinese manufacturer is allowed to purchase raw materials from overseas suppliers free of import duty and VAT.

16.1.2 Advantage of Bonded Processing Trade

China has a bonded system on processing trade that includes bonded zones and bonded factories. Under the bonded system, processing companies are entitled to defer payment of tariffs and import-related taxes on all imported materials and components. However, if the finished products are intended to be sold on the Chinese market, China Customs will levy duties and interest on deferred payments subject to valid approval documents for sale on the Chinese market issued by the relevant authorities.

Furthermore, the imported machines provided by a foreign party for the purpose of processing trade will also be exempt from Customs duties and import value-added tax, except for a few non-duty-exempt commodities as specified by China Customs.

16.1.3 Customs Procedures

Since August 1, 2019, the e-account-book management and E-Customs clearance procedures for processing trade have been carried out through the Golden Gate II System, and the procedures for handling enterprises are easier and faster.

16.2 Bonded Logistics

16.2.1 Bonded Warehouse

A. Public Bonded Warehouses

Operated by the independent domestic enterprise legal persons, public bonded warehouses provide bonded storage services to the public.

B. Self-use Bonded Warehouses

Self-use bonded warehouses are operated by specific independent domestic enterprises legal persons in China, and only store the bonded goods of such enterprises of its self-use.

C. Special Bonded Warehouses

Special bonded warehouses comprise bonded warehouses for liquid dangerous goods, for stock materials, for consignment and maintenance, and other special bonded warehouses.

Scope of goods that may be stored in bonded warehouses:

—imported goods for processing trade;

—transit goods;

—oil, materials and maintenance spare parts for vessels and aircrafts used for international voyages or flights;

—imported consignments of spare parts for maintenance of foreign products;

—goods temporarily stored by foreign merchant;

—ordinary trade goods that have not gone through Customs clearance;

—other goods that are approved by the Customs but have not gone through Customs clearance.

16.2.2 Bonded Logistics Center - Type B

Bonded Logistics Center - Type B means a centralized Customs-supervised place that operated by a domestic enterprise legal person in China, where many enterprises are located and specialized in bonded warehousing/logistics business.

16.3 Special Customs Supervision Zone

Special Customs Supervision Zone (SCSZ) is a type of economic development zone in China, which were empowered for bonded processing trade, bonded logistics, and bonded related service such as cross-border e-commerce. Upon approval by the State Council, SCSZ is set up under the supervision of Customs authorities. SCSZ is usually surrounded by an iron mesh enclosure, making them segregated areas.

Goods entering SCSZ from abroad are not categorized as imports and enjoy preferential bonded policies. Similarly, goods from domestic out-zone areas entering some SCSZ may enjoy export rebates. In fact, while SCSZs occupy only 1/20, 000th of China's land, they generated around one-sixth of the country's total foreign trade in 2023. In recent years, Comprehensive Bonded Zone (CBZ) is becoming the dominant type of SCSZ attributed to current policy trends.

16.3.1 Types of SCSZ

Currently, there are six types of SCSZs existing in China:

**Table 3 Six Types of SCSZs in China**

| SCSZ | Functions |
| --- | --- |
| Bonded Zone | Bonded warehousing, transit trade, export processing, etc. |
| Bonded Logistics Park | Bonded warehousing, international transfer, international procurement, international distribution, product exhibition, international enter pot trade, etc. |
| Export Processing Zone | Export processing, etc. |
| Bonded Port | Bonded warehousing, logistics, international transfer, international procurement and distribution, testing and after-sales maintenance service, product exhibition, R&D processing, manufacturing, port operations, etc. |
| Cross-border Industrial Park | Manufacturing, logistics, transit trade, product exhibition, etc. |
| Comprehensive Bonded Zone (CBZ) | Bonded warehousing, logistics, International transfer international procurement and distribution, testing and after-sales maintenance service, product exhibition, R&D processing, manufacturing, etc. |

After 2015, all existing SCSZs will be integrated into CBZs. Further, except for some Bonded Zones, most SCSZs will transition or are currently transitioning into becoming CBZs.

16.3.2 Comprehensive Bonded Zone

The Guidelines on Projects Suitable for Entry into CBZ, issued by the GACC in April 2019, offers a list of preferential policies in CBZ, the categories of enterprises highly encouraged to do business in CBZ, and sample cases of entry projects for reference for potential investors.

Preferential Tax Policy

—goods entering CBZ from abroad are bonded in the zone;

—goods from Chinese non-zone areas entering CBZ can enjoy export rebates;

—in-zone goods sold to domestic markets can be declared to Customs, according to the relevant provisions on the import of goods, and be taxed, according to the actual state of the goods;

—goods transactions between in-zone enterprises are exempted from VAT and consumption tax;

—imported materials and equipment of capital construction will be exempted from tariffs and import-related taxes; and

—other approved or authorized tax policies.

Trade Control Policy

No import and export quota or license administration shall be required for goods entering or leaving the country, unless specifically required.

Bonded Supervision Policy

No storage period for bonded goods stored in the area; and bonded goods can be transferred freely among enterprises in the zone.

Foreign Exchange Policy

Goods entering or leaving the zone (within the territory and outside the zone) may be settled in foreign currency or CNY.

Future Policy Trends

In January 2019, the State Council issued the Opinions on Promoting High-level Opening and High-quality Development of CBZ (New 21 Articles), aiming to promote CBZ to become five centers - processing and manufacturing centers, R&D centers, logistics distribution centers, testing and maintenance centers, and sales and service centers. The opinion announced 21 measures to facilitate in-zone enterprises to expand their business scope.

16. 4 Pilot FTZ

The establishment of Pilot FTZ (Free Trade Zone) represents China's major move to adopt a more proactive strategy of opening up in line with the new trend of global economic development. The State Council has so far approved 22 Pilot FTZs. The Pilot FTZs has made considerable progress in trade facilitation and institutional innovation. In line with this, it is now expected that the new Customs system that comply will Pilot FTZs practices will be put in place across China within the next years.

## 17. CUSTOMS POST-CLEARANCE AUDIT

As one of the risk management measures, China Customs Post-Clearance Audit (PCA) aims at identifying non-compliances. The Customs PCA can be a randomly pre-determined audit or routine audit by the local Customs.

17. 1 Scope of PCA

According to the PRC Customs Audit Regulations, the scope of Customs audit is to examine the "truthfulness and legality" of import and export activities. At any time within 3 years after imported or exported goods are released, China Customs is entitled to audit these goods as well as all related import and export documents and accounting books and records.

The scope of audit will be indicated on the audit notice. Most likely Customs audit may focus on HS codes, value, royalties, origin, export control and so forth. In the audit, the Customs auditors or their authorized third party may request to review all documents related to import and export activities. Such documents include three-year accounting books, Customs declaration documents, import and export records, resale records and so forth. It is the company's legal duty to properly compile and retain these documents and records.

17. 2 Procedure of PCA

Notice of Audit

A Customs audit must start with a formal notification to the company 3 days before the audit. In urgent cases where the documents or goods may be transferred, hidden or destroyed by the company, no advance notice is necessary and notice of audit can be served on the day when the dawn-raid audit starts.

On-site Audit

Customs must dispatch at least two auditors to conduct the on-site audit. These auditors must show the company their Customs Audit Certificate before they start the audit.

When conducting audit, the audit team can visit and enter office, workshop and warehouse to examine goods, review and copy accounting books and other documents, inquire the legal representative and personnel.

Sometimes the audit team may request all routine works suspended until the on-site audit finished. Audit team may also examine the bank accounts of the company. In the circumstances where the Customs suspects that the documents may be hidden or destroyed by the company, the Customs may seal up or seize the documents or goods during audit.

Pre-decision Notice

If any non-compliance is identified through the audit, before a formal audit conclusion is made, the auditor will send the pre-decision notice to the company soliciting views from the company on the facts found and conclusions to be made.

Comment on Pre-decision Notice

The company may submit written comment on the pre-decision notice to the Customs auditor within 7 days after receiving the same notice. The company must avoid imprudent admission of any allegation if it is not a fact.

Audit Decision

If the Customs audit does not identify any non-compliance, the auditor may directly make a decision without a need to issue the pre-decision notice.

If the audit team identifies underpaid import taxes, it will make decision of tax compensation.

In case that non-compliance is found out, the auditor will make a decision to transfer this case to Anti-Smuggling Bureau of Customs who has the authority to investigate illegal activities and make administrative punishments.

17.3 Obligations of Auditees

The company has a legal duty to cooperate with the Customs, provide necessary space to the audit team and submit documents as requested by the Customs auditors.

The company is not supposed to refuse or delay in providing the Customs with the accounting books, documents and other related materials as well as related electronic data, nor to transfer, conceal, falsify or destroy accounting books, provide false information to the Customs auditors, or conceal important facts. Any violation of this duty may result in administrative or criminal punishment to the company or the responsible personnel.

There must be reasonableness in a request of the Customs for any data or information. If any data or information if obviously not relevant to truthfulness or legality of imported or exported goods, the company could raise an objection to refuse provision of such data or documents.

17.4 Voluntary Disclosure

The New Customs Audit Regulations provide a "voluntary disclosure mechanism" where companies, directly related to the importation/exportation of goods, voluntarily report their violations to Customs and accept the corresponding Customs consequences should be subject to lenient treatment or reduced administrative penalties.

Through voluntary disclosures, companies should be subject to lenient treatments or reduced penalties on their disclosed violations. Therefore, one of the aims of voluntary disclosure is to encourage companies to make use of their routine internal control processes to improve compliance.

## 18. CUSTOMS ADMINISTRATIVE LICENSING

Administrative licensing refers to the act of China Customs that, according to the application of a citizen, legal person or other organization, is subject to legal review and is permitted to engage in specific activities. After the governmental reform in recent years, administrative licensing matters have been greatly reduced and strictly controlled.

The contents and jurisdiction of the Administrative Licensing of China Customs are as follows:

Approval by GACC

—Registration of Tax-free store;

—Registration of oversea institution engaged in production, processing and storage of imported animal or plant products (including which involved in after entering China);

—Registration of overseas manufacturer for imported food;

—Permit of inspection for import and export commodity inspection and appraisal business.

Approval by GACC and other ministries and commissions

—Bonded Logistics Center - Type B registration.

Approval by GACC or authorized Regional Customs

—Quarantine of inward, outward, and transit animals and plants and their products.

Approval by Regional Customs

—Export supervision warehouse, bonded warehouse establishment;

—Registration of institution and personnel engaged in import and export quarantine business;

—Registration of oversea institution engaged in production, processing and storage of exported animal or plant products;

—Health and quarantine for inward and outward special items.

Approval by Regional Customs authorized subordinate Customs under the regional Customs

—Customs supervision cargo warehousing;

Approval by Customs that in charge for it

—Port health permit issuing;

—Filing of domestic manufacturer for exported food.

## 19. CUSTOMS ENFORCEMENT AND APPEALS

### 19.1 Smuggling Violations

#### 19.1.1 Smuggling

Breach of Customs Law and relevant laws and administrative regulations, evasion of Customs control, defraud payable impost, elusion of national inward and outward prohibition or restriction in any of the situations listed below shall be deemed as smuggling:

— (a) to transport, carry or mail goods and articles prohibited or restricted by the State from entering or leaving the territory or goods and articles subject to render duties and taxes;

— (b) to sell bonded goods, goods under specific duty reduction or exemption and other goods, articles or inward foreign means of transport under Customs control, within the territory, without Customs permission, and without having paid the payable duties and taxes or producing relevant licensing document;

— (c) to have other acts evading Customs supervision and control that constitute smuggling;

If any of the acts listed above does not constitute the crime of smuggling, the Customs may impose a fine; goods or articles that are used for smuggling, means of transport that are used for smuggling shall be confiscated, equipment specially made for concealing smuggled goods or articles shall be demolished or confiscated.

Where any of the acts listed above that constitutes a crime, the person or persons concerned shall be investigated for criminal liability.

#### 19.1.2 Deemed as Smuggling

The following acts shall be deemed as smuggling and punished:

— (a) to purchases the imported goods or articles by smuggling directly and illegally from the smugglers;

— (b) crew members which transport, purchase or sell goods or articles prohibited or restricted by the State from being imported or exported, or transport, purchase or sell goods subject to duties and taxes without legal certificates in inland sea, territorial waters, boundary rivers and boundary lakes.

#### 19.1.3 Accomplice of Smuggling

Whoever:

—counterfeits, falsifies, purchases or sells Customs documents,

—conspires with smugglers and provides loans, funds, account numbers, invoices, certificates or Customs documents,

—conspires with smugglers and provides transport, storage, mailing or other conveniences,

where the case constitutes a crime, he shall be investigated for criminal liability; where the case does not yet constitute a crime, the Customs may impose a fine.

19.2 Administrative Penalty

19.2.1 Violating Customs Control Provisions

A fine may be imposed for any of the following acts which violate Customs control provisions and the illegal proceeds obtained therefrom shall be confiscated:

— (a) for a means of transport, to enter or leave the territory at a place without a Customs office;

— (b) fail to inform the Customs of the arrival or departure time, the place of stay or any change of the place of a means of transport;

— (c) fail to declare truthfully to the Customs the goods or articles or the transit, transshipment and through goods;

— (d) fail to accept the check and inspection by Customs of the means of transport, goods or articles;

— (e) for a means of transport to load or unload goods or articles or embark or disembark passengers without Customs approval;

— (f) for a means of transport staying at a place with Customs office to leave without Customs approval;

— (g) for a means of transport, on the way from a place with Customs office to another, failing to complete the Customs formalities and without Customs approval, to move out of the territory or to a place within the territory without Customs office;

— (h) for a means of transport to engage concurrently or change to engage in domestic transport without Customs approval;

— (i) for a vessel or aircraft which, due to force majeure, being forced to anchor or descend at a place without Customs office, or chuck or unload goods or articles within the territory, to fail to report to Customs nearby without reasonable excuse;

— (j) to open and dismantle, collect, deliver, forward, transpose, refit, mortgage, impawn, keep, transfer, replace label, shift to other use or conduct other treatment on goods under Customs control without Customs permission;

— (k) to open or break Customs seals without permission;

— (l) while engaging in such operations as transportation, storage and process of goods under Customs control, the records of loss of goods or related records are untrue without reasonable excuse; or

— (m) to have any other acts violating Customs control.

19.2.2 Other Violations

—to an enterprise approved by Customs engaging in related operations, Customs may order it to correct, render it a warning, suspend it from engaging or revoke its registration;

—anyone engages in declaration business without Customs registration or occupation qualification shall be banned, the illegal proceeds obtained therefrom shall be confiscated, and a fine shall be imposed concurrently;

—to a Customs clearing agent or its staff declares illegally, Customs may order it to correct, impose a fine on it or suspend it from operating;

—to anyone bribes Customs personnel, Customs may revoke its declaration registration or its occupation qualification and concurrently impose a fine;

—anyone imports or exports goods which constitute infringement on the intellectual property rights under protection by Customs, the infringing goods shall be confiscated and a fine shall be imposed thereof; where the case constitutes a crime the person or persons concerned shall be investigated for criminal liability according to law;

—goods, articles or means of transport detained by Customs according to law shall not be disposed of before the People's Court makes a judgement or Customs makes a decision of punishment. However, hazard goods or such goods and articles not suitable for storage for a long time as fresh and live ones, perishable ones or easy to be expired ones and goods or articles that the owner applies to sell off in advance may be sold off, and Customs shall keep the money thus obtained and inform the owner;

—the smuggled goods or articles, illegal proceeds obtained therefrom, means of transport or equipment specially made for smuggling being confiscated by judgment of the People's Court or punishment decision of Customs shall be disposed by Customs, the money thus obtained and the fine imposed by Customs shall be turned over to the State Treasury;

—Where a person concerned refuses to carry out punishment decision of Customs overdue nor apply for reviewing or file a lawsuit to the People's Court, the Customs giving the punishment decision may hand over his security or, sell off the detained goods, articles or means of transport of the party and hand over the money thus obtained, or apply to the People's Court for a compulsory execution.

19.3 Administrative Review

Customs administrative review means that citizens, legal persons or other organizations believe that the specific administrative actions of Customs and their staff infringe upon their lawful rights and interests, and apply to the legal agency, and the Customs legal agency will review the specific administrative actions in accordance with legal procedures and requirements, and then making a decision.

In China, it is noted that the Customs administrative review must:

— (1) applied by a citizen, legal person or other organization of China;

— (2) applied that the respondent of the administrative review is the Customs agency that made the specific administrative action;

— (3) applied that the citizens, legal person or other organization believe that their legal rights and interests are violated;

— (4) applied that the review agency is Customs.

Pretage of Administrative Review for Duty Disputes

When the specific administrative action is involved in duty collection such as the taxpayer, taxable price, classification of the goods, the country of origin, applicable tax rate or exchange rate, reduction or exemption, refund, forfeit penalty, etc. The specific administrative action must be administratively reviewed before they can be sued again in the people's court.

## 20. CUSTOMS IPR BORDER PROTECTION

The Customs Law of the PRC prohibits the export or import of goods from or to China that infringe IPR. Whereas most countries' Customs only examine imported goods, China differs in that China Customs examine goods being imported and exported. China Customs have the authority to protect IPR by confiscating infringing goods and imposing fines on infringers. If the infringement of IPR exceeds a certain threshold, then the Customs authorities will also arrange for criminal proceedings to be brought against the infringing party.

According to the Regulations of the PRC on Customs Protection of Intellectual Property Rights promulgated by the State Council, the IPR protected by China Customs shall refer to exclusive right to use trademark, copyrights and copyright-associated rights, and patent rights relating to import and export goods and protected by PRC laws and administrative regulations. In addition, China Customs shall also protect the Olympic symbols and World Exposition symbols in accordance with the Regulations on the Protection of Olympic Symbols and the Regulations on the Protection of the World Exposition Symbols.

20.1 Enforcement Proceedings

The IPR protection by China Customs can be divided into the two ways of "Protection on Request" and "Protection Ex Officio".

20.1.1 Customs Protection on Request

The Protection on Request refers to the measures taken by Customs to detain the goods that are suspected of infringement at the request of an IPR holder who applies according to the Regulations on Customs Protection of Intellectual Property Rights when such goods are found to be imported or exported. Because Customs will not investigate the suspected infringing goods that are detained on request, and the IPR holder will therefore have to file a lawsuit with the people's court for relevant infringement dispute, the Protection on Request is also called Customs "Passive Protection" of the IPR.

20.1.2 Customs Protection Ex Officio

The term "Ex Officio" comes from the Agreement on Trade-Related Aspects of Intellectual Property Rights. The Protection Ex Officio refers to the measures taken by the Customs during their supervision, when they find any import/export goods suspected of infringing any IPR that is registered, to proactively suspend the Customs clearance procedures, inform relevant IPR holders and detain the suspected goods on the request of the IPR holders according to the Regulations on Customs Protection of Intellectual Property Rights. Because the Customs will proactively use their power of office to deter suspected infringing goods from import and export and have the power to investigate the IPR infringement and impose penalty on the infringers, the Ex-officio protection is also called Customs "proactive protection" of the IPR.

20.2 IPR Record with Customs

The types of IPR that can be recorded with the GACC are trademarks, patents (including patents for invention, utility model and design patents) and copyrights and separate applications need to be filed for separate IPR. In the case of trademarks, for example, holders must submit a separate application for Customs record for each trademark in each class. To record IPR, the applicant must submit:

—a copy of business registration certificate (including a Chinese translation);

—a copy of the trademark certificate (China registration);

—information regarding related licenses, photos of the goods and their packaging;

—a power of attorney in the name of the agent responsible for the registration process, if it is used;

—the fee is suspended of collection.

In addition, IPR holders can also register information about infringers that they may have collected independently, such as names, company names, contact details etc.

Within 30 days of receipt of all relevant documents, the GACC will make a decision whether to record the IPR in question. If the GACC approves the submission, the record of IPR is valid for the duration of the IPR or for a maximum period of ten years. Renewal of Customs record can be filed six months prior to expiration.

The Regulations provide that IPR can be recorded with the GACC in Beijing. Although it is not compulsory to record IPR in order to apply to local Customs for enforcement proceedings, it is beneficial for a company moving goods in and out of China, because if IPR are registered with Customs, then Customs have the power to detain at will any suspected infringing consignment of goods. In addition, local Customs offices are more pro-active when IPR are recorded mainly because the record provides Customs officials with easy access to internal IP databases and makes it easier for them to determine whether goods passing through Customs are genuine or counterfeit.

## 21. AUTHORIZED ECONOMIC OPERATORS

Known as AEO, "Authorized Economic Operator" is a global institutional foundation of Customs management. The WCO definition of AEO is a party that participates in the international circulation of goods in any way and is determined by the Customs authorities to meet the World Customs Organization or the corresponding supply chain security criteria.

AEO System of China Customs was first launched in June 2005. In recent years, the revised regulations brought China's system into closer alignment with AEO legislations outlined in the WCO framework leading to greater mutual recognition.

### 21.1 MECM

MECM is a mechanism to determine the status of an enterprise from three broad categories:

Certified Enterprise

A certified enterprise is an Authorized Economic Operator (AEO) recognized by China Customs. There are two levels of Certified Enterprises:

—Advanced Certified Enterprise (ACE);

—General Certified Enterprise (GCE).

General Credit Enterprise

—An enterprise registered for the first time,

—and a certified enterprise that is no longer in compliance with the requirements of ACE; or

—an enterprise that has been identified as discredited for fixed time limit and no longer falls in any of the circumstances set out in relevant provisions of the decree.

Discredited Enterprise

The following management principles and measures shall apply to discredited enterprises:

—A high inspection rate of import and export goods;

—Focused review of documents for import and export goods;

—Heightened supervision over processing trade; and

—Other management principles and measures prescribed by the GACC.

### 21.2 AEO Benefits

GCEs will receive a relatively low inspection rate for import and export shipments with simplified examination of documentation. In addition to the management principles for GCE and ACE companies can go through the inspection and release formalities before the commodity classification, Customs valuation and origin of import and export shipments are determined.

By promoting corporate integrity, simplifying certification procedures, and creating greater benefits internationally, the MECM has significant advantages over the preceding enterprise program by driving significant efficiencies in Customs clearance for companies that have implemented robust systems and processes in their import/export operations.

21.3 MRAs

—At present, China Customs has signed and implemented AEO Mutual Recognition Arrangements (MRAs) with more than 50 countries/regions. Among them, some "One Belt One Road" countries have been covered.

## 22. TRADE STATISTICS

The statistics of China Customs are statistics of trade in goods imported into and exported out of China, which represent an important component of the national economy statistics and are the most important macroeconomic decision-making references. Following the working principle of making the statistics "accurate, timely, scientific, complete and internationally comparable", and comprehensively applying the statistical standards recommended by the United Nations, China Customs surveys on and produces statistics about import and export trade in goods of China.

China Customs produces monthly, quarterly and yearly statistics in both Chinese and English.

# 参考文献

［1］《海关检验检疫业务实务手册》编委会．海关检验检疫业务实务手册：国境卫生检疫篇［M］．2 版．北京：中国海关出版社，2025.

［2］《海关检验检疫业务实务手册》编委会．海关检验检疫业务实务手册：进出境动植物检疫篇［M］．2 版．北京：中国海关出版社，2025.

［3］《海关检验检疫业务实务手册》编委会．海关检验检疫业务实务手册：进出口商品检验篇［M］．2 版．北京：中国海关出版社，2025.

［4］《海关检验检疫业务实务手册》编委会．海关检验检疫业务实务手册：进出口食品化妆品检验检疫篇［M］．2 版．北京：中国海关出版社，2025.

［5］本书编委会．世界海关组织跨境电子商务标准框架及释义［M］．北京：中国海关出版社，2019.

［6］中华人民共和国天津海关．中华人民共和国海关法规汇编［M］．北京：中国海关出版社，2024.

［7］进出口商品涉税规范申报目录编委会．中华人民共和国海关进出口商品涉税规范申报目录及释义［M］．北京：中国海关出版社，2025.

［8］本书编写组．中国海关保税实务大全（第二版）［M］．北京：中国海关出版社，2020.

［9］本书编写组．中国海关报关实用手册［M］．北京：中国海关出版社，2025.

［10］本书编写组．中国海关报关专业教材［M］．北京：中国海关出版社，2024.

［11］本书编写组．进出口税收优惠政策指引［M］．北京：中国海关出版社，2021.

［12］本书编委会．中国海关通关业务指导［M］．北京：中国海关出版社，2024.

［13］顾佩军．图解全国海关通关一体化［M］．北京：中国海关出版社，2018.

［14］顾佩军．图解跨境贸易海关管理新政［M］．北京：中国海关出版社，2021.

［15］顾佩军．图解全面深化海关业务改革，促进跨境贸易高度便利［M］．北京：中国海关出版社，2019.

［16］海关总署关税征管司．中华人民共和国进出口税则［M］．北京：中国海关出版社，2025.

［17］本书编委会．中国海关口岸监管实务［M］．北京：中国海关出版社，2024.

［18］胡蓉．供应链安全与海关监管制度国别研究［M］．上海：上海人民出版社，2020.

［19］廖日卿．海关风险管理制度国际比较［M］．上海：上海人民出版社，2021.

［20］世界海关组织．海关估价纲要［M］．北京：中国海关出版社，2019.

［21］王丽英．海关行政法原理与实务［M］．北京：中国海关出版社，2022.

［22］吴展．海关行政处罚实务全解与合规指引［M］．北京：法律出版社，2020.

［23］徐炜等．报关单填制规范及案例解析［M］．北京：中国海关出版社，2019.

［24］中国国际商会，国际商会中国国家委员会．国际贸易术语解释通则 2020：全面解读与法律指引［M］．北京：中国海关出版社，2020.

# 中国报关协会简介

中国报关协会于2002年12月11日成立，是经中华人民共和国民政部注册，由进出口通关领域相关企事业单位、科研院所、社会团体等，以及有关人士自愿结成的全国性、行业性、非营利性社会组织。中国报关协会是民政部授予的5A级全国行业协会和全国先进社会组织。教育部全国关务职业教育教学指导委员会秘书处设立在中国报关协会。

中国报关协会的宗旨是，高举中国特色社会主义伟大旗帜，以马克思列宁主义、毛泽东思想、邓小平理论、“三个代表”重要思想、科学发展观、习近平新时代中国特色社会主义思想为指导，配合政府部门加强对我国关务行业的管理，改善、维护报关市场的经营秩序，提高行业素质，促进会员间的交流与合作，依法代表本行业利益，维护会员的合法权益，促进我国关务服务行业的健康发展，为跨境贸易的发展提供优质的服务。